Marion Müller

Fußball als Paradoxon der Moderne

Zur Bedeutung ethnischer, nationaler und geschlechtlicher Differenzen im Profifußball

VS VERLAG FÜR SOZIALWISSENSCHAFTEN

Bibliografische Information der Deutschen Nationalbibliothek
Die Deutsche Nationalbibliothek verzeichnet diese Publikation in der
Deutschen Nationalbibliografie; detaillierte bibliografische Daten sind im Internet über
<http://dnb.d-nb.de> abrufbar.

Zugl. Dissertation an der Universität Bielefeld, 2008

Die Autorin hat sich bemüht, alle Bildrechte ordnungsgemäß zu erwerben. Da die Recherchen
nach etwaigen Bildrechten jedoch teilweise nicht erfolgreich waren, bitten wir eventuell noch
abzugeltende Ansprüche dem Verlag resp. der Autorin mitzuteilen.

1. Auflage 2009

Alle Rechte vorbehalten
© VS Verlag für Sozialwissenschaften | GWV Fachverlage GmbH, Wiesbaden 2009

Lektorat: Frank Engelhardt

VS Verlag für Sozialwissenschaften ist Teil der Fachverlagsgruppe Springer Science+Business Media.
www.vs-verlag.de

Das Werk einschließlich aller seiner Teile ist urheberrechtlich geschützt. Jede
Verwertung außerhalb der engen Grenzen des Urheberrechtsgesetzes ist ohne
Zustimmung des Verlags unzulässig und strafbar. Das gilt insbesondere für
Vervielfältigungen, Übersetzungen, Mikroverfilmungen und die Einspeicherung
und Verarbeitung in elektronischen Systemen.

Die Wiedergabe von Gebrauchsnamen, Handelsnamen, Warenbezeichnungen usw. in diesem Werk
berechtigt auch ohne besondere Kennzeichnung nicht zu der Annahme, dass solche Namen im
Sinne der Warenzeichen- und Markenschutz-Gesetzgebung als frei zu betrachten wären und daher
von jedermann benutzt werden dürften.

Umschlaggestaltung: KünkelLopka Medienentwicklung, Heidelberg
Titelbild: Milwaukee Public Museum
Druck und buchbinderische Verarbeitung: Krips b.v., Meppel
Gedruckt auf säurefreiem und chlorfrei gebleichtem Papier
Printed in the Netherlands

ISBN 978-3-531-16608-7

Vorwort

Dieses Buch wäre nie geschrieben worden ohne die Hilfe und Unterstützung vieler Personen, bei denen ich mich an dieser Stelle bedanken möchte. Mein Dank gilt vor allem Prof. Dr. Bettina Heintz, die diese Arbeit (und manchmal auch mich selbst) in den vergangenen Jahren ganz wunderbar betreut hat, und mit ihrer strengen, aber konstruktiven Kritik sehr zum Gelingen dieser Untersuchung beigetragen hat. Außerdem danke ich Prof. Dr. Jörg Bergmann, der mich immer wieder auf Ideen gebracht hat, um mit den Herausforderungen meines Forschungsfeldes zurechtzukommen.

Ich bedanke mich auch bei den drei Fußballklubs, die mir diese Untersuchung erst ermöglicht haben, und bei all meinen Gesprächspartnern, die sich die Zeit für meine Fragen genommen haben (auch wenn das in einigen Fällen nicht ganz freiwillig geschah).

Stellvertretend für eine Reihe weiterer KollegInnen und Diskussionspartner der vergangenen Jahre danke ich Antonia Langhof, die mich in die Mysterien der Organisationssoziologie eingeweiht hat, Joachim Wöll und Thomas Klein, die mich bei den Gruppendiskussionen begleitet haben, Dariuš Zifonun für Fußballgespräche unter Fußballethnographen, Antonia Krummheuer für gute Ideen und instruktive Kritik und Stefan Nolte für seine Hilfe beim Korrekturlesen.

Und last but not least möchte ich natürlich auch all denen danken, die sich gar nicht erst auf fachwissenschaftliche Diskussionen mit mir eingelassen haben, sondern mir das Umfeld bereitet haben, in dem ich diese Arbeit überhaupt schreiben konnte: allen voran meinen Eltern, die mir immer die Freiheit gegeben haben, meine eigenen Entscheidungen zu treffen, meinem Freund, der sich glücklicherweise nicht sonderlich für Fußball interessiert, und meinem Hund, der mir beim Schreiben immer so schön die Füße gewärmt hat.

Bielefeld im Februar 2009   Marion Müller

Inhalt

Vorwort		5
Abbildungsverzeichnis		9
Einleitung		11
1.	**Geschichte des modernen Sports und des Fußballs**	25
1.1	**Die Entstehung des modernen Sports**	26
	1.1.1 Die Bewegungskultur in den vormodernen Gesellschaften des Mittelalters und der frühen Neuzeit	26
	1.1.2 Die Ausdifferenzierung des Sports in England und der Welt	28
	1.1.3 Die Ausdifferenzierung des Sports in den deutschen Staaten	40
1.2	**Die historische Konstruktion ethnischer Differenzen und die „Erfindung der Nation"**	47
	1.2.1 Begriffe und Konzepte: Ethnie, Rasse, Nation und Nationalstaat	47
	1.2.2 Die historische Erfindung der Rassenkonzepte und die Genese ethnischer und nationaler Zugehörigkeitssemantiken	49
1.3	**Die „Erfindung" der Geschlechterdifferenz**	54
1.4	**Nationale Zugehörigkeit und Geschlechterdifferenz im Fußball**	58
	1.4.1 Die Vorläufer des modernen Fußballsports	58
	1.4.2 Die Entstehung des modernen Fußballs in England	61
	1.4.3 Verbreitung und Entwicklung des Fußballs in Deutschland	79
	1.4.4 Exkurs: Die Geschichte der Ausländerregelungen in der Bundesliga	85
1.5	**Zwischenfazit**	91
2.	**Auf'm Platz: Erste Annäherung und methodische Erläuterungen**	95
2.1	**Die drei Fußballvereine im Überblick**	96
	2.1.1 Der 1. Fußball- und Sportverein Mainz 05 e.V.: Karnevalsverein mit Herzblut	96
	2.1.2 Der Deutsche Sportclub Arminia Bielefeld: Mit der nüchternen Sachlichkeit eines Fahrstuhlvereins	108
	2.1.3 Der Verein für Leibeserziehung Wolfsburg: Wider das Vorurteil des „seelenlosen Werksklubs"	117
2.2	**Erläuterungen zur Methode**	130
	2.2.1 Erhebungsmethoden und Vorgehen	131
	2.2.2 Auswertung	136
	2.2.3 Der steinige Weg ins Feld oder: Wie kommt man auf'n Platz?	137
	2.2.4 Von den Vor- und Nachteilen eine Frau zu sein	140

3.	**Innenansichten des Profifußballs: Ergebnisse der ethnographischen Untersuchung**	**145**
3.1	**Die Bedeutung des Körpers im Fußball**	**146**
	3.1.1 Shakehands: der Fußballergruß	151
	3.1.2 Berührungssysteme im Fußball	154
	3.1.3 Funktionen des Körperkontakts I: Rituale der Solidarität	163
	3.1.4 Exkurs: Der Profifußballklub als totale Institution	168
	3.1.5 Funktionen des Körperkontakts II: Rituale der Polarisierung und Fußball als Konfliktsystem	178
	3.1.6 Exkurs über Werte und Ehre im Fußball	187
	3.1.7 Zwischenfazit	196
3.2	**Das Leistungsprinzip im Fußball**	**198**
	3.2.1 Die Funktionslogik des Fußballs	199
	3.2.2 Die Mess- und Quantifizierbarkeit fußballerischer Leistung	206
	3.2.3 Zwischenfazit: Leistungsprinzip revisited	220
3.3	**Nationale Differenzierungen bei der Spielerrekrutierung im Fallvergleich**	**223**
	3.3.1 Die ethnische und nationale Zugehörigkeit als Indikator bei der Zuschreibung fußballerischer Leistungsfähigkeit	224
	3.3.2 Totalinklusion in Mainz: Kommunikationsintensive Elf-Freunde-Mentalität oder einfach „Man spricht deutsch"?	229
	3.3.3 Professionalität in Wolfburg: Nonverbales Verständnis zwischen internationalen Profis	243
	3.3.4 Unterschiede und Gemeinsamkeiten	256
3.4	**Die Grenzen in der Fußballwelt: Herstellung und Bewertung nationaler Differenzen**	**259**
	3.4.1 Fußball als globaler Vergleichs- und Beobachtungszusammenhang	260
	3.4.2 Organisationen und Regelwerke des Fußballs: Die Grenzen der Fußballwelt	266
	3.4.3 Nationale und ethnische Mitgliedschaftskategorien bei der Beobachtung und Zurechnung fußballerischer Leistung	272
	3.4.4 Wer ist deutsch? Deutungsmuster nationaler Zugehörigkeit	280
	3.4.5 Die Bewertung der Differenz: Rassistische Stereotypenkommunikation	287
	3.4.6 Die interaktive Kultivierung der Differenz: Frotzelaktivitäten der Spieler	292
	3.4.7 Zwischenfazit	295
3.5	**Das Geschlecht des Fußballs**	**296**
	3.5.1 Die Androzentrik des Fußballs	297
	3.5.2 Moderne Sportlegenden: Geschichten über Frauen und Kinder	301
	3.5.3 Die Bewertung der Differenz: Sexistische Stereotypenkommunikation	306
	3.5.4 Zwischenfazit: Die Geschlechtszugehörigkeit im Vergleich zu nationalen und ethnischen Mitgliedschaftskategorien bei der Beobachtung und Zurechnung fußballerischer Leistung	309
Schluss		**313**
Literatur		**321**
Anhang		**343**

Abbildungsverzeichnis

Abbildung 1:	Arthur Wharton gewinnt am 3. Juli 1886 das Rennen über 100 Yards (Sporting Chronicle vom 5. Juli 1886)	35
Abbildung 2:	Tennis um 1900 (Stadtarchiv Hamm)	38
Abbildung 3:	Turnerpyramide (Turngemeinde Münster von 1862 e.V.)	43
Abbildung 4:	Sportfest beim Bund deutscher Mädel (Gustav-Lübcke Museum, Hamm)	45
Abbildung 5:	Die rumänische Nationalmannschaft auf ihrer insgesamt vier Monate dauernden Reise zur ersten WM 1930 (Victor Banciulescu)	66
Abbildung 6:	Spiel des British Ladies' Football Klub in Hornsey als Titel einer Zeitschrift von 1895 (Zentralbibliothek Zürich)	72
Abbildung 7:	Dick Kerr's Ladies Team (FIFA Museum Collection)	73
Abbildung 8:	Frauenteam mit Trainer (FIFA Museum Collection)	75
Abbildung 9:	„Can women play football?" England um 1910	76
Abbildung 10:	Inszenierung weiblicher Ungeeignetheit für das Fußballspiel (Barney Stein)	78
Abbildung 11:	Autogrammkarte eines Mainzer Spielers	97
Abbildung 12:	Vereinslogo des 1. FSV Mainz 05	99
Abbildung 13:	Vereinslogo des DSC Arminia Bielefeld	109
Abbildung 14:	Autogrammkarte eines Spielers des DSC Arminia	112
Abbildung 15:	Vereinslogo des VfL Wolfsburg	118
Abbildung 16 und 17: Imagekampagne VfL 1 und 2		124
Abbildung 18:	Autogrammkarte eines Spielers des VfL Wolfsburg	126
Abbildung 19:	Das Spielfeld	147
Abbildung 20:	Spielfeldhälfte inkl. technischer Zone (eigene Aufnahme)	148
Abbildung 21:	Handschlag unter Fußballern (Nigel Treblin/ddp)	153
Abbildung 22:	Einschwörung vor dem Spiel (John MacDougall/ddp)	154
Abbildung 23:	Berührungszwang beim Torjubel (Oliver Lang/ddp)	155
Abbildung 24:	Auswechslung (Patrik Stollarz/ddp)	157
Abbildung 25:	Trainer Klopp lobt einen seiner Spieler (Torsten Silz/ddp)	158
Abbildung 26:	Enger Körperkontakt beim Torjubel (Christian Fischer/ddp)	159
Abbildung 27:	Torjubel (Alexander Heimann/ddp)	161
Abbildung 28:	Körpermauer (Timm Schamberger/ddp)	165
Abbildung 29:	Sekundäre Anpassungsstrategie beim Torjubel (Torsten Silz/ddp)	177
Abbildung 30:	Rollenübernahme (Torsten Silz/ddp)	182
Abbildung 31:	Dramatische Geste der Enttäuschung (Torsten Silz/ddp)	183
Abbildung 32 und 33: Imagekampagne des VfL		188
Abbildung 34:	Duell im modernen Fußball: Zidane und Materazzi bei der WM 2006 (LCI/ddp)	193

Einleitung

„Liebe Fußball-Freunde, liebe Leser, schöner Fußball ist für mich, wenn ich auf der Tribüne sitzen und einfach genießen kann. Die Bundesliga ist etwas, was einfach fasziniert. Einen großen Anteil an dieser Spielfreude haben die Ausländer. Sie bringen andere Fußballkulturen in unser Land. Sie zeigen uns Bewegungsabläufe, die wir einfach nicht können oder nicht kennen. Die angeborene Geschmeidigkeit der Afrikaner oder Südamerikaner haben wir nun einmal nicht und werden wir nie erreichen. Die Zielstrebigkeit der Nordländer, die Ballfertigkeit der Südländer gepaart mit unseren Tugenden wie Siegeswillen und Disziplin – das ist es, was wir Samstag für Samstag in unseren Stadien sehen können.

Die Ausländer sind ein wichtiger Bestandteil unseres Fußballs. Und wenn wir mal wieder von einer Krise der Nationalelf reden, dann müssen wir die Bundesliga ausklammern. Denn die Ausländer sorgen dafür, dass unser Ligafußball funktioniert. Die Ausländer gehören zur Bundesliga wie das Salz zur Suppe. Sie geben dem Spiel die Würze und sorgen für die spektakulären Aktionen, die uns Zuschauer begeistern. Ohne die Ausländer wäre die Liga ein ganzes Stück ärmer."

Franz Beckenbauer
(zitiert nach Bender/Kühne-Hellmessen 2001: 7)

Dieses Vorwort von Franz Beckenbauer aus einem Buch „über die Ausländer der Bundesliga" könnte tatsächlich auch für diese Arbeit geschrieben worden sein. In diesem kurzen Auszug finden sich viele jener Eigentümlichkeiten des Fußballs, die mich auf die Idee zu dieser Untersuchung gebracht haben. Bemerkenswert ist vor allem die Art und Weise, in der nationale und ethnische Stereotypisierungen verwendet werden, die uns aus der Fußballberichterstattung vertraut sind, die wir aber gleichzeitig in keinem anderen sozialen Kontext als dem Fußball für legitim erachten. Nirgendwo anders als im Fußball wird so selbstverständlich über „angeborene" Merkmale von Afrikanern oder „Nord- und Südländern" sinniert, nirgendwo sonst kann man in unserer Gesellschaft tausende Menschen beobachten, die sich dabei amüsieren, inbrünstig die Nationalhymne zu singen oder sich die Gesichter in den Farben ihres Herkunftslandes anzumalen. Und das Erstaunlichste dabei ist, dass diese Verhaltensweisen uns ganz normal erscheinen.

Die Erklärungsbedürftigkeit dieser Phänomene und der damit verbundenen besonderen Bedeutung, die der nationalen und ethnischen Zugehörigkeit[1] im Fußball zukommt, wird rasch deutlich, wenn man die für den Fußball typischen Beschreibungen und Verhaltensweisen auf andere gesellschaftliche Sinnzusammenhänge überträgt: Man stelle sich beispielsweise vor, der Präsident der Deutschen Forschungsgemeinschaft spräche analog zu Beckenbauer über die unterschiedliche nationale bzw. ethnische Zugehörigkeit von Wissenschaftlern und würde die angeborene mathematische Begabung von Indern loben, die „wir nie erreichen werden" oder die Disziplin japanischer Forscher und die Geistesschärfe jüdischer Wissenschaftler. Dass derartige Äußerungen in der Wissenschaft undenkbar sind, bedeutet nicht, dass solche Vorurteile nicht möglicherweise existieren, sondern lediglich, dass sie nicht so selbstverständlich ausgesprochen werden können. Ebenso undenkbar wäre

---

[1] Die Bedeutung der hier verwendeten Unterscheidung zwischen nationaler und ethnischer Zugehörigkeit wird in Kap. 1.2.1 Begriffe und Konzepte: Ethnie, Rasse, Nation und Nationalstaat erläutert.

die Einführung von Ausländerbeschränkungen oder Mindestquoten für Angehörige eines bestimmten Nationalstaates bei der Arbeit an einem wissenschaftlichen Forschungsprojekt. Auch in der Kunst spielt die nationale Zugehörigkeit nur eine untergeordnete Rolle, und es käme wohl niemand auf die Idee, beim Besuch der Deutschen Staatsoper in Berlin eine Deutschlandfahne zu schwenken, die russische Sängerin Anna Netrebko als Söldnerin zu bezeichnen oder den Anteil der ausländischen Sänger auf maximal fünf Nicht-EU-Angehörige begrenzen zu wollen. Das gilt ebenso für die Berliner Philharmoniker, das Tanztheater Wuppertal von Pina Bausch sowie die Forsythe Company in Frankfurt am Main.[2]

Durch die Übertragung fußballtypischer Verhaltensweisen auf andere Funktionskontexte lässt sich ein wenig Distanz zum Fußball und den damit verbundenen Phänomenen gewinnen. Dieser Kunstgriff scheint notwendig, um der alltäglichen Selbstverständlichkeit und Allgegenwärtigkeit des Fußballs ein Stück weit zu entkommen. Betrachtet man den Fußball, als sei er etwas Fremdes, wird auf einmal einiges erklärungsbedürftig, was zuvor ganz normal erschien: Neben dem bereits beschriebenen legitimen Gebrauch nationaler und ethnischer Zuschreibungen erstaunt außerdem der große Unterschied der Popularität des Spiels in Abhängigkeit von der Geschlechtszugehörigkeit der spielenden Personen. Hier scheint es also nicht nur um die Vorliebe für ein bestimmtes Sportspiel zu gehen, sondern irgendwie auch um den Unterschied zwischen Frauen und Männern. Ansonsten müsste von der Geschlechtszugehörigkeit der Spieler und Spielerinnen abgesehen werden. Tatsächlich wird ein Bundesligaspiel der Männer aber regelmäßig von 25.000 bis 80.000 Menschen besucht, während bei einem Spiel der Frauen selbst bei den Spitzenklubs selten über 1.000 Zuschauer anwesend sind.[3] Das unterschiedliche öffentliche Interesse spiegelt sich auch in der Fußballberichterstattung wider, in der die Frauen nur sehr sporadisch Erwähnung finden, während die Bundesliga der Männer täglich mehrere Zeitungsseiten füllt und die Ergebnisse in den Nachrichten gemeldet werden. Die Unterschiede setzen sich auch in der Bezahlung der Spieler und Spielerinnen fort, so dass bis auf wenige Ausnahmen die Fußballerinnen der Bundesliga nicht von der Ausübung ihres Sports leben können, sondern neben dem täglichen Training noch irgendeiner Erwerbstätigkeit nachgehen müssen. Die geringere monetäre Anerkennung findet sich auch auf der Ebene der Nationalmannschaften: Während der Deutsche Fußball-Bund den Männern für den Titelgewinn der Europameisterschaft 1996 jeweils 100.000 Mark bezahlte, erhielten die deutschen Frauen für die erste gewonnene Europameisterschaft 1989 nur ein Kaffeeservice.[4]

---

[2] Zur Bedeutung der nationalen Zugehörigkeit im Ballett vgl. Wulff 1998.

[3] Im Gegensatz zu den Spielen der Herren, die kostenpflichtig von Privatsendern live im Fernsehen übertragen und ausschnittweise zur Primetime in den Nachrichten gezeigt werden, sind die Spiele der Frauen nur in seltenen Ausnahmefällen im Fernsehen zu sehen (und dann nur im Regionalprogramm).

[4] Die Differenz ist auch heute noch deutlich sichtbar: So erhielten die Frauen für den WM-Titel 2007 immerhin jeweils 50.000 Euro. Für den Gewinn des WM-Titels bei den Männern 2006 hatte der DFB jedoch 300.000 Euro pro Mann ausgelobt.
Auch hier lohnt sich ein Gedankenexperiment, in dem die Situation auf einen anderen Funktionszusammenhang übertragen wird: Wir bemühen noch einmal die Wissenschaft und stellen uns vor, dass die Deutsche Forschungsgemeinschaft bei der Verleihung von Wissenschaftspreisen im Jahr 1990 den Frauen Geschirr überreichen würde und den Männern Geldprämien. Es soll hier keineswegs bestritten werden, dass die Leistungen von Frauen in der Wissenschaft und anderen Gesellschaftsbereichen möglicherweise ebenfalls weniger Anerkennung finden als die von Männern, was sich u.a. in unterschiedlichen Gehalts- und Aufstiegschancen manifestiert. Im Unterschied zum Fußball sind diese Ungleichheiten jedoch legitimationspflichtig (bzw. haben sogar zivilrechtliche Konsequenzen) und können daher wenn überhaupt nur noch mit Hilfe versteckter, meist informeller Mechanismen vollzogen werden.

Die Voraussetzung für derartige geschlechtsspezifische Ungleichheiten ist zunächst die vollkommene Trennung der Geschlechter im Spiel- und Wettkampfbetrieb: So dürfen im vereinsmäßig organisierten Fußball in Deutschland Frauen und Männer weder gemeinsam noch gegeneinander spielen. Anders als in vielen anderen Sportarten gibt es noch nicht einmal einen gemeinsamen Veranstaltungsrahmen bei großen Turnieren wie Welt- oder Kontinentalmeisterschaften. In dieser umfassenden Form der Geschlechtertrennung sowie der ungleichen Popularität und Anerkennung spiegelt sich die geschlechtsspezifische Konnotation dieser Sportart. Demnach ist Fußball heute unbestritten ein Männersport, und zwar nicht nur weil es eine Sportart ist, die hauptsächlich von Männern betrieben wird[5], sondern auch weil die mit dem Fußballspiel verbundenen Bewegungsabläufe als Ausdrucksform hegemonialer Männlichkeit wahrgenommen werden.

Analog zu der anfangs geschilderten selbstverständlichen Verwendung nationaler und ethnischer Zuschreibungen scheint also auch die Geschlechterdifferenz ein relevantes Beobachtungsschema im Fußball zu sein. Hier stellt sich die Frage, warum und seit wann den sozialen Teilungsdimensionen Nation, Ethnie und Geschlecht im Fußball (oder möglicherweise im Sport allgemein) so große Bedeutung zukommt. Anders als in anderen Funktionssystemen werden im Sport offenbar sogar Ausschlüsse qua nationaler Herkunft oder Geschlechtszugehörigkeit[6] als legitim wahrgenommen.

Diese Fragen stellen sich vor allem vor dem Hintergrund der normativen Selbstbeschreibung moderner Gesellschaften: Demnach gilt die Vorstellung, dass soziale Positionen nicht (mehr) aufgrund zugeschriebener Merkmale, sondern allein auf der Grundlage von Leistungsgesichtspunkten zugewiesen werden dürfen. Diesem universalistischen Idealbild widerspricht die deutlich sichtbare Relevanz der nationalen, ethnischen und geschlechtlichen Zugehörigkeit in Beschreibung und Struktur des Fußballs. Das ist umso erstaunlicher, als die Leistungsorientierung der Moderne für den Sport in besonderem Maße gelten müsste, versteht sich der Sport doch geradezu als „Verkörperung" meritokratischer Prinzipien. So lässt sich die grundsätzliche Geltung des Leistungsprinzips zwar in den meisten Funktionssystemen feststellen, aber nur im Sport gibt es darüber hinaus keinen weiteren Funktionszweck, und es geht sozusagen nur noch um „Leistung um des Leistens Willen". Entsprechend kann man die Unterscheidung von leisten/nicht-leisten als Leitdifferenz des Sports betrachten, an der sich sportliche Kommunikation primär orientiert und so von anderen Funktionssystemen unterscheidet (vgl. Stichweh 1990, 1995). Es geht im Sport also nicht um die Erbringung von Leistungen im Sinne einer Verwendbarkeit außerhalb des jeweiligen Systems:

„[D]er Sport ist reines Leisten ohne externe Referenz, erschöpft sich darin, unaufhörlich Leistungen zu notieren, sie zu vergleichen und sie zu reproduzieren. Insofern scheint die moderne Gesellschaft im Sport eine Möglichkeit gefunden zu haben, eines ihrer Leitprinzipien in reiner, unkontaminierter Form zur Anschauung zu bringen und sich darin gewissermaßen selbst zu feiern." (Stichweh 1995: 26).

Der Sport wird regelmäßig als prototypisches Vorbild der modernen Leistungsgesellschaft verstanden, zu deren Charakteristika es gehört, dass Inklusion und Leistungsbeurteilung

---

[5] Von rund 6,5 Millionen Mitgliedern des DFB sind eine Millionen Frauen.
[6] So galt in Deutschland zwischen 1955 und 1970 (genauso wie in vielen anderen europäischen Ländern) ein komplettes Spielverbot für Frauen (vgl. Kap. 1.4.3 Verbreitung und Entwicklung des Fußballs in Deutschland).

nicht mehr aufgrund von zugeschriebenen Merkmalen erfolgen (vgl. Bette 1989; Eichberg 1978; Lenk 1976; Weiß 1999). Vor diesem Hintergrund wird die herausragende Bedeutung der Teilungsdimensionen Nation, Ethnie und Geschlecht im Fußball zu einem Erklärungsproblem, denn hier stellt sich die Frage, wie es ausgerechnet in einem derart auf Leistung ausgerichteten Funktionskontext möglich ist, Ausschließungen auf der Basis zugeschriebener Merkmale vorzunehmen – und zwar offenbar ohne Legitimationsbedarf.

Diese Frage steht im Mittelpunkt meiner Arbeit und wurde anhand einer historischen Analyse der Entstehungsgeschichte des Fußballs sowie mit Hilfe ethnographischer Fallstudien in drei Bundesligavereinen untersucht. Doch bevor die Ergebnisse präsentiert werden, soll zunächst die Fragestellung innerhalb eines im weitesten Sinne modernisierungstheoretischen Rahmens verortet und präzisiert werden. Dazu werden die zentralen Merkmale des modernen Sports herausgearbeitet und anhand erster Überlegungen auf den Fußball übertragen. Vor diesem Hintergrund werden anschließend die beiden grundlegenden Problemstellungen der Arbeit herausgearbeitet: die Frage nach dem Einfluss der nationalen, ethnischen und geschlechtlichen Zugehörigkeit auf die soziale Inklusion im Fußball und die daran anknüpfende These von der Globalität des fußballerischen Leistungsvergleichs. Am Ende dieser Einleitung steht dann ein kurzer Leitfaden durch die Arbeit, in dem der Aufbau und einige Hinweise zum Untersuchungsdesign erläutert werden.

Die Grundprinzipien des modernen Sports in der funktional differenzierten Gesellschaft und erste Probleme bei der Zurechnung fußballerischer Leistungen

Aus einer differenzierungstheoretischen Perspektive lässt sich der Sport als ein eigenständiger gesellschaftlicher Teilbereich verstehen, als eine Eigenwelt mit einer selbständigen Funktionslogik, die sich im Verlauf des 19. Jahrhunderts ausdifferenziert hat (vgl. Schimank 1988; Stichweh 1995). Der Unterschied zu den anderen Funktionssystemen liegt in der besonderen Sichtweise, mit der der Sport sich selbst sowie seine Umwelt beobachtet, nämlich entlang der Leitdifferenz leisten/nicht-leisten (vgl. Stichweh 1990, 1995).[7] Diese neue, spezifisch moderne Funktionslogik des Sports wird vor allem im Kontrast zu früheren Sportformen in Antike und Mittelalter deutlich: So geht es heute nicht mehr um die Feststellung eines endgültigen Gewinners oder Verlierers, sondern eher um die Verzeitlichung und das „Auf-Dauer-Stellen des Leistungsvergleichs" mittels der Aggregation von Leistungen zu Rekorden (Stichweh 1990: 384ff.).

Durch die Einführung von Rekorden wurde die Idee der Höchstleistung von ihrer Einmaligkeit abgelöst (vgl. Krockow 1980: 17). Außerdem können Leistungen auf der Basis nachprüfbarer und damit prinzipiell reproduzierbarer Rahmenbedingungen unabhängig von Ort und Zeit problemlos miteinander verglichen werden.[8] Voraussetzung für einen derarti-

---

[7] Einige Autoren schlagen im Gegensatz dazu die Differenz Sieg/Niederlage als Leitunterscheidung des Sports vor (vgl. Bette 1999; Schimank 1988). Diese Position lässt sich jedoch dahingehend kritisieren, dass beispielsweise Training oder der gesamte Bereich des Breiten- und Gesundheitssports, in dem es weniger um das Gewinnen als um Fettreduktion oder Krankheitsprävention geht, nicht mehr als Bestandteil des Funktionssystems Sport gedeutet werden könnten (vgl. dazu auch Stichweh 1990).

[8] Alois Hahn (2002: 32) erklärt die Unterscheidung Rekord/Nicht-Rekord sogar zur Leitdifferenz des Sportsystems. Er begründet das durch einen Vergleich mit der Wissenschaft, wo die Ergebnisse eines Forschers erst bei der Veröffentlichung anerkannt würden. Ähnlich bedürfe es im Sport der Registrierung und Aufzeichnung sportlicher

gen Leistungsvergleich sind jedoch Exaktheit und allgemeine Verständlichkeit von Leistungsmaßstäben, durch die Leistungen mess- und quantifizierbar werden. Im Sport gelingt diese Überbietung abstrakter Rekorde vor allem in den Meter-Gramm-Sekunde-Sportarten, bei denen sich dank präziser Messung, deren Angebbarkeit als Zahlenwert und der Aufzeichnung dieser Werte zweifelsfrei ermitteln lässt, wer wann am schnellsten gelaufen oder am weitesten gesprungen ist. Die Tendenz zur Quantifizierung, also zur Beschreibung sportlicher Leistungen in Zahlen, wird sogar regelmäßig als charakteristisches Merkmal des modernen Sports genannt (vgl. Guttmann 1978; Stichweh 1995; Werron 2007).

Am Beispiel des Fußballs wird jedoch deutlich, dass bei weitem nicht alle sportlichen Leistungen messbar sind bzw. dass die Zuschreibung sportlicher Leistung auch jenseits von Zahlen erfolgen kann: So lassen sich Leistungen in stärker agonal strukturierten Sportarten wie Fußball oder Boxen häufig nicht mit Hilfe einer Uhr oder eines Maßbandes vergleichen und messen. Außerdem müssen die Kontrahenten bzw. gegnerischen Mannschaften bei der Austragung eines sportlichen Wettkampfes zeitlich und räumlich kopräsent sein. Trotz standardisierter Regeln lassen sich die Leistungen nicht messen, abstrahieren und auf andere Gegner oder Partien zu einer anderen Zeit an einem anderen Ort übertragen.[9] Wenn beispielsweise Mannschaft A gegen Mannschaft B gewinnt und Mannschaft B gegen Mannschaft C verliert, heißt das nicht, dass Mannschaft A auch gegen Mannschaft C gewinnen würde.[10]

Hier stellt sich also die Frage, was überhaupt als sportliche Leistung zugerechnet wird bzw. nach welchen Kriterien diese Zurechnung erfolgt. Es geht also um eine Operationalisierung des Leistungsbegriffs bzw. um Anweisungen zur Messung sportlicher Leistungen. Luhmann (1997: 750) nennt diese „Entscheidungsregeln" für die korrekte Zuschreibung der Codewerte „Programme" (vgl. Esposito 1997: 139). Als mögliche Programmstrukturen des Sports lassen sich z.B. Spielregeln vermuten, mit deren Hilfe festgestellt werden kann, wer gewonnen oder verloren hat, aber auch Techniken und Verfahren zur Messung sportlicher Leistung.[11] Wie bereits die ersten Überlegungen zur Mess- und Quantifizierbarkeit von Leistung in der Leichtathletik bzw. im Fußball vermuten lassen, sehen die Programme je nach Sportart sehr unterschiedlich aus. Entlang welcher Kriterien werden also Leistungen im Spitzenbereich des Fußballs zugerechnet? Und in welchem Zusammenhang stehen diese

---

Leistungen (in Form der Sportstatistik), um diese vergleichbar und damit anschlussfähig zu machen (zur Quantifizierbarkeit sportlicher Leistungen vgl. Werron 2007).
[9] In dieser Nicht-Transitivität von Leistung liegt möglicherweise auch der Reiz vieler Sportarten. Gerade die Nicht-Vorhersehbarkeit des Spielausgangs beim Aufeinandertreffen zweier Gegner, selbst wenn diese aus unterschiedlichen Leistungsklassen stammen, macht z.B. im Fußball einen Teil der Faszination des DFB-Pokals aus. Aufgrund des Einflusses vieler praktisch nicht berechenbarer Randbedingungen besteht in diesem Wettbewerb immer wieder die Möglichkeit des Sieges einer Amateurmannschaft gegen hoch bezahlte Profis.
[10] Schimank (1988: 187) weist darauf hin, dass trotz dieser sozialen und zeitlichen Unvergleichbarkeit der Leistungen von Sportspielen auch hier die Ideen von Höchstleistung und Rekord dominieren: „Rekorde können hier zwar nicht als einmalige Höchstleistungen im Vergleich zur gesamten Vergangenheit, aber immerhin als Addition standardisierter Leistungsergebnisse innerhalb eines festgelegten Zeitraums konstruiert werden. So ist beispielsweise diejenige Mannschaft amtierender deutscher Fußballmeister, die in der zurückliegenden Saison in Wettkämpfen gegen alle anderen Mannschaften der Ersten Fußball-Bundesliga insgesamt am häufigsten gesiegt bzw. nicht verloren hat." Hierbei handelt es sich jedoch lediglich um eine messtechnische Hilfskonstruktion, tatsächlich sind nur situationsbezogene Leistungsvergleiche zwischen Fußballmannschaften möglich.
[11] In der systemtheoretischen Literatur, die als binären Code des Sports leisten/nicht-leisten angibt, finden sich keine Angaben zu dieser Frage, für den Fall, dass Sieg/Niederlage als Leitdifferenz angenommen wird, vgl. Schimank 1988: 188ff.

Zurechnungsregeln mit der herausgehobenen Bedeutung nationaler, ethnischer und geschlechtlicher Differenzen?

Ein weiteres Messproblem ergibt sich im Fußball bei der Unterscheidung von Mannschafts- und Einzelleistung. Im Gegensatz zur Mannschaftsleistung, die sich innerhalb agonal strukturierter Sportarten zumindest grundsätzlich und bei zeitlich-räumlicher Kopräsenz noch messen, vergleichen und in Zahlen ausdrücken lässt (z.B. die bessere Mannschaft ist immer die, die ein Tor mehr erzielt hat), ist die individuelle Leistung innerhalb einer Fußballmannschaft kaum noch effektiv vergleich- oder messbar. Möglicherweise kann man die Leistung eines Stürmers noch in der Anzahl seiner erzielten Tore oder direkten Torvorbereitungen bemessen, aber schon der Torwart wird sich nicht widerstandslos an der Zahl der nicht-gehaltenen Torschüsse bewerten lassen. Weder die Schussgeschwindigkeit, die Sprint-Bestzeit über fünfzig Meter, Laktatwerte des Blutes noch die Anzahl gewonnener Zweikämpfe oder Ballkontakte eines Spielers können mehr sein als Krücken beim Versuch eines individuellen Leistungsvergleichs. Wird doch die positivste Bilanz innerhalb dieser Kriterien bereits durch ein einziges Zögern zum falschen Zeitpunkt oder ein mit einer roten Karte bestraftes Foul am Gegner zunichte gemacht, während andererseits mancher Spieler nur einen Ballkontakt benötigt, um ein Spiel zu entscheiden. Insofern ist zu vermuten, dass die Zuschreibung von Leistung (besonders auf dieser individuellen Ebene) sehr kontextabhängig ist und möglicherweise vor allem retrospektiv je nach Spielausgang variiert.

Häufig werden in der Sportberichterstattung auch psychisch-soziale Eigenschaften, wie z.B. der Charakter, Einsatzwille, Kampfgeist und Teamfähigkeit, die sich noch weniger messen oder in Zahlen ausdrücken lassen, als Leistungen oder genauer: Leistungsvoraussetzungen zugerechnet. Hier stellt sich die Frage, ob auch derartige Indikatoren für die fußballerische Leistungsfähigkeit als Programme gedeutet werden können und inwiefern an dieser Stelle möglicherweise ethnische, nationale und geschlechtliche Zuschreibungen ins Spiel kommen. Wie bereits diese ersten Überlegungen zeigen, scheint die zuvor selbstverständlich unterstellte Exaktheit und Verständlichkeit von Leistungsmaßstäben im Sport sowie die Quantifizierbarkeit sportlicher Leistung möglicherweise doch nicht wesentlich ausgeprägter zu sein als in anderen gesellschaftlichen Funktionssystemen.

Die herausragende Leistungsorientierung im Sport verweist außerdem auf Konkurrenz und Wettbewerb als zwei weitere sportliche Grundprinzipien, die als implizite Bestandteile der Idee der Höchstleistung verstanden werden können (vgl. Guttmann 1978; Eichberg 1979). So lässt sich das Leistungsprinzip im Sport als „Steigerungsidee" interpretieren: „eine Idee nicht nur des Gut-, sondern des *Besser*seins." (Werron 2005a: 264). Das spiegelt sich beispielsweise auch im komparativen Motto der Olympischen Spiele: „Citius, altius, fortius!" Leistung und Konkurrenz scheinen im Sport letztlich in einem wechselseitigen Bedingungsverhältnis zueinander zu stehen, da Leistung nicht nur an der jeweiligen Konkurrenz gemessen, sondern überhaupt erst durch diese konstituiert wird (vgl. Krockow 1974: 42ff., 1980: 18f.).[12] Was also letztlich eine Höchstleistung ist, lässt sich nur im Vergleich zu den Leistungen anderer bzw. im Konkurrenzkampf ermitteln. Diese für den Sport so typische Idee der Höchstleistung führt unmittelbar zum Anspruch auf universalistische Teilnahmechancen am sportlichen Leistungsvergleich bzw. zu der in dieser Arbeit so zentralen Frage der sozialen Inklusion.

---

[12] Grundsätzlich kann man beim Sporttreiben auch ein Konkurrenzverhältnis mit sich selbst eingehen und sich an den selbst gesetzten Leistungsstandards orientieren (vgl. Krockow 1974: 43).

Einleitung

Fußball als Paradoxon der Moderne I: Die soziale Universalität des Leistungsvergleichs

Geht man davon aus, dass es im Sport und damit auch im Fußball um den Vergleich sportlicher Leistungen und um die Ermittlung der jeweils besten Leistung geht, dann impliziert das einen Selbstanspruch auf universale Gültigkeit. Das bedeutet, dass die ermittelte Höchstleistung grundsätzliche Geltung haben sollte, unabhängig davon, wo, wann und von wem sie aufgestellt wurde.[13] Dabei bezieht sich diese räumliche, zeitliche und soziale Universalität des sportlichen Leistungsvergleichs weniger auf eine beobachtbare Eigenschaft des Sports als vielmehr dessen normative Ansprüche bzw. Selbstbeschreibungen. Nur unter der Bedingung, dass im Prinzip jeder bzw. jede die gleichen Chancen hat, am sportlichen Wettkampf zu partizipieren[14], lässt sich die Idee von Weltrekorden bzw. Bestleistungen aufrechterhalten:

> „Und wo – aus welchen Gründen immer – jemand von der Chance des Leistungsvergleichs grundsätzlich ausgeschlossen wird, da ruiniert solcher Ausschluß die Idee der Höchstleistung; niemals lässt sich mit Sicherheit sagen, ob der Ausgeschlossene nicht eine noch höhere Leistung hätte vollbringen können." (Krockow 1974: 44)

Ausschlaggebend für die Frage der sozialen Inklusion sollte dabei allein sein, ob die funktional definierten Voraussetzungen erfüllt werden (vgl. Luhmann 1997: 624ff.; 2005e: 232ff.; Stichweh 1988, 2005b). So entscheiden die Funktionssysteme entsprechend ihrer Aufgabenstruktur und ihrem Zweck selbst über die Zugangsvoraussetzungen (vgl. Luhmann 1997: 743ff.) und weder Ausschluss noch die Zuweisung sozialer Positionen dürfen in modernen Gesellschaften auf der Basis zugeschriebener[15], nicht funktionsbezogener Sachkriterien erfolgen.

Für den Sport bzw. den Fußball bedeutet das, dass Zugang und Positionsvergabe ausschließlich nach Leistungsgesichtspunkten erfolgen sollten, während außersportliche bzw. nicht-leistungsbezogene Kriterien wie Hautfarbe, nationale Herkunft, Geschlecht oder Charakter keine Rolle spielen dürften.[16] Aufgrund der herausgehobenen Leistungsorientierung

---

[13] Zur Universalität der Wissenschaft vgl. Stichweh 2003.
[14] Das Postulat der Chancengleichheit sowie der Anspruch, dass die Zuweisung sozialer Positionen aufgrund von Leistungsmerkmalen erfolgen soll, gilt grundsätzlich für die Inklusion sowohl in Publikums- als auch Leistungsrollen eines Funktionssystems (vgl. Stichweh 2005d).
[15] Das Gegensatzpaar Zuschreibung vs. Leistungsorientierung („ascription vs. achievement") findet sich auch bei den so genannten „Pattern Variables" von Talcott Parsons (1967; 1970), die zur Beschreibung und Analyse institutionalisierter Rollenbeziehungen verwendet werden. Demnach gilt in den meisten Rollenbeziehungen einer modernen Gesellschaft die Orientierung an zugeschriebenen Personenmerkmalen als illegitim, so z.B. im beruflichen Kontext. Stattdessen dominieren erworbene Statusmerkmale die Einstellung gegenüber dem Interaktionspartner, wie beispielsweise die berufliche Qualifikation. Eine Ausnahme bildet jedoch der Bereich der Familie, in dem primär askriptive Merkmale als ausschlaggebend für die jeweilige Handlungsorientierung wahrgenommen werden.
[16] Zu einer ganz ähnlichen Vermutung bzgl. des Bedeutungsverlusts askriptiver Merkmale in modernen Gesellschaften kommt man auch mit Hilfe der Rational Choice Theorie und der Annahme Nutzen-Maximierender Akteure (vgl. Esser 1988). Das gilt im Besonderen für den Bereich des Sports: Unter der Bedingung eines vollkommenen Wettbewerbs erscheint diskriminierendes Verhalten – also der Einfluss askriptiver Merkmale unter Kontrolle der Produktivität bzw. Leistung auf die Erträge – theoretisch unwahrscheinlich (vgl. Kalter 2003: 81ff.). Zugespitzt auf den Fußball bedeutet das: Der Ausschluss von Spielern aufgrund askriptiver Merkmale wie z.B. ihrer ethnischen oder nationalen Herkunft wäre für alle Beteiligten „unökonomisch" bzw. mit Kosten verbunden. Die Vereine müssten unter Umständen auf die Rekrutierung hervorragender Spieler verzichten, und die Zuschauer möglicherweise mit der Einschränkung der Qualität des konsumierbaren Fußballs rechnen.

des Sports könnte man sogar vermuten, dass der Verweis auf askriptive Merkmale in besonderem Maße als illegitim empfunden wird. Entgegen dieser Vermutung zeigen sich im Fußball jedoch schon auf den ersten Blick Widersprüche zu diesem universalistischen Anspruch, z.B. in Form von Ausländerbeschränkungen. Demnach ist die Spielerrekrutierung in der Bundesliga nicht gleichbedeutend mit der Suche nach den weltweit besten Spielern, sondern unterliegt zahlreichen Einschränkungen durch Verbandsregeln: So dürfen nur maximal fünf Spieler aus Ländern verpflichtet werden, die nicht zum Europäischen Fußballverband, UEFA, gehören, und es müssen mindestens zwölf deutsche Spieler im Kader sein.[17] Erstaunlicherweise werden diese ungleichen Zugangschancen qua Nationalität jedoch nicht als problematisch für die Idee der Höchstleistung wahrgenommen. Wie aber lässt sich diese partikularistische[18] Praxis des Fußballs mit dem Postulat der Chancengleichheit vereinbaren, und seit wann gilt die nationale Zugehörigkeit im Fußball als Zugangskriterium? Die gleichen Fragen stellen sich auch in Bezug auf die Geschlechtszugehörigkeit, die wie erwähnt ebenfalls als Inklusionskriterium im Fußball fungiert.

Für die soziologische Analyse dieser Fragen könnte die Unterscheidung zwischen verschiedenen Ebenen der Systembildung wichtig sein, denn möglicherweise beschränkt sich der Anspruch auf Vollinklusion auf die Ebene der Funktionssysteme und hat im Kontext formaler Organisationen und unmittelbarer Interaktionen – um die es in dieser Untersuchung jedoch hauptsächlich geht – gar keine Geltung. Entsprechend weist Luhmann (2000b: 392; 1997: 844) darauf hin, dass Organisationen im Gegensatz zur normativen Selbstbeschreibung von Funktionssystemen nämlich gerade „kein Naturrecht auf Mitgliedschaft" postulieren, sondern Exklusion zum Normalfall erklären. Dagegen lässt sich jedoch einwenden, dass die Orientierung am Funktionszweck grundsätzlich auch für Organisationen gilt, d.h. dass die Mitgliedschaft nicht auf askriptiven Merkmalen basiert, sondern typischerweise zweckbestimmt ist (vgl. Mayntz 1963: 18). Außerdem dienen formale Organisationen der Durchsetzung und „Operationalisierung der verschiedenen teilsystemischen Handlungslogiken" (Schimank 2001: 25). Das bedeutet, dass Sportorganisationen wie z.B. ein Bundesligaklub sich primär an einer sportlichen Funktionslogik orientieren, auch wenn sie darüber hinaus wirtschaftlichen und rechtlichen Prinzipien Rechnung tragen müssen (vgl. Luhmann 1997: 841f.).[19]

Es stellt sich also die Frage, inwiefern die mit dem Höchstleistungsgedanken verbundene Forderung universalistischer Teilhabechancen auch in der Zweckprogrammierung der Organisationen Geltung findet oder sich in den Selbstbeschreibungen bzw. der Außendarstellung der Klubs widerspiegelt? Entsprechend wurde untersucht, ob sich partikularistische Ausschlüsse bzw. Zugangsbeschränkungen zu den Fußballorganisationen aufgrund zugeschriebener Merkmale möglicherweise auch jenseits der Verbandsregeln beobachten lassen und unter welchen Bedingungen sie stattfinden. Gibt es also nationale bzw. ethnische Zuschreibungen in den Fußballklubs, und inwieweit resultieren sie in einer Ungleichbehandlung? Dazu wurden unter anderem die Rekrutierungs- und Selektionsprozesse der Fußballklubs bei der Verpflichtung von Spielern genauer erforscht. Derartige Entscheidungen las-

---

[17] Das war der Stand der Regeln für die Erste und Zweite Bundesliga zum Zeitpunkt der Durchführung meiner Untersuchungen (vgl. Kap. 1.4.4 Exkurs: Die Geschichte der Ausländerregelungen in der Bundesliga).
[18] Auch das Gegensatzpaar Universalismus vs. Partikularismus gehört zu den Pattern Variables (vgl. Parsons 1967, 1970 und Fußnote 15), wobei die universalistische Handlungsorientierung als typisches Kennzeichen der Rollenbeziehungen in modernen Gesellschaften verstanden wird.
[19] Zur Multireferentialität formaler Organisationen vgl. Bora 2001.

sen sich als institutionalisierte „Schlüsselsituationen" deuten, die eine „Schnittstelle" zwischen formalen Organisationen bzw. der Sozialstruktur auf der einen Seite und der Interaktionsordnung auf der anderen darstellen (vgl. Goffman 1997a: 73ff.).

Die Mechanismen partikularistischer Ausschlüsse und deren Legitimationen sollen also auch auf der Ebene unmittelbarer Interaktionen untersucht werden: Welche Funktion und Bedeutung haben askriptive Personenmerkmale in funktional gerahmten Interaktionen? Wie werden nationale bzw. ethnische Herkunft und Geschlechtszugehörigkeit im Fußballalltag überhaupt artikuliert? Und mittels welcher Verhaltensweisen werden nationale oder ethnische Differenzen in unmittelbaren Interaktionen hergestellt bzw. Männlichkeit demonstriert? Während das Geschlecht und häufig auch die ethnische Zugehörigkeit, z.B. anhand körperlicher Merkmale, hochgradig sichtbar, kaum zu ignorieren sind und damit möglicherweise auch eher zum Anknüpfungspunkt für Verhaltenserwartungen werden können, ist die nationale Zugehörigkeit in der Regel nicht auf den ersten Blick erkennbar. Daher soll untersucht werden, wie nationale Differenzen in sozialen Interaktionen wahrnehmbar gemacht und inwiefern diese Differenzen dann zum Ansatzpunkt für eine sozial signifikante Unterscheidung werden können? Dabei geht es vor allem um die Frage nach fußballspezifischen normativen Erwartungen bzw. Stereotypisierungen, die mit den ethnischen, nationalen und geschlechtlichen Zugehörigkeiten verknüpft sind.

Fußball als Paradoxon der Moderne II: Die Globalität des Leistungsvergleichs

Neben dem Problem der Umsetzung des universalistischen Inklusionsanspruchs stellt sich mit Hinblick auf die Bedeutung nationaler Grenzen im Fußball außerdem die Frage nach der Globalität des Sports. Nimmt man die zuvor formulierte normative Selbstbeschreibung von der Universalität des sportlichen Leistungsvergleichs ernst, ist mit der Entstehung eines globalen, d.h. sozial-zeitlich-räumlich unbeschränkten sportlichen Beobachtungs- und Vergleichshorizonts zu rechnen (vgl. Stichweh 1995: 23; Werron 2005a, 2008). Denn infolge der Durchsetzung funktionaler Differenzierung scheint es grundsätzlich nicht (mehr) notwendig, dass der sportliche Leistungsvergleich an territorialen Grenzen halt macht.[20] Im Fußball lässt sich die Entstehung eines „überlokalen" Vergleichshorizonts auf das Ende des 19. Jahrhunderts datieren, als unmittelbare Folge der Vereinheitlichung der Spielregeln, der Institutionalisierung eines kontinuierlichen Ligensystems und der Herausbildung eines über die körperlich Anwesenden hinausreichenden Publikums, das als „öffentliches Gedächtnis" fungiert (vgl. Werron 2008; Eisenberg u.a. 2004).

Parallel zu dieser „Entgrenzung" und damit Ausdifferenzierung des Fußballs ist jedoch auch eine Kontraktion bzw. Unterteilung des Fußballs in territoriale und vor allem nationale Segmente zu beobachten: Sowohl die Verbandsstrukturen als auch die Organisation des Wettkampfbetriebs verlaufen zunehmend entlang nationalstaatlicher bzw. kontinentaler Grenzen, womit die prinzipiell räumlich grenzenlosen Leistungsvergleiche wiederum national gebrochen werden. Darüber hinaus orientieren sich auch Identifikationsmuster sowie

---

[20] Entsprechend beschreibt Luhmann (1980b: 333ff.; 1997: 145ff.; 2005b) die primär funktional differenzierte Gesellschaft unweigerlich als Weltgesellschaft.

die Zuschreibung von Erfolgen primär an regionalen bzw. nationalen Zugehörigkeiten.[21] So stehen alle Fußballvereine eines Landes unter der Obhut eines nationalen Dachverbandes, das ist in Deutschland der Deutsche Fußball-Bund, DFB. Die verschiedenen Nationalverbände wiederum sind im Welt-Fußballverband, FIFA, zusammengeschlossen, wobei die Anerkennung als souveräner Staat als Voraussetzung für eine Mitgliedschaft in der FIFA gilt.[22] Im Umkehrschluss wird mittlerweile auch die Aufnahme in die FIFA als Signal für die Bestätigung von Souveränität und Nationalstaatlichkeit verstanden. Entsprechend erklärte FIFA-Präsident Blatter, dass „neue Nationen [sich] nur schwer entscheiden [können], ob sie zunächst der UNO oder der FIFA beitreten sollen." (Zitiert nach Schulze-Marmeling 2000: 9)[23]

Letztlich heißt das, dass sowohl in den Selbstbeschreibungen als auch den Organisations- und Regelstrukturen des Fußballs nationale bzw. nationalstaatliche Differenzen regelmäßig in einem stärkeren Maß dramatisiert werden, als dass auf funktionale Gemeinsamkeiten abgestellt wird: So wäre es zumindest grundsätzlich denkbar, dass die Mitgliedschaft in der FIFA nicht nur nationalen Dachverbänden, sondern auch einzelnen Mannschaften offen stünde. Es stellt sich also die Frage, warum ausgerechnet territorialen und insbesondere nationalen Differenzierungen eine so große Bedeutung zugewiesen wird und ob nicht auch funktionale Äquivalente denkbar wären. Warum also fokussiert sich das Zuschauerinteresse primär auf den sportlichen Leistungsvergleich zwischen verschiedenen Ländern und nicht auf andere Grenzziehungen, wie beispielsweise soziale Herkunft oder Religionszugehörigkeit? Denkbar wären aber auch andere territoriale Abgrenzungen als Nationen, z.B. nach Regionen oder Kontinenten.[24] Entsprechend wird der FIFA-Konföderationen-Cup im Fußball (bis 1995 Intercontinental-Cup), der eigentlich einen Wettkampf der Kontinente darstellen soll, nicht zwischen kontinentalen Auswahlmannschaften (also den besten Spielern Europas gegen die besten aus Afrika etc.) ausgetragen, sondern zwischen den jeweils besten Nationalmannschaften der verschiedenen Kontinente (also der Gewinner der Europameisterschaft gegen den Gewinner der Afrikameisterschaften etc.). Aus dieser Perspektive scheint es im Fußball also weniger einen globalen als vielmehr einen internationalen Vergleichszusammenhang zu geben.

Die Globalisierung des Fußballs einerseits und die gleichzeitige nationale Brechung des Leistungsvergleichs andererseits scheinen auf den ersten Blick widersprüchlich und erklärungsbedürftig. Entsprechend gibt es eine breite Diskussion in der sportsoziologischen Literatur zu der Frage, inwiefern die national-partikularistischen Identitätsbezüge auch im

---

[21] Das gilt neben dem Fußball in möglicherweise etwas geringerem Ausmaß auch für die meisten anderen Sportarten. Ausnahmen sind der Radsport und die Formel Eins, da die Mannschaften sich hier nicht nach der nationalen Herkunft der Fahrer zusammensetzen.
[22] Eine Ausnahme von dieser Regel stellt z.B. Palästina dar, dessen Nationalmannschaft im Gegensatz zu Tibet, Grönland, Vatikanstadt, Französisch Guayana, Sansibar und Lappland von der FIFA als solche bereits anerkannt wurde.
[23] Tatsächlich hat die FIFA mit derzeit 207 assoziierten nationalen Fußballverbänden mehr Mitgliedstaaten als die UNO.
[24] Das gilt neben dem Fußball auch für viele andere Sportarten. Hier bilden selbst Radsport und Formel Eins keine Ausnahmen mehr, sondern geben aufgrund ihrer multinationalen Zusammensetzung von Automarke und Fahrern die Möglichkeit, Erfolg mehrfach national zuzurechnen: So konnte ein Sieg von Michael Schumacher mit Ferrari sowohl der italienischen Automarke als auch dem deutschen Fahrer zugeschrieben werden.

Kontext fortschreitender Globalisierungsprozesse im Sport fortbestehen können.[25] Einen interessanten Beitrag zu dieser Frage leisten Giulianotti und Robertson (2002), indem sie Robertsons (1992) These von der Verschmelzung des Lokalen und Globalen („Glokalisierung") auf den Fußball anwenden und die Gleichzeitigkeit der „Universalisierung des Partikularen" sowie der „Partikularisierung des Universalen" konstatieren. D.h. dass sich der Fußball als Sportart mit standardisierten Regeln zwar weltweit verbreiten konnte, gleichzeitig aber in jedem lokalen Kontext unterschiedlich interpretiert wird und sich nationale Spielstile herausgebildet haben.

Die Entwicklung eines globalen sportlichen bzw. fußballerischen Vergleichshorizonts und die gleichzeitige Institutionalisierung territorialer Grenzen im Fußball stellen somit nicht notwendigerweise einen Widerspruch dar.[26] Im Anschluss an Schimank (2005: 398ff.) lassen sich die nationalen Grenzen auch als „Interdependenzunterbrechungen" interpretieren, die eine wichtige Bedingung der Weltgesellschaft sowie des „Weltfußballs" darstellen. Aus dieser Perspektive reduzieren die neu institutionalisierten nationalen Grenzen Komplexität und sorgen so dafür, dass die Handlungs- und Entscheidungsfähigkeit der Akteure innerhalb der Weltgesellschaft erhalten bleibt: Für den Sport bzw. den Fußball bedeutet das, dass nicht zwangsläufig alle Teilnehmer miteinander konkurrieren müssen, sondern Wettkampf nur entlang bestimmter Vergleichsräume stattfindet. Durch die Errichtung territorialer Grenzen werden globale Leistungsvergleiche organisatorisch handhabbar[27], und im Wettkampfbetrieb entstehen Anknüpfungspunkte für Identifikation und Identität bei den Zuschauern (vgl. Rowe 2003).

Vor dem Hintergrund dieser Überlegungen zu Globalisierung und gleichzeitiger Nationalisierung soll nicht nur die historische Entstehungsgeschichte des Fußballs, sondern auch die Selbstbeschreibungen der Fußballakteure und ihrer Organisationen untersucht werden. Im Mittelpunkt steht dabei die Frage, ob bzw. inwiefern ein globaler fußballerischen Beobachtungs- und Vergleichshorizont wahrgenommen und an welchen Ereignissen die Globalität des Fußballs festgemacht wird. Kontrastierend wurden auch die Bedeutung territorialer Grenzen in den formalen Regelstrukturen sowie die soziale Praxis der Akteure analysiert.

Kurzer Leitfaden durch die Arbeit

Die Arbeit gliedert sich in drei Teile. Zu Beginn geht es um die Frage, seit wann sich ethnische, nationale und geschlechtliche Differenzen im Sport bzw. im Fußball als Ordnungsprinzipien etablieren konnten. Dazu erfolgt zunächst eine historische Rekonstruktion der Entstehung und Ausdifferenzierung des modernen Sports und des Fußballs sowie eine Beschreibung der Herausbildung eines globalen Vergleichshorizonts fußballerischer Leistungen (Kap. 1.1). Anschließend werden die historisch parallel ablaufenden Prozesse der Institutionalisierung von Ethnie, Nation und Geschlecht als universell gültige Ordnungsprinzipien moderner funktional differenzierter Gesellschaften beschrieben und mit der Entwick-

---

[25] Zur Diskussion über Globalisierung im Sport allgemein vgl. Bairner 2001; Ferrando/Hargreaves 2001; Maguire 1994, 1995; Mangan 1996; Miller 2001; Galtung 1991. Speziell zum Fußball vgl. Bröskamp 1998; Cachay u.a. 2005; Fanizadeh u.a. 2002; Finn/Giulianotti 2000; Rowe 2003.
[26] Grundsätzlich zum Verhältnis von Weltgesellschaft und Nationenbildung als wechselseitiges Steigerungsverhältnis vgl. Luhmann 1997: 1050f.; Greve/Heintz 2005.
[27] Zur Nationenbildung als Voraussetzung für Steuerungsfähigkeit im Rahmen funktionaler Differenzierung vgl. auch Hahn 1993.

lung des Sports verglichen (Kap. 1.2 und 1.3). Ziel ist es, die zahlreichen Überschneidungen und Gemeinsamkeiten dieser Entwicklungsprozesse aufzuzeigen, die letztlich in der Institutionalisierung ethnischer, nationaler und geschlechtlicher Differenzen als Inklusionskriterien vieler Sportarten resultieren. Diese These wird dann am Beispiel der Geschichte des Fußballs in England und Deutschland exemplarisch verdeutlicht (Kap. 2.4). Hier stellt sich die Frage, wie und wann genau sich ethnische, nationale und geschlechtliche Zugehörigkeit als Teilungsdimensionen sowohl in die Strukturen als auch die (Selbst-)Beschreibungen des Fußballs eingelagert haben. Im Rahmen eines Exkurses wird außerdem ein Überblick über die Geschichte der Ausländerregelungen im Fußball gegeben.

Der historische Teil soll bereits erste Antworten auf die zentralen Fragen der Arbeit liefern und bildet gleichzeitig den Hintergrund für die in den ethnographischen Fallstudien beschriebenen Phänomene. Dennoch sind beide Teile der Arbeit nicht gleich gewichtet, und es werden für die historische Analyse keine selbst erhobenen Daten verwendet, sondern lediglich die bestehende sporthistorische Literatur neu interpretiert bzw. bestehende Lücken aufgedeckt. So gibt es trotz der großen Anzahl historischer Abhandlungen zum Fußballsport praktisch keine Arbeit, in der die Bedeutung nationaler, ethnischer und geschlechtlicher Differenzen systematisch untersucht wird. Vor allem für die Anfangszeit des Fußballs liegen kaum aussagekräftige Untersuchungen zu dieser Frage vor.

Im Anschluss an diesen historischen Überblick werden im zweiten Teil der Arbeit Anlage und methodisches Vorgehen bei der ethnographischen Untersuchung beschrieben (Kap. 2.2). Zuvor werden die drei Bundesligaklubs vorgestellt, in denen die Untersuchungen durchgeführt wurden (Kap. 2.1). Abschließend erfolgt eine Reflektion forschungspraktischer Probleme, die sich im Verlauf der Untersuchung ergeben haben und die bereits erste Schlussfolgerungen auf das Forschungsfeld zulassen (Kap. 2.2.3 und 2.2.4).

Die Auswertung der ethnographischen Analyse besteht aus fünf Teilabschnitten und beginnt mit Beobachtungen zur Bedeutung des Körpers im Fußball, die den Ausgangspunkt der anschließenden Ausführungen darstellen (Kap. 3.1). Im Zentrum dieser ersten Analysen stehen verschiedene Formen körperlicher Berührungen im Fußball, wie der Handschlag, Umarmungen und Küsse unter Männern und deren Funktionen. Außerdem wird versucht, bestimmte Formen des Körperkults unter Fußballern durch einen Vergleich professioneller Fußballklubs mit „totalen Institutionen" zu erklären. Abschließend erfolgt ein kurzer Abriss zur Bedeutung des Ehrbegriffs im Fußball.

Die Abgrenzung des Sports gegenüber anderen gesellschaftlichen Funktionssystemen und die empirische Bedeutung des Leistungsbegriffs im Fußball sind die zentralen Themen des zweiten Auswertungskapitels (Kap. 3.2). Es werden Fragen der Mess- und Quantifizierbarkeit fußballerischer Leistungen diskutiert sowie grundsätzliche Überlegungen zur Bedeutung nationaler und ethnischer Differenzen bei der Zurechnung von Leistung angestellt. Im Anschluss an die Kontextualisierung des Leistungsbegriffs wird im dritten Teil der Auswertung die Bewertungspraxis am Beispiel der Spielerrekrutierung in zwei der untersuchten Klubs miteinander verglichen (Kap. 3.3). Im Mittelpunkt dieses Fallvergleichs steht die Analyse der (Um-)Deutungsprozesse, mit deren Hilfe die nationale Zugehörigkeit zu einem legitimen Inklusionskriterium gemacht wird.

Das nachfolgende Kapitel beschäftigt sich zunächst mit der Frage der Gleichzeitigkeit von Globalisierungs- und Nationalisierungsprozessen im Fußball (Kap. 3.4). Dabei werden sowohl Beschreibungen der Akteure als auch die Strukturen formaler Fußballorganisationen und ihrer Regelwerke berücksichtigt sowie die soziale Praxis des Profifußballs. Hier zeigt sich, dass die Globalität des wahrgenommenen fußballerischen Vergleichshorizonts auf die Unterteilung in nationale Einheiten angewiesen ist, die im Rahmen des sportlichen Leistungsvergleichs gleichzeitig Anknüpfungspunkte für die Identifikationsprozesse darstellen. Die nationale bzw. nationalstaatliche Zugehörigkeit spielt also notwendigerweise sowohl in den Mitgliedschaftsregeln der Organisationen als auch bei der alltäglichen Beobachtung des Fußballs eine zentrale Rolle. So existiert im Fußball ein elaboriertes System von Nationalstereotypen, das regelmäßig auch mit moralischen Bewertungen der unterstellten Differenz verbunden ist, wie am Beispiel von rassistischer Stereotypenkommunikation und Frotzelaktivitäten der Spieler dargestellt werden kann.

Im fünften und letzten Teil der Auswertung geht es um die Bedeutung der Geschlechterdifferenz für die Leistungszurechnung im Fußball (Kap. 3.5). Auf der Basis der Interviewdaten werden hier die Wahrnehmung des Fußballs als Männersport sowie die Verwendung verschiedener Kommunikationsstrategien beschrieben, mit deren Hilfe die Geschlechterdifferenz als legitimes Exklusionskriterium im Fußball gedeutet werden kann.[28] Abschließend werden die Deutungsmuster der ethnischen und nationalen Stereotypisierungen mit den Merkmalen der sexistischen Stereotypenkommunikation verglichen.

Mit Hilfe von Zwischenfazits wird versucht, dem Leser trotz des Umfangs der Arbeit, ihrer Materialfülle und der Entwicklung sehr unterschiedlicher Perspektiven auf den Fußball dennoch Anschluss und Überblick über den Verlauf der Argumentation zu verschaffen. Im letzten Teil der Arbeit werden die Ergebnisse dann abschließend zusammengefasst und bilanziert.

---

[28] Da auf die Durchführung einer Vergleichsstudie in einem Frauenklub nicht zuletzt aus Zeitgründen verzichtet werden musste, beziehe ich mich hier ausschließlich auf Interviewdaten in den Männerklubs, die im Anschluss an die historische Analyse mit Blick auf aktuelle Deutungsmuster der Geschlechterdifferenz im Fußball ausgewertet wurden.

1. Geschichte des modernen Sports und des Fußballs

Ausgangspunkt der folgenden historischen Analyse ist die Frage nach den Ursachen für die prominente Bedeutung nationaler, ethnischer und geschlechtlicher Zugehörigkeiten im Fußball. Wieso kommen im Fußball regelmäßig nationale und ethnische Stereotypisierungen zur Anwendung und gelten darüber hinaus anders als in anderen Funktionskontexten auch noch als legitim? Warum werden Ausländerbeschränkungen und Geschlechtersegregation im Fußball nicht als partikularistische Ausschlüsse erlebt? Eine erste Annäherung an diese Fragen erfolgt durch die Untersuchung der historischen Hintergründe bzw. des Zustandekommens dieser Phänomene. Seit wann fungieren ethnische, nationale und geschlechtliche Differenzen überhaupt als Beobachtungsschemata im Fußball, und was sind die Ursachen dieser Entwicklungen? Durch eine Analyse der zeithistorischen Zusammenhänge werden oberflächliche alltagstheoretische Erklärungsversuche entkräftet, die auf die Macht der Gewohnheit verweisen („Das war schon immer so!"). Stattdessen soll anhand einer Rekonstruktion der Entstehungsgeschichte des Fußballs gezeigt werden, seit wann, unter welchen Umständen und mit Hilfe welcher Begründungen die drei Teilungsdimensionen Nation, Ethnie und Geschlecht zu Kriterien der Grenzziehung und des sozialen Ausschlusses wurden. Hierbei wird zwischen zwei verschiedenen Arten der Grenzziehung bzw. den dafür verwendeten askriptiven Merkmalen unterschieden: Zum einen können die sozialen Zugehörigkeiten als Kriterien der Mannschaftsbildung verwendet werden und darüber entscheiden, wer mit wem konkurriert bzw. wessen Leistungen miteinander verglichen werden. Zum anderen können sie aber auch als Exklusionskriterien fungieren, so dass kein Leistungsvergleich zwischen den Angehörigen verschiedener Mitgliedschaftskategorien mehr stattfinden kann.

Neben der Bedeutung askriptiver Merkmale für die Inklusion in den Sport bzw. den Fußball geht es außerdem um die Entstehung eines globalen Vergleichshorizonts im Fußball. Inwieweit lassen sich Phänomene der Entgrenzung und Ausdifferenzierung beobachten, und in welchem Verhältnis stehen sie zur Institutionalisierung territorialer und vor allem nationaler Grenzen?

Zur Untersuchung dieser Fragen werden zunächst die Ausdifferenzierung des Sports als eigenständiges Funktionssystem (1.1) und die historisch parallel ablaufende Etablierung von Ethnie, Nation (1.2) sowie Geschlecht (1.3) als kulturell kontingenten Ordnungsprinzipien dargestellt. Vor diesem Hintergrund sollen dann sowohl die Frage nach der sozialen Inklusion als auch der zunehmenden Globalisierung am Beispiel der Entwicklung und Verbreitung des Fußballs (1.4) beschrieben werden, wobei sich die Rekonstruktion schwerpunktmäßig auf England und Deutschland beziehen wird. Die Ergebnisse der historischen Analyse werden am Ende dieses Kapitels noch einmal hinsichtlich der Ausgangsfragen zusammengefasst (1.5).

1.1 Die Entstehung des modernen Sports

Die Ausdifferenzierung des Sports als eigenständiges Funktionssystem wird meist auf die Mitte des 19. Jahrhunderts datiert (vgl. Cachay 2000: 60ff.; Schulze 2005: 25ff.; Stichweh 1995). Bevor jedoch der moderne Sport genauer beschrieben werden kann, scheint es zum besseren Verständnis der besonderen Charakteristika dieser speziellen Bewegungskultur notwendig, zunächst die Formen vormoderner Leibesübungen zu betrachten. Unter „Bewegungskultur" und „Leibesübungen" sollen dabei solche Phänomene verstanden werden, die nicht in erster Linie Bestandteil der Arbeit oder der Reproduktion waren (vgl. Cachay 2000: 46).

1.1.1 Die Bewegungskultur in den vormodernen Gesellschaften des Mittelalters und der frühen Neuzeit

Auf den ersten Blick scheinen die Disziplinen der mittelalterlichen Bewegungskultur denen des modernen Sports sehr ähnlich gewesen zu sein: Es wurde gelaufen, gesprungen, es gab Stein- oder Stangenstoßen, Ringen, Fechten, Schießen, Tanzen und Volksspiele mit einem Ball oder ballähnlichen Objekten (vgl. Cachay 1988: 46). Die äußerliche Ähnlichkeit der sportlichen Disziplinen bedeutet jedoch nicht, dass zwischen diesen vormodernen Bewegungskulturen und dem modernen Sport eine Kontinuität bestünde (vgl. Cachay/Thiel 2000: 47ff.). Entsprechend der feudalen Ordnung der mittelalterlichen Gesellschaft war auch die Bewegungskultur ständisch gebrochen, d.h. es gab spezifische sozial exklusive Bewegungsarten für die verschiedenen Stände (Ritter, Bauern, später Bürger und den Klerus) (vgl. Cachay/Thiel 2000: 47; Eichberg 1979: 32ff.). In diesem Sinne weist Stichweh (1995: 13f.) auf die Inszenierung ständischer Hierarchien im Sport des frühneuzeitlichen Europas hin. Einzelne Bereiche ständischer Leibesübungen, vor allem im Umfeld des ritterlichen Turnierwesens, waren sogar schon ansatzweise organisiert. Eine Vermischung der Stände gab es nicht.

Die meisten dieser Bewegungsformen dienten der Wehrertüchtigung und waren fester Bestandteil der Erziehung – und zwar nicht nur für Rittertum und Adel, sondern auch für das Bürgertum, das im späten Mittelalter ebenfalls das Waffenrecht besaß (vgl. Cachay/ Thiel 2000: 48). Auch die Bauern übten sich in Leibesübungen, die Jagd- und Kriegszwecken förderlich waren, allerdings hingen ihre Möglichkeiten zu regelmäßiger körperlicher Anstrengung jenseits der Arbeit in stärkerem Maß von der Ernährungslage und Hungerkrisen ab als das für Adel, Klerus und Bürgertum galt. Im bäuerlichen Kontext gab es jenseits der Wehrübungen aber vor allem volkstümliche Zweikämpfe und Volksspiele, die häufig als Begleitveranstaltungen von Messen und jahreszeitlichen sowie kirchlichen Festen stattfanden. Entsprechend dem mittelalterlichen bzw. frühneuzeitlichen Zeitrhythmus, der noch keine scharfe Abgrenzung von Arbeit und Freizeit kannte, wurden die Leibesübungen nicht kontinuierlich, sondern nur zu bestimmten wiederkehrenden Anlässen im Jahresverlauf ausgeübt (vgl. Cachay/Thiel 2000: 60).

Zu den beliebtesten Bewegungswettkämpfen im frühneuzeitlichen England gehörten verschiedene Wurf- und Geschicklichkeitsspiele, Tierkämpfe und Vorformen der modernen Sportarten Fußball, Cricket, Pferderennen, Boxen, Rudern und Wettlauf (vgl. Eichberg 1979:36f.). Eisenberg (1999: 25ff.) betont, dass die Wettkämpfe vor allem Interesse bei den

1.1 Die Entstehung des modernen Sports

„upper" und „lower classes" gefunden hätten, während der lange Zeit zahlenmäßig sehr geringe Anteil der Bürger hierbei kaum in Erscheinung getreten sei. Das Gewaltniveau in den Wettkampfspielen des Mittelalters und der frühen Neuzeit ist mit modernen „zivilisierten" Sportveranstaltungen nicht vergleichbar (vgl. Elias 2003a: 239ff.; Elias 2003b). Das galt sowohl für die Spiele der unteren Schichten, bei denen es regelmäßig zu schweren Verletzungen und tödlichen Unfällen kam (vgl. Elias/Dunning 2003), als auch für die Wettkämpfe der Aristokraten, die zwar nicht ihr eigenes Blut, aber im Rahmen von Boxkämpfen das ihrer Bediensteten und in Hahnenkämpfen, *bear* oder *bull baits* das von Tieren vergießen ließen (vgl. Elias 2003b: 290ff.; Eisenberg 1999: 27ff.). Konstitutives Element dieses frühneuzeitlichen Sportkonsums war außerdem das Wetten um Geld, das durchaus nicht nur eine Angelegenheit von Angehörigen der Oberschicht war (vgl. Eisenberg 1999: 29ff.).

Dass die Segregation der Bewegungsformen primär entlang der Standeszugehörigkeit und z.B. nicht qua Geschlecht erfolgte, belegt die Tatsache, dass trotz des hohen Gewaltpotentials regelmäßig auch Frauen innerhalb der für ihren sozialen Stand angemessenen Sportart an diesen Wettspielen beteiligt waren: So gehörten Bogenschießen, Reiten und die Jagd zum festen Repertoire der Adelsfrauen, während die Frauen der unteren Stände sich an Wettläufen, Ringen und „folk football" beteiligten, wo sie sowohl *mit* Männern gemeinsam als auch *gegen* Männer antraten (vgl. Eisenberg 1999: 26; Guttmann 1978: 33ff.; Guttmann 1991: 40ff.).

Neben der Einbindung sportlicher Leibesübungen in kirchliche Feste und militärische Exerzitien lassen sich für das Mittelalter und die frühe Neuzeit auch eine Reihe anderer Sinnkontexte aufzeigen, in denen körperliche Übungen eine wichtige Rolle spielten (vgl. Cachay/Thiel 2000: 52ff.). So z.B. gerichtliche Zweikämpfe als Teil der Rechtsprechung und Leibesübungen sowie Wettkämpfe anlässlich kultischer Zusammenhänge (vor allem Toten- und Fruchtbarkeitskulte). Cachay und Thiel (2000:53) deuten diese Einbettung der mittelalterlichen Leibesübungen in verschiedene Sinnbezüge als Ausdruck für die noch nicht vollzogene Ausdifferenzierung verschiedener gesellschaftlicher Funktionsbereiche und verdeutlichen diese Interpretation exemplarisch an der Lebensform des „ganzen Hauses", die für weite Teile der mittelalterlichen Bevölkerung typisch war und sich durch die Einheit von Haushalt und Erwerb auszeichnete (vgl. Brunner 1966). Ebenso wenig wie sich die Leibesübungen im Mittelalter auf einen bestimmten Sinnbereich einschränken ließen, waren sie räumlich und sachlich begrenzt: Sie wurden im Schloss, im Dorf, auf dem Marktplatz, dem Friedhof oder auch auf dem Gelände zwischen zwei Dörfern ausgetragen (Cachay/Thiel 2000: 60). Einen spezifischen Raum, der nur der Ausübung von Bewegungsspielen diente, sowie exakte bzw. schriftlich fixierte Regeln gab es noch nicht.

Zusammenfassend kann man sagen, dass die Bewegungskultur des Mittelalters und der frühen Neuzeit entsprechend der ständischen Ordnung der damaligen Gesellschaften vor allem entlang der Standeszugehörigkeit strukturiert war. Über Inklusion und Exklusion in die verschiedenen Bereiche von Leibesübungen entschied in erster Linie der soziale Stand, in den man hineingeboren wurde. Hauptträgerschichten des vormodernen Sports waren Adel und einfaches Volk; das Bürgertum trat – nicht zuletzt aufgrund mangelnder Masse – kaum in Erscheinung. Und schließlich hatten die Leibesübungen noch keinen Selbstzweck, sondern waren in verschiedene Sinnbezüge und die undifferenzierte Lebenswelt der damaligen Bevölkerung eingebettet. Erst mit Beginn des 19. Jahrhunderts lässt sich – zunächst in England – zunehmend eine Auslagerung und Verselbstständigung der Leibesübungen aus den zeitlich, sachlich, räumlich und sozial zusammenhängenden Einheiten der frühneuzeitlichen Gesellschaft beobachten.

Da die Ausdifferenzierung des Sports in den verschiedenen nationalen Kontexten sehr unterschiedlich verlief, wird im Folgenden schwerpunktmäßig zwischen der Entwicklung in England, dem Herkunftsland des modernen Sports und des Fußballs, sowie Deutschland unterschieden, auf das sich die Daten der eigenen Untersuchung beziehen. Je nach Vorhandensein entsprechender historischer Belege wird jedoch in der Argumentation auch auf die Situation in anderen Ländern und Regionen der Welt verwiesen.

1.1.2 Die Ausdifferenzierung des Sports in England und der Welt

Die Ausdifferenzierung des Sports als eigenständiges Funktionssystem lässt sich in England auf die zweite Hälfte des 19. Jahrhunderts datieren, die Anfänge des modernen Sports lassen sich jedoch bis zum Anfang des Jahrhunderts zurückverfolgen. Den gesellschaftlichen Hintergrund bildete unter anderem der zahlenmäßige und soziale Aufstieg des Bürgertums in dieser Zeit, der sich parallel zur Entfeudalisierung und der Institutionalisierung von Leistung als Leitprinzip vollzog (vgl. Eisenberg 1999: 47ff.). Außerdem war das 19. Jahrhundert der historische Zeitraum, in dem sich die seit der Französischen Revolution formulierbare neue Ordnung und die Umstellung von primär stratifikatorischer auf funktionale Differenzierung verfestigten. Nach der Ausdifferenzierung von Religion, Politik und Wirtschaft seit 1500 sowie Wissenschaft und Erziehung seit der zweiten Hälfte des 17. Jahrhunderts gliederte sich die Gesellschaft nun in verschiedene autonome Funktionssysteme (vgl. Luhmann 1997: 707ff.).

Die Bedürfnisse und Leistungserwartungen einiger dieser Funktionssysteme zu Beginn des 19. Jahrhunderts bildeten Anschlussofferten für die Entstehung und Ausdifferenzierung des Sports als eigenständiges Teilsystem (vgl. Cachay/Thiel 2000: 60ff.; Schimank 1988: 198). Entscheidend scheint zunächst der Leistungsbezug durch das Medizinsystem gewesen zu sein, das sich vor allem seit der zweiten Hälfte des 18. Jahrhunderts explosionsartig entwickelt hatte (vgl. Cachay/Thiel 2000: 63ff.; Schimank 1988: 204f.). Vor dem Hintergrund von Industrialisierung, funktionaler Arbeitsteilung und dem daraus resultierenden großen Bedarf an Arbeitskräften zielten die Maßnahmen der Medizin vor allem auf eine Erhöhung der Bevölkerungszahl durch eine Senkung der Sterblichkeit und die Verbesserung der Arbeitsfähigkeit. Im Rahmen eines gesamtgesellschaftlichen Säkularisierungsprozesses hatte sich auch die Medizin zunehmend von der Religion abgelöst und ein eigenes Bezugssystem inklusive eigener Theorien entwickelt. Bis ins 18. Jahrhundert orientierten sich die Mediziner noch an der Säftelehre der Antike, der zufolge sich der menschliche Körper aus Blut, Schleim, schwarzer und gelber Galle zusammensetzte (vgl. Rublak 2001; Winau 1983). Gesundheit und Krankheit wurden im Verhältnis bzw. dem Ungleichgewicht der Säfte verortet und zu beheben versucht (vgl. Kuriyama 1998). In den Therapieformen der Humoralpathologie spielte neben Essen und Trinken, Licht und Luft auch ein geregeltes Verhältnis von Bewegung und Ruhe eine Rolle (vgl. Cachay/Thiel 2000: 66; Kuriyama 1998).

Im Gegensatz dazu basierten die neuen medizinischen Richtungen der Iatrophysik bzw. Iatromechanik auf der Descartschen Trennung von Körper und Geist, betrachteten den menschlichen Körper als Maschine und beschäftigten sich vor allem mit den positiven Folgen von Bewegungen für die Gesundheit. Das „Funktionieren" des Körpers wurde als

1.1 Die Entstehung des modernen Sports

Bedingung für das „Funktionieren" des Geistes gedeutet und entsprechend verordnete man bereits im 18. Jahrhundert Leibesübungen zur Prävention und Therapie (vgl. Cachay/Thiel 2000: 67ff.). Die Gesundheit der Bevölkerung wurde zunehmend ein öffentliches Gut, so dass die Förderung von Bewegung als Mittel der Gesunderhaltung auch als Aufgabe des Staates und seiner Erziehungsanstalten gedeutet wurde. Entsprechend forderten die Schriften zur medizinischen Aufklärung seit Ende des 18. Jahrhunderts regelmäßige Bewegung und Leibesübungen für Kinder und Jugendliche.

Im viktorianischen England des 19. Jahrhunderts wurde sportliche Aktivität außerdem als Mittel gegen die Gesundheitsgefährdungen des Stadtlebens propagiert (vgl. Schimank 1988: 204). Die viktorianische Gesellschaft beschäftigte sich sehr intensiv „mit der Problematik physischer und psychischer Gesundheit", und es setzte sich immer mehr die Ansicht durch, dass psychische Erkrankungen ihre Ursachen in körperlichen Defekten hätten (Brändle/Koller 2002: 23). Entsprechend bemühten sich vor allem die Angehörigen der sozialen Eliten um die Gesunderhaltung ihres Körpers durch entsprechende Bewegung. Zu dieser Zeit institutionalisierten sich ebenfalls erstmals öffentliche Einrichtungen, die der Wiederherstellung von Gesundheit bzw. der Vermeidung von Krankheit dienen sollten.

Neben Kindern und Jugendlichen beschäftigten sich die medizinischen Aufklärungsschriften vor allem mit Frauen, denen generell ein großer Teil des medizinischen Interesses entgegengebracht wurde (vgl. Kap. 1.3 Die „Erfindung" der Geschlechterdifferenz). Spätestens seit dem 19. Jahrhundert waren Medizin und Vergleichende Anatomie intensiv mit der Vermessung des Menschen, seiner Seele und anderer Körperteile beschäftigt (vgl. Schiebinger 1993; Stephan 1993). Auf der Basis der Messung von ganzen Skeletten, bestimmter ausgesuchter Knochen (z.B. Oberschenkel oder Becken) sowie Schädeln wurden entsprechend der Evolutionstheorie immer wieder neue Klassifikationssysteme und Hierarchien entwickelt, um Menschen sortieren und bewerten zu können. Im Mittelpunkt dieser Vermessungsarbeiten standen Frauen und Menschen, die nicht aus Europa stammten, die aus der Perspektive des zum Maßstab erhobenen europäischen Mannes „anders" und von der eigenen Norm abweichend erschienen. In diesem Zusammenhang entwickelte sich in den 1820er Jahren ein eigener Wissenschaftszweig, der sich ausschließlich mit der Vermessung von Schädeln beschäftigte: die sog. Phrenologie, später Kraniometrie (vgl. Schiebinger 1992; Stephan 1993). Auch wenn die „Vermessung der Welt"[29] eine generelle Neigung der noch jungen Wissenschaften zu Anfang des 19. Jahrhunderts gewesen sein mag, so zeigt sich hier eine deutliche Parallele zwischen Medizin und Sport, deren Ursache vermutlich in der Gemeinsamkeit des Körperbezugs dieser Vermessungen liegt.

Zusammenfassend kann man festhalten, dass die wohl wichtigste Anschlussofferte der Medizin für die Entwicklung und Ausdifferenzierung des Sports in der zunehmenden Thematisierung der körperlichen Gesundheit der Bevölkerung zu sehen ist. Die starke Fokussierung auf den menschlichen Körper bildet eine Art gemeinsames Fundament beider Funktionssysteme, vor allem vor dem Hintergrund, dass der Körper in den meisten anderen Funktionssystemen im Zuge der Umstellung auf funktionale Differenzierung weitgehend marginalisiert wurde (vgl. Bette 1989). Wenn das Medizin- bzw. Gesundheitssystem also einen möglichen Ausgangspunkt für die Entstehung des modernen Sports bildete, erscheint es nur allzu wahrscheinlich, dass möglicherweise auch die zentralen Beobachtungs- und

---

[29] Vgl. dazu den gleichnamigen Roman von Daniel Kehlmann über den Mathematiker Carl Friedrich Gauß und den Naturforscher Alexander von Humboldt.

Deutungsschemata der Mediziner und Anatomen, wie z.B. Alter, Geschlechtszugehörigkeit und Rasse, Eingang in den Sport gefunden haben.

Neben der Medizin bildete außerdem das Erziehungssystem Anknüpfungspunkte für die Entwicklung des Sports, indem beispielsweise Leibesübungen bereits im späten Mittelalter und in der frühen Neuzeit pädagogisch nutzbar gemacht wurden (vgl. Eichberg 1979: 60ff.). Das Zeitalter der Aufklärung mit dem neuen Glauben an die Vernunft und die Möglichkeit zur „Verbesserung" des Menschen resultierte in einer umfangreichen Pädagogisierung aller gesellschaftlichen Bereiche (vgl. Cachay/Thiel 2000: 82ff.). Der Um- und Ausbau des Erziehungswesens und der Schulen erfolgte in England erst seit den 1830er Jahren.[30] Vor dem Hintergrund von Industrialisierung, Arbeitsteilung, des zunehmenden Bedarfs an qualifizierten Arbeitskräften, der Einführung von Rechtsgleichheit und des steigenden Anteils des neuen Bürgertums (und den in die „middle class" abgestiegenen und zur Erwerbstätigkeit gezwungenen nachgeborenen Adelssöhnen) an der Gesamtbevölkerung wurde eine adäquate schulische Ausbildung immer bedeutsamer (vgl. Eisenberg 1999: 50ff.). Zunehmend wurden Leibesübungen und Bewegung an der frischen Luft für Kinder empfohlen (zunächst für beide Geschlechter) und deren Institutionalisierung an öffentlichen Schulen gefordert (vgl. Cachay/Thiel 2000: 92).

Die Diskussionen der Pädagogen über die „Vervollkommnung" des Menschen und die Ausweitung der Bildungsinhalte auf den Körper lieferten dem Sport günstige Ausgangsbedingungen für dessen strukturelle Ausdifferenzierung. Im Rahmen der Etablierung eines neuen „aufgeklärten" Menschenbildes im Bürgertum wurde auch zunehmend die Leistung des Einzelnen betont (vgl. Eichberg 1979: 114ff.). Die Bewertung des Menschen anhand seiner Leistungen war konstitutiv für die pädagogische Grundhaltung der Philanthropen, in deren Erziehungsanstalten bereits sehr früh ein „Meritensystem" etabliert wurde (vgl. Cachay/Thiel 2000: 94). Indem geistige und körperliche Leistungen protokolliert wurden, setzte sich auch die Idee der Veränderbarkeit bzw. der Steigerbarkeit von Leistung durch. Das Messen der Leibesübungen und die damit verbundene Vorstellung einer ins Unbestimmte zu steigernden Leistung begann etwa Anfang des 19. Jahrhunderts und stand damit im Gegensatz zu den mittelalterlichen Exerzitien (vgl. Eichberg 1979: 115; Eichberg 1998: 461). Dabei galten individuell erbrachte körperliche Leistungen im Laufen, Springen oder Werfen als einfach und präzise messbar und wurden als Basis für die Erstellung einer Rangordnung verwendet. Die sportlichen Leistungen wurden registriert (englisch: to record) und mittels sog. Rekordlisten unabhängig von Zeit und Ort vergleichbar gemacht. Hier zeigt sich also erstmals eine Orientierung am Leistungsprinzip und an der Idee der Höchstleistung, die später zum zentralen Grundprinzip des modernen Sports werden sollte. Bereits zu dieser Zeit begann außerdem die kontinuierliche Verfeinerung der Messverfahren (z.B. mittels Taschenuhren) und eine erste Standardisierung der Rahmenbedingungen (z.B. durch die Aufzeichnung von Bodenbeschaffenheit und klimatischen Umständen) (vgl. Eichberg 1998: 468).

Seit den 1820er Jahren wurden die sportlichen Aktivitäten regelmäßiger Bestandteil der schulischen und universitären Lehrpläne, und spätestens seit 1860 war die Teilnahme

---

[30] Im Gegensatz dazu hatte in Preußen der Staat bereits früher die Verantwortung für die Schulbildung seiner Bürger übernommen und 1763 eine generelle Schulpflicht eingeführt.

1.1 Die Entstehung des modernen Sports

am Sport an den englischen Public Schools[31] und kurze Zeit später auch den Colleges obligatorisch (vgl. Eisenberg 1999: 49). Entsprechend begreift Schimank (1988: 198) die Public Schools als zentralen Ausgangspunkt für die systemische Ausdifferenzierung des modernen Sports. Dabei erfolgte die Institutionalisierung regelmäßiger sportlicher Betätigung der Schüler zunächst hauptsächlich aus der Not heraus, um übermäßige Aggressivität und Brutalität in unschädliche Bahnen zu lenken (vgl. Brändle/(Koller 2002: 25ff.; Hopf 1979a: 66; Mangan 2000: 22ff.). Durch die „headmaster" einiger Public Schools erfolgte eine pädagogische Ideologisierung des Sports, der zunehmend als Instrument der Charakterbildung und als „Lernfeld für wichtige soziale Kompetenzen, Selbstdisziplin, Kooperations- und Konkurrenzfähigkeit, Empathie und Leistungsbereitschaft" beschrieben wurde (Schimank 1988: 199).

Die Durchlässigkeit aber auch die Statusrivalität zwischen den Ständen wurde größer, und es setzte sich mehr und mehr die Vorstellung durch, dass der Status eines Gentleman nicht mehr durch die Geburt zugeschrieben, sondern mittels der persönlichen Lebensführung erworben werden musste. Diese neuen bürgerlichen Wertvorstellungen und die Konkurrenz zwischen den bürgerlichen Aufsteigern und dem Adel an den Privatschulen und Universitäten Englands bildeten die Triebfeder für die Entwicklung und Verbreitung des Sports und die Entstehung vieler neuer Sportarten (vgl. Brändle/Koller 200: 26f.; Mangan 2000: 99ff.). Im Kontext dieser Auseinandersetzungen wurde der sportliche Wettkampf von den pädagogischen Reformern als „Schule des Charakters" eingesetzt (vgl. Dunning 1979) und sollte einen „unverzichtbaren Beitrag zur Persönlichkeitsentwicklung und zur Herausbildung von Führungsqualitäten" leisten (Mason 1997: 25). Eine Schlüsselrolle bei dieser pädagogischen Instrumentalisierung des Sports hatte Thomas Arnold inne, der von 1828 bis 1841 die Public School in Rugby leitete (vgl. Dunning 1979: 47ff.). Er propagierte eine politisch-religiöse Aufladung des Sports durch das Leitbild des „muskulösen Christentums" („muscular Christianity" oder „Christian manliness") der Christlichen Sozialisten (vgl. Eisenberg 1999: 51; Hall 1999). Hier vereinigten sich christliche Ideen mit nationalistischen Untertönen und den neuen Vorstellungen vom männlichen Geschlechtscharakter (vgl. Kap. 1.3 Die „Erfindung" der Geschlechterdifferenz). So wurde der Sport im viktorianischen England immer mehr als Schule zur „männlichen Charakterbildung" verstanden (Eisenberg 1999: 51). Dieses neue Konzept von Männlichkeit bezog sich sowohl auf einen standfesten, vernunftsorientierten Charakter als auch auf einen gesunden, starken Körper. Dabei ging es den Sport treibenden Männern der bürgerlichen und aristokratischen Elite um soziale Distinktion „sowohl von den als kränklich und gefühlsbestimmt betrachteten Frauen als auch den Angehörigen der Unterschichten (…), den Männern der kolonialisierten Gesellschaften und den Juden" (Brändle/Koller 2002: 24).

Die zunehmende Verbreitung des Sports an verschiedenen Schulen und Universitäten sowie die Tatsache, dass sowohl Schüler als auch Studierende jeweils gegeneinander antreten wollten, resultierte in einer überlokalen Kodifizierung und Vereinheitlichung der Regeln für die verschiedenen Sportarten. Denn um Leistungen überhaupt zuschreiben und vergleichbar machen zu können, bedurfte es einheitlicher (Spiel-)Regeln. Entlang dieser Vorschriften konnte dann unabhängig von externen Bezügen festgestellt werden, wer gewonnen und wer verloren hat bzw. was als Leistung gewertet wird und was nicht. Insofern

---

[31] Bei den Public Schools handelte es sich um entgeltpflichtige Privatschulen, die es in England etwa seit dem 15. Jahrhundert gab. Sie wurden und werden bis heute als „öffentliche" Schulen bezeichnet, weil sie von Schülern aus allen Teilen Englands und nicht nur aus der unmittelbaren Nachbarschaft besucht werden konnten.

stellt die Ausdifferenzierung derartiger Programmstrukturen einen zentralen Schritt zur operativen Schließung und damit zur Entwicklung des Sports als autonomes Funktionssystem mit potentiell globaler Reichweite dar (vgl. Werron 2008).

Die ersten Sportarten, die in Form von Wettkämpfen zwischen den Universitäten von Oxford und Cambridge ausgetragen wurden, waren Cricket (1827), Bootsrennen (1829), Tennis (1859), Leichtathletik (1864), Fußball (1874), Hockey (1890) und schließlich Boxkämpfe (1897) (vgl. Mangan 2000: 125). Ausgehend von den Schulen und Universitäten verbreiteten sich der Sport bzw. die Möglichkeiten zum Vergleich körperlicher Leistungen zunehmend auch über die lokalen und schließlich auch nationalen Grenzen hinaus. Dabei ging es zum einen um die zunehmende Fokussierung auf das Leistungsprinzip bzw. die Idee der Höchstleistung, die ihren Ausdruck in der Institutionalisierung eines überlokalen sportlichen Vergleichshorizonts findet (a), und um die tatsächliche Verbreitung der verschiedenen Sportarten auf der ganzen Welt (b).

a) Bis zur Mitte des 19. Jahrhunderts waren Sportveranstaltungen in der Regel lokale Wettbewerbe, d.h. es handelte sich um sozial-zeitlich-räumlich beschränkte Leistungsvergleiche. Erst ab 1850 setzte in England und den USA eine „Ent-Lokalisierung" bzw. überlokale Ausweitung des Vergleichshorizonts ein (vgl. Werron 2008: 108). Als Voraussetzungen bzw. Bedingungen dieser Entwicklung nennt Werron (2008: 108f.) die Vereinheitlichung der Regelsysteme, die Institutionalisierung eines kontinuierlichen Wettkampfbetriebs mit einer potentiell unbegrenzten Anzahl von Teilnehmern und die Herausbildung eines „öffentlichen Gedächtnisses". Als entscheidenden Faktor stellt er vor allem die Erfindung der Telegraphie als erstes Echtzeitmedium heraus. Wie Werron am Beispiel des Baseballs aufzeigt, konnten die Menschen erst durch die Telegraphie Kenntnis von weit entfernt stattfindenden Sportereignissen erhalten, was dazu führte, dass Spiele zunehmend miteinander verglichen wurden und sich das Interesse zunehmend auch auf Sportereignissen richtete, die man überhaupt nicht gesehen hatte. Auf diese Weise fungierte der Telegraph als Katalysator des modernen Sports und war die Voraussetzung für die Einführung eines Ligensystems in vielen Zuschauersportarten: Durch die Organisation von Sportligen mussten die Sportler häufig zu verschiedenen Austragungsorten im ganzen Land reisen, und mit Hilfe der Ergebnistabellen konkurrierten die Mannschaften gleichzeitig nicht nur in den einzelnen Spielen gegeneinander, sondern auch gegen die anderen abwesenden Mannschaften. Auf diese Weise bildete sich ein zumindest potentiell unbeschränkter sportlicher Vergleichshorizont heraus, der hier als Beleg für die Ausdifferenzierung und operative Schließung des Sports gedeutet werden soll.

Bedeutsamen Einfluss auf diese Entwicklung hatte ebenfalls die zunehmende Verbreitung von Sportverbänden, die für die Einführung kontinuierlicher Wettkampfbetriebe bzw. Ligastrukturen unmittelbar zuständig waren. Durch die Institutionalisierung funktional spezifischer Sportorganisationen (und der damit einhergehenden Ausdifferenzierung der Funktionsrollen) wurden Erwartungsmuster auf Dauer gestellt, der Sport konnte sich sichtbar von anderen gesellschaftlichen Sinnzusammenhängen abgrenzen und seinen Stellenwert als eigenständiges Funktionssystem signalisieren (vgl. Cachay/Thiel 2000: 108ff.; Schimank 1988: 201f.). Entsprechend entstanden in der zweiten Hälfte des 19. Jahrhunderts und Anfang des 20. Jahrhunderts nicht nur immer mehr lokale Sportklubs, sondern auch erstmals nationale und internationale Sportverbände.

b) Parallel zu der Etablierung eines (potentiell) globalen sportlichen Vergleichshorizonts und vielfach sicherlich als Folge dieser Entwicklung lässt sich in dieser Zeit die tatsächliche Verbreitung vieler Sportarten rund um die Welt beobachten. Hierbei spielten vor allem die Absolventen der verschiedenen Erziehungsinstitutionen eine wichtige Rolle, die den Sport dort erlernt hatten und auch im Anschluss weiter betreiben wollten. Die ehemaligen Schüler und Studenten trugen den Sport im Zuge beruflicher sowie privater Reisen und im Rahmen des britischen Kolonialimperialismus mit sich in andere Länder der Welt und veranstalteten sportliche Wettkämpfe (vgl. Brändle/Koller 2002: 33ff.; Guttmann 1994). Voraussetzung für die globale Verbreitung des Sports waren die Entwicklung von Transportmitteln für Personen und Tiere sowie der Ausbau der Infrastruktur. So gab die Verbreitung der Eisenbahn Mitte des 19. Jahrhunderts nicht nur den Zuschauern die Möglichkeit, zu einem sportlichen Wettkampf aus einem größeren Einzugsbereich anzureisen, auch die Sportler konnten auf diese Weise zu weit entfernt gelegenen Austragungsorten gelangen.[32] Die faktische Umsetzung der theoretischen Idee einer Weltmeisterschaft oder der modernen Olympischen Spiele, bei der Athleten aus allen Ländern der Welt vertreten sein sollten, setzte jedoch noch einiges mehr an technischem Fortschritt voraus. Entsprechend niedrig fielen die Teilnehmerzahlen (sowohl der Publikums- als auch der Leistungsrollenträger) bei den ersten Veranstaltungen dieser Art aus: So nahmen an den ersten Olympischen Spielen der Neuzeit, die 1896 in Athen ausgetragen wurden, nur 262 Athleten aus 13 Ländern teil.[33] Die verbesserten Transportmöglichkeiten resultierten aber nicht nur in einer Zunahme der Konkurrenz, sondern auch in einer Spezialisierung der Wettbewerbsdisziplinen: So stieg die Anzahl der ausgetragenen Wettbewerbe in Olympia von neun im Jahr 1896 auf 301 im Jahr 2004.

Mit der zunehmenden Eigenständigkeit des Funktionssystems Sport kam es in England bereits in der zweiten Hälfte des 19. Jahrhunderts zur weiteren Ausdifferenzierung in Breiten- und Leistungssport und zu der damit verbundenen Professionalisierung der Sportlerrolle (vgl. Schimank 1988: 210ff.). Während in England seit der frühen Neuzeit bis in die viktorianische Zeit das Amateurideal des aristokratischen „Gentleman-Sportlers" galt (vgl. Brändle/Koller 2002: 30ff.), begann mit der zunehmenden Popularität des Sports eine Spezialisierung der Athleten, die versuchten, ihre Leistungen in Trainingslagern oder mit Hilfe von Spezialtrainings zu optimieren (vgl. Eichberg 1998: 469f.; Eisenberg 1999: 62ff.). Die vollständige Durchsetzung des Leistungsprinzips wurde jedoch noch eine gewisse Zeit durch Amateurbestimmungen verhindert, denen zufolge der Sport nicht zum biographischen Primat eines Menschen werden durfte. Finanzielle Gewinne beim sportlichen Sieg oder auch nur die Auslage von Reisespesen und Entschädigungen für Verdienstausfall wurden verhindert, wodurch vor allem der Zustrom von Angehörigen der Arbeiterschicht in viele Sportarten bis Ende des 19. Jahrhunderts begrenzt wurde.[34] Letztlich konnten sich die verschiedenen Sportverbände der zunehmenden Professionalisierung jedoch nicht entziehen[35]: In dem Maße, in dem sich der Sport nur noch am Leistungsprinzip orientierte, diente die Ausübung einer Sportart immer seltener der Erholung ohne materiellen Gewinn, sondern wurde zum Beruf und konnte gleichzeitig den Lebensunterhalt sichern. Gleichzeitig

---

[32] Das galt aber auch für die Pferde, die bis dahin die ermüdenden Distanzen zum Start in der Regel hatten laufen müssen (vgl. Eisenberg 1999: 42).
[33] Im Gegensatz dazu kamen zu den Olympischen Sommerspielen 2004 in Athen 10.500 Sportler aus 202 Ländern.
[34] Entsprechend verabschiedete die „Amateur Athletic Association" eine „Gentlemenklausel", der zufolge jeder vom Wettkampf ausgeschlossen wurde, „who is a mechanic, artisan or labourer, or engaged in menial activity." (Zit. nach Krüger 1988: 86)
[35] Eine interessante Ausnahme blieben lange Zeit die Olympischen Spiele, von denen bis 1971 Berufssportler, Trainer oder Sportler, die sich bezahlen ließen durch die sog. Amateurregel ausgeschlossen waren.

war auch das Publikum relativ früh bereit, für den Besuch sportlicher Wettkämpfe Eintritt zu bezahlen, forderte indirekt aber auch eine ständige Verbesserung der zur Schau gestellten körperlichen Leistungen ein, die von den Athleten letztlich nur durch zunehmende Spezialisierung auf die Ausübung einer bestimmten Sportart erreicht werden konnte.

Diese temporäre Exklusion von Angehörigen der unteren Schichten lässt sich als Verstoß gegen den Inklusionsanspruch des modernen Sports deuten. Denn der Idee der Höchstleistung zufolge sollte – zumindest theoretisch – jeder die Möglichkeit zur Teilnahme an einem Wettbewerb haben, und die Wettbewerbsbedingungen sollten für alle Konkurrenten gleich sein (vgl. Guttmann 1978: 26). Wie bereits beschrieben, konnten die Bestrebungen, Angehörige unterer Schichten auszugrenzen, nicht durchgehalten werden. Im Gegensatz zu den ständisch exklusiven Bewegungskulturen der Vormoderne fungierte die soziale Herkunft im Sport also nicht länger als systematisches Exklusionskriterium.

Neben der Klassenzugehörigkeit, die offenbar nur sehr kurzzeitig als Ausschlusskriterium diente, gab es aber noch weitere systematische Abweichungen von der Gleichheitsnorm, so z.B. die Zugangsbeschränkungen für nicht-weiße Sportler. Da die Geschichte der Exklusion und Re-Inklusion nicht-weißer Athleten je nach Nation und Sportart sehr unterschiedlich verlief, können hier nur einzelne Beispiele beschrieben werden. Grundsätzlich ist offenbar davon auszugehen, dass die Briten die einheimische Bevölkerung ihrer Kolonien regelmäßig zur Teilnahme am Sport ermunterten (vgl. Entine 2000: 139f.; Mangan 1992). Sie hofften nicht zuletzt mit Hilfe des Sports Kontrolle über die Bevölkerung zu bekommen und sie auf diese Weise in das Vereinigte Königreich zu integrieren. Zu den exklusiven Sportklubs, die es seit den 1860er Jahren sowohl in Großbritannien als auch in den Kolonien gab, und die selbst Sport trieben und Mannschaften finanzierten, hatten Immigranten und/oder Schwarze jedoch keinen Zutritt. Vielfach ließen die weißen Gentlemen aber ihre schwarzen Bediensteten im Wettkampf gegeneinander antreten, so z.B. im Pferderennen und Boxen. Entsprechend dominierten im Pferderennsport lange Zeit schwarze Jockeys; sie bestritten die Rennen in England und den USA seit 1800 auf den Pferden ihrer weißen Herren (vgl. Entine 2000: 137ff.; Guttmann 1978: 32). Mit der zunehmenden Popularität des Sports und den steigenden Verdienstmöglichkeiten für die Jockeys wurden Schwarze Reiter gegen Ende des 19. Jahrhunderts jedoch durch Zusammenschlüsse weißer Jockeys und die Monopolisierung der Lizenzvergabe verdrängt (vgl. Davis 1966: 790ff.; Entine 2000: 139; Steinkamp 1976: 30f.). Auch beim Boxen waren bereits früh schwarze Sportler beteiligt[36], so z.B. bei einer frühen „Weltmeisterschaft" der Preisboxer 1810 in England, bei der Weiße und Schwarze gegeneinander antraten (vgl. Davis 1966: 776ff.; Steinkamp 1970: 36). Eine systematische Segregation nach Hautfarbe gab es erst, nachdem ein Schwarzer 1908 Schwergewichtsweltmeister wurde (vgl. Davis 1966: 786; Steinkamp 1970: 40ff.). Bis in die 1930er Jahre fanden dann mit wenigen unbedeutenden Ausnahmen keine Kämpfe zwischen weißen und schwarzen Boxern mehr statt (vgl. ebd.: 44).

In den USA spielten Schwarze seit den 1880er Jahren vereinzelt in der Profi-Baseball-Liga mit bzw. spielten weiße Mannschaften gegen schwarze, sie wurden jedoch entsprechend dem Prinzip des „separate but equal" nach und nach exkludiert und sahen sich schließlich gezwungen, eigene Vereine und Ligen zu gründen (vgl. Guttmann 1978: 33). Die Ablehnung weißer Klubmanager, schwarze Spieler zu beschäftigen und Streikdrohungen weißer Spieler für den Fall, dass sie mit oder gegen Schwarze anzutreten hätten,

---

[36] In vielen Staaten der USA war das Preisboxen für Weiße sogar verboten, da man den Anblick kämpfender weißer Männer für unangemessen hielt (vgl. Steinkamp 1976: 34f.).

resultierten in einem sog. „Gentleman's Agreement" des weißen Baseball Establishments, so dass es von 1898 bis 1946 keinen Schwarzen mehr in der Profiliga gab (vgl. Steinkamp 1976: 60; Peterson 1970). Im American Football waren schwarze Sportler bis in die 1890er Jahre beteiligt, wurden dann jedoch von der National Football League exkludiert und durften bis in die 1940er Jahre nicht in weißen Mannschaften spielen (vgl. Guttmann 1978: 33).

Abbildung 1: Arthur Wharton gewinnt am 3. Juli 1886 das Rennen über 100 Yards (Sporting Chronicle vom 5. Juli 1886)

5. Arthur Wharton's championship victory at Stamford Bridge, London, 3 July 1886

Dagegen erfolgte die Inklusion schwarzer Sportler in die Leichtathletik relativ problemlos bereits vor 1900[37] (vgl. Davis 1966: 811ff.); die erste olympische Medaille erhielt ein

---

[37] Als Beispiel sei hier auf die Geschichte von Arthur Wharton, einem schwarzen Briten, der aus Ghana („Gold Coast") stammte, und in den 1880er Jahren „the first of Britain's modern black sportsmen and sporting personalities" wurde (vgl. Jenkins 1992: 49; Taylor/Skrypietz 1993: 75). Am 3. Juli 1886 gewann er in Rekordzeit das Rennen über die Distanz von 100 Yards bei der Leichtathletikmeisterschaft der Amateure (vgl. Abb. 1), was zwei Tage später im Sporting Chronicle folgendermaßen kommentiert wurde: „The feature of the racing at the Amateur Athletics Championships on Saturday July 3rd was the fine running of Arthur Wharton, a young gentleman of colour, who is a student of Darlington College. He won the 100 yards Race in the wonderful time of 10 sec." (Zitiert nach Jenkins 1992: 47) Wharton wurde Profisportler und arbeitete in den 1890ern auch als Torwart in verschiedenen Fußballklubs.

schwarzer Läufer bereits 1904 (vgl. Entine 2000: 142). Die systematische Korrelation von Hautfarbe und sportlichem Erfolg in einigen Leichtathletik-Disziplinen[38] wurde seit Anfang des 20. Jahrhunderts mit Verweis auf die angebliche Existenz anthropometrischer und physiologischer Unterschiede zwischen Schwarzen und Weißen erklärt[39]: Demnach wurden Schwarzen längere Fersenknochen, eine besondere Ausprägung der Kniescheibe, eine stärkere Achillessehne, größere Adrenalin absondernde Drüsen, andere Muskelfasern und ein unterschiedliches Nervensystem zugeschrieben (vgl. Steinkamp 1976: 109; Tirala 1936).

Diskussionen und (pseudo-)wissenschaftliche Untersuchungen[40] zu diesem Thema gibt es in den Sportwissenschaften und der Sportmedizin bis heute (vgl. Entine 2000: 137ff.; Hoberman 1997: 143ff.), deren Ergebnisse vielfach unreflektiert Eingang sowohl in das Alltagswissen als auch in die Sportberichterstattung gefunden haben.[41] Auch wenn die ethnische Zugehörigkeit mittlerweile nicht mehr als Exklusionskriterium im Sport fungiert, wird sie doch noch regelmäßig zur Basis der Mannschaftsbildung verwendet, so z.B. wenn sog. „ethnische" Sportvereine[42] entlang von Abstammungsunterschieden gebildet werden – und zwar unabhängig von der Staatsbürgerschaft (vgl. Zifonun 2008a).

Deutlich weniger Relevanz für die Zugangschancen zu einem Sport als die Hautfarbe hatte die Nationalität[43] der Sportler in der Anfangszeit des modernen Sports. Hier scheint es im regulären Spiel- und Wettkampfbetrieb bis weit ins 20. Jahrhundert keine formalen Beschränkungen gegeben zu haben, sondern es entschieden die geltenden Einreisebestimmungen (vgl. Panayi 1994: 102ff.). Seit dem 19. Jahrhundert sind Angehörige aus Ländern des British Empire und des Commonwealth in Großbritannien willkommen und lassen sich in den Teamaufstellungen der Engländer vor allem im Cricket nachweisen (vgl. Lanfranchi/Taylor 2001: 48; Bradley 1992). Im Zuge der Professionalisierung des Sports begannen einige Athleten dann bereits in den 1880er Jahren von Land zu Land zu ziehen, um ihren Lebensunterhalt mit Sport zu verdienen (vgl. Lanfranchi/Taylor 2001: 38). Im europäischen

---

[38] So dominieren schwarze Sportler bis heute vor allem in den Laufdisziplinen: Die weltweit besten 200 Zeiten über 100 Meter wurden ausschließlich von Schwarzen gelaufen, und im Gegensatz zu schwarzen Läufern konnte noch nie ein Weißer die magische Grenzen von zehn Sekunden unterschreiten (vgl. Entine 2000: 29ff.). Bei den Frauen ist diese Dominanz schwarzer Läuferinnen interessanterweise nicht ganz so deutlich ausgeprägt.
[39] Vgl. dazu auch die von Jordan (1969) zusammengestellte Bibliographie.
[40] Problematisch sind diese Untersuchungen besonders wegen ihres tautologischen Untersuchungsdesigns, in dem immer bereits von Unterschieden zwischen Schwarzen und Weißen ausgegangen wird, die dann in einem zweiten Schritt nur noch bestätigt werden. So basiert die eingangs getroffene Kategorisierung, entlang derer nach körperlichen Unterschieden gesucht wird, in der Regel auf nicht-wissenschaftliche Alltagsannahmen, die auf diese Weise unreflektiert in die Untersuchungen eingehen.
[41] So z.B. die Aussagen des prominenten Neurologen Sir Roger Bannister in seiner Rede 1995 vor der British Association for the Advancement of Science: „It is perfectly obvious, when you see an all-black sprint final that there must be something rather special about their anatomy or physiology which produces these outstanding successes, and indeed there may be – but we don't know quite what it is." (Zit. Nach Hoberman 1997: 143)
Trotz derartiger Überzeugungen und der beobachtbaren Zusammenhänge zwischen Hautfarbe und sportlichem Erfolg (im Gegensatz zu Geschlecht) gibt es mittlerweile in keiner Sportart mehr eine Segregation nach Hautfarbe bzw. ethnischer Herkunft (vgl. Müller 2006).
[42] Dabei handelt es sich um Sportvereine im Amateurbereich, deren Mitgliedschaft primär an die ethnische Herkunft und nicht die Nationalität anknüpft. Mitglieder sind meist Migranten bzw. Kinder und Kindeskinder ehemaliger Migranten, die in der Regel gar nicht mehr die Staatsbürgerschaft ihres Abstammungslandes besitzen oder dessen Sprache sprechen (vgl. Weber-Klüver 1992: 63ff.).
[43] Hier beziehe ich mich auf die Staatsbürgerschaft und die damit verbundenen ungleichen Rechtspositionen (vgl. Kap. 1.2.1 Begriffe und Konzepte: Ethnie, Rasse, Nation und Nationalstaat). Auf der Ebene der Selbstbeschreibungen kam es vor allem während des imperialistischen Zeitalters und zwischen den beiden Weltkriegen zu einer Codierung des sportliche Konkurrenzkampf durch nationale Einheits- und Identitätssemantiken.

1.1 Die Entstehung des modernen Sports

Ausland waren britische Kaufleute und Offiziere aufgrund ihrer sportlichen Leistung gern gesehene Mitspieler in allen möglichen Sportarten. Außerdem gab es ganze Mannschaften, die sich aus Migranten rekrutierten (vgl. Eisenberg et al. 2004: 51). Lediglich im Rahmen inter-nationaler Matches, also als Kriterium der Mannschaftsbildung, wurde die Nationalität der Sportler relevant, aber auch hier gab es in vielen Sportarten offenbar bis nach dem Zweiten Weltkrieg keine spezifischen Regeln zur Teilnahmeberechtigung von Ausländern, ausschlaggebend scheinen vielmehr die politischen Einreise- und Zuwanderungsbestimmungen für ausländische Arbeitskräfte gewesen zu sein (und sind es teilweise immer noch). So gab es bis 1905 praktisch keine gesetzliche Kontrolle über die Einwanderung nach Großbritannien. Bis zum sog. Aliens Act 1919 wurden jedoch umfangreiche Gesetze zur Beschränkung der Einwanderung erlassen, die sich auch auf den Sport ausgewirkt haben dürften (vgl. Lanfranchi/Taylor 2001: 38ff.; Panayi 1994: 104ff.). Der Erlass von Ausländerbeschränkungen innerhalb einzelner englischer Ligen- und Verbandssysteme erfolgte ab den 1930er Jahren bzw. vor allem nach dem Zweiten Weltkrieg, variierte stark je nach Sportart und wurde – zumindest für den Geltungsraum der Europäischen Union – erst in den 1990er Jahren durch Gerichtsurteile des Europäischen Gerichtshofs aufgehoben (vgl. 1.4.4 Exkurs: Die Geschichte der Ausländerregelungen in der Bundesliga).

Neben der ethnischen Herkunft und der Nationalität entwickelte sich auch die Geschlechtszugehörigkeit zu einem Exklusionskriterium des modernen Sports (vgl. Guttmann 1978: 33ff.). Während die Frauen im vormodernen Sport innerhalb ihrer jeweiligen sozialen Stände an den Leibesübungen teilnahmen, wurden Wettkampfprinzip und Konkurrenzorientierung des modernen Sports als Widerspruch zu dem neuen bürgerlichen Weiblichkeitsideal einer passiven, primär auf die Versorgung von Mann und Kindern bezogenen Frau gedeutet (vgl. Pfister 1983). Im Anschluss an die medizinischen Forderungen nach Bewegung waren jedoch auch für die Mädchen und Frauen Leibesübungen erwünscht und vorgesehen (vgl. Pfister 1983: 37f.). Entsprechend haben sie bis in die zweite Hälfte des 19. Jahrhunderts zumindest an einigen Sportarten noch regelmäßig teilgenommen (ähnlich wie die schwarzen Sportler). Der soziale Ausschluss der Frauen aus dem Sport war wahrscheinlich eine Folge der geschlechtsspezifischen Segregation des Erziehungssystems, so dass sich diese Trennung im Sport offenbar fortsetzte und die Mädchen bereits früh andere Sportarten als die Jungen favorisierten: So wurde in den Mädchenschulen eher Netzball und bei den Jungs Fußball gespielt (vgl. Williamson 1991: 3). Selbst wenn die Konkurrenz- und Wettkampforientierung der Frauen möglicherweise auch damals schon geringer ausfiel als bei den Männern, gibt es doch einige Belege für Sport treibende Mädchen und Frauen in England vor 1900, die sich durchaus auch an Wettbewerben beteiligten (vgl. Pfister 1983: 51f.; Théberge 1991: 386; Diem 1960: 632f.).

Im Zuge der Organisationsbildung und Vereinsgründungen jenseits der Schulen blieben die Frauen in der Anfangszeit des Sports allerdings außen vor.[44] Von einem systematischen Ausschluss qua Geschlecht lässt sich für diese Zeit jedoch vermutlich (noch) nicht sprechen, viel eher muss zwischen den verschiedenen Sportarten und der Bedeutung, die der Geschlechterdifferenz jeweils zugewiesen wurde, unterschieden werden (vgl. Müller 2006; Théberge 1991: 388). Ausschlaggebend für die unterschiedliche Relevanz der Geschlechtszugehörigkeit könnten z.B. schichtspezifische Präferenzen einer Sportart gewesen sein: So waren Frauen in den exklusiveren Sportarten der Mittel- und Oberschicht, wie z.B.

---

[44] Hier zeigt sich, dass Exklusionen vielfach auf der Ebene der formalen Organisationen begannen. Wie bereits erwähnt gilt in Organisationen „kein Naturrecht auf Mitgliedschaft" (vgl. Luhmann 2000b: 392).

Tennis, Golf und Reiten[45], relativ problemlos inkludiert (vgl. Pfister 1983: 49f., 58; Eisenberg 1999: 193ff.). Gleichzeitig scheinen gerade diese Sportarten noch relativ lange Zeit vor allem als gesellschaftliches Ereignis bzw. Heiratsmarkt und nicht als sportliche Leistungskonkurrenz betrachtet worden zu sein. In anderen, weniger exklusiven Sportarten wurde der Ausschluss der Frauen deutlicher betrieben, und Leistungsgedanke sowie Steigerungsidee wurden dem weiblichen Geschlecht vollkommen abgesprochen; im Wettbewerb der Frauen ging es dann nur noch um Fragen der Eleganz und stilistische Elemente, so z.B. beim Rudern und dem sog. Radreigen (vgl. Pfister 1995: 10f.).

Abbildung 2: Tennis um 1900 (Stadtarchiv Hamm)

Entsprechend blieben die Frauen von Sportarten mit einer ausschließlichen Leistungsorientierung, die sich kaum noch durch spielerische Elemente verdecken ließ, wie z.B. der Leichtathletik, sehr lange ausgeschlossen (vgl. Diem 1960: 634). Auch von den ersten Olympischen Spielen der Neuzeit 1896 wurden sie zunächst exkludiert[46], aber bereits 1900 durften zwölf Frauen an den Wettbewerben in Tennis und Golf teilnehmen (vgl. Pfister 1983: 58). Bis 1912 kamen Bogenschießen, Eiskunstlauf und Schwimmen dazu. Nicht zuletzt um Frauen endlich die Teilnahme an Leichtathletik-Wettkämpfen zu ermöglichen, wurden ab 1922 eigene Frauenweltspiele organisiert, die insgesamt allerdings nur viermal stattfanden (vgl. Pfister 1983: 58). Der Ausschluss bzw. die Segregation der Frauen in eigene Leistungsklassen und Wettbewerbe wurde meistens mit Verweis auf körperliche Geschlechtsunterschiede bzw. die daraus resultierenden unterschiedlichen psycho-sozialen

---

[45] Die Frauen mussten beim Turnierreiten allerdings bis Anfang des 20. Jahrhunderts im Damensattel antreten (vgl. Pfister 1995: 12).
[46] Der Begründer der neuzeitlichen Olympischen Spiele, Baron Pierre de Coubertin, war der Überzeugung, dass „women's sports are all against the law of nature" (zitiert nach Vines 1992: 42).

1.1 Die Entstehung des modernen Sports

Dispositionen zu (Wett-)Kampf und Leistungssteigerung legitimiert (vgl. Pfister 1988). In den medizinischen Diskursen des 19. und auch noch 20. Jahrhunderts galt der weibliche Körper entweder als vollkommen ungeeignet für den Sport[47] oder der Sport wurde als Gefahr für die Gebärfähigkeit[48] dargestellt (vgl. Pfister 1989, 1995; Vertinsky 1990).

Nicht nur der Ausschluss, sondern auch die Re-Inklusion der Frauen in die Leistungsrollen verlief je nach Sportart und Nation sehr unterschiedlich. Die Zulassung von Frauen war in vielen Sportarten in der Folge vor allem von der Einführung verschiedener Sonderregelungen (meist eine Reduzierung der Anforderungen) begleitet, die das „schwache Geschlecht" vor gesundheitlichen Risiken bewahren und ästhetische Normvorstellungen aufrechterhalten sollten (vgl. Pfister 1995: 11f.). Dadurch kam es zu einer bis Mitte des 20. Jahrhunderts anhaltenden Konsolidierung der Vorstellung geschlechtsspezifischer Unterschiede im sportlichen Leistungsvermögen und traditioneller Geschlechterrollen (vgl. Théberge 1991: 386f.). Die Geschlechtszugehörigkeit fungiert bis heute in vielen Sportarten als Strukturkategorie, wenn auch auf unterschiedliche Art und Weise: So lässt sich zunächst zwischen Sportarten mit freiwilliger oder obligatorischer Geschlechtersegregation im Spiel- und Wettkampfbetrieb[49] unterscheiden (vgl. Müller 2006: 397). Sportarten, in denen Teilnehmer eines Geschlechts formal vollständig ausgeschlossen sind, gibt es heute kaum noch[50], dafür existiert aber eine ganze Reihe hochgradig geschlechtsspezifisch konnotierter Sportarten, die in der Praxis fast nur von Frauen oder Männern ausgeübt werden. Im Unterschied zu den Teilungsdimensionen Ethnie und Nation dient die Geschlechtszugehörigkeit in praktisch keiner Sportart als Kriterium der Mannschaftsbildung, so dass Frauen und Männer miteinander konkurrieren könnten. Stattdessen wird die Geschlechterdifferenz – bis auf die wenigen Sportarten, in denen ihr praktisch keine Bedeutung beigemessen wird – entweder zur Legitimation des Ausschlusses oder der segregierten Inklusion verwendet.

Zusammenfassend kann man festhalten, dass die sozialen Teilungsdimensionen Ethnie, Nation und Geschlecht erst im modernen Sport Bedeutung sowohl für Beobachtung und Vergleich sportlicher Leistungen als auch für die Frage der Teilhabechancen erhalten haben. Trotz dieser ersten sehr kursorischen Darstellungen lassen sich jedoch auch deutliche Unterschiede zwischen den drei Teilungsdimensionen erkennen. Während nämlich die ethnische und die geschlechtliche Zugehörigkeit (zumindest vorübergehend) vor allem als Kriterien zum Ausschluss aus bestimmten Sportarten gedeutet wurden, durch die jede Form von Konkurrenz und Leistungsvergleich zwischen Schwarzen und Weißen oder Frauen und Männern verhindert wurde, fungierte die nationale Zugehörigkeit primär als Merkmal zur Mannschaftsbildung bzw. zur Abgrenzung der miteinander konkurrierenden Parteien. Zu einer verstärkten Grenzziehung bzw. dem Ausschluss qua nationaler Herkunft kam es erst

---

[47] Ein beliebtes Argument für den Ausschluss der Frauen vom Sport war die Menstruation. Die Nachhaltigkeit dieser Debatten zeigte sich in der öffentlichen Reaktion auf den dritten Sieg der Marathonläuferin Uta Pippig beim Boston-Marathon 1996 (vgl. Kissling 1999). Es kam zu großer Empörung bei Publikum und Medien als Pippig bereits zu Beginn des Laufs für alle deutlich sichtbar ihre Monatsblutung begleitet von Krämpfen und Durchfall bekam, aber trotzdem nicht aufgab und das Rennen sogar noch gewann.
[48] Anschauliches Beispiel hierfür sind die medizinischen Debatten Ende des 19. Jahrhunderts über die Auswirkungen des Radfahrens auf die Fortpflanzungsfähigkeit von Frauen: Man fürchtete Uterusverlagerungen, potentielle Schädigungen von Perineum und Vulva durch falsche Sättel, und es galt um jeden Preis das verbissene „Fahrradgesicht" bei Frauen zu vermeiden (vgl. Vertinsky 1994: 76ff.).
[49] Eine freiwillige Geschlechtertrennung findet sich beispielsweise im Schach, während in der Leichtathletik auch heute noch gemischtgeschlechtlichen Wettbewerbe verboten sind.
[50] Beispiele hierfür sind die Turndisziplinen Reck, Seitpferd, Barren, Ringe bei den Männern vs. Stufenbarren und Schwebebalken bei den Frauen.

im Laufe des 20. Jahrhunderts. Anders als die ethnische Trennung wurde die Segregation der Geschlechter – obwohl innerhalb bestimmter Sportarten in beiden Fällen etwa ähnliche Korrelationen zwischen der ethnischen bzw. geschlechtlichen Zugehörigkeit und dem sportlichen Erfolg wahrgenommen werden – nicht abgeschafft, sondern setzt sich bis heute fort. Interessant erscheint außerdem der Zeitpunkt des systematischen Ausschlusses der Frauen, der vielfach erst Anfang des 20. Jahrhunderts erfolgte, also zu einem Zeitpunkt, als es bzgl. der Geschlechterfrage in anderen Funktionssystemen, wie z.B. der Politik oder der Wirtschaft, bereits wieder zu Re-Inklusionsbewegungen kam.

Die Unterschiede und Gemeinsamkeiten bzgl. der Relevanz der drei Teilungsdimensionen sowie die jeweiligen historischen Bedingungen, unter denen ihnen überhaupt eine Bedeutung zugeschrieben wurde, werden später am Beispiel des Fußballs noch einmal ausführlich diskutiert (vgl. Kap. 1.4 Nationale Zugehörigkeit und Geschlechterdifferenz im Fußball). Zunächst soll jedoch der historische Abriss zur Entstehung des modernen Sports im angelsächsischen Raum im Folgenden durch die parallelen Entwicklungen in Deutschland ergänzt werden. Wie bereits erwähnt, verlief die Ausdifferenzierung des Sports je nach nationalem Kontext recht unterschiedlich. Da die ethnographischen Untersuchungen dieser Arbeit sich auf Deutschland beschränken, werden im Folgenden vor allem die Unterschiede zwischen England und Deutschland bei der Ausdifferenzierung des Sports in den Blick genommen.

1.1.3 Die Ausdifferenzierung des Sports in den deutschen Staaten

Auch in Deutschland waren es vor allem die Funktionssysteme Medizin und Erziehung, die dem Sport Anschlussmöglichkeiten zur Ausdifferenzierung zur Verfügung stellten. Die Entwicklung verlief jedoch in weiten Teilen anders als in England, was sich vor allem durch die Unterschiede in der Sozialstruktur beider Länder erklären lässt. Im Gegensatz zu der relativ offenen Gesellschaftsstruktur in England, durch die die Konkurrenz zwischen den Ständen gefördert wurde, war der Adel im frühneuzeitlichen Deutschland exklusiv[51] und primär höfisch geprägt (vgl. Eisenberg 1999: 78ff.; Elias 1989: 61ff.). Entsprechend ergab sich in Deutschland keine Situation, die mit dem Konkurrieren des adeligen und bürgerlichen Nachwuchses an den englischen Public Schools vergleichbar gewesen wäre. Es gab auch nicht das gesellschaftliche Leitbild des „an Jagd, Liebe und Spiel interessierten Kavaliers" oder „Gentleman" wie in England, stattdessen entwickelte sich seit dem 18. Jahrhundert der preußische Offizier und Exerzitienmeister zum Leitbild (vgl. Eisenberg 1999: 79). Eisenberg (1999: 81ff.) beschreibt außerdem, dass es in den deutschen Staaten seit dem Mittelalter zu einem Niedergang der Volksspiel- und Vergnügungskultur gekommen sei. Als Ursache wird vor allem der Dreißigjährige Krieg vermutet. Leibesübungen waren also weniger im Kontext spielerischen Vergnügens als vor dem Hintergrund ständisch-exklusiver Vergesellschaftungsformen, wie Übungen für Duelle oder ritterlichen Exerzitien verbreitet (vgl. Eichberg 1980: 84ff.).

Anknüpfend an die Forderungen von Medizinern und Pädagogen des 18. Jahrhunderts nach Leibesübungen entstand zur Zeit der napoleonischen Besetzung der deutschen Staaten

---

[51] So konnten BürgerInnen zwar durch Heirat oder Nobilitierung adelig werden, aber im Gegensatz zu England fielen die letztgeborenen Söhne nicht aus ihrem sozialen Stand heraus. Da auf diese Weise die Anzahl der Adeligen stetig anstieg, verarmte der deutsche Adel im Laufe der Zeit zunehmend.

eine neue Form der Bewegungskultur: das Turnen (vgl. Hopf 1979a: 56ff.). Angeregt von Reformpädagogen der Spätaufklärung, wie Johann Christoph Friedrich GutsMuths, und unter dem Eindruck der preußischen Niederlage gegen Napoleon forderte der Lehrer Friedrich Ludwig Jahn[52] zunächst die Wiederbelebung „volksthümlicher Spiele" und entwickelte anschließend das Turnen als „patriotische Erziehung zur Vorbereitung auf den Befreiungskrieg" (Eisenberg 1999: 83; Hopf 1979a: 57). Unter dem Eindruck der französischen Besetzung regte sich bürgerlicher Nationalismus, der auf die deutsche Einheit, gegen die Franzosen (und die „Ausländerei") sowie gegen den deutschen Adel gerichtet war. Als Zeichen der nationalen Einheit gehörten zum Turnen eine schwarzrotgoldene Fahne sowie der Wahlspruch „Gott, Vaterland, Freiheit, Ehre".[53] Turnen war also nicht nur eine neue Bewegungsform, sondern auch eine politische Angelegenheit, was sich auch in der neuen demokratischen Organisationsform, den gewählten „Turnräten", ausdrückte (vgl. Hopf 1979a: 58; Krüger 1996).

Nach den Befreiungskriegen und der Niederlage Napoleons 1813 engagierte sich Jahn gemeinsam mit der Bewegung der Burschenschaften, die mit den Turnern in enger Verbindung standen, weiter für die deutsche Einheit und veröffentlichte 1816 gemeinsam mit Ernst Eiselen „Die deutsche Turnkunst". Das Wartburgfest in Eisenach, das im Oktober 1817 von der Jenaer Burschenschaft anlässlich des 300. Jahrestages des Thesenanschlags Martin Luthers und im Gedenken an die Völkerschlacht bei Leipzig veranstaltet wurde, bildete gleichzeitig auch den Höhepunkt der Turnbewegung. Infolge der nach dem Wiener Kongress einsetzenden Restauration und der damit verbundenen Niederlage der nationalistischen Bestrebungen des Bürgertums wurden 1819 die Burschenschaften und auch das Turnen verboten (Hopf 1979a: 59).[54] Jahn wurde 1820 verhaftet, vor Gericht gestellt und blieb fünf Jahre lang inhaftiert.

Erst später im Zuge der neuen bürgerlichen Nationalbewegung wurde das Turnen wieder erlaubt und schließlich zwischen 1842 und 1869 sogar in den verschiedenen deutschen Staaten gemäß der Lehren des Sportpädagogen Adolf Spieß an den Schulen eingeführt (vgl. Hopf 1979a: 63; Schimank 1988: 199). Anders als der Wettkampfsport an den englischen Public Schools hatte das deutsche Turnen einen verstärkten Drillcharakter und diente als Erziehungsmittel zu Gehorsam und Disziplin, zur Bildung guter Untertanen wie auch zur körperlichen und militärischen Entwicklung (vgl. Eichberg 1979: 62; Schodrok 2006). Nach der gescheiterten Revolution von 1848 verlor das Turnen seinen emanzipatorischen Charakter als Teil der bürgerlichen Reformbewegung, stattdessen kam es zu einer „Militarisierung", die sich vor dem Hintergrund einer „Feudalisierung des Bürgertums" vollzog (vgl. Hopf 1979a: 63ff.). Nach der Reichsgründung 1871 imitierte das aufstrebende Bürgertum zunehmend die Lebensführung des Adels, und das Turnen, das besonders in der wilhelminischen Ära einen starken Exerziercharakter angenommen hatte, stand nicht mehr für eine „politisch-oppositionelle Freiheitsidee, sondern eher für eine affirmative, staatstragend-nationale Kultur des Körpers" (Krüger 1996: 13).

---

[52] „Turnvater" Jahn und GutsMuths lernten sich 1807 in Jena kennen, als Jahn dort eine Anstellung als Privatlehrer hatte.
[53] Der neuere Ursprung dieser Farben wird in den Uniformen des Lützower Freikorps vermutet, einem Freiwilligenkorps, das unter dem preußischen Major Lützow gegen die französischen Besatzer kämpfte und in dem Jahn ebenfalls diente.
[54] Dieses Verbot blieb in den meisten deutschen Staaten bis 1842 bestehen.

Durch die Entwicklung von funktional spezifischen formalen Organisationen, wie den Turnvereinen, Turnanstalten und schließlich der Deutschen Turnerschaft[55], die 1868 gegründet wurde, grenzte sich der Sport in Deutschland von anderen gesellschaftlichen Sinnzusammenhängen ab und schaffte erstmals Institutionen, die primär Körper und Bewegung zum Zweck hatten (vgl. Cachay/Thiel 2000: 108ff.). In den 1880er Jahren wurden auch in Deutschland die ersten Sportvereine gegründet, die allerdings kaum Interesse weckten; die Mitglieder rekrutierten sich primär aus in Deutschland ansässigen Engländern (vgl. Eggers 2001: 16). Erst etwas später stießen hin und wieder deutsche Studenten und bald auch Angehörige des gehobenen Bildungsbürgertums sowie Angestellte dazu. Seit den späten 1870er Jahren versuchten vereinzelt fortschrittsbewusste Lehrer, die zuvor Großbritannien bereist hatten, einige der neuen Sportarten an deutschen Schulen einzuführen, eine Praxis, die sich etwa seit den 1890er Jahren durchsetzen konnte (vgl. Hopf 1979b).

Auch wenn es beim deutschen Turnen genau wie beim englischen Sport um die Erbringung körperlicher Leistung ging, unterschieden sich beide Bewegungskulturen doch sehr voneinander. So fehlten dem Turnen Wettkampfcharakter, Konkurrenzprinzip und das Streben nach Rekorden (vgl. Eichberg/Hopf 1982: 66ff.); die Deutsche Turnerschaft verurteilte das Turnen um Medaillen und Preise und schaffte den Wettkampf schließlich komplett ab (vgl. Eisenberg 1997: 95). Nicht zuletzt durch diese Entscheidung schien das Turnen seine Attraktivität vor allem bei Jugendlichen einzubüßen, die sich mehr und mehr dem Sport nach englischem Vorbild zuwandten. Die Turner lehnten ein Zuviel an körperlicher Leistung ab, da man davon ausging, dass übertriebene Anstrengung den Körper eher schwäche (vgl. Eichberg/Hopf 1982: 67). Was die deutschen Turner vom englischen Sport hielten, lässt sich an der ironisierenden Beschreibung des Sports durch den prominenten Turnführer Karl Planck aus dem Jahr 1898 erkennen:

„Mag auch Bein und Fuß in einer Weise arbeiten, die der natürlichen gerade entgegengesetzt ist, mögen die in der eng zusammengepreßten Brust aufs äußerste angestrengten Herz- und Lungenmuskeln versagen, schwere Herz- und Lungenleiden veranlassen, wenn nur der Gegner um 1/5 Sekunde geschlagen wird! Weil um jeden Peis der Sieg errungen werden muß, wird der Mann zum Maschinenteil, der am besten taugt, wenn er, ohne links noch rechts zu blicken, in gleichförmigem Pendelschwung das Ruder führend, auf seinem Hinterteil hin und her gampt. Es lebe der „Rekord"! Der Mann ist uns „wurscht"! „Wurscht" ist uns auch, ob im freien Spiel der Kräfte sich der Adel reiner Menschheit darstellt, vielleicht sogar gerade recht, wenn hier wie anderwärts der – Affe aufblitzt." (Planck 1982 [1898]: 35f.)

Eichberg und Hopf (1982: 67) fassen das turnerische Leistungsprinzip im Gegensatz zum englischen Sport folgendermaßen zusammen: Gegenüber Höchstleistungen habe eine gewisse Gleichgültigkeit bestanden, da jenseits einer bestimmten Leistungsmarke keine Leistungsbewertung mehr vorgenommen wurde. Der relativen Leistung sei der Vorzug vor der absoluten Leistung gegeben worden, so dass zum Beispiel ein Sprung mit den Körpermaßen des Turners verrechnet wurde und es letztlich gar nicht um den weitesten oder höchsten Sprung gegangen sei. Außerdem sei eine vielseitige Leistung in verschiedenen Disziplinen höher bewertet worden als eine einseitige Höchstleistung. Man habe nicht den einzelnen Sieger herausgestellt, sondern eher die besten drei. Schließlich sei das Trainieren verachtet

---

[55] Die Deutsche Turnerschaft blieb bis Ende des 19. Jahrhunderts die weltweit mitgliederstärkste Organisation für Leibesübungen (vgl. Eggers 2001: 17).

1.1 Die Entstehung des modernen Sports

worden und bei der Bewertung einer Übung habe immer auch die Schönheit und die Form der Haltung eine Rolle gespielt und sei mit beurteilt worden (vgl. Abb. 3; Eichberg/Hopf 1982: 67).

Abbildung 3: Turnerpyramide (Turngemeinde Münster von 1862 e.V.)

Nach der Durchsetzung des Sports schwelte der Konflikt zwischen Turnen und Sport noch bis nach dem Ersten Weltkrieg weiter; ab 1919 wurde der Sport jedoch zunehmend staatlich gefördert (vgl. Eggers 2001: 19; Eisenberg 1997: 107). Als das Turnen schließlich zu einem Fachverband bzw. einer sportlichen Spezialdisziplin reduziert werden sollte, verkündete die Turnerschaft im September 1923 die „reinliche Scheidung" zwischen Turnen und Sport. Demzufolge mussten sich die Athleten zwischen einer Mitgliedschaft im Sportverband oder der Turnerschaft entscheiden. Vor dieses Ultimatum gestellt, entschieden sich viele für den Sport, das Turnen verlor seine Anhänger und versank in die Bedeutungslosigkeit.

Ein weiterer wichtiger Unterschied zum modernen englischen Sport war die nationalistische Aufladung des Turnens und seine Bedeutung im Kontext der deutschen Nationalstaatenbildung. Für Jahn schien die nationale Herkunft der Turner (von Staatsangehörigkeit kann man hier noch nicht sprechen) große Relevanz zu besitzen: Für ihn war das Turnen etwas genuin Deutsches. Und es sei „ein unbestrittenes Recht, eine deutsche Sache in deutscher Sprache, ein deutsches Werk mit deutschem Wort zu benennen."[56] (Jahn/Eiselen 1960 [1816]: LVI) Seine Beschreibung der Turnkunst ist eingebettet in romantische Schwärmerei, verbunden mit chauvinistischem Franzosenhass und nationalistischer Überheblichkeit sowie Deutschtümelei. So forderte er ein Großdeutschland entlang der historischen Sprach- und Stammesgrenzen (vgl. Schröder 1960: XXIV). Die zentralen nationalen Unterscheidungskriterien, auf die er sich bezog, waren Sprache, Geschichte und gemeinsame Abstammung.[57] Der Ausschluss anderer Nationen ergab sich aus der Selbstbeschreibung der Turner[58]: Indem sie den Anspruch formulierten, zum „Körper der Nation" zu werden, bestimmten sie gleichzeitig mit, wie dieser Körper und damit die Nation eigentlich aussehen sollten (vgl. Goltermann 1998). Goltermann bezeichnet die Turnvereine als diejenigen Orte, in denen die neue Bedeutung von Nation geprägt und angeeignet wurde und für die der Nationalismus schließlich zur Handlungs- Wahrnehmungs- und Denkmatrix wurde. Vor allem in der zweiten Hälfte des 19. Jahrhunderts entwickelten die Turner radikalnationalistische Züge inklusive aggressiver Ausschlusstendenzen und rassistischer Xenophobie (vgl. Goltermann 1998: 214ff.).

Nach dem Niedergang des Turnens kam es im deutschen Sport während der Zeit des Nationalsozialismus zur Exklusion auf der Basis ethnischer bzw. „rassischer" Differenzen. Dabei ging es vor allem um Personen jüdischer Abstammung, die als Angehörige einer „Rasse" klassifiziert und im Zuge „rassenhygienischer Maßnahmen" systematisch von der Teilnahme am Sport ausgeschlossen wurden (vgl. Guttmann 1978: 33). Seit Beginn der nationalsozialistischen Herrschaft 1933 erließen viele Sportverbände sog. „Arierparagraphen" für ihre Vereine, die jüdischen Sportlern eine Vereinsmitgliedschaft verwehrten, so z.B. beim Schwimmen, Boxen, in der Leichtathletik und beim Fußball (vgl. Tegelbeckers 2000). Die deutschen Juden waren gezwungen, ihre eigenen Vereine zu gründen, die unter dem Dach des Deutschen Makkabikreises zusammengefasst wurden. Bei den Olympischen Spielen 1936 in Berlin kam es trotz internationaler Proteste zu einem Ausschluss deutscher Juden – und zwar trotz deutlich besserer sportlicher Leistungen einzelner Athleten (vgl. Guttmann 1978: 33).[59] Zur Beruhigung der Weltpresse durften zwei nach deutscher Rassengesetzgebung als „Halbjuden" klassifizierte Athleten im deutschen Aufgebot antreten. Doch in der Folgezeit wurden den jüdischen Vereinen und Sportlern systematisch alle Übungsmöglichkeiten und der Zugang zu den Sportplätzen genommen, bis der organisierte jüdische Sport schließlich durch die Pogrome vom 9. November 1938 vollständig ausgelöscht wurde (vgl. Tegelbeckers 2000).[60]

---

[56] Im Zuge seines Entwurfs einer „Turnersprache" beschäftigte sich Jahn ausführlich mit der deutschen Sprache, „deutschen Urlauten", „deutschen Schwestersprachen" und allen möglichen Dialekten, was letztlich auch illustriert, wie uneinheitlich die deutsche Sprache zur damaligen Zeit noch war (Jahn/Eiselen 1960 [1816]: LXI).
[57] Zu diesen Bestimmungskriterien nationaler Zugehörigkeit gehörten zunächst noch keine körperlichen Merkmale. Die ethnische Codierung nationaler Differenzen erfolgte erst in der zweiten Hälfte des 19. Jahrhunderts (vgl. Kap. 1.2.1 Begriffe und Konzepte: Ethnie, Rasse, Nation und Nationalstaat).
[58] Da es in dieser Selbstbeschreibung keinerlei antagonistische Konkurrenz- und Wettbewerbsorientierung gab, stellte sich auch das Problem der Mannschaftsbildung entlang nationaler Zugehörigkeiten im Turnen nicht.
[59] So z.B. im Fall der Hochspringerin Gretel Bergmann, die noch kurz vor den Olympischen Spielen die Württembergischen Meisterschaften in Stuttgart mit deutscher Jahresbestleistung gewonnen hatte.
[60] Ab 1941 durften Juden dann nicht mal mehr als Zuschauer an kulturellen und damit auch sportlichen Veranstaltungen teilnehmen (vgl. Majer 2005: 97f.).

Abbildung 4: Sportfest beim Bund deutscher Mädel (Gustav-Lübcke Museum, Hamm)

Legitimiert wurde diese Exklusion mit Hilfe der sozialanthropologischen Rassenkunde, die seit Ende des 19. Jahrhunderts als institutionalisierte Wissenschaft galt und sich intensiv mit den Zusammenhängen von „Rasse" und Sport beschäftigte (vgl. Tirala 1936). Hier wurde erforscht, ob und inwiefern bestimmte „Rassen" für bestimmte Sportarten besonders dispositioniert sein könnten und wie sich derartige „angeborene und unüberbrückbare Unterschiede äußern" (Tirala 1936: 26). So heißt es bei Tirala (1936: 78), dem damaligen Direktor des Instituts für Rassenhygiene der Universität München, dass die „schwarze Rasse" besonders geeignet für den Boxkampf sei, aufgrund ihrer „merkwürdigen Unempfindlichkeit" für Stöße gegen den Kopf. Mexikaner und Angehörige der „mongolischen Rasse" seien konstitutionell die besten Langläufer der Welt (ebd.: 42ff.) und Seri-Indianer die besten Sprinter (ebd.: 45f.). Die körperlichen Ursachen für diese Leistungsdifferenzen verortete Tirala vor allem in Muskelunterschieden (ebd.: 28ff.).

Neben Nation und „Rasse" fungierte auch die Geschlechtszugehörigkeit als Ordnungsdimension bei Turnen und Sport im Deutschland des 19. Jahrhunderts. Der Ausschluss der Frauen erfolgte hier offenbar früher und deutlicher als in England. So richtete sich bereits „Die Deutsche Turnkunst" von Turnvater Jahn ausschließlich an männliche Leser, Frauen waren noch nicht einmal als Zuschauerinnen erwünscht (vgl. Jahn/Eiselen 1960 [1816]: 178). So beschreibt Goltermann (1998: 126ff. und 290ff.), dass es beim Turnen zu einer Überschneidung nationalistischer Wahrnehmungs- und Handlungsschemata mit kulturellen Geschlechterstereotypen gekommen sei, die sich im Turner manifestiert hätten. Der neu geschaffene „Körper der Nation" war eindeutig männlich konnotiert. Mädchen durften in der ersten Hälfte des 19. Jahrhunderts nur turnen, wenn schwere Haltungsfehler drohten (vgl. Diem 1960: 631). Im Rahmen des Schulturnens waren sie jedoch beteiligt. Zur Gründung der ersten Frauenabteilung eines Männerturnvereins[61] kam es aber erst 1887; im Jahr 1888

---

[61] Dabei erhielten die Frauen jedoch kein Stimmrecht (vgl. Pfister 1983: 53).

gab es dann das erste Frauenschauturnen, und 1894 beim Deutschen Turnfest in Breslau wurde erstmals Frauenturnen einer breiten Öffentlichkeit vorgeführt (vgl. Diem 1960: 632).

In Bezug auf den Sport gab es auch in Deutschland ähnliche Diskussionen über die Beteiligung der Frauen wie in England: Ihnen wurde neben den körperlichen Fähigkeiten auch sportlicher Kampfgeist und Konkurrenzorientierung abgesprochen (vgl. Pfister 1988). So erklärte Professor Tirala (1936: 135), der bereits zitierte Direktor des Instituts für Rassenhygiene in München, dass „Frauenwettkampf (...) eine Irreleitung des Instinktes [ist], weil im Eierstock keinerlei Stoffe gebildet werden, die kämpferische Spiele und Wettkampflust hervorrufen." Entsprechend werde ein raufendes Mädchen „überall und zu allen Zeiten als unweiblich und sowohl körperlich wie seelisch ungehörig" empfunden (ebd.). Der Ausschluss der Frauen aus dem modernen Wettkampfsport wurde damit als universal gültiger Tatbestand über alle Zeit- und Raumgrenzen sowie jenseits aller vorher betonten „Rassenunterschiede" festgeschrieben.[62]

Die Geschlechtszugehörigkeit fungierte in Deutschland also sowohl im modernen Sport als auch im Turnen, das eine Art Zwischenstadium zwischen der vormodernen und der modernen Bewegungskultur darstellte, als Exklusionskriterium. Die zentrale Strukturkategorie des Turnens scheint jedoch die nationale Zugehörigkeit gewesen zu sein: Ging es doch primär um die Repräsentation nationaler Einheit und nicht wie im englischen Sport um Leistungssteigerung oder Wettkampforientierung. Daher erübrigt sich auch die Frage nach den Kriterien der Mannschaftsbildung, da der Leistungsvergleich und das antagonistische Konkurrenzprinzip im Turnen nur eine untergeordnete Rolle spielten. Seine Modernität bzw. der Unterschied zu den vormodernen Leibesübungen des Mittelalters zeigt sich gerade in der Durchsetzung von Nation und Geschlecht als soziale Teilungsdimensionen. Im Zuge des Nationalsozialismus wurde die Rassenzugehörigkeit in Deutschland zum zentralen Exklusionskriterium des Sports. Die nationale Zugehörigkeit fungierte im deutschen Sport ähnlich wie in England vor allem als Merkmal der Mannschaftsbildung.

Um die Etablierung der Teilungsdimensionen Nation, Ethnie und Geschlecht im modernen Sport verstehen und erklären zu können, sollen im Folgenden die historischen Prozesse der sozialen Konstruktion dieser drei Teilungsdimensionen dargestellt werden, die sich ebenfalls auf das 18. und 19. Jahrhundert datieren lassen und damit in großen Teilen parallel zur Ausdifferenzierung des Sports verlaufen. Dazu wird in Form eines knappen historischen Abrisses die Genese der Teilungsdimensionen Ethnie und Nation unter Berücksichtigung der Nationalstaatenbildung in Großbritannien und Deutschland und die historische Konstruktion der Geschlechterdifferenz dargestellt. Auf diese Weise sollen die Parallelen und Verbindungen zwischen dem Sport und den drei Teilungsdimensionen noch einmal sichtbar gemacht werden, die letztlich in der Etablierung von Ethnie, Nation sowie Geschlecht als relevante Beobachtungskategorien bei der Zurechnung sportlicher Leistungen resultierten.

---

[62] Wie sehr diese Auffassung von kulturellen Normvorstellungen und ästhetischen Werturteilen beeinflusst war, zeigt der folgende Ratschlag Tiralas (1936: 138) an die Sportlerinnen: „Daher soll selbst die von Natur stark begabte Wettläuferin wohl darauf achten, daß sie Lieblichkeit und Anmut in ihren Zügen nicht verliert, denn kein echter Mann sucht die starke Spannung der Gesichtszüge in einem Weibe, wie sie bei jedem Wettkampf unvermeidlich ist."

1.2 Die historische Konstruktion ethnischer Differenzen und die „Erfindung der Nation"

Bevor die historische Genese der sozialen Teilungsdimensionen Ethnie und Nation näher erläutert wird, sollen zunächst einige begriffliche Klärungen bzgl. der Verwendung der Konzepte Ethnie und Nation in dieser Arbeit vorgenommen werden.

1.2.1 Begriffe und Konzepte: Ethnie, Rasse, Nation und Nationalstaat

In der soziologischen Literatur findet sich bisher keine einheitliche Definition des Phänomens Ethnizität, stattdessen wird die Bedeutung häufig als selbstverständlich vorausgesetzt, und/oder es findet keine präzise Abgrenzung zu den vielfach analog verwendeten Begriffen Rasse und Nation statt (vgl. Bös 2005b: 20ff.; Müller 2007a). So werden beispielsweise im englischsprachigen Diskurs *ethnicity* and *race* weitgehend austauschbar verwendet, häufig erscheint *race* als Sonderfall einer *ethnic group* (vgl. Bös 2005b: 24): Demnach sind die häufigsten Kriterien zur Bestimmung ethnischer Gruppen der Glaube an eine gemeinsame Herkunft bzw. Geschichte, während bei der Verwendung des Rassenkonzepts zusätzlich noch auf die biologische Abstammung bzw. physische Merkmale (vor allem die Hautfarbe) abgestellt wird (vgl. Cornell/Hartmann 2007: 26ff.). Im deutschsprachigen Raum wird im Gegensatz dazu der Begriff „Rasse" kaum noch verwendet; er ist fast vollständig durch das Konzept ethnischer oder kultureller Differenzen ersetzt worden (vgl. dazu Bielefeld 1991; Lutz 2001: 224). Die wichtigsten Argumente gegen den Rassenbegriff beziehen sich auf den politischen Missbrauch zur Aufwertung der eigenen und Verfolgung anderer Rassen, die Bestimmung als biologische Gruppe und die implizite Zuschreibung von Un-Assimilierbarkeit (Bös 2005b: 334; Cornell/Hartmann 2007: 32ff.).

Ein weiteres Definitionskriterium von Ethnizität bezieht sich auf Identifikation bzw. den Mitgliedschaftsglauben der Angehörigen einer ethnischen Gruppe; das findet sich bereits in der Definition von Max Weber (1980 [1922]: 237):

> „Wir wollen solche Menschengruppen, welche auf Grund von Ähnlichkeiten des äußeren Habitus oder der Sitten oder beider oder von Erinnerungen an Kolonisation und Wanderung einen subjektiven Glauben an eine Abstammungsgemeinsamkeit hegen, derart, daß dieser für die Propagierung von Vergemeinschaftungen wichtig wird (…), ‚ethnische' Gruppen nennen, ganz einerlei, ob eine Blutsgemeinsamkeit objektiv vorliegt oder nicht."

Zentral an dieser Definition ist der Glaube an die Mitgliedschaft, durch den Weber die ethnische Gruppe von der „Sippengemeinschaft" differenziert (Weber 1980 [1922]: 237). Tatsächlich scheint es sich aber bei Ethnien nicht um soziale Gruppen im eigentlichen soziologischen Sinn zu handeln (sonst müssten unmittelbare und diffuse Beziehungen zwischen den Gruppenmitgliedern bestehen), sondern um imaginierte bzw. vorgestellte Gemeinschaften (vgl. Brubaker 2007; Jenkins 1996: 82; Müller 2007a: 513). Entscheidend für die Definition als ethnisches Kollektiv ist aber das zumindest partielle Bewusstsein bzw. der Glaube an bestimmte Gemeinsamkeiten oder anders formuliert: die Selbstbeschreibung einer gemeinsamen Kultur (vgl. Cornell/Hartmann 2007: 18).

Hier lässt sich ein weiterer Unterschied zu der Verwendung von Rassekonzepten in der Wissenschaft feststellen: So betonen Rassekonzepte meist die Fremdzuschreibung aufgrund körperlicher Merkmale, während Ethnizität die „kulturelle Schöpfung einer Gruppe [meint] – egal ob Mehrheit oder Minderheit." (Bös 1997: 73) Häufig fallen die Kategorisierungen als ethnisches und rassisches Kollektiv jedoch zusammen, so z.B. im Fall der Schwarzen in den USA. Das lässt sich wiederum damit erklären, dass rassische Kategorisierungen zu Ausgrenzung und Marginalisierung führen können, die dann zu einem Ethnisierungsprozess beitragen (ebd.).[63] Entsprechend betonen konstruktivistische Definitionen die Wechselseitigkeit von Selbst- und Fremdzuschreibungen für die Konstitution ethnischer Grenzen:

> „A categorial ascription is an ethnic ascription when it classifies a person in terms if his basic most general identity, presumptively determined by his origin and background. To the extent that actors use ethnic identities to categorize themselves and others for purposes of interaction, they form ethnic groups in this organizational sense." (Barth 1969: 13f.)

Problematisch an dieser sehr weiten Definition ist jedoch, dass demzufolge auch Religionsgruppen, soziale Klassen und politische Verbände als ethnisches Kollektiv bezeichnet werden könnten.[64] Die Begriffsbestimmung müsste also um weitere Definitionskriterien, wie z.B. Familienbezug bzw. Blutsverwandtschaft, Vergangenheitsorientierung oder evtl. ein gemeinsames Territorium ergänzt werden (vgl. Elwert 1989: 448).

Auch Nationen lassen sich als vorgestellte Schicksals- und Abstammungsgemeinschaften verstehen, die jedoch im Unterschied zu ethnischen Kollektiven über einen autonomen politisch-staatlichen Verbandsapparat verfügen bzw. danach streben (Elwert 2001: 252ff.; Cornell/Hartmann 2007: 35ff.). Der Begriff der Ethnie ist weiter gefasst und schließt anders als die Nation, die gerade auf die Konstitution einer selbstgenügsamen Einheit und in der Regel auf „ethnische Entmischung" zielt, auch grenzüberschreitende Sozialbeziehungen mit ein (vgl. Elwert 1989: 448f.). Durch die Errichtung eines eigenen politischen Staatsapparats wird die Nation zum Nationalstaat. Die ethnische Zugehörigkeit bzw. der Anspruch, dass die ethnische und die politisch-staatsverbandliche Zugehörigkeit deckungsgleich sind, ist historisch jedoch nur *ein* mögliches Kriterium zur Bestimmung nationaler Kollektivität (vgl. Lepsius 1990). Lepsius unterscheidet neben der Ethnonation idealtypisch zwischen Volksnation, Kulturnation, Klassennation und Staatsbürgernation. Demzufolge kann der Glaube an die Mitgliedschaft einer Nation auch auf anderen Gemeinsamkeiten als der ethnischen Herkunft basieren. Entsprechend sah die Modernisierungstheorie die entscheidende Differenz zwischen ethnischen und nationalen Kollektiven in den unterschiedlichen Inklusionsregelungen (vgl. Richter 1994). So betont Parsons (1968) den universalistischen Charakter moderner Gesellschaften und meint, die Nation habe durch die Möglichkeit des Erwerbs von Staatsbürgerrechten primordiale askriptive Merkmale wie

---

[63] Ein anderes Beispiel, das für die Entwicklung einer Rasse zum ethnischen Kollektiv benannt wird, sind die irischen Einwanderer in den USA (vgl. Cornell/Hartmann 2007: 33f.). Demnach wurden die Iren im 18. und 19. Jahrhundert als „distinctly inferior race" bzw. „niggers turned inside out" beschrieben (ebd.), während sie seit dem 20. Jahrhundert „nur noch" als ethnisches Kollektiv gelten und bzgl. ihrer rassischen Zugehörigkeit mit den europäischstämmigen Amerikanern gemeinsam kategorisiert werden.

[64] Zu weiteren Problemen bei der Definition von Ethnizität innerhalb konstruktivistischer Ansätze oder bei solchen Konzepten, die primär auf eine gemeinsame kulturelle Praxis abzielen vgl. Heinemann 2001 und Cornell/Hartmann 2007: 18.

Ethnizität als Zugehörigkeitskriterien transzendiert. Seinen Annahmen zufolge müssten aufgrund der mit funktionaler Differenzierung einhergehenden Rollenspezialisierung partikularistische Merkmale wie die ethnische Zugehörigkeit zunehmend in den Hintergrund treten. Demnach würden Statuspositionen in modernen Gesellschaften nur noch nach Leistungsgesichtspunkten (*achievement*) vergeben und nicht mehr aufgrund zugeschriebener Merkmale (*ascription*). Demzufolge dienen die Nation und vor allem der Nationalstaat der Überwindung ethnischer Zugehörigkeiten bei der Herstellung gesellschaftlicher Gemeinschaft.

Grundsätzlich gilt es jedoch zwischen den Semantiken von ethnischer oder nationaler Zugehörigkeit und den sozialstrukturellen Prozessen der Staatsbürgerschaft, also Fragen der politischen Inklusion, zu unterscheiden (vgl. Bös 2005a; Weinbach 2005). Während sich Staatsbürgerschaft also auf die „Zuweisung gleicher beziehungsweise ungleicher Rechtspositionen, die die Teilhabe an politischer Kommunikation ermöglichen oder verhindern", bezieht, geht es bei der nationalen Zugehörigkeit um „die damit einher gehenden Beschreibungen gesellschaftlicher Großgruppen, also politische Inklusions- und Exklusionssemantiken." (Bös 2005a: 213) Übertragen auf den Sport bzw. die Fragestellung dieser Arbeit bedeutet das, dass differenziert werden muss zwischen der semantischen Ebene, also der nationalen Codierung sportlicher Wettkämpfe auf der einen Seite, und der Funktion von Nationalität bzw. (politischer) Staatsbürgerschaft als Exklusionskriterium formaler Organisationen (wie Sportvereinen oder Klubs und den Ligaverbänden) auf der anderen. Einerseits geht es also um die nationalistische Aufladung der Beschreibungen des Fußballs bzw. die Verwendung nationaler Zugehörigkeit als Konkurrenzprinzip zur Bildung von Mannschaften, und auf der anderen Seite steht die Nationalität als entscheidendes Kriterium für die Zugangschancen individueller Sportler.

Im folgenden sehr knapp gehaltenen historischen Abriss über die Entstehung ethnischer und nationaler Kollektive und die Nationalstaatenbildung soll versucht werden, soweit möglich die Ebenen von Semantik und Struktur zu differenzieren, auch wenn es im Wesentlichen um die semantische Ebene nationaler Zugehörigkeit gehen wird.

1.2.2 Die historische Erfindung der Rassenkonzepte und die Genese ethnischer und nationaler Zugehörigkeitssemantiken

Der Begriff der „Rasse" wurde im 17. Jahrhundert erstmals zur Klassifikation von Menschen verwendet (vgl. Geiss 1988: 15; Wheeler 2000: 96f.). Dabei wurden Menschen aus verschiedenen Teilen der Welt nach äußeren Merkmalen, wie Nasenform, Hautfarbe und Lippenform in sechs verschiedene „Rassen" bzw. „Spezies" eingeteilt, die im weitesten Sinne mit den später eingeführten Kategorien des Europäers, Afrikaners, Orientalen, Lappen, Indianers und Hottentotten korrespondierten (vgl. Bernasconi 2001: 13; Wheeler 2000: 96). Im Zuge der bereits erwähnten wissenschaftlichen „Vermessung der Welt" wurde der Begriff Ende des 18. Jahrhunderts wieder aufgenommen und in die neuen Taxonomien der Natur eingepasst. So nahm der schwedische Naturforscher Carl von Linné als erster den Menschen unter der Bezeichnung Homo sapiens in seine Klassifikation von Pflanzen und Tieren auf und wies den verschiedenen „Rassen" nach den Grundsätzen der antiken Humoralpathologie verschiedene physische und charakterliche Eigenschaften zu (vgl. Bernasconi 2001: 15; Kattmann 1999: 73f.). Dabei wurden nicht nur Unterschiede zwischen Menschen festgestellt, sondern diese auch in eine hierarchische Anordnung gebracht, die letztlich immer darauf hinauslief, dass die (europäische) „Rasse" der Forscher auf- und andere Völker abgewertet wurden (vgl. Lentz 1995: 60; Mosse 1996). Bei diesen frühen Rassenklassifikationen handelte es sich also zunächst um Fremdzuschreibungen aufgrund körperlicher Merkmale ohne das Bewusstsein der so kategorisierten Menschen. Derartige Attributionen konnten jedoch zum Ausgangspunkt für mögliche Selbstzuschreibungen und Ethnisierungsprozesse werden.

Die Unsicherheit und Kontingenz der rassischen Kategorisierungen spiegelt sich in den wissenschaftlichen Diskursen über die Frage, „welche der Myriaden von beobachtbaren Unterschieden zwischen Menschen – an Haut oder Knochen – (...) signifikant und entscheidend für die Abgrenzung der einen „Rasse" von der anderen" sein sollten (Schiebinger 1993: 50). Durch die Suche nach dauerhaften körperlichen Unterschieden, wie z.B. verschiedenen Schädelformen und Hautfarben, sollten die sozialen Unterschiede bzw. die Überlegenheit der europäischen Männer wissenschaftlich erklärt und in der Natur verankert werden. Dafür zuständig waren Mediziner, Anatomen und Anthropologen, wie Samuel Thomas Sömmerring, der 1784 eine Vergleichsstudie mit dem Titel „Ueber die körperliche Verschiedenheit des Negers vom Europäer" veröffentlichte, in der er zu dem Ergebnis kam, dass zwischen Affen und „Mohren" eine enge Verbindung bestehe (vgl. Honegger 1992: 172). Es waren dieselben Forscher, die einerseits Fremde und Schwarze mit „unglaublicher Ernsthaftigkeit und Akribie" untersuchten und soziale Unterschiede mit dem Verweis auf körperliche Differenzen begründen wollten, und die sich andererseits mit der Wirkung von Leibesübungen auf den menschlichen Körper beschäftigten. Bei ihren Untersuchungen vermaßen sie Schädel, ganze Skelette, einzelne Knochen, Muskeln etc. und stellten immer wieder die evolutionstheoretische Überlegenheit der europäischen „Rassen"[65] fest (vgl. Dittrich/Radtke 1990: 18; Gould 1993; Becker 2005). Die Parallelen zwischen der medizinischen Vermessung des Körpers und seiner Leistungen bzw. Leistungsfähigkeit durch den Sport sind offensichtlich nahe liegend. Aus dieser Verknüpfung entstand schließlich auch die Spezialdisziplin der Sportmedizin, die sich unter anderem mit der Relevanz der beschriebenen körperlichen Unterschiede zwischen Angehörigen verschiedener „Rassen" (z.B. in Knochenbau und Muskelstruktur) für die Erbringung sportlicher Leistungen auseinandersetzte (vgl. Tirala 1936).

Die Medizin des 19. Jahrhunderts beschäftigte sich also mindestens ebenso intensiv wie der Sport mit der Konstruktion von Hierarchien, und auch der Wettkampfgedanke findet sich vor allem in den damals sehr einflussreichen Evolutionstheorien. Ein anschauliches Beispiel hierfür bietet Charles Darwins Werk „On the Origin of the Species" von 1859, demzufolge nur die stärksten Individuen und Arten überleben können. Dieses Modell wurde später auf menschliche Gesellschaften und vor allem den Kampf zwischen unterschiedlichen menschlichen „Rassen" übertragen (vgl. Brändle/Koller 2002: 24f.; Hobsbawm 1991: 128f.). Hier lassen sich viele semantische Ähnlichkeiten zum Sport feststellen.

Parallel zur Naturalisierung und Verwissenschaftlichung rassischer Differenzen entwickelten sich seit dem 18. Jahrhundert – nicht zuletzt als Folge der rassischen Fremdzuschreibungen – neue Selbstbeschreibungen gesellschaftlicher Kollektive als Nationen. Mit Beginn der Moderne bzw. nachdem Amerikanische und Französische Revolution das alte Europa erschüttert hatten, etablierte sich die Idee der Nation als gesellschaftlicher „Letztwert

---

[65] Genauer gesagt wurde nur der europäische Mann als überlegen betrachtet, während die europäischen Frauen auf einem ähnlichen Entwicklungsstand wie die männlichen Angehörigen dunkelhäutiger „Rassen" verortet wurden (vgl. Stephan 1993: 367).

1.2 Die historische Konstruktion ethnischer Differenzen und die „Erfindung der Nation" 51

und oberster Legitimitätsquell für Forderungen jedweder Art" (Langewiesche 2000: 16). Die neue Vorstellung „eine Nation – ein Staat" stand im Widerspruch zu den älteren multinationalen Staatengebilden, wie der Habsburger Monarchie oder dem Deutschen Bund. Welche Kriterien zur Bestimmung der nationalen Kollektivität jeweils betont wurden, konnte variieren, wobei jedoch der Rekurs auf eine gemeinsame Abstammungsgemeinschaft eine Konstante gewesen zu sein scheint (vgl. Langewiesche 2000: 18f.; Smith 1986).

Wie anhand zahlreicher historischer Untersuchungen gezeigt werden konnte, war die Ethnogenese dem Prozess der Nationen- und Nationalstaatenbildung jedoch vielfach nachgelagert (vgl. Anderson 1988; Gellner 1965; Hobsbawm 1992: 613ff.; Hobsbawm/Ranger 1983). Allerdings gibt es hier große Variationen zwischen der Entstehungsgeschichte der verschiedenen Nationen und der Existenz möglicher Anknüpfungspunkte für die neuen Formen nationaler Vergemeinschaftung und Nationalismen (vgl. Bayly 2006: 255ff.): Während einige nationale Kollektive offenbar erst nach der Staatsgründung entstanden sind und insofern tatsächlich als „Erfindung" oder „Imagination" von Gemeinschaft betrachtet werden können (vgl. Anderson 1988), gibt es auch Länder, die in stärkerem Maße an „alte Patriotismen" und relativ homogene Sprach- und Religionsgemeinschaften anknüpfen konnten. Ein Beispiel für den ersten Fall sind die Vereinigten Staaten, in denen sich ein amerikanischer Nationalismus erst nach dem Bürgerkrieg entwickeln konnte (vgl. Bayly 2006: 256). Im Gegensatz dazu konnte die Nationenbildung in England auf die Glorreiche Revolution und die Declaration of rights von 1688/89 verweisen, die beide als Grundlagen für die Entwicklung zum modernen Verfassungsstaat verstanden werden können. Insgesamt betrachtet scheint es jedoch eher unwahrscheinlich, dass Nationalismus aus dem Nichts oder durch ein einzelnes Ereignis hervorgerufen werden konnte, viel eher wurde vermutlich an frühere Patriotismen erinnert, und diese wurden mittels eines neuen starken Staates geschärft und neu geformt (Bayly 2006: 252).

Eine wichtige Rolle für die Nationenbildung scheinen außerdem kriegerische Auseinandersetzungen zwischen Staaten, aber auch innerstaatliche Konflikte zwischen verschiedenen Bevölkerungsteilen gespielt zu haben (vgl. Bayly 2006: 252; Langewiesche 2000: 26ff.). So leisteten die Besetzung deutscher Gebiete durch Napoleon Anfang des 19. Jahrhunderts, die daran anschließenden Befreiungskriege (1813-15) und auch die gescheiterte Revolution vom März 1848 sowie die Kriege im Vorfeld der Reichsgründung (die sog. „Einigungskriege") wichtige Beiträge zur nationalen Identität Deutschlands. Auch die Erinnerung an diese bewaffneten Konflikte durch die Schaffung von Erinnerungsstätten und Denkmälern, der mit den Einigungskriegen einhergehende militärische Drill und der paramilitärische freiwillige Dienst, an dem auch nach den Kriegen festgehalten wurde, trugen dazu bei, der Bevölkerung und den nachfolgenden Generationen den Glauben an ein gemeinsames nationales Schicksal einzuprägen (vgl. Bayly 2006: 257). Zu diesem militärischen Drill gehörte in Deutschland zweifellos auch das Turnen, auf dessen Bedeutung im Rahmen der Entstehung eines Nationalbewusstseins bereits hingewiesen wurde. Weitere wichtige Symbole und Traditionen, die als wichtige Kristallisationspunkte der nationalen Identifikation fungierten und im Zuge der Nationenbildung „erfunden" wurden, waren Ursprungsmythen (z.B. die Völkerschlacht von Leipzig 1813), neue Zeit- und Raumordnungen, Nationalhymnen, Nationalflaggen, nationale Feiertage, Symbole und Personifikationen der Nation als Figuren (z.B. der „deutsche Michel") (vgl. Hobsbawm 1983: 11).[66]

---

[66] Insofern lässt sich die Nation mit Anderson (1988) als „Homogenitätsmaschine" begreifen, die zu umfassenden Standardisierungsprozessen bzgl. Bevölkerung, Zeit und Raum geführt hat (Mergel 2005: 284).

Den historischen Höhepunkt erlebte die Nationenbildung im Zuge des Imperialismus Ende des 19. Jahrhunderts, in dessen Folge es noch einmal zu einer Steigerung der konkurrierenden Nationalismen und einem zunehmenden Expansionsdrang in die Regionen außerhalb Europas kam (vgl. Bayly 2006: 281ff.).

Im Zuge verstärkter nationaler Identifikation wurde bereits seit Beginn des 19. Jahrhunderts immer wieder auch auf eine gemeinsame Abstammung und Verwandtschaft verwiesen, auf eine „nationale Essenz", die nur durch Blut übertragen werden könne (vgl. El-Tayeb 2001: 131ff.). Spätestens in der zweiten Hälfte des 19. Jahrhunderts kam es dann zu einer Verbindung des modernen Nationalismus, der zumindest in seinen frühen Formen noch keinen Bezug zur biologischen Abstammung hatte[67], mit den wissenschaftlichen Konzepten der Rassentheorie, die mittlerweile als gesellschaftlich dominante Deutungsmuster etabliert waren (vgl. Dittrich/Radtke 1990: 21).[68] In der Praxis wurden Rasse und Nation bisweilen synonym verwendet, so z.B. wenn über die Merkmale von Rassen- und Nationalcharakteren spekuliert wurde (vgl. Hobsbawm 1991: 129f.). Indem die Fremdzuschreibung und Grenzziehung zwischen den „Rassen" zur Selbstzuschreibung wurde, entstanden ethnische Kollektive, und der Glaube an eine gemeinsame ethnische Herkunft wurde zu einem zentralen Kriterium für den Anspruch, eine Nation zu sein (vgl. Hobsbawm 1991: 122). Seitdem finden sich in den nationalen Inklusionssemantiken deutliche Referenzen auf ethnische Beschreibungen, vor allem in Bezug auf die Außengrenzen der neuen nationalstaatlich verfassten Gesellschaften (vgl. Bös 2005a: 221f.). Hobsbawm datiert die Entstehung dieses „ethnischen Nationalismus" auf die Jahre zwischen 1880 und 1914.[69]

Zeitlich parallel zu dieser Entwicklung vollzog sich auch die Ausdifferenzierung des modernen Sports zu einem eigenständigen Funktionssystem, so dass seine Verknüpfung mit der Idee der Nation sich aus verschiedenen Gründen angeboten zu haben scheint. Zunächst konnten im Konkurrenz- und Wettkampfprinzip des Sports nationale Einheits- und Identitätssemantiken imitiert werden, da es – zumindest in Mannschaftssportarten oder aus der Perspektive des Publikums – ebenfalls um die Herstellung von Differenz bzw. Hierarchie und um die Konstruktion einer kollektiven Identität ging (vgl. dazu auch Rowe 2003).[70] Auch die neuen nationalen Zustände emotionaler Erregung im Zusammenhang mit kriegerischen Auseinandersetzungen, wie den Befreiungskriegen wiesen große Ähnlichkeiten auf zur Begeisterung, Wut oder Enttäuschung im Kontext großer Sportereignisse. So wurden beispielsweise militärische Niederlagen im 18. Jahrhundert noch nicht als nationale Demü-

---

[67] So z.B. die Vorstellung einer Völkergemeinschaft, wie sie von Johann Gottlieb Herder während der Zeit der deutschen Romantik vertreten wurde (vgl. Mosse 1996: 61ff.).
[68] Die unterschiedlichen Deutungsmuster und Selbstbeschreibungen der Nation, also inwiefern nationale Zugehörigkeit als gemeinsame Verwandtschaft oder als sich aus Geburts- bzw. Aufenthaltsort ergebendes Prinzip verstanden wurde, schlugen sich ebenfalls auf der strukturellen Ebene des Staatsbürgerrechts nieder: So unterscheidet man bis heute zwischen dem sog. „ius solis" (auch Territorial- oder Geburtsortprinzip), bei dem die Vergabe der Staatsbürgerschaft mit dem Geburtsort verknüpft wird, und dem „ius sanguinis" (auch Bluts- oder Abstammungsprinzip), demzufolge der Erwerb der Staatsbürgerschaft an die Staatsbürgerschaft der Eltern gebunden ist. Mittlerweile finden sich jedoch auch im Staatsangehörigkeitsrecht klassischer Staatsbürgernationen mit Geburtsortprinzip, wie Frankreich und den Vereinigten Staaten, zunehmend ethnische Marker, so dass man langfristig von einer zunehmenden Ethnisierung des Staatsangehörigkeitsrechts sprechen kann (vgl. Bös 1993; 2005a).
[69] Die Engländer stellen hier insofern eine Ausnahme dar, als dass sie im 19. Jahrhundert regelmäßig auf ihre gemischte Abstammung aus Angelsachsen, Normannen, Schotten, Iren etc. verwiesen (vgl. Hobsbawm 1991: 129).
[70] Entsprechend beschreibt Luhmann (1997: 1051) die Funktion der Nation folgendermaßen: „Im Begriff der Nation ebenso wie im Begriff des Menschen als Individuum und Subjekt schafft die Selbstbeschreibung des Gesellschaftssystems sich einen hochplausiblen Ausweg, der es erlaubt, Identitätsressourcen zu aktivieren, die die Funktionssysteme in ihren Inklusionsformen nicht bieten können."

1.2 Die historische Konstruktion ethnischer Differenzen und die „Erfindung der Nation" 53

tigungen empfunden, sondern als Teil der Machtpolitik eines Herrschers. Erst seit der Französischen Revolution und den Napoleonischen Kriegen, die nicht mehr von einer Berufsarmee, sondern von einem aus Staatsbürgern zusammengesetzten Heer getragen wurden, entwickelte sich die Wahrnehmung, dass militärische Niederlagen als kollektiv nationaler Gesichtsverlust beschrieben und empfunden wurden. Viele Semantiken aus Krieg und Militär, wie z.B. Sieg und Niederlage, finden sich dann auch in den meisten sportlichen Wettkampfarten (vgl. Eisenberg 1999: 191). Es scheint beinahe so, als ob der Sport als eine spielerische Version kriegerischer Gewalt und imperialistischer Bestrebungen wahrgenommen wurde, in der kollektive nationale Identifikation auf einfache Weise eingeübt und inszeniert werden konnte.[71] So fand vor allem die verstärkte Konkurrenzorientierung zwischen den Nationen im Zuge des Imperialismus' ihre Parallele im Sport.

Außerdem scheinen sich Verbreitung und Institutionalisierung des modernen Sports sowie die Etablierung des Nationalstaats als wichtigste Form staatlicher Organisation wechselseitig begünstigt zu haben: So lässt sich der Sport mit seiner nationalen Codierung als Diffusionsmechanismus bzw. Katalysator für die Verbreitung nationalistischer Semantiken und Vergemeinschaftungsformen interpretieren (vgl. Dyreson 2003: 102). In dieser Entwicklung spiegelt sich die Wechselseitigkeit von Globalisierung und Nationenbildung: Die weltweite Verbreitung des Sports erfolgte praktisch Hand in Hand mit der Institutionalisierung der Idee der Nation bzw. des Nationalstaats als einzig legitimer Form politischer Organisation. Hier scheint es aufgrund der zeitlichen Parallelen und der Katalysatorenfunktion des Sports zu Überschneidungen zwischen den neu etablierten politischen und sportlichen Grenzziehungen gekommen zu sein. Entsprechend wurden die formalen Organisationen des Sports, die den Rahmen für den Spiel- und Wettkampfbetrieb der verschiedenen Sportarten vorgeben, entlang territorialer und vor allem nationaler Grenzziehungen gegründet. Auf diese Weise erfolgten Beobachtung und Zurechnung sportlicher Leistung zwar automatisch entlang nationaler Grenzen bzw. wurden national codiert, beziehen aber grundsätzlich alle Nationen der Welt in den Vergleich mit ein. Die Ausdehnung des sportlichen Leistungsvergleichs auf die ganze Welt basiert also gleichzeitig auf der Unterteilung in vergleichbare Einheiten bzw. einzelne Nationen.

Einen weiteren Anknüpfungspunkt für die Einlagerung von Nation und Ethnie als Beschreibungsdimensionen im Sport stellt möglicherweise die herausragende Bedeutung des Körpers im Sport dar, der im Gegensatz zu den meisten anderen Funktionssystemen nicht marginalisiert wurde, sondern konstitutiv für den Sport war und ist. Ausgangspunkt dieser Überlegung ist die Ethnisierung und Codierung nationaler Zugehörigkeit über einen Blutverwandtschaftsglauben. Da der Körper in seiner Leibhaftigkeit beim sportlichen Leistungsvergleich unhintergehbar im Mittelpunkt der Aufmerksamkeit steht, scheinen Merkmale, die wie die ethnisch codierte nationale Zugehörigkeit als körperliche Eigenschaften wahrgenommen werden, mit einer besonders hohen Wahrscheinlichkeit für die Beobachtung relevant zu werden. Oder anders ausgedrückt: Bei der Beschreibung sportlicher Leistungen kann möglicherweise von der ganzen Person und damit auch ihrer ethnischen und nationalen Herkunft nicht abgesehen werden, sondern Leistungserwartungen knüpfen regelmäßig an askriptive Körpermerkmale an.

---

[71] Diese Einschätzung gilt wahrscheinlich in stärkerem Maße für Publikumssportarten bzw. die „hegemonialen Sportkulturen" eines Landes (vgl. Markovits/Hellerman 1995/1996), während in anderen Sportarten nationale Zugehörigkeit kaum oder wenig Relevanz als Beobachtungskategorie hat.

Hier ergibt sich eine deutliche Parallele zur Geschlechtszugehörigkeit, die genau wie die nationale Herkunft als zugeschriebenes Merkmal gedeutet wird und ebenfalls als zentrale Beobachtungsdimension des Sports fungiert. Daher soll im folgenden Abschnitt die historische Konstruktion der Geschlechterdifferenz überblicksartig dargestellt werden.

1.3 Die „Erfindung" der Geschlechterdifferenz

Ganz ähnlich wie im Fall der Teilungsdimensionen Rasse, Ethnie und Nation bekam auch die Geschlechtszugehörigkeit erst im Zuge der Umstellung von primär stratifikatorischer auf funktionale Differenzierung eine neue Bedeutung.[72] So fungierte die Geschlechterdifferenz in vormodernen Gesellschaften keineswegs als universal gültiges Strukturprinzip (vgl. Hausen 1976; Herzog 1993) – weder im Alltag noch in den vormodernen Formen der Bewegungskultur (vgl. 1.1.1 Die Bewegungskultur in den vormodernen Gesellschaften des Mittelalters und der frühen Neuzeit). Entgegen unserem Alltagsverständnis, in dem wir – ähnlich wie im Fall ethnischer und nationaler Zugehörigkeit – davon ausgehen, dass es sich bei den Kategorien Frau und Mann um transhistorische, quasi naturgegebene Phänomene handelt, wurde die Geschlechterdifferenz erst mit Beginn des 19. Jahrhunderts zu einem über die Standesgrenzen hinweg geltenden Ordnungsbegriff (vgl. Honegger 1992; Scott 1994).

Bis zum 18. Jahrhundert hatte der Begriff „Geschlecht" eine rein genealogische Bedeutung und diente vor allem der Beschreibung von Gemeinsamkeiten miteinander verwandter Menschen (vgl. Frevert 1995; Hausen 1976). Erst Ende des 18. Jahrhunderts konnte sich eine biologische Deutung des Begriffs etablieren, und Geschlecht bezog sich primär auf die Unterscheidung zwischen Frauen und Männern. Bis zu diesem Zeitpunkt gab es auch noch keine universelle Bedeutung der Begriffe „Mann" und „Frau", und es war nicht die Natur, sonder der soziale Kontext, der zur Definition der Geschlechter herangezogen wurde (vgl. Frevert 1995: 25ff.). Primäre soziale Ordnungsprinzipien vormoderner Gesellschaften waren die Standeszugehörigkeit und der Familienstand (vgl. Dilcher 1997). Zentrale Bezugspunkte der vormodernen Definitionen bildeten vor allem die Ehe als notwendige Arbeits- und Lebensgemeinschaft und das sog. „Ganze Haus" (vgl. Brunner 1966). Die Geschlechterhierarchie war lediglich sekundär und wurde durch die ständische Ordnung gebrochen. Auch waren die Grenzen der geschlechtsspezifischen Arbeitsteilung innerhalb dieser Ordnung noch nicht verbindlich festgelegt und konnten problemlos überschritten werden, da letztlich für beide Geschlechter der Haushalt (ohne Trennung von Konsum und Erwerb) das gemeinsame Bezugssystem war.[73]

Diese lebensweltlich soziale Komponente verschwand Ende des 18. Jahrhunderts aus den Definitionen von Frau und Mann und wurde durch neue universell formulierte Charakterbeschreibungen ersetzt (vgl. Frevert 1995: 30f.). Das Bezugssystem wechselte, und an die Stelle von Standesdefinitionen traten jetzt für *alle* Männer und Frauen geltende Charakterdefinitionen, Geschlecht wurde zu einer universellen sozialen Teilungsdimension (*Universalisierung*). Diese Ende des 18. Jahrhunderts erstmals auftauchenden polarisierenden

---

[72] Zu den historischen Parallelen der historischen Konstruktion von Geschlecht und Ethnie vgl. Becker 2005; Schiebinger 1993; Müller 2003.
[73] Das bedeutet jedoch nicht, dass es in vormodernen Gesellschaften eine soziale Gleichstellung der Geschlechter gegeben hätte, vielmehr hatte die Ehefrau bzw. Hausmutter gegenüber ihrem Ehemann bzw. Hausvater eine klar Herrschaftsunterworfene Position (vgl. Frevert 1986: 25ff.).

1.3 Die „Erfindung" der Geschlechterdifferenz

„Geschlechtscharaktere" waren als Kontrastprogramm konzipiert und finden sich zumindest rudimentär auch heute noch in unseren Vorstellungen wieder (vgl. Hausen 1976: 368). Demnach wurden Männer als mutig, kraftvoll, tapfer, für das öffentliche Leben bestimmt, vernunftorientiert und mit der Fähigkeit zu abstraktem Denken beschrieben. Im Gegensatz dazu galten Frauen als schwach, wankelmütig, emotional, irrational, bescheiden, passiv, für das häusliche Leben bestimmt und wenig konkurrenzorientiert.[74]

Bei der Festschreibung der neuen universell geltenden Geschlechterdifferenz wurde zwar zunächst noch die Gleichwertig- und Gleichrangigkeit von Frau und Mann betont, so z.B. in der romantischen Idee der Komplementarität der Geschlechter (vgl. Hausen 1976: 373), aber es wurde bald deutlich, dass die Differenz gleichzeitig mit einer Hierarchisierung und letztlich der Exklusion der Frauen aus vielen Funktionssystemen verbunden war.

Die Vorstellungen über die Existenz unterschiedlicher Geschlechtscharaktere und vor allem das neue Verständnis von Familie als sozialer Raum außerhalb von Öffentlichkeit und Erwerbssphäre wurden primär von dem neu aufgestiegenen dritten Stand, dem Bürgertum, propagiert (vgl. Frevert 1986; Hausen 1976). Aus der Perspektive des Bürgertums reduzierte die Institutionalisierung einer geschlechtsspezifischen Arbeitsteilung und der daraus resultierende Ausschluss der Frauen aus der Öffentlichkeit den Konkurrenzdruck für die Männer und sicherte gleichzeitig die Versorgung der Familie. Die polarisierenden Geschlechtscharaktere wurden immer bewusster zum Ziel der bürgerlichen Bildungspolitik erklärt, so dass Mädchen und Frauen nur noch für den Ehe- und Familienzweck unterrichtet und ausgebildet wurden, wodurch die vorweggenommenen Geschlechterunterschiede sich immer wieder bestätigten. So war das sich im Laufe des 18. und 19. Jahrhunderts ausdifferenzierende höhere Bildungswesen in den deutschen Staaten meist ausschließlich für Jungen gedacht. Die Erziehung der Mädchen blieb Familiensache. Höhere Töchterschulen für Mädchen waren selbst für Adel und Großbürgertum selten und zielten entsprechend der neuen Geschlechterideologie vor allem darauf ab, Ehefrauen, Hausfrauen und Mütter zu erziehen.[75]

Es lässt sich vermuten, dass das neue Geschlechtermodell, das sich in der Segregation der Schulbildung und dem damit verbundenen Bildungsprogramm bereits früh etablieren konnte, ausgehend vom Erziehungssystem Eingang in weitere gesellschaftliche Funktionssysteme finden konnte, so z.B. das Sportsystem, das – wie bereits geschildert – einen seiner wichtigsten Ausgangspunkte in den Schulen des 19. Jahrhunderts hatte. So waren es doch dieselben Personen, die in der pädagogischen Literatur des 18. und 19. Jahrhunderts Ratschläge zur Leibeserziehung von Kindern und Jugendlichen und zur besonderen Behandlung der Mädchen gaben, wie z.B. Jean-Jaques Rousseau (vgl. Müller 2003: 40). Dabei interferierten spätestens im 19. Jahrhundert auch die Vorstellungen über die Erziehung

---

[74] Dass derartige Geschlechtsrollenzuschreibungen noch keineswegs selbstverständlich waren, sondern erst ihren Platz im Alltagswissen finden mussten, beweist die Ausführlichkeit der lexikalischen Darstellungen. Die zu Anfang sehr umfangreichen Lexikaartikel (um 1780 zehn Seiten lang) mit zahlreichen detaillierten Beschreibungen der „polaristischen Geschlechterphilosophie" wurden erst im Verlauf des 19. Jahrhunderts kürzer, bis sie schließlich – da als bekannt vorausgesetzt – auf wenige Stichworte zusammenschrumpfen konnten (vgl. Hausen 1976: 373).

[75] Die einzige Möglichkeit der Fortbildung und beruflichen Qualifikation im Bildungssektor bestand für junge Frauen im Besuch eines Lehrerinnenseminars, das sie zur Unterrichtstätigkeit an Elementarschulen, Mädchenpensionaten oder Höhere Töchterschulen qualifizierte. In Deutschland wurde ein darüber hinausgehendes höheres Schulwesen für Mädchen erst Ende des 19. Jahrhunderts staatlich institutionalisiert (vgl. Schlüter 1987).

zum Nationalbürger mit der Geschlechtszugehörigkeit, und es wurden für Männer und Frauen unterschiedliche nationale Rechten und Pflichten unterstellt (vgl. Appelt 1999).

Als eine weitere Verbindungslinie und historische Parallele zwischen der neuen polaristischen Geschlechterphilosophie und dem Sport könnte die Medizin fungiert haben. So wurde die Universalisierung der Geschlechterdifferenz von einer Verlagerung der Differenz vom Sozialen in die „Natur" bzw. den Körper begleitet (*Naturalisierung* bzw. *Somatisierung*) (vgl. Müller 2003: 20ff.). Bis zum 18. Jahrhundert existierten noch keine medizinischen Standardisierungen für *den* männlichen und *den* weiblichen Körper; körperliche Merkmale wurden (noch) nicht als geschlechtseigentümlich verstanden und als definitive Unterscheidungsmerkmale zwischen Frauen und Männern gedeutet (vgl. Duden 1991, 1992; Laqueur 1992).[76] Die Unterschiede zwischen den Körpern der Geschlechter wurden eher als Analogien denn als Differenzen wahrgenommen, weshalb Laqueur (1992: 39ff.) für die Zeit der Vormoderne von der Geltung eines „Ein-Leib-ein-Geschlecht-Modells" ausgeht. In der Perspektive der Humoralpathologie bestanden Frauen und Männer also aus denselben vier Körpersäften, nur in unterschiedlichen Zusammensetzungen bzw. unterschiedlichen Graden an Hitze und Feuchte (vgl. Rublak 2001; Schiebinger 1993: 231ff.; Winau 1983). Erst im Zuge der Umdeutung und Universalisierung der Geschlechterkategorien kam es zur Institutionalisierung einer körperlichen Totaldifferenz zwischen Frau und Mann (vgl. Becker 2005: 298ff.). Zunächst wurde eine kausale Verbindung zwischen den Geschlechtscharakteren und körperlichen Unterschieden konstruiert, d.h. man suchte die Begründung für die soziale Ordnung der Geschlechter in der Natur bzw. in den Körpern der Menschen. Ende des 18. Jahrhunderts machten sich Ärzte und Anatomen auf die Suche nach der „körperliche[n] Verschiedenheit des Mannes vom Weibe ausser den Geschlechtstheilen", so lautete der Titel eines Buches von dem deutschen Anatomen Jakob Fidelis Ackermann aus dem Jahr 1788, das die direkte Fortsetzung der Vergleichsstudie seines Lehrers Samuel Thomas Sömmerring „Ueber die körperliche Verschiedenheit des Negers vom Europäer" von 1785 war (vgl. Honegger 1992: 168ff.; Schiebinger 1993: 267ff.). An diesem Beispiel wird deutlich, dass es derselbe Personenkreis von Medizinern, Anthropologen und Anatomen war, der den menschlichen Körper auf rassische und geschlechtsspezifische Unterschiede hin untersuchte und sich außerdem mit der Wirkung von Leibesübungen für die Gesundheit beschäftigte.

Die Differenz zwischen Männern und Frauen wurde in praktisch allen Körperteilen gesucht, gefunden und zur Ursache der komplementären Geschlechtscharaktere erklärt: Aus dieser Perspektive erschienen die physischen Differenzen als *Verkörperung* der sozialen Unterschiede, und der als naturgegeben und unveränderlich interpretierte Körper wurde zum Modell für die darauf basierenden sozialen Beziehungen. Ähnlich wie bei der Suche nach rassischen Differenzen gehörte auch bei der Suche nach körperlichen Unterschieden zwischen Frauen und Männern die Schädel- und Knochenvermessung zu einem besonders beliebten Bereich der Vergleichenden Anatomie (vgl. Fee 1979; Schiebinger 1992, 1993). Auf diese Weise wurden die Geschlechter in eine evolutionsbiologische Reihenfolge gebracht, bei der die Frauen erwartungsgemäß auf einer niedrigeren Entwicklungsstufe einge-

---

[76] In dieser für uns sehr merkwürdig anmutenden Vorstellung unterschieden sich Frauen und Männer beispielsweise nicht durch Menstruation, sondern viel eher durch die Periodizität des Blutens (Duden 1991: 132ff.). So bluteten die Männer im Unterschied zu den Frauen aus anderen Körperöffnungen, bevorzugt durch die sog. „Goldader".

1.3 Die „Erfindung" der Geschlechterdifferenz

ordnet wurden[77], und die sich problemlos zur Legitimation des Ausschlusses der Frauen aus vielen Funktionssystemen und von der Erbringung bestimmter körperlicher Leistungen im Sport eignete.[78]

Mitte des 19. Jahrhunderts war schließlich auch die körperliche „Besonderung" der Frauen zu einem Wesen sui generis abgeschlossen, dominantes Deutungsmuster der Geschlechterdifferenz war nicht mehr das vormoderne „Ein-Leib-ein-Geschlecht-Modell", sondern das „Zwei-Leiber-zwei-Geschlechter-Modell", das vor allem die Unvergleichbarkeit von Mann und Frau in den Vordergrund rückte (vgl. Laqueur 1992). Die beiden Geschlechter wurden immer unterschiedlicher und „das biologische Geschlecht ersetzte das soziale als erstrangig grundlegende Kategorie" (Laqueur 1992: 177).

Zusammenfassend lässt sich festhalten, dass sich die Geschlechterdifferenz als Beobachtungsschema vermutlich vor allem über das Erziehungs- und das Medizinsystem in den Sport einlagern konnte. Entscheidend hierfür könnten zunächst die personalen Überschneidungen bei der Auseinandersetzung mit Fragen der Geschlechterdifferenz und dem Sport sein: So waren eben jene Pädagogen, die sich mit der Leibeserziehung bzw. später mit der Einführung des Sports an den Schulen beschäftigten, auch diejenigen, die das neue bürgerliche Familienmodell inklusive der neuen polarisierenden Geschlechtscharaktere vertraten und im Unterricht an die Kinder weitergaben. Die bereits früh institutionalisierte geschlechtsspezifische Segregation des Erziehungssystems bzw. der Ausschluss von Mädchen und Frauen übertrug sich auf den Sport, dessen Entwicklung und Verbreitung ihren Ausgang vor allem in den Schulen nahm.[79] Eine weitere Überschneidung stellt die primäre Ziel- bzw. Trägerschicht des modernen Sports sowie der neuen Geschlechterphilosophie dar: So handelte es sich in beiden Fällen um das neu aufgestiegene Bürgertum, das außerdem bei der Nationalstaatenbildung eine wichtige Rolle innehatte. Wie sehr wiederum die Nationenbildung, die Geschlechterdifferenz und das Erziehungssystem miteinander zusammenhingen, lässt sich exemplarisch an der Geschichte des von einem deutschen Pädagogen eingeführten Turnens als Vorform modernen Sports verdeutlichen (s.o.).

Personale Überschneidungen lassen sich auch im Fall des Medizinsystems vermuten. So untersuchten auch hier dieselben Mediziner und Anatomen den menschlichen Körper sowohl in Bezug auf die gesundheitliche Wirkung des Sports als auch hinsichtlich der Differenzen qua Geschlecht und Rasse. Eine weitere interessante Parallele zwischen Medizin und Sport liegt außerdem in der großen Freude am Vermessen des menschlichen Körpers bzw. seiner sportlichen Leistungen, wobei die Messung in beiden Bereichen zur Konstruktion von Differenzen bzw. klaren Hierarchien diente. Die entscheidende Gemeinsamkeit

---

[77] Bei der Bestimmung einer evolutionsbiologischen Entwicklungsordnung ergaben sich zahlreiche Interferenzen zwischen den Teilungsdimensionen Geschlecht und Rasse, so wurde z.B. vielfach das Ausmaß der Geschlechterdifferenz als ausschlaggebendes Kriterium zur Bestimmung des Entwicklungsstands einer Rasse gedeutet (vgl. Becker 2005: 301f.; Durkheim 1988: 101ff.; Müller 2003: 65ff.; Wheeler 2000: 38).

[78] Auch die anatomischen Zeichnungen zu den geschlechtsspezifischen Unterschieden des Skeletts implizierten bereits Annahmen über die unterschiedliche körperliche Leistungsfähigkeit von Frauen und Männern: So z.B. Darstellungen aus dem Jahr 1829, in denen das männliche Skelett neben einem Pferd abgebildet wurde, das Kraft, Schnelligkeit und Erhabenheit symbolisierte, während das weibliche Knochengerüst neben einem Vogelstrauß gezeigt wurde, um dadurch das breite Becken, den langen Hals und den kleinen Kopf zu betonen (vgl. Schiebinger 1993: 286f.).

[79] Durch den generellen Ausschluss der Frauen aus der Öffentlichkeit wurde sozusagen als Nebeneffekt auch die Teilnahme der Frauen an den neu gegründeten Turnvereinen und Klubs verhindert, ohne dass eine dazugehörige sportspezifische Legitimation dafür notwendigerweise schon vorgelegen haben muss. Die scheint vielfach erst Anfang des 20. Jahrhunderts nachgeliefert worden zu sein.

scheint jedoch vor allem der Körperbezug zu sein, durch den sowohl die Geschlechtszugehörigkeit als auch die ethnische und nationale Herkunft als askriptive Merkmale wahrgenommen und für die Beobachtung sportlicher Leistungen als relevant betrachtet wurden.

Im folgenden Abschnitt werde ich nun versuchen, die bisherigen Ausführungen am Beispiel der Entstehung des modernen Fußballsports zu verdeutlichen. Inwiefern konnten sich die im 19. Jahrhundert historisch noch jungen Teilungsdimensionen Ethnie, Nation und Geschlecht in den Fußball einlagern? Und ab wann wurden ethnische und nationale Zugehörigkeit sowie die Geschlechterdifferenz zu Beobachtungsschemata des Fußballspiels bzw. zu Inklusions- oder Exklusionskriterien? Zur Beantwortung dieser Fragen soll nun die Geschichte des Fußballs vor dem Hintergrund der historischen Konstruktion von Nation, Ethnie und Geschlecht erzählt werden.

1.4 Nationale Zugehörigkeit und Geschlechterdifferenz im Fußball

Zur besseren Übersichtlichkeit wird die Darstellung der Geschichte des Fußballs in drei Teile untergliedert: Zunächst soll die Bedeutung der drei Teilungsdimensionen in den vormodernen Vorläufern des Fußballspiels beschrieben werden. Anschließend werden zuerst die Entwicklungen in England und dann die Einführung und Verbreitung des modernen Fußballs in Deutschland inklusive der Bedeutung der Teilungsdimensionen Ethnie, Nation und Geschlecht erläutert.

1.4.1 Die Vorläufer des modernen Fußballsports

Ballspiele hat es in der einen oder anderen Form vermutlich schon seit sehr langer Zeit in nahezu allen Teilen der Welt gegeben; im Gegensatz zum modernen Fußball wurden sie jedoch weder nach standardisierten Regeln gespielt noch verbreiteten sie sich über die lokalen Grenzen hinaus (vgl. Eisenberg u.a. 2004: 11ff.; Elias/Dunning 200; Müller 2002). Es ist unklar, inwiefern sich diese Spiele überhaupt als konkrete Vorläufer des modernen Fußballs bezeichnen lassen (vgl. Mogoun 1938: 1ff.); wo es sie jedoch gegeben hat, fungierten sie vielfach als Referenzpunkt für die Pädagogen bei der Implementierung des Spiels Anfang des 20. Jahrhunderts, so dass praktisch jede Nation den Ursprung des Fußballs für das eigene Land reklamieren konnte (vgl. Eisenberg u.a. 2004: 12; beispielhaft hierfür Heineken 1993 [1889]: 10). Beispiele für derartige Vorformen des Fußballs sind das Harpastum-Spiel der Römer, der Calcio in Florenz, das Lapta in Russland, das Hornussen in der Schweiz oder das Soule-Spiel in der Bretagne und der Normandie (vgl. Eisenberg u.a. 2004: 12f.; Koch 1983 [1895]: 8ff.).

In England und Frankreich gab es den sog. „Folk-Football" oder „Village Football", ein Spiel das regelmäßig am Shrove-Tuesday, dem Dienstag vor Beginn der Fastenzeit, gespielt wurde und für dessen Existenz die Belege mindestens bis ins 12. Jahrhundert zurückreichen (vgl. Müller 2002: 50; Magoun 1938: 99ff.). Der Fußball gehörte im mittelalterlichen England und Frankreich zu den Fastnachtsbräuchen und war damit Teil religiöser Festtraditionen (vgl. Elias/Dunning 2003: 324). Dieses Volksspiel hatte mit dem heutigen Fußball wenig gemeinsam, es muss sich um ein Ereignis mit deutlich höherem Gewaltpotential gehandelt haben, bei dem es regelmäßig Verletzte und sogar Tote gab (vgl. Elias/

1.4 Nationale Zugehörigkeit und Geschlechterdifferenz im Fußball

Dunning 2003). Koch (1983: 14f.) beschreibt den Ablauf des damaligen Spiels folgendermaßen:

> „Das Spiel begann damit, daß von einem Unbeteiligten der Ball an irgend einer Stelle in die Höhe geworfen wurde. Sobald er zu Boden fiel, stürzten sich die beiden feindlichen Parteien darüber her und sichten sich seiner zu bemächtigen, um ihn (…) in ihr eigens Lager zu bringen. Das war aber nicht eher möglich, ehe nicht die Gegner größtenteils entweder kampfunfähig gemacht oder vom Kampfplatze fortgescheucht waren. Wie gewaltsam dabei verfahren ward, kann man sich leicht vorstellen, und besonders, wenn es gewöhnlich geschah, die Parteien etwa als Vertreter von zwei Nachbardörfern um den Sie rangen, kam es häufig zu allen möglichen Ausschreitungen und zu den gefährlichsten, zuweilen gar tödlichen Verletzungen."

Ohne schriftliche Regeln und Schiedsrichter versuchten also zwei Gruppen den Ball, der gewöhnlich aus einer luftgefüllten Tierblase bestand, in ein Tor bzw. an einen bestimmten Platz zu bringen, der bisweilen einige Meilen entfernt lag. Dazu wurden nicht nur die Füße, sondern vermutlich vor allem die Hände bzw. der ganze Körper eingesetzt. Die Beschreibungen lassen annehmen, dass ein solches mittelalterliches Fußballspiel heute wahrscheinlich als „wilde Schlägerei" bezeichnet werden würde (Elias/Dunning 2003: 32). Aufgrund der zahlreichen Verletzten und Toten war auch die damalige Obrigkeit häufig nicht sehr erfreut über die Spiele; und in den mittelalterlichen Chroniken sind zahlreiche Verbote überliefert, die aber offenbar wenig beachtet wurden (vgl. Elias/Dunning 2003: 318ff.; Magoun 1938: 5; Müller 2002: 51ff.). Einen weiteren Grund für den Erlass von Fußballverboten sahen König und Staatsbeamte in der Vernachlässigung der Leibesübungen zur Wehrhaftigkeit: So betrachtete König Edward III. (1327-1377) den Folk Football als nutzloses Spiel, das Bauern und Bürger vom Erlernen und Üben des kriegswichtigen Bogenschießens abhalte (vgl. Müller 2002: 52).

Aus derartigen Quellen lässt sich auch schließen, dass der frühe englische Fußball ein beliebtes Freizeitvergnügen der Unterschichten war, dem insbesondere Bauern, Knechte und Mägde sowie Handwerker nachgingen (vgl. Müller 2002: 53). Das primäre Strukturprinzip in stratifikatorisch differenzierten Gesellschaften war die Standeszugehörigkeit. Wie bereits beschrieben, galt das auch für die vormoderne Bewegungskultur (vgl. 1.1.1 Die Bewegungskultur in den vormodernen Gesellschaften des Mittelalters und der frühen Neuzeit): „In a hierarchical society, social status determined who did what." (Guttmann 1991: 47) In England und Frankreich wurde der Folk-Football also vom einfachen Volk gespielt, während sich Adel und Obrigkeit lieber der Jagd, dem Reiten oder Wehrübungen widmeten. Im Gegensatz dazu blieb der italienische Calcio, der während der Renaissance in Florenz gespielt wurde, dem Adel vorbehalten (vgl. Müller 2002: 61f.).

Da Unterteilungen nach Ethnie oder Nation zu dieser Zeit noch weitgehend unbekannt waren, können sie auch keine Rolle im vormodernen Fußball gespielt haben, zumindest finden sich dazu keine Angaben in der Literatur. Die territoriale bzw. lokale Zugehörigkeit, wie die dörfliche Herkunft, scheinen allerdings beliebte Merkmale zur Mannschaftsbildung gewesen zu sein.

Die Geschlechterdifferenz hatte bis Ende des 18. Jahrhunderts noch keine universelle Bedeutung als Ordnungsprinzip, daher gab es bei diesen volkstümlichen Ballspielen auch keinen Ausschluss qua Geschlecht. Vielmehr lässt sich anhand historischer Quellen zeigen, dass die Frauen bei fast allen diesen frühen Vorläufern des Fußballs beteiligt waren (vgl. Müller 2007b: 120ff.). So belegen beispielsweise die Bilder auf Vasen und Fresken ihre

Teilnahme an Ballspielen im antiken Griechenland und Rom (vgl. Eisenberg u.a. 2004: 12). Ebenso gibt es zahlreiche Belege für die Beteiligung von Frauen beim Folk Football in Frankreich und England – trotz des hohen Gewalt- und Aggressionspotential des Spiels (vgl. Brändle/Koller 2002: 207ff.; Fechtig 1995: 11; Giulianotti 1999: 152; Williams 2003, 2004):

> „They pushed, shoved, kicked, and frolicked with as much reckless abandon as their fathers, brothers, husbands, and sons; and they seem to have suffered as many broken bones and cracked crowns as the men did." (Guttmann 1991: 47)

Frauen spielten offenbar sowohl mit den Männern gemeinsam als auch gegen Männer, ebenso gab es Spiele nur zwischen Frauen. So sollen Anfang des 18. Jahrhunderts in Schottland regelmäßig die verheirateten Frauen eines Dorfes gegen die unverheirateten gespielt haben (vgl. Magoun 1938: 124f.; Williamson 1991: 1; Fechtig 1995: 11).

> „[T]here is no evidence that anyone thought peasant women out of place in the ludic turbulence. Indeed, they were sometimes the only players. In England, Shrovetide football commonly pitted married women against maidens and spinsters, a traditional division on the conventional basis of marital status. In terms of popularity, rite-of-spring football may have been the medieval equivalent of the Super Bowl, but it was not the only occasion for peasant women to test their mettle. Milkmaids and other girls also played Shrovetide stoolball." (Guttmann 1991: 48)

In diesen Darstellungen wird deutlich, dass die zentralen Teilungsdimensionen des vormodernen Folk-Football oder Stoolball nicht die Geschlechtszugehörigkeit, sondern der soziale Stand (hier spielten Bauern und Bäuerinnen bzw. ihre Mägde und Knechte) und der Familienstand waren. Geschlecht fungierte lediglich als ein mögliches Kriterium der Mannschaftsbildung unter anderen, wie z.B. Alter oder lokale Herkunft. Dass offensichtlich kaum ein Unterschied zwischen Frauen und Männern bezüglich ihrer Gewaltbereitschaft bestand, belegt die oben beschriebene Vorstellung einer eher als analog gedachten Geschlechterdifferenz in der Zeit der Vormoderne (vgl. 1.3 Die „Erfindung" der Geschlechterdifferenz).

Obwohl es keinerlei Belege für den Ausschluss von Frauen aus dem vormodernen Fußball gibt, wird sowohl in der populären als auch in der wissenschaftlichen Literatur vor allem aufgrund der Rohheit dieser frühen Volksspiele ganz selbstverständlich unterstellt, dass es immer schon ausschließlich Männer waren, die Fußball spielten.[80] Darin zeigt sich die männlich codierte Beschreibung des Fußballsspiels, die wiederum auf das oben beschriebene Differenzmodell von Geschlecht verweist, in dem Frauen entsprechend den polarisierten Geschlechtscharakteren Eigenschaften wie Zartheit, Passivität und Verletzlichkeit zugeschrieben werden. Gleichzeitig wird Geschlecht als transhistorisches, immer und überall gültiges Strukturmerkmal interpretiert (vgl. Scott 1994). Dieser Fehler findet sich auch in wissenschaftlichen Darstellungen, wie z.B. bei Eric Dunning, einem Schüler von Norbert Elias, der den vormodernen Fußballs in seiner Abhandlung über „Sport als Männerdomäne" folgendermaßen beschreibt:

---

[80] So verbreitet beispielsweise die FIFA auf ihren Internetseiten folgende Darstellung: „[T]he rough and tumble of the early versions had held no attractions for the fairer sex, and male dominance in most societies hat acted to contain what little enthusiasm women may have shown for playing the sport as it became an increasingly important social force in the 1900s." (FIFA 2006b)

1.4 Nationale Zugehörigkeit und Geschlechterdifferenz im Fußball

> „Spiele dieses Typs entsprachen offenkundig der Struktur einer Gesellschaft, (...) in der die Gewalt ein gewohnteres und unverhüllteres Merkmal des täglichen Lebens war, als dies heute der Fall ist, und in der sich die Machtbalance zwischen den Geschlechtern stärker zugunsten der Männer neigte. Kurzum, diese volkstümlichen Spiele waren Ausdruck einer recht extremen Form des Patriarchats. Als solche verkörpern sie Macho-Werte in einer relativ ungezügelten Form." (Dunning 2003: 480f.)

Diese unzulässige Deutung der Geschlechterdifferenz als historische Konstante ist vor allem von weiten Teilen der sportwissenschaftlichen Literatur unkritisch übernommen worden, so dass Frauen in den sporthistorischen Arbeiten zur Geschichte des Fußballs überhaupt nicht auftauchen (z.B. Hopf 1979b) oder lediglich in einem Extra-Kapitel auf wenigen Seiten und gemeinsam mit dem Jugendfußball abgehandelt werden (z.B. Giulianotti 1999; Eisenberg u.a. 2004). Und obwohl ansonsten stets auf die Unvergleichbarkeit von vormodernen Bewegungskulturen und modernem Sport hingewiesen wird, gilt in Bezug auf die Bedeutung der Geschlechterdifferenz unhinterfragt die Konstanzannahme, dass Frauen selbstverständlich immer schon aus den Leistungsrollen des Fußballs ausgeschlossen waren (vgl. Müller 2007b: 114f.).

Zusammenfassend lässt sich festhalten, dass der vormoderne Fußball vor allem von einfachen Leuten gespielt und entsprechend als Volksspiel beschrieben werden kann. Die Standeszugehörigkeit fungierte als zentrales Inklusionskriterium. Dagegen hatten weder die ethnische, die nationale noch die geschlechtliche Zugehörigkeit eine Bedeutung für Beschreibungen des Fußballs oder Teilhabechancen. Lediglich die Geschlechtszugehörigkeit und die regionale Herkunft stellten bisweilen ein mögliches Merkmal für die Mannschaftsbildung dar, fungierten aber nicht als Exklusionskriterien.

1.4.2 Die Entstehung des modernen Fußballs in England

Zwischen 1750 und 1850 wandelte sich der Fußball vom Volkssport zum Sportspiel, das nicht mehr im Kontext von Fastnachtsbräuchen von ganzen Dörfern, sondern von den Söhnen des Landadels und der wohlhabenden Mittelschicht an englischen Privatschulen innerhalb einer klar abgegrenzten Saison gespielt wurde (vgl. Mason 1980: 10f., 1997: 23). Allerdings handelte es sich immer noch um ein relativ raues und ungeordnetes Spiel, in dem es zunächst vor allem um die Festlegung der informalen Ordnungsstrukturen der Schüler untereinander ging (vgl. Brändle/Koller 2002: 25ff.; Dunning 1979: 44f.). Im Rahmen der Auseinandersetzungen zwischen dem alten Adel und dem aufstrebenden industriellen Bürgertum kam es in den 1830er Jahren zur pädagogischen Reformierung der Public Schools: Die Lehrerschaft wurde gestärkt, die Selbstverwaltung der Schüler eingeschränkt und die neuen Bildungsprogramme des Bürgertums durchgesetzt (vgl. Dunning 1979). In diesem Kontext erfuhr das Fußballspiel einen Bedeutungswandel und wurde zu einem „Instrument sozialer Kontrolle und Disziplinierung durch die Lehrer und zu einem Mittel der Charakterbildung." (Brändle/Koller 2002: 26) Fußball wurde zum wichtigsten Mannschaftssport an den Public Schools (vgl. Mason 1997: 25; Magoun 1938: 79ff.). Auch die Entwicklung des modernen Fußballs hatte ihren Ausgangspunkt also im Erziehungssystem.

Durch den Fußball sollten die Jugendlichen die neuen Vorstellungen über den Körper und die bürgerlichen Ideen der polarisierenden Geschlechtscharaktere vermittelt bekommen. Eine interessante Rolle scheint in diesem Kontext dem Ideal der „muscular christianity" bzw. des „christlichen Gentleman" zugekommen zu sein, das eine Synthese aus aristokratischen, bürgerlichen und geschlechtsspezifischen Normvorstellungen darstellte (vgl. Dunning 1979: 48f.; vgl. Hall 1999). Hauptvertreter dieses pädagogischen Leitbilds war der Schulleiter der Public School in Rugby, der bereits erwähnte Thomas Arnold.

> „Vor allem wurde das Spiel aber als ein Mittel betrachtet, die Schüler im Sinne des bereits beschriebenen viktorianischen Männlichkeitskonzepts zu formen. Die enge Verbindung von Leib und Seele, von der man im 19. Jahrhundert ausging, legte es nahe, körperliche Ertüchtigung zugleich als Charakterbildung zu verstehen." (Brändle/Koller 2002: 26)

So lässt sich der Beginn der Geschichte des modernen Fußballs im engeren Sinne auf die Mitte des 19. Jahrhunderts datieren. Bis dahin hatte sich das Fußballspiel an den verschiedenen Public Schools sehr unterschiedlich entwickelt, und es gab lediglich mündlich tradierte Regeln (vgl. Dunning 1979). Seit den 1840er Jahren begannen die Schulen dann Regelsysteme festzulegen, zunächst jedoch nur um die Gewalttätigkeit des Spiels einzuschränken (vgl. Mason 1997: 24). Den Anfang machte 1846 die Schule von Rugby unter der Leitung von Thomas Arnold, die sich insgesamt sehr reformorientiert zeigte und in der es nur relativ wenige Adelssprösslinge gab (vgl. Brändle/Koller 2002: 26; Dunning 1979: 50). Zunächst hatte fast jede Schule ihre eigenen Regeln, und ein Leistungsvergleich war noch nicht möglich. Es bildeten sich vor allem zwei Varianten des Spiels aus: Bei der einen wurde der Ball wie in Rugby vorzugsweise mit den Händen, bei der anderen mit den Füßen weitergegeben.[81]

1848 gab es an der Universität von Cambridge die ersten Versuche, die Fußballregeln zu vereinheitlichen, allerdings mit wenig Wirkung außerhalb der Universitäten (vgl. Mason 1997: 25). Ernsthaftere Bemühungen zur Kodifizierung der Regeln lassen sich jedoch erst Anfang der 1860er Jahre belegen. Den Anstoß hierfür gab wahrscheinlich die zunehmende Anzahl von Fußballklubs außerhalb der Schulen und Universitäten[82], die, um überhaupt gegeneinander spielen zu können, einheitliche Regeln brauchten (vgl. Mason 1980: 21ff.). Angeregt durch einen öffentlichen Brief an die Zeitung trafen sich schließlich am 23. Oktober 1863 Vertreter verschiedener Schulen, Colleges und Fußballklubs in London, um die höchst unterschiedlichen Spielregeln zu vereinheitlichen (vgl. Eisenberg u.a. 2004: 19ff.). Dadurch sollten die Voraussetzungen geschaffen werden, untereinander Matches auszutragen, ohne die Regeln jedes Mal von neuem aushandeln oder hinterher über ihre Auslegung streiten zu müssen. Daher kam es schließlich neben der Festlegung verbindlicher Regeln, bei denen unter anderem das Treten des Gegners und das Rennen mit dem Ball in der Hand (die Rugby-Variante) verboten wurden, auch zur Gründung der Football Association, FA, die als Aufsichtsbehörde gedacht war und in Streitfällen entscheiden sollte (vgl. Brändle/

---

[81] Dunning (1979: 52) führt diesen Unterschied auf die Statusrivalität zwischen traditionsverhafteten Public Schools mit höherem Anteil aristokratischen Nachwuchses, wie z.B. in Eton, und der reformorientierten Schule in Rugby zurück. Demnach ist die Trennung zwischen Rugby und Fußball letztlich dem Wunsch nach Distinktion geschuldet.

[82] Eisenberg u.a. (2004: 17f.) weisen darauf hin, dass sich bereits für die Zeit zwischen 1830 und 1860 mehr als 70 Fußballmannschaften nachweisen lassen, die über alle Regionen Großbritanniens verteilt waren. Dabei bestanden die ersten dieser Fußballklubs, die in den 1850er Jahren gegründet wurden, auch aus Absolventen der verschiedenen Public Schools und Colleges (vgl. Guttmann 1994: 42f.). Insofern kann man sagen, dass die Verbreitung des Fußballs tatsächlich von den Schulen bzw. den Schülern ausging.

1.4 Nationale Zugehörigkeit und Geschlechterdifferenz im Fußball

Koller 2002: 28ff.).[83] Die Vertreter der Rugby-Variante traten jedoch nicht bei, sondern gründeten etwas später ihren eigenen Verband, die Rugby Football Union, R.F.U. So etablierte sich die bis heute gültige Trennung in zwei Sportarten: den Association Football, der seit 1890 von den Studenten nur noch „Soccer" genannt wurde, und den Rugby Union Football.

Die Institutionalisierung schriftlich fixierter Spielregeln stellte einen wichtigen Entwicklungsschritt bei der Ausdifferenzierung der Sportart Fußball dar, denn erst mit Hilfe dieser Bestimmungen, die sich als Teil der Programmstrukturen deuten lassen, konnte verbindlich entschieden werden, was im Fußball als Leistung zugerechnet wird bzw. wer gewonnen und wer verloren hatte. Erst auf der Basis dieser Regeln wurden die Durchführung von Wettbewerben und der Einbezug einer immer größeren Teilnehmerzahl grundsätzlich überhaupt möglich. Zur Verbreitung und Durchsetzung dieser Regeln sorgte die FA für deren Publikation und die Lizenzierung von Schiedsrichtern und sonstigem Fachpersonal. Auf diese Weise konnte die Einmischung durch Außenstehende in das Wettkampfgeschehen abgewehrt werden, und es kam zu einer operativen Schließung des Fußballs, d.h., das Spiel entwickelte Eigenweltcharakter und blieb auf sich selbst bezogen (vgl. Eisenberg 2004).

Die Ausdifferenzierung des Fußballs wurde außerdem durch den Aufbau eines Ligasystems vorangetrieben: Bereits seit 1871 fand ein regelmäßiger Pokalwettbewerb zwischen den Klubs der FA statt. Dadurch konnten auch indirekte Leistungsvergleiche zwischen den Mannschaften erfolgen, und es entstand eine Kontinuität, die auch für die Entstehung einer eigenen „Geschichte" und Erzählkultur sorgte, z.B. über „legendäre Matches" oder die „Ära" bestimmter Klubs und Spieler (vgl. Eisenberg 2004). Die Zahl der teilnehmenden Mannschaften stieg von 15 in der Saison 1871/72 auf 43 in der Saison 1878/79 und schließlich 100 in den Jahren 1883/84 (vgl. Eisenberg u.a. 2004: 23). Mit der Verbreitung des Fußballspiels war gleichzeitig eine Veränderung seiner sozialen Basis verbunden. So gehörten die Mitglieder vieler neu gegründeter Klubs nicht mehr wie die Initiatoren der FA der bürgerlichen Mittel- oder Oberschicht an, sondern kamen aus der unteren Mittelschicht oder aus der Arbeiterklasse (vgl. Mason 1997: 26ff.; Eisenberg u.a. 2004: 23f.). Auch immer größere Teile des Publikums bestanden aus Arbeitern, und sie waren bereit für den Besuch von Spitzenspielen im Pokalwettbewerb Eintritt zu bezahlen. Voraussetzung dafür, dass Arbeiter überhaupt Zeit hatten, Fußball aktiv zu spielen oder dabei zuzusehen, war die Entstehung von Freizeit. Daher war die Institutionalisierung fester Freizeittermine seit Mitte des 19. Jahrhunderts in England, vor allem die Einführung des freien Samstagnachmittags, ein wichtiger Entwicklungsschritt für den modernen Fußball (vgl. Eisenberg 1999: 45f.). Erst durch die Schaffung gemeinsamer bzw. gleichzeitiger Freizeit konnte der Fußball überhaupt Bestandteil der Arbeiterkultur werden.

---

[83] Spätere Regeländerungen betrafen die Aufhebung des verbotenen Passes nach vorn und die Abschaffung einer strikten Abseitsregelung (vgl. Mason 1997: 26).
In den Anfangsjahren der FA gab es in England noch andere Konkurrenzverbände, deren Mitglieder nach eigenen Regeln spielten. Der größte regionale Verband wurde 1868 in Sheffield gegründet und hatte deutlich mehr Mitglieder als die FA aufzuweisen (vgl. Eisenberg u.a. 2004: 21; Brändle/Koller 2002: 28). Erst 1877 kam es schließlich zu einem Zusammenschluss der beiden großen Regionalverbände, in dessen Folge auch die anderen kleineren Verbände der FA beitraten und ihre Regeln anpassten. Die FA wurde also erst Ende der 1870er Jahre tatsächlich zum landesweiten Dachverband des englischen Fußballs. Diese Entwicklung spiegelte sich auch in der steigenden Anzahl der Mitglieder der FA: So waren es 1867 erst zehn Klubs, 1871 schon 50, 1888 bereits 1000 und 1905 schließlich 10.000 (vgl. Brändle/Koller 2002: 29).

Aufgrund zunehmenden Trainings und der Möglichkeit die Spieler zu bezahlen, so dass sie nicht mehr auf ihr normales Erwerbseinkommen angewiesen waren, stieg das Leistungsniveau von Spielern und Mannschaften. Bereits in den 1880er Jahren wurden von englischen Klubs talentierte Spieler aus Nachbarländern angeworben, so dass es im Jahr 1884 bereits 55 schottische Berufsspieler in England gab (vgl. Eisenberg u.a. 2004: 24). Diese Professionalisierung des Fußballs widersprach jedoch dem Gentleman-Amateur-Ideal des frühen Sports, und es gab zunächst Bestrebungen, die Berufsspieler zu disqualifizieren oder zu sperren (vgl. Mason 1997: 28f.). Als dann die Neugründung einer Gegenorganisation zur FA drohte, lenkten die Funktionäre schließlich ein und legalisierten den Berufsfußball unter Aufsicht der FA. In der Saison 1888/89 wurde dann eine separate Profiliga gegründet, die Football League, in der zu Anfang zwölf Profimannschaften in Heim- und Auswärtsspielen miteinander konkurrierten. Sieger sollte der Verein sein, der am Ende der Saison die beste Bilanz vorweisen konnte (vgl. Eisenberg u.a. 2004: 25). Der Ligabetrieb führte zu einer Intensivierung von Wettbewerb und Training und resultierte schließlich in weiteren Leistungssteigerungen von Spielern und Mannschaften. Darüber hinaus verlor das Spiel mit der Durchsetzung des Berufsfußballs seine Konnotation als Gentleman-Spiel, und kein Spieler wurde mehr aufgrund seiner Klassenzugehörigkeit ausgeschlossen.[84]

Spätestens mit Einführung der englischen Profiliga war im Fußball ein (zumindest potentiell) sozial, zeitlich und räumlich unbeschränkter sportlicher Vergleichszusammenhang entstanden (vgl. Werron 2008). Als Basis dieser Entwicklung kann die Vereinheitlichung der Spielregeln und die Gründung der FA 1863 betrachtet werden, die dann 1871 zur Gründung eines regelmäßigen Pokalwettbewerbs mit einer (grundsätzlich) unbegrenzten Teilnehmerzahl führte. Bereits im Rahmen dieses Wettbewerbsmodus' konnten indirekte Leistungsvergleiche zwischen den Mannschaften vorgenommen werden, was sich mit Einführung der Profiliga weiter intensivierte. Außerdem konnten mit Hilfe kommunikationstechnischer Neuerungen, wie der elektromagnetischen Telegraphie, zunehmend auch zeitnahe, aber räumlich entfernte Spiele verfolgt werden, wodurch sich die Spannung für das Publikum wesentlich erhöhte (vgl. Eisenberg u.a. 2004: 252ff.; Werron 2008). Die Spiele wurden in eine Kontinuität gebracht, und es bildeten sich ein „übergreifendes öffentliches Gedächtnis" und ein gemeinsamer Wissensvorrat (Werron 2008). So erhielten der Fußball und die Liga eine eigene Geschichte, die als Rahmung für die einzelnen Spiele diente und Kontinuität schuf. Die Entwicklung eines solchen Publikumsdiskurses, der die Leistungen in der Liga kontinuierlich bewertete, hing außerdem eng mit der Vereinheitlichung von Zeitstrukturen zusammen: So wurde die Einführung der englischen Football League erst auf der Basis einer zumindest in England einheitlichen Zeitrechnung möglich und legte dann den Grundstein für den Aufbau eines gemeinsamen Zeitempfindens, z.B. durch die Erinnerung an besondere Spielereignisse in der Vergangenheit. Auf diese Weise wurde Fußballgeschichte geschrieben, auf die man sich in den Selbstbeschreibungen bereits berufen konnte.

„[F]ootball operated both on a local and on a national scale, so that the topic of the day's matches would provide common ground for conversation between virtually any two male workers in England or Scotland, and a few score celebrated players provided a point of common reference for all." (Hobsbawm/Ranger 1983: 288f.)

---

[84] Zu einer detaillierten Analyse der sozialen Herkunft der Spieler vgl. Mason 1980: 102ff.

1.4 Nationale Zugehörigkeit und Geschlechterdifferenz im Fußball

Der Fußball erhielt Eigenweltcharakter mit einem eigenen in sich geschlossenen Verweisungszusammenhang, in den beobachtete Leistungen (unabhängig vom Ort und Zeitpunkt ihrer Erbringung) eingeordnet werden konnten. Mit der Etablierung eines sozial-zeitlich-räumlich unbeschränkten Vergleichshorizonts fußballerischer Leistungen und der operativen Schließung der Sportart Ende des 19. Jahrhunderts war außerdem der Selbstanspruch auf ein Höchstleistungsniveau verbunden. Da die Engländer sich selbst als Erfinder des Fußballs verstanden und die erste und einzige (professionelle) Fußballliga überhaupt hatten, galt die Football League auch als der Ort, an dem der weltweit beste Fußball gespielt wurde.

Zeitgleich zu dieser „überlokalen" Ausweitung des fußballerischen Vergleichshorizonts verbreitete sich der Fußballsport auch tatsächlich in der ganzen Welt, wofür vor allem britische Händler, Geschäftsleute und Angestellte verantwortlich waren, die längere Zeit im Ausland lebten (vgl. Guttmann 1994: 41ff.; Eisenberg u.a. 2004: 38ff.). Vielfach handelte es sich bei ihnen um die Absolventen der englischen Public Schools oder Colleges und Universitäten, die auch als Erwachsene nicht auf ihren Sport verzichten wollten. Außerdem wurde in den britischen Kolonien Fußball gespielt (vgl. Mason 1992). Die weltweite Verbreitung lässt sich anhand der Gründungsdaten der verschiedenen nationalen Dachverbände und Wettkampforganisationen veranschaulichen: Als erste Nationen (im Anschluss an England) gründeten Wales, Schottland und Irland, die Länder, aus denen sich gemeinsam mit England das Vereinigte Königreich von Großbritannien zusammensetzte, zwischen den 1870er und 1880er Jahren ihre eigenen nationalen Fußballverbände. Um die Jahrhundertwende kam es zu einer wahren Gründungswelle, so z.B. 1893 in Argentinien, 1895 in der Schweiz, 1898 in Italien, 1900 in Deutschland, 1904 in Österreich, 1913 in Spanien und 1914 in Brasilien. Inoffiziell fand das erste internationale Fußballspiel bereits am 5. März 1870 zwischen einer englischen und einer schottischen Auswahl statt (vgl. Eisenberg u.a. 2004: 27). Das erste offizielle Länderspiel zwischen England und Schottland gab es dann zwei Jahre später in Glasgow (ebd.). 1882 schließlich bildeten die vier britischen Football Associations den International Football Association Board, IFAB, der für die Abstimmung und Änderungen der Spielregeln auf internationaler Ebene zuständig sein sollte.

Seit 1899 fanden immer häufiger Spiele nationaler Auswahlmannschaften und Spiele von Klubmannschaften außerhalb Englands statt (vgl. Eisenberg u.a. 2004: 31). Aufgrund der stetigen Zunahme internationaler Fußballbegegnungen und dem Wunsch nach „einer Instanz zur einheitlichen Auslegung der Spielregeln" folgend, wurde 1904 in Paris schließlich der internationale Fußballverband, FIFA, gegründet (Eisenberg u.a. 2004: 58).[85] 1908 erfolgte die Zulassung des Fußballspiels als erste Mannschaftssportart bei den Olympischen Spielen, und 1930 wurde die erste Weltmeisterschaft in Uruguay ausgetragen.[86]

Mitte des 20. Jahrhunderts schließlich kam es dann zum Zusammenschluss der von der FIFA anerkannten und einem gleichen Kontinent (oder einer vergleichbaren geographischen Region) angehörenden Verbände zu supranationalen Konföderationen und zur Austragung kontinentaler Meisterschaften: 1954 wurden die europäische (UEFA) und die asiatische Fußballorganisation (AFC) gegründet, 1957 der afrikanische Fußballverband (CAF),

---

[85] Zur weiteren Entwicklung der Standardisierung der Fußballregeln, der Angleichung der Platzmaße, Ballgröße und Spielerkleidung vgl. Eisenberg u.a. 2004: 124ff.
[86] Von einer „Weltmeisterschaft" im eigentlichen Sinne ließ sich zu diesem Zeitpunkt jedoch kaum sprechen, da insgesamt nur 13 Mannschaften teilnehmen konnten, davon vier aus Europa. Für die anderen waren Anreise und Verdienstausfall schlicht zu teuer (vgl. Eisenberg u.a. 2004: 69; Abb. 5). Mittlerweile treten allein in der Endrunde der Weltmeisterschaft 32 Mannschaften gegeneinander an.

1961 der Dachverband für Nord- und Zentralamerika und die Karibik (CONCACAF) und 1966 schließlich die Konföderation für Ozeanien (OFC). Eine Ausnahme bildet allerdings der südamerikanischen Fußball-Kontinentalverband (CONMEBOL), der bereits seit 1916 existiert.

Abbildung 5: Die rumänische Nationalmannschaft auf ihrer insgesamt vier Monate dauernden Reise zur ersten WM 1930 (Victor Banciulescu)

Parallel zur Etablierung dieses globalen fußballerischen Vergleichshorizonts lässt sich seit den 1870er Jahren jedoch auch zunehmend eine nationale Codierung des Fußballs beobachten. Wie bereits erwähnt etablierte sich die nationale Zugehörigkeit mehr und mehr zu einem wichtigen Merkmal der Mannschaftsbildung und ließ sich aus den Beschreibungen des Fußballs kaum noch wegdenken. Spätestens seit den 1880er Jahren wurden die Fußballspiele auch von den Zuschauern zur Inszenierung nationaler Identität genutzt, so z.B. vom schottischen Publikum, das während der regelmäßigen Spiele gegen England im Rahmen der seit 1883 ausgetragenen Britischen Fußballmeisterschaften die nationale Eigenständigkeit mit Hilfe von Symbolen betonte (vgl. Mason 1997: 31; Moorhouse 1987).

Die starke Orientierung an territorialen bzw. nationalen Grenzziehungen verstärkte und reproduzierte die nationale Codierung des Fußballs. Durch die Gründung der FIFA wurde das nationalistische „Ein-Verbands-Prinzip" schließlich besiegelt, denn auf diese Weise wurde bis heute festgeschrieben, dass die Abwicklung des Fußballs auf der geographischen und fachlichen Ebene von jeweils nur einem Verband pro Land durchgeführt werden darf (vgl. Meier 2004: 128ff.). Dadurch dass die FIFA pro Nation (nicht National-

1.4 Nationale Zugehörigkeit und Geschlechterdifferenz im Fußball

staat!) immer nur einen Verband als Mitglied aufnahm (und aufnimmt), wurde außerdem die Gründung weiterer nationaler Fußballverbände angeregt.[87]

Am Beispiel des Fußballs werden noch einmal die Gleichzeitigkeit und der Zusammenhang von Globalisierung und Nationalisierung offensichtlich. So hat sich die weltweite Verbreitung des Fußballs offenbar vor allem in Form von national codierten Einheiten vollzogen. Gleichzeitig bildeten aber erst die nationalistische Aufladung des Fußballs und die Unterteilung in territorial bzw. national begrenzte Vergleichseinheiten die notwendige Voraussetzung für einen weltweiten Vergleich fußballerischer Leistungen. Die nationale Zugehörigkeit wurde zur Mannschaftsbildung und als Konkurrenzprinzip verwendet, diente dem Publikum als Identifikationsvorlage und/oder fungierte als Strukturierungsprinzip der Fußballorganisationen. Ohne die Etablierung nationaler „Interdependenzunterbrechungen" als identifikationsträchtige Vergleichseinheiten wären die Durchführung großer Wettbewerbe und die Etablierung eines globalen Leistungsvergleichs wohl kaum möglich gewesen (Schimank 2004). Und doch bleibt die Frage nach funktionalen Äquivalenten für die Nation als dominante Vergleichs- und Identifkationseinheit des Fußballs.

Möglicherweise beruht diese Entwicklung schlicht auf einem historischen Zufall und lässt sich auf die zeitgleich vom politischen System entwickelten territorialen Unterteilungen zurückführen. Diese von den Staaten gezogenen räumlichen Grenzen gelten auf die eine oder andere Weise auch für andere Funktionssysteme (vgl. Schimank 2004: 398). Die Präferenz für nationale Grenzziehungen bei der Institutionalisierung des Fußballs könnte also einfach mit der historischen Parallelität der Verbreitung der Idee der Nation zusammenhängen. So fand der „Take off" des Fußballs im selben Zeitraum wie der Siegeszug der Idee des Nationalstaats in Europa statt.

> „Es sind zuletzt also die grauen juristischen und organisatorischen, vom Prinzip politischer Souveränität abhängigen Fundamente des Fußballs, die ihn an die Nation mitsamt ihren mehr oder weniger hässlichen ‚Tugenden' und ihre stereotypen Selbst- und Fremdbilder binden. Die Bindung ist historisch genauso zufällig, aber auch genauso zwingend wie die politische Form der Nation selbst. Der Fußballnationalismus wird folglich auch erst dann verschwunden sein (…), wenn das politische Prinzip des Nationalstaats sich verabschiedet haben wird." (Pornschlegel 2002: 111)

Gegen das Argument der Zufälligkeit könnte man einwenden, dass es für die Relevanz territorialer Grenzziehungen im Fußball durchaus Anknüpfungspunkte an vormoderne Praktiken gab, wenn z.B. die lokale bzw. dörfliche Herkunft als entscheidende Teilungsdimension der Mannschaftsbildung fungierte. Der Fußball, genau wie jeder andere Mannschaftssport, benötigt eine geeignete Identifikationsbasis für die konkurrenz- und wettkampforientierte Mannschaftsbildung. Und eben hierfür bot sich zu diesem Zeitpunkt die Nation als besonders geeignete Teilungsdimension an. Wie bereits erläutert, implizierte das Verständnis von Nation ab etwa 1880 eine ethnische Komponente, d.h. dass die Selbstzuschreibung einer gemeinsamen Abstammung als zentrales Kriterium zur Bestimmung einer Nation wahrgenommen wurde (vgl. Hobsbawm 1991: 122). Und obwohl die Nationalstaatenbildung in Großbritannien vollkommen anders als in Deutschland verlief und bereits

---

[87] Grundsätzlich hätte sich die FIFA auch für ein anderes Organisationsprinzip entscheiden können, indem z.B. auch einzelne Mannschaften (unabhängig ihres Herkunftslandes) Mitglieder hätten werden können. Außerdem impliziert das Ein-Verbands-Prinzip eine starke Bindung von Amateur- und Profifußball.

Anfang des 19. Jahrhunderts mit dem Zusammenschluss des Vereinigten Königreichs und Irlands abgeschlossen war, diente auch hier der Fußball als Mittel zur Konstruktion nationaler Identität und Nationalismen.

Wie bereits beschrieben, betonten die einzelnen Nationen, aus denen sich das Königreich zusammensetzte, ihre Eigenständigkeit im Rahmen der Spiele um die Britische Meisterschaft. Das taten sie mit Fahnen, Wimpeln, Liedern etc. Nationale Identität und Differenzen ließen sich am besten in der spielerischen Auseinandersetzung mit anderen Nationen betonen. So fand das „Zeitalter eines hyperaktiven Nationalismus" zwischen 1870 und 1940 im Fußball eine willkommene Bühne zur Inszenierung nationaler Einheit sowie nationaler Unterschiede (Bayly 2006: 575). Der Fußball bot neben dem Krieg eine der ersten Möglichkeiten, die Nation überhaupt erfahr- und erlebbar zu machen. Entsprechend bemerkt Hobsbawm (1991: 167f.), dass das Auftauchen nationaler Fußballmannschaften vor 1914 und die Entstehung nationaler Ligen in den 1920er Jahren letztlich zu einer breiteren Anerkennung nationaler Unterschiede geführt habe. Internationale Sportwettkämpfe seien ein wichtiges Ausdrucksmittel bestehender nationaler Hierarchien geworden, während die neu gegründeten Organisationen des Fußballs die bestehenden nationalen Grenzziehungen sowohl reflektierten als auch zu deren Herstellung und Reproduktion beitrugen:

> „Die vorgestellte Gemeinschaft von Millionen scheint sich zu verwirklichen als eine Mannschaft aus elf Spielern, die alle einen Namen tragen. Der einzelne, und wenn er nur die Spieler anfeuert, wird selbst zu einem Symbol seiner Nation." (Hobsbawm 1991: 168f.)

Durch den Fußball wurden vermeintliche nationale Differenzen aber nicht nur sichtbar gemacht, sondern relativ früh bereits symbolisch überhöht und moralisch aufgeladen – zumindest in denjenigen Ländern, in denen sich der Fußball als hegemoniale Sportkultur durchsetzen konnte. So repräsentierten die Mannschaften in der Wahrnehmung des Publikums die Kultur und Charaktereigenschaften einer Nation (vgl. Eisenberg u.a. 2004: 152f.). Entsprechend wurden den verschiedenen Nationen bereits frühzeitig bestimmte Spielstile zugeschrieben, und schon vor dem Ersten Weltkrieg lassen sich nationale Stereotypisierungen in der Fußballberichterstattung finden (vgl. Eisenberg u.a. 2004: 154f.).[88] Im Zuge dieser symbolischen Nationenbildung und der Betonung nationaler Differenzen erfolgte auch die Angleichung der bislang weitgehend englischen Fußballsprache an die jeweiligen nationalen Landessprachen (vgl. Eisenberg u.a. 2004: 172f.). Regelmäßig wurden sogar die englischen Wurzeln des Spiels geleugnet und versucht, den Fußball als Produkt des eigenen Landes darzustellen (vgl. Heineken 1993 [1889]).

Im Verlauf des 20. Jahrhunderts scheint die Intensität der nationalen Aufladung des Fußballs sogar noch zugenommen zu haben – zumindest in Bezug auf das öffentliche Interesse an internationalen Wettbewerben und der Nationalmannschaft. So lässt sich seit den 1970er Jahren eine bis heute stetig ansteigende Zunahme der Popularität und mittlerweile weltweiten Begeisterung für die Fußballweltmeisterschaft sowie Kontinentalmeisterschaften beobachten.

Die nationale Zugehörigkeit fungierte im Fußball also relativ früh als Beschreibungsressource und wurde zum selbstverständlichen Konstruktionsprinzip mannschaftlicher

---

[88] Es lässt sich vermuten, dass diese frühen Nationalstereotypen im Fußball an bereits vor der Nationalstaatenbildung geläufige Standes-, Verhaltens- und Sündertypologien anknüpfen konnten, die später lediglich national überprägt wurden (vgl. hierzu Stanzel 1999: 19ff.).

1.4 Nationale Zugehörigkeit und Geschlechterdifferenz im Fußball

Konkurrenz. Aber spielte sie auch eine Rolle für die Exklusion von Spielern? Nun ließe sich vermuten, dass die Nationalität bei der Zusammenstellung von nationalen Auswahlmannschaften durchaus als Ausschlusskriterium diente. Tatsächlich gab es jedoch zunächst keine klaren Regeln darüber, wer alles in so einer Mannschaft mitspielen durfte, so dass es offenbar „Landesauswahlen" gab, die mehrheitlich aus Ausländern bestanden, wobei es sich dann meistens um im Ausland lebende Briten handelte (vgl. Brändle/Koller 2002). Genauere Regelungen zur Frage der Spielberechtigung in nationalen Auswahlmannschaften erließ die FIFA erst in den 1940er bzw. 1960er Jahren (vgl. 3.4.2 Organisationen und Regelwerke des Fußballs: Die Grenzen der Fußballwelt). Erst ab 1963 wurde die politische Staatsangehörigkeit das entscheidende Inklusionskriterium, vorher bestand eine relative Interpretationsoffenheit der nationalen Dachverbände, wen sie in ihre Auswahlmannschaften berufen konnten und wen nicht. Und welche Bedeutung kam der nationalen Zugehörigkeit auf der Ebene der Klubmannschaften bzw. der Football League zu?

Wie schon erwähnt, spielten bereits in den 1880er Jahren auch Schotten in der englischen Liga, und es gab offensichtlich auch einige wenige Spieler, die aus Ländern des British Empires kamen und keinerlei Einreisebeschränkungen unterlagen (vgl. Lanfranchi/ Taylor 2001: 45f.; Jenkins 1992). Dass es im Fußball nicht zu einem ähnlichen Run von Spielern aus Übersee wie im Cricket kam, lässt sich vermutlich damit begründen, dass in den Ländern, in denen die Engländer weniger als Kaufleute und Händler, sondern vor allem als Kolonialherren und Missionare unterwegs waren, das Fußballspiel nicht besonders verbreitet war (vgl. Brändle/Koller 2002: 43; Eisenberg u.a. 2004: 44). In Asien und Afrika etablierten sich eher Sportarten wie Cricket, Rugby und Landhockey.[89] Das lag daran, dass die Briten in den afrikanischen und asiatischen Kolonien vor allem der aristokratischen Elite entstammten, die sich seit der Professionalisierung und dem sozialen Absinken des Fußballs zum Arbeitersport von dem Spiel abgewandt hatten und andere Sportarten präferierten. Ansonsten hatten die Briten jedoch – im Gegensatz zu den französischen Kolonialherren[90] – keine generellen Skrupel, die einheimische Bevölkerung zur Bildung von Sportmannschaften und Wettbewerben zu ermutigen (vgl. Guttmann 1994: 63). So gab es offenbar regelmäßig Spiele zwischen Angehörigen der britischen Armee und Einheimischen (vgl. Eisenberg u.a. 2004: 44).

Obwohl es bis 1905 nahezu keine gesetzlichen Kontrollen und Einreisebeschränkungen für Großbritannien gab, befanden sich bis 1911 nur fünf nicht-britische Spieler in den beiden englischen Spielklassen der Football League (vgl. Lanfranchi/Taylor 2002: 48). Auch die Anzahl der Fußballer, die aus den britischen Kolonien stammten, dürfte im einstelligen Bereich gelegen haben (vgl. Taylor 2005: 233; Jenkins 1992). Die Ursache hierfür lag jedoch weniger in einem systematischen Ausschluss, da die Briten, wie bereits beschrieben, in anderen Sportarten jede Menge ausländischer Spieler verpflichteten, als in der Tatsache, dass es sich bei den Spielern auf der Insel vermutlich bereits um die weltweit besten Spieler dieser Zeit handelte. Die Briten hatten zur damaligen Zeit noch einen deutlichen Entwicklungsvorsprung im Fußball und verfügten daher über sehr gute Spieler. Ent-

---

[89] Guttmann (1994: 65) berichtet jedoch, dass die afrikanischen Kinder, die an englischen Missionarsschulen zur zukünftigen Elite ihres Landes erzogen wurden, durchaus Fußball spielten. Zur Geschichte des Fußballsports in Afrika allgemein vgl. Apraku/Hesselmann 1998.
[90] Die Franzosen versuchten offenbar erst nach dem schlechten Abschneiden ihrer Athleten bei den Olympischen Spielen 1928, Sportler aus ihren afrikanischen Kolonien zu rekrutieren (vgl. Guttmann 1994: 63). Die Bemühungen scheiterten jedoch an der französischen Armee, die keine Notwendigkeit zur sportlichen Ausbildung der einheimischen Bevölkerung sah.

sprechend bemerkte der damalige FA-Präsident William Pickford stolz, dass es im englischen Fußball zu keinem Zeitpunkt eine Ausgrenzung auf der Basis nationaler Zugehörigkeit gegeben habe: „If a capable colonial or foreigner is able to get a place in an English Club, why should anybody object?" (Zitiert nach Taylor 2005: 234)

Ab 1914 wurde dann jedoch systematisch zwischen dem Status „colonial", dessen Inhaber juristisch als Briten galten, und „foreigner" unterschieden, die den Einwanderungsbestimmungen unterlagen (vgl. Taylor 2005: 234). So konnten Spieler aus den Kolonien prinzipiell ungehindert einreisen und von englischen und schottischen Klubs verpflichtet werden (Taylor 2005: 234f.). Dagegen kam es zwischen 1905 und 1925 zu einer systematischen Verschärfung der Einwanderungsbestimmungen für andere Ausländer, so dass es für Spieler vom europäischen Festland kaum mehr möglich war, eine Arbeitserlaubnis zu bekommen. Das Arbeitsministerium verhinderte Anfang der 1930er Jahre die Rekrutierung ausländischer Spieler mit der Begründung, dass dadurch die Erwerbschancen britischer Arbeitskräfte eingeschränkt würden (vgl. Lanfranchi/Taylor 2002: 48). Auch die Gewerkschaft der Fußballspieler machte mobil gegen die Versuche, Spieler aus dem Ausland zu rekrutieren. In offiziellen Schreiben an das zuständige Ministerium und in zahlreichen Verlautbarungen von Trainern und Funktionären artikulierten die Fußballer ihr Missfallen gegenüber dem „Einkauf" ausländischer Spieler (ebd.: 49). 1931 erließ die FA für die Profiklubs und Wettbewerbe die Vorgabe, dass nicht-britische Spieler vor ihrer Verpflichtung bzw. ihrem Einsatz bei einem englischen Klub zunächst zwei Jahre in England wohnhaft gewesen sein müssten (ebd.: 49; Taylor 2005: 237). Erst im Zuge größerer Migrationsbewegungen während und nach dem Zweiten Weltkrieg kamen dann wieder mehr ausländische Spieler in die englische Liga, die jedoch nur dann als Profis unter Vertrag genommen werden konnten, wenn sie längere Zeit in England gelebt hatten. Ansonsten blieben die englischen Fußballer weitgehend unter sich. Die „residential qualification rule", also das faktische Verbot ausländischer Spieler in der Liga, wurde erst Mitte der 1970er Jahre aufgehoben (Lanfranchi/Taylor 2002: 51).

Zusammenfassend lässt sich festhalten, dass der Fußball parallel zu seiner Ausdifferenzierung und Globalisierung Ende des 19. Jahrhunderts auch national codiert wurde, die nationale Zugehörigkeit zunehmend Eingang in die Beschreibungen fußballerischer Konkurrenz fand und die Spiele der Landesauswahlen den Nationen bzw. Nationalstaaten früh Gelegenheit bot, nationale Einheit sowie nationale Differenzen dramatisch zu inszenieren. Die Etablierung nationaler „Interdependenzunterbrechungen" als Einheiten des fußballerischen Leistungsvergleichs spiegelte sich außerdem in den neu gegründeten formalen Organisationen, für die die Nation als Strukturprinzip diente. Anfang der 1930er Jahre wurde die nationale Zugehörigkeit dann im englischen Fußball auch zu einem systematischen Exklusionskriterium, und die Rekrutierung ausländischer Spieler wurde mit Hilfe formaler Regeln verboten.

Und welche Bedeutung hatte die Geschlechterdifferenz in der Anfangszeit des modernen Fußballs in England? Aufgrund der geschlechtsspezifischen Segregation des Erziehungssystems bzw. ihres Ausschlusses von der höheren Schulbildung waren Mädchen und junge Frauen zunächst offenbar in geringerem Umfang an dem neuen Spiel beteiligt. Aber auch an den wenigen Mädchenschulen wurde Sport betrieben und unter anderem auch Fußball gespielt (vgl. Brändle/Koller 2002: 217f.; Williamson 1991: 3). Die Mädchen und Frauen hatten vermutlich weniger Gelegenheit, Fußball zu spielen und wurden im Zuge der Durchsetzung der neuen polaristischen Geschlechterphilosophie in ihrer Zuständigkeit auf

1.4 Nationale Zugehörigkeit und Geschlechterdifferenz im Fußball

Häuslichkeit und Familie beschränkt, weshalb sie automatisch von der Teilnahme an den neu gegründeten Fußballklubs ausgeschlossen waren. Da jedoch noch keine systematische Verknüpfung des Fußballs mit Männlichkeit hergestellt worden war, lässt sich auch noch nicht von einem methodischen Ausschluss qua Geschlecht sprechen. Erste Ansätze lassen sich jedoch in den Männlichkeitssemantiken der Idee der „Muscular Christianity" vermuten, wenn es beispielsweise ein erklärtes Ziel der Schule in Rugby war, „eine Rasse von robusten Männern mit Initiative, regem Kreislauf, männlichem Edelmut und einem vitalen Geist heranzuziehen" (vgl. Mason 1997: 25).[91]

Über den Umfang, in dem Frauen und Mädchen zwischen 1850 und 1900 unter sich oder gemeinsam mit Jungen Fußball spielten, gibt es widersprüchliche Angaben. So finden sich Zeitungsberichte über Frauen-Matches in England, wie z.B. das Spiel zwischen einer nord- und einer südenglischen Frauenauswahl, das 1895 vor rund 10.000 Zuschauern ausgetragen wurde (vgl. Eisenberg u.a. 2004: 185; Williamson 1991: 4f.). Als besonderer Nachrichtenwert wurde dabei offenbar weniger das Spiel als solches als vielmehr die Kleidung der Frauen wahrgenommen, denn sie spielten erstmals nicht mehr in langen Kleidern, sondern in Knickerbockern:

> „Their costumes of course, came in for a good deal of attention... The ladies of the North team wore red blouses with white Yolks, and full black knickerbockers fastened below the knee, black stockings, red berretta caps, brown leather boots and leg-pads." (Manchester Guardian vom 23.3.1895, zitiert nach Williamson 1991: 4)

Die Spiele wurden nach den offiziellen Regeln der Football Association ausgetragen, es gab keine Sonderregeln für Frauen, sondern sie spielten auf dem gleichen Platz, mit dem gleichen Ball und über die gleiche Dauer wie die Männer. Über Umfang und sozialen Kontext dieser frühen Frauenspiele findet sich kaum sportwissenschaftliche Literatur[92], tatsächlich müssen die Frauen aber mehr oder weniger regelmäßig sowohl *in gemischten Mannschaften* als auch *gegen* Männermannschaften gespielt haben, anders lässt sich das 1902 von der FA erlassene Verbot nicht erklären, in dem den Mitgliedern Spiele mit und gegen „Lady-Teams" untersagt wurden (Lopez 1988:2; Williamson 1991: 5). Dieses Verbot widerlegt die häufig in der sportwissenschaftlichen Geschlechterforschung vertretene These, dass der Ausschluss der Frauen vom Fußball im 19. Jahrhundert derart selbstverständlich war, dass überhaupt kein formales Verbot notwendig gewesen sei. Dagegen belegt das Verbot, dass Frauen im Fußball noch nicht fraglos exkludiert waren, sondern dass derartige Spiele in einem nicht ganz unerheblichen Maße stattgefunden haben müssen, und dass ein absolutes Spielverbot für Frauen sich zu diesem Zeitpunkt offensichtlich noch nicht hätte

---

[91] Auch die von Dunning (2003: 486ff.) als „Macho-Subkultur" beschriebenen Verhaltensweisen im frühen Rugby lassen sich in ihrer übertriebenen Form der Dramatisierungen wahrscheinlich eher als Versuche der Etablierung einer bis dato noch neuen Idee von Männlichkeit denn als Beleg für eine lang tradierte Form des Sport-Patriarchats interpretieren.

[92] Es fehlen vor allem systematische historische Analysen der englischen Archive und Zeitungen des 19. Jahrhunderts über Berichte zu derartigen Spielen. Hier übernimmt die sportwissenschaftliche Geschlechterforschung regelmäßig weitgehend unreflektiert die Position, dass es Frauen im Fußball erst ab den 1970er Jahren gegeben habe (vgl. dazu auch Diketmüller 2006).

Abbildung 6: Spiel des British Ladies' Football Klub in Hornsey als Titel einer Zeitschrift von 1895 (Zentralbibliothek Zürich)

durchsetzen lassen. Möglicherweise signalisiert das Verbot auch das Aufkommen neuer Ansprüche an die Frauen bzw. die Durchsetzung der neuen polaristischen Geschlechterphilosophie. Frauen haben zwar vermutlich in deutlich geringerem Umfang als Männer am Fußball partizipiert, und es ist unwahrscheinlich, dass ihr Spiel auch nur annähernd über die gleiche Leistungs- und Wettkampforientierung wie das der Männer in der Football League verfügte, aber die Geschlechtszugehörigkeit hatte sich noch nicht vollständig als Ausschlusskriterium durchgesetzt. Vielmehr fungierte die Geschlechtszugehörigkeit bis zur Jahrhundertwende offenbar noch als Merkmal zur Mannschaftsbildung, auch wenn wir über Anzahl und Bedeutung derartiger Spiele nichts sagen können. Letztlich bleibt festzuhalten, dass der Exklusion der Frauen aus dem Fußball die Segregation der Geschlechter im Spiel vorausging: In einem ersten Schritt wurden Frauen zu unwürdigen Spielgegnern und Mitspielern erklärt.

Abbildung 7: Dick Kerr's Ladies Team (FIFA Museum Collection)

In dieser Zeit finden sich auch noch regelmäßig Frauen im Publikum von Fußballspielen: Während Veranstalter und Vereine dem weiblichen Geschlecht bis Mitte der 1880er Jahre freien Eintritt ließen, wurde dieses Privileg spätestens mit Einführung der Profiliga abgeschafft – nicht zuletzt wegen der großen Anzahl von Frauen, die auf die Fußballplätze drängten (vgl. Mason 1980: 152). Für die 1880er und frühen 1890er Jahre lässt sich die Anwesenheit von Frauen „in every part of the ground" anhand von Zeitungsberichten belegen (ebd.: 152). Mit der zunehmenden Größe der Zuschauermengen und dem Anstieg des Arbeiteranteils am Publikum sank dann spätestens Ende der 1890er Jahre der Anteil weiblicher Zuschauer deutlich ab (vgl. Mason 1980: 153).

Der Erste Weltkrieg bescherte den Fußball spielenden Frauen dann ungeahnte Popularität, da der gesamte Spielbetrieb der Männer eingestellt werden musste und die wehrtüchtigen Männer allenfalls noch in den Feuerpausen an der Front Fußball spielen durften (vgl. Eggers 2002: 77). In dieser Zeit wurde der Fußballsport unter den Arbeiterinnen immer beliebter, und gleichzeitig fand das (sowohl weibliche als auch männliche) Publikum zunehmend Gefallen daran (vgl. Eisenberg u.a. 2004: 185ff.; Fechtig 1995: 15; Williamson 1991: 11). Wegen der großen Zuschauernachfrage stellte die FA den Frauen schließlich Infrastruktur und Plätze zur Verfügung, wobei jedoch stets betont wurde, dass es bei diesen Spielen weniger um den sportlichen Wettkampf als vielmehr die Kriegsmoral sowie die Einnahmen für karitative Zwecke gehe. In diesem Kontext waren dann wieder Spiele von Frauen- gegen Männermannschaften und gemischte Teams möglich, so dass die durch das FA-Verbot gezogenen Grenzen kurzfristig wieder aufgehoben wurden.

Das wohl berühmteste Frauenteam dieser Zeit waren die „Dick, Kerr's Ladies", ein Team, das 1917 von den Arbeiterinnen einer Munitionsfabrik in Preston gegründet worden war (vgl. Abb. 7; Lopez 1988: 3ff.; Newsham 1994; Williamson 1991: 19). Die Popularität der Frauenteams überdauerte den Krieg, und bei einem Spiel der „Dick, Kerr's Ladies" gegen die „St. Helen Ladies" am 26. Dezember 1920 in Everton kamen rund 50.000 Zuschauer, wobei weitere 14.000 vor dem Stadion warteten und nicht mehr hineinkamen (Meier 2004: 24). Einige Monate zuvor war es zur ersten internationalen Begegnung zweier Frauenmannschaften gekommen: Die „Dick, Kerr's Ladies" hatten in Paris gegen eine französische Frauenauswahl vor rund 20.000 Zuschauern gespielt (vgl. Williamson 1991: 26). Und 1922 bei einer Tour durch die USA und Kanada spielten und gewannen sie auch gegen Männerteams (vgl. Fechtig 1995: 21; Hall 2004: 31f.; Williamson 1991: 92).

Da es bei den Frauen jedoch beispielsweise (noch) keinen regulären Ligabetrieb gab, kann man eher nicht von der Institutionalisierung eines über-lokalen sportlichen Vergleichshorizonts sprechen. Vermutlich hatten die Spiele der Frauen während des Ersten Weltkriegs eher eine Unterhaltungsfunktion als dass es um Bestleistungen oder Leistungssteigerung gegangen wäre. Aber im Laufe der Zeit konnte man eine zunehmende Leistungs- und Wettkampforientierung der Fußball spielenden Frauen beobachten. Der Wohltätigkeitsaspekt wurde zunehmend verdrängt und durch Konkurrenzkampf und den Wunsch nach Leistungssteigerung ersetzt (vgl. Williamson 1991: 15). So gab es im Anschluss an diese ersten Unterhaltungsspiele einen Frauenboom im Fußball, und die Anzahl der Frauenteams in England stieg stark an, so dass bis 1921 fast jede englische Stadt ihr eigenes Frauenteam hatte, die größeren Städte (vor allem im Norden) meistens sogar mehrere (vgl. Williamson 1991: 17). Die Spiele der Frauen wurden so zahlreich, dass sie auch wochentags ausgetragen werden mussten. Außerdem ließen sich deutliche Leistungssteigerungen und Professionalisierungstendenzen der Frauenmannschaften beobachten: Im Gegensatz zu der Anfangszeit wurde regelmäßig trainiert, und man engagierte professionelle (männliche) Trainer. Die Institutionalisierung eines eigenen Ligabetriebs wäre vermutlich nur eine Frage der Zeit gewesen.

Abbildung 8: Frauenteam mit Trainer (FIFA Museum Collection)

Zeitgleich mit der um sich greifenden Fußballbegeisterung der Frauen Anfang der 1920er Jahre entwickelte sich eine öffentliche Diskussion über die Fußballerinnen in England. Repräsentanten der Männerklubs bemühten sich darum, die Frauen lächerlich zu machen und fokussierten ihre Kritik zunehmend auf die Physis der Frauen (vgl. Eisenberg u.a. 2004: 186f.): Ärzte behaupteten, dass der weibliche Körper den Anstrengungen eines Fußballspiels nicht gewachsen sei, wobei die Gebär- und Mutterfunktion im Mittelpunkt der medizinischen Kritik stand und immer mehr als Widerspruch zum sportlichen Leistungsgedanken gedeutet wurde (vgl. Pfister 1988; Westmann 1930). Die Gegner der Frauenteams argumentierten nicht nur mit der Sorge um die Gesundheit und einem hohen Verletzungsrisiko, sondern auch mit ästhetischen Einwänden: So sei es den Frauen aufgrund der Anstrengungen des Fußballspielens schwitzend und schnaufend nicht mehr möglich, fraulich-attraktiv auszusehen (vgl. Hoffmann/Nendza 005:7; Williamson 1991: 43). Dagegen gab es auch Befürworter, die immer wieder darauf hinwiesen, dass es keine legitimen Gründe für einen Ausschluss der Frauen aus dem Fußball gebe (vgl. Diketmüller 2002; 205f.; Williamson 1991: 50).

Diese Diskurse lassen sich als Beiträge zur faktischen Durchsetzung der polarisierenden Geschlechtscharaktere deuten, wenn einerseits dem Mann der Kampf als eigentliches Element zugeordnet, und Ehrgeiz, Wettkampf und Konkurrenz als wesensfremde Eigenschaften von Frauen beschrieben wurden (vgl. Fechtig 1995: 23). Außerdem belegen die aufgeregten öffentlichen Debatten über die Frage, ob Frauen Fußball spielen sollten oder nicht, dass es in dieser Frage noch keine allgemein anerkannte und selbstverständliche Antwort gab. Die lärmende Rhetorik, die dabei vielfach eingesetzt wurde, um die Unangemessenheit des Fußballs für Frauen zu verdeutlichen, zeigt letztlich, dass es in dieser Zeit noch keineswegs klar war, inwiefern sich die Frauen dieser Deutung fügen würden. Die Ansicht, dass Fußball ausschließlich von Männern gespielt werden sollte, musste erst noch durchgesetzt und im gemeinsamen Alltagswissen verankert werden. Außerdem brauchte man eine überzeugende Legitimation für den Ausschluss, der im Widerspruch zu dem Trend in vielen anderen gesellschaftlichen Funktionssystemen stand, in die die Frauen Anfang des 20. Jahrhunderts langsam inkludiert wurden.

Abbildung 9: „Can women play football?" England um 1910

1921 schließlich begann die FA damit, Fakten zu schaffen, zu einem Zeitpunkt als die meisten der Männerklubs sich mit den Frauenteams arrangiert hatten, und ihnen ihre Wettkampfplätze gegen eine umfangreiche Beteiligung an den Zuschauereinnahmen zur Verfügung stellten. Unter dem Vorwand, dass es zur Veruntreuung von Spieleinnahmen gekommen sei, erließ die FA eine Reihe von Auflagen, die es ihren Mitgliedern zunehmend unattraktiv machte, die Frauenteams auf ihren Plätzen spielen zu lassen (vgl. Eisenberg u.a. 2004: 186; Williamson 1991: 60ff.).[93] Die Klubs sollten nur noch bei Erfüllung aller Auflagen die Erlaubnis zur Austragung von Frauenspielen bekommen, wobei sich die Erlasse immer nur auf einzelne Spiele bezogen. Als sich verschiedene Klubs darüber hinwegsetzten, erließ die FA im Oktober desselben Jahres folgende generellere Anweisung an ihre Mitglieder:

---

[93] Dabei ging es beispielsweise um Maßnahmen wie die Offenlegung der gesamten Buchhaltung etc. (vgl. Williamson 1991: 62).

1.4 Nationale Zugehörigkeit und Geschlechterdifferenz im Fußball 77

> „The Council decided that clubs must not permit matches between ladies' teams to be played on their grounds unless sanction for such matches is first obtained from the Football Association. It will be a condition of any application granted that the club on whose ground the match is played shall be responsible for the receipts and payments and a Statement of Account must be sent to the Association showing how the receipts were applied." (Protokoll der FA-Sitzung vom 10.10.1921, zitiert nach Williamson 1991: 65)

Immer mehr bürokratischer Aufwand, organisatorische Behinderungen und die Androhung hoher Strafen führten zu Konflikten zwischen den Wohltätigkeitsorganisationen und den gastgebenden Klubs, wobei die Leidtragenden letztlich die Frauenteams waren. Klubs, die gegen die Anordnung verstießen, wurden empfindlich bestraft (vgl. Williamson 1991: 67f.). Vorbereitet durch diese Erlasse sprach die FA schließlich am 5. Dezember 1921 das grundsätzliche Verbot aus, Frauenteams auf den Plätzen ihrer Mitglieder spielen zu lassen. Die offizielle Begründung hierfür lautete folgendermaßen:

> „Complaints having been made as to football being played by women, Council feel impelled to express their strong opinion that the game of football is quite unsuitable for females and should not be encouraged.
> Complaints have also been made as to the conditions under which some of the matches have been arranged and played, and the appropriation of receipts to other than charitable objects. The Council are further of the opinion that an excessive proportion of the receipts are absorbed in expenses and an inadequate percentage devoted to charitable objects.
> For these reasons the Council requests the clubs belonging to the Association refuse the use of their grounds for such matches."
> (Protokoll der FA-Sitzung vom 5.12.1921, zitiert nach Lopez 1988: 6)

Das entscheidende Argument für das Verbot war offenbar die angebliche Ungeeignetheit des Fußballspiels für Frauen, die nicht zuletzt durch dieses Verbot im Laufe der Zeit zur sozialen Wirklichkeit wurde (vgl. Abb. 10). Zunächst wehrten sich die Frauen noch gegen das Verbot, indem sie beispielsweise einen eigenen Dachverband gründeten, die English Ladies Football Association, ELFA (vgl. Williamson, 1991: 84). Da jedoch nur die Klubs der FA über Rasenflächen zum Spielen verfügten, war das Verbot dennoch gleichbedeutend mit dem faktischen Ende des Fußballs für Frauen. Dem englischen Vorbild folgten in den darauf folgenden Jahren und Jahrzehnten auch die Dachverbände anderer europäischer Länder und erließen formale Verbote (vgl. Diketmüller 2006: 350).

Die offizielle Re-Inklusion der Frauen in den Vereinsfußball erfolgte dann auf Anstoß von UEFA und FIFA Anfang der 1970er Jahre, allerdings durften die Frauen dann zunächst nur mit besonderen Auflagen zu ihrem Schutz spielen, wie z.B. einem kleineren Feld, einer kürzeren Spielzeit, der Verwendung von leichteren Jugendbällen, dem Verbot von Stollenschuhen etc. (vgl. Fechtig 1995: 33; Novak 1999: 489). Auch wenn die Regeländerungen mittlerweile weitgehend wieder abgeschafft wurden, sorgten sie für eine zusätzliche Betonung der Geschlechterdifferenz und machten das Spiel der Frauen unvergleichbar mit dem herkömmlichen Fußball der Männer, so dass die Geschlechtszugehörigkeit seit den 1970er Jahren als Kriterium zur Bildung konkurrierender Mannschaften nicht mehr denkbar ist. Auch das Spielen in gemischten Mannschaften ist seitdem unvorstellbar – und zwar obwohl dafür in vielen nationalen Ligen noch nicht mal formale Verbote existieren.⁹⁴ Entsprechend scheint es sich bei der Aufhebung des Verbots nicht um eine einfache Re-Inklusion der Frauen in den Fußball gehandelt zu haben, sondern um eine segregierte Inklusion oder genauer: eine Ausdifferenzierung der Sportart in Fußball und Frauenfußball (vgl. Müller 2007b: 132).

Abbildung 10: Inszenierung weiblicher Ungeeignetheit für das Fußballspiel (Barney Stein)

---

[94] Die Frage nach der Notwendigkeit eines solchen expliziten Verbots stellte sich beim DFB in Folge der Gerüchte über den angeblichen Wechsel der deutschen Fußballerin Birgit Prinz zu einem italienischen Drittligisten (Männerteam). Und obwohl man erstaunt feststellte, dass für einen vergleichbaren Fall in Deutschland gar keine explizite Verbotsregel existierte, wurde von der nachträglichen Einführung eines solchen Verbots abgesehen, da nach Ansicht des DFB weder von Seiten der Männer noch der Frauen Interesse an gemischten Mannschaften bestehe. Das einstmals von außen erzwungene Verbot gehört mittlerweile zum fraglosen Selbstverständnis des Fußballs.

1.4 Nationale Zugehörigkeit und Geschlechterdifferenz im Fußball

Zusammenfassend kann man feststellen, dass es im Fall der Geschlechtszugehörigkeit Ende des 19. Jahrhunderts im Zuge der Ausdifferenzierung und operativen Schließung des Fußballs zu einer zunehmend männlichen Codierung des Spiels kam. Fußball wurde immer häufiger als Ausdrucks- und Inszenierungsform hegemonialer Männlichkeit gedeutet. Anfang des 20. Jahrhunderts erfolgte dann auch die Verwendung der Geschlechtszugehörigkeit als Exklusionskriterium und den Frauen wurde das Fußballspielen verboten. Die Durchsetzung dieses Verbots wurde vor allem mit Hilfe der Mitgliedschaftsregeln der Fußballorganisationen erreicht.

Im Folgenden werden die Verbreitung und Institutionalisierung des Fußballs in Deutschland dargestellt, wobei vor allem die Unterschiede zu den Entwicklungen in England herausgearbeitet werden.

1.4.3 Verbreitung und Entwicklung des Fußballs in Deutschland

Die Verbreitung des Fußballs in Deutschland ging zunächst vor allem von in Deutschland lebenden Engländern aus, die nach dem Wiener Kongress in Handelszentren wie Hamburg, Berlin und Frankfurt wohnten (vgl. Eisenberg 1997: 95). Wenn ihnen Mitspieler fehlten, füllten sie ihre Mannschaften häufig auch mit jungen Deutschen auf. Diese spielten dann bei den Engländern mit oder gründeten eigene Vereine. Der erste deutsche Fußballklub wurde 1878 in Hannover gegründet (vgl. Eisenberg 1997: 97).

Erbitterter Widerstand gegenüber dem Fußball, wie generell gegenüber dem modernen leistungsorientierten Sport, kam von den deutschen Turnern, die das Spiel als „undeutsche, importierte Modetorheit" diffamierten (vgl. Schulze-Marmeling 2000: 65). Das Unverständnis der Turner gegen den Fußball zeigt sich deutlich in einem Buch von Karl Planck mit dem Titel „Fußlümmelei. Über Stauchballspiel und englische Krankheit", der das Spiel aus der Turnerperspektive hinsichtlich der Ästhetik der Form bewertet:

> „Was bedeutet aber der Fußtritt in aller Welt? Doch wohl, daß der Gegenstand, die Person nicht wert sei, daß man auch nur die Hand um ihretwillen rührte. Er ist ein Zeichen der Wegwerfung, der Geringschätzung, der Verachtung, des Ekels, des Abscheus. (…) Zunächst ist jene Bewegung ja schon, auf die bloße Form hin angesehen, häßlich. Das Einsinken des Standbeins ins Knie, die Wölbung des Schnitzbuckels, das tierische Vorstrecken des Kinns erniedrigt den Menschen zum Affen (…). Welcher Bildhauer würde sich von einer solchen Erscheinung zu künstlerischer Darstellung begeistern lassen?" (Planck 1982 [1898]: 6f.)

Diese Beschreibung belegt die unterschiedliche Deutung körperlicher Bewegung beim deutschen Turnen. Aus der Perspektive der Turner, denen es um die Ästhetik der Form und des menschlichen Körpers sowie den Menschen im Einklang mit seiner Natur ging, erschienen die leistungs- und konkurrenzorientierten Bewegungsabläufe des Fußballs als hässlich und „wider die menschliche Natur". Der Sinn und Zweck des Fußballs bzw. eben gerade die Sinnfreiheit des Sports war aus der Sicht der Turner nicht nachvollziehbar:

> „Unsereiner erlaubt sich also nicht nur diese Errungenschaft englischen Aftersports, sondern auch das Fußballspiel selbst nicht nur gemein, sondern auch lächerlich, häßlich und widernatürlich zu finden. Am allerunnatürlichsten ist das ob seiner angeblich geringeren Gefährlichkeit vielgepriesene und bei uns fast allein geübte Fußballspiel ohne Aufheben des Balls, deutsch: „association". (…) Wohl ist es gnädigst noch gestattet, den gestauchten Ball mit beiden Händen

aus der Luft zu fassen oder ihn mit dem Kopfe aufzufangen. Wo bleibt denn aber da die Folgerichtigkeit? Warum denn nicht lieber gleich die Vorschrift, daß der Ball in der Luft nur mit beiden Fußen zumal gefasst werden darf? Das wäre erst der wahre Sieg über die einfältige Natur! Laßt euch doch lieber gleich beide Arme abhacken oder mit Lederriemen doppelt und dreifach an den Leib schnüren! Sie sind ja doch nur eine stete Versuchung bei eurem wundersamen Spiel! Und dann: Läge es eigentlich nicht ganz im Zug des Spieles, wenn den Teilnehmern auch noch der Kopf abgesprochen würde? Der Mensch wäre dann nur noch ein ungeheurer Stiefel." (Planck 1982 [1895]: 10f.)

Die Beliebtheit des Turnens sank jedoch seit Mitte der 1860er Jahre vor allem bei den älteren Schülern deutlich ab, außerdem begannen sie sich zunehmend an den neuen studentischen Umgangsformen zu orientieren (vgl. Hopf 1979a: 63). Im Zuge der „Feudalisierung" des Bürgertums nach der gescheiterten Revolution von 1848 imitierten die Gymnasiasten zunehmend das studentische Verbindungsleben. Es entwickelten sich Schülerverbindungen, und die Oberstufenschüler an den Gymnasien trugen die eigentümliche Kleidung der studentischen Corps, inklusive Mütze und Farbband (vgl. Hopf 1979a: 64). Außerdem eiferten sie den Studenten auch im Rauchen und Trinken nach. Gegen dieses „Unwesen geheimer Schülerverbindungen" und deren „hemmungslose Genußsucht" versuchten einige Gymnasiallehrer, von den Erziehungsmethoden an den Englischen Public Schools inspiriert, mit Hilfe von Fußball vorzugehen (vgl. Eisenberg 1999: 178f.).

Der bekannteste und wahrscheinlich frühzeitigste dieser Versuche wurde von dem Braunschweiger Gymnasialprofessor Konrad Koch durchgeführt. Im Jahr 1874 führte er zunächst Rugby und später den Association Football am Martino-Catharineum in Braunschweig ein und wollte den Fußball zu einem „deutschen Spiel" machen (vgl. Court 2004: 42ff.; Hopf 1979a: 66; Hoffmeister 1986). Von den älteren Schülern, die bereits in Primanervereinen organisiert waren, wurde das Spiel jedoch nicht angenommen. In ihren Augen galt die Teilnahme als „unmännlich", sie schämten sich, öffentlich zu spielen und lehnten das Ballspielen als kindliche Aktivität ab (vgl. Hopf 1979a: 68; Hopf 1983: 51). Daher wurde das Spiel gezielt von den unteren und mittleren Jahrgangsstufen her aufgebaut und erhielt erst im Laufe der Zeit eine Konnotation als männlich bzw. gefährlich. Die Beschreibungen Kochs belegen, dass der Fußball in Deutschland zunächst noch gar nicht als reines Männerspiel wahrgenommen wurde.

Konrad Koch war es auch, der Anfang der 1890er Jahre die Regeln der Englischen FA erstmals ins Deutsche übersetzte und publizierte (vgl. Hoffmeister 1986: 39). Als Mitglied des Zentralausschusses für Volks- und Jugendspiele (ZA), einer Vorfeldorganisation der Nationalliberalen Partei und des Alldeutschen Verbandes, bemühte sich Koch, junge Männer aus allen Schichten für den Fußball zu begeistern (vgl. Eisenberg 1997: 98). Dennoch blieben die Arbeiter bis nach dem Ersten Weltkrieg dem Turnen treu; stattdessen bildeten vor allem (ehemalige) Gymnasiasten und Realschüler, Angestellte und Vertreter bürgerlicher Berufe bzw. Studenten die Hauptträgerschicht des Fußballs in Deutschland (vgl. Eisenberg 1999: 99). Eine Ursache hierfür liegt wahrscheinlich im regelmäßigen Kontakt dieser Berufsgruppen mit Engländern und somit auch zum Fußball (ebd.). Außerdem befanden sich die Angestellten in einer vergleichsweise guten finanziellen Situation, so dass sie sich Stollenstiefel, Trikot, Strümpfe und Hose in den Klubfarben leisten konnten (vgl. Pyta 2004: 9). Ein weiterer Grund war das relativ frühzeitig ausgebildete, moderne Freizeitbewusstsein dieses Personenkreises, dessen Angehörige bereit waren, einen hohen Anteil ihres Einkommens für „Vergnügen" und „Erholung" auszugeben (vgl. Eisenberg 1997:

1.4 Nationale Zugehörigkeit und Geschlechterdifferenz im Fußball

99). Auch Arbeitszeitverkürzung und die Verallgemeinerung des arbeitsfreien Sonntags in den 1890er Jahren trugen zur zunehmenden Verankerung des Spiels als Bestandteil der Angestelltenkultur bei (vgl. Eisenberg 1999: 183). Und schließlich nahm der Anteil der Angestellten in Deutschland allgemein in den „Gründerjahren" des Fußballs rapide zu und stieg von 516.000 Personen im Jahr 1882 auf 1,87 Millionen im Jahr 1907 an, so dass Eisenberg (1997: 100) vermutet, dass „diese ‚traditionslose' Gruppe, die ganz heterogene Berufe umfasste und darüber hinaus eine hohe geographische Mobilität aufwies", sich mit Hilfe des „gleichermaßen ‚traditionslosen' Fußballspiels" zu vergesellschaften versuchte.

Die Angestellten als Hauptträgerschicht des Fußballs in Deutschland stellten eine „neue" Zwischengruppierung zwischen Arbeitern und Bürgertum dar und versuchten ihren noch unsicheren Status durch Anschluss und Imitation des Bürgertums zu stabilisieren. Da die meisten Angestellten keinen Zugang zu der Welt des studentischen Verbindungswesens hatten, imitierten sie Kulisse und Kleidung in den neu gegründeten Fußballvereinen, die sie dann ganz ähnlich wie die Burschenschaften oder Corps „Borussia" oder „Alemannia" nannten (vgl. Eisenberg 1997: 101). Außerdem trug man Vereinsmützen, die den Studentenmützen ähnelten, veranstaltete wie die Studenten nach dem Spiel ein „Kommers", und die ersten Fußballlieder hatten die Melodien bekannter Burschenlieder (ebd.). Auch die militärisch aufgeladene Atmosphäre der wilhelminischen Gesellschaft der Jahrhundertwende wirkte sich auf den Fußball und seine Beschreibung aus (vgl. Elias 1989: 61ff,). Entsprechend lagerten sich zahlreiche militärische Metaphern der Fußballsprache an, und bis heute spricht man von „Flanken", „Angriff", „Verteidigung" oder „Deckung" (vgl. Eisenberg 1997: 101f.; Küster 1998; Siefert 2002). Durch die schrittweise Aufnahme des Fußballs in die militärische Ausbildung wurden dann zunehmend auch soldatische Attribute für die Beschreibung der Spieler eingeführt (vgl. Eggers 2001: 24). Bereits 1903, also drei Jahre nach Gründung des Deutschen Fußball-Bundes, DFB, wurde der Fußball von Teilen der Militärverwaltung eingeführt, ab 1905 war er fester Bestandteil der Offiziersausbildung, und ab 1908 gehörte er zu den Ausbildungsplänen der Armee (vgl. Eggers 2001: 24; Eisenberg 1997: 102).

Den Durchbruch zum Massensport erlebte der Fußball jedoch erst nach dem Ersten Weltkrieg bzw. in Folge des Krieges. Da 85 Prozent der rund 200.000 Mitglieder des DFB eingezogen wurden, ist es nicht verwunderlich, dass die Soldaten an der Front und in den Lagern Fußball spielten (vgl. Eggers 2001: 26).[95] Insofern konnte der Fußball als eine der wenigen Sportarten vom Krieg profitieren, indem er zumindest unter den deutschen Soldaten weitere Verbreitung erfuhr. Während vor 1914 noch selten mehr als eintausend Zuschauer zu einem Spiel gekommen waren, umfasste das Publikum nach dem Krieg bei den Endspielen um die Deutsche Meisterschaft nicht selten 50.000 Zuschauer und mehr (vgl. Eisenberg 1997: 104). Auch die Mitgliederzahlen des DFB verdreifachten sich trotz der vielen Gefallenen von 161.600 im Jahr 1913 auf 468.000 im Jahr 1920. Etwa zeitgleich begannen auch zunehmend Arbeiter damit, sich für den Fußball zu begeistern und eigene Vereine zu gründen.

Parallel zur Popularisierung und massenhaften Verbreitung des Fußballs in Deutschland wurde auch hier ähnlich wie in England kontrovers darüber diskutiert, ob Frauen Fußball spielen dürfen (vgl. Fechtig 1995: 22ff.; Hoffmann/Nendza 2005: 18f.). Über ihre tatsächliche Anzahl bzw. wie verbreitet der Fußball als Schulspiel der Mädchen war, gibt es

---

[95] Ob es tatsächlich befristete Waffenstillstände an der Front gegeben hat, um Fußballspiele zu ermöglichen, ist unklar (vgl. Eggers 2001: 27).

keine Angaben. 1889 wird über Deutschland berichtet, „dass Fußball längst auch von Mädchen gespielt wird, und dass sie sich ganz wohl dabei fühlen." (Heineken 1993 [1889]: 228) Fußball spielende Frauen fanden sich in den 1920er Jahren offensichtlich vor allem unter den Arbeiterinnen, die auch in gemischten Mannschaften mit den Männern zusammen antraten (vgl. Hering 2002: 358). Im Unterschied zu der Diskussion in England wurde die Ablehnung der Fußballspielenden Frauen zusätzlich mit völkisch-nationalistischen Argumenten angereichert, und man forderte Distinktion von England:

> „Soll das weibliche Geschlecht Fußball spielen? (...) Man zeigt auf England (...). Wie auf so manch' anderem Gebiet hat der Spieleifer die englische Frau auch hier an die Seite des Mannes gereiht. Nun schön, wir wollen als Deutsche hiergegen nichts einwenden, denn es ist vielleicht eine Geschmackssache, die in der völkischen Eigenart begründet liegt (...). Doch wie stellt sich die deutsche Frau, das deutsche Mädchen zu dieser Frage? (...) Das Fußballspiel ist Männerspiel, und seine Spielweise bleibt für das Weib immer mit rohen Momenten durchsetzt. Sollten diese auch im weiblichen Kampfe abgeschwächt sein, seine Ausführung ist es, die der deutschen Frau und dem deutschen Mädchen nie zusagen wird." (Huith, W. 1925: Soll das weibliche Geschlecht Fußball spielen? In: Sport und Sonne Nr. 6: 24, zitiert nach Hoffmann/Nendza 2005: 19)

In den Diskursen finden sich exakt die Semantiken der erstmals im 19. Jahrhundert aufgetauchten polarisierenden Geschlechtscharaktere, wenn es da beispielsweise heißt:

> „Sport ist Kampf (...). Die Funktionen des männlichen Körpers entsprechen dem männlichen Charakter und stimmen mit der Forderung auf Kampf und Höchstleistung überein. (..) Der Mann kann im Kampf heldische Größe erreichen, das echte Weib nie, denn die weibliche Eigenart entbehrt des Kampfmomentes. Dadurch wird das Weib das ergänzende Wesen. (...) Das Weib darf nicht zum sportlichen Wettkampf antreten." (Dawin-Herne, G.A. 1926: Start und Ziel, S. 34f., zitiert nach Hoffmann/Nendza 2005: 16)

Anders als in England dauerten die Diskussionen jedoch an und wurden zunächst nicht durch ein offizielles Verbot beendet, möglicherweise weil der Frauenfußball in Deutschland zu dieser Zeit nicht annähernd so verbreitet und populär wie in England war. Nach der nationalsozialistischen Gleichschaltung des DFB wurde die „Frauenfrage" 1936 durch eine einfache Mitteilung des Fußball-Pressedienstes geregelt:

> „Es gibt Sportarten, in denen wir die Frau nicht als Sportausübende treffen, weil ihre Eigenarten nicht dem Wesen der Frau entsprechen. Zu diesen Sportarten gehört auch der Fußball (...). Zu gross sind die Anstrengungen, die in diesen Sportkämpfen an den Körper gestellt werden müssen, als dass die Frau sie als Durchschnittsleistung je erreichen könnte. Oft aber widerspricht der männliche Kampfcharakter der einzelnen Sportart dem Wesen der Frau, die wir von Sportarten bewusst ausgeschaltet sehen wollen, die ihr die Würde des Weibes im Wettkampf nehmen müsste." (Nationalsozialistischer Reichsbund für Leibesübungen: NSRL-Fussball-Pressedienst vom 5. März 1936, zitiert nach Hoffmann/Nendza 2005: 24)

Hier wurde also einerseits mit Verweis auf weibliche Wesensmerkmale bzw. psychische Dispositionen der Frau argumentiert, andererseits aber auch mit Bezug auf die sportliche Leistungsfähigkeit, die aus der Perspektive des Sports das einzig legitime Exklusionskriterium darstellt. Zu einem formalen Verbot kam es in Deutschland jedoch erst Mitte der 1950er Jahre. Unmittelbares Anstoßereignis war das sog. „Wunder von Bern", der unerwartete Gewinn der Fußball-Weltmeisterschaft der Männer 1954, der in Deutschland eine re-

1.4 Nationale Zugehörigkeit und Geschlechterdifferenz im Fußball 83

gelrechte Fußballeuphorie auslöste, von der auch die Frauen mitgerissen wurden. Hochburg der Fußballerinnen war zu dieser Zeit Nordrhein-Westfalen bzw. das Ruhrgebiet (vgl. Hoffmann/Nendza 2005: 26f.). Umgehend begannen dieselben Diskussionen wie in den 1920er Jahren. Zudem handelte es sich um einen ähnlichen zeithistorischen Kontext, denn sowohl 1921 als auch 1955 befanden sich die meisten europäischen Gesellschaften in einer Phase der „Normalisierung des Lebens" nach einem Weltkrieg, zu der offenbar auch die Exklusion der Frauen aus dem Fußball zwecks Wiederherstellung der traditionellen Geschlechterordnung gehörte (vgl. Diketmüller 2002: 206). Der DFB lehnte den Fußball für Frauen „aus grundsätzlichen Erwägungen und ästhetischen Gründen" ab, außerdem sei die Verletzungsgefahr zu hoch und es gebe viel zu wenige Plätze, um auch noch die Frauen spielen zu lassen (vgl. Hoffmann/Nendza 2005: 28).

Wissenschaftliche Unterstützung fand der DFB in den Untersuchungen des niederländischen Psychologen Fred J.J. Buytendijk. Auch hier findet sich die polaristische Geschlechterphilosophie wieder:

> „Das Fußballspiel als Spielform ist also wesentlich eine Demonstration der Männlichkeit, so wie wir diese auf Grund unserer traditionellen Auffassungen verstehen, und wie sie zum Teil durch die körperliche Anlage (die hormonale Irritation) hervorgerufen wird. Es ist noch nie gelungen, Frauen Fußball spielen zu lassen (...). Das Treten ist wohl spezifisch männlich; ob darum Getretenwerden weiblich ist, lasse ich dahingestellt. Jedenfalls ist das Nicht-Treten weiblich! Im Fußballspiel zeigt sich in spielender Form das Grundschema der männlichen Neigungen und der Werte der männlichen Welt." (Buytendijk 1952: 20)

Mit zunehmender Popularität der Frauenspiele, die im Ruhrgebiet regelmäßig rund 10.000 Zuschauer zu verzeichnen hatten, wurde der DFB nachdrücklicher und erließ am 30. Juli 1955 schließlich folgendes Verbot:

> „Der Bundestag des DFB hat sich einstimmig gegen die Einführung des Frauenfußballs ausgesprochen und grundsätzlich festgelegt, daß es den DFB-Vereinen nicht gestattet ist, Frauenfußballabteilungen zu bilden und Vereinsplätze für Frauenfußballspiele zur Verfügung zu stellen. Es ist auch den Schiedsrichtern der Regional- und Landesverbände nicht gestattet, Frauenfußballspiele zu leiten." (Amtliche Mitteilungen des DFB Nr. 8 vom 20. August 1955, zitiert nach Novak 1999: 493)

Als Argumente wurden sowohl die weibliche Physis und Psyche als auch ästhetische Erwägungen genannt.[96] Die Ernsthaftigkeit dieses Verbots demonstrierte der DFB umgehend bei einem Spiel am darauf folgenden Tag, das von dem Vorsitzenden des ansässigen Herrenvereins und der Polizei abgebrochen wurde (vgl. Brüggemeier 2006: 36). Ähnlich wie in England wurden auch in Deutschland als Reaktion auf das Verbot eigene Dachverbände für Frauen gegründet, die sich jedoch aufgrund der wenigen kommunalen Fußballplätze, auf

---

[96] Diese Mischung findet sich auch in der nachträglichen Rechtfertigung des DFB-Vorstandsmitglieds Hubert Claessen:
„Das war schon eine schwere Sünde, dass die Mädchen da mit einem wackeligen Busen übers Feld liefen und dann noch gegen den Ball traten oder sich gegenseitig foulten. Nach Vorstellungen der alten Herren war das unmöglich. Man wollte einfach keine Damenfußballabteilungen und keine Damenwettbewerbe, weil man sagte, das ist kein Sport, der sich für Frauen eignet, weil der Körper der Frau für den Kampfsport – denn Fußball wurde immer noch als Kampfsport angesehen – weder physisch noch seelisch geeignet ist." (Hoffmann & Nendza 2005: 30)

denen die Frauen noch spielen durften, nicht durchsetzen konnten (vgl. Hoffmann/Nendza 2005: 32). Die Aufhebung des Verbots erfolgte Anfang der 1970er Jahre.

Die Entwicklung des Männerfußballs in Deutschland verlief dagegen wesentlich erfolgreicher, auch wenn noch bis in die 1920er Jahre hinein ausschließlich Amateure spielen durften: Während überall sonst in West- und Mitteleuropa der Berufsfußball bereits offiziell eingeführt war und es Profiligen gab, spielten die deutschen Spieler immer noch ohne reguläre Gehälter – dafür aber um so häufiger für unerlaubte Handgelder (vgl. Eisenberg 1997: 106ff.; Heimann 1999). 1924 erging dann ein Erlass des DFB, dem zufolge Spiele gegen Profiteams verboten wurden, weshalb keine deutschen Vereine an dem seit 1927 ausgespielten internationalen „Mitropa-Cup" teilnehmen durften (vgl. Eisenberg 1997: 110). Die Einführung des Berufsfußballs erfolgte in Deutschland erst 1932, wurde jedoch durch die Nationalsozialisten wieder aufgehoben (vgl. Schulze-Marmeling 2000: 128ff.). 1949, noch vor der Wiedergründung des DFB, legalisierten die Landesverbände den bezahlten Fußball, allerdings sollten die Spieler einen Beruf erlernt haben und über andere Einkünfte verfügen, da das Fußballereinkommen auf maximal 320 DM begrenzt wurde (vgl. Eisenberg 1997: 116). Mit Gründung der Bundesliga 1963 wurde diese Begrenzung nach oben verschoben und um 20 Prozent der Transfersumme aufgestockt. Abgeschafft wurde diese Einkommensdeckelung durch den DFB erst 1972.

Die Ideologie des Amateurismus war in Deutschland sehr stark militärisch und politisch aufgeladen; so sollten „die Spieler als selbstlose Helden fürs Vaterland und nicht für Geld kämpfen" (Eisenberg 1997: 107). Anders als beispielsweise in England wurden Leibesübungen wie das Turnen, aber auch der Sport im Allgemeinen als Mittel wahrgenommen, um nationale Einheit und Stärke zu demonstrieren. D.h. dass die nationale Codierung des Fußballs in Deutschland wesentlich ausgeprägter war als in England: So ging es im Spielbetrieb des DFB von Beginn an eher um die nationale Identifikation, also die Nationalmannschaft, als um die Vereine (vgl. Eisenberg 1997: 94; Schulze 1999). Die wichtigste Trophäe des DFB, der Kronprinzenpokal, um den die Auswahlmannschaften der Regionalverbände konkurrierten, fungierte in erster Linie als Vorauswahl für die Länder- bzw. Nationalmannschaft. Um einen Vereinspokal wurde erst seit 1935 gespielt (vgl. Eisenberg 1997: 94). Diese starke Instrumentalisierung der Nation im deutschen Fußball wurde durch den Boykott des deutschen Sports durch die Siegermächte des Ersten Weltkriegs noch angestachelt, die Verflechtungen und Abhängigkeiten zwischen Sport und Politik waren in dieser Zeit sehr ausgeprägt und der Sport noch nicht vollständig ausdifferenziert. Entsprechend kann man daran zweifeln, inwiefern sich der Fußball in Deutschland in den 1920er Jahren überhaupt schon als moderner Sport begreifen lässt: So ging es doch weniger um die Idee der Leistungssteigerung als um die symbolische Konkurrenz zwischen Nationalstaaten. Erst aus der Notwendigkeit heraus, im internationalen Konkurrenzkampf mithalten zu können, veränderten sich Trainingsmethoden und Rekrutierungsstrategien. So wurde unter dem Nationaltrainer Otto Nerz in den 1930er Jahren erstmals zeitaufwendig trainiert und man begann, systematisch junge leistungsstarke Spieler in die Nationalmannschaft zu berufen (vgl. Eisenberg 1997: 110).

Die ethnische Zugehörigkeit wurde erst in der Zeit des Nationalsozialismus zu einem Exklusionskriterium im Selbstverständnis des deutschen Fußballs: So wurden die vielen populären jüdischen Trainer und Vereinsmanager durch antisemitische Diskriminierungen ins Ausland vertrieben (vgl. John/Schulze-Marmeling 1993). Nachdem die Juden zunächst aus deutschen Vereinen ausgeschlossen wurden, gründeten sie eigene, bis auch die im Zuge

1.4 Nationale Zugehörigkeit und Geschlechterdifferenz im Fußball

eines generellen Sportverbots für Juden 1941 verboten wurden. Mit dem Ende des Nationalsozialismus fielen jedoch alle unmittelbar auf ethnischen Differenzen basierenden formalen Beschränkungen im deutschen Fußball.

Die besondere Bedeutung der nationalen Zugehörigkeit als Kriterium der Mannschaftsbildung (Nationalmannschaft) in Deutschland wurde bereits beschrieben. Für die Zeit vor dem Nationalsozialismus sowie von 1949 bis zur Gründung der Bundesliga gab es vermutlich keine Zugangsregelungen qua Nationalität im deutschen Fußball.[97] Als systematisches Exklusionsmerkmal kommt die nationale Zugehörigkeit resp. Nationalität erst mit Beginn der Bundesliga 1963 ins Spiel. Da sich anhand der zu dieser Zeit eingeführten sog. Ausländerregelungen die Bedeutung der nationalen Zugehörigkeit im Fußball in verdichteter Form zeigt und diese Regelungen auch im Rahmen der ethnographischen Untersuchung in dieser Arbeit relevant sind, wird im Folgenden anhand eines Exkurses die Entwicklung dieser formalen Regelstrukturen dargestellt. Im Anschluss werden die Ergebnisse dieses Kapitels noch einmal zusammengefasst und auf die Ausgangsfragen der Arbeit bezogen.

1.4.4 Exkurs: Die Geschichte der Ausländerregelungen in der Bundesliga

Zu Beginn der Bundesliga im August 1963 durften maximal zwei Ausländer, d.h. Personen ohne deutsche Staatsangehörigkeit verpflichtet werden (vgl. Fritzweiler u.a. 1998: 489f.). Entscheidend war also die politische Inklusion, und es wurde weder nach der ursprünglichen Herkunft der Spieler noch zwischen Verpflichtung und tatsächlichem Einsatz differenziert. Die erste Änderung dieser Regel von 1972 lässt sich auf die Auswirkungen der 1968 abgeschlossenen und 1970 in Kraft getretenen Freizügigkeitsverordnung der Europäischen Gemeinschaft (Nr. 1612/68) zurückführen (vgl. Meier 2005: 188ff.). Auslöser war die Anrufung der Europäischen Kommission durch einen belgischen Verein, dem wegen des Einsatzes eines überzähligen Ausländers in einem Meisterschaftsspiel Punkte abgezogen worden waren. Die Kommission bewertete die Ausländerbeschränkungen der Fußballverbände als klaren Verstoß gegen die Grundfreiheiten des EG-Vertrages, konnte aber aufgrund rechtlicher Unklarheiten zunächst nicht weiter eingreifen.[98] Dabei ging es um Art. 48 des EG-Vertrages, in dem die Freizügigkeit der Arbeitnehmer aller Mitgliedstaaten gewährleistet wird, d.h. dass Arbeitnehmer aus EG-Ländern zum Zwecke unselbständiger Erwerbstätigkeit in jeden Mitgliedstaat der Gemeinschaft einreisen und sich dort dauerhaft aufhalten dürfen (vgl. Fritzweiler u.a. 1998: 499f.). Art. 48 stellt eine spezifische Ausprägung des Art. 6 des EG-Vertrages dar, in dem jede Ungleichbehandlung aus Gründen der Staatsangehörigkeit untersagt wird. In der Interpretation der Kommission stellten die Aus-

---

[97] In Bezug auf diese Frage bestehen erhebliche Forschungslücken: Diese Frage taucht in der vorhandenen Literatur überhaupt nicht auf. Selbst die Historiker und Archivare des DFB konnten mir diese Frage nicht beantworten, denn für die Zeit vor 1945 gibt es keine Aufzeichnungen des DFB mehr. Alle Unterlagen wurden bei einem Archivbrand Ende des Zweiten Weltkriegs vernichtet. Hier müsste man die Archive der Landesverbände sichten und möglicherweise anhand der Mannschaftsaufstellungen aus alten Zeitungen Rückschlüsse auf die nationale Herkunft der Spieler ziehen.

[98] Neben der Diskriminierung von Angehörigen aus EG-Mitgliedsländern aufgrund ihrer Staatsangehörigkeit ging es auch um die übliche Transferpraxis der Vereine und Landesverbände, durch die den Spielern ein Vereinswechsel häufig unmöglich gemacht wurde. In der folgenden Darstellung des Konflikts zwischen UEFA und Europäischer Kommission werde ich mich aber zum größten Teil nur auf den Aspekt der Ausländerdiskriminierung beschränken, da das Problem des Transferrechts unabhängig von der Staatsbürgerschaft für alle Fußballprofis Geltung hatte.

länderklauseln im Fußball einen klassischen Fall von Diskriminierung dar, da Spieler aus anderen Mitgliedstaaten gegenüber jenen des eigenen Landes hinsichtlich des Zugangs zu Arbeitsplätzen benachteiligt wurden. Die Argumente der nationalen Fußballverbände und der UEFA für die Aufrechterhaltung der Ausländerklauseln zielten zum einen auf die Notwendigkeit einer Bindung zwischen Verein und Land und der damit einhergehenden Gewährleistung der Identifikation des Publikums mit dem Verein (vgl. Fritzweiler u.a. 1998: 504). Zum anderen wurde eine Beschränkung der Anzahl ausländischer Spieler für nötig gehalten, um eine ausreichende personale Reserve aus einheimischen Spielern in den oberen Ligen für die Nationalmannschaft sicherstellen zu können. In den Deutungen von UEFA und nationalen Dachverbänden war die Nationalitätsklausel „für die Organisation eines wettbewerbsorientierten Fußballs unverzichtbar" (Meier 2005: 199).

Aus Furcht vor zukünftigen Maßnahmen der EG beschloss die UEFA auf einem Kongress 1970 in Dubrovnik, denjenigen Mitgliederverbänden, die gleichzeitig auch Mitgliedstaaten der EG waren, zu empfehlen, ihre jeweiligen Ausländerbeschränkungen dahingehend zu modifizieren, dass EWG-Bürger nicht mehr als Ausländer bezeichnet werden sollten und somit nicht mehr unter bisher geltende Regelungen fallen konnten (vgl. Meier 2005: 189). So änderte der DFB 1972 seine Statuten dahingehend, dass unter den verpflichteten Lizenzspielern nicht mehr als drei Ausländer sein durften (§ 7 Nr. 1c LST/DFB), wobei Angehörige der EWG-Mitgliedsstaaten ebenso wenig als Ausländer galten wie andere ausländische Spieler, „die die letzten fünf Jahre, davon mindestens drei Jahre als Juniorenspieler, ununterbrochen für einen deutschen Verein, spielberechtigt waren (…)" (vgl. Eilers 1996: 38f.). Entsprechend durften Spieler aus EWG-Mitgliedsländern zwar in unbeschränkter Zahl verpflichtet werden, aber ihr Einsatz im Spiel blieb entsprechend § 22 Nr. 2a der Spielordnung des DFB weiterhin auf maximal drei Spieler begrenzt.[99] Diese Regelung galt nicht für die Gruppe der oben beschriebenen ausländischen Spieler, die die vergangenen fünf Jahre (und davon mindestens drei Jahre als Juniorenspieler) ununterbrochen für deutsche Vereine spielberechtigt waren (vgl. Eilers 1996: 39).

Da die Europäische Kommission sich auch weiterhin mit den Ausländerbeschränkungen im Sport befasste, kam es in den 1970er Jahren zu verschiedenen juristischen Auseinandersetzungen, die schließlich vor dem Europäischen Gerichtshof endeten (vgl. Meier 2005: 189ff.). Dieser stützte die Ansicht der Kommission, der zufolge derartige Freizügigkeitsbeschränkungen nicht rechtmäßig waren.[100] Aufgrund unklarer Ausführungen des Gerichts konnte der Sport jedoch auch weiterhin von den Verbänden als Ausnahme der Freizügigkeitsgarantie gedeutet werden, indem die Sportlichkeit gegenüber der Wirtschaftlichkeit als dominierendes Element angeführt wurde. Gleichzeitig war die Europäische Kommission davon überzeugt, dass das Urteil des Europäischen Gerichtshofs im sog. Donà-Verfahren von 1976 die rechtliche Nichtigkeit aller Ausländerbeschränkungen impliziere. Aus Angst vor einer öffentlichen Auseinandersetzung über die Legitimität dieses Urteils vermied die Kommission aber weitere Konfrontationen mit der UEFA (vgl. Meier 2005:

---

[99] Hier argumentierte der DFB damit, dass aufgrund der Möglichkeit zum Einwechseln während des Spiels insgesamt sechs Ausländer – wenn auch nicht gleichzeitig – zum Einsatz gelangen könnten (Eilers 1996: 39).
[100] Beispielhaft sind hier vor allem das sog. Walrave-Verfahren von 1974 (EuGH, Rs. 36/74, Walrave und Koch, Slg. 1974, 1405), in dem zwei professionelle Schrittmacher gegen den internationalen Radsportverband klagten, der vorschrieb, dass Schrittmacher und Steher für die Teilnahme an Weltmeisterschaften dieselbe Staatsangehörigkeit besitzen mussten, und das sog. Donà-Verfahren von 1976, in dem es um die Reichweite der Freizügigkeitsregelungen im Profifußball ging (vgl. Fitzweiler u.a. 1998: 497ff.; Meier 2005: 189f.).

1.4 Nationale Zugehörigkeit und Geschlechterdifferenz im Fußball

190). Und um das Risiko weiterer Prozesse zu vermeiden, bemühte sich die UEFA in der Folge um die Vereinheitlichung der Transfersysteme der verschiedenen Mitgliedsverbände.

Auf einer Konferenz, an der auf der einen Seite der Kommissar für Industrie und Arbeit der EG und Vertreter der EG-Rechtsabteilung sowie auf der anderen Seite Vertreter der betroffenen Verbände und der UEFA anwesend waren, wurde schließlich 1978 beschlossen, dass die Fußballverbände sich nur noch auf die Reglementierung des Spieleinsatzes ausländischer Spieler und nicht mehr auf deren Verpflichtung beschränken sollten (vgl. Meier 2005: 191). Demnach sollten die Vereine in den nationalen Ligen zur Aufstellung von maximal zwei Staatsangehörigen anderer EG-Mitgliedsländer berechtigt sein, während für die unteren Wettbewerbsebenen keinerlei Einschränkungen für EG-Angehörige mehr gelten sollten. Außerdem sollten die Ausländerklauseln keine Geltung für Spieler aus EG-Mitgliedsländern haben, die bereits seit fünf Jahren in dem der Gemeinschaft angehörenden Land leben. Für diese Spieler, die letztlich ihren deutschen Kollegen mit Ausnahme der Spielberechtigung für die nationale Auswahlmannschaft gleichgestellt wurden, bürgerte sich seit dieser Zeit der Begriff des „Fußball-Deutschen" ein, der im offiziellen DFB-Regelwerk allerdings erstmals 1988 auftauchte (vgl. Meier 2005: 191).

Die Ergebnisse dieser Konferenz waren als Übergangslösung gedacht, denn die Vertreter der Landesverbände verpflichteten sich gleichzeitig, baldmöglichst alle Beschränkungen, durch die EG-Bürger aufgrund ihrer Staatsangehörigkeit diskriminiert werden könnten, aus ihren Reglements zu streichen (vgl. Eilers 1996: 39). Die Verbände schrieben diesem Kompromiss den Status eines „gentlemen's agreements" zu, durch das man weitere Liberalisierungsbemühungen der Kommission vorerst verhindert sah (vgl. Meier 2005: 192). Da die UEFA jedoch keine weiteren Schritte zur Durchsetzung der Freizügigkeitsregelung für den Profifußball einleitete, erhöhte die Europäische Kommission ab 1982 den Druck auf die Fußballverbände und verlangte unter anderem vollständige Auskunft über die mittlerweile in den verschiedenen EG-Ländern vollkommen uneinheitliche Rechtslage der geltenden Ausländerbeschränkungen (EG-Amtsbl. vom 2.08.82, C 198). Offenbar hatte die UEFA jedoch beschlossen, den Konflikt mit der Kommission „auszusitzen"; man berief sich auf die Autonomie des Sports und wartete ab (vgl. Meier 2005: 193).

Mit dieser Taktik hatten die Fußballverbände auch Erfolg bis sich in Folge verschiedener politischer Entwicklungen, wie z.B. die fortschreitende europäische Integration durch die Einheitliche Europäische Akte (EEA) von 1986, das darin verankerte Binnenmarktkonzept, das bis 1992 umgesetzt werden sollte, und der Amtsantritt des charismatischen Kommissionspräsidenten Jacques Delors (1985), die Machtposition der Europäischen Kommission deutlich verbesserte. Nachdem die nationalen Fußballverbände weitere Angebote der Kommission 1987 abgelehnt hatten, schaltete sich das Europaparlament ein und verabschiedete im April 1989 eine Entschließung zur Freizügigkeit von Profifußballern und die Abschaffung dieser „modernen Form der Sklaverei" (vgl. Meier 2005: 196). Die Kommission wurde aufgefordert, das Gemeinschaftsrecht gegenüber der UEFA „mit allen Rechtsmitteln" durchzusetzen. Nach weiteren Verhandlungen zwischen UEFA und Kommission (unter Federführung des deutschen, ausgesprochen fußballfreundlichen Kommissions-Vizepräsidenten Martin Bangemann) einigte man sich schließlich 1991 mit der UEFA auf die Einführung der sog. 3+2-Regel, die von Juli 1992 für alle Erstligaklubs der Mitgliedstaaten als Mindestregel gelten sollte[101] und besagte, dass drei statt wie bisher zwei EG-Ausländer

---

[101] Den Mitgliedsstaaten stand es also frei, mehr Ausländer zuzulassen. Entsprechend gab es beispielsweise im britischen Fußball eine andere Regelung. Aufgrund des historischen Privilegs waren England, Nordirland, Schott-

und zwei assimilierte Spieler („Fußball-Deutsche") gleichzeitig eingesetzt werden durften (vgl. Schenk 2005: 197; Scholz/Aulehner 1996). Im Falle einer Auswechslung sollte jedoch kein weiterer (sechster) Ausländer eingesetzt werden dürfen (vgl. Fritzweiler u.a. 1998: 489).[102] Diese Regelung sollte bis Ende der Spielzeit 1996/97 auf alle Nicht-Amateurligen ausgeweitet werden (vgl. Schenk 2005: 197). Dieser Kompromiss, dem die Kommission als langfristige Lösung des Konflikts zugestimmt hatte, und der als weiteres „gentleman's agreement" betrachtet wurde (Fritzweiler u.a. 1998: 489; Parensen 1998: 113; Meier 2005: 198), widersprach faktisch dem Gemeinschaftsrecht, da Ausländerbeschränkungen gegenüber EG-Staatsbürgern aufrechterhalten wurden. Aber auch Proteste des Europaparlaments und dessen Forderung, die Ausländerklauseln sowie die Transferregeln wegen Verstoßes gegen Art. 48 EWGV abzuschaffen (so z.B. im sog. Lavire-Bericht „Die Europäische Gemeinschaft und der Sport" von 1994) änderten nichts (vgl. Parensen 1998: 114).

Im Oktober 1993 schließlich erreichte der Fall des belgischen Fußballprofis Jean-Marc Bosman den Europäischen Gerichtshof. Der hatte geklagt, da ihm der Transfer zu einem französischen Verein verweigert und er von seinem alten Verein für eine ganze Saison gesperrt worden war, was faktisch einem Berufsverbot gleichkam (vgl. Meier 2005: 198ff.; Fischer 1996). Obwohl es in diesem Fall also eigentlich um die Vereinbarkeit der Transferregelungen mit europäischem Recht ging (Art. 39, 81 und 82 des EG-Vertrags), befasste sich das Gericht auch mit den Ausländerklauseln der Fußballverbände. Am 15. Dezember 1995 wurde das Urteil verkündet, in dem die von der Europäischen Kommission ausgehandelte 3+2-Regel untersagt und mit sofortiger Wirkung sowohl Ausländerklauseln als auch Transferbestimmungen der Fußballverbände für unvereinbar mit dem Freizügigkeitsrecht gemäß Art. 48 des EG-Vertrags erklärt wurden (Fritzweiler u.a. 1998: 499ff.). Den Fußballverbänden wurde außerdem keine Übergangsfrist zur Anpassung der Transferregeln an die neue Rechtslage gewährt. Konkret bedeutete das, dass es ab diesem Zeitpunkt in den Profiklubs keinerlei zahlen- oder anteilsmäßige Beschränkungen für Unionsbürger mehr geben durfte und Vereine innerhalb der EU nach Ablauf eines Arbeitsvertrages keine Ablöse mehr vom neuen Verein verlangen konnten. Dieses Diskriminierungsverbot aufgrund der Staatsangehörigkeit galt (und gilt) auch für Sportler, die die Staatsangehörigkeit eines Drittlandes außerhalb der EU haben, sofern es ein Assoziierungsabkommen dieses Landes mit der EU über die Gewährung der Freizügigkeit gibt, was beispielsweise für die Türkei, die Maghreb-Staaten Marokko, Algerien und Tunesien sowie Polen, Ungarn, Tschechien, Slowakei, Rumänien und Bulgarien gilt (vgl. Fritzweiler u.a. 1998: 502f.).

Die Regelungen des Europäischen Gerichtshofs bezogen sich jedoch exklusiv auf die Vereinsmannschaften, die Nationalmannschaften wurden aufgrund ihres nicht-wirtschaftlichen Charakters vom Anwendungsbereich des Art. 48 EGV ausgenommen, da es in Länderspielen (im Gegensatz zu Vereinsspielen) um die Repräsentation von Ländern gehe (vgl. Fritzweiler u.a. 1998: 504).

In der Folge des Bosman-Urteils änderte der DFB seine Verbandsstatuten dahingehend, dass seit dem 1.7.1996 „Spieler mit der Staatsangehörigkeit eines Mitgliedsverbandes

---

land und Wales als selbstständige Verbände in der FIFA vertreten, im englischen Verband wurden jedoch Spieler aus Nordirland, Schottland und Wales nicht als Ausländer behandelt. In den Landesverbänden von Nordirland, Schottland und Wales gab es überhaupt keine Beschränkungen für ausländische Spieler (vgl. Fritzweiler u.a. 1998: 489).

[102] Das erreichte man durch Verweis auf den Spielberichtsbogen, auf dem maximal fünf Ausländer eingetragen werden durften.

1.4 Nationale Zugehörigkeit und Geschlechterdifferenz im Fußball

der UEFA (Europäer)" unbegrenzt verpflichtet und eingesetzt werden dürfen (§ 20 Nr. 8 LiSpSt, § 22 SpO) (vgl. Parensen 1998: 13ff.). Das bedeutet, dass der Begriff des Europäers auf die Mitglieder aller anderen UEFA-Mitgliedsstaaten – und zwar auch solchen außerhalb der EU – ausgedehnt wurde. Darüber hinaus wurde der Einsatz von maximal drei Nicht-Europäern erlaubt, diese Regelung galt jedoch nur für die erste Mannschaft.[103] Die bisherige Regelung des unbegrenzten Einsatzes assimilierter Spieler bzw. sog. „Fußball-Deutscher" blieb bestehen. Gleichzeitig beschloss der DFB den sog. „Dutzend-Paragraph", dem zufolge die Vereine mindestens zwölf deutsche Spieler (also Spieler mit der Spielberechtigung für die Nationalmannschaft) unter Vertrag nehmen müssen (vgl. Fritzweiler u.a. 1998: 517). Laut Aussage des DFB sollte mit Hilfe dieser Regel die Nachwuchsförderung für die Nationalmannschaft unterstützt werden (vgl. Parensen 1998: 128). Da hierdurch faktisch die Wirkung der Bosman-Entscheidung abgeschwächt wurde, beanstandete die Europäische Kommission diese Entscheidung, was jedoch bislang weitgehend erfolglos blieb.

Seit dem Bosman-Urteil lässt sich ein deutlicher Anstieg des Anteils ausländischer Spieler in der Fußball-Bundesliga von unter 20 auf rund 45 Prozent beobachten (vgl. Riedl/Cachay 2002; Meier 2005: 218), was vor allem in Deutschland – nicht zuletzt auch aufgrund der Erfolglosigkeit der deutschen Fußball-Nationalmannschaft – in einer intensiven Diskussion um die Wiedereinführung von Ausländerbeschränkungen resultierte (vgl. Büch 2001). So hatte sich die DFL nach dem schlechten Abschneiden der deutschen Nationalmannschaft bei der Europameisterschaft 2004 mit dem DFB darauf geeinigt, die Anzahl der Nicht-UEFA-Spieler stufenweise von fünf auf drei abzusenken. Durch diese Maßnahme erhoffte man sich, dem deutschen Nachwuchs mehr Spielpraxis in den Profivereinen zu verschaffen. Hier spiegelt sich erneut die ausgeprägte Staatsorientierung des deutschen Fußballs wider (vgl. Eisenberg 1997: 94).

Nachträge

Nach Abschluss meines Feldaufenthalts bei den Vereinen ergaben sich dann noch folgende Veränderungen der Spielregeln bzgl. des Ausländeranteils: Auf Druck der großen deutschen Klubs, die um ihre internationale Wettbewerbsfähigkeit fürchteten, kam es jedoch anders, und im Dezember 2005 entschieden der Ligaverband und der DFB, sich den geltenden UEFA-Wettbewerbsregeln anzupassen und alle Ausländerbeschränkungen für die Erste und Zweite Bundesliga abzuschaffen. Der neuen sog. Local-Player-Regelung zufolge entfällt die Limitierung von Nicht-UEFA-Ausländern; und bis zur Saison 2008/09 sollen mindestens acht „lokal ausgebildete" Spieler bei den Fußballklubs als Lizenzspieler unter Vertrag stehen, wobei die Mindestanzahl von vier stufenweise erhöht wird. Als Ausbildung zählt die Spielberechtigung im Bereich des DFB für mindestens drei Spielzeiten im Alter zwischen 15 und 21, auch in den Jugendmannschaften, wobei von diesen *Local Playern* wiederum mindestens zwei (analog drei bzw. vier in den Folge-Saisons) vom eigenen Klub

---

[103] Die Anzahl der nicht-europäischen Spieler, die als Lizenzspieler unter Vertrag genommen und eingesetzt werden durften, wurde in den darauf folgenden Jahren bis auf fünf erhöht und dann in der Saison 2005/06 wieder auf vier reduziert.

ausgebildet worden sein müssen. Gleichzeitig bleibt die Mindestquote von zwölf deutschen Spielern im Kader jedoch weiterhin erhalten.[104]

Doch auch diese Regelung ist mittlerweile überholt: So beschloss die FIFA am 30. Mai 2008 auf ihrem 58. Kongress in Sydney zur „Wahrung der Nationalmannschaften" die so genannte „6+5 Regelung". Der zufolge sollen die Klubs weltweit ihre Spiele mit mindestens sechs Spielern beginnen, die für das Nationalteam des Landes des betreffenden Klubs spielberechtigt sind.[105] Die Einführung der 6+5 Regelung soll schrittweise ab der Saison 2010/11 eingeführt werden. Zur Begründung heißt es, dass „der Verlust der nationalen Identität der Klubs (…) die Verbandsmannschaften [gefährdet] und (…) die Kluft zwischen den Klubs vertieft" habe (FIFA 2008). Außerdem könne „der Fußball seine seit nunmehr 100 Jahren anhaltende weltweite Entwicklung nicht fortsetzen, wenn die Ungleichgewichte zwischen den Kontinenten, den Ländern und Fußballakteuren weiter zunehmen" würden (ebd.). Die EU-Kommission drohte für den Fall der Umsetzung dieser Regelung in einem der Mitgliedstaaten der Europäischen Union bereits mit der Einleitung eines Vertragsverletzungsverfahrens (vgl. Dorfer 2008). So erklärte der zuständige EU-Kommissar für Arbeitsmarktfragen, Vladimir Spidla, dass die Regel eine unzulässige Einschränkung des Rechts auf freie Arbeitsplatzwahl und eine Diskriminierung qua Nationalität darstelle (ebd.). Stattdessen sollte „die Entscheidung darüber, welcher Spieler aufgestellt wird, (…) ausschließlich von taktischen Überlegungen und der Fitness eines Spielers abhängen, nicht von seiner Nationalität." (Zitiert nach Dorfer 2008)[106]

Die Geschichte der Ausländerregelungen der Bundesliga spiegelt die Relevanz der nationalen Zugehörigkeit als Exklusionskriterium im Fußball. So erfolgte die faktische Durchsetzung der eigentlich bereits im Prinzip der funktionalen Differenzierung und dem Leistungsprinzip implizierten Tendenz zur sozialen Universalisierung des Sports im Fußball nur aufgrund erheblicher Interventionen durch Politik und Recht. Die Liberalisierung des Spielermarktes ist also weniger Ergebnis der sportinternen Funktionslogik als vielmehr des Eindringens rechtlicher und politischer Maßnahmen. Gleichzeitig begründeten die Fußballverbände ihren Widerstand gegen die Aufhebung der Ausländerbeschränkungen (und die geforderte Anpassung an die Freizügigkeitsregelungen des europäischen Gemeinschaftsrechts) jedoch damit, dass es im Sport – und zwar selbst im Profisport – nicht auf die Wirtschaftlichkeit ankomme, sondern sportliche Elemente dominierten (vgl. Meier 2005: 190, 195). Entsprechend könne der Fußballspieler nicht als gewöhnlicher Arbeitnehmer behandelt werden, sondern bedürfe gesonderter Maßnahmen. Entsprechend charakterisierte die UEFA Berufsspieler als „Arbeitnehmer sui generis", auf die die EG-Verträge nicht uneingeschränkt anwendbar seien (vgl. Eilers 1996: 39). Hier argumentierten die Fußball-

---

[104] Vgl. II. §5 Nr. 4 der Lizenzierungsordnung der DFL (LO). Da heißt es zu den personellen und administrative Voraussetzungen zur Lizenzerteilung, dass sich ein Bundesligaklub verpflichte, „zu jedem Pflicht-Bundesspiel mindestens zwölf Lizenzspieler deutscher Staatsangehörigkeit unter Vertrag zu halten."
[105] Dabei sind weder Beschränkungen für die Anzahl nicht spielberechtigter Spieler, die ein Klub unter Vertrag nehmen darf, noch für die Auswechselspieler vorgesehen. So dass eine Mannschaft am Ende des Spiels nach drei Auswechslungen tatsächlich auch aus drei einheimischen und acht ausländischen Spieler zusammengesetzt sein darf.
[106] Dagegen spiegelt sich die Dominanz der Teilungsdimension Nation gegenüber dem reinen Leistungsprinzip im Fußball in dem Kommentar Beckenbauers zur Verabschiedung der 6+5 Regel: „Wir leben in einer globalisierten Welt. Ich glaube aber nicht, dass offene Märkte die richtige Zukunft für den Fußball sind. Man kann auch mit inländischen Spielern Erfolg haben." (Zitiert nach Dorfer 2008)

Funktionäre also mit dem Prinzip funktionaler Differenzierung, dem zufolge der Sport ein von anderen gesellschaftlichen Funktionssystemen unabhängiger Bereich mit eigenständiger Funktionslogik ist. Diese Eigenständigkeit bestand für die Funktionäre jedoch keineswegs in der Durchsetzung des Leistungsprinzips, sondern in der nationalen Strukturierung des Fußballs, also gerade in einer Brechung des Anspruchs auf einen räumlich und sozial universell gültigen Leistungsvergleich. Insgesamt belegen der Streit um die Ausländerbeschränkungen und die Tatsache, dass Diskriminierungsverbot und Liberalisierung des Spielermarktes erst mit Hilfe externer Einflüsse durchgesetzt werden konnten, dass die nationalen „Interdependenzunterbrechungen" das Prinzip funktionaler Differenzierung bisweilen unterlaufen und konterkarieren können.

1.5 Zwischenfazit

Die Ausgangsbasis dieses Kapitels bildete zunächst ein historischer Abriss zur Entstehung des modernen Sports sowie der drei Teilungsdimensionen Ethnie, Nation und Geschlecht. Ziel war es, die Bedeutung ethnischer, nationaler und geschlechtlicher Differenzen als Beobachtungs- und Grenzziehungsprinzipien in den vormodernen Bewegungskulturen des Mittelalters, im modernen englischen Sport und im deutschen Turnen miteinander zu vergleichen. Dabei konnte gezeigt werden, dass Ethnie, Nation und Geschlecht sich erst im modernen Sport als zentrale Semantiken und strukturelle Zugangsprinzipien etablieren konnten. Die Ursachen hierfür wurden vor allem in den historisch parallel ablaufenden Institutionalisierungsprozessen des modernen Sports und der drei Teilungsdimensionen verortet.

Eine entscheidende Schnittstelle bei der Entstehung des Sports auf der einen und der „Erfindung" ethnischer sowie geschlechtlicher Differenzen auf der anderen Seite bildete das Medizinsystem.[107] Es bot dem Sport verschiedene Anschlussofferten für dessen Ausdifferenzierung und übertrug gleichzeitig seine zentralen Differenz- und Beobachtungskategorien; zumal es sich hier vermutlich um denselben Personenkreis von Medizinern und Anatomen handelte, der sich einerseits mit Fragen der Gesundheit von Leibesübungen und andererseits mit der Suche nach körperlichen Unterschieden zwischen Frauen und Männern sowie verschiedenen „Menschenrassen" beschäftigte. So ist es nur folgerichtig, dass die Auffassung von der körperlichen Totaldifferenz zwischen den Geschlechtern und verschiedenen „Rassen" auch in den Sport Eingang fand. Weitere Gemeinsamkeiten von Medizin und Sport wurden in der Fokussierung auf den menschlichen Körper entdeckt, dessen Vermessung und dem Bemühen, auf dieser Basis eine Rangordnung zu erstellen.

Neben der Medizin wurde vor allem das Erziehungswesen als entscheidender Faktor bei der Entstehung des modernen Sports ausgemacht. Vermittelt über die Schulen diffundierte die neue polaristische Geschlechterphilosophie in den Sport. Das Bürgertum bildete mittels seiner Bildungsideale und seinem Familienmodell die Hauptträgerschicht sowohl des Sports als auch der neuen Geschlechterideologie, und es waren die Pädagogen, die sich sowohl über die erzieherische Wirkung des Sports als auch über geschlechtsspezifische Bildungsinhalte Gedanken machten.

---

[107] Um nationale Differenzen geht es hier nur insofern, als dass sich ethnische Codierungen in das Verständnis von nationaler Zugehörigkeit eingelagert haben.

Auch die Idee der Nation fand (vor allem in Deutschland) durch die Vermittlung von Pädagogen Eingang in den Sport. Ihre Bedeutung als zentrales Differenzschema des Fußballs wurde durch die zeitgleiche Entwicklung eines „hyperaktiven Nationalismus" in der zweiten Hälfte des 19. Jahrhunderts angeregt. Zudem scheinen sich die Idee der Nation und der Sport bei ihrer Durchsetzung und Verbreitung wechselseitig begünstigt zu haben: So funktionierte die nationale Zugehörigkeit besonders gut als Identifikationsbasis für eine verstärkte Wettbewerbs- und Konkurrenzorientierung im Sport, während der Sport eine gut geeignete Bühne zur dramatischen Inszenierung nationaler Einheit und Differenz darstellte, durch die die Nation außerhalb von Kriegen erfahrbar wurde. Dies gilt in besonderem Maße für den Fußball. Darüber hinaus erfolgte die nationale Codierung des Fußballs zeitgleich zur Ausdifferenzierung und Globalisierung des Sports allgemein und wurde damit zur Ausgangsbedingung seiner weltweiten Verbreitung. Eine entscheidende Rolle spielte hierbei offensichtlich die territoriale bzw. nationale Ausrichtung der neu entstandenen Organisationen des Fußballs.

Wir können also festhalten, dass ethnische, nationale und geschlechtliche Zugehörigkeiten als Beobachtungsschemata des modernen Sports fungieren und im Zuge ihrer Ausdifferenzierung zu zentralen Bestandteilen sportlicher (Selbst-)Beschreibungen wurden. Dabei lassen sich jedoch deutliche Unterschiede zwischen den verschiedenen Sportarten feststellen. Außerdem muss unterschieden werden, inwiefern die semantischen Codierungen als Merkmale zur Konstitution von Konkurrenz oder als Kriterien zum Ausschluss aus der Leistungskonkurrenz gedeutet werden (vgl. Tabelle 1). So fungierte z.B. die Geschlechtszugehörigkeit in den vormodernen Bewegungskulturen des Mittelalters lediglich als ein Kriterium der Mannschaftsbildung neben anderen, während sie im modernen Sport primär als Exklusions- oder zumindest Segregationsmerkmal dient – wobei es entlang dieser Geschlechtergrenzen zu keinem sportlichen Leistungsvergleich mehr kommt. In ähnlicher Weise wurde auch die ethnische Zugehörigkeit in bestimmten Sportarten als Kriterium für Ausschluss bzw. Segregation verwendet. Diese Trennung wurde im Laufe der Zeit jedoch wieder abgeschafft – und zwar weniger aufgrund einer Angleichung der sportlichen Leistungen, sondern vermutlich eher aus politischen Gründen. Hier wären systematische historische Untersuchungen im Vergleich zur Einführung geschlechtsspezifischer Leistungsklassen wünschenswert. Im Gegensatz zur Geschlechtszugehörigkeit dienen ethnische Zuschreibungen aber auch heute noch als beliebte Grundlage zur Mannschaftsbildung.

Zentrales Grenzbildungsprinzip bei der Konstruktion sportlicher Konkurrenz ist jedoch die territoriale bzw. vor allem die nationale Zugehörigkeit – zumindest im modernen Sport. So wurde am Beispiel des Fußballs beschrieben, wie sich nationale Differenzen als Masterframe bzw. dominanter Deutungsrahmen durchsetzen konnten. Seine nationale Codierung zeigt sich außerdem in der Funktion von Nationalität als Exklusionskriterium, z.B. innerhalb der sog. Ausländerregelungen.

Wie anhand der historischen Analyse gezeigt werden konnte, haben die drei sozialen Teilungsdimensionen Ethnie, Nation und Geschlecht, bei denen es sich um askriptive und zunächst nicht-leistungsbezogene Merkmale handelt, ihre Bedeutung als Beschreibungsformeln sowie als strukturelle Ausschlusskriterien erst im modernen Sport erhalten und lassen sich insofern nicht als Überbleibsel vormoderner Bewegungskulturen interpretieren.

1.5 Zwischenfazit

Tabelle 1: Unterschiede und Gemeinsamkeiten zwischen vormodernen Leibesübungen im Mittelalter, modernem Sport und deutschem Turnen

	Vormoderne Leibesübungen im Mittelalter	Moderner Sport	Deutsches Turnen
Funktion	Keine eigenständige Funktion, sondern eingebettet in andere Sinnzusammenhänge (kirchliche Feste, Wehrhaftigkeit, Ästhetik der Form, Repräsentation sozialer Hierarchien)	Eigenständiger Sinnzusammenhang, „Leisten um der Leistung Willen"	Inszenierung und Repräsentation der Einheit der Nation, Wehrhaftigkeit, Gesundheit, Ästhetik der Form
Semantische Codierung	Ständische Merkmale je nach Sportart: Sportausübung als Repräsentation ständischer Lebensführung	- Nationale Codierung (besonders ausgeprägt in hegemonialen od. Nationalsportarten) - Geschlechtliche Konnotation je nach Sportart (Frauen- vs. Männersportarten)	national-deutsche Codierung, männliche Codierung
Merkmale zur Mannschaftsbildung/ Deutung Konkurrenzprinzip	dörfliche Zugehörigkeit, Familienstand, Geschlecht, Alter	je nach Sportart unterschiedlich im Fußball: Profibereich: regionale, nationale Zugehörigkeit im Amateurbereich: ethnische Zugehörigkeit	da kaum antagonistische Konkurrenzorientierung auch keine Mannschaftsbildung
Kriterien zur Inklusion/Exklusion	Standeszugehörigkeit	Je nach Sportart: Alter, Gewicht, Geschlechtszugehörigkeit, Nationalität/Staatsbürgerschaft (Ausländerbeschränkungen), (in der Anfangszeit) ethnische Zugehörigkeit Im Fußball: Geschlecht Nationalität/Staatsbürgerschaft	nationale Zugehörigkeit, Geschlechtszugehörigkeit

Im ethnographischen Teil dieser Untersuchung sollen nun die Bedeutung ethnischer, nationaler und geschlechtlicher Differenzen in der Praxis des Profifußballs analysiert werden. Bevor jedoch die Ergebnisse dieser Untersuchung vorgestellt werden können, folgt zunächst eine Beschreibung der Erhebungs- und Auswertungsmethoden und eine Reflektion der Schwierigkeiten, die sich beim Feldzugang und dem Aufenthalt im Feld ergaben.

2. Auf'm Platz: Erste Annäherung und methodische Erläuterungen

„Was zählt, is auf'm Platz!"
(Sepp Herberger)

Da weder das Funktionssystem Sport noch der Fußball als Gesamtphänomen Gegenstand einer empirischen Untersuchung sein können, wurde für die empirische Analyse auf einzelne Fußballklubs als konkrete soziale Kontexte zurückgegriffen. Den Rahmen der untersuchten Interaktionen bildeten also formale Organisationen, die gleichzeitig eine eigenständige Untersuchungsebene mit einer eigenen Funktionslogik darstellen (vgl. Luhmann 2005b). Da die Fußballorganisationen aber nicht nur den Hintergrund der untersuchten Phänomene bilden, sondern als autonome Ebene der Systembildung verstanden werden, soll im Folgenden anhand einiger einführender Beschreibungen ein erster „Eindruck" der drei untersuchten Vereine vermittelt werden. Wichtige Eckdaten sind die Geschichte der Klubs, ihr organisatorischer Aufbau, inklusive Funktionsrollen bzw. Akteure[108], und die Örtlichkeiten[109] wie Stadion und Geschäftsstelle. Hierbei geht es um die Binnenstrukturen der Organisation, den Grad an Professionalität und Arbeitsteilung und die damit verbundene Entwicklungsdynamik. Außerdem werden Selbst- und Fremdwahrnehmung der Klubs untersucht. Im Hinblick auf die zentrale Frage der Arbeit nach der Bedeutung ethnischer und nationaler Zugehörigkeit werden auch erste Randdaten zur Zusammensetzung der Mannschaft erläutert. Insgesamt lassen sich sowohl viele Gemeinsamkeiten als auch deutliche Unterschiede zwischen den drei Klubs feststellen, die bereits belegen, dass es sich beim deutschen Profifußball um ein durchaus heterogenes Untersuchungsfeld handelt.

Im Anschluss daran werden Vorgehensweise, Auswahl der untersuchten Vereine, Untersuchungsmethoden und die Auswertung ausführlicher beschrieben sowie die Probleme beim Feldzugang und die Rolle der Forscherin in einer Männerdomäne reflektiert. Vereinsbeschreibungen und methodische Reflektionen stellen bereits einen ersten Teil der Auswertung dar, da sie aufschlussreiche Einsichten in die Funktionslogik des Untersuchungsfelds Profifußball gewähren.

---

[108] Zur Rollenstruktur eines professionellen Fußballvereins gehören in der Regel nicht nur die Spieler, sondern je nach Größe und Professionalitätsgrad auch Trainer, Betreuer, Physiotherapeuten sowie eine ganze Reihe Vereinsfunktionäre und Verwaltungsangestellte, wie z.B. Manager (für die Bereiche Spielbetrieb und Finanzen), ein Vereinspräsident, Vorstandsmitglieder, Geschäftsführer, Pressesprecher, Angestellte für die Bereiche Verwaltung, Ticketing, Merchandising und Marketing (vgl. auch Schimank 1988: 190ff.).
[109] Zur bauliche Infrastruktur eines Profivereins gehören das Heimstadion, ein Trainingsgelände, die Geschäftsstelle und gegebenenfalls ein Leistungszentrum für den Nachwuchs inklusive eigenem Trainingsgelände.

2.1 Die drei Fußballvereine im Überblick

Die folgenden Beschreibungen der drei untersuchten Bundesligaklubs geben erste Einblicke und sollen auch Fußball-fernen Lesern die Gelegenheit geben, die Welt des Fußballs kennen zu lernen. Es geht um die Fragen, wer und was eigentlich zum Geschehen dazugehört, wie sich die Fußballvereine selbst beschreiben und die möglicherweise damit kontrastierende Wahrnehmung aus einer (wissenschaftlichen) Beobachterperspektive. Die Beschreibungen und Charakterisierungen der Vereine sollen den Lesern ein Gefühl für das Forschungsfeld geben und stellen die Basis für die im nächsten Teil der Arbeit präsentierten Ergebnisse dar, denn bei den meisten der beobachteten und untersuchten sozialen Praktiken handelte es sich letztlich um *Interaktionen in formalen Organisationen*.

2.1.1 Der 1. Fußball- und Sportverein Mainz 05 e.V.: Karnevalsverein mit Herzblut

„Das ist in Mainz alles anderster!" (Dok. 2: 932)[110]

Der erste Eindruck, der sich beim Besuch von Stadion, Trainingsstätten und Geschäftsstelle des 1. Fußball- und Sportvereins Mainz 05 im August 2003 bot, war der einer großen unübersichtlichen Baustelle. Das Stadion am Bruchweg, direkt neben dem Campus der Mainzer Universität gelegen, wurde gerade um knapp viertausend Plätze vergrößert, so dass dort zur Saison 2003/04 fast 19.900 Zuschauer Platz finden sollten.[111] Das gesamte Gelände war eine Baustelle und bestand aus einer Ansammlung behelfsmäßiger Unterkünfte. Auch Umkleidekabinen, Mannschaftsräume, VIP-Räume und sogar die Geschäftsstelle waren in Zelten oder aneinander gestellten Containern untergebracht. Alles schien im Umbruch. Erst einige Zeit später bekam die Mannschaft neue Kabinen und Aufenthaltsräume. Hinter dem Stadion, direkt an der Straße lag das Trainingsgelände, ein einfacher Rasenplatz. Mit einem Gesamtetat von nur 23 Millionen Euro in der Saison 2004/05 war Mainz 05 einer der kleinsten Bundesligavereine mit einem der kleinsten Stadien – trotz des Umbaus.

Aufgrund des Platzmangels innerhalb der Containerbüros fand mein erstes Treffen mit dem Teammanager der Mainzer im Vereinslokal „Zum Haasekessel" statt, das sich ebenfalls auf dem Stadiongelände befindet. Diese kleine Kneipe, ganz in Eiche rustikal eingerichtet, mit Fotos und Autogrammkarten der Mainzer Spieler an den Wänden, wurde für mich in den Monaten meiner Untersuchung zum zentralen Treffpunkt mit den Mainzern: ein Ort, an dem ich viel Zeit mit vergeblichem Warten auf meine Interviewpartner verbrachte. Meistens saßen bereits am Vormittag einige ältere Männer in der Nähe des Tresens, tranken Kaffee oder auch schon mal ein frühes Bier und diskutierten im „Meenzer"

---

[110] In dieser Notation erfolgen die Verweise auf das eigene Datenmaterial, das vor allem aus Interviewtranskripten und Beobachtungsprotokollen besteht, die hier mit Dok. (für Primärdokument) bezeichnet werden. Die Zahl hinter dem Doppelpunkt weist auf die Zeilennummer innerhalb des jeweiligen Dokuments hin. Der Kurzbeleg Dok. 2: 932 verweist also auf Zeile 932 im Dokument 2. Eine Liste der Primärdokumente findet sich im Anhang.
[111] Das Stadion, in dem der FSV seine Heimspiele seit 1938 austrägt, war auch vor dem Umbau bereits ein reines Fußballstadion, d.h. es gab keine Laufbahnen oder ähnliches (Rehberg u.a. 2005: 350ff.). Daher sitzen bzw. stehen die Zuschauer sehr nah am Spielfeld und sind lediglich durch einen wenige Meter breiten gepflasterten Streifen vom Rasen und den Spielern getrennt.

2.1 Die drei Fußballvereine im Überblick

Abbildung 11: Autogrammkarte eines Mainzer Spielers

Dialekt ein Spiel vom Vortag oder andere Fußballfragen. Regelmäßig vor oder nach den Spielen konnte man hier die gesamte Mannschaft samt Trainerstab beim Essen antreffen. Selbst nach dem Aufstieg in die Erste Bundesliga wurde diese Tradition beibehalten, und Mannschaft und Vereinsfunktionäre tranken und feierten hier mit den Fans. Unter den Schlagworten „Volksnähe" und „familiäre Atmosphäre" wurde diese Sitte sowohl in der medialen Berichterstattung über den Klub als auch in den Selbstbeschreibungen des Vereins häufig und gerne erwähnt. In den Worten des Mainzer Klubmanagers klang das folgendermaßen:

> „Weil wir natürlich in Mainz auch ein Verhältnis zu unseren Zuschauern, zu unseren Fans haben, das gibt's nirgendswo. Also wenn bei uns ein Spiel aus is, dann sitzen wir zusammen in der Kneipe. Äh, in anderen Stadien gibt's achtzig Rollgitter, damit ja keiner auch nur in die Nähe von einem da kommt. Ja bei uns, wir laufen da ganz normal durch, und wenn ein Spiel aus is, sitzen wir da in diesem Haasekessel, in dieser Kneipe drin und trinken mit denen Bier und-und-und diskutieren und machen, und die Spieler sind dabei, der Kloppo[112] is dabei. Also da is ein sehr sehr starker Zusammenhalt, und das mögen und-und-und akzeptieren die Fans natürlich auch, äh, auch wenn vielleicht manche Dinge bei uns nicht so gut laufen, wie es in anderen Klubs is, also das is ja immer relativ, wie man das sieht. Aber da- also bei uns gibt es keine Grenzen, das muss man schon so sehen." (Dok. 2: 329ff.)

Indem sich die Mainzer Merkmale wie Unprofessionalität und Familiarität mit einer positiven Konnotation selbst zuschrieben, markierten sie gleichzeitig einen deutlichen Unterschied zu anderen Profifußballmannschaften. So griffen die Mainzer z.B. die Verunglimpfung gegnerischer Fans, „Ihr seid doch nur ein Karnevalsverein", auf und verwendeten sie selbstironisch, um sich von einer (vor allem finanziell) überbewerteten Fußballkultur abzusetzen, was ihnen viel Sympathie bei den Zuschauern einbrachte.[113]

Zu Beginn der Untersuchung in Mainz spielte der FSV noch in der Zweiten Bundesliga. Der Klub lässt sich kaum als Traditionsverein beschreiben, und die rheinland-pfälzische Landeshauptstadt ist in erster Linie für ihre ausgelassenen Fastnachtsfeiern bekannt und nicht als ausgewiesene Fußballstadt. 1905 gegründet, spielte Mainz 05 nach der Neustrukturierung des Ligensystems die meiste Zeit in der Oberliga und schaffte erst 1990 den Aufstieg in die Zweite Bundesliga. Seit dieser Zeit spielte auch Jürgen Klopp, der spätere Trainer und Publikumsliebling, dort. Die Mainzer hatten den damals gerade 22-Jährigen von dem Lokalkonkurrenten Rot-Weiß Frankfurt abgeworben (vgl. Rehberg u.a. 2005: 180f.). Sowohl in der Saison 2001/02 als auch 2002/03 verpassten die Mainzer zweimal knapp den Aufstieg in die Erste Bundesliga, wurden aber trotzdem von ihren Fans zum „Aufsteiger der Herzen" ernannt. In der Rückschau vieler Mainzer regten vor allem diese Niederlagen die Legendenbildung an und wurden als die „Geburtsstunde" eines neuen Selbstbewusstseins des Vereins gedeutet. Diese Misserfolge hätten sowohl die Mannschaft als auch die Fans „zusammengeschweißt" (Dok. 9: 57f.), hier sei die für Mainz typische „Wir-stehen-wieder-auf"-Mentalität entstanden, „im Schmerz [sei] ein neues Wir-Gefühl geboren", und Trainer Klopp habe angeblich schon damals prognostiziert: „Wir werden gestärkt daraus hervorgehen, und wir werden Gas geben, wie es noch nie eine Mannschaft im deutschen Fußball getan hat" (Rehberg u.a. 2005: 274). Dadurch schien der Verein bei den Fans eine erhöhte Identifikation und so etwas wie eine Trotzreaktion hervorgerufen zu haben: Mit

---

[112] Mit „Kloppo" ist der Trainer des 1. FSV Mainz 05 gemeint, Jürgen Klopp. In diesem und in einigen anderen Fällen (vor allem bei den Trainern) habe ich aus folgenden Gründen auf die Anonymisierung bzw. Auslassung der Namen verzichtet: Zunächst haben die betroffenen Personen freiwillig auf eine Anonymisierung verzichtet. Eine Anonymisierung wäre genau bei den Vereinen kaum praktikabel gewesen. Letztlich fokussiert diese Arbeit auch nicht auf die einzelnen Personen und ihre individuelle Biographie, sondern die Interviewpartner werden primär in ihren Funktionsrollen wahrgenommen.

[113] Diese Wahrnehmung der Mainzer als unkonventionell, etwas unprofessionell und unprätentiös war ein entscheidender Grund für mich, meine Untersuchungen in Mainz zu beginnen (vgl. 2.2.3 Der steinige Weg ins Feld oder: Wie kommt man auf'n Platz?).

2.1 Die drei Fußballvereine im Überblick

diesen (unverdienten) Verlierern fiel es leicht zu sympathisieren, und es entwickelte sich eine „Jetzt erst recht"-Stimmung im Mainzer Fanlager.[114] Die Mainzer stiegen dann tatsächlich in der Saison 2003/04 auf und spielten bis zur Saison 2006/07 in der Ersten Bundesliga. Seit 1992 hatten sie außerdem eine relativ erfolgreiche Amateurmannschaft, die 2003 in die Regionalliga aufgestiegen ist, und eine relativ umfangreiche Juniorenabteilung, aus der auch schon einige Bundesligaspieler hervorgegangen sind, so z.B. Manuel Friedrich und Mimoun Azaouagh. Eine eigene Frauenmannschaft gab es in Mainz nicht und wurde auch für die Zukunft ausgeschlossen (vgl. Dok. 8: 117).

Abbildung 12: Vereinslogo des 1. FSV Mainz 05

Passend zu der Leidenschafts- und Herzblut-Semantik der Aufstiegskämpfe sind die Vereinsfarben rot und weiß. Die Farben eines Fußballvereins sind wichtige Faktoren in der Selbstdarstellung der Klubs, sie finden sich in der Vereinsfahne, dem Schriftzug, Vereinswimpel und den Heimtrikots einer Mannschaft.[115] Die Identifikation mit den Vereinsfarben zeigte sich auch in der Idee des Trainers, die Mannschaft als „All Reds" zu bezeichnen.[116] Und auch im Mainzer Stadion – vor allem nach seiner Fertigstellung – dominierten diese

---

[114] Beispielhaft hierfür waren die vom Verein massenhaft vertriebenen T-Shirts mit der Aufschrift: „Und wir steigen doch noch auf!"
[115] Diese für deutsche Fußballvereine typische Tradition des „Farbe Zeigens" hat ihren Ursprung in den Coleurs der Studentenverbindungen des 19. Jahrhunderts, die sich – angeregt durch die Tricolore der französischen Revolution – eine Kombination aus zwei bis drei Farben als Erkennungszeichen zulegten, die sich in Kleidung, Fahnen und Verbindungswappen niederschlagen (vgl. Eisenberg 1997: 101; Kap. 1.4.3 Verbreitung und Entwicklung des Fußballs in Deutschland).
[116] Diese Namensgebung erfolgte in Anlehnung an die erfolgreiche neuseeländische Rugbymannschaft der „All Blacks", deren Motivationsrituale Jürgen Klopp seinen Spielern immer wieder als Film- und Tonaufnahmen vorführte (vgl. Dok. 4: 74ff.; Kap. 3.1.5 Funktionen des Körperkontakts II: Rituale der Polarisierung).

Farben: an den Außenfassaden, den Hartschalen-Plastiksitzen, in den Mannschafträumen (rote Bänke mit weißem Unterbau sowie weiße Spinden mit roten Rändern in den Umkleidekabine) und im Pressebereich.

Das Bruchwegstadion war eines der wenigen Fußballstadien in der Bundesliga, dessen Name noch nicht an Sponsoren verkauft und in eine „Arena" umbenannt worden war.[117] Lediglich die verschiedenen Tribünen trugen hier die Namen der Geldgeber. Seit Februar 2003 gab es eine neue VIP-Lounge im Bruchwegstadion, und die Ehrengäste mussten sich in den Spielpausen nicht mehr in die Partyzelte vor dem Stadion bemühen. Der VIP-Bereich, der anders als bei größeren Stadien über keine weiteren Unterteilungen unterschiedlicher Exklusivität verfügte, befand sich in der Mitte der Haupttribüne. Essen und Trinken waren bereits in den Kosten der VIP-Karte enthalten und wurden bereits Stunden vor Spielbeginn und in der Halbzeit gereicht (vgl. Dok. 21: 17ff.). An den Wänden hingen mehrere große Flachbildschirme, auf denen das aktuelle Spiel von verschiedenen Sportsendern übertragen wurde, und über dem Eingang konnte man die Fernsehbilder dank eines Beamers großformatig an der Wand verfolgen.

Im Zuge des Stadionumbaus erhielt auch die Mannschaft neue Räume, die ebenerdig direkt unterhalb der Haupttribüne lagen. Hier gab es einen ca. 30 Quadratmeter großen Aufenthaltsraum mit einer kleinen Küchenzeile[118], einem großen Flachbildfernseher inklusive Videorekorder, Flipcharts und einigen Tischen und Stühlen. Die Mannschaft war von der Vereinsführung angehalten, morgens vor dem Training dort gemeinsam zu frühstücken. Vor Freundschaftsspielen wurde dort Kaffee getrunken und Kuchen gegessen, oder es wurden Spiele besprochen. Von diesem Aufenthaltsraum aus gelangte man in die Umkleidekabine, die Dusch- und Toilettenräume und die Behandlungszimmer, in denen die Spieler von den Physiotherapeuten der Mannschaft massiert oder anderweitig versorgt wurden. Außerdem gab es noch die Geräte- und Waschräume des Zeugwartes, in denen Spielzubehör, Schuhregale sowie Schuhkisten und riesige Waschmaschinen und Trockner standen, in denen die Trainingsgarnituren aller Spieler praktisch jeden Tag gewaschen wurden.

Vor allem die Schuhe der Fußballspieler nahmen überraschend viel Raum ein. Jeder Spieler besaß mindestens drei Paar Schuhe, die meisten eher sechs Paar (Lauf- und Trainingsschuhe und Schuhe für unterschiedliche Rasen- und Wetterverhältnisse). Die Schuhpflege oblag den Spielern selbst, wurde aber in der Praxis häufig vom Zeugwart übernommen, der dafür verschiedene Schuhputzmaschinen und Schuhbürsten zur Verfügung hatte. Zum Trocknen der Schuhe zwischen den Trainingseinheiten gab es ein großes Metallgestell, durch das warme Luft in die Schuhe gepustet wurde. Vor Auswärtsspielen stellte der Zeugwart mehrere große Aluminiumkisten in die Umkleidekabine, und jeder Spieler legte die Schuhpaare in die Kiste, die er zum Spiel mitnehmen wollte. Um die Schuhe auseinander halten zu können, waren die Schuhe mit den Rückennummern der Spieler beschriftet. Beim FSV wurden ausschließlich Fußballschuhe eines exklusiven Vertragspartners getragen, und damit die Spieler dieser Verpflichtung auch nachkamen, hing neben der Eingangstür ein vom Manager unterschriebener Zettel, auf dem den Spielern Geldstrafen angedroht wurden für den Fall, dass sie die falschen Schuhe trügen: beim Training 250 Euro, bei einem Freundschaftsspiel 500 Euro und 5000 Euro in einem Bundesligaspiel.[119]

---

[117] Zum Phänomen der „Event-Arenas" im Fußball vgl. Randl 2002.
[118] Mittels eines Zettels waren die Spieler aufgefordert, ihr Geschirr selbständig in die Spülmaschine einzuräumen.
[119] Schuhe sind unter Fußballern offenbar ähnlich obsessiv besetzte Objekte wie es häufig Frauen zugeschrieben wird. Beim VfL Wolfsburg gab es sogar einen eigenen „Schuhraum", und manche Spieler scherzten, dass sie

2.1 Die drei Fußballvereine im Überblick

Die Container-Geschäftstelle befand sich damals knapp zwanzig Meter neben dem Haasekessel. In diesen beengten Verhältnissen saß die gesamte Verwaltung: angefangen von den Aushilfskräften, über den Teammanager, Pressesprecher und Marketingchef bis hin zum Geschäftsführer. Die ehrenamtlich tätigen Vorstandsmitglieder, zu denen auch der Vereinsmanager gehörte, hatten keine eigenen Büros.[120] Gespräche, die mit dem Verein zu tun hatten, führte der Klubmanager in den Büroräumen des Autohauses, in dem er hauptberuflich als Geschäftsführer tätig war.

An dieser Stelle scheinen einige grundlegende Anmerkungen zum organisatorischen Aufbau und Professionalisierungsgrad von Profifußballvereinen allgemein und dem 1. FSV Mainz 05 im Besonderen erforderlich. Der 1. FSV Mainz 05 ist ein Fußballverein, wie es unter der Schirmherrschaft des Deutschen Fußball-Bundes rund 26.000 gibt, von denen allerdings nur 38 Mannschaften jedes Jahr in der Ersten und Zweiten Bundesliga spielen. Bis 1998 war die Organisationsstruktur durch eine Regelung des DFB vorgegeben, der zufolge am Spielbetrieb der Fußballbundesligen nur eingetragene Vereine teilnehmen durften.[121] Diese Regelung lässt sich bis hin zu den Anfängen des Fußballsports in Deutschland zurückverfolgen und hat mit der Bedeutung der neuen Strukturform des Vereins zu tun, die im Zuge der Umstellung von stratifikatorischer auf funktionale Differenzierung zu Beginn des 19. Jahrhunderts die alten korporativen Strukturen der mittelalterlichen Gesellschaft ablösten (vgl. Dann 1993; Nipperdey 1976; Stichweh 2000a).

Vereine sind freiwillige Vereinigungen, in denen ein festgelegter Personenkreis bestimmte Zwecke verfolgt, die er sich selbst gibt (vgl. Horch 1985; Wilkesmann u.a. 2002: 755). Im Gegensatz zu formalen Organisationen weisen derartige „assoziative" Organisationen andere Binnenstrukturen auf: So haben Vereine grundsätzlich demokratische Mitgliedschaftsstrukturen, die durch Wahl zu besetzenden Positionen sind jedem Mitglied zugänglich, und Entscheidungen werden innerhalb von Mitgliederversammlungen getroffen (also bottom-up). Die Mitgliedschaft ist nicht hierarchisch strukturiert, und auch die Vorsitzenden eines Vereins haben keine Befehlsgewalt, sondern müssen die anderen von der Notwendigkeit ihrer Mitarbeit überzeugen (vgl. Horch 1985: 257). Dementsprechend gibt es auch keine Amtsstrukturen wie in einer Bürokratie, sondern Ehrenämter, d.h. die hier verrichtete Arbeit ist nicht auf finanziellen Gewinn gerichtet und somit unbezahlt (vgl.

---

mindestens 365 Paar Schuhe hätten, nämlich für jeden Tag des Jahres eines (vgl. Dok. 72: 38). Rund um die Schuhe gibt es außerdem jede Menge Rituale im Fußball: So tummeln sich die Spieler kurz nachdem sie im Stadion ankommen und sich umgezogen haben (also noch vor dem Aufwärmen) auf der Spielfläche, lesen die Stadionzeitung und testen die Beschaffenheit des Rasens, um sich für die richtigen Schuhe entscheiden zu können. Sowohl vor dem Spiel als auch wenn ein neuer Spieler eingewechselt wird, kontrolliert der Schiedsrichter die Schuhe der Spieler. Auch das Zubinden eines Fußballschuhs unterliegt gewissen Zwängen: So schnürt praktisch jeder Spieler seine Schuhe einmal überkreuz über die Sohle. Und nicht zuletzt spielen auch modisch-ästhetische Erwägungen offenbar eine Rolle, wie die immer schrilleren Farben und Effekte der Fußballschuhe in den letzten Jahren belegen.

[120] Seit Anfang 2005 besaßen die Mainzer dann eine neue Geschäftsstelle, die in einem Geschäftshaus gegenüber dem Bruchwegstadion liegt. Dort gab es insgesamt sechs Büros. Der Vereinsmanager hatte jedoch auch bei meinem Besuch Anfang 2005 immer noch kein eigenes Büro, sondern nur ein Postfach und arbeitete von seinem (hauptberuflichen) Arbeitsplatz aus. Wie mir die Mädchen am Empfang erzählten, habe Trainer Klopp zwar ein Büro, das er aber weder gewollt habe noch in irgendeiner Weise nutze. Der Teammanager saß weiterhin im Container direkt auf dem Stadiongelände, hatte aber mittlerweile einen Assistenten.

[121] Seit einem Entschluss des DFB vom 24. Oktober 1998 ist es den Vereinen erlaubt, ihre Lizenzspielerabteilung als Aktiengesellschaft, Gesellschaft mit beschränkter Haftung oder in einer vergleichbaren Rechtsform auszugliedern und damit rechtlich, finanziell und organisatorisch vom Restverein zu trennen (vgl. DFB 1998; Lehmann/Weigand 2002: 101ff.). Allerdings müssen die Vereine Mehrheitseigner dieser Kapitalgesellschaften bleiben.

Pöttinger 1989: 108ff.).[122] Diesen Ämtern sind zwar bestimmte Aufgaben zugeordnet, da es allerdings relativ wenige schriftliche Regelungen gibt, sind die Handlungsspielräume groß und es muss viel improvisiert werden (vgl. Horch 1985: 257; Michalik 2002). Aus der geringen Arbeitsteilung und den in aller Regel nur sehr umrisshaft festgelegten Aufgabenprofilen resultiert außerdem die starke Prägung der Arbeit durch die konkreten Personen, die die Ämter innehaben. Entsprechend lassen sich diese Personen auch nicht problemlos austauschen. Neben der ehrenamtlichen Tätigkeit ist jedoch auch eine Verberuflichung bestimmter Vereinspositionen möglich, in deren Folge eine duale Hierarchie entsteht, in der die Ehrenämter die gegen Entgelt Beschäftigten des Vereins (die nicht einmal Vereinsmitglieder sein müssen) kontrollieren (vgl. Stichweh 2000a: 22).

Im Unterschied zu einer formalen Organisation besteht in Vereinen keine Trennung von Bestandszweck und Mitgliedschaftsmotivation (vgl. Stichweh 2000a: 25f.). D.h. die Mitglieder einer formalen Organisation sind anders als die Vereinsmitglieder den von der Organisation verfolgten Zielen gegenüber indifferent und wirken lediglich aufgrund eines innerorganisatorischen Tauschs mit, z.B. in Form monetärer Motivation. Aus differenzierungstheoretischer Perspektive erscheint der Verein daher als eine Übergangs-Institution auf dem Weg zur funktionalen Differenzierung von Zweck und affektiver Motivation. Die Mitgliedschaft in einem Verein sieht keine Unterscheidung zwischen persönlichen und dienstlichen Verhaltenserwartungen vor (vgl. Luhmann 1999 [1964]: 39ff.). Es können auch Rollenverpflichtungen aus anderen Funktionskontexten relevant sein, entsprechend gibt es für Vereinsmitglieder keine deutliche Trennung von Mitgliedsrolle und Person.[123]

Ab einer bestimmten Größe und Komplexität ist effektives Operieren innerhalb eines Vereins allein mit den eigenen Mitgliedern nicht mehr möglich, dann wird ein Verein beginnen, sein Personal nicht mehr nur auf der Basis von Mitgliedschaft zu rekrutieren: Es kommt zu einer Kopplung von Verein und Organisation (vgl. Stichweh 2000a: 28). Im deutschen Fußball kam es nach Einführung der Bundesliga 1963 und nach Zulassung des Profistatus' der Spieler 1972 zu einer Kommerzialisierung sowie Professionalisierung des Spiels (vgl. Eisenberg 1997: 116). Letztere griff seit Ende der 1980er Jahre auch auf das Vereinsmanagement sowie die Trainer über (vgl. Pöttinger 1989: 146f.).

Beim 1. FSV Mainz 05 handelte es sich spätestens seit dem Aufstieg in die Zweite Bundesliga 1990 um einen Verein mit einer Profi-Fußballabteilung[124], was aber nicht gleichbedeutend ist mit der Ausgliederung dieses Bereichs als Aktiengesellschaft oder einer anderen vergleichbaren Rechtsform. Der Verein verfolgte dabei „ausschließlich und unmittelbar gemeinnützige Zwecke", die laut Paragraph eins der Satzung „die Pflege, Förderung und Verbreitung der Leibesübungen, insbesondere des Fußballsports und damit der körperlichen Ertüchtigung sowie des gesellschaftlichen Vereinslebens" umfassen (Dokumente Mainz_1[125]). Der Vereinsvorstand bestand zum Zeitpunkt der Untersuchung aus neun ehrenamtlich arbeitenden Mitgliedern, die alle zwei Jahre von den Vereinsmitgliedern ge-

---

[122] Zahlungen an die Inhaber solcher Ehrenämter reduzieren sich normalerweise auf eine Aufwandsentschädigung.
[123] Die spezielle Organisationsform des Vereins scheint insgesamt eher einer sozialen Gruppe zu ähneln als einer formalen Organisation: Die Personen sind nicht austauschbar und stehen unter Umständen in einer diffusen Beziehung zueinander. Es gibt zwar einen Organisationszweck, aber keine klare Hierarchie.
[124] Weitere Abteilungen des Vereins umfassen Handball und Tischtennis, die allerdings erst 1926 bzw. 1949 entstanden und deren Bedeutung eher marginal sind (Rehberg u.a. 2005: 359ff.).
[125] In dieser Notation wird auf nicht veröffentlichte Dokumente verwiesen, die ich im Verlauf meiner Feldforschung in den Vereinen gesammelt habe. Eine Liste dieser Papiere inklusive Erläuterungen befindet sich im Anhang.

2.1 Die drei Fußballvereine im Überblick

wählt werden mussten[126]: dem Präsidenten, drei Vizepräsidenten, dem alleinigen Manager (ohne arbeitsteilige Unterscheidung zwischen sportlichem und kaufmännischem Bereich) und jeweils einer Person für die Bereiche Finanzen, Jugendarbeit, Sicherheit und Organisation. Dabei wurde in der Vereinssatzung ausgeschlossen, dass Angestellte des Vereins zum geschäftsführenden Vorstand gehören sollten, sie durften den Vorstand lediglich beraten. Dem ehrenamtlich arbeitenden Vorstand waren die Bereiche Geschäftsführung (inklusive Ticketing, Mitgliederverwaltung und Merchandising), Presse/Medien, das Teammanagement und das Marketing mit jeweils mindestens einem hauptamtlich beschäftigten Angestellten direkt unterstellt. Inklusive AssistentInnen beschäftigten die Mainzer vor ihrem Aufstieg knapp zehn hauptamtliche Mitarbeiter.[127] Zusätzlich gab es noch eine ganze Reihe von Aushilfen, Teilzeitkräften und ehrenamtlichen Mitarbeitern. Bei der Auswahl dieser Verwaltungsangestellten stand nach eigenen Angaben jedoch weniger die Professionalität bzw. die Leistungsfähigkeit im Vordergrund, stattdessen waren Treue und affektive Bindung an den Verein die wichtigsten Selektionskriterien (vgl. z.B. Dok. 11: 14).

Die geringe Anzahl vollberuflich beschäftigter Mitarbeiter und die Führung eines (wenn auch relativ kleinen) Fußballunternehmens durch nicht-professionelle Ehrenämter ließ einen wenig spezialisierten Aufgabenvollzug, multiple Zuständigkeiten, wenig formalisierte Entscheidungsabläufe und hohe Personenabhängigkeit erwarten (vgl. Schewe u.a. 2002). So gab es beispielsweise für die Integration der ausländischen Spieler keine festgelegten Zuständigkeiten der Vereinsmitarbeiter, sondern es wurde regelmäßig improvisiert. Je nach Problembereich übernahmen unterschiedliche Mitarbeiter (oder auch Ehrenamtinhaber) die Aufgaben, wie z.B. Hilfe bei Wohnungssuche, Versicherungsabschlüssen, Suche nach Kindergartenplätzen etc. (vgl. Dok. 9: 140f.).

In der Saison 2002/03 befanden sich zehn Spieler ohne deutsche Staatsangehörigkeit im insgesamt 29 Spieler umfassenden Profikader der Mainzer: ein Fußballdeutscher[128] brasilianischer Herkunft, fünf Spieler aus dem europäischen Ausland (Slowenien, Schweiz, Ungarn, Litauen, Ukraine, Serbien und Montenegro) und vier Spieler aus dem außereuropäischen Ausland (Ghana (2), USA (2)). Der Anteil der nicht-deutschen Spieler in der Stammelf belief sich auf vier bzw. fünf Spieler, was im Vergleich zu anderen Mannschaften der Ersten und Zweiten Bundesliga sehr wenig ist. Dieser niedrige Ausländeranteil beim FSV Mainz 05 war keinesfalls zufällig, sondern ging auf eine Entscheidung der Vereinsführung zurück, keine nicht-deutschsprachigen Spieler mehr zu verpflichten (vgl. Dok. 2: 148ff.; Dok. 10: 4ff.; vgl. Kap. 3.3.2 Totalinklusion in Mainz).

Die wichtigsten Entscheidungen wurden in Mainz regelmäßig von zwei bzw. drei Personen getroffen: dem Manager, dem Trainer und dem Vereinspräsidenten. Die Aufgabenteilung beschrieb der Manager folgendermaßen:

---

[126] Mittels Einrichtung einer Wahlkommission wurde das basisdemokratische bottom-up Verfahren der kollektiven Willensbildung allerdings eingeschränkt und personelle Kontinuität in der Vereinsführung garantiert (vgl. 1. FSV Mainz 05 2001: §19a). Die Wahlkommission bestand aus drei langjährigen Vereinsmitgliedern, deren einzige Aufgabe es letztlich war, die Wahl von Überraschungskandidaten zu verhindern.

[127] Nach dem Aufstieg wurden zusätzliche Mitarbeiter und auch Auszubildende eingestellt, so dass man 2005 auf 22 hauptamtliche Mitarbeiter kam (vgl. Rehberg u.a. 2005: 34).

[128] Ein Fußballdeutscher ist ein Spieler, der die vergangenen fünf Jahre (und davon drei Jahre als Jugendlicher) ununterbrochen für deutsche Vereine gespielt hat; er wird in Bezug auf die Spielberechtigung wie ein deutscher Spieler behandelt.

„Also, das ist so ein bisschen auch die Stärke von Mainz 05, dass ganz wenige Leute eigentlich alles wissen (...) weil auch das Vertrauensverhältnis des Vorstands eigentlich sehr, sehr groß ist, d. h. ich kann eigentlich machen, was ich will in dieser Mannschaft, ehm, die lassen mich- und in anderen Klubs müssen Sie- also, wenn ich jetzt einen Spieler verpflichte, müssen Sie dort eine Vorstandssitzung machen, und dann müssen die abstimmen, ob der geholt wird (...). Also in Mainz, muss ich sagen, entscheide ich das mit dem Trainer, (...) da frage ich keinen XY [Name des Vereinspräsidenten, M.M.] oder frage keinen irgendeinen – das braucht man in Mainz einfach auch nicht. Das ist eine Stärke, wenn es schlecht läuft, wird es natürlich als Schwäche ausgelegt. Kann der machen, was er will." (Dok. 2: 400ff.)

Die Vorstandsmitglieder standen außerdem in engen persönlichen Beziehungen zueinander und führten den Verein schon seit dem Aufstieg in die Zweite Bundesliga 1990 gemeinsam. So erklärte der Vereinspräsident:

„Es gibt kaum einen Verein, wir kennen auch keinen, der ein solches- der so aufgebaut worden ist durch eine gemeinsame Teamarbeit der Vereinsverantwortlichen. Also wir sind 14 Jahre gemeinsam im Vorstand. Da sind ja freundschaftliche Bande entstanden." (Dok. 8: 73)

Der Manager arbeitete bis 2005 rein ehrenamtlich, was eine einmalige Konstellation im deutschen Profifußball darstellte,[129] und regelmäßig zu Diskussionen über die Vereinbarkeit von Ehrenamt und Professionalität führte (vgl. Rehberg u.a. 2005: 185; vgl. auch Dok. 2: 11ff.).

„Ich verdiene damit kein Geld, das is mein Hobby, das muss man schon so sagen (...) Ich bin ja nicht angestellt, gar nichts. Ich bin gewählt von einer Mitgliederversammlung. Das gibt es einmal in Deutschland, dass der Manager gewählt wird. Ich habe auch noch nie eine Gegenstimme gehabt in 14 Jahren. Es hat auch nie einer die Hand gehoben und hat gesagt, ‚Den wollen wir net.' Aber wenn ich morgen entscheide, ich habe keine Lust mehr, dann gehe ich zum XY [Name des Vereinspräsidenten; M.M.] und sage, „Hör mal zu, mach`s selber, bin weg." So, und das ist auch eine gewisse Position der Stärke, die kriege ich in keinem Verein mehr." (Dok. 2: 16; 923ff.)

In ganz ähnlichen Selbstbeschreibungen schilderten sowohl ehrenamtliche als auch hauptberuflich Angestellte des Vereins ihre starke affektive Bindung an den Klub, der vom Arbeitgeber zur „Herzensangelegenheit" wurde (vgl. Dok. 4: 32). Monetäre Anreize wurden als Motivation ausgeschlossen. So auch in der folgenden Passage, in der der Manager erzählte, wie er einmal für den Mainzer Verein das finanziell lukrative Angebot eines anderen Klubs ausschlug:

„Ich hatte mal ein Angebot von einem Verein, der hat dann, das war 1997 und der hat dann anschließend in der Champions League gespielt, und ich sollte mich bis Gründonnerstag damals entscheiden, und die gingen fest davon aus, dass ich das mache, aber wir sind dann in eine sportliche Krise reingerutscht bei Mainz 05, wir haben wieder mal gegen den Abstieg gespielt, und

---

[129] Erst während der zweiten Saison der Mainzer in der Ersten Bundesliga gab der Manager seine Stellung als Geschäftsführer eines Autohauses auf und wurde hauptamtlich angestellter Vereinsmanager. Doch trotz dieser Tendenzen zur Professionalisierung blieb die Personenabhängigkeit innerhalb der Mainzer Organisationsstrukturen weiterhin erhalten: So musste der Manager nach seiner Anstellung nicht etwa seinen Platz im Vereinsvorstand räumen, sondern stattdessen wurde der entsprechende Abschnitt der Satzung geändert, dem zufolge Vereinsangestellte keine Mitglieder des geschäftsführenden Vorstandes sein dürfen.

2.1 Die drei Fußballvereine im Überblick

> ich vergess' das nicht, ich musste zum Flughafen, ich musste mich jetzt entscheiden, ob ich in den Norden fliege, um dort einen Vertrag zu unterschreiben, aber das war in Mainz gar nicht bekannt, (…) Oder ob ich in den Süden fahre, um einen neuen Trainer zu verpflichten. Und ich wollte den alten Trainer wieder zurückholen, den Wolfgang Frank damals. Aber ich bin in den Flieger in den Süden eingestiegen und hab von dort, bin damals nach Wien geflogen, weil der Trainer in Wien war und habe von dort dann im Norden abgesagt, weil der Trainer mir gesagt hat, „Ich komme zurück. Aber – nur wenn du dableibst!" So, also ging das alles gar nicht. Und da muss ich sagen, da war mir das Herz bei Mainz 05 doch wieder viel, viel näher wie vielleicht das große Geld dort im hohen Norden." (Dok. 2: 899ff.)

In der Selbstdarstellung des Vereins dienten die ehrenamtliche Arbeitsweise und die affektiv-diffusen Beziehungen des Vorstands immer wieder zur positiven Abgrenzung von anderen Bundesligamannschaften, deren Professionalität als Anzeichen eines negativ konnotierten Kommerzialisierungsprozesses im Fußball gedeutet wurde (vgl. Dok. 2: 17, 923ff.; Dok. 8: 45 ff.; Dok. 9: 37ff.).[130] Demnach sei das Spiel (im Gegensatz zu früher) ein „eiskaltes Geschäft" geworden sei (Dok. 2: 44), und es gehe nur noch ums Geldverdienen (vgl. Dok. 8: 364).[131] Dagegen setze die fehlende Bezahlung der Ehrenämter eine enge affektive Bindung an den Verein voraus und stelle sicher, dass es den Mitarbeitern nicht nur ums Geld gehe.[132] Entsprechend war z.B. auch der Teammanager vor seiner hauptamtlichen Anstellung jahrelang im Ehrenamt tätig. Die für formale Organisationen in der modernen Gesellschaft typische Trennung von Bestandszweck und Mitgliedschaftsmotivation bzw. -rolle und Person waren bei Mainz 05 trotz fortschreitender Professionalisierungsprozesse nicht erwünscht (vgl. Dok. 11: 14):

> „Das ist in Mainz alles anderster. In Mainz ist alles so ein bisschen auf – was weiß ich – auf Herzblut ausgelegt. Also, es geht quer durch den Verein, muss ich- ich möchte mich da jetzt wirklich nicht rausheben, das geht den anderen genauso." (Dok. 2: 932ff.)

Ganz ähnliche „Herzblut"- und Distinktionssemantiken finden sich in den Ausführungen des Präsidenten, der die Ausgliederung der Profimannschaft von Mainz 05 in eine Kapitalgesellschaft strikt ablehnte:

> „Das können Sie bei einem solchen Verein wie Mainz 05 eigentlich im Moment ziemlich abhaken, weil wenn Sie keine Person finden, die auch so sehr viel Herzblut da reinbringt, dann bricht dieses Gebilde zusammen. Das ist unsere Erfahrung. So wird es auch sein. Das ist der große Druck, den wir persönlich auch haben." (Dok. 8: 61)

---

[130] Diese Darstellungsweise ähnelt der ideologischen Überhöhung des Amateurgedankens, der seit den 1920er Jahren regelmäßig in den Selbstbeschreibungen des deutschen Fußballs auftaucht: Die Spieler sollten als selbstlose Helden für das Vaterland und nicht für Geld kämpfen und jede Tendenz zur Kommerzialisierung wurde vom DFB und den angeschlossenen Landesverbänden nachhaltig unterdrückt (vgl. Eisenberg 1997: 106ff.).

[131] Roland Robertson verwendet für derartige Diskurse den treffenden Ausdruck „wilful nostalgia" (Giulianotti/Robertson 2002: 231f.). Demzufolge beinhaltet derartige „vorsätzliche Nostalgie" Vorstellungen von einem historischen Niedergang der Welt und vom Verlust gemeinschaftlichen Zusammenhalts.

[132] Hier kann man die Mainzer als Spiegel einer in der Fußballwelt offenbar weit verbreiteten Klage über den angeblichen Traditionsverlust und die zunehmende Kommerzialisierung des Fußballs betrachten. Es wird bedauert, dass es beim Fußball mittlerweile weniger um die noch von Beckenbauer und Konsorten besungene „Elf-Freunde-müsst-ihr-sein-Mentalität" gehe als um die rein gewinnorientierte Führung mittelständischer Unternehmen (vgl. dazu z.B. Peitsmeier/Reinsch 2005; Köster/Mucha 2004). So klagte z.B. auch der gut bezahlte Bundesligaprofi Sergej Barbarez in einem Zeitungsinterview: „Fußball ist eine reine Geldmaschinerie geworden. Die menschliche Seite spielt keine Rolle mehr" (Frankfurter Allgemeine Sonntagszeitung Nr. 9 vom 6. März 2005: 20).

Selbst bei der Spielerrekrutierung wurde wiederholt mit für den Profifußball untypischen Anreizen, wie z.B. Erlebniswert und Vereinstreue geworben (vgl. Dok. 4: 66). Dabei war es das erklärte Ziel, die Trennung zwischen Person und Funktionsrolle möglichst auch für die Spieler aufzuheben. Für Mainz zu spielen, sollte nicht „einfach nur ein Job" sein:

> „Und wir waren immer nach der Philosophie: Wir wollten die Spieler nach einem Jahr so weit haben, dass sie sagen ‚Mensch, das ist ein besonderer Verein, für den setzen wir uns auch besonders ein.. Da wollen wir bleiben'. Kloppo hat einmal gesagt, ‚wenn Du hier Geld verdienen willst,' das sagt der zu jedem Spieler, ‚bist Du bei uns falsch, wenn Du etwas Besonderes erleben willst, dann komm' hierher'." (Dok. 8: 207)

Diese Einschätzung wurde nach den ersten erfolgreichen Spielen der Mainzer in der Bundesliga ebenfalls von den Medien aufgegriffen. Das „Mainzer Spaß-statt-Kohle-Prinzip", bei dem die Spieler „härter und länger arbeiten" müssten für „weniger Gehalt, weniger zusätzliche Leistungen (Prämien) und weniger soziale Vergünstigungen" wurde von den fußballbegeisterten Traditionalisten als Vorbild für den „Ruck" gefeiert, der durch Deutschland gehen müsse (Unfried 2004; vgl. auch Pfeifer 2004). Mit Hilfe der Medien erlangte der selbsternannte Karnevalsverein, „der so anders ist als das Establishment" und dessen Sympathisanten angeblich „ihr Image auf eine wohltuende, unverkrampfte Art nach Außen tragen", Kultstatus (Rehberg 2005: 318f.).

Eine zentrale Rolle bei dieser Inszenierung der Mainzer als „besonderem" Verein spielte der Trainer, Jürgen Klopp. Das zeigte sich sowohl innerhalb der Interviews als auch im Rahmen der eigenen Beobachtungen. So bildete der Trainer regelmäßig den Mittelpunkt der sozialen Interaktionen und inszenierte sich publikumswirksam als Führungsfigur. Im Gegensatz zu Manager und Vereinspräsident, die beide gebürtige Mainzer und von Kindheit an mit dem Verein verbunden waren, stammte Klopp aus dem Schwarzwald und wurde erst auf dem Umweg über Frankfurt zum lokalen Helden (vgl. Rehberg u.a. 2005: 262ff.).

Mit seinem Wechsel als Spieler 1990 zu Mainz wurde Klopp Profi, beendete aber parallel noch sein Studium der Sportwissenschaften in Frankfurt. Seine eigentliche Karriere als Teamchef und Trainer begann jedoch erst zehn Jahre später, im Februar 2001, und wurde Teil der Legendenbildung um den „König von Mainz" (Eder 2004). Ausgerechnet an einem Rosenmontag wurde Klopp, der nach längerer Krankheit als Spieler pausierte, vom Manager gefragt, ob er den erfolglosen damaligen Trainer ablösen wolle, um den Verein vor dem Abstieg zu retten (vgl. Rehberg u.a. 2005: 265ff.). Klopp übernahm und die Mainzer gewannen ein Spiel nach dem anderen und schafften problemlos den Klassenerhalt. Seitdem blieb er Vereinstrainer – auch wenn er den dazu notwendigen Trainerschein erst zwei Jahre später machte.[133]

Zwischen Jürgen Klopp und den Spielern bestand ganz offensichtlich ein enges persönliches Verhältnis. Während der Spiele trug er im Gegensatz zu vielen anderen Bundesligatrainern stets einen Trainingsanzug und inszenierte sich bereits auf diese Weise als Teil der Mannschaft. Man duzte und neckte sich gegenseitig und bisweilen schien es eher eine Beziehung zwischen Ranggleichen als zwischen Teamchef und Spielern zu sein. Der Trainer schaffte es, die Spieler persönlich derart an sich zu binden, dass er Gehorsam finden

---

[133] Dieses Vorgehen ist im Profifußball keine Seltenheit und ist ein Indiz dafür, dass Personalentscheidungen im Fußball häufig nicht auf der Grundlage formaler Kriterien getroffen werden. So verfügten z.B. weder Franz Beckenbauer noch Rudi Völler als Teamchefs der deutschen Nationalmannschaft über die notwendige Trainerlizenz.

2.1 Die drei Fußballvereine im Überblick

konnte, ohne Befehle erteilen zu müssen.[134] Zwischen Spielern und Trainer bestanden affektiv aufgeladene diffuse Beziehungsstrukturen, wie sie für das Verhältnis zwischen Vorgesetzten und Untergebenen auch im Fußball eher untypisch sind.

> „Und die Spieler, das ist, das sind im Grunde *meine Jungs*, also das ist so, wenn- äh, .. die nachts anrufen würden, würde ich 800 km fahren, also für- um-um irgendwas zu regeln. Und das ist ganz, ganz wichtig. Ich würde es mir allerdings wünschen, dass die Spieler das im umgekehrten Fall genauso tun. Dass einfach- wir reden immer nur- wir sind im Grunde genommen Saisonarbeiter, d. h. wir reden immer nur über ein Jahr. Und in diesem Jahr… möchte ich den Jungs das Gefühl geben, dass sie die besten Spieler, die ich jemals gesehen habe und vor allem, dass sie wichtig sind ohne Ende." (Dok. 4: 54)

Mit dieser Form persönlicher Bindungen und Abhängigkeiten gelang es Klopp, die Spieler zu mehr Leistung zu motivieren. Entgegen den sonst im Profifußball geltenden Zwängen von Geld und Leistung bemühte sich Klopp darum, die Spieler affektiv an den Verein zu binden – und zwar trotz schlechter Bezahlung.[135] Dabei arbeitete er vor allem mit Emotionen, seinen eigenen und denen der Spieler. In Folge dieses persönlichen, betont egalitären Verhältnisses zu den Spielern setzte Klopp auch seltener die in anderen Vereinen üblichen Formen der Bestrafung ein. Anstelle von Geldstrafen sanktionierte er Fehlverhalten mit einer Art Liebes- bzw. Aufmerksamkeitsentzug und bewertete es als persönliche Enttäuschung (vgl. Dok. 4: 70). Klopp machte die von ihm präferierte Art des Fußballspielens in der Selbstdarstellung des Vereins zum neuen Markenzeichen der Mainzer: kampfbetonter Offensivfußball, bei dem die Spieler weite Wege laufen mussten und hohe Risiken eingingen, den Zuschauern aber viel Spannung und Abwechslung boten. Auch hier zeigten sich sowohl die starke Personenabhängigkeit innerhalb der Organisationsstrukturen als auch die Überschneidung persönlicher Vorlieben und Organisationsinteressen:

> „Das hängt in dem Fall jetzt extrem mit meiner Person zusammen, weil ich gesagt habe, ich möchte das so. Das ist die Art, wie ich kicke, ich kann nicht da draußen sitzen, und Fußball interessiert mich gar nicht, wenn es ein Ballgeschiebe ist, dann schlafe ich ein, und dementsprechend wollte ich, dass das ganz anders aussieht und hab da meine Vorstellungen auch einigermaßen verwirklichen können. Das hängt also manchmal an den handelnden Personen und manchmal auch tatsächlich auch an Traditionen." (Dok. 4: 48)

Zusammenfassend lässt sich festhalten, dass sich der 1. FSV Mainz 05 bei einer ersten Besichtigung als Prototyp einer freiwilligen Vereinigung präsentierte: Als einziger der drei untersuchten Profifußballklubs hatten die Mainzer die klassische Vereinsstruktur beibehal-

---

[134] Vgl. dazu Webers (1980: 140ff.) Konzept der „charismatischen Herrschaft".
[135] Ein anschauliches Beispiel für die Erwartungshaltung des Vereins gegenüber den Spielern, die ihre persönlichen Interessen für den Verein zurückstellen sollten, stellt die wechselvolle Karriere des Spielers Michael Thurk beim 1. FSV Mainz 05 dar. Thurk hatte kurz vor dem geglückten Aufstieg der Mainzer, an den er nicht mehr geglaubt hatte, einen Vertrag bei einem anderen potentiellen Aufsteiger unterzeichnet und war deshalb bei der Vereinsführung in Ungnade gefallen. Im Entscheidungsspiel hatte er dann aber die beiden entscheidenden Tore für die Mainzer geschossen. Dadurch blieb Thurk aber letztlich „wegen seines voreiligen persönlichen Ehrgeizes" doch in der Zweiten Liga (Sparwasser 2005: 35). Aufgrund dieser Heldentat und seines späten Einsatzes für den Verein wurde ihm jedoch „verziehen" und der Manager holte ihn später wieder zurück nach Mainz, bis er schließlich 2006 zum direkten Konkurrenten Eintracht Frankfurt wechselte, was von der Vereinsführung erneut als Verrat und Untreue bewertet wurde. Der Vereinspräsident nahm Thurks Entscheidung persönlich und erklärte, er sei enttäuscht über dessen „Undankbarkeit" (vgl. Eder 2006).

ten. Der Verein wurde durch einen von den Mitgliedern demokratisch gewählten, ehrenamtlich arbeitenden Vorstand geführt, dem knapp zehn hauptberuflich angestellte Mitarbeiter unterstellt waren. Als einziger Bundesligaverein hatte Mainz 05 lange Zeit einen Manager, der dieses Amt neben seiner eigentlichen Berufstätigkeit quasi als Hobby ausübte. Die meisten der neun Vorstandsmitglieder führten den Verein bereits seit über 15 Jahren und standen in einem engen persönlichen Verhältnis zueinander mit einer eher ungenau geregelten Aufgabenteilung. Daher ließen sich die Amtsinhaber auch nicht beliebig austauschen, der Bestandszweck des Vereins und die Motivation der Mitglieder waren untrennbar miteinander verbunden.

Da Verwaltung und Geschäftsführung aufgrund der zunehmenden Popularität des Vereins, dem großen Medieninteresse und den Mehreinnahmen nach dem Aufstieg in die Erste Bundesliga zeit- und personalintensiver wurden, musste die Vereinsleitung mittels verschiedener Maßnahmen versuchen, den Verein trotzdem effizient weiter zu führen. Der Umbau des Stadions, die neue Geschäftsstelle, die Anstellung hauptberuflicher Mitarbeiter und die Umwandlung des Postens eines ehrenamtlichen Managers in ein bezahltes Angestelltenverhältnis lassen sich als erste Restrukturierungen des Klubs und Bemühungen um mehr Professionalität deuten. Weitere Professionalisierungsmaßnahmen, wie z.B. die Auslagerung des Spielbetriebs in eine Kapitalgesellschaft waren bisher nicht geplant. Bei einem Gesamtetat von 23 Millionen Euro in der Saison 2004/05 war der Verein auch nicht in der Lage, zusätzliche hauptamtliche Führungskräfte zu beschäftigen. Entgegen der öffentlichen Wahrnehmung, dass es innerhalb des kommerzialisierten und professionalisierten Bundesligazirkus' auch einer solchen Führung bedürfe, unterzogen die Mainzer ihre kleinbürgerliche Vereinsidylle einer positiven Umdeutung und machten das beste aus ihrer Situation.[136] Sie konstruierten ein publikumswirksames Image als einen trotz des Erfolges bodenständig gebliebenen, unkonventionellen Verein, in dem es sowohl Spielern als auch Fans primär um den Spaß und die Leidenschaft am Fußball gehe. Die zentralen Träger dieser Vereinsphilosophie, die die hierin vertretenen traditionellen Ideale von Treue, Loyalität, Kameradschaft und persönlichem (unentgeltlichem) Engagement auch innerhalb ihrer eigenen Vita vorlebten, waren Trainer, Manager und Vereinspräsident.

2.1.2 Der Deutsche Sportclub Arminia Bielefeld: Mit der nüchternen Sachlichkeit eines Fahrstuhlvereins

> „Ich glaube, in Ostwestfalen muss man durch Arbeit überzeugen, durch Arbeit und wirklich durch Engagement." (Dok. 28: 226)

Man kann die Bielefelder Alm leicht übersehen, so unauffällig und versteckt liegt das Stadion des DSC Arminia Bielefeld hinter einer Reihe dreistöckiger Wohnhäuser mitten in der Innenstadt. So mancher Passant, der weniger als zehn Meter davon entfernt steht, muss trotzdem noch nach dem Weg zum Stadion oder zur Geschäftsstelle der Arminia fragen. Dann schaut man zwischen den Häusern durch und sieht ein strahlendes Himmelblau und weiß, man ist da. Über der Tür der Geschäftsstelle prangt das Vereinswappen, ein schwar-

---

[136] Die Mainzer Anti-Kommerzialisierungshaltung kann man also eine aus der Not entstandene Tugend verstehen, eine Anpassung an den Mangel bzw. ein Sich-in-das-Notwendige-fügen, ganz ähnlich wie es Bourdieu (1998: 585ff.) am Beispiel des Notwendigkeits-Geschmack unterer Klassen beschreibt.

2.1 Die drei Fußballvereine im Überblick

zer Kreis mit einer schwarz-weiß-blau-gestreiften Fahne, in deren Mitte ein schwarzes A steht, und ein Kranz blauer Lorbeerblätter. Schwarz-weiß-blau, das sind die Farben der Arminia. Der Verein wurde unter dem Namen 1. Bielefelder Fußballklub Arminia im Mai 1905 gegründet, also zeitgleich mit dem FSV Mainz 05. Während es damals jedoch in Mainz und dem gesamten Rhein-Main-Gebiet bereits mehrere Fußballmannschaften gab, mussten die Arminen in Ostwestfalen regionale Fußball-Pionierarbeit leisten (vgl. Kirschnek u.a. 2005: 18ff.).

Abbildung 13: Vereinslogo des DSC Arminia Bielefeld

Obwohl beide Vereine gleich alt sind, verfügten die Bielefelder im Gegensatz zu Mainz 05 über eine deutlich längere Erfahrung im Profibereich. Bei der Einführung der Bundesliga 1963 wurde die Arminia der damals zweitklassigen Regionalliga zugeordnet, von der sie 1970 in die Bundesliga aufstieg. Nach einem großen Bestechungsskandal in der Saison 1971/72, in dessen Verlauf der Vorstand eingestehen musste, drei Siege „gekauft" zu haben, stiegen die Bielefelder zur Strafe wieder in die Zweitklassigkeit ab (vgl. Kirschnek u.a. 2005: 70ff.). Seit der Gründung der Zweiten Bundesliga 1974 begann dann die wechselvolle Geschichte von sechs Aufstiegen (1978, 1980, 1996, 1999, 2002, 2004) und fünf Abstiegen (1979, 1985, 1998, 2000, 2003), weshalb Arminia Bielefeld häufig als „Fahrstuhlverein" bezeichnet wird.[137] Der Geschäftsführer für den Bereich Sport beschrieb den DSC als „Zwitterwesen", „nicht Fisch, nicht Fleisch", ein Verein, der ständig zwischen den ersten beiden Ligen hin- und herpendelte (Dok. 27: 7).

Bereits seit 1926 wurden die Heimspiele der Arminia auf der sog. „Alm" in der Bielefelder Innenstadt ausgetragen, die mittlerweile Platz für rund 26.000 Zuschauer bietet (vgl. Kirschnek u.a. 2005: 83ff.). 2004 verkaufte der Verein die Namensrechte des Stadions an

---

[137] Zwischen 1988 und 1995 spielten die Bielefelder sogar zeitweise in der Regionalliga.

einen örtlichen Fenster-Hersteller, seitdem heißt die Alm „SchücoArena". Im Stadion dominierten die Vereinsfarben: Außenfassade, Stahlträger, Plastiksitze, Innenräume, Türen, Möbel und Sponsorentafeln im Presseraum sind alle in schwarz, weiß und blau gehalten. In den Umkleidekabinen gab es weiße Bänke mit blauen Trägern, selbst der Gumminoppenfußboden war blau. In den unmittelbar angrenzenden Räumen befanden sich Duschen, Toiletten und Möglichkeiten zur physiotherapeutischen Behandlung. Während meiner Besuche dort hingen Taktiktafeln an der Wand und an der Tür ein Flip-Charts in Form eines Fußballfeldes, auf denen Trainer Uwe Rapolder vor den Spielen die Laufwege der Spieler erklärte.

Die Kabinen befanden sich ähnlich wie in Mainz auch unterhalb der Haupttribüne zwischen einem Außeneingang, vor den der Mannschaftsbus vorfahren konnte, und einem Gang, der direkt aufs Spielfeld führte. Die Kabinen der gegnerischen Mannschaft lagen gegenüber. Daneben gab es noch die Umkleidekabine der Schiedsrichter und einen kleinen Raum für Dopingüberprüfungen. Der VIP-Bereich befand sich im Obergeschoss der Haupttribüne, anders als bei den Mainzern wurde in Bielefeld zwischen einem großräumigen VIP-Bereich und einem kleineren exklusiven Businesssektor für Sponsoren und „very VIP-Persons" unterschieden.[138]

In die Geschäftsräume des Vereins im ersten Stock des Stadions gelangte man nur, indem man Fanshop und Ticketverkauf im Erdgeschoss durchquerte. Mittels Aufzug oder Treppe landete man dann oben in der Geschäftsstelle, deren geräumiger Empfangsbereich auf den ersten Blick eher wie der Firmensitz irgendeines mittelständischen Unternehmens aussah und nicht wie ein Fußballklub. Es herrschte eine sachlich-gediegene Atmosphäre: blauer Teppichboden, gegenüber der Eingangstür eine große Empfangstheke, an der stets adrett gekleidete junge Frauen saßen und Besucher freundlich begrüßten. An den Wänden hingen blau-weiße Ölbilder und neben einer Ledercouch lagen akkurat angeordnete Fußball- und Sportzeitungen.

Unmittelbar neben der Empfangstheke führte eine Glastür in das Büro des kaufmännischen Geschäftsführers. In den angrenzenden Büroräumen und in den zwei darüber liegenden Etagen arbeiteten rund zwanzig hauptberufliche Angestellte. Das Büro des damaligen Geschäftsführers für den Bereich Sport, Thomas von Heesen, lag auf der anderen Seite der Empfangstheke, hinter einem weiteren Vorzimmer, in dem die Sekretärin der Geschäftsführung (die vermutlich einzige weibliche Angestellte in der Geschäftsstelle über 40!) einen eigenen Empfangsbereich hatte. Von Heesen, der mein erster Ansprechpartner bei der Arminia war, ist gebürtiger Ostwestfale, war selber lange Zeit Profispieler und wechselte 1995 gegen Ende seiner Spielerkarriere im Alter von 32 Jahren von Hamburg nach Bielefeld, um der Arminia beim Aufstieg von der Regionalliga in die Zweite Bundesliga und anschließend in die Erste Bundesliga zu helfen. Nach seinem Karriereende als Spieler versuchte er zunächst im Managementbereich der Arminia unterzukommen, bis er dann in der Saison 1998/99 nach der Entlassung des damaligen Trainers Ernst Middendorp das Traineramt

---

[138] Das Trainingsgelände der Arminia befand sich am anderen Ende der Stadt und bestand zum Zeitpunkt der Untersuchung aus vier holprigen Rasenflächen und einem kleinen Flachbau mit einer großen Umkleidekabine (inklusive deckenhohen Schuhregalen). Außerdem gab es einen Raum für die Trainer, Wäsche- und Ausrüstungsräume, eine Teeküche, einen Aufenthaltsraum mit einer großen Couch und Fernseher, einen Behandlungsraum, eine kleinen Sauna, eine Massagewanne und sanitäre Anlagen. Der hier ausgehängte Strafenkatalog belegte Zuspätkommen, Handyklingeln im Bus, Vergessen von PR-Terminen, Autogrammstunden oder Terminen beim Arzt bzw. Physiotherapeuten und auch das Tragen der falschen Schuhe mit Geldstrafen zwischen 10 und 150 Euro für die Mannschaftskasse.

2.1 Die drei Fußballvereine im Überblick

übernahm (vgl. Kirschnek u.a. 2005: 51f.). Wie Jürgen Klopp hatte auch von Heesen zu diesem Zeitpunkt keine Trainerlizenz, sondern handelte eigenen Angaben zufolge eher „intuitiv" und aus seiner Erfahrung heraus (vgl. Dok. 28: 10). Genau wie Klopp ließ auch von Heesen mutigen Offensivfußball spielen und hatte Erfolg damit. Er verließ den DSC aber trotzdem 1999 und übernahm Managerposten bei verschiedenen anderen Bundesligisten, bis er 2001 schließlich wieder nach Bielefeld zurückkehrte – diesmal als Sportdirektor. Dieses Amt hatte er vier Jahre inne, bis er im Juli 2005 wieder auf den Trainerposten wechselte.[139]

Diese häufigen Wechsel zwischen zentralen Positionen mit verschiedenen Tätigkeitsbereichen in einem Profiklub zeigen zum einen, dass die Formalisierung der Qualifikationsvoraussetzungen für diese Posten offensichtlich nur in geringem Ausmaß institutionalisiert ist, d.h. auch wenn formal die Fußballlehrer-Lizenz notwendig ist, um als Trainer zu arbeiten, scheint der Besitz derselben im Bundesliga-Alltag nur eine geringfügige Rolle bei der Besetzung eines Trainerpostens zu spielen. Zum anderen deuten diese schnellen Positionswechsel auf eine gering ausdifferenzierte Arbeitsaufteilung mit unklaren Zuständigkeiten sowie eine starke Personenabhängigkeit der Positionen hin.

In der Saison 2004/05 hatte der DSC einen Gesamtetat von 25 Millionen Euro zur Verfügung. Das sind zwar zwei Millionen mehr als in Mainz, aber insgesamt immer noch weniger als in den meisten anderen Bundesligaklubs. Nicht zuletzt aufgrund dieses geringen Etats gab es in Bielefeld ebenso wenig wie in Mainz hauptamtlich beschäftigte Talentscouts. Stattdessen erfolgte die Spielersuche primär improvisiert und mittels der persönlichen Kontaktnetzwerke von Trainer und Manager (vgl. Dok. 27: 7; Dok. 29: 27).

Auch wenn sich deutliche Parallelen zwischen Jürgen Klopp und Thomas von Heesen feststellen lassen – beide übernahmen als erfahrene Spieler den Trainerposten, haben ihre Vereine vor dem Abstieg gerettet und ihnen zum Aufstieg verholfen – hatte von Heesen in Bielefeld nicht annähernd eine vergleichbare Position wie Klopp in Mainz. Während Klopps Beschäftigung in Mainz (ähnlich wie der Posten des Managers) weitgehend als sakrosankt wahrgenommen wurde, gab es in Bielefeld vermutlich keine Person, die als nicht austauschbar betrachtet wurde – vor allem nicht der Trainer. So wurden in Bielefeld im Falle ausbleibenden Erfolgs regelmäßig die Führungskräfte zur Verantwortung gezogen, während in Mainz die Entlassung von Trainer oder Manager undenkbar wäre.[140] Im Zusammenhang mit dem bevorstehenden Weggang von Trainer Rapolder und einigen Spielern bemerkte dann auch der Bielefelder Finanzmanager, Roland Kentsch: „Hier ist inzwischen jeder ersetzbar, so gefestigt sind unsere Strukturen." (Zitiert nach FAZ vom 26.04.05) Im Unterschied zu den Mainzern bemühte man sich in Bielefeld um Professionalisierung und Formalisierung der Vereinsstrukturen. Und obwohl sich auch im Vorstand des DSC langjährige Vereinsmitglieder finden ließen, wurde eine starke Betonung einzelner Personen vermieden.[141] Vermutlich war das insgesamt höhere Professionalisierungsniveau der Bielefelder die Ursache für einen geringeren Grad an Personenabhängigkeit.

---

[139] Im Februar 2004 hatte von Heesen das Traineramt nach der Entlassung des damaligen Trainers für zwölf Tage zusätzlich zu seinem Posten als Sportdirektor übernommen, bis zu der Verpflichtung von Uwe Rapolder am 1. März 2004.
[140] Klopp verließ den 1. FSV Mainz 05 Ende der Saison 2007/08 auf eigenen Wunsch und wurde Trainer von Borussia Dortmund.
[141] Dieser Unterschied lässt sich z.B. auch anhand der beiden Vereinschroniken anlässlich des 100-jährigen Jubiläums der Arminia Bielefeld und des FSV Mainz 05 nachweisen: Während die Bielefelder Chronik streng chronologisch aufgebaut ist und ohne ein einziges Personenporträt auskommt, nehmen in dem Mainzer Pendant einige wenige Personen des Vereinsvorstands überproportional viel Platz ein. So gibt es z.B. ein Porträt über den Mana-

Abbildung 14: Autogrammkarte eines Spielers des DSC Arminia

Anders als der FSV Mainz 05 war Arminia Bielefeld nicht mehr in der klassischen Vereinsstruktur organisiert, sondern man hatte den Klub einem umfassenden Strukturwandel unterzogen (vgl. Schewe u.a. 2002). Dabei war die Lizenzspielerabteilung am 1. Juli 2001 in eine Kommanditgesellschaft auf Aktien (KGaA) mit einer eigens gegründeten GmbH als einzige Gesellschafterin umgewandelt worden.[142] Als hauptamtliche Geschäftsführer der GmbH fungierten der ehemalige Schatzmeister Roland Kentsch (für den Bereich Finanzen) und Thomas von Heesen (für den Bereich Sport). Der Verein war dabei der 100-prozentige Anteilseigner der GmbH, die wiederum als alleinige persönlich haftende Gesellschafterin der KGaA fungierte (vgl. Wilkesmann u.a. 2002: 767f.). Laut einer Regelung der Deutschen Fußball Liga, DFL, müssen die Vereine Mehrheitseigner der ausgegliederten Kapitalgesellschaften bleiben, ansonsten erhalten sie keine Spiellizenz.[143] Diesen komplexen

---

ger, in dem berichtet wird, „Wie er seinen Traum realisierte" und Mainz 05 zu seiner „Lebensaufgabe" geworden sei (Rehberg u.a. 2005: 184ff.) In einem weiteren Kapitel über den Vereinspräsidenten heißt es, dass der 1. FSV Mainz 05 für ihn praktisch ein „Familienerbe" sei (ebd.: 224ff.).

[142] Weitere Abteilungen umfassten die Sportarten Hockey und Eiskunstlaufen (vgl. Kirschnek 2005: 65ff.).

[143] Ausnahmen von dieser Regel bilden derzeit lediglich die Bayer 04 Fußball GmbH, die eine 100-prozentige Tochter des Bayer-Konzerns ist, und die VfL Wolfsburg GmbH, die zu 90 Prozent dem VW-Konzern gehört

2.1 Die drei Fußballvereine im Überblick

juristischen Strukturwandel im Profifußball, bei dem Fußballklubs zu irgendetwas zwischen profitorientiertem Unternehmen und ehrenamtlich geführten Vereinen werden, erläuterte mir Kentsch folgendermaßen:

> „Und ich will jetzt nicht zu weit ausholen – im Grunde ist das Vereinsrecht nicht kompatibel mit Profisportunternehmen. Deswegen haben sich, im Grunde einer Empfehlung auch der Liga folgend, alle auf den Weg gemacht, dieses- Profisport auszugliedern in Kapitalgesellschaften. Und das haben wir auch gemacht. Die favorisierte Rechtsform ist die GmbH und Co. KG auf Aktien. So ähnlich wie Dortmund von der Rechtsform. Wobei Dortmund eben an die Börse gegangen ist, das ist der Unterschied. Während wir – unsere Aktie würde kein Mensch kaufen – [lacht] nicht an der Börse sind. Also unsere Aktien, die wir auch haben natürlich – Grundkapital zweieinhalb Millionen Euro, zweieinhalb Millionen Stück – befinden sich ausschließlich in Händen des Vereins. Und der Verein, Arminia Bielefeld e.V., aus dem ja ausgegliedert worden ist, ist der alleinige Gesellschafter der GmbH und Co. KG auf Aktien." (Dok. 30: 13f.)

Neben den Geschäftsführern der DSC Arminia Bielefeld GmbH & Co. KGaA gab es auch noch einen neunköpfigen Aufsichtsrat der KGaA, dessen Vorsitzender gleichzeitig auch als Präsident des DSC Arminia Bielefeld e.V. fungierte. Es oblag dem Aufsichtsrat, die beiden Geschäftsführer zu bestellen und/oder zu entlassen. Der Verein untergliederte sich in ein Präsidium (fünf Mitglieder), einen Verwaltungsrat (fünf Mitglieder) und einen Ehrenrat (fünf Mitglieder). Die personellen Überschneidungen beschränkten sich auf den Präsidenten und den Geschäftsführer Finanzen, der neben seinem Posten als Manager auch noch Vizepräsident des Vereins war.

Auch wenn einzelne Personen innerhalb dieser Struktur offensichtlich relativ viel Macht in Händen hielten und sicher auch aufgrund ihrer langjährigen Führungsrollen die Entwicklung des Vereins geprägt hatten, wurde ihnen nicht so viel Bedeutung zugeschrieben wie ihren Kollegen in Mainz. In Bielefeld ließ sich außerdem eine Trennung von Bestandszweck und Mitgliedschaftsmotivation beobachten. Auch wenn sich vor allem bei den Inhabern der ehrenamtlichen Positionen innerhalb des Vereinsvorstandes ebenfalls enge biographische Verknüpfungen und eine große Verbundenheit mit dem Verein feststellen ließen: So z.B. wenn sich der Vereinspräsident, der dieses Ehrenamt bereits seit 1990 innehatte und seit seiner Kindheit ein treuer Armine ist, als „fußballverrückt" bezeichnete (Dok. 43: 27) oder ein Vorstandsmitglied von seinen 47 Jahre haupt- und ehrenamtlicher Mitarbeit bei Arminia erzählte (vgl. Dok. 46: 5).

Innerhalb der hauptamtlichen Mitarbeiterstellen schien zwar die Vereinsmitgliedschaft bzw. vorheriges Engagement beim DSC erwünscht zu sein, war aber keine zwingende Voraussetzung. So gehörte der Geschäftsführer Finanzen, Roland Kentsch, der gelernter Volkswirt ist und zuvor als Bankdirektor angestellt war, z.B. erst seit 1999 zur Arminia, wo er dann im März 2002 hauptberuflich die Geschäftsführung übernahm. Er betrachtete den DSC in erster Linie als ein Unternehmen bzw. ein Profisportunternehmen. Sein Zuständigkeitsbereich umfasste die kaufmännisch-organisatorischen Führungsaufgaben des operativen Fußballgeschäfts (vgl. Dok. 30: 33), weswegen er seine Entscheidungen nach eigenen Angaben auch primär am finanziellen und nicht am sportlichen Nutzen des Vereins ausrich-

---

(Wilkesmann u.a. 2002: 761). Die Grundlage dieser Ausnahmen stellt eine Sonderregelung des DFB von 1998 dar, der zufolge Wirtschaftsunternehmen dann Mehrheitseigner sein dürfen, wenn sie einen Fußballverein mehr als 30 Jahre lang intensiv finanziell gefördert haben (DFB 1998: 5).

tete. Mit dem Verweis auf die wirtschaftlichen Vorteile rechtfertigte er sogar den Bestand der sportlich nur mäßig erfolgreichen Frauenabteilung des DSC (vgl. Dok. 30: 310).

Als weitere Professionalisierungsstrategie und um zusätzliche Einnahmen zu erzielen – mit denen dann wiederum die spielerische Klasse der Mannschaft erhöht werden sollte –, wurden im Jahr 2000 die Bereiche Vermarktung und Werberechte verkauft (vgl. Kirschnek u.a. 2005: 158). Selbsterklärtes Ziel der Bielefelder war das Erreichen sportlichen Erfolgs mittels Professionalisierung und Strukturwandel. Anders als in Mainz wurden beim DSC die eigenen strukturellen Defizite nicht positiv umgedeutet und z.B. mangelnde Formalisierung als Solidar- und Schicksalsgemeinschaft idealisiert. Anstelle sozialer Distinktion und einer Stilisierung des Vereins als etwas Besonderes bemühte man sich in Bielefeld darum, den Verein zu einer modernen Dienstleistungsorganisation umzugestalten und dem Status Quo der Bundesliga anzupassen – und zwar trotz der engen finanziellen Grenzen.

> „Wir müssen in der täglichen Arbeit jeden Tag versuchen, einen Schritt weiter zu kommen, uns zu entwickeln, uns auch trotz der einen oder anderen Niederlage (…) einfach auf Situationen einstellen müssen, die wieder dahin gehen, dass man sagt, man findet sich am Ende der Tabelle wieder. Aber trotzdem die Vision nicht verlieren darf, … aufgrund des Potentials, das man hat, trotzdem zu sagen, wir werden in der Ersten Liga bleiben, wir werden es schaffen, wir werden uns weiterentwickeln, und wir werden dann auch den nächsten Schritt vollziehen können. Das heißt Infrastruktur und so weiter, das Ganze noch weiter auszubauen. Wobei irgendwo dem Ganzen auch ein Limit gesetzt ist hier, absolut. (…) Die Nachwuchskonzeption weiter auszubauen, weil wir haben ja überhaupt keine Manpower dahinter, weil wir einfach die finanziellen Mittel nicht haben, um das zu forcieren. Dann das Trainingsgelände, das ist eines Erstligisten unwürdig. Ja, da müssen wir natürlich auch im Zuge der Lizenzierungsauflagen natürlich auch tätig werden und das Trainingsgelände erweitern. Ein Leistungsnachwuchszentrum errichten, und so, das sind die Visionen, die man umsetzen will. Und, wie gesagt, das hängt natürlich alles davon ab, was da.. in diesem Stadion passiert. Erste oder Zweite Liga. Das ist immer der harte Kampf jeden Tag wirklich sich mit jedem auseinander zusetzen, um diesen Schritt nach vorne zu machen. Das ist nicht immer einfach…" (Dok. 28: 230ff.)

Trotz einer insgesamt erfolgreichen, wenn auch wechselhaften Vereinsgeschichte verfügte Arminia Bielefeld 2005 zum Zeitpunkt der Untersuchung nur über rund 3000 Vereinsmitglieder (also lediglich die Hälfte von Mainz 05). Der Sportdirektor begründete die schwache Zuschauerunterstützung der Arminen folgendermaßen:

> „Und das ist das Geheimnis, worum es hier immer geht: Aufstieg, Abstieg, Aufstieg, Abstieg. Ich glaube, dass das die Leute, teilweise auch jetzt- weil, man fragt ja immer, warum haben wir so wenig Zuschauer, ich glaube, das hat sich so ein bisschen abgenutzt. Dass die Leute sagen: Na ja, gut. Spielen se Erste Liga, spielen se vielleicht nächstes Jahr wieder Zweite Liga. Ne, es fehlt irgendwo momentan dieser Kick, den die Leute brauchen, um zu sehen, hm jetzt haben wir vielleicht mal die Chance über Jahre hinweg drin zu bleiben." (Dok. 28: 230)

Während meines Aufenthalts beim DSC war Uwe Rapolder Trainer des Klubs. Er hatte dem Verein in der Saison 2003/04 zum siebten Aufstieg in die Erste Bundesliga verholfen. Gemeinsam mit Co-Trainer Frank Geideck hatte er ein kleines Büro auf der Geschäftsstelle. Rapolder, studierter Betriebswirt, bei seinem Amtsantritt in Bielefeld 45 Jahre alt, bezeichnete sich selbst als „Ästhet" und „etwas eitel" (vgl. Nocks 2004: 16). Anders als z.B. Jür-

2.1 Die drei Fußballvereine im Überblick

gen Klopp präsentierte sich Uwe Rapolder bei den Spielen seiner Mannschaft nicht im Trainingsanzug, sondern trug meist einen dunklen Anzug (Dok. 40: 15).[144] Auf diese Weise ließ sich bereits im Auftreten eine gewisse Distanz zu den Spielern beobachten. Rapolder war ebenso wie Klopp vor seiner Trainerkarriere ein eher durchschnittlicher Profispieler. Beide gelten in der Öffentlichkeit als „Konzeptfußballer", die sich bei ihrer Trainerarbeit vor allem auf Taktik und Teamarbeit konzentrieren und die Mannschaft innerhalb vorher genau abgesprochener Laufwege spielen lassen (vgl. Dok. 32: 169, 185; Nocks 2004). Ähnlich wie bei Jürgen Klopp wurde auch bei Rapolder vor allem die Fähigkeit gelobt, die Mannschaft zu motivieren und dem Publikum attraktiven Offensivfußball zu bieten (vgl. Richter 2004).

Im Umgang mit den Spielern und in ihrer Außendarstellung unterschieden sich die beiden Trainer aber deutlich voneinander: Im Gegensatz zu der harmonischen Mainzer Familienatmosphäre, in der die Existenz formaler Hierarchien häufig latent gehalten wurde, konnte man in Bielefeld zwischen Rapolder und den Spielern ein deutliches Hierarchiegefälle spüren. Während er die Spieler stets duzte, siezten ihn die Spieler und hielten meist respektvollen Abstand (vgl. Dok. 32: 217ff.; Dok. 38). Während der Trainings trug Rapolder zwar meist einen Trainingsanzug, aber man sah ihn praktisch nie aktiv mitspielen, wie das sowohl bei Jürgen Klopp als auch bei Erik Gerets, dem Trainer des VfL Wolfsburg, regelmäßig zu beobachten war. Während der Trainings und einzelner Übungseinheiten, die meist vom Co-Trainer angeleitet wurden, patrouillierte er zwischen den Spielern hindurch und schien meistens relativ unbeteiligt. Nur während der Übungsspiele mischte er sich vom Spielfeldrand aus lautstark ein (vgl. Dok. 39: 14, 17; Dok. 40: 15). Von Heesen verglich während eines Gesprächs unaufgefordert die Trainingsmethoden von Uwe Rapolder in Bielefeld mit denen Jürgen Klopps in Mainz:

> „Über die Methodik erreicht man die Ergebnisse. Also wenn man die Methodik weglässt und glaubt, man kann einfach emotional nur Fußball spielen, das funktioniert auf Dauer nicht. Das funktioniert vielleicht zwei, drei mal, wie Mainz jetzt, dass sie- Die haben zwar auch ne gewisse Methodik, aber die leben von der *Euphorie* und von ihrer Motivation. Aber irgendwann wird dann die Methodik gefragt, und der *Plan* ist wichtig, den man auf dem Platz hat. Und ich glaube, dass, von der anderen Seite her, wenn man ständig an diesem Plan arbeitet, an der Methodik und am System, dass sich irgendwann das auch in Ergebnissen niederschlägt." (Dok. 28: 298)

Auch Uwe Rapolder wandte sich gegen das Label „Spaßfußball" (wie es gerne in Mainz verwendet wurde), für ihn stand vor allem die Arbeit im Vordergrund, und er betonte immer wieder die Professionalität als notwendige Voraussetzung für erfolgreichen Fußball. Außerdem wurde von ihm die Bedeutung monetärer Anreize für die Spieler gebilligt: Anders als in Mainz wurde von den Bielefelder Spielern nicht erwartet, aufgrund eines ideellen Erlebniswerts für die Arminia zu spielen, sondern auch finanzielle Motive wurden als legitim anerkannt.

> „Des ist eine extreme Leistungsgesellschaft, eine Fußballmannschaft. Des ist eine Leistungsgesellschaft. Des is- des is zwar- in Deutschland war das für lange Zeit net in. Das ist aber immer mehr wieder im Kommen, weil es einfach nötig ischt, um international im Wettbewerb so ein bisschen mit dabeizubleiben. Nur mit Spaß haben geht's net. (...) Schon Spaß. Wir machen Rie-

---

[144] In einem Zeitungsinterview erklärte er, welche Außenwirkung er mittels seiner Kleidung zu erzielen beabsichtigte: „Schwarz strahlt Macht aus" (Nocks 2004: 18).

> senspaß, aber Spaß für die Zuschauer und für die, die zugucken, net Spaß für die Spieler. Rausgehen, ä bissele rumboppeln. Erst kommt die Arbeit, Jungs! Wir arbeiten hart, damit andere Spaß haben. So muss [es] auch sein. ... Und des müssen die begreifen, die Spieler, auch wenn sie in ihren bisherigen Vereinen, ob in Deutschland oder im Ausland, im Training vor allem Spaß haben wollten. 500.000 Euro verdienen und a bisserl mit Spaß zu arbeiten, das möchte jeder." (Dok. 32: 249ff.)

Anders als in Mainz wurden also Mitgliedschaftsmotivation und Organisationszweck durchaus getrennt, und es ging in Bielefeld keineswegs um die Herstellung einer diffusaffektiven Beziehung zwischen Trainer und Spielern. Im Gegensatz zur „Opfergemeinschaft" von Trainer Klopp und „seinen Jungs", bei der man gegenseitig alles füreinander getan hätte, bleibt zu vermuten, dass Uwe Rapolder wahrscheinlich nicht mitten in der Nacht 800 Kilometer weit gefahren wäre, um irgendetwas für einen seiner Spieler zu regeln (vgl. Dok. 4: 54). Rapolder führte die Mannschaft als Teamchef, mit einer deutlich erkennbaren Trennung von Person und Funktionsrolle:

> „Der Teamgedanke steht ganz oben bei mir. Und deshalb- ... Ich bin auch bereit, Leuten zu helfen, aber nur, wenn sie sich helfen lassen wollen. ... Und ich bin überhaupt net bereit, muss ich ehrlich sagen, [schlägt auf den Tisch] das hat sich in den letzten Jahren bei mir herauskristallisiert, äh irgend 'nem Ausländer, der herkommt, und noch mal der Geld verdient, wo Sie sich die Finger danach lecken würden, dass der dann- dass ich dem auch noch äh Dings spiel': Psychologe und Schullehrer und dass ich dem womöglich noch zu Hause den Teppich sauge, das muss net sein." (Dok. 32: 185)

Für die Betreuung der Spieler war in Bielefeld der Assistent der Geschäftsleitung zuständig, der gleichzeitig als eine Art Schaltstelle zwischen der Mannschaft und der Geschäftsführung fungierte und während meines Feldaufenthalts beim DSC mein wichtigster Ansprechpartner wurde. Sein Zuständigkeitsbereich umfasste die Vertragsangelegenheiten der Spieler, deren Spielberechtigungen, Aufenthaltsgenehmigungen und Transfervorgänge. Er organisierte den Sprachunterricht für die ausländischen Spieler und leistete ihnen auch sonst hin und wieder Hilfestellung bei alltagspraktischen Problemen. Eine langjährige Mitgliedschaft vor seiner Anstellung oder starke emotionale Bindung an den Verein bestanden nicht.[145]

Die Mannschaft des DSC setzte sich in der Saison 2004/05 folgendermaßen zusammen: Von den 34 Spielern im Kader des DSC Arminia Bielefeld hatten 17 Spieler die deutsche Staatsbürgerschaft, 14 stammten aus dem europäischen Ausland (Polen, Türkei (2), Bosnien-Herzegowina, Italien, Tschechien, Spanien, Portugal, Rumänien, Belgien, Makedonien, Albanien (2) und Serbien-Monte Negro) und zwei aus dem nicht-europäischen Ausland (Brasilien und Ghana). Ein Spieler hatte zwar nicht die deutsche Staatsangehörigkeit, galt jedoch als „Fußballdeutscher". Das numerische Verhältnis zwischen Deutschen und Ausländern war sowohl bezogen auf den gesamten Kader als auch bzgl. der Stammelf relativ ausgeglichen. Ende der Saison 2004/05 löste sich die damalige Mannschaft praktisch auf. Insgesamt elf Spieler (davon sechs Stammspieler) und der Trainer verließen Bielefeld und wechselten zu anderen Bundesligamannschaften oder sogar in andere nationale Ligen. Uwe Rapolder, der sich nach langen Gehaltsverhandlungen schließlich entschieden hatte,

---

[145] Er verließ den Verein 2005 wieder für eine Anstellung beim Deutschen Sportbund.

2.1 Die drei Fußballvereine im Überblick

zum 1. FC Köln zu wechseln, wurde daraufhin von seinem Posten in Bielefeld vorzeitig freigestellt.[146]

Zusammenfassend lässt sich festhalten, dass der DSC Arminia Bielefeld in seinen Selbstbeschreibungen als kleiner Aufsteiger-Bundesligaklub erschien, dessen Ziel es war, mittels langfristiger Professionalisierungsstrategien einen dauerhaften Platz in der Ersten Bundesliga einzunehmen. Zu diesem Zweck hatte Arminia Bielefeld seine Lizenzspielerabteilung in eine Kapitalgesellschaft ausgegliedert und das Vereinsmanagement professionalisiert. Erklärtes Ziel war es, die Strukturen so zu festigen, dass die „Personen auf allen Positionen austauschbar" werden sollten. Der Verein kontrollierte die Lizenzspielerabteilung jedoch weiterhin über seine Beteiligung an der Komplementär-GmbH. Zur Führung des operativen Geschäfts wurden vom Aufsichtsrat der KGaA für die Bereiche Finanzen und Sport zwei hauptberufliche Geschäftsführer eingesetzt. Im Gegensatz zum 1. FSV Mainz 05, der den eigenen Geldmangel positiv umdeutete und mittels karnevalesker Unprofessionalität ein Gegengewicht zum finanziell überdimensionierten Bundesligazirkus setzte, verzichtete der DSC Arminia Bielefeld auf derartige Bewältigungsstrategien. Der relativ niedrige Gesamtetat wurde nicht als selbst gewählte Tugend uminterpretiert, sondern als Zustand, den man mittels langfristig angelegter Professionalisierungsmaßnahmen in Zukunft zu verändern hoffte. Entsprechend gab es in Bielefeld wenig Herzblutsemantik, stattdessen herrschte die sachlich-nüchterne zielorientierte Arbeitsatmosphäre eines mittelständischen Unternehmens, die auf den ersten Blick mit Fußball nicht viel zu tun hatte. Dieser höhere Grad an Professionalisierung spiegelte sich auch im Umgang mit den Spielern, von denen in ihrer Beziehung zu Trainer und Verein weniger affektive Verbindlichkeit und mehr Professionalität gefordert wurde.

2.1.3 Der Verein für Leibeserziehung Wolfsburg: Wider das Vorurteil des „seelenlosen Werksklubs"

> „Und wir möchten halt, dass der VfL Wolfsburg unser Image – wenn sie gut spielen weltweit, weil wir ein Global Player sind – auch weltweit verbreitet, die Marke VW." (Dok. 60: 29)

Die Volkswagen-Arena, das Stadion des VfL Wolfsburg, liegt am Rande Wolfsburgs nur wenige Meter vom Mittellandkanal und dem Allersee entfernt. Sie ist erst wenige Jahre alt (2002 erbaut) und hat eine Fassade, die ganz aus grünlich schimmerndem Glas und Stahl besteht. Daher sieht sie weniger wie ein Fußballstadion, sondern eher wie eine Konzerthalle oder ein Fabrikgebäude aus. Tatsächlich finden in der Volkswagen-Arena regelmäßig auch andere Großveranstaltungen wie Rockkonzerte statt, was für den Verein eine lukrative Nebenverdienstmöglichkeit darstellt.[147] Die Volkswagen-Arena hat ein Fassungsvermögen von 30.000 Zuschauern und ist eines der modernsten Stadien in Europa. Schon bei der Anfahrt fällt der Blick auf die mit dem Stadion korrespondierenden Glas- und Stahlbauten, die sich gegenüber der Arena 300 Meter weiter westlich erheben: das Volkswagenwerk und die glä-

---

[146] In Köln wurde er bereits in der Winterpause nach einer Serie von zwölf sieglosen Spielen und der schlechtesten Hinrunde der Vereinsgeschichte des 1. FC Köln vorzeitig entlassen und blieb lange ohne Beschäftigung.
[147] Eine derartige Nutzung der Fußballstadien ist aufgrund der Standorte mitten in Wohngebieten der Innenstadt weder in Mainz noch in Bielefeld möglich.

sernen Türme der Autostadt[148]. Vor dem Stadion gibt es große Parkplätze und ein hoch umzäuntes Trainingsgelände. In die Volkswagen-Arena integriert und mit einer guten Aussicht auf den Trainingsplatz liegt das Soccer-Café. Im Sommer gibt es hier draußen Sitzgelegenheiten, so dass man das Training bequem bei Kaffee und Kuchen beobachten kann.

Die Geschäftsstelle des VfL befindet sich in der ersten Etage des Stadions. Während meiner Besuche dort erinnerten nur ein paar eingerahmte Werbeposter an den Wänden daran, dass man sich bei einem Bundesligisten befand, ansonsten herrschte die sachlich-nüchterne Atmosphäre eines Empfangsbüros (vgl. Dok. 57: 15). Die Einrichtung war in den Vereinsfarben grün-weiß gehalten, und überall begegnete einem das Maskottchen „Wölfi", ein grauer Plüschwolf, in verschiedenen Darstellungen. An einer Empfangstheke waren meist zwei junge Frauen anzutreffen, die Besucher und Anrufer freundlich begrüßten. Gegenüber gab es eine Couch, neben der sich eine ganze Regalwand mit Werbebroschüren des VfL bzw. des Hauptsponsors VW befanden. Der VfL verfügte im Gegensatz zu den Mainzern und Bielefeldern, die lediglich anlässlich der Heimspiele ein eigenes Blättchen herausgaben, über eine Vielzahl eigener meist in grün gehaltener Heftchen und PR-Magazine: angefangen vom Stadionmagazin „Grün Und Gut", über Fanmagazine des „Wölfiklubs" bis hin zu aufwendig gestalteten Flyern über die Volkswagen-Arena oder Angeboten eines „Exklusiv-Wochenendes" beim VfL Wolfsburg inklusive Heimspiel, Besuch der Autostadt und Begrüßungscocktail. Neben der Empfangstheke führte eine Glastür zu einem langen Gang, von dem eine ganze Reihe von Büroräumen abging. Auf insgesamt drei Stockwerken arbeiteten hier zum Zeitpunkt meines Feldaufenthalts 38 hauptamtliche Mitarbeiter.

Abbildung 15: Vereinslogo des VfL Wolfsburg

Der VfL Wolfsburg verfügte mit 50 Millionen Euro in der Saison 2004/05 über einen Gesamtetat, der rund doppelt so hoch war wie die jeweiligen Etats von Mainz und Bielefeld. Gleichzeitig handelte es sich beim VfL um einen vergleichsweise jungen Fußballklub, der

---

[148] Bei der Autostadt handelt es sich um eine Art Erlebnis- und Themenpark rund ums Auto.

2.1 Die drei Fußballvereine im Überblick

erst im September 1945 gegründet wurde[149], während Mainz 05 und Arminia Bielefeld 2005 bereits ihr 100-jähriges Bestehen feiern konnten. Der VfL wurde seit seiner Gründung 1945 vom Volkswagen-Konzern wirtschaftlich unterstützt und war ursprünglich (unter englischer Besatzung) sogar als Betriebssportgemeinschaft für VW gedacht gewesen.[150] Die im Laufe der Jahre immer umfangreichere finanzielle Förderung des VfL durch Volkswagen wurde vom Konzern mit dem Verweis auf Standortsponsoring und die „gesellschaftliche Verantwortung eines Unternehmens" rationalisiert. Demnach ging und geht es für Volkswagen primär darum, den eigenen Mitarbeitern Möglichkeiten zur Freizeitgestaltung zu schaffen – und zwar sowohl in Leistungs- als auch Publikumsrollen. Ein direkter Nutzen für den Konzern, wie z.B. öffentliche Aufmerksamkeit über die regionalen Grenzen hinaus, ergab sich erst nach dem Aufstieg des VfL in die Erste Bundesliga 1997[151] und der Qualifikation für UEFA- bzw. UI-Cup (vgl. ebd.; Dok. 64: 106ff.). Einer der Geschäftsführer beschrieb diese Problematik folgendermaßen:

„Für VW ist allerdings von besonderer Bedeutung diese Standortproblematik, also: VW hat ja (...) die Weltzentrale ist ja Wolfsburg, in einem Umfeld, in dem sonst relativ wenig Aufmerksamkeit stark stattfindet. Und wir sind ein klassischer weicher Standortfaktor für VW. Man möchte der Belegschaft, auch dem Management, was bieten in Wolfsburg. Also *mindestens 50% der Überlegungen*, den VfL Wolfsburg zu sponsern und aufzubauen, ist auch Standortüberlegung: Am Weltstandort von Volkswagen auch ein besonderes Top-Ereignis stattfinden zu lassen. (…) Also das kann man gar net anders interpretieren, denn wenn es rein um Sponsoring ging', dann wären sie sicherlich gut beraten gewesen, ihr Engagement auf einen der Top-Klubs Deutschlands, der schon automatisch seine eigene Bekanntheit in die Waagschale schmeißen kann, reinzutun." (Dok. 64: 108)

Zu dieser Zeit hatten die Wolfsburger noch in ihrem alten Stadion am Elsterweg gespielt, in dem nur rund 21.000 Zuschauer Platz gefunden hatten und das wie die meisten älteren Stadien keine reine Fußballarena war, sondern zusätzlich über Leichtathletikbahnen verfügte. Die neue Volkswagen-Arena wurde erst 2001 gebaut und 2002 eingeweiht, in jenem Jahr, in dem die Lizenzspielerabteilung des VfL Wolfsburg e.V. in die VfL Wolfsburg Fußball GmbH ausgegliedert wurde. Aber anders als z.B. bei Arminia Bielefeld war in Wolfsburg nicht mehr der Verein einziger Gesellschafter, vielmehr hielt die Volkswagen AG 90 Prozent und der VfL Wolfsburg nur noch 10 Prozent der Anteile.[152] Diese enge Verflechtung zu VW spiegelte sich auch in vielen der Selbstbeschreibungen des Vereins, so z.B. in einem Gespräch über die Identifikation der Spieler mit dem VfL:

---

[149] Neben Fußball wurden beim VfL auch noch eine ganze Reihe weiterer Sportarten angeboten: Handball, Tennis, Schach, Radsport, Boxen und Turnen.
[150] Die Gründung der Stadt Wolfsburg 1938 ist eng mit dem zeitgleichen Bau des Volkswagenwerks verbunden und verlief nach sorgfältigen Planungen.
[151] Hier sind die Schicksale des FSV Mainz 05 und des VfL Wolfsburg eng miteinander verknüpft, denn am 11. Juni 1997 konnte sich der VfL in der entscheidenden letzten Partie mit einem 5:4 gegen die Mainzer durchsetzen, die mit einem Sieg ebenfalls aufgestiegen wären. Für die Mainzer war das der erste ihrer drei Beinahe-Aufstiege.
[152] Damit bildete der VfL gemeinsam mit der Bayer 04 Fußball GmbH, die eine 100-prozentige Tochter des Bayer-Konzerns ist, eine Ausnahme, die erst aufgrund einer Sonderregelung des DFB von 1998 ermöglicht wurde. Demnach muss der Verein nicht Mehrheitseigner der in eine Kapitalgesellschaft ausgegliederten Profifußballabteilung sein, wenn „ein Wirtschaftsunternehmen bereits seit mehr als 20 Jahren vor dem 01.01.1999 den Fußballsport des Vereins ununterbrochen und erheblich gefördert hat und dieses Unternehmen die Anteile an der Tochtergesellschaft allein oder zusammen mit dem Mutterverein besitzt" (DFB 1998: 5).

„Dass es eben kein normaler Verein ist, sondern dass man auf Grund der Verflechtung zu Volkswagen eben auch 300.000 Mitarbeiter auf der ganzen Welt repräsentiert. Dass man sich dessen bewusst ist, dass die mit ihren Dingen, die sie tun, sei es jetzt im Auto verkaufen oder Auto bauen oder wie auch immer, dafür sorgen, dass wir das hier machen können. Und davon- deswegen spreche ich häufig von sozialer Verantwortung, die *wir* als VfL Wolfsburg den Mitar- beitern im Konzern eben haben, weil die es eben ermöglichen. Die müssen teilweise auf Dinge verzichten, die sie eben nicht machen können, was weiß ich, Weihnachtsgeldkürzung, Urlaubs- dings, ... und dessen muss man sich hier auch bewusst sein, jeder Einzelne. Was das bedeutet, dass man gerade in diesen Phasen *noch* deutlicher sich zu der Marke, zu den Leuten, die das schaffen eben positioniert und sagt: ‚Wir versuchen, alles zu tun und alles zu geben, damit die zumindest... ein gutes Gefühl haben, was wir hier machen', und nicht das Gefühl haben ‚wir müssen auf alles verzichten und da drüben wird irgendwie ein bisschen Fußball gemacht'. Und deswegen ist das für mich ein wichtiger Punkt, der auch in den Gesprächen mit den Spielern, die .. ich ja jetzt oder wir neu verpflichten werden, auf jeden Fall ein Thema sein. ... Das ist mir ganz wichtig." (Dok. 67: 105ff.)

Die VfL Wolfsburg Fußball GmbH hatte einen Aufsichtsrat, der normalerweise aus zwölf Mitgliedern bestand: Zwei davon wurden vom Verein berufen und zehn von Volkswagen. Während des Untersuchungszeitraums gab es nur elf Aufsichtsratsmitglieder: Der Vorsit- zende war gleichzeitig auch der Vorstandsvorsitzender der Marke Volkswagen und zustän- dig für Controlling und Rechnungswesen bei Volkswagen. Die beiden stellvertretenden Aufsichtsratsvorsitzenden waren ebenfalls Vorstandsmitglieder bei Volkswagen. Außerdem saßen noch ein Volkswagen-Vorstandsmitglied, der Betriebsratschef und der Prokurist von Volkswagen, drei mittelständische Unternehmer aus Wolfsburg, der Oberbürgermeister der Stadt und als einzige Frau die Vorsitzende einer humanitären Hilfsorganisation im Auf- sichtsrat der VfL Wolfsburg Fußball GmbH. Der Aufsichtsrat hatte die insgesamt vier Ge- schäftsführer der Kapitalgesellschaft berufen, von denen einer für die sportliche Leitung sowie die Öffentlichkeitsarbeit zuständig war (Sportdirektor), einer für Verwaltung, Marke- ting und die Volkswagen Arena, einer für Finanzen bzw. Rechnungswesen und einer für das Nachwuchsleistungszentrum sowie den Frauenfußball (vgl. Dokumente Wolfsburg_3).

Auch auf der Ebene der Geschäftsführung bestand zunächst eine enge Anbindung an Volkswagen: Bis zum Aufstieg des Vereins in die Erste Bundesliga wurde der VfL prak- tisch von einem VW-Angestellten alleine in einer Art „One-man-Show" geleitet (vgl. Dok. 72: 33). Erst mit der Ausgliederung der Lizenzspielerabteilung und dem Stadionneubau begannen eine Ausdifferenzierung der Tätigkeitsfelder und erste Professionalisierungsmaß- nahmen, indem man 1999 einen erfahrenen Fußballfunktionär als zweiten Geschäftsführer nach Wolfsburg holte. Im Gegensatz zu jenem ersten Allround-Manager, der ursprünglich ein „klassischer VW-Mann" war und nach 30 Jahren Dienst bei Volkswagen für den Fuß- ball freigestellt worden war (Dok. 64: 112), war der zusätzliche zweite Manager kein Volkswagen-Angestellter, sondern langjähriger Mitarbeiter der Deutschen Fußball-Liga, DFL, und blieb auch nach der weiteren Ausdifferenzierung der Tätigkeitsfelder beim VfL lange Zeit der einzige werksfremde Geschäftsführer (Dok. 63: 28).[153] Sein Kollege wurde

---

[153] Auffallend waren hier die Versuche, auch für diese Person biographische Verbindungen zu VW zu rekonstruie- ren, so z.B. im Rahmen eines Interviews mit ihm im Saisonmagazin 2006/07. Hier erfuhr man, dass er von 1972 bis 1973 in Kaiserslautern eine Lehre zum Kfz-Mechaniker absolviert hatte und dass sein erstes „zusammenge- spartes Auto" ein Käfer Baujahr 1957 war (VfL Wolfsburg-Fußball GmbH 2006: 18).

2.1 Die drei Fußballvereine im Überblick

nach 13 Jahren im Dienst des VfL im November 2004 in seinem Amt als Sportdirektor von „einem Werksfremden, der aus dem Fußball kommt", abgelöst (Dok. 64: 112).

Im Laufe der Jahre wurden die Aufgaben der Geschäftsführung weiter unterteilt und zusätzliche Posten geschaffen, die mit VW-Leuten besetzt wurden: So war der Finanz-Geschäftsführer des VfL gleichzeitig Leiter der Steuerabteilung von Volkswagen; und der vierte Geschäftsführer, dessen Zuständigkeiten das Nachwuchsleistungszentrum und den Frauenfußball umfassten und dessen Amt es erst seit 2004 gab, hatte zuvor den Posten als stellvertretender Vorsitzender des VW-Betriebsrats inne gehabt. In diesen Entwicklungen lassen sich insgesamt eine fortschreitende Ausdifferenzierung[154] und Professionalisierung des VfL und gleichzeitig eine Tendenz zur zunehmenden Eigenständigkeit des Fußballklubs gegenüber VW feststellen: Die Führung des Fußballklubs wurde immer mehr zur Aufgabe eigens dafür ausgebildeter und erfahrener Personen und nicht mehr nur Nebenjob für Volkswagen-Mitarbeiter. Einer der Manager beschrieb die Veränderungen in der Einflussnahme von Volkswagen auf den VfL folgendermaßen:

„Tendenziell ist eigentlich der Einfluss von VW im operativen Tagesgeschäftsbereich eher zurückgegangen. (...) Klar, ein Aufsichtsrat fragt immer mal was nach – aber das heißt, wenn jetzt eine Presseveröffentlichung ist mit irgendeiner Kritik oder so, dann kann es natürlich sein, dass Herr Sander[155] aus dem Werk anruft und sagt ‚Herr XY, ich habe das gelesen. Was ist denn da los?' Dann erkläre ich ihm das, dann ist das Thema erledigt. Und wir haben auch die Freiheit, alle Funktionen eigenständig aus der Geschäftsleitung zu besetzen. Das wird nicht vom Werk aus in irgendeiner Form vorgegeben. Die äh ... klassische Anbindung ist eigentlich im finanziellen Bereich. Dort ist die Budgetabsprache. Die Budgetvorgabe, die läuft streng und auch richtig über den Aufsichtsrat mit Freigabe und wird auch kontrolliert durch den Geschäftsführer, der aus dem Werk stammt. Aber ansonsten sind wir sehr frei in unserer Arbeitsweise." (Dok. 64: 112)

Im Vergleich zum FSV Mainz 05 und dem DSC Arminia Bielefeld hatte der VfL einen höheren Etat, mehr hauptamtliche Mitarbeiter und eine stärker funktional differenziertere Arbeitsteilung innerhalb der Geschäftsführung. Einer der Wolfsburger Manager erkannte durchaus einen Zusammenhang zwischen der Wirtschaftskraft eines Vereins, dem Professionalisierungsgrad der Vereinsführung und dem sportlichen Erfolg der Mannschaft:

„In aller Regel ist die Tabelle ja ein Stück weit ein Spiegelbild der Wirtschaftskraft der Klubs. Das heißt, die Vereine, die im letzten Drittel liegen, auch wirtschaftlich liegen, haben selten die Ressourcen, Geld auszugeben für bestimmte Prozesse, die ja auch was kosten, weil da der Fokus nur auf dem *Nicht*abstieg liegt, wird alles in die Mannschaft gepumpt. Ob das dann sinnvoll ausgegeben ist und dass man da vielleicht gewisse Mosaiksteine *vergisst* darüber, das kann schon sein. Je .. reicher oder wirtschaftlich besser aufgestellt ein Klub ist, desto mehr Geld fließt dann eigentlich auch schon in solche Bereiche 'rein. Net überall, aber die Tendenz ist da schon eindeutig, denke ich. Wobei so ein Verein wie Leverkusen oder wir mit dieser Konzernanbindung auch ...ähm etwas freier arbeiten können. Ich glaube, dass (...) wir freier arbeiten können als einer, der ein ehrenamtliches Präsidium noch neben sich oder über sich hat, weil dort die persönlichen Eitelkeiten und andere Präferenzen häufiger noch professionelle Arbeit überlagern. Also das heißt,

---

[154] Nach Abschluss meiner Untersuchung kam es im Mai 2007 mit der Verpflichtung von Felix Magath als Trainer, Sportdirektor und Manager in Personalunion zu einer Ent-Differenzierung der Arbeitsprozesse, mit der man dem Vorbild englischer Klubs folgen wollte.
[155] Lothar Sander war während des Untersuchungszeitraums Vorstandsmitglied der Marke VW und Verwaltungsratsvorsitzender des VfL Wolfsburg.

je ... stringenter eine Geschäftsführung professionell installiert ist, desto mehr hat man die Chance, auch entsprechende Dinge umzusetzen, die den Verein professionell weiterbringen. (...) Ein Vereins*präsident*, der möglicherweise andere Ambitionen hat, nämlich sich selber in der Presse wiederzufinden und so weiter, der wird vielleicht eine Presseabteilung gar net so professionell arbeiten lassen, weil er ja möglichst selber immer das Mikrofon in die Hand nimmt oder angerufen werden will. Ein Herr Sander will gar net angerufen werden." (Dok. 64: 136)

Im Gegensatz zu Mainz und Bielefeld besaßen die Wolfsburger außerdem seit 2001 ein eigenes Nachwuchsleistungszentrum. Organisatorisch waren die Jugendmannschaften 2004 mit dem Frauenfußball zusammengelegt worden, und man hatte für deren Betreuung das Amt des vierten Geschäftsführers geschaffen. Amateure und Frauen spielten jedoch nicht in der Volkswagen-Arena, sondern im alten VfL-Stadion am Elsterweg. Eine eigene Abteilung für den Frauenfußball hatte der VfL erst seit dem 1. Juli 2003 durch die Eingliederung der Frauen-Bundesligamannschaft des in der Region ansässigen WSV Wendschott in die VfL Wolfsburg-Fußball GmbH erhalten. VW begründete diese Übernahme, die dem Konzern in erster Linie zusätzliche Kosten eingebracht hatte, damit, dass die Entscheidung notwendig gewesen sei, um das Engagement für den Fußball – und zwar unabhängig vom Geschlecht der Spielenden – glaubwürdig zu machen (vgl. Dok. 72: 32). Der Frauenfußball habe wirtschaftliche Probleme gehabt und finanzielle Förderung benötigt (vgl. Dok. 60: 321ff.). Anhand von Organisationsaufbau und Aufgabenteilung wurde jedoch deutlich markiert, dass der Frauenfußball kein Teil des „normalen" (Männer-)Fußballbetriebs war, sondern die Frauen – selbst die Bundesligamannschaft – unter den Jugendbereich subsumiert wurden.[156]

Die vier Geschäftsführer des VfL hatten ihre Büros im zweiten Obergeschoss, ein Stockwerk über dem Empfangsbereich der Geschäftsstelle. Die Eingangstür zu diesem Bereich war jedoch nicht für jedermann zugänglich, und man musste sich vom Treppenhaus aus über eine Sprechanlage anmelden oder den Code für das Schloss kennen, erst dann erhielt man Zutritt. Hinter einem kleinen Wartebereich mit zwei Ledercouchs und großen Glasvitrinen, in denen Pokale und Fanartikel des Klubs ausgestellt waren, befanden sich dann die Büros von zwei der Geschäftsführer. Außerdem gab es von hier einen direkten Durchgang zum VIP- und Businessbereich. Durch eine Glastür in der Mitte des Flurs gelangte man zu einem weiteren Empfangsbereich, in dem die beiden Sekretärinnen der Geschäftsführung saßen. Zum Zeitpunkt meiner ersten Besuche beim VfL handelte es sich um zwei Frauen Anfang 50, die aufgrund ihres Alters und Auftretens einen etwas ernsthafteren Eindruck als ihre Kolleginnen aus der ersten Etage machten. Das Büro der Sekretärinnen bildete das unmittelbare Vorzimmer für die Büros von Klaus Fuchs, des dienstältesten Managers des VfL, und Thomas Strunz, des Sportdirektors.

Im Büro von Klaus Fuchs erinnerten nur ein alter Lederball und ein Bild der Volkswagen-Arena daran, dass es sich hier um den Geschäftsführer eines Fußballklubs handelte. Mein wichtigster Ansprechpartner während der Untersuchung war der Pressesprecher des VfL, der ursprünglich aus der Verwaltung von VW stammte, und für mich die verschiedenen Termine koordinierte. Meine Untersuchung wurde vom Verein als Bestandteil der Öffentlichkeitsarbeit und als Möglichkeit zur Außendarstellung des VfL betrachtet.

---

[156] Beim VfL wurden die Nachwuchsmannschaften ab der U16, inklusive der 1. Amateurmannschaft und die Bundesligamannschaft der Frauen interessanterweise unter dem Titel „Leistungsmannschaften" geführt (Dok. 72: 34).

2.1 Die drei Fußballvereine im Überblick

Da es sich beim VfL um einen relativ jungen Bundesligaklub handelt, der nahezu ausschließlich auf der Basis der finanziellen Unterstützung durch Volkswagen existiert, verfügten die Wolfsburger weder über eine breite Mitgliederbasis noch allzu große Popularität in der Bundesliga. Häufig wurden dem Verein Traditionslosigkeit und das Fehlen einer „gewachsenen" Fan-Basis vorgeworfen. Auf diese Defizite ging auch der damals gerade neu angetretene Sportdirektor, Thomas Strunz, im Vorwort einer Stadionzeitung im Januar 2005 ein:

> „Der VfL Wolfsburg ist erst seit sieben Jahren in der ersten Liga. (..) Natürlich können wir in der Kürze dieser Zeit nicht so populär sein wie die Traditionsvereine, aber wir haben beispielsweise in der Zusammenarbeit mit Volkswagen eine Qualität, die andere Vereine nicht bieten können. Tradition kann man sich nicht kaufen, Tradition wächst – gerade auch über den Erfolg. Nichts ist erfolgreicher als der Erfolg!" (Strunz 2005: 3)

Die Fußball-Traditionalisten der Sportberichterstattung bezeichneten den VfL Wolfsburg regelmäßig als „seelenlosen Werksklub", der letztlich „nur ein Marketing-Werkzeug" von Volkswagen sei (Siemes 2004; Heike 2005: 16):

> „Der Klub, von VW subventioniert (…), wird diese Runde [Saison 2004/05; M.M.] als Neunter abschließen. Das ist für die kleinste Bundesliga-Stadt kein ganz schlechtes Ergebnis und offenbar genau das, was möglich ist am Mittellandkanal, wo die unmittelbare Konkurrenz (Hannover 96 und Eintracht Braunschweig) über deutlich gewachsenere Traditionen verfügt. Es gibt in der Auto-Stadt im Grunde keine Fußball-affine Wurzeln, es gibt keine Historie. Vieles wirkt beim VfL blutleer und ohne Leben, vieles wirkt (…) wie ein künstliches Gebilde. (…) Es ist viel Geld investiert worden in den Klub, es sind viele Spieler, viele Südamerikaner geholt worden – eine mannschaftliche Geschlossenheit ist dabei nicht entstanden. Oft, viel zu oft wirkt der VfL wie eine sinnfrei zusammengekaufte Söldnertruppe." (Kilchenstein 2005)

Diese Beschreibungen implizieren die romantisiert-animistische Vorstellung vieler Fußballfans, dass es sich bei einem Fußballverein um ein quasi-natürliches Wesen handele, das lebe, wachse, sogar Blut, Wurzeln und eine Geschichte habe und sich somit rationalen Erwägungen und der Logik des Geldes entziehe. Emotional-affektive Bindungen an einen Verein erscheinen den Fans möglicherweise erst auf der Basis einer solchen Naturalisierung möglich und legitim. Häufig wurden bei der Ablehnung des VfL auch Parallelen zwischen der Stadt Wolfsburg und dem Verein gezogen: Der „Vorwurf" lautete dann, dass weder Stadt noch Verein über eine eigene Geschichte bzw. Identität verfügten (vgl. z.B. Teuffel 2004). Die Stadt sei erst 1938 durch das VW-Werk entstanden und immer noch auf der Suche nach einer Identität außerhalb der Automobilproduktion. Da auch die Bürger keine Wurzeln in der Stadt hätten, versuche VW eine Bindung an die Stadt mit Hilfe des Fußballs herzustellen. Dieser Kritik begegnete die Geschäftsführung des VfL mittels umfangreicher „Imagekampagnen" (vgl. Abb. 16 und 17), Plakataktionen und der ständigen „Dynamisierung" und Modernisierung des Vereinslogos. Diese aufwendige und sehr kostenintensive Öffentlichkeitsarbeit stellte nicht nur im Vergleich zu Mainz und Bielefeld, sondern in der gesamten Bundesliga eine Ausnahme dar. Diese Arbeit am Image und der Außendarstellung des Vereins belegte außerdem die ausdifferenzierte und professionelle Geschäftsführung des VfL Wolfsburg. Mittels einer Plakatkampagne sollte die Marke VfL „emotional aufgeladen" werden und langfristig so etwas wie Vereinsbindung entstehen (Dok. 64: 140; vgl. Siemes 2004). Auf den Heimspielplakaten waren in grünes Licht getauchte Porträtaufnahmen der Spieler mit einem passenden Spruch abgebildet (vgl. Dok. 61: 19ff.; Dokumente Wolfsburg_4). Die Autogrammkarten des VfL waren stilistisch ähnlich gestaltet und zeigten, um welches Image der Verein sich in seiner Außendarstellung bemühte (vgl. Abb. 18)[157]: Die Spieler präsentieren sich auf Schwarz-Weiß-Portraits nicht in Fußballtrikots, sondern in lässigen Posen in Jeans und weißen Hemden (vgl. Dokumente Wolfsburg_5). Zielgruppe dieser Werbekampagnen waren vor allem die unter 30-Jährigen, die für den Werbepartner VW interessant waren und die man langfristig an den Verein binden wollte (vgl. Siemes 2004).

Abbildung 16 und 17:   Imagekampagne VfL 1 und 2

---

[157] Der Unterschied wird vor allem im Vergleich zu den relativ konventionell gestalteten Autogrammkarten der Mainzer und Bielefelder deutlich, auf denen die Spieler im Trikot und mit hinter dem Rücken verschränkten Händen abgebildet sind (vgl. Abb. 11 und Abb. 14).

Die Ausrichtung des VfL, den Wolfsburgern auch jenseits des reinen Sportereignisses Unterhaltung zu bieten, spiegelte sich auch im ausgedehnten VIP- und Businessbereich der VW-Arena, der deutlich größer ausfiel als die jeweiligen Bereiche in Mainz und Bielefeld. Auch in Wolfsburg wurde der Zugang während der Spiele durch Hostessen gesichert, die im Gegensatz zu ihren Kolleginnen in den übrigen Stadionbereichen durch besonders auffällige Kleidung ins Auge fielen. Sie trugen weiße Kostüme mit kurzen Röcken und schwarzen hochhackigen Pumps. Die übrigen Hostessen wirkten eher unauffällig und sachlich in ihren schwarzen Hosenanzügen und weißen Blusen.

Im Gegensatz zum Bruchwegstadion in Mainz oder der Schüco-Arena in Bielefeld wurden in Wolfsburg wöchentlich offizielle Führungen für fünf Euro pro Person durch die Volkswagen-Arena angeboten. Eine architektonische Besonderheit des Stadions ist ein Rundlauf auf halber Höhe der Tribünen, auf dem man (vorausgesetzt man ist im Besitz der richtigen Schlüssel) rund um das Stadion gehen kann. Außerdem gab es einen betreuten Kinderspielplatz und einen Extrabereich der Tribüne für Kinder, zu dem nur Personen unter 1,50 Meter Körpergröße Zugang hatten, während die Eltern weiter hinten stehen mussten. Die Umkleidekabinen befanden sich im Erdgeschoss und waren wesentlich größer und luxuriöser ausgestattet als in Mainz und Bielefeld. Wie nicht anders zu erwarten, waren die Wolfsburger Kabinen in grün-weiß eingerichtet. Die Spieler hatten deutlich größere Spinde und Schränke, einen großen Whirlpool und auch die Bereiche für Physiotherapie und Regeneration waren größer und aufwendiger ausgestattet. Außerdem gab es Wolfsburg einen eigenen Raum für die Schuhe der Spieler, in dem sich deckenhohe Metallregale und ein Trockengerät für die Schuhe befanden (vgl. Dok. 66: 25; Dok. 72: 38; vgl. Fußnote 119). Selbst die Kabine für die Gastmannschaft war in Wolfsburg noch größer als die Umkleidekabine der Bielefelder in der Schüco-Arena.

Abbildung 18: Autogrammkarte eines Spielers des VfL Wolfsburg

Der belgische Trainer der Wölfe, Erik Gerets, hatte eine eigene Kabine mit Dusche und Toilette, Schreibtisch, Schränken, Fernseher und Videorekorder, Konferenztisch und sogar einem Körbchen für seinen Hund. Der Raum ähnelte insgesamt eher einem Einzimmerappartement als einer Umkleidekabine. Anders als Jürgen Klopp und Uwe Rapolder schien Erik Gerets wenig um seine mediale Inszenierung bemüht, sondern eher pressescheu. Vor seiner Karriere als Trainer war er selbst ein sehr erfolgreicher und weltbekannter Fußball-

2.1 Die drei Fußballvereine im Überblick

spieler, der in den nationalen Ligen von Belgien, Holland und Italien sowie für die belgische Nationalmannschaft gespielt hatte. Direkt nach seiner Spielerlaufbahn war er 1992 ins Trainerfach gewechselt und hatte Vereine in Belgien und den Niederlanden zum Gewinn der nationalen Meisterschaft geführt. In der deutschen Bundesliga war der VfL Wolfsburg für Gerets die zweite Station, nachdem er zuvor den 1.FC Kaiserslautern vor dem Abstieg gerettet hatte. Ähnlich wie auch Jürgen Klopp war Gerets meistens im Trainingsanzug anzutreffen und signalisierte dadurch seine Zugehörigkeit zur Mannschaft. Während des Trainings konnte ich regelmäßig beobachten, dass er sich gemeinsam mit dem Co-Trainer aktiv an den Übungen beteiligte. Einige Male übernahm Gerets sogar eine Rolle als Feldspieler, und trotzdem bestand zwischen ihm und den Spielern eine deutliche Hierarchie, die sich u.a. auch darin zeigte, dass er die Spieler duzte, von ihnen aber gesiezt wurde.

Gerets, der Anfang April 2004 nach Wolfsburg gekommen war, trainierte die Mannschaft zunächst so erfolgreich, dass der VfL in der Hinrunde 2004/05 lange Zeit an der Tabellenspitze stand. Ab November, als mein Feldaufenthalt begann, wurde der vakante Posten des Sportdirektors mit dem ehemaligen Spieler und Spielerberater Thomas Strunz neu besetzt. Durch diesen Schritt hatte die Geschäftsleitung eigentlich beabsichtigt, den Einfluss von VW weiter einzuschränken und die Entscheidungen des Klubs allein auf sportliche Erwägungen auszurichten (vgl. Dok. 64: 112). Allerdings kam es relativ bald zu Meinungsverschiedenheiten zwischen Trainer und Sportdirektor, und die Mannschaft spielte in der Rückrunde wenig erfolgreich, was sowohl vom Vorstand, den Spielern als auch der Presse auf die Probleme zwischen Gerets und Strunz zurückgeführt wurde.

> Spieler 1: Was nicht stimmt, ist oben die Einheit (…) Das wissen wir ja auch nicht, was da ist genau. (...) Das wissen nur die im Endeffekt wirklich, weil wir nicht wirklich dabei sind. Wir lesen nur so bisschen, wir sehen ein bisschen. Was im Endeffekt wirklich ist zwischen den beiden oder wer noch dahinter steckt vom Vorstand, dass da vielleicht auch noch- da muss ja auch- sind vielleicht auch irgendwelche Leute gespalten, und die müssen das unter sich irgendwie machen. Wir als Mannschaft, wir bekommen das dann im Endeffekt auch nur irgendwann mit und sind erstaunt und können das nur hinnehmen, wie das im Endeffekt dann entschieden wird oder wie das dann weitergeht und anders haben wir keinen Einfluss darauf. Aber natürlich ist es nicht schön für die Mannschaft, wenn da im oberen Bereich auch irgendwie – keine Ahnung – so Machtkämpfe sind.
>
> Spieler 2: Hier und da kaufen Zeitung, überall steht (...) seit zwei, drei Monate ist das so. Überall, wo du hinguckst, ist immer Strunz-Gerets, Gerets-Strunz. Die von oben, die von unten. Das hat fast nichts mit Mannschaft zu tun. Weil wie gesagt: Wir haben viel Spaß im Training. Wir lachen. Wir sind oft dann irgendwo zusammen und so. Normal oben stimmt irgendetwas nicht. Wir können nichts dagegen unternehmen. (Dok. 73: 224ff.)

Die Misserfolge der Mannschaft schlugen sich nicht nur in Verunsicherungen bei den Spielern nieder, sondern führten auch zu zunehmender Wortkargheit beim Trainer: Gerets, der sich mir gegenüber zwar zu keinem Zeitpunkt als sonderlich gesprächig zeigte, aber sich anfangs zumindest noch über meine Anwesenheit zu amüsieren schien, weigerte sich schlicht mit mir zu sprechen. Im Mai 2005 trat er schließlich zurück und unterschrieb drei Tage später einen Vertrag mit einem türkischen Klub, mit dem er in der darauf folgenden Saison die Meisterschaft gewann.

Thomas Strunz, der im Gegensatz zu Gerets bei den Mitarbeiterinnen auf der Geschäftsstelle von Anfang an nicht sonderlich beliebt zu sein schien, blieb noch ein halbes Jahr länger beim VfL. Da jedoch trotz seiner zahlreichen Reformen und Veränderungsmaßnahmen[158] der sportliche Erfolg ausblieb, wurde er am Ende der Hinrunde der Saison 2005/06 gemeinsam mit dem von ihm eingestellten neuen Trainer entlassen.

Der VfL Wolfsburg verfügt im Gegensatz zu Mainz und Bielefeld über zwei hauptamtlich angestellte Talentscouts und ein Netzwerk weltweit auf Auftragsbasis tätiger Scouts, die außerdem für die Gegnerbeobachtung zuständig waren. Mittels sog. „Scouting-Konferenzen" versuchte man, die Tätigkeit der Scouts stärker auf die Wünsche des jeweiligen Cheftrainers abzustimmen und einheitliche Beurteilungskriterien für die Spieler festzulegen (vgl. Dok. 57: 23; Dok. 69: 199). All das sind Beispiele für den im Vergleich zu Mainz und Bielefeld relativ hohen Grad an Professionalität des VfL und die Bemühungen, weitgehend personenunabhängige Strukturen zu schaffen.

Der Kader des VfL Wolfsburg umfasste in der Saison 2004/05 insgesamt 25 Spieler, von denen zehn die deutsche Staatsangehörigkeit besaßen, acht aus dem europäischen Ausland (2 Kroaten, 2 Bulgaren, ein Slowake, ein Däne, ein Niederländer und ein Bosnier) und sieben aus dem nicht-europäischen Ausland kamen (fünf Argentinier, ein Ghanaer und ein Spieler aus Guinea). D.h., in Wolfsburg kickten Spieler zehn verschiedener Nationalitäten miteinander. Der hohe Anteil an Argentiniern erklärte sich aus der Kooperation des VfL Wolfsburg mit dem argentinischen Fußballklub River Plate Buenos Aires, die im Mai 2003 vereinbart worden war (vgl. Henkel 2003). Dabei ging es den Wolfsburgern vor allem um die Möglichkeit, junge argentinische Nachwuchsspieler sichten zu können und sich mögliche Preisvorteile beim Kauf von Spitzenspielern zu sichern (vgl. Dok. 64: 17). Zusätzlich wollte man jungen Fußballern Ausbildungs- und Arbeitsplätze bei den VW-Werken vor Ort und in Wolfsburg anbieten. Zum Zustandekommen dieser Partnerschaft erklärte einer der Geschäftsführer:

> „Warum River Plate? Wir hatten natürlich auch an Brasilien gedacht, weil VW eigentlich in Brasilien deutlich stärker ist, aber wir waren denn gemeinsam zu der Überzeugung gekommen, dass die Mentalität von Argentiniern besser zu uns passt als die von Brasilianern, dass also die Eingewöhnungszeit, die Akklimatisierung und so weiter für Argentinier leichter ist in Wolfsburg als für Brasilianer. Und dazu kam, dass wir ... eigentlich wenige Klubs in Südamerika finden konnten, von denen wir der festen Überzeugung waren, dass die 'ne sehr, sehr seriöse Führung besitzen, die auch zuverlässig als Vertragspartner in Frage kamen, und das war River Plate auf jeden Fall. Gut, und dann kam dazu noch die Bereitschaft von VW Argentina, diese Partnerschaft auch ein Stück weit zu unterstützen durch ein kleines Werbepaket, das dann VW Argentina auch mit River Plate abgeschlossen hat, sodass auch River Plate unmittelbare Vorteile durch diese Kooperation erfahren konnte. Dass es also nicht nur Luftschlösser waren, sondern auch handfeste Dinge." (Dok. 64: 5)

Zum Zeitpunkt der Untersuchung schien mit der damaligen Regelung zur Beschränkung der Anzahl von Nicht-UEFA-Ausländern auf maximal vier der Kooperationsvertrag mit River Plate von Seiten des VfL ausgereizt. Weitere argentinische Spieler zu holen, war aufgrund der Statuten nicht möglich. Parallel zur Einstellung zahlreicher argentinischer Spieler hatte der Verein deren zunehmend aufwendiger werdende Betreuung ausgelagert

---

[158] Er hatte versucht, in der Mannschaft eine deutlicher ausgeprägte interne Hierarchie aufzubauen (vgl. Dok. 64: 157ff.). In der seiner Einschätzung nach unzureichenden Integration der Mannschaft glaubte er ein Problem zu erkennen, das er mit Hilfe eines neu eingestellten Motivationstrainers und „gruppendynamischer Prozesse" zu lösen hoffte.

und eine Relocation-Agentur engagiert, die sich im Laufe der Zeit auf die Belange von Profifußballern spezialisiert hatte.

> „Also es war so, dass wir natürlich früher mit Hilfskräften, Rentnern und anderen versucht haben, so ne gewisse Betreuung- sicher da haben wir hier unseren XY mit zur Wohnungssuche geschickt und andere, die hier auch im Umfeld tätig sind. Das war aber wenig professionell und hat dann einfach ein Ausmaß angenommen, das die überfordert hat. In diesem Zusammenhang hat sich bei uns die Relocation-Firma *be*worben (…). Das waren ja zwei Frauen, die sich selbstständig gemacht haben mit einer Kleinfirma, und deren Konzept hat uns eigentlich ein Stück weit überzeugt. Dazu kam noch durch Zufall die Sprachkenntnisse, denn die eine ist muttersprachlich spanisch. Und das passt ja gerade zu den Argentiniern (…) auf jeden Fall war die Relocation-Agentur dann ein Stück weit passend und über erste Formen der Zusammenarbeit, nämlich erstmal so die Behördengänge und Wohnungssuche hat sich daraus ein doch umfangreicheres Betreuungskonzept entwickelt." (Dok. 64: 37ff.)

Das „Out-Sourcing" der Spielerbetreuung hatte aus der Perspektive des VfL den Vorteil, dass der Umgang mit einer externen Agentur im Falle eines nachlassenden Betreuungsbedarfs – sei es aufgrund erfolgreicher Integration oder dass es überhaupt keine nichtdeutschen Spieler mehr im Kader geben sollte – deutlich „flexibler" war als mit fest angestelltem Personal. Auch die Spieler schätzten die eher gewährleistete „Neutralität" eines nicht zum Verein gehörenden Betreuers, mit dem die Besprechung persönlicher Angelegenheiten leichter möglich sei (vgl. Dok. 67: 53ff.).

Alles in allem lässt sich der VfL – nicht zuletzt aufgrund der Einflussnahme des Mehrheitseigners Volkswagen – als professionell geführtes Fußballunternehmen beschreiben. Nach der Ausgliederung der Lizenzspieler-Abteilung in die VfL Wolfsburg Fußball GmbH im Jahr 2001 wurden im Verein eine ganze Reihe von Professionalisierungs- und Modernisierungsprozessen durchgeführt, die in diesem Umfang jedoch nur mittels der großzügigen finanziellen Unterstützung von VW machbar waren. Insgesamt präsentierte sich der VfL mehr wie ein mittelständisches Unternehmen als ein Fußballklub. Im Vergleich zum FSV Mainz 05 und dem DSC Arminia Bielefeld gab es in Wolfsburg mehr hauptberufliche Mitarbeiter, die Arbeitsteilung innerhalb der Geschäftsführung war ausgeprägter und das Positionennetz innerhalb der Geschäftsstelle ausdifferenzierter. Der VfL verfügte über ein eigenes Leistungszentrum für den fußballerischen Nachwuchs, eigene hauptamtlich beschäftigte Talentscouts; und im Sinne der Nutzenmaximierung wurde das Stadion auch für andere Großveranstaltungen außerhalb des Fußballs gewinnbringend eingesetzt. Die Betreuung der ausländischen Spieler war ausgelagert worden und dem Problem der mangelnden emotionalen Bindung von Zuschauern und Spielern an den Verein begegnete man professionell durch den intensivierten Einsatz von PR-Maßnahmen in Form umfangreicher Imagekampagnen.

Innerhalb dieser ersten Annäherungen wurden vor allem die Unterschiede zwischen den drei untersuchten Vereinen hinsichtlich ihrer Geschichte, Organisationsstruktur, Größe und Selbstdarstellung, Anzahl der Mitarbeiter, Professionalisierungsgrad, Personenabhängigkeit von Entscheidungen und sportlichen Ausstattung dargestellt. Zur besseren Übersicht werden im Folgenden noch mal einige Strukturmerkmale der Vereine im tabellarischen Vergleich zusammengefasst (vgl. Tabelle 2).

Tabelle 2: Die Vereine FSV Mainz 05, DSC Arminia Bielefeld und VfL Wolfsburg im Überblick

	1. FSV Mainz 05	DSC Arminia Bielefeld	VfL Wolfsburg
Gründungsdatum	1905	1905	12.09.1945
Mitgliederzahl	Ca. 5000 (Stand 2005)	Ca. 3.500 (Stand 2005)	ca. 5000 (Stand 2005)
Jahre in Erster Bundesliga	Seit 2004/05	Seit 1977/78 mit Unterbrechungen	Seit 1997/98
Gesamtetat Saison 2004/05	23 Mio €	25 Mio €	50 Mio €
Tabellenplatz in Saison 2004/05	Platz 11 mit 43 Punkten	Platz 13 mit 40 Punkten	Platz 9 mit 48 Punkten
Organisationsform	Klassische Vereinsstruktur (freiwillige Vereinigung) mit basisdemokratischer Entscheidungsstruktur und ehrenamtlich arbeitenden Positionsinhabern	Ausgliederung der Lizenzspielerabteilung in eine GmbH & Co. KGaA am 1.07. 2001 (100% Gesellschafter ist der DSC Arminia Bielefeld e.V.)	Ausgliederung der Lizenzspielerabteilung in eine GmbH am 23.05. 2001 (Gesellschafter: 90% Volkswagen, 10% VfL Wolfsburg e.V.)
Anzahl bezahlter/ hauptamtlicher Mitarbeiter	ca. 10 (Saison 2003/04)	ca. 20 (Saison 2004/05)	ca. 38 (Saison 2004/05)
Anzahl/Ämter Geschäftsführung	Einen ehrenamtlich tätigen Manager	Zwei hauptberufliche Geschäftsführer für die Bereiche Finanzen und Sport	Vier hauptberufliche Geschäftsführer für die Bereiche Sport, Marketing, Finanzen, Nachwuchs
Anzahl Spieler im Kader mit: Dt. Staatsangehörigkeit Aus UEFA-Land Aus Nicht-UEFA-Land Anzahl unterschiedlicher Herkunftsnationen	Gesamtkader: 29 dt. Staatsang.: 19 UEFA: 5 Nicht-UEFA: 4 Ein Fußballdeutscher → 10 verschiedene Nationalitäten	Gesamtkader: 34 dt. Staatsang.: 17 UEFA: 14 Nicht-UEFA: 2 Ein Fußballdeutscher → 16 verschiedene Nationalitäten	Gesamtkader: 27 dt. Staatsang.:12 UEFA: 8 Nicht-UEFA: 7 → 10 verschiedene Nationalitäten

2.2 Erläuterungen zur Methode

Vor der Präsentation der Ergebnisse der empirischen Studie im engeren Sinne erfolgen zunächst noch einige Anmerkungen zur Auswahl der Erhebungsmethoden, dem Ablauf der Untersuchungen und dem Vorgehen bei der Auswertung. Da sich der Zugang zum Untersuchungsfeld schwierig gestaltete, sich jedoch aus diesen Problemen bereits soziologisch relevante Schlussfolgerungen ziehen lassen, werde ich anschließend den beschwerlichen Weg ins Feld schildern. In diesem Zusammenhang erscheint außerdem eine Reflexion über

2.2 Erläuterungen zur Methode

die Vor- und Nachteile als Frau und Forscherin im Untersuchungsfeld Profifußball erforderlich zu sein. Diese beiden letzten Gliederungspunkte enthalten neben der methodischen Reflektion und Beschreibungen des Feldes bereits erste Interpretationen und stellen somit eine Einführung in den nachfolgenden Ergebnisteil dar.

2.2.1 Erhebungsmethoden und Vorgehen

Die Wahl der Methode einer empirischen Untersuchung bestimmt sich in erster Linie durch den Forschungsgegenstand und die Fragestellung. Im Zentrum meiner Arbeit steht die Frage nach der Bedeutung der ethnischen, nationalen und geschlechtlichen Zugehörigkeit im Profifußball. Dabei sollen sowohl die Selbst- und Fremdbeschreibungen der Akteure und formalen Organisationen als auch die sozialen Praktiken in den Fußballklubs und in unmittelbaren Interaktionen untersucht werden. Daher habe ich mich für ein ethnographisches Vorgehen entschieden, mit dessen Hilfe der Fußball als ein „fremdartiger Spezialbereich der Gesellschaft" betrachtet und erforscht werden soll (Amann/Hirschauer 1997: 13; vgl. Hammersly/Atkinson 1995). Dazu muss der Gegenstand der ethnographischen Untersuchung bzw. das Alltagswissen über diesen gezielt befremdet werden: „Das weitgehend Vertraute wird dann betrachtet als sei es fremd, es wird nicht nachvollziehend verstanden, sondern methodisch ‚befremdet': es wird auf Distanz zum Beobachter gebracht" (Amann/Hirschauer 1997: 12). Dabei erwies sich meine „quasi-natürliche" Fußballunkenntnis als Vorteil: Ich musste mich keineswegs verstellen, sondern der Fußball und dessen kulturelle Praktiken waren zu Beginn dieser Arbeit für mich tatsächlich vollkommen fremd. Insofern hatte ich kaum eigenes, fragloses Hintergrundwissen (das es zu suspendieren gegolten hätte), sondern musste mich langsam mit dieser Welt vertraut machen und stellte mir tatsächlich häufig die Frage „What the hell is going in here?" (Clifford Geertz).

Im Unterschied zu anderen hermeneutischen Ansätzen der qualitativen Forschung geht es bei der Ethnographie nicht um den Zugang zu den subjektiven Sichtweisen der beobachteten Akteure. Erklärtes Ziel ist also nicht die Herstellung einer „innere[n] geistige[n] Korrespondenz mit den Informanten" (Geertz 1987: 292). In der Regel sind die Akteure selber auch gar nicht in der Lage, ihr selbstverständliches Alltagswissen zu explizieren, sondern verwenden erfahrungsnahe Begriffe spontan und ohne ein Bewusstsein dafür. Den theoretischen Annahmen der Ethnografie zufolge zeigt sich „das (kultur)soziologisch Relevante (...) nur unter situativen *Präsenz*bedingungen" (Amann/Hirschauer 1997: 22). Im Fokus meines Interesses standen also vor allem die sozialen Praktiken der Fußballer und ihre unmittelbaren Interaktionen, die sich nur unter der Bedingung körperlicher Kopräsenz beobachten lassen. Ich wollte wissen, welche Rolle die sozialen Mitgliedschaftskategorien der ethnischen, der nationalen und geschlechtlichen Zugehörigkeit im fußballerischen Alltag spielen und inwiefern sie im Rahmen von face-to-face-Interaktionen konstruiert und relevant gemacht werden.

Daraus folgt die Notwendigkeit der räumlichen und zeitlichen Kopräsenz der Forscherin zur Beobachtung dieser situativen Ausdrucksformen kultureller Praxis, zu deren Analyse die Erforschung der Meinungen bzw. rekonstruktive Erzählungen der Ereignisse nicht ausreichen. Ziel ethnographischer Untersuchungen ist es, „lokales Wissen [zu] explizieren, das für Teilnehmer weder in Handlungssituationen und erst recht nicht auf vages Nachfragen hin sprachlich verfügbar ist" (Amann/Hirschauer 1997: 24). Demnach ergeben sich durch die ethnographische Analyse deutliche Differenzen zwischen Teilnehmer- und Beobachterverstehen. Die soziologische Beschreibung des Feldes sollte also ein Deutungsangebot formulieren, das sich von der Perspektive der „Einheimischen" unterscheidet und zu neuen Einsichten führt (vgl. Heintz u.a. 2004: 104f.). Zusammenfassend kann man festhalten, dass das Ziel einer auf die Analyse sozialer Interaktionen ausgerichteten Ethnographie „nicht das Individuum ist, sondern eher die syntaktischen Beziehungen zwischen den Handlungen verschiedener gleichzeitig anwesender Personen. (..) Es geht hier also nicht um Menschen und ihre Situationen, sondern eher um Situationen und ihre Menschen" (Goffman 1973a: 8f.).

Zu den Erhebungsmethoden der Ethnographie werden in der Literatur ganz verschiedene Optionen der Datengewinnung gezählt (vgl. Lüders 1995, 2003). Innerhalb einer Ethnographie kann es verschiedene methodische Zugänge geben, die jeweils unterschiedliche Bereiche des untersuchten Gegenstandsbereichs erfassen, so dass die Verwendung einer Mischung verschiedener Erhebungsmethoden als „Between-Method-" oder methodologische Triangulation verstanden wird (vgl. Flick 2004: 313f.). Dabei geht es weniger um eine wechselseitige Validierung der Ergebnisse als um die Möglichkeit zusätzlicher Erkenntnisse, denn die Aufdeckung divergenter Perspektiven durch den Einsatz unterschiedlicher methodischer Zugänge ist durchaus erwünscht und kann zum besseren Verständnis des Untersuchungsfelds beitragen (vgl. Flick 2004: 318). Die Auswahl der im Rahmen einer Ethnographie verwendeten Methoden orientiert sich außerdem stark am Untersuchungsfeld selbst: Wegen der Exklusivität des Untersuchungsfelds Profifußball waren *teilnehmende* Beobachtungen nur sehr eingeschränkt möglich: (vgl. Kap. 2.2.3 und 2.2.4). Vor allem in unmittelbarer Nähe der Mannschaft haben Fremde – insbesondere Frauen – keinen Zugang, und ich konnte mich nur schlecht in mein Untersuchungsfeld integrieren, da es praktisch keine angemessene Teilnehmerrolle für mich gab. Geschlechtszugehörigkeit und akademischer Habitus erschweren die Forschungsbeziehungen deutlich (vgl. dazu auch Amann/ Hirschauer 1997: 25). Meine Anwesenheit war (besonders im direkten Umfeld der Mannschaft) legitimationsbedürftig und führte immer wieder zu Nachfragen und Unsicherheiten (sowohl auf der Seite der Fußballer als auch bei mir). Man ließ mich zwar nach anfänglichem Widerstand auch mit in die Mannschaftsräume, Umkleidekabinen und sogar in den Mannschaftsbus, allerdings blieben meine Besuche hier die Ausnahme. Zwei Trainer erlaubten mir bei einigen Spielbesprechungen anwesend zu sein und die Mannschaft bei einem Freundschaftsspiel zu begleiten.

Im Gegensatz dazu waren die Aufenthalte auf den Geschäftsstellen für mich einfacher zu handhaben, hier wurde ich häufig als Journalistin oder „jemand von der Presse" wahrgenommen, die sich ungestört Notizen machen konnte. Ähnlich wurde auch meine Anwesenheit bei den Spielen gedeutet, wenn ich jemanden vom Management der Klubs auf seinen Wegen und Gesprächen im Stadion begleitete. Im Verlauf eines Spiels wurde ich dann meistens zu anderen Kollegen „weitergereicht", anderen Personen vorgestellt oder konnte auf mich allein gestellt herumlaufen und das Spiel von der Pressetribüne aus ansehen. Auf der Geschäftsstelle bekam ich mehrfach die Gelegenheit, den Deutschunterricht für die ausländischen Spieler zu beobachten. Die Teilnahme an Besprechungen des Managements bzw. des Vereinsvorstands sowie an Sitzungen des Spielerrats wurde mir nicht gestattet.

Nicht zuletzt aufgrund dieser methodischen Schwierigkeiten war ich gezwungen, meine Erhebungsmethoden dem Untersuchungsfeld anzupassen und entschied, zusätzlich Interviews durchzuführen (vgl. Hopf 2004; Lamnek 1995: 60ff.). Auf diese Weise konnte ich

2.2 Erläuterungen zur Methode

jenseits der Beobachtungen der sozialen Praxis auch nach den Interpretationen und Deutungsmustern der Akteure fragen und diese mit meinen Beobachtungen vergleichen. Mittels weitgehend flexibel eingesetzter, Leitfaden-gestützter Interviews mit Vereinsfunktionären, Spielern, Beratern und Trainern wurden die Selbstbeschreibungen und Rationalisierungsstrategien der Akteure erhoben. Der verwendete Leitfaden war individuell unterschiedlich auf die jeweilige Person zugeschnitten und änderte sich im Verlauf des Forschungsprozesses deutlich, dennoch gab es einige thematische Schwerpunkte, die immer wieder auftauchten: Fragen zum Alltag und zu bestimmten Abläufen, die ich nicht beobachten konnte, wie z.B. die Rekrutierung neuer Spieler, Fragen zu Entwicklungsprozessen und Veränderungen im Profifußball, und den Schluss eines jeden Interviews bildeten einige Fragen zum Frauenfußball. Darüber hinaus nahm ich die Medienberichterstattung über Streit oder Integrationsprobleme in der Mannschaft häufig als Anknüpfungspunkt für Gespräche, in denen es dann regelmäßig zur Thematisierung ethnischer und nationaler Zugehörigkeiten kam. Durch die in den Interviews erhobenen „Selbst-Darstellungs-Daten, die idealerweise handlungsleitendes Wissen repräsentieren", sollten die durch die Beobachtungen gewonnenen Handlungsdaten ergänzt bzw. kontrastiert werden (Honer 2004: 200). Aufschlussreich können hierbei vor allem Unterschiede und Abweichungen zwischen den Beobachtungen und den retrospektiven Rationalisierungen in den Befragungen sein.

Zur Vorbereitung der Interviews wurden Gespräche mit Sportjournalisten und intensive Internetrecherchen durchgeführt. Als Interviewpartner waren zunächst die Inhaber der wichtigsten Ämter innerhalb der Fußballklubs vorgesehen. Von der Mannschaft bzw. dem Betreuerstab befragte ich Trainer, Co-Trainer, Teammanager bzw. Betreuer, einen Mannschaftsarzt und natürlich einige Spieler. Weitere Gespräche führte ich mit einem Spielerberater, Sprachlehrern sowie Betreuern der ausländischen Spieler, einem Pressesprecher, einem Talentscout, dem Assistenten der Leitung eines Leistungszentrums und einem Verantwortlichen des Hauptsponsors zur Sportförderung seiner Firma.

Ein Teil dieser Befragungen fungierte praktisch als Experteninterview und diente zur Erhebung von Sonderwissen und wurde vor allem inhaltsanalytisch ausgewertet (vgl. Meuser/Nagel 2003). Andere Gespräche wurden offener bzw. „Kontingenz-erhaltend" durchgeführt, d.h., dass die Befragten zuvor nicht über das eigentliche Thema der Untersuchung aufgeklärt und die zentralen Themenkomplexe von mir nicht angesprochen wurden. Da ein zentraler Teil meiner Forschungsfrage die Bedeutung ethnischer und nationaler Grenzziehungen im Fußball betrifft, wollte ich z.B. herausfinden, innerhalb welcher Situationen und Kontexte die nationale Zugehörigkeit von den Interaktionsteilnehmern selbst thematisiert wird.

Die Befragung der Spieler erwies sich aus verschiedenen Gründen als problematisch und unergiebig: Da sie an Presseinterview gewöhnt waren, gaben sie nur sehr kurze Antworten[159] und ließen sich selten zum Erzählen animieren. Viele Spieler sprachen nur schlecht deutsch und hatten vermutlich auch Hemmungen deswegen. Die häufigste Ursache für das Scheitern der Interviews lag jedoch im Lust- und Zeitmangel der Spieler, die zu den Terminen nur nach entsprechender Anweisung der Vereinsführung kamen. Wegen dieser Schwierigkeiten ging ich dazu über, die Spieler im Rahmen von Gruppendiskussionen miteinander sprechen zu lassen. Im Gegensatz zur dyadischen Situation des Einzelinterviews schien es wahrscheinlicher, die Spieler im Schutz von Mannschaftskollegen zum

---

[159] Vermutlich wählten sie den Weg des geringsten Widerstandes und hofften, dass es dann schneller vorübergehen würde.

Sprechen zu bringen. Bei einer Gruppendiskussion unterhält sich eine Gruppe im Rahmen eines von außen initiierten Treffens über ein Thema, das zunächst von der Diskussionsleitung vorgegeben wird (vgl. Loos/Schäffer 2001: 13). Dabei geht es nicht um das Abfragen von Einzelmeinungen, vielmehr sollen sich soziale Praktiken und ein selbstläufiger Diskurs entwickeln, „in dem die Gruppe sich ihres Relevanzsystems (und d.h. ihrer kollektiven Erfahrungen) in Erzählungen und Beschreibungen versichert und nicht die Relevanzen des/der Interviewenden bearbeitet" (Schäffer 2003: 76). Entsprechend waren die Gruppendiskussionen darauf ausgerichtet, die Kommunikation lediglich anzustoßen, damit sie „sich in ihrem Ablauf und der Struktur zumindest phasenweise einem ‚normalen' Gespräch annähern" sollte (Loos/Schäffer 2001: 13). Es galt herauszufinden, ob bzw. innerhalb welcher Kontexte die ethnische oder nationale Zugehörigkeit in der Mannschaft eine Rolle spielte. Daher wurde das Thema nicht vorgegeben, sondern beobachtet, ob und wenn ja, wie und wann die Diskussionsteilnehmer von sich aus darauf zu sprechen kamen oder nationale Grenzziehungen aktivierten.

Bei den Gruppen von 4-6 Spielern handelte es sich um eine natürliche bzw. reale Gruppe (oder zumindest einen Teil davon), da es sich um Spieler einer Mannschaft bzw. eines Kaders handelte (vgl. Loos/Schäffer 2001: 43). Demzufolge war davon auszugehen, dass es in der Gruppe so etwas wie eine gemeinsame Interaktionsgeschichte sowie geteiltes Alltagswissen und Deutungsmuster gab (vgl. Flick 1998: 133f., Lamnek 1995: 146ff.). Die Auswahl der Spieler erfolgte häufig relativ willkürlich: Meistens schlug ich einige Spieler unterschiedlicher nationaler Herkunft vor, aber die Entscheidung oblag den jeweiligen Vereinsverantwortlichen. Außerdem spielten die Sprachkompetenz und Interesse der Spieler eine Rolle. Da die Termine jedoch meistens zwischen zwei Trainingseinheiten lagen, entschied über die Teilnahme letztlich die Frage, wer gerade greifbar war.

Die Spieler hatten keine Informationen über das Thema der Untersuchung (fragten meistens auch nicht danach) und erhielten von mir den Hinweis, dass der Gruppe im Folgenden völlig freigestellt sei, worüber sie reden wolle. Zu Beginn der Gruppendiskussion wurde ein „Grundreiz" in Form einer provokant-lustig formulierten Eingangsfrage gesetzt, um mittels eines starken Stimulus' eine selbstläufige Diskussion der Spieler in Gang zu setzen (vgl. Lamnek 1995: 153).[160] Dabei war es sehr wichtig, vor allem am Anfang jeglichen Augenkontakt mit den Diskussionsteilnehmern und andere Formen der affirmativen Gesprächsführung zu vermeiden, um in der Kommunikation möglichst nicht direkt adressiert zu werden (vgl. Loos/Schäffer 2001: 51ff.). Der folgende Ausschnitt aus einem Beobachtungsprotokoll einer dieser Gruppendiskussionen soll einen kleinen Einblick in das Vorgehen geben. Zur Unterstützung hatte ich immer einen männlichen Kollegen[161] dabei.

> „Dann stelle ich uns kurz vor und erkläre, worum es uns geht. (..) Wir seien nicht von der Presse und das solle auch kein normales Frage-Antwort-Interview werden, sondern wir würden zwar

---

[160] Als Eingangsfrage verwendete ich die (vorgeblich wissenschaftlich belegte) These, dass es sich beim Fußball um eine Kampfsportart wie Boxen oder Eishockey handele, da die Fouls meistens mit Absicht, also aus Revanche oder taktischen Gründen, begangen würden.

[161] Ich überließ die Leitung der Gruppendiskussionen aus verschiedenen Gründen männlichen Kollegen, bei denen es sich auch um Soziologen handelte: Zum einen konnte ich dann die Situation besser beobachten und protokollieren, und zum anderen erwiesen sich Gesprächssituationen, in denen ich mit einer ganzen Gruppe von Spielern alleine war, regelmäßig als unangenehm und unübersichtlich für mich (vgl. Kap. 2.2.4). In diesen Situationen geriet ich häufig ungewollt und unkontrolliert in den Mittelpunkt der Aufmerksamkeit und wurde zum Auslöser verschiedener gruppendynamischer Prozesse, die bei Frauen üblicherweise Fluchtreflexe auslösen.

2.2 Erläuterungen zur Methode

am Anfang ein Thema vorgeben, ab dann sollen die Spieler aber alleine weitermachen und mehr miteinander reden als mit uns. Das finden sie komisch, ich auch. Dann fangen wir an mit einer sehr provokanten Stimulusfrage („Fußball ist eine Kampfsportart, weil die Spieler absichtlich foulen!") (..). Und es klappt ganz gut. Auch wenn die Spieler sehr an diesem Thema bleiben. (…) Mehrmals während des einstündigen Gesprächs Termins kommt es zu längeren Schweigepausen. Wir lösen das unterschiedlich. Manchmal schaffen wir es, das auszuhalten, dann kommt es ein oder zweimal sogar noch mal zu etwas, indem einem der Spieler dann doch noch was zu dem Thema einfällt und er noch was erzählt. Manchmal geben wir dann aber noch mal Input. Die Spieler sind ganz klar an den vorgegebenen Themen orientiert, einen eigenen Themenwechsel vollziehen sie nicht (es werden immer nur sehr kurz andere Aspekte angesprochen), sie wollen das abarbeiten, mehrmals kommt die Aufforderung, „Fertig, nächste Frage!" Insgesamt sind sie aber motiviert, vielleicht sogar ein bisschen geschmeichelt, dass wir mit ihnen reden wollen bzw. ihnen zuhören." (Dok. 23: 19ff.)

Tabelle 3: Anzahl und Zusammensetzung der Beobachtungsprotokolle und Interviews

	1. FSV Mainz 05	DSC Arminia Bielefeld	VfL Wolfsburg	Bayer 04 Leverkusen	Total
Beobachtungsprotokolle	17	21	12	1	51
Spieler/Mannschaft	4	5	1	0	10
Gruppendiskussionen	1	1	1	0	3
Führungsebene	4	7	8	2	21
Total	26	34	22	3	85[162]

Weitere Daten, die in die Auswertung einbezogen wurden, waren vor allem Dokumente im Sinne von schriftlichen Texten, „die als Aufzeichnung oder Beleg für einen Vorgang oder Sachverhalt dienen" (Wolff 2004: 502). So z.B. Selbstbeschreibungen der Vereine, Vereinssatzungen, Statuten und Regelwerke des Deutschen Fußballbundes, DFB, der Deutschen Fußballliga, DFL, des Europäischen Fußballverbandes, UEFA, und des Weltfußballverbandes, FIFA.[163]

Die Auswahl der Vereine erfolgte nach verschiedenen, im Verlauf der Untersuchung wechselnden Kriterien: Für die ersten Versuche einen Feldzugang zu gewinnen, entschied ich mich aus forschungspraktischen Gründen (die räumliche Nähe zu meiner damaligen Universität), des vielfältig nach außen präsentierten Eindrucks der Offenheit und „Volksnähe" sowie aufgrund des vermuteten großen Einflusses informeller Beziehungsstrukturen für den 1. FSV Mainz 05. Die erste Kontaktaufnahme erfolgte im Spätsommer 2003, die Durchführung der meisten Interviews und begleitenden Beobachtungen begann im September 2003 und dauerte mit einigen Unterbrechungen bis April 2004. Einige Termine wurden auch erst im Frühjahr 2005 nachgeholt. Der 1. FSV Mainz 05 diente mir in vielerlei Hinsicht als eine Art Pretest, um Funktionslogik, Kommunikationsstrukturen und Organisationshierarchien des Fußballs kennen zu lernen und aus meinen zahlreichen Fehlern (vor allem beim Feldzugang) zu lernen.

Im Sommer 2004 verschickte ich Anfragen an vier weitere Bundesligaklubs: DSC Arminia Bielefeld, VfL Wolfsburg, Borussia Dortmund und Bayer 04 Leverkusen. Entscheidende Kriterien für die Auswahl der Vereine waren die Anzahl nicht-deutscher Spieler

---

[162] Da nicht alle Interviews transkribiert wurden, finden sich im Anhang nur 79 Primärdokumente aufgelistet.
[163] Dabei handelt es sich sowohl um unveröffentlichte als auch um öffentlich zugängliche Dokumente. Diejenigen Dokumente, auf die ich im Ergebnisteil unmittelbar verweise, sind im Literaturverzeichnis auch aufgeführt.

im Kader bzw. die öffentlichen Diskussionen über angebliche „Ausländerprobleme" in der Mannschaft und die Größe bzw. formale Struktur der Profifußballvereine. Während Borussia Dortmund direkt absagte und sich die Verhandlungen mit Bayer 04 Leverkusen bis Ende des Jahres hinzogen, konnte ich bei Arminia Bielefeld bereits im September 2004 mit der Erhebung beginnen, die ich im Mai des darauf folgenden Jahres beendete. Nahezu zeitgleich (von Oktober 2004 bis Mai 2005) untersuchte ich ebenfalls den VfL Wolfsburg. Als ich Ende 2004 doch noch das Einverständnis von Bayer 04 Leverkusen erhielt, hatte ich bereits soviel Datenmaterial gesammelt, dass ich bis auf zwei Gespräche auf weitere Untersuchungen dort verzichten konnte.

2.2.2 Auswertung

Die Interviews wurden vollständig transkribiert und die Beobachtungen und Erlebnisse im Feld in Form von Protokollen festgehalten. Sowohl Interviewtranskripte als auch Beobachtungsprotokolle wurden zur Auswertung als Primärdokumente in die QDA-Software ATLAS.ti eingestellt. Anschließend wurde das gesamte Datenmaterial kodiert. Die Entwicklung des dazu verwendeten Codeschemas erfolgte einerseits auf der Basis der Ausgangsfragestellung und andererseits in Form offenen Kodierens am Material (vgl. Strauss 1998: 57ff.). Die Codierung diente zunächst der Erfassung und Strukturierung des umfangreichen Materials, das dann in einem zweiten Arbeitsschritt inhaltsanalytisch ausgewertet wurde.

Neben dieser inhaltlich-thematischen Kodierung und Auswertung des Datenmaterials wurden aber auch sequentielle Feinanalysen zentraler Textstellen vorgenommen. Hierdurch sollten neben der Analyse der inhaltlich-propositionalen Anteile der Erzählungen auch die formalen Techniken der Herstellung von Plausibilität, Konsistenz und Authentizität und der Einfluss der Interviewsituation untersucht werden. Dabei wurde davon ausgegangen, dass es sich bei einer sozialen Interaktion – und letztlich ist auch die Interviewsituation eine solche – um eine sequenzielle Verknüpfung handelt, bei der kein Redezug zufällig, sondern immer Teil der sozialen Ordnung ist, die von den Teilnehmern gemeinsam hergestellt wird. Jede Handlung und jeder Redezug stehen demzufolge in einem „Bedingungszusammenhang", sind jeweils in einen Kontext eingebettet und konstituieren die Erwartungsstrukturen für darauf folgende Handlungen und Redezüge (vgl. Bergmann 2000).

Diese Art der Auswertung lieferte insgesamt drei Arten von Ergebnissen, die in den verschiedenen Kapiteln des Ergebnisteils in einem unterschiedlichen Mischungsverhältnis enthalten sind: Auf der Basis der Beobachtungsprotokolle konnte erstens die *Alltagspraxis* der Fußballer beschrieben werden. Mit Hilfe einer Art „Perspektivenverschiebung" (vgl. Abels 2001: 146ff.; Gouldner 1984: 192) wurden dabei die Verhaltensweisen der Sportler, vor allem ihr besonderer Umgang mit Körperlichkeit, mit den Verhaltensstandards in anderen sozialen Kontexten kontrastiert und nur gelegentlich durch die Interviewdarstellungen ergänzt (Kap. 3.1). In drei Auswertungskapiteln wurden vor allem *Deutungen und Selbstbeschreibungen* zur Analyse bestimmter Schlüsselsituationen des Berufsalltags und gemeinsamer Wissensbestände verwendet (Kap. 3.2, 3.3 und 3.5). So z.B. in einem kontrastiven Fallvergleich, in dem zwei Klubs, die sich hinsichtlich Organisationsstruktur und Professionalisierungsgrad deutlich voneinander unterschieden, in Bezug auf ihr Rekrutierungsverhalten miteinander verglichen wurden. Die dritte Art von Ergebnissen resultierte vor allem

2.2 Erläuterungen zur Methode

aus sequentiellen Feinanalysen und konzentrierte sich auf die *Kommunikationsstrukturen und -techniken* sowie interaktiven Konstruktionsleistungen (Kap. 3.4.5 und 3.4.6).

Im Folgenden werden zwei methodische Probleme ausführlicher diskutiert, die sich während der Untersuchungen in den Fußballklubs ergeben haben: der beschwerliche Zugang zum Feld und meine Geschlechtszugehörigkeit. Die Beschäftigung mit den Schwierigkeiten dient keineswegs nur der methodischen Reflexion, sondern gibt bereits Aufschluss über Struktur und Beschaffenheit des Forschungsfeldes Profifußball. Gleichzeitig illustrieren die folgenden Abschnitte meine Rolle im Feld und bilden einen Einstieg in den anschließenden Auswertungsteil.

2.2.3 Der steinige Weg ins Feld oder: Wie kommt man auf'n Platz?

Dem Profifußball eilt ein Ruf der Exklusivität voraus: Soziologen und Sportwissenschaftler, die sich mit dem Thema beschäftigten, sowie Sportjournalisten, mit denen ich im Vorfeld sprach, erklärten mir übereinstimmend, dass es praktisch unmöglich sei, in einem Profifußballklub eine ethnographische Untersuchung durchzuführen – und schon gar nicht als Frau. Dort gehe es um zuviel Geld, und die Angst vor Skandalen oder Geheimnisverrat sei zu groß. Aufgrund dieser Warnungen und aus Sorge um eine Absage entschloss ich mich zu Beginn meiner Suche nach einem angemessenen Untersuchungsfeld dazu, bei meiner ersten Anfrage beim 1. FSV Mainz 05 nicht den offiziellen Dienstweg einzuhalten. Statt den Einstieg ins Feld mittels Erlaubnis der Geschäftsführung bzw. des Vereinsmanagements zu suchen, adressierte ich mein erstes Schreiben an den als unkonventionell und aufgeschlossen geltenden Vereinstrainer Jürgen Klopp. Da aber offenbar nicht nur ich diese Idee hatte, bekam Jürgen Klopp sehr viele Anfragen für Diplom- und Doktorarbeiten und reagierte zunächst überhaupt nicht. Auf diese Weise schienen sich die meisten Anfragen von selbst zu erledigen.

Nach zahlreichen telefonischen Nachfragen meinerseits erhielt ich schließlich einen ersten Gesprächstermin mit dem Teammanager, der mein Anliegen ablehnte, da es „vollkommen ausgeschlossen" sei, mich in die Nähe der Mannschaft zu lassen (Dok. 1: 27ff.). Er begründete diese Ablehnung mit meiner Geschlechtszugehörigkeit und dem Schutz der Privatsphäre der Spieler. Auch würde ich seiner Meinung nach keine validen Ergebnisse erhalten, da meine Anwesenheit eine so starke Störung darstelle, dass sich keiner in der Mannschaft mehr „normal" verhalten werde. Er befürchtete Probleme der Spieler im Umgang mit mir, die er vor allem mit Verweis auf deren angebliche „Unreife" und soziale Herkunft begründete. Ähnlichen Bedenken begegnete ich auch bei Vorgesprächen mit anderen Vereinen. Immer wieder bekam ich zu hören, dass die meisten Spieler „ungehobelte", „einfach gestrickte", „junge Buben" (Dok. 2: 1366; Dok. 4: 110) und „etwas dumm" seien (Dok. 25: 32), sich „wie Kinder" benähmen (Dok. 1: 21, 30) und „aus der Gosse" bzw. „schwierigen sozialen Umfeldern" kämen (Dok. 3: 22; Dok. 64: 9).

Trotz dieser ersten Absage bemühte ich mich weiterhin um einen Gesprächstermin mit Jürgen Klopp, den ich nach sechs Wochen hartnäckiger Nachfragen schließlich auch erhielt. Nachdem diese Hürde genommen war, wurde tatsächlich alles einfacher. Ich erhielt zwar noch keine offizielle Zusage, durfte die Mannschaft aber zu einem PR-Termin und einem Freundschaftsspiel begleiten, um auf diese Weise deren Reaktion auf mich auszutesten. Die größte Sorge des Trainers war, dass ich „seine Jungs" in ihrer Routine stören und ihre Leistungsfähigkeit beeinträchtigen könnte (vgl. Dok. 6: 56). Dass Klopp mir trotzdem erlaubte, die Mannschaft zu begleiten, hatte möglicherweise auch mit seiner Selbstdarstellung als unkonventionell-lässig zu tun. So betonte er häufig, dass so etwas bei den anderen Trainern der Bundesliga auf keinen Fall möglich wäre. Schließlich durfte ich in nahezu alle exklusiv der Mannschaft vorbehaltenen Bereiche hinein: Umkleidekabine, Gemeinschaftsraum und Mannschaftsbus. Wenn der Trainer mich einlud mitzukommen, wurde meine Anwesenheit auch relativ problemlos akzeptiert.

Bis hierhin klingt das alles wie eine klassische Zugangsschilderung ethnographischer Forschung, in der nach einer langen Phase vergeblicher Mühen irgendwann eine positive Wende innerhalb der Beziehungen zu den „Eingeborenen" stattfindet und der Forscher endlich glücklich im Feld ankommt (vgl. Wolff 2004: 336). In diesem Projekt blieb es aber trotz dieses ersten „Durchbruchs" weiterhin anstrengend und zermürbend, den Kontakt zum Feld aufrechtzuerhalten und die geplanten Interviews durchzuführen. Das größte Problem lag vermutlich darin, dass es für meine Person keine auf Dauer geduldete Beobachterrolle gab. Außerdem hatte ich die von Mainz 05 und Jürgen Klopp propagierte Informalitätskultur unterschätzt: Die in Mainz vorherrschende Lockerheit und Unkonventionalität, die ich zu meinem Vorteil nutzen wollte und der ich möglicherweise meinen Feldzugang zu verdanken hatte, erwies sich im Laufe der Untersuchung als Unprofessionalität und hatte den Nachteil, dass keinerlei Verbindlichkeit und Zuverlässigkeit bestand. Alles hing von der Lust und Laune einzelner Personen ab. Jürgen Klopp verlor rasch das Interesse an der Sache (und an mir), und die Anweisungen des Teammanagers wurden von den Spielern so gut wie gar nicht beachtet. Daher platzten immer wieder Interviewtermine, die häufig noch nicht einmal abgesagt wurden.[164]

Aufgrund dieser Erfahrungen veränderte ich meine Strategie im Umgang mit den Fußballvereinen: Bei Arminia Bielefeld und dem VfL Wolfsburg hielt ich den offiziellen Dienstweg ein und adressierte als erstes die Geschäftsführung. Das primäre Ziel lag sowohl beim Anschreiben als beim ersten Treffen darin, das Vertrauen der Klubs zu gewinnen. Aber wie sollte ich sie dazu bringen, der Durchführung meiner Untersuchungen zuzustimmen und mir als einer fremden Person Zugang zum eigenen Arbeitsalltag zu gewähren (vgl. Wolff 2004: 340; Hammersley/Atkinson 1995: 68ff.)? Aus soziologischer Perspektive geht es beim Vertrauen um die Herstellung von Erwartungssicherheit und die Reduzierung von Komplexität auf ein handhabbares Maß (vgl. Luhmann 2000a [1968]; vgl. auch Endress 2002). Vertrauen stellt eine Art Vorleistung dar, auf deren Basis soziale Interaktion erst möglich wird (vgl. Goffman 1971: 84ff.). Simmel (1995: 393) beschreibt Vertrauen als „eine der wichtigsten synthetischen Kräfte innerhalb der Gesellschaft", auf deren „mittlere[m] Zustand zwischen Wissen und Nichtwissen um den Menschen" die zukünftige soziale Praxis basiere. Grundsätzlich kann man zwischen persönlichem Vertrauen und generali-

---

[164] Aufgrund dieser disziplinarischen Probleme kam während meines ersten Feldaufenthalts auch keine Gruppendiskussion mit Mainzer Spielern zustande, es tauchten maximal zwei Spieler zum vereinbarten Zeitpunkt auf. Daher unternahm ich im Frühjahr 2005 einen zweiten Anlauf, nachdem ich mit den Untersuchungen in den anderen Vereinen praktisch fertig war. Dieses Mal wendete ich mich jedoch direkt an den Vereinspräsidenten, der umgehend dafür sorgte, dass ich die noch ausstehenden Termine innerhalb einer Woche nachholen konnte. Insgesamt bestätigen diese Erfahrungen beim Feldzugang in Mainz die bereits beschriebene Darstellung der Vereinsstrukturen mit einer gering ausdifferenzierten Arbeitsteilung, der Dominanz informeller Entscheidungsstrukturen, der Personenabhängigkeit von Positionen und einem niedrigen Professionalisierungsgrad (vgl. 2.1.1 Der 1. Fußball- und Sportverein Mainz 05 e.V.: Karnevalsverein mit Herzblut).

2.2 Erläuterungen zur Methode

siertem, versachlichtem Systemvertrauen unterschieden, das persönlicher Kenntnis nicht mehr bedarf[165] (vgl. Luhmann 2000a [1968]; Simmel 1995: 392ff.).

Entsprechend versuchte ich bei meinen späteren Feldzugangsversuchen Sicherheit und Vertrauen auf Seiten der Beforschten aufzubauen, indem auf eine vertrauenswürdige Institution (Fakultät für Soziologie der Universität Bielefeld) und ranghohe Amtsinhaber (zwei Professoren) verwiesen wurde. Im Gegensatz zu meinem ersten Feldzugang war ich dieses Mal – zumindest offiziell – nicht auf mich allein gestellt. Während die Mainzer noch zu mir als Person Vertrauen fassen mussten, ging es in Bielefeld und Wolfsburg um Vertrauen in eine sozial anerkannte Institution, die Universität, bzw. Vertrauen in die Kompetenz ranghoher Repräsentanten. Einen weiteren vertrauensbildenden Vorteil hatte ich dadurch, dass ich auf die Erfahrungen in Mainz verweisen konnte. Offensichtlich schien auch die Teilnahmebereitschaft anderer Klubs einen gewissen sozialen Druck auszuüben. Wie ich selbst überrascht feststellte, war die Einladung zum Gespräch von nun an beinahe gleichbedeutend mit einer grundsätzlichen Zusage. Feldzugang, Terminkoordination und die Durchführung der Interviews klappten dann in Bielefeld und Wolfsburg wesentlich reibungsloser und professioneller als zuvor in Mainz. Hier betrachtete man mich bzw. die Untersuchung eher als Bestandteil der Öffentlichkeitsarbeit bzw. als Mittel zur Außendarstellung der Vereine. Und wenn es zu Ausfällen oder Terminverschiebungen kam, wurde ich – anders als in Mainz – rechtzeitig benachrichtigt.

Diese unterschiedlichen Erfahrungen des Feldzugangs in den drei Klubs lassen sich zum Teil mit Verweis auf die oben beschriebenen strukturellen Unterschiede zwischen den Fußballklubs erklären (vgl. 2.1 Die drei Fußballvereine im Überblick). Allerdings bestanden auch in Bielefeld und Wolfsburg grundsätzliche Bedenken, mich in die Nähe der Mannschaft zu lassen. Auch hier weigerten sich Personen, mit mir zu sprechen; und ich bekam keinen Zugang zu bestimmten Bereichen aus Angst vor Geheimnisverrat. Daher bleibt zu vermuten, dass derartige Schließungsmechanismen sich nicht auf die strukturellen Besonderheiten von Mainz 05 zurückführen lassen, sondern typisches Merkmal des Untersuchungsfelds waren (vgl. Tagsold 2008: 85ff.). Die Spieler schienen in allen Klubs den streng bewachten Mittelpunkt zu bilden, den es zu schützen und von zusätzlichen Belastungen abzuschirmen galt, um ihre Leistungsfähigkeit und -willigkeit sicherzustellen (vgl. Kap. 4.1.4 Exkurs: Der Profifußballverein als totale Institution).

Während meiner Feldaufenthalte hatten diese Abwehrreaktionen des Feldes jedoch noch einen ganz anderen Nebeneffekt: Ich entwickelte zunehmend die Vorstellung, dass sich das „wahre" Wesen des Fußballs auf irgendeiner dieser für mich unzugänglichen Hinterbühnen abspielte (vgl. Wolff 2004: 344).[166] Je geschlossener sich das Feld präsentierte desto unglaublichere Dinge vermutete ich hinter diesen Mauern.[167] Eine ähnlich problema-

---

[165] Bei Luhmann (2000a [1968]: 60ff.) korrespondiert die Umstellung von Personen- auf Systemvertrauen und die Verdrängung unhinterfragter Vertrautheit in den Bereich der persönlichen Beziehungen mit dem Übergang von primär stratifikatorisch zu primär funktional differenzierten Gesellschaften.
[166] Vgl. hierzu die Beschreibungen von Tagsold (2008: 87f.) zur Mystifizierung der Hinterbühnenbereiche im Profifußball, vor allem der Kabine und den dort vermuteten Geheimnissen.
[167] Die Absurdität meiner diesbezüglichen Erwartungen (z.B. der Glaube an die Existenz geheimer Rituale) wurde mir bisweilen von meinen Interaktionspartnern sehr anschaulich vor Augen geführt. So z.B. als sich ein Spieler über mich lustig machte und auf meine Frage nach Ritualen und gewohnheitsmäßigen Abläufen vor dem Spiel antwortete, dass die Mannschaft jedes Mal zehn Minuten lang nackt in der Kabine tanze (vgl. Dok. 24: 956). Die Suche nach einer derartigen „wahrhaftigen" Realität aufzugeben, fiel mir nicht leicht. Entscheidend war hier letztlich die Erkenntnis, dass auch das von mir gewonnene Datenmaterial zu wissenschaftlich relevanten Ergebnissen führen konnte.

tische Erwartungshaltung lässt sich auch in Verbindung mit meiner Geschlechtszugehörigkeit diskutieren. Dabei geht es u.a. um die Frage, inwiefern ein männlicher Forscher weniger Probleme beim Zugang zu den Fußballklubs gehabt hätte.

2.2.4 Von den Vor- und Nachteilen eine Frau zu sein

Da es sich beim Fußball im Allgemeinen und beim Profifußball im Besonderen um ein männlich dominiertes Setting handelt (vgl. Kap. 3.5.1 Die Androzentrik des Fußballs), wurde sowohl bei der Annäherung ans Feld als auch während der Untersuchung meine Geschlechtszugehörigkeit immer wieder thematisiert (vgl. Kreisky 2006: 26ff.; Bromberger 2006). Daher erscheint es notwendig, vor dem eigentlichen Auswertungsteil meinen konkreten Standpunkt als Teilnehmerin am sozialen Geschehen offen zu legen und mich im Untersuchungsfeld zu verorten (vgl. Honer 2004: 199).

Um einschätzen zu können, welche Bedeutung der Geschlechterdifferenz im Profifußball zukommt, stellt sich zunächst die Frage, wo und in welchen Funktionen Frauen in diesem Bereich überhaupt auftauchten. In der unmittelbaren Nähe der (Männer-)Mannschaft suchte man sie vergebens. Im weiteren Umfeld, wie z.B. in den Geschäftsstellen, fanden sich jedoch relativ viele Frauen, die dort als Assistentinnen, Praktikantinnen, Betreuerinnen oder Mitarbeiterinnen in den Bereichen Marketing und Öffentlichkeitsarbeit beschäftigt waren. Bei meinen ersten Besuchen fielen mir Attraktivität und Jugendlichkeit der Sekretärinnen auf, die häufig auch sehr auffällig gekleidet waren.[168] Möglicherweise diente hier die Attraktivität des weiblichen Personals – vor allem in repräsentativen Funktionen wie am Empfangsschalter – dazu, das Prestige der jeweiligen Organisation zu erhöhen. Auf der Ebene der leitenden Positionen (außerhalb von Marketing und PR[169]) stellen praktisch alle deutschen Bundesligaklubs eine exklusive Männerwelt dar. Im Büroalltag der von mir untersuchten Fußballklubs ließen sich regelmäßig die Inszenierung und Reproduktion traditioneller Geschlechterbilder beobachten, indem hübsche, junge Assistentinnen ihren in der Regel älteren männlichen Chefs hilfreich zur Hand gingen (vgl. Dok. 58:17).[170]

Auch das Publikum im Stadion und vor dem Fernseher ist immer noch vorrangig männlich[171], und die Bundesliga bleibt trotz eines deutlichen Anstiegs des Frauenanteils in

---

[168] Lediglich in den Vorzimmern der höchsten Positionen ließen sich etwas ältere Sekretärinnen finden, deren Auftreten dezenter war und die statt Attraktivität in erster Linie Kompetenz bzw. Seriosität ausstrahlten (vgl. Dok. 58:19).

[169] Die einzige Frau im Vorstand eines Bundesligaklubs ist derzeit Katja Kraus, die beim Hamburger Sportverein seit 2003 für Marketing und Kommunikation zuständig ist. Entsprechend wird die Einmaligkeit dieser Ausnahme auch immer wieder in Zeitungsberichten betont (vgl. Gerhartz 2004; Goy 2005).

[170] Die Geschlechts- und Altersunterschiede zwischen Sekretärinnen und Vorgesetzten und die dadurch entstehende „Stilisierung eines onkelhaften Verhältnisses" erinnerte an Goffmans Beschreibung selektiver Arbeitsplatzvergabe in den Büros der 1950er Jahre (1994: 135). Laut Goffman geht es darum, eine reine Männerwelt mit überdurchschnittlich attraktiven Frauen zu durchsetzen, die dann immer wieder als „flüchtige Zielscheibe für sexuell anzügliche Scherze dienen können" und so Hilfestellung bei der Konstruktion der Maskulinität der Männerwelt leisten (1994: 136). „Das Prinzip lautet hier: Wenige für viele, und infolgedessen entwickelt sich die Welt jenseits des Haushalts zu einem schummrigen Rotlichtviertel, in dem Männer schnell in Interaktionen Erfolge erzielen und in Sicherheit genießen können." (Goffman 1994: 137)

[171] In den 1990er Jahren betrug der Frauenanteil am Publikum in den Fußballstadien der großen Vereine der obersten Spielklassen Europas etwa zehn Prozent (vgl. Horak 2006: 116f.). Lediglich Kontinental- und Weltmeisterschaften bilden hier Ausnahmen und werden als Großereignisse aufgrund ihres Eventcharakters auch in größerem Umfang von Frauen konsumiert (vgl. Hagenah/Schliermann 2006).

2.2 Erläuterungen zur Methode

den vergangenen 20 Jahren Männersache (vgl. Bromberger 2006: 45; Horak 2006).[172] Meinen Beobachtungen zufolge variierte der Frauenanteil in den Stadien je nach Zuschauerbereich. Am geringsten war er in den Fankurven und Stehblöcken, während auf den Tribünen und vor allem im VIP-Bereich deutlich mehr Frauen zu sehen waren. Hier konnte man auch die Ehefrauen und Lebensgefährtinnen der Spieler – kurz WaGs (Wives and Girlfriends) genannt – beobachten, die selbst in den kleineren Bundesligaklubs für ein wenig Glamour sorgten.[173] Ansonsten fiel in diesem Zuschauerbereich vor allem das attraktive weibliche Servicepersonal auf: VIP-Hostessen mit Konfektionsgröße 34 bis 38 in eng sitzenden Kostümen und auf hohen Absätzen sowie aufreizend gekleidete Frauen, die im Rahmen von Promotion-Aktionen Sekt oder Champagner ausschenkten (vgl. Anonyma 2006).

Im Pressebereich gab es während meiner Beobachtungen außer den Serviererinnen und einigen Kabelträgerinnen kaum Frauen. Sportjournalismus – vor allem mit dem Schwerpunkt Fußball – scheint ähnlich wie die aktive Ausübung des Sports nach wie vor eine Männerdomäne zu sein.[174] Auf dem Spielfeld tauchen Frauen lediglich in den Halbzeitpausen als Cheerleader oder bei Siegerehrungen als hübsche Staffage auf.[175] Nicht zuletzt aufgrund ihrer zahlenmäßigen Minderheit sind Frauen in bestimmten Bereichen der Fußballwelt (außerhalb der Zuschauerränge) hochgradig sichtbar, und dort, wo sie auftauchen, werden ihnen vielfach Rollen zugewiesen, die die Geschlechterdifferenz in besonderem Maß betonen bzw. traditionelle Stereotypisierungen von Weiblichkeit inszenieren (vgl. auch Kanter 1977). So prägen Vorstellungen über angemessenes weibliches Verhalten einen wesentlichen Teil der Arbeit von Hostessen und Sekretärinnen und schlagen sich z.B. in bestimmten Kleidungsvorschriften während der Arbeit nieder (vgl. Leidner 1991).

Da es außer mir im engsten Umfeld der Mannschaft praktisch keine Frauen gab, blieb ich die meiste Zeit hochgradig sicht- und wahrnehmbar, und meine Geschlechtszugehörigkeit wurde zu einer Art „Stigma" (vgl. Goffman 1975). Es gab praktisch keine von den Akteuren akzeptierte Rolle als teilnehmende Beobachterin in diesem Feld für mich. Und selbst wenn die Trainer und Mannschaftsverantwortlichen (vor allem in Mainz und Bielefeld) mir nach anfänglicher Skepsis Zugang zu Mannschaftsbus, Umkleidekabine und Spielbesprechungen gewährten, blieb ich dennoch ein deutlich sichtbarer Fremdkörper (vgl. Easterday et al. 1977). Besonders häufig wurde meine Geschlechtszugehörigkeit in der unprofessionellen und personalisierten Atmosphäre beim 1. FSV Mainz 05 thematisiert.[176]

---

[172] Dass die Anwesenheit von Frauen im Fußballstadion immer noch als etwas Besonderes wahrgenommen wird, belegen auch die Hinweise der Funktionäre von Mainz 05 auf den hohen Frauenanteil bei den Spielen der Mainzer und auf die angeblich damit verbundene „harmonischere Atmosphäre" (vgl. Dok. 9: 53ff.; Dok.13: 62).

[173] Der Fernsehsender RTL widmete dem Phänomen der „Spielerfrauen" 2005 sogar eine eigene Serie, die deutlich macht, dass Profifußballer (und manchmal eben auch ihre Frauen) mittlerweile zur Fernsehprominenz gehören (vgl. Eichler 2005).

[174] Auch wenn mittlerweile Monica Lierhaus als Moderatorin der ARD-Sportschau – nicht zuletzt aufgrund ihrer Attraktivität und figurbetonten Kleidung – bei Fußballfans sehr beliebt ist, bleibt sie dennoch die Ausnahme. Unvergessen ist bis heute Carmen Thomas, die 1973 als erste Frau überhaupt im deutschen Fernsehen eine Sportsendung moderierte, und aufgrund eines Versprechers („Schalke 05") traurige Berühmtheit erlangte.

[175] So gibt es in einigen Fußballklubs offenbar Miss-Wahlen, deren Gewinnerin dann vor einem Spiel oder in der Halbzeit öffentlich präsentiert wird (vgl. Dok. 7: 22). Vgl. hierzu auch Berichte über die Kombination von Fußball und Miss-Wahlen in Brasilien (Bellos 2006). Demnach sind „Fußball und Frauen (...) eine wunderbare Kombination der nationalen Leidenschaften" Brasiliens, wobei interessanterweise als primäre Ursache des schönen Fußballs sowie der schönen Frauen die „ethnische Vielfalt" des Landes genannt wird (ebd.: 24).

[176] Möglicherweise lag die Ursache für die größere Relevanz von Geschlecht in Mainz auch in der oben beschriebenen Differenz des gewählten Feldzugangs (vgl. 2.2.3 Der steinige Weg ins Feld oder: Wie kommt man auf'n Platz?): Ging es doch in Mainz vor allem um die Vertrauenswürdigkeit meiner Person, während in Bielefeld und

Dass ich eine Frau bin, war in Mainz eines der zentralen Argumente, um meine Anfrage zunächst abzulehnen. So erklärte mir der Teammanager des 1. FSV Mainz 05 während unseres ersten Treffens, dass ich leider „das falsche Geschlecht" habe, und dass meine bloße Anwesenheit zu einer „Störung des Betriebs" führen würde (vgl. Dok. 1: 27, 29ff.).[177]

Neben der Geschlechterdifferenz spielten offenbar auch vermutete Klassenunterschiede eine Rolle. So beinhaltet das Bild des jungen „einfach gestrickten" Fußballers, das mir von Seiten der Vereinsführung skizziert wurde, eine Darstellungsform von Männlichkeit, die mit einer Herkunft aus bildungsfernen Schichten assoziiert wird. Auch wenn vordergründig mit meiner Geschlechtszugehörigkeit argumentiert wurde, lassen sich Hinweise dafür finden, dass es bei der Ablehnung durch die Fußballer auch um meine Rolle als Akademikerin bzw. als Universitätsangehörige ging.[178] So wurde ich beispielsweise häufig etwas despektierlich als die „junge Frau von der Universität" vorgestellt. Manchmal hatte ich das Gefühl, als Frau *und* Akademikerin in den Augen der Fußballer doppelt gehandicapt und ahnungslos in Sachen Fußball zu sein.

So wurde meine fußballerische Unkenntnis weitgehend selbstverständlich vorausgesetzt, genauso wie die Vorstellung, dass Frauen Fußball spielen oder auch nur Fußballtrikots anziehen könnten, immer wieder Anlass für Gelächter gab. So war es ein Running Gag des Bielefelder Trainers, dass ich zu allen Terminen in Fußballkleidung kommen sollte (vgl. Dok. 33: 24; Dok. 38: 8, 31). Regelmäßig wurde ich Ziel von Spott, sexuellen Anspielungen und Witzeleien, über die sich die anwesenden Männer dann auf meine Kosten amüsierten, z.B. als der Mainzer Torwarttrainer nur mit einem T-Shirt bekleidet aus der Umkleidekabine in den Gemeinschaftsraum kam, sich vor mir aufbaute, meine Hand drückte und zur großen Belustigung der Mannschaft so tat, als ob er erst jetzt bemerkte, dass er keine Unterhose trug (Dok. 12: 60).[179] Innerhalb dieser peinlichen Situationen ging es einerseits darum, Männlichkeit und Dominanz zu inszenieren, indem man(n) mich durch die Konfrontation mit nackten Genitalien irritierte und in Verlegenheit brachte, und andererseits demonstrierte mir die Mannschaft auf diese Weise deutlich ihren Zusammenhalt und meinen Außenseiterstatus. Da diese Provokationen in der Regel durch Lachen und Übertreibungen als Spielereien und Späße gerahmt wurden, blieb mir nichts anderes übrig als möglichst nicht rot zu werden und mitzulachen, um mein Gesicht zu wahren.[180] Vermutlich

---

Wolfsburg weniger meine Person als das Vertrauen in die Institution Universität im Mittelpunkt stand. Im Kontext dieser personalen Zuschreibungen war daher die Aktivierung der Geschlechtszugehörigkeit bzw. damit assoziierter Stereotype wahrscheinlicher als in den beiden anderen Vereinen, wo ich möglicherweise eher als Vertreterin der Universität wahrgenommen wurde.

[177] In diesem ersten Gespräch wurde meine Anwesenheit wiederholt mit dem Besuch eines leukämiekranken Kindes einige Wochen zuvor verglichen, dessen Präsenz die Spieler angeblich sehr gehemmt habe (Dok. 1: 31).

[178] Ein Hinweis auf ein generelles Misstrauen gegenüber Akademikern bzw. Theoretikern in der Fußballwelt ist die despektierliche Verwendung des Titels „Fußballprofessor". So wird z.B. der Trainer Ralf Rangnick genannt, seitdem er bei einem Auftritt im Aktuellen Sportstudio 1998 die Spieltaktik recht ausführlich auf einer Tafel aufgezeichnet hatte. Nach den Erfolgen Rangnicks und den massenmedial wirksamen Darstellungen Jürgen Klopps während der WM 2006 gilt der „Konzeptfußball" mittlerweile jedoch als salonfähig.

[179] Obwohl er die Peinlichkeit dieser Situation selbst „verschuldete", wurde ich durch sein Verhalten beschämt und fühlte mich als Eindringling, der sich eines voyeuristischen Übergriffs schuldig gemacht hatte (vgl. Goffman 1974: 88f.). Dadurch wurde mir meine Position als ungebetener Gast in der Mannschaft geradezu körperlich vor Augen geführt.

[180] In der Terminologie Goffmans entsprach dieses Verhalten der Männer mir gegenüber der aggressiven Verwendung der Techniken der Imagepflege, dem sog. „Pluspunkte sammeln" (1973b: 30ff.). Dabei wird entgegen der üblichen Regeln von Selbstachtung und Rücksichtnahme von einem der Interaktionspartner willkürlich eine Bedrohung eingeführt, um sich selbst vor dem anwesenden Publikum vorteilhaft darzustellen und den anderen

2.2 Erläuterungen zur Methode

hätte das Verlassen der Spielmodalität bzw. jede ernsthafte konfrontative Reaktion meinerseits nur dazu geführt, die anfänglich geäußerten Zweifel hinsichtlich meiner Anwesenheit in den Mannschaftsräumen zu bestätigen. Häufig versuchte ich, sexuelle Anspielungen und Peinlichkeiten einfach zu ignorieren bzw. mit Professionalität zu überspielen.[181]

Ein weiteres Beispiel für derartige peinliche Situationen waren Formen von unangemessenem Selbst-Engagement meiner Interaktionspartner an ihrem eigenen Körper (vgl. Goffman 1971: 69ff.). So ereignete sich folgende Szene im Interview mit einem Trainer, der sich während unserer Unterhaltung im Gemeinschaftsraum der Mannschaft im Trainingsanzug auf der Couch „herumfläzte":

> „Am Anfang sitzt er ganz zurückgelehnt und seine Beine in maximaler Spreizung geöffnet, (...). Nach einer Weile legt er die Beine links von mir auf den Tisch überkreuz, so dass seine nackten Füße nur wenige Zentimeter neben mir sind. Es riecht sowieso schon nach Schweißfüßen. Dann irgendwann im Lauf des Gesprächs (..) und immer mal wieder steckt er seine linke Hand in die Hose bzw. in die linke Hosentasche und fummelt sich längere Zeit gut erkennbar an seinen Genitalien herum. Ich bemühe mich darum, es zu ignorieren." (Dok. 33: 23)

Ein anderes Mal benutzte der Trainer meine Anwesenheit während einer Spielbesprechung in der Umkleidekabine, um sich vor „seinen Jungs" in Szene zu setzen. Vor der versammelten Mannschaft sprach er über mich mit einem aus Kamerun stammenden Spieler, der gerade für ein paar Tage zum Probetraining in der Stadt war, und den der Trainer offensichtlich gerne verpflichten wollte. Und es wurde wieder einmal auf meine Kosten gescherzt:

> „Der Trainer spricht den Spieler neben mir auf Französisch an und sagt zwinkernd, dass ich die neue zweite Trainerin sei. Dann legt er noch mal nach, ich sei die Masseuse, und er wisse schon, was er meine. Ich weiß nicht genau, ob alle es verstanden haben. Wahrscheinlich aber spätestens am Tonfall und am Lachen danach. Und dann auf deutsch zur gesamten Mannschaft: Jetzt werde er mit Sicherheit einen Vertrag bei Arminia haben wollen wegen mir. Lautes Lachen. Ich glaube, es macht ihm Spaß mit meiner Anwesenheit auf diese Weise zu spielen, und es gibt ihm eine Gelegenheit, sich vor „seinen Jungs" als Alphatier zu profilieren. Ich gebe nur ein vorsichtiges, leicht entrüstetes Lachen von mir und werde zu meinem großen Ärger wieder mal rot." (Dok. 38: 8)

Meine Anwesenheit schien den Männern vielfach Gelegenheit zu geben, eine bestimmte in Fußballkreisen populäre Form der Männlichkeit zu inszenieren sowie ihren Zusammenhalt als (Männer-)Gruppe zu demonstrieren. Gleichzeitig fühlte ich mich aber immer auch ein wenig auf die Probe gestellt, wie viel ich mir gefallen lassen würde. Für mich war die Grenze erreicht, als einer meiner Gesprächspartner vorschlug, das Interview auf seinem Hotelzimmer weiterzuführen. Auch der Umgang mit Spielern „im Rudel" führte manchmal zu Situationen, in denen ich mich überfordert fühlte, weshalb ich für die Durchführung der Gruppendiskussionen in der Regel einen männlichen Kollegen als Begleitung mitnahm.

Auf der anderen Seite eröffnete mir meine Geschlechtszugehörigkeit jedoch auch Chancen und Vorteile, die ein männlicher Forscher möglicherweise nicht erhalten hätte

---

gleichzeitig am Ausführen einer Ausgleichhandlung (und damit der Wiederherstellung des rituellen Gleichgewichts) zu hindern.

[181] In der Perspektive kategorialer Zugehörigkeiten formuliert, bedeutet das, dass ich die hier vorgenommene Aktivierung von Geschlecht durch die Betonung meiner Rolle als Wissenschaftlerin zu neutralisieren versuchte („undoing gender") (vgl. Hirschauer 2001).

(vgl. Easterday et al. 1977: 344ff.). Gerade die Tatsache dass mir qua Geschlecht Unwissenheit unterstellt wurde und man mich überhaupt nicht ernst nahm, hatte auch gewisse Vorteile: Die Bereitschaft sich von mir beobachten zu lassen, beruhte möglicherweise weniger auf einem Vertrauensverhältnis als vielmehr auf der Annahme, dass ich wohl keinen größeren Schaden anrichten könnte. Da man mir in Bezug auf den Fußballsport Unwissenheit unterstellte, wurden mir selbst einfachste Abläufe unaufgefordert erklärt. Hier ergaben sich sozusagen Synergieeffekte zwischen meiner Rolle als Fußball-unkundiger Frau und meiner Rolle als Ethnographin, die so viel wie möglich über ihr Feld wissen und sich von den „Einheimischen" belehren lassen wollte. Aufgrund dieser quasi-natürlichen Distanz zum Fußball wurde mir außerdem jede noch so naive Frage nachgesehen, die möglicherweise für einen männlichen Forscher einen Gesichtsverlust bedeutet hätte. Zudem erwiesen sich in manchen Situationen weiblicher Charme und der männliche Drang, Frauen imponieren zu wollen, durchaus als Vorteile.

Zusammenfassend lässt sich festhalten, dass meine Geschlechtszugehörigkeit offenbar eine Art „natürlicher" Distanz zum Feld schuf und hilfreich dabei war, die Perspektive einer Fremden und Außenseiterin einzunehmen. Auch Formen männerbündischer Solidarität und Abwehrreaktionen wurden bei der Konfrontation mit einem weiblichen „Eindringling" möglicherweise eher sichtbar. Prozesse sozialer Schließung auf der Basis geschlechtlicher Zugehörigkeit scheinen charakteristisch für den Fußball. Daher wird auch bei der weiteren Auswertung des Datenmaterials die mögliche Relevanz meiner Position als weibliche Interaktionsteilnehmerin stets mitreflektiert.

3. Innenansichten des Profifußballs: Ergebnisse der ethnographischen Untersuchung

Die ethnographische Analyse ist in fünf Abschnitte unterteilt, in denen die Welt des Profifußballs aus unterschiedlichen Blickwinkeln beleuchtet wird. Im Zentrum der Untersuchung steht aber immer der Zusammenhang zwischen askriptiven, körperbezogenen Personenmerkmalen, wie der ethnischen, der nationalen sowie der geschlechtlichen Zugehörigkeit, und deren Relevanz für die Beobachtung und Zurechnung fußballerischer Leistung. Insbesondere interessiert hier die Bedeutung dieser zugeschriebenen Merkmale für die Frage der sozialen Inklusion. In einem ersten Abschnitt werden zunächst die sozialen Interaktionen auf dem Fußballfeld beobachtet und die Bedeutung des Körpers in diesen Situationen physischer Kopräsenz herausgearbeitet (3.1). Dabei werden Phänomene wie der Handschlag, die intensive Berührungskultur unter Fußballern, Rituale der Soldarisierung und der Polarisierung sowie der Ehrbegriff im Fußball untersucht. Die Ergebnisse dieser ersten Beobachtungsstudie bilden die Basis und den Hintergrund für die nachfolgenden Untersuchungen.

In zweiten Kapitel (3.2) geht es dann um eine Analyse des Leistungsbegriffs im Fußball. Was genau bedeutet Leistung im Fußball? Entlang welcher Kriterien wird sie zugerechnet und messbar gemacht? Geht es um kollektive oder auch um individuelle Leistungen? Und schließlich: Welche Rolle kommt der ethnischen und nationalen Zugehörigkeit bei der Zurechnung fußballerischer Leistung zu?

Daran anschließend stellt sich die Frage nach der Relevanz ethnischer bzw. nationaler Zugehörigkeiten für die soziale Inklusion im Profifußball (3.3). Inwiefern kann die ethnische bzw. nationale Herkunft Teilhabechancen beeinflussen, wenn Zugangsentscheidungen im Fußball sich primär an Leistungsdifferenzen orientieren? Und wieso sollte die nationale Zugehörigkeit im Vereinsfußball, also jenseits der Ebene der nationalen Auswahlmannschaften, überhaupt eine Rolle spielen? Dieser Frage wird am Beispiel der Praxis der Spielerrekrutierung in zwei der untersuchten Bundesligaklubs nachgegangen. Dabei werden zwei Vereine miteinander verglichen, die sich hinsichtlich ihrer Organisationsstruktur und ihres Professionalisierungsgrades deutlich voneinander unterscheiden.

Im Mittelpunkt des vierten Abschnitts steht die Funktion ethnischer und nationaler Zugehörigkeiten als Grenzbildungsprinzipien (3.4). Dabei geht es zum einen um die Frage, inwieweit es in der Wahrnehmung der Akteure einen globalen fußballerischen Vergleichshorizont gibt und zum anderen, inwiefern Ethnie und Nation als Teilungsdimensionen sowohl für die Strukturen der formalen Organisationen und Regelwerke des Fußballs als auch bei der Beobachtung und Zurechnung fußballerischer Leistung relevant sind. Daran anschließend wird die moralische Bewertung der Differenz am Beispiel von Stereotypenkommunikation und Frotzelaktivitäten zwischen den Spielern untersucht.

Das letzte Kapitel beschäftigt sich mit der Bedeutung der Geschlechtszugehörigkeit im Fußball (3.5). Anknüpfend an die Ergebnisse des historischen Teils werden die Androzentrik des Fußballs sowie die kommunikativen Strategien zur Legitimation des faktischen

Ausschlusses von Frauen analysiert. Abschließend erfolgt ein Vergleich zwischen den Charakteristika der Kommunikation ethnischer bzw. nationaler Stereotype und sexistischer Stereotypenkommunikation.

3.1 Die Bedeutung des Körpers im Fußball

„Fußball ist ein Körpersport" (Dok. 30: 294)

Die ethnographische Analyse beginnt zunächst mit den Beschreibungen einiger auffälliger Charakteristika der Welt des Profifußballs. Die Akzentuierung dieser Besonderheiten ist vor allem Ergebnis der für ethnographische Untersuchungen typischen distanzierenden Entfremdung des sonst allzu vertrauten Untersuchungsgegenstands Fußball. Auf diese Weise erscheinen die bislang unhinterfragt als selbstverständlich wahrgenommenen Geschehnisse eines Fußballspiels frag- und erklärungswürdig. Gleichzeitig handelt es sich bei den folgenden Beobachtungen weniger um eine unmittelbare Antwort auf die zu Anfang der Arbeit explizierten Fragen als vielmehr um Irritationen in Folge meiner Erfahrungen im Feld. Und trotzdem stellen diese Beschreibungen einen essentiellen Bestandteil meiner Arbeit dar und bilden die Basis für die nachfolgenden Analysen.

Die besondere Bedeutung des Körpers im Fußball lässt sich bereits aus dem hier zugrunde gelegten allgemeinen Verständnis von Sport ableiten, dem zufolge es dort primär um die Beobachtung und den Vergleich körperlicher Leistungen geht (vgl. Stichweh 2005a: 116). In den meisten anderen Funktionssystemen dient der Körper lediglich als Voraussetzung für Kommunikation und wird nur selten selbst zum Thema. Außerhalb des Sports wird vom Körper meist abgesehen oder dessen Bedeutungslosigkeit postuliert, vielfach kommt es gar zu einer bewussten Abwertung (vgl. Bette 1989). Im Gegensatz dazu ist der Körper konstitutives Merkmal des modernen Sports, in dessen Mittelpunkt die Beobachtung seiner Leistungen und Belastbarkeit stehen.

Diese besondere Bedeutung des Körpers, genauer: des leistungsfähigen Körpers, gilt für den Fußball in besonderem Maße, denn dort ist zum Leistungsvergleich die unmittelbare körperliche Anwesenheit beider Mannschaften notwendig. Anders als beispielsweise in der Leichtathletik müssen die Fußballer unter der Bedingung körperlicher Kopräsenz gegeneinander antreten und können nur auf diese Art ihre Leistung miteinander vergleichen. Bei einem Fußballspiel handelt es sich um eine unmittelbare soziale Interaktion bzw. Kommunikation unter Anwesenden (vgl. Goffman 1971: 27; 1973d: 20; Luhmann 2005b). Durch die körperliche Anwesenheit und deren wechselseitige Wahrnehmung entsteht eine besondere Situation, in der im Gegensatz zur schriftlichen oder fernmündlichen Kommunikation auch nonverbale bzw. körperliche Austauschformen relevant sind. Die entscheidenden Charakteristika unmittelbarer Interaktionen beschreibt Goffman (1971: 26) als „breiten Informationsfluss" und „einfache Rückkopplung". Das bedeutet, dass durch die Wahrnehmbarkeit des Körpers konkretisierte Informationen, sog. expressive Botschaften übermittelt werden, die den Eindruck größerer Spontaneität und Unwillkürlichkeit als sprachliche Mitteilungen erwecken. Gleichzeitig ist jeder Sender aufgrund seiner bloßen körperlichen An-

3.1 Die Bedeutung des Körpers im Fußball

wesenheit aber auch Empfänger, insofern er wahrnimmt, dass er wahrgenommen wird, und jeder Empfänger ist zugleich Sender (vgl. Goffman 1971: 26).[182]

Den Rahmen für die körperliche Kopräsenz im Fußball bilden Stadion, Publikum und nicht zuletzt das Spielfeld, das mittels der auf den Rasen gezeichneten Linien eine gut sichtbare Grenze zwischen dem Spielgeschehen und der Umwelt schafft. Die Linien bilden eine Grenze, innerhalb derer den Ereignissen eine besondere Art von Sinn zugewiesen wird, es entsteht eine eigene „Welt" mit eigenen Regeln (vgl. Goffman 1973d: 30).

Abbildung 19: Das Spielfeld

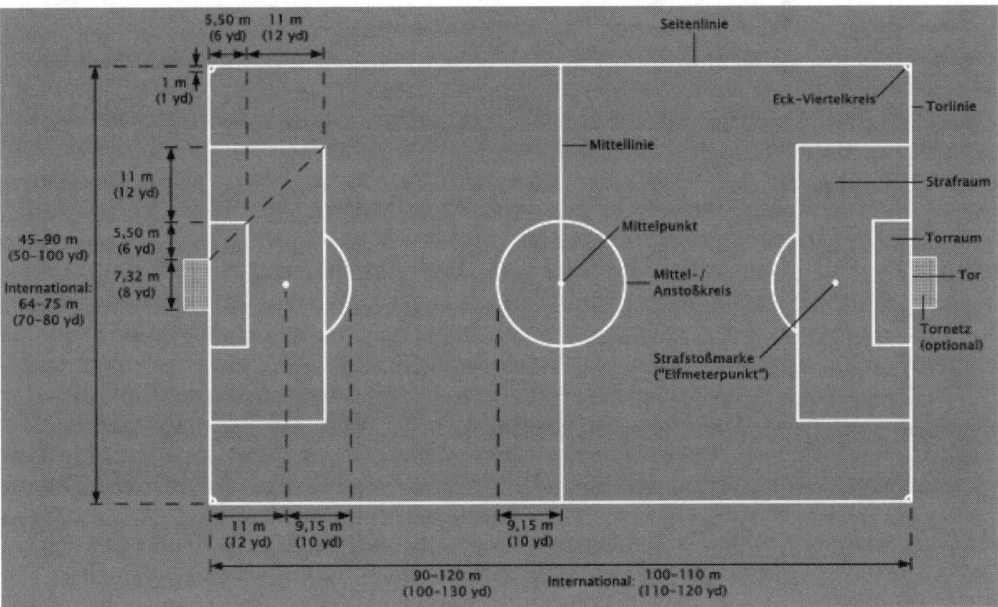

Die weißen Markierungen bestimmen z.B., wessen Körper sich wann wo aufhalten darf. Während des Spiels dürfen andere Personen das Feld nicht betreten, das gilt sowohl für Auswechselspieler, Trainer als auch Funktionäre. Die Seiten- und Torlinien markieren die Außengrenzen des Spielgeschehens, und das Überschreiten dieser Linie durch den Ball oder eine Person führt in aller Regel zur Unterbrechung des Spiels. Auch für die Körper der Auswechselspieler und Mannschaftsoffiziellen gibt es einen festgelegten Platz, der durch eine weiße gestrichelte Linie neben dem Spielfeld aufgezeichnet ist, die so genannte technische Zone. Hier gibt es in der Regel eine überdachte Bank für Spieler und Betreuer. Wenn ein Trainer wiederholt diese vorgegebenen Grenzen verletzt, wird er vom Schiedsrichter auf die Tribüne geschickt und somit an seiner körperlich-wahrnehmbaren Anwesenheit während des Spiels gehindert.

---

[182] Luhmann (1972) und Kieserling (1999c: 118f.) ziehen die Grenzen der Interaktion noch etwas genauer als Goffman, indem sie den Unterschied zwischen der durch die bloße Wahrnehmung begründeten „präkommunikativen Sozialität" und der Kommunikation unter Anwesenden herausarbeiten: Während nämlich für Situationen wechselseitiger Wahrnehmung keine Unterscheidung zwischen Information und Mitteilung notwendig ist, stellt diese Differenz das konstitutive Merkmal für Kommunikation dar.

Abbildung 20: Spielfeldhälfte inkl. technischer Zone (eigene Aufnahme)

Fußball basiert also auf der körperlichen Anwesenheit der Spieler beider Mannschaften und die Feldmarkierungen geben vor, wo sich die Körper der Spieler und sogar die ihrer Betreuer während des Spiels aufhalten dürfen und wo nicht. Darüber hinaus gilt der Fußball als „körperbetonter" Sport: Eichler (2006: 292) nennt ihn „das körperlichste aller Spiele", was bedeutet, dass der Körper hier in einem besonders hohen Maß eingesetzt und gefordert wird. Das wird verständlich, wenn man Fußballer beispielsweise mit Tennisspielern vergleicht: Abgesehen von den sportartspezifischen Verschleißerscheinungen und möglichen Unfällen oder Verletzungen, die im Spiel passieren können, setzen Fußballer ihre körperliche Unversehrtheit in den unmittelbaren Berührungen bzw. Zweikämpfen mit den Gegnern aufs Spiel. Welche Kräfte dabei freigesetzt werden, wird einem Nicht-(Profi-)Sportler erst bewusst, wenn man das Aufeinanderprallen zweier Spieler aus vollem Lauf beim Kampf um den Ball aus nächster Nähe erlebt. Dabei kann man auch erkennen, wie groß die Konzentration der Spieler auf den Ball bzw. das Spielgeschehen ist, mit welch intensivem Engagement sie bei der Sache sind und wie irrelevant zu diesem Zeitpunkt alles andere ist, wie Schmerzen oder mögliche Verletzungen.[183]

Dank jener Versunkenheit und Konzentration wird bei der Beobachtung derartiger Szenen die System/Umwelt-Grenze eines Fußballspiels beinahe sichtbar. Nicht ohne Grund

---

[183] So erinnere ich mich an eine Situation, in der ein Spieler aus Schmerz, Wut und/oder Enttäuschung sein Gesicht in den Rasen drückte und sogar hinein biss (vgl. Dok. 21:12).

3.1 Die Bedeutung des Körpers im Fußball

erläutert Goffman (1973d: 74) die Merkmale sozialer Interaktionen am Beispiel des Spiels, dessen Abgrenzung zur Umwelt mittels „metaphorischer Membrane" besonders offensichtlich ist und alle Ereignisse in der Umgebung – also außerhalb des Spielfelds – irrelevant erscheinen lässt:

> „Spiele sind also weltschaffende Tätigkeiten. (…) Wir sind bereit zu sehen, daß es außerhalb der verschiedenen Spiele keine Welt gibt, die ganz mit der vom Spiel geschaffenen Realität korrespondiert." (Goffman 1973d: 30)

Das Interaktionssystem Fußball stellt eine eigenständige Realitätsebene dar, in der die Regeln der sie umgebenden Alltagswelt nur eingeschränkt Geltung haben: So müssen Affekte beim Fußballspielen in wesentlich geringerem Maße als in täglichen Begegnungen unterdrückt werden, und die meisten extern begründeten Attribute, wie beispielsweise soziale Herkunft, spielen beim Kampf um den Ball keine Rolle (vgl. Goffman 1973d: 32ff.).[184] Das scheint allerdings nicht für alle systemexternen Personenmerkmale der Spieler zu gelten: So wird etwa der nationalen Herkunft, der Hautfarbe oder dem Geschlecht in bestimmten Situationen durchaus Bedeutung beigemessen. Beispiele hierfür sind rassistische Beschimpfungen beim Kampf um den Ball oder auch die von den Spielern beschriebenen Hemmungen, gegen eine Frau denselben Körpereinsatz wie beim Spiel gegen Männer zu zeigen (vgl. Kap. 3.4.5 und 3.5.3).

Die Selbstvergessenheit und das intensive und körperbetonte Engagement der Fußballer ähneln den Verhaltensweisen tobender Kinder oder spielender Hunde, auch hier werden bisweilen die eigenen körperlichen Grenzen überschritten und Verletzungen in Kauf genommen. Die starke Betonung der Körperlichkeit beim Fußball, durch die die Spieler sich vielfach nicht nur visuell, sondern auch haptisch wahrnehmen, erleichtert vermutlich die Versenkung bzw. die Systembildung (vgl. Goffman 1973d: 90). Anders formuliert: Treten bzw. Getreten-Werden erhöht die Wahrscheinlichkeit wechselseitiger Wahrnehmung. Durch die gemeinsame Fokussierung und Versenkung in das Spiel wird außerdem die Wahrnehmung des Fußballspiels als eigene Wirklichkeit verstärkt. Die Akteure vergessen die Rahmung der Situation als Spiel und gehen distanzlos im unmittelbaren Geschehen auf, ein Zweikampf wird als ernster Kampf und nicht mehr als Spiel aufgefasst.[185]

Andererseits gehören körperliches Engagement und eine gewisse Schmerzunempfindlichkeit auch in der Beobachterperspektive zur Grundausstattung eines Fußballers (vgl. dazu auch Howe 2003; Roderick u.a. 2000 und Roderick 2006: 67ff.).

> „Also, ich sag mal so, ein *richtiges* Weichei wird in der Bundesliga nicht bestehen. Wir machen schon Unterschiede zwischen den Spielern, dass der eine mehr ab kann und der andere weniger, aber jetzt so nen *richtig* Empfindlichen, der schafft es gar nicht bis in die Erste Bundesliga. (…)

---

[184] Goffman (1973d) nennt das „Regeln der Irrelevanz". Dabei handelt es sich um eine Art normative Autosuggestion der Interaktionsteilnehmer, die so tun, als ob alle beteiligten Individuen gleich wären und die sozialen Unterschiede jenseits der aktuellen Situation keinerlei Einflusskraft auf das Hier und Jetzt hätten. Je nach Situationskontext finden jedoch einige soziale Merkmale, die ihren Ursprung außerhalb der Interaktion haben, dennoch ihren Weg in die konkrete Situation.

[185] So wird der Fußball bei uns insgesamt sehr ernst genommen und häufig ausgeklammert, dass es sich eigentlich um ein Spiel handelt. Das belegen auch die expliziten Hinweise von Reportern oder Zuschauern, die vor allem im Kontext von Tröstungen auf die Spielrahmung hinweisen („Es ist doch nur ein Spiel!"). Auch der mittlerweile in den Medien und im Alltag verwendete Sprachgebrauch vom „Fußball" unter Auslassung der Endung -spiel, könnte auf eine gewisse Systematik beim Ausblenden des Spielcharakters hindeuten.

das wird weggesiebt, weil sie müssen- um es zu *schaffen*, in der ersten Bundesliga zu spielen, müssen sie eine gewisse Härte zeigen. (...) so ein richtiges Weichei haben sie eigentlich nicht dabei." (Dok. 62: 133)

Die Bundesliga bzw. der Profifußball wird in dieser Aussage eines Mannschaftsarztes als ein Bereich dargestellt, in dem kein Platz für „Weicheier" sei.[186] Demnach muss ein guter Fußballer „eine gewisse Härte" haben und darf nicht empfindlich sein. Diese Deutung verknüpft die Vorstellung vom „richtigen" Fußballer mit weit verbreiteten Verhaltensnormen hegemonialer Männlichkeit (vgl. Connell 1999). Die körperbetonte Dynamik des Fußballs wird häufig auch als eine Entwicklung der vergangenen zwanzig Jahre dargestellt, die sich auf die zunehmende Professionalisierung, bessere Trainingsmethoden und andere Randbedingungen zurückführen lässt (vgl. Dok. 62: 316).

Schmerzen bzw. der Umgang damit gehören im Profifußball zur Tagesordnung, was auf Nicht-Profisportler manchmal geradezu befremdlich wirken kann (vgl. auch Curry 1991: 127). Die Alltäglichkeit körperlicher Schmerzen spiegelt sich in der folgenden Beschreibung eines ehemaligen Fußballprofis:

„Das ist eine Frage der Definition von Schmerzen. Wenn man älter wird- gut ich bin auch 37 und habe mein ganzes Leben Fußball gespielt, äh dann kommt man am Morgen auch schwerer aus dem Bett. Dann tut das weh, dann sind die ersten Schritte- ich hab auch nen Knorpelschaden, dann sind die ersten Schritte, die tun ein bisschen weh, äh... die Achillessehne schmerzt bei vielen morgens, aber wenn man dann langsam aufgewärmt is und in die Bewegung reinkommt, dann ist das auch unproblematisch, also [lacht] man hat schon irgendwie Schmerzen, aber das ist nichts- nichts dramatisches... Also wirklich überhaupt nicht." (Dok. 42: 4)

Die hier beschriebenen Schmerzen beim morgendlichen Aufstehen lassen sich aus der Perspektive eines gesunden 37jährigen Menschen kaum nachvollziehen, scheinen aber für einen Fußballprofi dieses Alters normal zu sein. So gehört es offenbar zu den Charakteristika des Hochleistungssports, dass Verletzungen bzw. dauerhafte Schädigungen des Körpers nicht nur mehr oder weniger kalkulierbare Risiken darstellen wie beim Breitensport, sondern regelmäßige Folgen der dauerhaften Leistungssteigerung sind. Der Körper ist also in gewissem Sinn das Kapital eines jeden Spielers, das er im Laufe seiner Karriere nach und nach verbraucht. So versuchen sie, ihren Körper und dessen Leistungsfähigkeit während der kurzen Zeit zwischen dem 18. und 35. Lebensjahr, in der sie als aktive Spieler Geld verdienen können, leistungsfähig zu halten (vgl. Dok. 35: 20). In einem Alter, in dem für viele Menschen das Berufsleben gerade erst angefangen hat, ist die Karriere eines Fußballers bereits beendet, häufig jedoch auch schon früher aufgrund von Verletzungen. Selbst eine Berufsunfähigkeitsversicherung bietet den Spielern kaum große Sicherheit, da die Beiträge sehr hoch und ab dem dreißigsten Lebensjahr praktisch unbezahlbar sind (vgl. Dok. 35: 20). Diese Unsicherheiten bzgl. des eigenen Körpers und das Wissen um die zeitlichen Karriererestriktionen stellen zentrale Merkmale im Leben eines Fußballers dar (vgl. Broderick 2006: 23ff.)

---

[186] Schmerzen gelten im Leistungssport mittlerweile als Selbstverständlichkeit. So stellt Evi Simeoni fest: „In vielen Sportarten siegt, wer die meisten Schmerzen aushalten kann. Leistungssportler, die Erfolg haben wollen, müssen in der Lage sein, sich selbst das Grundrecht auf Unversehrtheit des Körpers abzuerkennen." (Simeoni 2004: 34) Zur unhinterfragten Normalität von Schmerzen bei Profifußballern vgl. auch Howe 2003; Roderick u.a. 2000.

3.1 Die Bedeutung des Körpers im Fußball

Entsprechende Aufmerksamkeit erhalten die Körper der Spieler auch von den Klubs, die sie aufwendig umsorgen und pflegen. Jeder der untersuchten Vereine hatte mindestens zwei Mannschaftsärzte, mehrere Physiotherapeuten und Masseure sowie aufwendiges Regenerations-Equipment, wie Massagewannen, Sauna und Wärmebecken. Während meiner Feldaufenthalte hörte ich ständig von den Spielern, sie hätten noch „Behandlung", „Physio", ein besonderes Rehabilitationstraining, Arztbesuche oder ähnliches zu erledigen. Die Spieler wurden massiert und besonders belastete Gelenke, wie Zehen, Knöchel und Knie wurden mit stabilisierenden Tapeverbänden umwickelt. Die Grenzen der körperlichen Belastbarkeit scheinen vielfach erreicht oder sogar überschritten, wenn der „normale" Körper den Anforderungen des Profisports nicht mehr genügt und Gelenke künstlich verstärkt werden müssen. Auch auf die Ernährung der Spieler wurde geachtet, sie waren angehalten, innerhalb von zwei Stunden nach den Spielen „die Kohlenhydratspeicher wiederaufzufüllen" und im Stadion zu essen (Dok. 41: 20).

Der besondere Stellenwert des Körpers im Fußball wird auch an anderen Stellen sichtbar, denn in keinem anderen Funktionssystem ist Männern ein derart Berührungs-intensiver Umgang miteinander erlaubt, ohne den Verdacht von Homosexualität auf sich zu ziehen (vgl. Abb. 26). Denn trotz der häufigen Umarmungen, Berührungen und dem Austausch von Küssen gilt im Männerfußball ein genereller Heterosexualitätsverdacht. Homosexualität ist und bleibt ein Tabu im Fußball (vgl. Eichler 2006: 321ff.; Giulianotti 1999: 154ff.; Messner 1995; Messner/Sabo 1994).[187] Diese große Körpernähe findet sich zwar grundsätzlich auch in anderen Sportarten, allerdings ist sie aufgrund der großen Popularität des Fußballs präsenter. Außerdem haben Dichte und Intensität von Körperberührungen im Fußball seit den 1990er Jahren deutlich zugenommen (vgl. Eichler 2006: 268).

Im Folgenden sollen einige dieser Berührungsrituale genauer beschrieben und nach ihren Funktionen gefragt werden. Da es hierbei vielfach um Vergemeinschaftung und Solidarität geht, sollen auch die Versuche der Vereine beschrieben werden, mannschaftlichen Zusammenhalt herzustellen, indem sie beispielsweise Techniken ähnlich denen totaler Institutionen anwenden. Abschließend werden normative Moral- und Wertvorstellungen erläutert, die im Fußball eine wichtige Rolle spielen, so z.B. Ehre und Tradition.

3.1.1 Shakehands: der Fußballergruß

Eine der befremdlichsten Beobachtungen, die ich bei den Fußballspielern machte, war deren besondere Art des Grüßens. So war es innerhalb der Mannschaft bzw. des Kaders üblich, sich einzeln, jeweils von Angesicht zu Angesicht und mit festem Händedruck oder Handschlag zu begrüßen. Formen des Sammelgrußes, also z.B. Zurufen oder auf den Tisch klopfen, wie es bei größeren Zusammenkünften in anderen sozialen Kontexten üblich (und laut Benimmbüchern sogar vorgeschrieben) ist, sind im Fußball nicht erwünscht. Daher ergaben sich regelmäßig zeitaufwendige Situationen, in denen jeder hinzu kommende Spieler zwanzig bis dreißig Personen einzeln die Hand schütteln und „Guten Tag" sagen musste (z.B. Dok. 12: 22ff.; Dok. 14: 49ff.). So gingen die Männer beim Betreten von Kabine oder

---

[187] Im Gegensatz dazu besteht im Frauenfußball eine Art genereller Homosexualitätsverdacht, dem zufolge Fußballerinnen bis zum Beweis des Gegenteils unterstellt wird, lesbisch zu sein (vgl. Palzkill 1990). Nach Schätzungen der ehemaligen Nationaltrainerin Tina Theune-Meyer sind 20 bis 40% der deutschen Fußballerinnen lesbisch (Fechtig 1995: 74).

Aufenthaltsraum immer erst mal umständlich reihum, drückten Hände und sahen sich dabei in die Augen. Wahlweise konnte man seinem Gegenüber gleichzeitig mit der anderen Hand noch auf die Schulter klopfen oder dessen Kopf tätscheln. Unaufmerksame Kollegen wurden angestoßen, um Blickkontakt herzustellen und dann den Gruß durchzuführen. Manchmal wurde nach dieser Form des Händedrucks noch einmal umgegriffen, so dass die Hände nach oben gerichtet ineinander griffen oder man sich gegenseitig „abklatschte". Personen, die nicht zu den Spielern oder dem nächsten Mannschaftsumfeld gehörten, wurden entsprechend auch anders begrüßt: Wenn ich beispielsweise mit den Spielern am Tisch saß, sagten die eintretenden Spielern meistens nur „Hallo" zu mir oder ignorierten mich vollständig; die Hand bekam ich nur selten geschüttelt und während meines gesamten Feldaufenthaltes wurde mir nie auf die Schulter geklopft oder der Kopf getätschelt.

Im Unterschied zu Grußformen innerhalb anderer sozialer Kontexte, in denen die Beteiligten ebenfalls tägliche Routinen miteinander teilen[188], z.B. innerhalb von Familien oder im Büro[189], lässt sich bei den Fußballern eine Art Berührungszwang beobachten: Es muss zwischen allen Spielern unmittelbarer Körperkontakt hergestellt werden.[190] Das gilt vor allem auch für die Situation unmittelbar vor Spielbeginn, wenn jeder jedem per Handschlag Glück wünscht. Möglicherweise ist dieser Zwang Ausdruck eines Aberglaubens, dem zufolge erst durch die Berührung so etwas wie eine Verbindung zwischen den einzelnen Spielern einer Mannschaft entsteht.[191]

Allgemein markieren Begrüßungen den Beginn einer Begegnung, man artikuliert die eigene Öffnung gegenüber dem Anderen und signalisiert Gegenwärtigkeit und Ansprechbarkeit (vgl. Allert 2005: 144; Goffman 1973c: 79ff.). In dieser Wechselseitigkeit von Geben, Annehmen und Erwidern des Grußes liegt gleichzeitig die Grundvoraussetzung für Sozialität (vgl. Allert 2005: 28; Goffman 1974b: 98f.). Im Gruß wird aber auch der Rahmen festgelegt, innerhalb dessen eine Kommunikation stattfindet und welche Regeln gelten: „In jedem Gruß (...) spiegeln sich die Selbstbilder der Beteiligten und die Art und Weise, wie sie ihre Beziehung untereinander wahrnehmen." (Allert 2005: 10) Soziale Zugehörigkeit wird markiert und bekräftigt. Indem also beispielsweise Außenseiter wie ich (aber auch andere Spieler und Leute, die nicht zur Mannschaft gehören) nicht in dieser Weise begrüßt werden, fungiert das Grußritual als Grenzmarkierung. Insofern scheint es sich beim Shakehands der Fußballer um einen „gruppenspezifischen Zugehörigkeitsgruß" zu handeln (Allert 2005: 135). Die intensive Begleitung des Fußballergrußes durch körperliche Gesten dient vermutlich zur Veranschaulichung der Verbundenheit und der Beziehung zwischen den Personen. Dabei gibt es eine Art „Stufenleiter dieser Symbolik der seelischen Einheit":

---

[188] Die Intensität des Grüßens zwischen den Fußballern scheint vor allem in Bezug auf die Länge des Zeitraums, der seit der letzten Begrüßung vergangen ist (meist maximal ein Tag) bzw. bis zur nächsten vergehen wird, unangemessen hoch (vgl. dazu Goffman 1973c: 79).
[189] Im Gegensatz zum Berufsalltag der Fußballer, in dem mittels derartiger Begrüßungsrituale sehr deutlich die Person adressiert wird, werden in manchen Bereichen anderer formaler Organisationen die konkreten Personen zugunsten der Mitgliedschaftsrolle weitgehend ausgeblendet, was sich dann beispielsweise im Merkmal der Grußlosigkeit manifestieren kann. So z.B. im Management eines internationalen Autokonzerns, in dem es eine hohe Anzahl grußloser Interaktionen gibt, und die Manager weniger als Personen als vielmehr als „ortsflexible, getaktete Kommunikationsmedien" wahrgenommen werden (Frohnen 2005: 155ff.).
[190] Hier wäre ein Vergleich der Grußformen in anderen Mannschaftssportarten instruktiv.
[191] An dieser Stelle soll ganz im Sinne Goffmans (1974c: 19) eine kleine Anleihe aus der Ethologie, der tierischen Verhaltensforschung, gebraucht werden, denn diese kurzen Berührungen der Fußballer erinnern doch sehr an das Verhalten tierischer sozialer Gruppen (Herden, Rudel, Meuten oder Schwärme), die auch bei der Begrüßung einen kurzen Körperkontakt herstellen, z.B. durch ein Anstupsen mit der Nase.

angefangen von der Hand (in Form von Handschlag oder Händedruck) über die Arme (Umarmung) bis hin zu den Lippen (Kuss) (Rudolf von Jhering 1886: Zweck im Recht, Band 2, Leipzig, 652f., zitiert nach Allert 2005: 29).

Abbildung 21: Handschlag unter Fußballern (Nigel Treblin/ddp)

Aus interaktionstheoretischer Perspektive handelt es sich bei Begrüßungen um zeremonielle Rituale der Ehrerbietung, deren Funktion auf den Zusammenhalt und die Solidarität sozialer Gruppen bzw. ganzer Gesellschaften gerichtet ist (vgl. Goffman 1973c). Goffman geht davon aus, dass mittels derartiger interpersoneller informeller und profaner Austauschhandlungen die gegenseitige Wertschätzung symbolisch zum Ausdruck gebracht wird. So wird die wechselseitige Beziehung, z.B. in den „Zuvorkommenheitsritualen" (presentational rituals) der Begrüßungen feierlich dargestellt und bestätigt (vgl. Goffman 1973c: 64). Dabei kann sich die Ehrerbietung auf mehrere Eigenschaften gleichzeitig beziehen und Ausdruck für verschiedene Arten von Achtung sein (ebd.: 69). Bei dem Grußritual der Fußballer kann man vermuten, dass es einerseits um eine kollegiale Geste gegenüber den Teammitgliedern geht und dass der Gruß gleichzeitig auch Ausdruck männlicher Solidarität ist. Entsprechend lässt sich eine derartige Begrüßung auch nicht auf gemischtgeschlechtliche Begegnungen oder reine Frauengruppen übertragen. Frauen gegenüber findet sich auch in den Begrüßungen der (männlichen) Fußballerwelt weder Handschlag noch Schulterklopfen. Dagegen stellt die Mischung aus Jovialität und einem kraftvoll herzlichen, aber gleichzeitig Distanz haltenden und nicht zu gefühlsbetonten Handschlag, auch die Inszenierung einer bestimmten Form hegemonialer Männlichkeit dar (vgl. Connell 1999; Connell/Messerschmidt 2005).

3.1.2 Berührungssysteme im Fußball

Das selbstverständliche Eindringen in die unmittelbare körperliche Nähe des anderen und die wechselseitigen Berührungen, die sich häufig nicht nur auf die Hände beschränken, können als Ausdruck von Vertrautheit interpretiert werden (vgl. Goffman 1973c: 71). Zwischen den Spielern existiert ein regelrechtes „Berührungssystem", d.h. Mitglieder der Mannschaft haben das Privileg, ihre Vertrautheit mittels körperlicher Kontaktrituale auszudrücken (Goffman 1973c: 82). Diese große körperliche Nähe findet sich im Fußball nicht nur beim Grüßen, sondern auch bei anderen Ritualen, so z.B. bei wechselseitigen Sich-Glück-Wünschen vor dem Spiel, der Einwechslung, Torjubel oder Freude über den Spielgewinn.

Abbildung 22: Einschwörung vor dem Spiel (John MacDougall/ddp)

Ähnlich wie beim Begrüßungsritual lässt sich auch bei diesen Verhaltensweisen die nahezu zwanghafte Neigung der Fußballer beobachten, mit jedem einzelnen Mannschaftsmitglied Körperkontakt herzustellen. Bereits vor Spielbeginn beginnen sie in der Kabine oder auf dem Rasen, sich wechselseitig abzuklatschen, um sich Erfolg zu wünschen. Dabei werden aber nicht nur Handschläge ausgetauscht, sondern auch Köpfe, Schultern und Hinterteile

3.1 Die Bedeutung des Körpers im Fußball

berührt oder sogar ganze Körper umarmt. Häufig versammelt sich die Mannschaft vor Spielbeginn auch noch mal und bildet einen Kreis, wobei sich die Spieler fest umarmt halten und sich durch Kampfrufe oder Beschwörungen gegenseitig motivieren (vgl. Abb. 22).[192] Ähnliche Formen des engen Zusammenschlusses sieht man vor Verlängerungen oder während des Elfmeterschießens, wenn die Spieler im Mittelkreis warten müssen. Wenn ein Tor fällt, entsteht eine weitere Situation mit Berührungszwang: Jeder Spieler scheint den Torschützen berühren zu müssen, selbst wenn es nur ein kurzer Kontakt ist. Die ersten Gratulanten umarmen oder küssen ihn, klopfen ihn lobend oder werfen sich einfach auf ihn. Diejenigen Spieler, die jedoch einen weiteren Laufweg haben oder einfach später kommen, bemühen sich selbst dann um Körperkontakt mit dem Torschützen, wenn der schon unter den Körpern vieler anderer Spieler begraben wurde (vgl. Abb. 23).

Abbildung 23: Berührungszwang beim Torjubel (Oliver Lang/ddp)

Zunächst einmal könnte die Berührung des Torschützen als Anerkennungsgeste verstanden werden, mit der ihm seine Mitspieler gratulieren und seine Leistung würdigen wollen. Gleichzeitig erhoffen sie sich vielleicht auch durch die Berührung quasi ein Abfärben seines Erfolgs auf sich selbst. In jedem Fall scheinen sie durch den Körperkontakt nicht nur gratulieren, sondern auch an seiner Leistung partizipieren zu wollen. Im Jubel über ein Tor wird so aus einer Einzel- wieder eine Mannschaftsleistung. Vor diesem Deutungshintergrund wird auch die häufig zu beobachtende zurückweisende Reaktion des Torschützen verständlich, der seine Verfolger abzuschütteln versucht, ihren Umarmungen ausweicht und den Applaus des Publikums für sich alleine einfordert. In solchen Situationen wird das

---

[192] Auch von der Nationalmannschaft 1954 unter Trainer Sepp Herberger wird berichtet, dass die Spieler sich vor jedem Spiel an den Händen genommen und einander geschworen haben, bis zum Umfallen zu kämpfen (vgl. Eichler 2006: 264).

rituelle Berührungssystem der Fußballer für kurze Zeit außer Kraft gesetzt und von einzelnen Spielern ihr Recht auf physische Distanz und Individualität eingefordert (vgl. dazu Goffman 1973c: 83).

Grundsätzlich impliziert die Existenz eines solchen Berührungssystems jedoch, dass die beteiligten Personen im Umgang miteinander auf den Schutz ihrer Intimsphäre und persönlichen Territorien verzichten. Zwischen den meisten Spielern bestehen symmetrische Berührungsbeziehungen, d.h. jeder hat die gleichen Rechte, den anderen anzufassen bzw. man berührt sich an denselben Stellen. Derartige Szenen lassen sich vor allem bei der Auswechslung von Spielern beobachten, denn auch hier besteht eine Art Berührungszwang: Der neue Spieler muss am Seiten-Aus warten, bis er einen kurzen Körperkontakt mit seinem Teamkollegen hat, erst dann darf er das Spielfeld betreten (vgl. Abb. 24). Die Berührungen zwischen beiden Spielern dabei sind meistens streng symmetrisch, d.h., wenn einer dem anderen auf die Schulter klopft oder auf den Hintern schlägt, wird die Geste spiegelbildartig erwidert.[193]

Zwischen einigen Spielern bzw. zwischen Spielern und Trainer lassen sich aber auch asymmetrische Kontakte beobachten. Bestimmte Berührungen, z.B. das Tätscheln des Kopfes oder auch Schulter Klopfen wurden zumeist von den älteren bzw. in der Mannschaftshierarchie höher stehenden Spielern initiiert. Offenbar hat nicht jeder die gleichen Rechte, andere an bestimmten Stellen zu berühren, in diesen Gesten scheinen sich vielmehr soziale Hierarchien und bestehende Machtverhältnisse zu manifestieren. Zentrale Determinanten der sozialen Stellung in der Mannschaft scheinen vor allem Alter, Erfolg und die Erfahrung eines Spielers zu sein (z.B. Dok. 15: 233; Dok. 14: 172), ob er Stammspieler ist, und wie lange er schon in der Mannschaft spielt (vgl. Dok. 79: 256). Aber auch die nationale Herkunft kann eine relevante Einflussgröße sein bzgl. der sozialen Position, so z.B. wenn es zu einer Gruppenbildung qua Herkunft kommt oder wenn aufgrund des Herkunftslandes Zuschreibungen bzgl. der individuellen Leistungsfähigkeit vorgenommen werden (vgl. Dok. 28: 290; Dok. 30: 178).

Am offensichtlichsten lassen sich asymmetrische Berührungskontakte jedoch zwischen Trainern und Spielern beobachten. So sind es vor allem die Trainer, die den Spielern den Kopf tätscheln, einen Klaps auf den Po geben oder auf die Schulter klopfen, während derartige Gesten von den Spielern dem Trainer gegenüber nur selten initiiert und meistens auch nicht erwidert werden. Körperliche Berührungen wie das Tätscheln des Kopfes oder Klapse auf den Po lassen sich als väterliche Gesten interpretieren, sie ähneln der Art, in der man Kinder oder auch Tiere lobt. Diese Anerkennungsgeste des Trainers kann regelmäßig beobachtet werden, wenn ein Spieler ausgewechselt wird und sich auf die Ersatzbank setzt, hier erfolgt quasi obligatorisch ein Klaps des Trainers, der je nach Zufriedenheit variieren kann (vgl. z.B. Dok. 56: 23). Die Bandbreite reicht hierbei von überschwänglich bis knapp und unterkühlt, und nur in sehr seltenen und drastischen Fällen wird der Spieler auf seinem Weg zur Bank vom Trainer vollkommen ignoriert.[194]

---

[193] Die Symmetrie des Körperkontakts in dieser Situation ist vor allem auffällig vor dem Hintergrund der Konkurrenzsituation zwischen den beiden Spielern, da es sich zumeist um direkte Konkurrenten um eine Position in der Stammelf handelt. Da beide jedoch unter genauer Beobachtung stehen, dürfen sie weder ihre persönliche Enttäuschung noch ihrer persönliche Freude über die Chance zum Ausdruck bringen, sondern müssen in ihrer Darstellung individuelle Interessen dem Mannschaftswohl unterordnen (vgl. Dok. 2: 823ff.; Dok. 71: 19).
[194] Ablauf und Rituale der Einwechslung variieren je nach dem, ob die Spieler die von ihnen erwartete Leistung erbracht haben. Das erkennt man schon an der Art, wie sie das Spielfeld verlassen, ob sie gesenkten Hauptes vom Platz schleichen oder im munteren Trab dem Publikum zuwinken und applaudieren.

3.1 Die Bedeutung des Körpers im Fußball

Abbildung 24: Auswechslung (Patrik Stollarz/ddp)

Ähnlich asymmetrische Berührungsbeziehungen lassen sich auch zwischen den Spielern einerseits und Vereinsmanagern, Journalisten und Sponsoren andererseits beobachten, die den Fußballern zur Begrüßung vor Spielbeginn beim Auflaufen aufs Feld oder beim Verlassen des Platzes lobend auf die Schultern oder den Po klopfen, wobei diese Geste von den Spielern praktisch nie erwidert wird (vgl. Dok. 20: 25). Diese Art des klopfenden Lobes besitzt nicht nur in ihrer Einseitigkeit, sondern auch in der Art ihrer Durchführung große Ähnlichkeit mit dem Umgang mit Tieren, so z.B. wenn ein Reiter sein Pferd nach getaner Arbeit klopft oder der Herr seinen Hund. In der asymmetrischen Organisation dieses Berührungssystems werden soziale Unterschiede sichtbar, denn die Sportfunktionäre haben das Privileg, die Spieler zu berühren bzw. den Körperkontakt zu initiieren und damit ihre Zuneigung und Vertrautheit auszudrücken.[195] Vermutlich geht es bei diesen Gesten aber

---

[195] Gleichzeitig ist diese asymmetrische Berührungsordnung auch Ausdruck einer verwirrenden Statusinkonsistenz der Spieler, die hier nicht zuletzt aufgrund ihres niedrigen Alters und ihres in der Regel unterdurchschnittlichen Bildungsniveaus von den älteren Geschäftsherren des Fußballestablishments ein wenig herablassend behandelt werden, gleichzeitig aber über ein deutlich höheres Einkommen als diese Herrschaften verfügen dürften.

158   3. Innenansichten des Profifußballs: Ergebnisse der ethnographischen Untersuchung

auch um die Außendarstellung gegenüber Dritten[196]: Durch die Berührung soll die Zugehörigkeit zum Team oder die eigene große Bedeutung inszeniert werden. So wurde ich einmal in der Mixed Zone[197] Zeugin wie sich ein Spieler gegen die Berührungen eines ihm offensichtlich unbekannten Journalisten zunächst durch Zurückweichen, irritierte Blicke und schließlich den Abbruch des Interviews zur Wehr setzte (vgl. Dok. 71: 19). Dieser Vorfall zeigt, dass nicht jeder das Recht hat, die Spieler zu berühren, und der Körperkontakt im Sport auf eine bestimmte Gruppe beschränkt ist, ansonsten werden Berührungen wie in anderen sozialen Kontexten auch als unzulässiger Eingriff in die Intimsphäre und territoriale Reservatsverletzung empfunden (vgl. Goffman 1974a: 81ff.).

Abbildung 25:   Trainer Klopp lobt einen seiner Spieler (Torsten Silz/ddp)

Wie bereits erwähnt, wird trotz Körperkontakts und Berührungsgesten, die für Männer in unserer Gesellschaft lediglich im Bereich der Intimbeziehung legitim sind, im Fußball nur selten der Homosexualitätsverdacht geäußert. Stattdessen werden Körpernähe, Küsse und Umarmungen von den Spielern selbst und vom geneigten Zuschauer in der Regel als „gesteigerte Form von Spielfreude" interpretiert (Väth 1994: 31). Demnach wird die Auflösung der Erwartungsspannung „von Emotionen und Glücksgefühlen begleitet", die mit der sport-

---

[196] So muss jenseits des körperlich anwesenden Publikums im Profifußball stets auch das Bewusstsein für ein via Fernsehen beobachtendes Millionenpublikum unterstellt werden.
[197] Die Mixed Zone ist ein Bereich, der meistens in der Nähe der Umkleidekabinen bzw. auf dem Weg zum Mannschaftsbus innerhalb des Stadions liegt, in dem sich Spieler und Journalisten begegnen und kurze Interviews und Fotoaufnahmen gemacht werden können (vgl. Tagsold 2008: 82).

3.1 Die Bedeutung des Körpers im Fußball 159

lichen Bedeutung und der relativen Seltenheit des Torerfolgs korrespondieren (ebd.).[198] Dass allerdings trotzdem die Möglichkeit besteht, zu einer anderen, sexuell konnotierten Deutung zu kommen, belegt das Verbot der FIFA von 1981, die derartige Zärtlichkeiten als „unmännlich, übertrieben, gefühlsbetont und deshalb unangebracht" bewertete und vorübergehend verbot (Eichler 2006: 268).[199]

Abbildung 26: Enger Körperkontakt beim Torjubel (Christian Fischer/ddp)

Tatsächlich scheinen Intensität von Körperkontakt und Berührungen beim Torjubel im Verlauf der Fußballgeschichte zugenommen zu haben: Während die Spieler bis in die 1960er Jahre ein Tor mit Händeschütteln und Schulter Klopfen feierten, kam es während der WM 1974 erstmals zu Kussszenen (vgl. Eichler 2006: 268). Seit den 1990er Jahren

---

[198] Die Abhängigkeit der Intensität des Torjubels vom jeweiligen Kontext konnte ich auch während meines Feldaufenthalts beobachten, so wurden z.B. Tore in einem Freundschaftsspiel bzw. gegen Amateurmannschaften weniger bejubelt (vgl. Dok. 14: 156ff.). Ebenso wurde die Torfreude gemindert, wenn der Spielausgang bereits feststand, man selbst also entweder deutlich zurück oder klar in Führung lag. Außerdem ist zu vermuten, dass auch die Anzahl der Zuschauer bzw. die Übertragung im Fernsehen die Spieler zu aufwendigeren Inszenierungen veranlasste (vgl. Dok. 14: 159).
[199] Dieses Verbot wurde auf Antrag englischer Fußball-Funktionäre erlassen, die darüber hinaus gefordert hatten, dass nach einem gelungenen Torschuss nur noch der Mannschaftskapitän oder der Spieler, der den Ball einschussbereit zugespielt hatte, dem Schützen gratulieren dürfen – und zwar per Händedruck (vgl. o.A. 1981).

entwickelten sich dann zunehmend ausgefeilte Jubeltechniken, mit denen sich einzelne Spieler in den Medien inszenierten, z.B. durch Trikotausziehen, Salti schlagen oder ähnliches. Parallel dazu wurde immer mehr umarmt, getätschelt, besprungen und geküsst, während sich Publikum und Fußball-Funktionäre offenbar an diese Bilder gewöhnten.

Der enge Körperkontakt unter Männern kann aber offenbar nur deshalb toleriert werden, weil die Fußballer gleichzeitig der normativen Matrix männlicher Zwangsheterosexualität unterworfen sind, die sich u.a. in Form von Homophobie auf dem Fußballplatz ausdrückt (z.B. Dok. 60: 45; vgl. Hübner 2005). Beispiele hierfür sind das Erzählen von Witzen oder Geschichten über Homosexuelle als typischer Bestandteil von Gesprächen in der Umkleidekanine (vgl. Curry 1991: 129f.), wie „Ich dusche immer mit dem Arsch zur Wand" (Frank Rost, Bundesliga-Torhüter), die Verwendung von „Schwuchtel" als Schimpfwort oder auch Fangesänge wie „Du hast die Haare schön".[200] Curry (1991: 130) vermutet in der großen körperlichen Nähe der Sportler die Ursache für Homophobie: „Perhaps male athletes are especially defensive because of the physical closeness and nudity in the locker room and the contact between males in sport itself." Ein weiterer Grund dafür, dass die Berührungen der Spieler nicht als sexuell konnotierte Gesten verstanden werden, liegt in der systematischen Dethematisierung von Sexualität und disziplinarischen Zurichtung des Körpers innerhalb der männerbündischen Strukturen des Fußballs. Da Frauen sowieso ausgeschlossen sind, ist Sexualität auch kein Thema – höchstens insofern es um die Beeinflussung der körperlichen Leistungsfähigkeit geht (vgl. Hürlimann 2006: 21f.).[201]

Die Tolerierung intensiven Körperkontakts zwischen Männern auf dem Fußballplatz bzw. ihre Deutung als nicht sexuell konnotiert liegt jedoch auch in den Darstellungstechniken der Männer begründet. Denn im Unterschied zum Austausch von Zärtlichkeiten zwischen Intimpartnern, bei denen sich die Akteure wechselseitig aufeinander fokussieren, bleibt bei den Jubelszenen der Fußballer stets das Fußballspiel bzw. die aktuelle Freude über den Erfolg das dominante Engagement (vgl. Goffman 1971: 50ff.). Manchmal richten sich die Jubelinszenierungen auch direkt an das anwesende Publikum oder via Fernsehkamera an die Fernsehzuschauer. Die Berührungen der Männer werden im Fußball immer mit einer gewissen Beiläufigkeit ausgeführt, die dem Beobachter klarmacht, dass es sich hierbei um ein untergeordnetes Engagement handelt, dem auf dem Fußballplatz nur nachgegangen werden darf, bis das Spiel als dominantes Engagement wieder die volle Aufmerksamkeit der Spieler einfordert (ebd.: 51). Diese Beiläufigkeit, mit der gleichzeitig dargestellt wird, dass es bei der Berührung nicht um das Gegenüber als Person, sondern um die Freude über ein Ereignis im Spielverlauf geht, wird vor allem durch die Vermeidung direkten Blickkontakts inszeniert.[202] Beim Umarmen, Küssen und Bespringen nach einem Tor schauen sich die Spieler nicht in die Augen, sondern blicken bereits in eine andere Richtung, so als wollten sie sofort weitergehen (vgl. Abb. 25 und 27).

---

[200] Bislang ist nur ein Fall bekannt, in dem sich ein Fußballprofi öffentlich zu seiner Homosexualität bekannte: Dabei handelte es sich um den britischen Nationalspieler Justin Fashanu, der sich 1991 outete und aufgrund des nachfolgenden Skandals die Nationalmannschaft und seinen Verein verlassen musste (vgl. Fechtig 1995: 69). Im Mai 1998 beging Fashanu schließlich Selbstmord.
[201] Vgl. hierzu die Debatten über sexuelle Aktivität vor dem Spiel.
[202] Darin unterscheiden sich diese Gesten des fußballerischen Berührungssystems auch von dem Grußritual, bei dem der Blickkontakt neben dem Handschlag zwingend ist.

3.1 Die Bedeutung des Körpers im Fußball 161

Abbildung 27: Torjubel (Alexander Heimann/ddp)

Das kann man auch beim Kopftätscheln und den Klapsen auf den Po beobachten, die von den Beteiligten stets beiläufig und nebenbei, meistens mit dem Anschein von Zerstreuung oder tatsächlich im Vorübergehen ausgeführt werden. Lediglich auf Fotographien, die Momentaufnahmen solcher Situationen darstellen, tauchen dann noch sexuelle Assoziationen auf beim Anblick zweier aufeinander liegender, sich eng umarmender Männer (vgl. Abb. 26). Hier werden nämlich die de-sexualisierenden Darstellerleistungen des fußballerischen Körperkontakts der Interaktion unsichtbar gemacht. Dazu gehört auch die Grobheit der Berührungen, die wenig zärtlich anmuten und eher an den Umgang mit Tieren erinnern. Nur solange wie die Berührungen ein dem gesamten Fußballspiel untergeordnetes Engagement bleiben, d.h., „nicht mehr als das als angemessen empfundene Interesse einer Person absorbieren" (Goffman 1971: 52), stellen sie keine Bedrohung der heterosexuellen Matrix und Vorstellungen hegemonialer Männlichkeit dar.[203] Außerdem stellt der enge Körperkontakt beim Torjubel eine willkommene Gelegenheit für alle Spieler (auch die auf der Ersatzbank) dar, ihre Zusammengehörigkeit effektvoll und für alle sichtbar zu inszenieren (vgl. o.A. 1981: 230).

Insgesamt herrscht unter Fußballern zuweilen ein ziemlich rauer Umgangston. Während der Interaktionen in der Umkleidekabine und in den Gemeinschaftsräumen konnte ich eine ausgeprägte Frotzel- und Scherzkultur beobachten (vgl. Kap. 3.4.6 Die interaktive Kultivierung der Differenz: Frotzelaktivitäten der Spieler). Frotzeleien (teasing) sind spielerische Attacken, in denen ein bestimmtes Verhalten oder Eigenschaften einer anwesenden Person als abweichend vorgeführt werden (vgl. Günthner 1999). Nur mittels der Witzrahmung, die durch Lachen, Übertreibungen, die Tonlage oder Infantilisierungen zum Ausdruck kommt, wird den aggressiven Äußerungen die Spitze genommen. Grundsätzlich handelt es sich bei Frotzeleien um Sprechhandlungen, die eine Beleidigung bzw. einen Gesichtsverlust für den Interaktionspartner bedeuten könnten, wenn die Äußerung nicht als Spaß erkennbar wäre. Insofern stellen Frotzelaktivitäten „Formen kontrollierter Irritation in etablierten sozialen Beziehungen" dar (Günthner 1999: 322). Aufgrund des Sport- bzw. Fußballkontextes bezogen sich die meisten von mir beobachteten Frotzeleien auf körpernahe Themen, so z.B. die Gewichtsprobleme eines Spielers (vgl. Dok. 12: 29), Alterserscheinungen von Spielern, wie graue Haare, nachlassende Schnelligkeit oder Symptome einer Midlifecrisis (vgl. Dok. 12: 52ff.; Dok. 38: 25), die Geschlechtszugehörigkeit bzw. geschlechtsspezifisch inadäquates Verhalten (vgl. Dok. 39: 8; Dok. 60: 45; Dok. 75: 42) oder körperliche Gewalt (vgl. Dok. 75: 54). Relativ häufig waren Frotzelaktivitäten zu beobachten, die sich auf die regionale oder nationale Herkunft der Spieler oder ihre Hautfarbe bezogen (vgl. Dok. 33: 281ff.; Dok. 74: 37).

In Bezug auf derartige Frotzeleien erinnert das Leben in einer Fußballmannschaft an den tabu- und taktlosen Umgang, den Kinder und Jugendliche ohne die Aufsicht Erwachsener oder Patienten in psychiatrischen Kliniken untereinander pflegen (vgl. Goffman 1973c: 74f.). Es wird zunächst keine Rücksicht darauf genommen, ob dem Empfänger etwas peinlich sein oder ihn demütigen könnte, d.h. die innerhalb sozialer Interaktionen üblichen ehrerbietenden Vermeidungsstrategien kommen nicht zur Anwendung (vgl. Goffman 1973c: 73ff.). Lediglich die Rahmung des Gesagten als Scherz verhindert einen Gesichtsverlust des Frotzelobjekts. Hier stellt sich die Frage, welche Funktionen diese Witzeleien haben und welche Rückschlüsse sich auf die Beziehungskonstellation ziehen lassen. Zunächst belegen derartige Frotzeleien, dass die beteiligten Personen ein gemeinsames Vorwissen

---

[203] Das kann man sich mittels eines Gedankenspiels vorstellen: Wie würden wohl Publikum und Regelhüter des Fußballs reagieren, wenn während des Torjubels zwei oder mehr Spieler den Austausch wechselseitiger Berührungen zum Hauptengagement werden ließen und, indem sie ihre gesamte Aufmerksamkeit nur noch ihrem Gegenüber widmen, ihrer Umwelt deutlich signalisieren, dass das Fußballspiel nur noch sekundäre Bedeutung für sie hat?

und eine gemeinsame Erlebnisgeschichte miteinander teilen (vgl. Günthner 1999). Die Spieler verbringen viel Zeit miteinander, wobei die Grenzen zwischen beruflichem und privatem Kontext hier möglicherweise stärker verschwimmen als in anderen Berufen. Durch die Reaktivierung des geteilten Wissens bzw. gemeinsamer Erlebnisse wird einerseits soziale Nähe hergestellt, die gleichzeitig auch die Voraussetzung für derartige Attacken darstellt und verhindert dass diese zum Konflikt führen. Insofern fungieren Frotzeleien als Vergemeinschaftmechanismus zur Inszenierung und Reproduktion enger sozialer Beziehungen vor Publikum (vgl. ebd.).

Auf diese Weise wurde mir mein Außenseiterstatus wiederholt vor Augen geführt, da mir häufig das Hintergrundwissen fehlte, um viele dieser Anspielungen verstehen zu können (z.B. Insiderwitze). Auf der anderen Seite dienen solche Manöver aber vermutlich auch der internen sozialen Strukturierung und geben Hinweise auf die mannschaftsinterne Rangordnung. Indem man die Schwächen anderer vor relevantem Publikum wie dem Trainer immer wieder in Erinnerung ruft, werden aus bislang unbeachteten Differenzen (Sprachakzent) feste Kategorien (Ausländer) gemacht, aus denen möglicherweise auch soziale Unterschiede resultieren können – selbst wenn das zunächst innerhalb eines spielerischen Rahmens geschieht (vgl. 3.4.6).

3.1.3 Funktionen des Körperkontakts I: Rituale der Solidarität

Ebenso wie die Frotzelaktivitäten dienen auch die beschriebenen körperlichen Kontaktrituale dem Vollzug und der Bestätigung sozialer Beziehungen (vgl. Goffman 1973c). Mittels körperlicher Berührungen werden Zuneigung und Vertrautheit zum Ausdruck gebracht, die damit gleichzeitig dem Empfänger aber auch Dritten gegenüber demonstriert werden. Mittels derartiger profaner Austauschhandlungen versicherten sich die Spieler gegenseitig ihrer Wertschätzung und Solidarität. Sie bestätigten sich wechselseitig die Zugehörigkeit zur Mannschaft und zeigten an, welche Rangordnung innerhalb der Gruppe bestand. Bereits in der Begrüßung per Handschlag zeigte sich diese Zusammengehörigkeit und wurde jeden Morgen aufs Neue bestätigt. Einer der Spieler beschrieb das morgendliche Shakehands folgendermaßen:

„Das is schon ... Das zeigt irgendwie ne Verbundenheit einfach. Dass man sich morgens halt mal zumindest miteinander beschäftigt [lacht], zumindest sich anschaut und die Hand gibt. Und ähm ...das is einfach auch ne ... wie soll man sagen... das is ne Geste halt auch, dass äh dass man sich versteht. Also denke ich schon. ... Ja ... Weil sonst kommt man halt und ... geht wieder und manchmal fragt man sich, ob der eine oder andere überhaupt da war. Also ... von dem her, ist das schon eine Geste am Tag ..." (Dok. 20: 8ff.)

Vielleicht könnte man sogar noch einen Schritt weiter gehen und das Händeschütteln als Bekräftigung einer getroffenen Vereinbarung interpretieren, der Verpflichtung zur Mitgliedschaft in der Mannschaft und zur Erfüllung der damit verbundenen Aufgaben. So liegt der Ursprung des Händedrucks als Begrüßung vermutlich im Handschlag als Vertrags- und Versprechensgeste, die sich bereits im Mittelalter nachweisen lässt (vgl. Allert 2005: 45ff.;

Zakharine 2005: 558ff.).[204] Durch die tägliche Wiederholung dieses Rituals erinnern sich die Spieler gegenseitig an ihre Verantwortung und appellieren an ihre Bereitschaft, sich füreinander und die Mannschaft einzusetzen.

Zu der spezifischen Beziehung innerhalb einer Fußballmannschaft (oder zwischen Sportlern allgemein, möglicherweise aufgrund der herausragenden Bedeutung des Körpers) gehört es offenbar, das Reservat des persönlichen Raums aufzugeben bzw. miteinander zu teilen (vgl. Goffman 1974a: 90f.). Der enge Körperkontakt trotz Schweiß und anderer körperlicher Ausscheidungen und der selbstverständliche Umgang mit Nacktheit sind Verhaltensweisen, die innerhalb der meisten sozialen Situationen als Eindringen bzw. Kontamination des eigenen persönlichen Territoriums interpretiert werden würden (vgl. Goffman 1974a: 74ff.). Im Fußball jedoch sind sie nicht nur angemessene Handlungen, sondern dieser Verzicht auf Intimsphäre wird von den Spielern verlangt, dadurch sollen sie praktisch „zusammengeschweißt" werden. Abweichendes Verhalten, wie Scham bei Spielern aus anderen Kulturkreisen, die es vorziehen, sich nicht nackt zu zeigen, wird negativ sanktioniert (vgl. Dok. 51: 69ff.).[205] In den von mir beobachteten Mannschaften gab es jeweils ein starkes Gefühl der In-group-Solidarität bzw. „mannschaftlichen Geschlossenheit" (Dok. 20: 8) zwischen Spielern, Trainern und Betreuern, dem Ausdruck verliehen wurde,

> „(…) indem man sich jeden Morgen die Hand gibt äh, und weiß, dass der eine für mich durchs Feuer geht und-und-und das kann man sich jedes Jahr oder jede Woche muss man sich das erarbeiten einfach, dass das funktioniert. (…) Also wenn man auf den Platz geht, dann muss man sich einfach einig sein, was man möchte- oder was man will sogar, und es geht ja nur dadrum, dass Spiel zu gewinnen und dass jeder für'n anderen eben alles tut…" (Dok. 20: 12)

Die Mannschaft wurde in den Interviews häufig als „Einheit" beschrieben (vgl. Dok. 75: 168; Dok. 2: 187), als „homogene Truppe" (Dok. 4: 66), in der man „zusammenhalten" und sich gegenseitig vertrauen können sollte (Dok. 15: 60), um ein gemeinsames Ziel zu erreichen (vgl. Dok. 17: 101; Dok. 2: 165), in der jeder nur ein kleiner Teil des „Ganzen" sei (Dok. 9: 220) und sowohl „sozial eingegliedert" als auch „integriert" sein sollte (Dok. 2: 728ff.; Dok. 29: 294). Die Zusammengehörigkeit zeigt sich auch im Fall von Konfliktsituationen auf dem Spielfeld, wenn die Spieler einander rasch zu Hilfe kommen bei Auseinandersetzungen etc. So kommt es nicht nur beim Torjubel, sondern auch bei Streitereien regelmäßig zu „Rudelbildung". Der Anspruch dieses Zusammengehörigkeitsgefühls bezog sich in den von mir untersuchten Klubs nicht nur auf die tatsächliche Stammelf, sondern auf den gesamten Kader, wie sich hier in der Ansprache eines Trainers kurz vor der Winterpause zeigte:

> „Habt versucht äh mitzuhelfen, und da waren sicher, die Spieler die nicht gespielt haben, genauso dran beteiligt. Ich möchte noch mal betonen, ob dass ein Massimo, ob das ein Daniel Bogusz, ob das- egal- unsere Ausländer, is ein anderes Problem, haben wir auch schon angesprochen, und die älteren Spieler, die etablierten Spieler, die Spieler, die schon länger hier sind, die sie schon integriert haben, die haben eigentlich alle ideal mitgeholfen auch, auch du Daniel, äh.. an

---

[204] Die Entstehung des Händedrucks als Vertragsgeste wird als Ritual interpretiert, mit dessen Hilfe Vertragspartner einander das Unbewaffnet-Sein und die Darreichung einer ungeschützten Hand symbolisch darstellten (vgl. Zakharine 2005: 559).
[205] Einer der Interviewpartner beschrieb dieses Sanktionieren der Spieler untereinander als „Selbstreinigungsprozess", der innerhalb der Mannschaft ganz ohne Eingreifen der Vereinsführung stattfand (vgl. Dok. 8: 324).

der erfolgreichen Saison, zu zwölf könnte man gar nicht trainieren oder zu vierzehn oder könnte auch gar net spielen. Insofern war das eigentlich für alle ne geschlossene Mannschaftsleistung jetzt überhaupt den 10. Platz zu machen, im Pokal weiterzukommen.." (Dok. 39: 21)

In die Dankrede wurden explizit auch die Spieler mit einbezogen, „die nicht gespielt haben". Neben den aktiven und nicht-aktiven Spielern unterschied der Trainer außerdem zwischen weiteren Teilgruppen innerhalb des Mannschaftsgefüges: Deutschen und „unseren Ausländern", älteren, etablierten Spielern, die schon länger beim Verein und entsprechend gut integriert waren und jüngeren Nachwuchsspielern ohne Stammplatz. Durch die direkte Adressierung derjenigen Spieler, die zwar zum Kader, nicht aber zur Mannschaft gehörten, versuchte der Trainer vermutlich, ihnen trotzdem das Gefühl von Zugehörigkeit und Bedeutung zu vermitteln.

Die Betonung von Gemeinschafts- und Solidaritätsaspekten tauchte auch in den Selbstbeschreibungen und der Kommunikation vor Spielen oder beim Training auf dem Platz sowie in häufig verwendeten Redewendungen auf. Beispiele hierfür waren die Aufforderungen, „den Karren gemeinsam aus dem Dreck zu ziehen" (Dok. 38: 25), „alle an einem Strang" zu ziehen (Dok. 9: 216) oder der folgende Ausschnitt aus der Motivationsansprache eines Trainers nach einer 0:5 Niederlage:

„Äh … äh wir sitzen alle im gleichen Boot, da bin ich genauso betroffen wie ihr, denn ich hab auch fünf null auf die Eier gekriegt wie ihr auch. Äh das können wir nur zusammen schaffen, im Guten wie im Schlechten, so, das ist der Punkt." (Dok. 38: 21)

Abbildung 28: Körpermauer (Timm Schamberger/ddp)

Indem der Trainer sich auch nach einem so deutlichen Misserfolg als „genauso betroffener" Teil der Mannschaft definierte, lebte er den Spielern seinen Anspruch auf Zusammenhalt „im Guten wie im Schlechten" selber vor. Er übernahm die gleiche Verantwortung für die Niederlage. Gleichzeitig appellierte er neben der fußballerischen Geschlossenheit auch noch an die männliche Solidarität, indem er die fünf gegnerischen Tore als Schläge „auf die Eier" darstellte. Dieser Bezug auf Männlichkeit und Körper tauchte in vielen dieser Sprüche neben gängigen Gemeinschaft- und Solidaritätssemantiken auf. So z.B. auf einem Werbeplakat des VfL Wolfsburg, auf dem mehrere Abwehrspieler offensichtlich in einer Freistoßsituation mit ihren Körpern eine Mauer bilden und mit den Händen ihre Genitalien schützen. Darüber stand der Spruch: „Einer für alle. Alle für einen. Das ist Fußball." (Dok. 63: 36). Zur Herstellung von Gemeinschaft wurde regelmäßig körperliche Anstrengung und Engagement gefordert.

In jedem Fall scheinen Gemeinschaftsgefühl und Gruppensolidarität zentrale Merkmale der Selbstbeschreibungen des Fußballs auszumachen. So beschrieb ein Trainer die Faszination des Fußballs als das Gefühl, sich als Teil eines Kollektivs zu fühlen:

> „Und das war deshalb ehm meine Faszination kann ich nicht wirklich erklären, aber so generell ist es einfach eine Sache, die es vielen Menschen ermöglicht, sich gemeinsam .. für etwas stark zu machen, was nicht wirklich ehm – sagen wir mal – einen höheren Sinn verfolgt. Also es ist nicht so, dass wir die Welt damit verbessern oder verändern, und das ist ja auch ganz praktisch, weil es die Verantwortung auch ein bisschen rausnimmt. Es geht einfach darum, wenn man gewinnt, fühlt man sich besser, wenn man verliert, fühlt man sich schlecht und das im Kollektiv. Und das macht ganz, ganz vielen Leuten, glaube ich, ehm macht für ganz, ganz viele Leute den Zugang zum Fußball aus." (Dok. 4: 16)

In dieser Deutung wurde das Fußballspiel vor allem über Gemeinsamkeitsgefühle definiert. Es gehe darum, bestimmte Situationen wie das Gewinnen und Verlieren mit anderen zu teilen, Gefühle gemeinsam erleben zu können. Außerhalb dieses Herstellens von Gemeinschaft sah der Trainer keinen besonderen Sinn im Fußball, sondern stellte gerade diese Zweckfreiheit stark in den Vordergrund, denn es gehe ausnahmsweise mal nicht um normative Ansprüche oder sonstige Verantwortung. Entsprechend dieser Überzeugung versuchte der Trainer seiner Mannschaft einen gemeinsamen (Gründungs-)Mythos bzw. besondere gemeinsam erlebte Erfahrungen zu schaffen, die dann z.B. in Form eines Rituals immer wieder aktualisiert werden konnten. Wie bereits erwähnt, zeigte er den Spielern dazu eine Dokumentation über die neuseeländische Rugby-Mannschaft, „All Blacks". Von deren exotischen Kriegsritualen ließen sich die Spieler motivieren und erschufen sich durch eine Mischung aus Imitation und Imagination ihren eigenen Mythos. Diesen Prozess beschrieb der Trainer folgendermaßen:

> „Das spielt sich ja nur im Kopf ab. Man zieht dieses schwarze Trikot über und weiß genau, jetzt gehör ich dazu. Und wenn ich dieses Trikot anhabe, muss ich über 100% bringen, um der Sache gerecht werden zu können. Ich kann nicht einfach das Trikot anhaben und dann so ein bisschen mitspielen, mal hier, mal da, sondern ich muss dann wirklich .. *an meine Leistungsgrenze* gehen. Dann gibt's- dann gibt's da diesen Haka, das ist ein Tanz, das ist von den- von den Ureinwohnern, ehm von den Maori, haben die so'n Tanz, logischerweise'n Kriegstanz, den die umgewandelt haben und tanzen den jetzt immer vor'm Spiel. Dann stehen diese Kerle (...) und das Spiel geht los mit diesem Tanz. Die Augen soweit offen, es geht wirklich darum, jeder Muskel gespannt und dann dieser Tanz und dann dieses Gebrüll – hat mich fast umgehauen. Hat mich echt

3.1 Die Bedeutung des Körpers im Fußball

fast umgehauen, weil aus dem Nichts praktisch, aus – durch solche Aktionen, durch diesen Glauben so was zu machen, besser zu sein als alle anderen, mehr kann man mich praktisch nicht in einen Bann ziehen als mit so was. Ich zeig den Jungs den Film, der war, ging 45 Minuten, wurde ganz viel geredet und so weiter, ich hab schon gedacht, die schlafen vielleicht ein dabei, weil kann ja nicht immer einschätzen, ob Leute sich für was genauso faszinieren wie ich. Also 45 Minuten Mund offen, Speichelfluss ohne Ende, also wirklich kein Ton, niemand hat was gesagt, so und wir waren die All Reds. In dem Augenblick war klar, so, ehm nur wir entscheiden, ob es was Besonderes ist, das Trikot überzustreifen, nur wir entscheiden, ob wir- ob damit auch was verbunden ist, wenn ich's anhabe." (Dok. 4: 78ff.)

Zur Erinnerung und Aktualisierung dieses Gefühls hörten die Mainzer vor jedem Spiel bei der Einfahrt mit dem Bus ins Stadion noch einmal dieses Lied der All Blacks, den „Haka" (vgl. Dok. 25: 882ff.; vgl. Aschelm 2003). Generell gilt gemeinsames Singen nicht nur bei Bundeswehr, Pfadfindern und Wandervögeln, sondern auch im Fußball als beliebtes Mittel zur Herstellung von Wir-Gefühl und Zusammenhalt. Ein besonderes Beispiel hierfür ist das Absingen der Nationalhymne vor Länderspielen, durch das Nationalstolz und Ehre als Motivationskräfte aktiviert werden sollen, um die sportliche Leistungsbereitschaft kurzfristig zu steigern (vgl. Burkhardt 2006: 173; Vogt 1997: 84). Dabei können solche kollektiven Rituale sowohl auf der Vorderbühne inszeniert werden, wie das Singen der Nationalhymne auf dem Fußballplatz unmittelbar vor Spielbeginn, oder aber sie werden in den Bereich der Hinterbühne verlegt und sind Bestandteil der Vorbereitung für den Auftritt (vgl. Goffman 1998: 100ff.). Wenn das Spiel als Darstellung und damit Bezugspunkt gewählt wird, stellen die Umkleidekabine, aber auch der Reisebus die Hinterbühnen dar. Entsprechend werden solche letzten Motivationsrituale meistens in diesen Regionen und nicht auf dem Platz durchgeführt. Der Zugang zur Hinterbühne ist streng reglementiert, hier werden Requisiten wie Tapes und Verbände unter Strümpfen und Handschuhen versteckt, die persönliche Fassade wird überprüft und korrigiert und die Darstellung wird geprobt. Hier werden die Körper der Spieler gepflegt und können sich entspannen, was im krassen Gegensatz zu dem Eindruck höchster Körperspannung und Einsatzbereitschaft steht, den sie auf dem Fußballplatz zu erreichen versuchen. Den Übergang zwischen Entspannung und Konzentration bzw. das Anlegen des Rollencharakters lässt sich besonders gut beobachten, wenn die Spieler sich nach dem Aufwärmen auf den Weg machen von der Kabine zum Spielfeld. Diese Situation wird mittlerweile sogar mit einer Kamera ins Stadion übertragen; hier kann man beispielsweise beobachten, wie die Spieler auf und ab hüpfen, um die nötige Körperspannung zu entwickeln. Oder aber sie versuchen sich mit Sprüchen und wechselseitigem Abklopfen aufzuputschen für das bevorstehende Spiel.

Beschreibungen derartiger Formen kollektiver Rituale, die mit einem Zustand gemeinsamer Erregung und Überreizung, so genannter Effervenszenz, verbunden sind, finden sich bereits in der Durkheimschen Religionssoziologie (1994 [1912]). So berichtet Durkheim (1994 [1912]: 297) z.B. von religiösen Praktiken der australischen Aborigines, die zu bestimmten Festanlässen stattfinden und bei denen die Menschen sich durch ihre Ansammlung sowie gemeinsames Singen und Tanzen „in einen Zustand außerordentlicher Erregung" versetzen. Er betrachtet diese Gemeinschaftsrituale, die sich auf sakrale Gegenstände beziehen (Totem), als Kern der Religion und verortet ihre Funktion in der Bindung des Einzelnen an das Kollektiv: „Denn durch sie [die kollektiven Riten; M.M.] bestätigt und behauptet sich die Gruppe, und wir wissen, wie sehr sie für das Individuum unentbehrlich sind." (Durkheim 1994 [1912]: 514) Daher kommt Durkheim (1994 [1912]: 561f.; vgl.

auch Knoblauch 1999: 58ff.) zu dem Schluss, dass in der Religion weniger Gott als die Gesellschaft an sich verehrt werde.

Eine der sicht- und spürbaren Folgen solcher kollektiven Rituale und Erregungszustände sieht er in der „Mobilisierung unserer Kräfte und dem Zuwachs äußerer Energien" (Durkheim 1994 [1912]: 546).[206] Derartige Vorstellungen lassen sich auch im Fußball finden und werden von vielen Trainern in der oben beschriebenen Form umgesetzt, um auf der Basis gefühlter Kollektivität eine Leistungssteigerung der Mannschaft zu erzielen.

> „Innerhalb einer Ansammlung, die eine gemeinsame Leidenschaft erregt, haben wir Gefühle und sind zu Akten fähig, deren wir unfähig sind, wenn wir auf unsere Kräfte allein angewiesen sind." (Durkheim 1994 [1912]: 289)

Im Fußball werden diese Gefühle ganz ähnlich wie bei den Aborigines auf ein Objekt bzw. Symbol projiziert, das Totem der Fußballmannschaft ist dann beispielsweise ihr Vereinswappen oder das Trikot (vgl. Durkheim 1994 [1912]: 301ff.). Mittels dieses Symbols (in Mainz beispielsweise das Überstreifen des Vereinstrikots) sollen die in der Gemeinschaft erlebten Gefühle wach gehalten werden. Entsprechend gingen auch die Fußballer der von mir untersuchten Klubs davon aus, dass „mannschaftliche Geschlossenheit", „Verbundenheit", die Bereitschaft „für den anderen durchs Feuer zu gehen" und die Integration aller Spieler ins Mannschaftsgefüge Voraussetzungen für fußballerischen Erfolg sind (vgl. z.B. Dok. 2: 152, 161ff.; Dok. 17: 101; Dok. 69: 211). Auch Ottmar Hitzfeld, ein international sehr erfolgreicher und bekannter Trainer, stellte einmal fest, dass „[a]chtzig Prozent des Erfolgs im Fußball (..) Psychologie" sei (zitiert nach Zorn 2007: 32). Aufgrund dieser Deutung war die Vereinsführung in der Regel um Maßnahmen bemüht, die eine derartige Vergemeinschaftung begünstigen sollten, und überschritt dabei bisweilen die Grenzen zum Privatleben ihrer Angestellten.

3.1.4 Exkurs: Der Profifußballklub als totale Institution

Im Folgenden werden die unterschiedlichen Verhaltenserwartungen beschrieben, denen sich ein Profifußballer im Gegensatz zu den meisten anderen Berufen ausgesetzt sieht. Um diese Unterschiede besser akzentuieren zu können, wird die Behandlung der Fußballer mit der Unterbringung in einer totalen Institution verglichen. Im Zentrum der besonderen Anforderung an die Spieler stehen vor allem der Zugriff auf ihre Körper und deren disziplinarische Zurichtung durch die Arbeitgeber.

So konnte ich eine ganze Reihe von Maßnahmen beobachten, die mit dem Verweis auf sog. „Teambuilding-Prozesse" begründet wurden: Dazu gehörten gemeinsame Freizeitaktivitäten außerhalb von Spiel und Training, wie regelmäßige gemeinsame Essen[207] oder Ausflüge, zu denen häufig auch die Ehefrauen bzw. Lebensgefährtinnen eingeladen wurden, wie z.B. der Besuch eines Bauernhofs inklusive Spaßprogramm für die Kinder (vgl. Dok. 66: 25ff.). Ganz ähnlich funktionierten Trainingslager oder Abenteuerurlaube mit Trainingsprogramm, so z.B. ein Ausflug zum skandinavischen Wildwasserfahren oder ein gemeinsamer Skiurlaub (vgl. Dok. 60: 43ff.). Indem die Spieler etwas zusammen erlebten,

---

[206] Zum Fußball als Ort kollektiver Efferveszenz auf Seiten des Publikums vgl. Klein/Schmidt-Lux 2006: 21ff.
[207] In Mainz wurde sogar jeden Morgen zusammen gefrühstückt (vgl. Dok. 6: 35).

3.1 Die Bedeutung des Körpers im Fußball

entstand eine gemeinsame Interaktionsgeschichte und man konnte an die dort gemachten Erfahrungen und Geschehnisse immer wieder anknüpfen.

Ähnliches versuchen die von vielen Klubs engagierten Leistungs-, Motivations- oder Mentalcoaches mittels psychologischer Gruppengespräche zu erreichen. Von den Spielern wird erwartet, dass sie ihre individuellen Erwartungen und Pläne den Zielen des Vereins bzw. der Mannschaft unterordnen. Wie sehr die Spieler und ihre „Einstellung"[208] auch in den von mir untersuchten Klubs unter Beobachtung standen, zeigt die folgende Aussage eines Managers:

> „Ich beobachte das eigentlich immer, ich sitze ja auch auswärts immer auf der Trainerbank mit, und wenn wir ein Tor schießen, beobachte ich immer ganz genau die Auswechselspieler. Die Auswechselspieler, die so sitzen bleiben [imitiert emotionslose Haltung], wenn ein Tor fällt, dann weiß ich genau, da stimmt was net, den schnappe ich mir auch dann. Aber, wenn ein Auswechsler, wenn ein Tor fällt, der geht dann vor, auf das Feld stürmt, sich freut, wenn sein Kollege ein Tor geschossen hat, dass sie alle damit Geld verdienen mit diesem Tor, denn es gibt ja dann eine Prämie ... Ehm. Da weiß ich, der hat das Herz am rechten Fleck. Mit dem anderen müssen wir mal reden, über die Einstellung. Weil – es könnte ja sein, dass der denkt, wenn der am Tor vorbeigeschossen hätte, würde ich nächste Woche wieder spielen. Dann haben wir keine Mannschaft mehr, dann sind es Egoisten. (...) Da muss man Acht geben. Also wenn man eine Ersatzbank hat, wo sieben drauf sitzen und wir schießen ein Tor und keiner steht auf, dann stimmt was net. Dann stimmt was im Gefüge net, dann stimmt was im Charakter der Mannschaft net. Da muss man was machen." (Dok. 2: 824ff.)

Die Beobachtung der Spieler orientierte sich offenbar weniger an einzelnen isolierten Leistungsaspekten, wie es für Funktionsrollen in formalen Organisationen typisch ist, sondern an der ganzen Persönlichkeit, von der gefordert wurde, in der Gemeinschaft aufzugehen. So wurde erwartet, dass er „das Herz am rechten Fleck" habe und nicht egoistisch sein solle. Die Erwartungen an den Spieler orientierten sich offenbar nicht nur ausschnitthaft an seiner Rolle als Sportler, sondern an der ganzen Person. Organisationszweck und Mitgliedschaftsmotivation wurden hier nicht wie im Fall anderer Berufsorganisationen getrennt voneinander gedacht, sondern sollten übereinstimmen. Wie bereits bei der Vorstellung der drei untersuchten Vereine deutlich wurde, galt diese Annahme nicht in gleichem Maße für alle Fußballklubs (vgl. Kap. 2.1 Die drei Fußballvereine im Überblick). Vielmehr ließ sich eine gewisse Bandbreite bzgl. der Trennung von Person und Funktionsrolle feststellen, die vor allem mit dem jeweiligen Professionalisierungsgrad der Organisation zu tun hatte (vgl. Kap. 3.3 Nationale Differenzierungen bei der Spielerrekrutierung im Fallvergleich). Die hier beschriebene Ausrichtung des Profifußballs auf die ganze Person soll eher eine grundsätzliche Tendenz beschreiben und bezieht sich vor allem auf den Vergleich mit anderen Beschäftigungsverhältnissen.

Auch die Kleidung der Spieler dient der Herstellung von „Uniformität, Einheitlichkeit, Ununterscheidbarkeit" und damit letztlich Gemeinschaft (John 2002: 53). Die Spieler haben alle dieselben Trikots, inklusive Strümpfe und in vielen Vereinen auch die gleichen Schuhe[209], d.h. es handelt sich letztlich um eine Art Uniform. Einziges Unterscheidungs-

---

[208] Zu den Besonderheiten einer „good professional attitude in football" vgl. auch Roderick 2006: 35ff.
[209] In der Regel haben die Klubs Verträge mit Sportartikelherstellern, die die Ausrüstung zur Verfügung stellen und bei Verstößen (wenn z.B. ein Spieler Kleidung eines anderen Herstellers trägt) hohe Vertragsstrafen einfor-

merkmal der Spieler sind zunächst Nummer und Name auf dem Oberteil und der Hose. Aufgrund von Spielposition und Bedeutung in der Mannschaft gibt es jedoch zwei Ausnahmen von der vorschriftsmäßigen Einheitlichkeit: den Torwort, dessen Trikot eine völlig andere Farbe haben darf, und den Spielführer, der zusätzlich die Kapitänsbinde am Arm trägt. Welche Kleidungsstücke zum Spieldress gehören, wird in den Spielregeln sehr detailliert vorgeschrieben, wobei sogar die Einheitlichkeit der Farbe von Hose und Unterhose festgelegt ist (vgl. FIFA 2006: 20ff.). Das Tragen von Schmuck oder sonstigen Accessoires ist nicht erlaubt und wird offiziell mit der Verletzungsgefahr begründet (FIFA 2006: 77), dient sicherlich aber auch dazu, die Hervorhebung einzelner Spieler aus dem „Mannschaftskörper" zu verhindern. Neben dem Trikot stellt der Verein den Spielern jedoch noch eine Reihe weiterer einheitlicher Kleidungsstücke zur Verfügung, die zu tragen, die Spieler zu verschiedenen Anlässen aufgefordert sind: so z.B. verschiedenfarbige Trainingsanzüge, dunkle Anzüge inklusive Hemd und Krawatte etc. (vgl. Dok. 14: 97ff.).

In den Profiklubs ist es mittlerweile außerdem üblich, dass die Mannschaft bereits den Tag vor einem Punktspiel gemeinsam verbringt. Am Morgen wird gemeinsam trainiert, anschließend gegessen, es gibt eine Pressekonferenz und je nach Reiseziel fährt man vormittags oder mittags (meist im Reisebus) los. Je nachdem, ob es sich um ein Auswärtsspiel oder ein Heimspiel handelt, dauert die Reise unterschiedlich lang, aber auch die Nacht vor einem Heimspiel wird gemeinsam im Hotel verbracht. Dort wird noch mal gemeinsam gegessen, am Abend oder am nächsten Tag werden unter Umständen Einzelgespräche geführt oder der Gegner wird per Videoanalyse vorgestellt. Auch wenn es sich dabei um Luxushotels handelt und die Spieler gut versorgt werden, unterliegen sie bestimmten Auflagen und Regeln. So gibt es ähnlich wie in Kasernen einen „Zapfenstreich", also eine vorgegebene Schlafenszeit, nicht zuletzt zur besseren sozialen Kontrolle wird der Schlafraum mit mindestens einem Kollegen geteilt, wobei die Zimmerbelegung bisweilen vom Trainer vorgenommen wird und ebenfalls auf mannschaftliche Integration ausgerichtet ist (vgl. Dok. 46: 84; Dok. 33: 121).

Die Kasernierung von Spielern hat vor allem im Vorfeld großer Turniere lange Tradition, so wird bis heute der Erfolg der Deutschen bei der Weltmeisterschaft 1954 auf den sog. „Geist von Spiez" zurückgeführt bzw. „das gemeinsame Wohnen unter Jugendherbergsbedingungen" (Eichler 2006: 271). Die damalige Mannschaft unter Leitung von Sepp Herberger gilt bis heute als Prototyp der „verschworenen Gemeinschaft, die eisern zusammenhält und gemeinsam durch dick und dünn geht" (Väth 1994: 34; vgl. auch Brüggemeier 2004). Im Zusammenhang mit Trainingslagern vor großen internationalen Wettbewerben ist seitdem immer wieder die Rede von „Schicksals-" und „Schweißgemeinschaften". Derartige Vergemeinschaftungsprozesse basieren bis heute vor allem auf der Exklusivität des Zugangs, der allen Personen, die nicht zur Mannschaft gehören und somit als unnötige Ablenkung betrachtet werden, verwehrt wird. Das gilt z.B. auch für Ehefrauen, Freundinnen und Familien der Spieler, deren Anwesenheit von Trainer und Vereinsführung häufig eher als Behinderung der Teambildung betrachtet wird (vgl. Bender/Kühne-Hellmessen 2003: 30f).[210] Die Ausgrenzung der Frauen wird oft auch damit gerechtfertigt, dass die

---

dern. Einige sehr bekannte Spieler vereinbaren jedoch eigene Werbeverträge mit Sportfirmen und werden vom Verein bei der Wahl der Schuhe freigestellt (vgl. Dok. 34: 19).
[210] Beim Confederations Cup 2005 und der Weltmeisterschaft 2006 in Deutschland machte Jürgen Klinsmann hier erstmals eine in der Presse und beim DFB viel diskutierte Ausnahme und gewährte den Familien der Spieler Zutritt zum Trainingslager (vgl. Ashelm 2005b).

3.1 Die Bedeutung des Körpers im Fußball

Spieler ihre Kräfte vor einem Spiel schonen müssen und nicht in sexuellen Aktivitäten vergeuden dürfen (vgl. Eichler 2006: 272f.).

Weitere Versuche der Vereinsführung mannschaftliche Integration zu erreichen, sind kulturelle Trainings und Sprachunterricht für nicht-deutschsprachige Spieler, deren Absolvierung vielfach sogar im Vertrag festgeschrieben wird (vgl. Dok. 33: 69, 217; Dok. 60: 22ff.). Ziel ist es zunächst eine gemeinsame Verständigungsebene herzustellen und gleichzeitig kulturelle Unterschiede zwischen den Spielern möglichst einzuebnen, um Konflikte zu vermeiden. Als eine weitere Maßnahme zur Herstellung mannschaftlicher Geschlossenheit kann das von der Vereinsführung vorgegebene Prämiensystem gedeutet werden:

„In der Regel ist das so, es gibt ja eine Siegprämie, und in der Regel ist das so, ich glaube bei fast allen Bundesligamannschaften, bei allen Profimannschaften, dass die Kameraden, die spielen, die bekommen 100 %, die auf der Bank sitzen, die bekommen 50 % und die nicht im Kader sind, weil wir ja mehr wie 18, die kriegen gar nichts. Wir haben es in Mainz so gemacht, wir haben die Prämie insgesamt ein bisschen abgesenkt, dafür bekommen alle 18, die im Kader sind, 100 % der Prämie. (…) Die nicht im Kader sind, die kriegen nichts. Das ist auch bei uns so. Aber das heißt, derjenige auf der Bank, wenn das Tor jetzt dort fällt in der 90. Minute und wir gewinnen 1:0, der kriegt seine 2000 Euro zu 100 % genauso wie der, der das Tor reingeschossen hat. (…) Einfach, um dieses Gemeinschaftsgefühl noch ein bisschen zu verstärken. Das hat Kloppo mal als Vorschlag gebracht, fand ich auch gut, weil die Mannschaft auch, und das spricht für die Mannschaft wieder, akzeptiert hat, weil wir müssen ja jetzt 18 gleich bezahlen, vorher 14 plus 4, dass wir das umgerechnet haben und insgesamt die Prämien ein bisschen abgesenkt haben." (Dok. 2: 857ff.)

Auch im Falle negativer Sanktionierung von schlechten Leistungen wurde in Mainz also die ganze Mannschaft zur Verantwortung gezogen und im Kollektiv bestraft mit dem vermutlich nicht unerwünschten Nebeneffekt, die mannschaftliche Geschlossenheit zu stärken. So verweigerte der Manager der gesamten Mannschaft nach einer Niederlage im DFB-Pokal gegen eine Amateurmannschaft die Auszahlung der Auflaufprämie (vgl. Dok. 2: 279ff.; Dok. 9: 87). Durch diese „aufgezwungene Solidaritätsaktion" wurde die Mannschaft gezwungen, den finanziellen Schaden[211] zumindest mit zu tragen, den der Verein durch diese Niederlage hinnehmen musste.

Analog dazu lässt sich vermuten, dass auch Straflisten, die innerhalb der meisten Vereine existieren, das Gemeinschaftsgefühl derjenigen bestärken, für die sie Geltung haben (vgl. Dok. 9: 177ff.). So gibt es in jedem Fußballklub ähnlich wie bei den Pfadfindern oder dem Militär Strafen für Zuspätkommen, Handyklingeln, das Vergessen von Presse- und Arztterminen und sonstiges Fehlverhalten (vgl. Dok. 34: 20). Eine derart ausgeprägte Strafkultur stellt an sich bereits eine Besonderheit im Vergleich zu anderen Berufskontexten dar, in denen Verhaltensvorschriften stärker an die beruflichen Rollenerwartungen und weniger an die Person bzw. deren Körper gebunden sind und Pflichtverstöße mit Abmahnungen oder Entlassungen bestraft werden. Ein derart behavioristisches Konditionierungsmodell dürfte in anderen Berufen eher unüblich sein und findet im Allgemeinen weniger auf Erwachsene als im Umgang mit Tieren und Kindern Anwendung (vgl. Goffman 1972: 56). Neben dem offensichtlichen Disziplinierungseffekt, den man mittels derartiger Maßnahmen

---

[211] Da die Spiele im DFB-Pokal nach dem k.o.-Prinzip ausgetragen werden, bezieht sich der entstandene Schaden vor allem auf die entgangenen Einnahmen aus den Spielen der nachfolgenden Runden, an denen die Mainzer noch hätten teilnehmen können, wenn sie nicht schon zu Anfang des Wettbewerbs ausgeschieden wären.

erreicht, scheint aber zumindest die latente Funktion dieser Strafen auf die Entwicklung von Kleingruppensolidarität und Kameradschaft ausgerichtet zu sein.

Neben diesen Vorschriften mit primär gemeinschaftsbildendem Charakter konnte ich eine ganze Reihe weiterer Regeln beobachten, die sich nicht mehr mit Verweis auf Gruppenbildungsprozesse rechtfertigen ließen, sondern vor allem auf die Disziplinierung und Zurichtung des Spielerkörpers gerichtet zu sein schienen. So bezogen sich z.B. die Ausgehverbote bzw. die Überwachung des Freizeitverhaltens der Spieler keineswegs nur auf die Zeiten im Trainingslager oder sollten eine Abspaltung von der Mannschaft verhindern (vgl. Dok. 15: 32; Dok. 17, 108). Stattdessen standen die Spieler sowohl in ihrem Job als auch in ihrem Privatleben „ständig unter Beobachtung" (Dok. 4: 86; Dok. 8: 308) und waren bei Nichtbeachtung strengen Disziplinierungsmaßnahmen ausgesetzt. Nächtliche Diskobesuche und übermäßiger Alkoholkonsum waren verboten und wurden mit Geldstrafen geahndet. Die Sicht der Vereine erläuterte ein Manager folgendermaßen:

> „Wir haben ja sämtliche Türsteher hier bestochen, die es hier in Mainz gibt von sämtlichen Diskotheken, und wenn einer dann natürlich etwas lang bleibt, dann kriege ich dann morgens den Hinweis, der ist erst um vier da Uhr raus, dann merke ich natürlich, jetzt gefällt es denen zu lange, und das wollen wir natürlich auch net. Wir wollen ja keine Feiergesellschaft hier haben, sondern die haben einen sehr ernsthaften Beruf, der allerdings in der Regel zumindest aktiv um 16 Uhr beendet ist. Ja, weil da ist das Training vorbei. Aber wenn dann einer jede Nacht über die Stränge schlägt, weil er morgen erst um zehn Uhr wieder Training hat, das geht natürlich auch net. Da haben wir ab und zu mal ein bisschen eine Gefahr hier." (Dok. 2: 776ff.)

In Wolfsburg waren Spieler bereits wegen ihrer nächtlichen Eskapaden entlassen worden:

> „Wir haben ja einen Spieler aus Argentinien zurückgeschickt, der zweimal innerhalb von zwei Wochen zweimal erwischt wurde, dass er bis um *vier* Uhr morgens in der Disco [lachend] war und- ich meine, wenn man einen erwischt, zweimal in zwei Wochen, heißt das, der war auch öfter unterwegs. Also .. Und dann hat er- Sie müssen sich vorstellen, dann ist der bis vier Uhr in der Disco, und um neun Uhr muss der trainieren. Dass das nicht gesund ist und nicht förderlich für seine Leistung, ist klar. Also so vernünftig gehen die Fußballer, wie wir es sehen, nicht unbedingt mit ihrem Körper um." (Dok. 64: 93)

Bei Bayer 04 Leverkusen regelte der Klub sogar die Unterbringung der Spieler und wählte Wohnungen aus, die möglichst nah am Trainingszentrum und möglichst weit weg von städtischen Vergnügungszentren lagen (vgl. Dok. 78: 17). Die Körper der Spieler wurden also nicht nur im Training bzw. während der Saison überwacht, sondern es gab Trainings- und Ernährungspläne, an die sie sich auch im Urlaub halten mussten (vgl. Dok. 27: 20; Dok. 39: 21; Dok. 64: 45).[212] Für jedes zugenommene Gramm musste man Strafe zahlen; und körperliche Fitness und Ausdauer wurden regelmäßig mittels so genannter Laktattests überwacht (vgl. Dok. 64: 45ff.). Der englische Nationalspieler Paul Gascoigne beschrieb die Situation der Profifußballer einmal folgendermaßen: „Wir Spieler sind wie Masthähnchen bei der Aufzucht. Genau kontrollierte Bewegungen, strenge Regeln, festgelegtes Verhalten, das immer exakt gleich wiederholt werden muß." (Zitiert nach Eichler 2006: 273) Ein Spie-

---

[212] Ein anderes Problem betraf muslimische Spieler, denen es kaum möglich ist, die Fastenregeln des Ramadan während der Spielzeit einzuhalten, daher holen sie das Fasten im Urlaub nach (vgl. Dok. 8: 207; Ehrhardt 2004).

3.1 Die Bedeutung des Körpers im Fußball

ler in Bielefeld nannte die Nahrungsgewohnheiten vor dem Spiel „das obligatorische Nudel-zu-sich-nehmen und darauf die Mittagsruhe" (Dok. 27: 33).

All diese Reglementierungen, die sich im Profifußball im Gegensatz zu anderen Berufen nicht nur auf das Arbeitsleben beschränken, sondern bis in die Privatsphäre eindringen, erinnern an Goffmans (1972) Beschreibungen totaler Institutionen (vgl. auch Giulianotti 1999: 108ff.):

> „Eine totale Institution lässt sich als Wohn- und Arbeitsstätte einer Vielzahl ähnlich gestellter Individuen definieren, die für längere Zeit von der übrigen Gesellschaft abgeschnitten sind und miteinander ein abgeschlossenen, formal reglementiertes Leben führen." (Goffman 1972: 11)

So ist es ein zentrales Definitionsmerkmal totaler Institutionen, dass anders als sonst üblich in modernen, funktional differenzierten Gesellschaften die Schranken zwischen einzelnen Lebensbereichen aufgehoben sind (vgl. Goffman 1972: 17ff.). Man schläft, arbeitet und spielt nur noch an einem Ort mit immer denselben Personen, unter Aufsicht derselben Autorität, so wie es beispielsweise auch im Internat oder beim Militär der Fall ist. Die exakt geplante und „von oben durch ein System expliziter formaler Regeln" vorgeschriebene tägliche Arbeit wird von den „Schicksalsgenossen" gemeinsam verrichtet, wobei alle die gleiche Behandlung erfahren (ebd.: 17). Dabei ist es für totale Institutionen kennzeichnend, dass all die verschiedenen erzwungenen Tätigkeiten mit Hinweis auf einen einzigen rationalen Plan gerechtfertigt werden, „der angeblich dazu dient, die offiziellen Ziele der Institution zu erreichen" (ebd.: 17).

Goffman (1972: 15f.) zufolge sind grundsätzlich alle Institutionen ihrer Tendenz nach allumfassend und versuchen den sozialen Verkehr und die Freizügigkeit ihrer Insassen einzuschränken. Aus der graduell variierenden Intensität dieser Beschränkung und der unterschiedlichen Legitimation für diese Maßnahmen ergeben sich dann insgesamt fünf verschiedene Gruppen totaler Institutionen (ebd.: 16). Das Leben eines Profifußballers in seinem Klub lässt sich innerhalb dieser Klassifikation am ehesten mit dem Leben im Internat, beim Militär, in einem Arbeitslager oder auf einem Schiff vergleichen. Hierbei handelt es sich um Institutionen, „die angeblich darauf abzielen, bestimmte, arbeits-ähnliche Aufgaben besser durchführen zu können und die sich nur durch diese instrumentellen Gründe rechtfertigen" (ebd.: 16).

Entsprechend diesen Definitionen werden auch in den Bundesligavereinen zumindest partiell die Grenzen der verschiedenen Lebensbereiche außer Kraft gesetzt: Praktisch jedes Wochenende müssen die Spieler außerhalb ihrer Familien gemeinsam mit ihren Arbeitskollegen und Vorgesetzten in Hotels verbringen. Man arbeitet, spielt und schläft gemeinsam. Der Arbeitgeber erhebt mittels Diätvorschriften, Trainingsplänen im Urlaub und Ausgehverboten wesentlich weiter reichende Anforderungen an sein Personal als das in normalen funktional spezifischen Arbeitsverhältnissen üblich ist, in denen Fragen nach dem Privatleben von Seiten des Chefs rechtfertigungspflichtig sind. So sind die Erholungsmöglichkeiten und Freizeitaktivitäten, die große Unternehmen ihren Mitarbeitern anbieten, in der Regel freiwillig (man muss keine Geldstrafe zahlen, wenn man nicht zum Frühstück erscheint) und das Personal ist nicht kollektiv organisiert wie eine Fußballmannschaft.

> „Für gewöhnlich ist das Leben in unserer Gesellschaft so organisiert, daß die Autorität des Arbeitsplatzes für den Arbeitnehmer mit dem Erhalt des Lohnes endet; wie er diesen in seiner häuslichen Umgebung und seiner Freizeit ausgibt, ist Privatsache des Arbeiters, und durch die-

sen Mechanismus wird die Autorität des Arbeitsplatzes in fest umschriebenen Grenzen gehalten." (Goffman 1972: 21)

Bei der Beobachtung des Lebens innerhalb eines Profifußballklubs entsteht dagegen bisweilen der Eindruck, als ob der Verein – zumindest für die Dauer der Vertragszeit – Anspruch auf die Körper bzw. das Leben seiner Spieler erhebe. Es wird nicht nur die ausschnitthafte rollenförmige Partizipation erwartet, sondern das Einbringen der ganzen Person. So manche Handlungsweisen erinnern außerdem an die Misshandlung von Kadetten beim Militär, z.B. wenn die argentinische Trainerlegende Carlos Bilardo in einem Interview zugibt, die Spieler nachts aus dem Schlaf gerissen zu haben, um sie abzufragen, wen sie im nächsten Spiel decken sollten. Seine Eingriffe in die Intimsphäre seiner Spieler gingen aber noch weiter:

> „Ich habe nie ein Geheimnis daraus gemacht, dass ich mich in alles einmische, auch ins Privatleben der Spieler. Ich habe ihren Ehefrauen Anweisung gegeben, bei der Liebe oben zu liegen, damit sich die Jungs schonen, da hat noch kein europäischer Trainer das Wort Sex je in den Mund genommen." (Zitiert nach: 11 Freunde Nr. 43 vom April 2005: 98-102)

Diese Ansprüche des Vereins auf die Körper „ihrer" Spieler spiegeln sich auch in der Selbstwahrnehmung der Fußballer, so beschrieb Paul Breitner die Spieler in einem Interview als „das Kapital der Vereine", die „wie hochgezüchtete Traber oder Galopper eben sehr vorsichtig und auch sehr bewusst von der medizinischen Seite her betreut werden müssen." (Zitiert nach Schulze-Marmeling 2006: 224) Bereits mit der Vertragsunterzeichnung treten die Spieler die Rechte an der Verwertung ihrer Persönlichkeit, insbesondere am eigenen Bild, an den Verein ab, der sie wiederum an die Deutsche Fußball-Liga und den Deutschen Fußball-Bund weiterverkauft, sonst erhielte er keine Lizenz von der DFL.[213]

Die Mitglieder der Mannschaft bzw. des Kaders eines Vereins lassen sich tatsächlich als Schicksalsgenossen beschreiben, die grundsätzlich gleich behandelt werden, gemeinsam die ihnen aufgetragenen Trainingseinheiten absolvieren, gemeinsam essen, duschen, herumalbern und mindestens einmal in der Woche auch gemeinsam übernachten. Im Gegensatz zu den funktional spezifischen Beziehungen zwischen Arbeitskollegen ist die Beziehungsstruktur innerhalb der Mannschaft diffus – und zwar auf Wunsch des Arbeitgebers, der es bisweilen geradezu darauf anlegt, eine „verschworene Gemeinschaft" herzustellen. So gehört es zu den Merkmalen totaler Institutionen, dass die rollenmäßige Struktur funktionaler Differenzierung aufgehoben wird, was letztlich in einem totalen Rollenverlust resultieren kann. Erklärtes Ziel totaler Institutionen, das mit Hilfe sozialer Isolation von der Außenwelt erreicht werden soll, ist die Entstehung einer einheitlichen Gruppe. Das steht im Widerspruch zum Leben in einem Familienhaushalt (vgl. Goffman 1972: 22f.). Entsprechend berichteten Spieler über die negativen Auswirkungen, die das gemeinsame Leben, Arbeiten und die regelmäßigen Wochenenden in Hotels und Trainingslagern auf das Familienleben hatten (vgl. z.B. Dok. 17: 111; Dok. 20).

Im Unterschied zum Leben beim Militär oder im Internat erfolgte die Entdifferenzierung von Privat- und Arbeitsleben im Fußball innerhalb kürzerer Zeitphasen. Außerdem könnte man einwenden, dass das Ausmaß, in dem die Schranken zwischen den verschiedenen Lebensbereichen aufgehoben wurden, bereits in den drei untersuchten Vereinen deut-

---

[213] Vgl. hierzu die Berichterstattung im Fachmagazin Kicker Nr. 22 vom 14 März 2005, S. 18.

3.1 Die Bedeutung des Körpers im Fußball

lich differierte. Je professioneller ein Klub organisiert war, desto eher schien auch eine Trennung von Beruf und Privatleben möglich zu sein (vgl. Kap. 3.3 Nationale Differenzierungen bei der Spielerrekrutierung im Fallvergleich). Hier lässt sich vermuten, dass in kleineren, weniger erfolgreichen Vereinen Vergemeinschaftungsmaßnahmen (im Sinne von Vereinheitlichung von privater und beruflicher Sphäre) als funktionales Äquivalent für stärkere fußballerische Leistungsfähigkeit der einzelnen Spieler eingesetzt wurde. Durch die Etablierung einer derartigen Schicksalsgemeinschaft sollte vermutlich versucht werden, die Schwächen der Einzelnen mithilfe von Gruppendynamiken auszugleichen. Im Gegensatz zu Internatsinsassen oder Militärkadetten führten die Fußballer jedoch ein vergleichsweise intensives Privat- und Familienleben, in das sie nach Trainingsende an fünf Tagen der Woche auch zurückkehren konnten. Außerdem wurde in einem deutlich höheren Maß für ihr leibliches und seelischen Wohl gesorgt, wenn überhaupt dann saßen die von mir beobachteten Fußballspieler also in einer Art „goldenem Käfig", in dem sie „in Watte gepackt" wurden (Dok. 77: 18).

Sowohl das Umsorgen als auch die Disziplinierung der Spieler dienten primär dem Zweck, sportliche Erfolge zu erzielen. Das war die Legitimation aller oben beschriebenen Maßnahmen: „Wir müssen den Spielern und Trainern den Kopf freihalten für ihren Job", erklärte Oliver Bierhoff, Manager der deutschen Nationalmannschaft (zitiert nach Ashelm 2005b: 13). Dabei wurden sowohl die körperliche Zurichtung der Spieler als auch das Vorhandensein einer einheitlichen und integrierten Gruppe bzw. Mannschaft als Voraussetzung für die Erbringung fußballerischer Leistungen gedeutet (vgl. Dok. 2: 151ff.). Entsprechend wurden alle hier beschriebenen Maßnahmen in den Selbstdarstellungen der Vereine darauf zurückgeführt, möglichst erfolgreich und fußballerisch leistungsfähig zu bleiben bzw. zu werden.

Hier stellt sich die Frage, inwieweit bereits die phasenweise Entdifferenzierung von Privat- und Arbeitsleben zu Verhaltensänderungen der Individuen und Schäden an ihrer Identität führen können, wie Goffman (1972: 24ff.) sie für die Insassen totaler Institutionen beschreibt. Durch die Aufhebung der Trennung von Innen- und Außenwelt kommt es zu einem Rollenverlust, der gleichzeitig zu einer Verletzung der eigenen Identität führen kann. So ist die Entstehung und Aufrechterhaltung des Selbst eines jeden Menschen abhängig von seiner Teilhabe an möglichst vielen verschiedenen sozialen Bereichen mit jeweils unterschiedlichem Publikum. Innerhalb totaler Institutionen werden den Insassen jedoch nicht nur ihre anderen Rollen genommen, sondern auch weitere zentrale Bestandteile ihrer Identität, so wird z.B. ihre Handlungsfreiheit eingeschränkt, sie werden (wenn auch häufig unbeabsichtigt) gedemütigt und ihre „Identitäts-Ausrüstung" zur Aufrechterhaltung ihrer persönlichen Fassade steht ihnen nicht mehr zur Verfügung (vgl. Goffman 1972: 30). Das lässt sich auch beim Eintritt in einen Profifußballklub beobachten: Der Spieler muss sich den seine Handlungsfreiheit vielfach einschränkenden Regeln unterordnen; durch Wiegen, Messen und Behandeln seines Körpers wird er zum Objekt gemacht und mittels Gehorsamtests oder Aufnahmerituale wird er gedemütigt. So werden die Spieler manchmal nicht wie erwachsene Menschen, sondern eher wie Kinder behandelt. Das belegt der folgende Ausschnitt eines Beobachtungsprotokolls bei einer Traineransprache:

> „An Spieler 1 gerichtet fordert der Trainer absolutes Engagement. „Wenn's Feuer nicht mehr brennt, ist es Zeit zu gehen! Haste verstanden?" Als zunächst keine hörbare Reaktion kommt, fragt er noch mal nach, „Haste mich verstanden?" Er lässt ihn nicht in Ruhe, bis der Spieler leise

mit ja antwortet. Dann richtet er sich an Spieler 2 und fragt auch ihn, ob er das verstanden habe." (Dok. 38: 25)

Ein weiteres Beispiel für Demütigungen der Spieler, die ich häufig beobachten konnte, war die bereits erwähnte Frotzelkultur, die zwischen den Spielern herrschte. Innerhalb dieser spielerischen Attacken wurden verschiedene Merkmale oder Verhaltensweisen eines Spielers als abweichend vorgeführt, so z.B. Akzente, Hautfarbe, Gewichtsprobleme oder auch geschlechtsspezifisch unadäquates Verhalten (vgl. z.B. Dok. 25: 484ff., Dok. 75: 42; vgl. auch Kap. 3.4.6).[214]

Grundsätzlich müssen die Spieler während ihres Lebens im Klub einheitliche Kleidung tragen, d.h. ihnen wird ein großer Teil ihrer persönlichen Fassade zur Inszenierung ihrer Identität genommen. Als Reaktion auf diese „Verstümmelungen" des Selbst entwickeln die Insassen neue, häufig mit den offiziellen Regeln nicht konforme Strategien, um ihre Identität zu schützen oder neu zu entwickeln (vgl. Goffman 1972: 54ff.). Vor diesem Hintergrund lassen sich bestimmte Verhaltensweisen der Spieler als Anpassungsstrategien deuten, mit deren Hilfe sie sich selbst beweisen können, dass sie immer noch eine gewisse Kontrolle über sich und ihren Lebensbereich ausüben. Um aufgrund der Uniformität und strengen Disziplinierung nicht lediglich zu einer „bloßen Nummer" degradiert zu werden, lassen sich verschiedene antiautoritäre Reflexe und subversive Widerstandsformen in Aufmachung und Verhalten auf dem Spielfeld beobachten. Die wenigen nicht von Regeln überformten Freiräume bei der Gestaltung der persönlichen Fassade nutzen die Spieler für Selbstinszenierungen, die sie aus der Masse bzw. der Mannschaft herausheben und wieder als Individuum erkennbar machen. So waren viele Spieler sehr modebewusst gekleidet und/oder frisiert.[215]

Frisur und Haarfarbe sind bisher weder durch FIFA-Regularien noch durch Vereinsfunktionäre vorgeschrieben, ein Freiraum, der von den Spielern intensiv genutzt wird. So gibt es Spieler, deren Haare nahezu bei jedem Spiel in einer anderen schrillen Farbe glänzen, solche mit Irokesenschnitt oder Totalrasur, geflochtenen Zöpfen oder Löwenmähne. Viele Fußballer widmen ihren Haaren Aufmerksamkeit und Sorgfalt in einem Ausmaß, das für Männer in unserer Gesellschaft nicht legitim ist (außer in Randbereichen wie dem Friseurhandwerk). Da werden Haarspangen, Haarnetze, Stirnbänder und Haarreifen getragen, Dauerwellen gelegt und Strähnchen gefärbt (vgl. John 2002: 58). Bei meinen Beobachtungen in den Umkleidekabinen hatte ich den Eindruck, dass die meisten Spieler bei der Bearbeitung und Gestaltung ihres Haares deutlich mehr Aufwand betrieben als andere Männer, so wurden auffällig viele Pflege- und Stylingprodukte verwendet, und die meisten der Spieler hatten gefärbte Strähnchen.[216] Derartige dramatische Inszenierungen können als Strate-

---

[214] Im Umgang der Spieler untereinander dürfte auch die Geschlechtshomogenität der Institution Fußballklub relevant für die Auswirkungen auf die neu entstehende Identität der Spieler sein. Da innerhalb der Mannschaft eine große Nähe zwischen den Mitgliedern und eine relative Abgeschlossenheit nach außen besteht, entsteht eine Art Treibhaus, in dem sich ähnlich wie beim Militär regelmäßig eine bestimmte Form männlicher Geschlechtsidentität durchsetzen kann (vgl. Goffman 1972: 23).
[215] Eine weitere Ursache für die beobachtbare Vorliebe vieler Fußballer zu auffälliger und vor allem teurer Kleidung könnte die zuvor erwähnte Statusinkonsistenz (hohes Einkommen bei gleichzeitiger Herkunft aus bildungsfernen Schichten) sein. So trugen viele Spieler in ihrer Freizeit Designerkleidung, die ihren Preis auch nach außen mittels sichtbarer Markennamen deutlich erkennen ließ.
[216] Hierzu merkt John (2002: 68) an, dass es sich mittlerweile lohnen könne „von Brisk bis L'Oreal, von Franz Beckenbauer bis Oliver Bierhoff, (…) eine materialreiche kleine Kulturgeschichte der Interdependenz von Fußball und Haarkosmetik" zu schreiben.

3.1 Die Bedeutung des Körpers im Fußball 177

gien gedeutet werden, mit deren Hilfe die Spieler ihre eigene individuelle Identität vor dem Zugriff der Reglementierungen der Vereine und Verbände zu schützen versuchten.

Abbildung 29: Sekundäre Anpassungsstrategie beim Torjubel (Torsten Silz/ddp)

Andere Möglichkeiten um sich innerhalb der strengen Kleiderordnung vom Mannschaftskollektiv abzuheben, sind das Abkleben von Schmuck mit weißem Klebeband (was mittlerweile auch verboten wurde, vgl. FIFA 2006a: 77), das Tragen der Stutzen über den Strümpfen, das Herausziehen des Trikots aus der Hose, das Aufstellen des Kragens, das Tragen von Handschuhen oder knallbunten Schuhen (insoweit der Spieler dazu die vertragliche Erlaubnis des Vereins hat) oder auch die Zurschaustellung des entblößten Oberkörpers (vgl. Dok. 15: 321ff.; John 2002: 58). Dazu gehört außerdem die Idee einiger Spieler, das Trikot beim Torjubel ganz auszuziehen, so dass der nackte Körper zu sehen ist, oder unter dem Trikot ein T-Shirt mit einer aufgedruckten Botschaft zu tragen, das dann sichtbar wird, z.B. mit einer Liebeserklärung an die Freundin oder an Gott (vgl. Abb. 29). Solche und ähnliche Freudenfeiern beim Torjubel von einzelnen oder mehreren Spielern stellen in einer Mannschaftssportart wie dem Fußball jedoch unerwünschte Inszenierungen personaler Identität und individueller Persönlichkeit dar und wurden daher durch eine Verschärfung der Spielregeln untersagt.[217] Dem DFB zufolge darf Torfreude lediglich „in vernünftigem Maß" erfolgen, alles darüber hinausgehende, wie Vom-Spielfeld-Rennen, Zäune-Hochklettern, Hemden-Ausziehen, Unterhemd-Botschaften „oder ähnlich übertriebene Reaktionen" werden mit einer Gelben Karte bestraft (Eichler 2006: 269).[218]

Zusammenfassend lässt sich festhalten, dass sich aus dem Vergleich von Fußballklubs mit totalen Institutionen eine neue Perspektive auf einige Verhaltensweisen der Fußballprofis gewinnen lässt. Viele ihrer Handlungen lassen sich als Reaktionen auf körperliche Disziplinierungen und erzwungene Solidaritätsmaßnahmen der Vereine interpretieren, die die individuelle Identität der Spieler gefährden. Mittels der oben beschriebenen sekundären Anpassungsstrategien bewahrt das Individuum „eine gewisse Distanz, eine gewisse Ellbogenfreiheit zwischen sich selbst und dem, womit die anderen es identifizieren möchten" (ebd.: 303).

3.1.5 Funktionen des Körperkontakts II: Rituale der Polarisierung und Fußball als Konfliktsystem

Die Konstitution eines Kollektivs bzw. die Herstellung einer gemeinsamen Identität kann erheblich erleichtert werden durch die Konstruktion und regelmäßige Konfrontation mit gemeinsamen Gegnern. Aus interaktionstheoretischer Perspektive erfolgt die Bildung von Gruppen innerhalb sozialer Interaktionen mittels wechselseitiger Selbst- und Fremdzuschreibungen, die als Grenzziehungsprozesse fungieren (vgl. Barth 1969). Die inhaltliche Bestimmung der Qualitäten einer Gruppe entsteht demnach vor allem durch Kontrastierung bzw. die Herstellung einer Relation zu anderen Gruppen, so dass sich die Existenz eines gemeinsamen Gegners positiv auf den Gruppenzusammenhalt auswirkt. Komplementär zu den bisher beschriebenen Solidaritätsritualen lassen sich im Fußball auch zahlreiche Rituale der Polarisierung beobachten. Je nach Blickwinkel fungieren viele Verhaltensweisen der Spieler als beides, sie konstruieren und betonen die Gemeinsamkeit der In-Group und vertiefen zugleich symbolische Differenzen gegenüber dem Gegner, so z.B. die Kleiderordnung im Fußball, der zufolge die Mitglieder einer Mannschaft einheitlich gekleidet sein müssen, um sich von den Spielern der gegnerischen Mannschaft ausreichend abzuheben (vgl. Dok. 9: 210ff.; John 2002).

Und auch die Imitation des neuseeländischen Maori-Kriegstanz-Rituals beinhaltet beide Seiten: So können sich die Spieler einerseits mit dem Überstreifen des einheitlichen Trikots als Teil einer eingeschworenen Gemeinschaft begreifen und sich andererseits

---

[217] Gemäß einer Entscheidung des International F.A. Board dürfen die Spieler seitdem „keine Unterleibchen mit Slogans oder Werbeaufschriften zur Schau tragen." Das Ausziehen des Trikots beim Torjubel gilt als „unsportliches Betragen" (FIFA 2006: 21, 72, 78). Vgl. dazu auch FIFA-Zirkular Nr. 579, demzufolge „choreographierte Jubelszenen" zu unterbinden sind.
[218] Ähnliche Verbote gibt es auch im American Football: Dort wurden die Spielregeln von der National Football League, NFL, mehrfach verschärft, um die so genannten „endzone dances" zu verbieten (vgl. Adelmann/Stauff 2003: 117f.). Diese Freudentänze scheinen außerdem als Ausdruck ethnischer Identität wahrgenommen worden zu sein, da sie in der Mehrheit von afroamerikanischen Football Spielern aufgeführt wurden. In der Deutschen Fußball-Bundesliga könnte man ebenfalls den Eindruck gewinnen, dass derartige Jubelinszenierungen vor allem in ihrer solistischen Selbstdarstellungsform von nicht-deutschen Spielern eingeführt wurden (vgl. Eichler 2006: 268; Bender/Kühne-Hellmessen 2001: 9ff.).

3.1 Die Bedeutung des Körpers im Fußball

gleichzeitig mit dem dazugehörenden Geschrei und Imponiergehabe als Furcht einflößender Gegner inszenieren (vgl. Aselm 2003).

Im Folgenden werden noch einige andere Beispiele für Verhaltensweisen genannt, die entweder durch das Regelwerk vorgegeben oder in der Interaktionsordnung institutionalisiert sind und den Antagonismus beider Mannschaften auf und um den Fußballplatz herum betonen. So gibt es zunächst eine klare räumliche Trennung der konkurrierenden Mannschaften in zwei verschiedene Umkleidekabinen und Spielhälften. Die Mannschaften bleiben aber auch vor dem Spiel und außerhalb der Kabine räumlich voneinander getrennt, sie verwenden unterschiedliche Aufgänge zum Stadion, machen sich nur in ihrer Hälfte des Spielfelds warm – und zwar unabhängig davon, ob die andere Mannschaft auf dem Platz ist oder nicht – und falls sich die Spieler untereinander begrüßen wollen, treffen sie sich an der Mittellinie oder auf dem Weg in die Kabinen (vgl. Dok. 21: 34ff.; Dok. 72: 15).[219] Die räumliche Aufteilung des Rasens in voneinander abgetrennte Räume setzt sich auch hinter dem Seiten-Aus mit einer gestrichelten Linie in der sog. Technischen Zone fort.[220] In der Regel begrüßen sich die Trainer kurz vor Spielbeginn und reichen sich nach dem Spiel noch mal kurz die Hand, während des Spiels ist ihr Bewegungsspielraum jedoch auf diesen Bereich beschränkt, und je nach Spielgeschehen springen sie wütend darin herum, brüllen ihre eigenen Spieler, die der anderen, den Schiedsrichter oder den gegnerischen Trainer an.[221] Die Trennung mittels markierter Bereiche unterstreicht die Situation der Rivalität und gibt den Trainern erst die Möglichkeit zur dramatischen Inszenierung ihrer Gegnerschaft.[222]

Diese Verhaltensweisen lassen sich zunächst als Beleg für das geringe Konfliktpotential sozialer Interaktionen interpretieren (vgl. Kieserling 1999: 282; Luhmann 1972). Konflikte können innerhalb unmittelbarer Interaktion nicht nebenher laufen oder Nebenthema sein, dazu ist die Kommunikation unter Anwesenden nicht komplex genug, stattdessen wird sie selbst zum Konflikt: „sie [Soziale Interaktionen; M.M.] können nur entweder ohne Konflikt oder als Konflikt existieren." (Kieserling 1999: 258) Bei einem sportlichen Wettkampf handelt es sich um ein institutionalisiertes Konfliktsystem mit festgelegten Verhaltenserwartungen für die Teilnehmer und Rolleninhaber.[223]

---

[219] Im Vergleich dazu fällt jedoch die räumliche Separierung der Fans wesentlich drastischer aus: So werden die Fans der Gastmannschaft in der Regel schon am Bahnhof von der Polizei in Empfang genommen und zum Stadion eskortiert – und zwar so, dass sie mit den Fans der anderen Mannschaft nicht in Kontakt kommen. Im Stadion werden sie dann über einen eigenen Eingang in einen durch hohe Zäune abgegrenzten und von Polizeimannschaften umstellten Bereich geführt. Nach dem Spiel werden sie auch häufig in diesem „Käfig" länger festgehalten, um Konfrontationen mit den Fans der anderen Mannschaft zu vermeiden.

[220] Dieser Bereich erstreckt sich laut FIFA-Spielregeln auf jeder Seite einen Meter über die Breite der Ersatzspielerbank hinaus und bis einen Meter an die Seitenlinie heran (vgl. FIFA 2006: 56).

[221] Bei wiederholter Übertretung der Grenzmarkierungen kann ein Trainer vom Schiedsrichter zur Strafe (auch für die Dauer mehrerer Spiele) aus dem Innenraum verbannt und auf der Tribüne platziert werden.

[222] In der VW-Arena in Wolfsburg waren im Gegensatz zu den meisten anderen Fußballstadien die Sitzplätze für Trainer, Betreuer und Ersatzspieler hinter der Bande, die markierten Flächen für die Trainer befanden sich jedoch auf dem Rasen (vgl. Dok. 72: 17). Um dorthin zu gelangen, mussten beide Trainer durch dieselbe schmale Öffnung in der Bande gehen, was die Illusion ernsthafter Gegnerschaft erheblich minderte, und in den Selbstdarstellungen der beobachteten Trainer folgendermaßen gelöst wurde: Sie kompensierten die fehlende räumliche Distanz, indem sie sich gegenseitig vollkommen ignorierten, d.h. Vermeidung jeden Blickkontaktes oder sonstiger sichtbarer Beachtung des anderen. Die Abstimmungsarbeit wechselseitiger Wahrnehmung, die geleistet werden musste, um beim Durchschreiten des schmalen Nadelöhrs in der Seitenbande nicht miteinander zu kollidieren, wurde von beiden verschleiert.

[223] In der Goffman'schen Terminologie würde man von einem „situierten Aktivitätssystem" sprechen, d.h. „ein geschlossener, sich selbstkompensierender und sich selbstbeendender Kreislauf voneinander abhängigen Aktionen" inklusive situierter Rollen (Goffman 1973e: 108).

Es gibt zwei Parteien, von denen jede am Ende des Spiels gewinnen bzw. die bessere sein möchte (im Sinne von mindestens ein Tor mehr als die anderen erzielt haben), daher behindern und bekämpfen sie einander. Der Konflikt bleibt jedoch auf die sportliche Auseinandersetzung beschränkt und wird entlang festgelegter Regeln ausgetragen, deren Einhaltung von mittlerweile vier Unparteiischen überwacht wird. Im Unterschied zu anderen sportlichen Leistungsvergleichen, wie z.B. in der Leichtathletik, handelt es sich beim Fußball nicht nur um einen Konkurrenzkampf, d.h. um einen indirekten Kampf, in dem sich mehrere Parteien parallel um ein und denselben Preis bemühen und bei dem das bloße Aus-dem-Weg-Räumen des Gegners nicht zum Gewinn des Preises führen würde:

> „Die Form des Konkurrenzkampfes ist vor allem nicht Offensive und Defensive – deshalb nicht, weil der Kampfpreis sich nicht in der Hand eines Gegners befindet. Wer mit einem anderen kämpft, um ihm sein Geld oder sein Weib oder seinen Ruhm abzugewinnen, verfährt in gang anderen Formen, (…) als wer mit einem anderen darum konkurriert, wer das Geld des Publikums in seine Tasche leitet, wer die Gunst einer Frau gewinnen, wer durch Taten oder Worte sich den größeren Namen machen solle." (Simmel 1995b: 222f.)

Entsprechend können Konkurrenzkämpfe in der Leichtathletik unabhängig von Zeit und Ort ausgetragen werden, die Konkurrenten müssen nicht kopräsent sein, um miteinander konkurrieren zu können, wer der schnellste Läufer oder beste Springer ist. Im Fußball dagegen müssen die gegnerischen Mannschaften anwesend sein, konkurrieren um denselben Preis, der sich ebenfalls nicht in den Händen einer Partei befindet, und trotzdem handelt es sich beim Fußball auch um einen direkten Kampf, bei dem die unmittelbare Beschädigung des Gegners zum Sieg führt. Insofern scheint der Fußball eine Mischform aus Konkurrenz und Kampf zu sein. Die ältere Form des Kampfes wird durch die Festlegung von Fairnessregeln abgeschwächt und in die Form eines modernen Konkurrenzkampfes überführt.

Indem sich beide Mannschaften den vorgegebenen Regeln unterwerfen und am Spiel teilnehmen, erkennen sie sich auch wechselseitig in ihren Rollen als Gegner an (vgl. Luhmann 1983: 100ff.). Durch diese Spezifizierung des Konflikts auf den sportlichen Kontext wird der allgemeinen Tendenz von Konflikten sich auszubreiten, entgegengewirkt. Gleichzeitig impliziert der Prozess der Rollenübernahme (role-taking) auch ein sich Einlassen auf die Rolle, durch das man sich in ein persönlich bindendes Handeln verstrickt (vgl. Goffman 1973e); und durch die „Einfühlung in die Rolle des anderen" werden komplementäre Verhaltenserwartungen stabilisiert (Luhmann 1983: 86).[224] Die wechselseitige Festlegung der Darstellungen und deren Konsistenz bilden die Orientierungsgrundlage und damit Voraussetzung für eine dauerhafte Interaktion (vgl. Goffman 1998 [1959]). Auf den Fußball übertragen bedeutet das, dass zumindest für die Dauer eines Spiels ein System von Darstellungen entsteht, innerhalb dessen die Mitglieder zweier gegeneinander antretender Mannschaften ihre Rollen als Gegner durchaus ernst nehmen müssen. Die Darstellung des Konkurrenzkampfes muss konsistent bleiben und mit dem nötigen Engagement erfolgen, d.h. die

---

[224] Neben den Rollen als Gegner und den Regeln wird auch die Rolle des Schiedsrichters anerkannt und die Legitimität seiner Entscheidungen: Daher fällt das Meckern der Spieler auf dem Platz nach einer Entscheidung des „Unparteiischen" auch nur relativ kurz aus (vgl. Luhmann 1983: 27ff.). Im Gegensatz dazu fällt es den Fans auf der Tribüne deutlich schwerer, die Legitimität einer Entscheidung anzuerkennen, sie sind auch nicht wie die Spieler durch Rollenübernahme gebunden bzw. haben dadurch indirekt die Entscheidungsgewalt des Schiedsrichters akzeptiert – ebenso wenig wie die Zuschauer vor dem Fernsehbildschirm, denen das Meckern vermutlich am leichtesten fällt.

3.1 Die Bedeutung des Körpers im Fußball

Spieler nehmen einander während des Spiels primär als Gegenspieler wahr. Ein Spieler beschrieb die Situation auf dem Spielfeld folgendermaßen:

> „Ich bin immer da, wo ich spiele. Also, ich bin- ich war Frankfurter, wo ich in Frankfurt war, jetzt bin ich ein Mainzer, weil ich in Mainz spiele, und mein Herz schlägt für die Mannschaft halt, wo ich spiele. Und zurzeit ist es Mainz. (…) Ob man für nächste Saison oder für letzte Saison, es ist halt so, man kennt keine Freunde da im Sportplatz. Also sobald es angepfifft wird, wird Freundschaft Nebensache. Und halt nach dem Spiel wird halt wieder geredet halt über manche Situation, aber da will man schon gewinnen, egal ob- es gibt keine Freunde da, außerhalb- innerhalb des Spieles. (…) Das ist halt im Fußball so, also wie gesagt, während dem Spiel ist jeder für sich verantwortlich, da gibt es halt keine großen Freunde oder so. Aber nach dem Spiel sagt man, es ist nur ein Spiel, man will gewinnen halt und dann ist alles wieder gut." (Dok. 15: 251ff.)

Wie sehr die Spieler ihre Rolle erfassen und entsprechend auch von ihr erfasst werden, spiegelt sich in den oben beschriebenen Situationen konzentrierten Zweikampfes, in denen Aktivität und Engagement für die Rolle sogar die Gefahr drohender körperlicher Verletzungen übersteigt. Die volle Erfassung einer Rolle lässt sich laut Goffman (1973e: 120) an folgenden Merkmalen feststellen:

> „zugegebene zum Ausdruck kommende Bindung an die Rolle; Demonstration von Qualifikationen und Fähigkeiten zur Durchführung; aktiver Einsatz oder spontanes Einbezogensein in das Rollenhandeln, d.h. einen sichtbaren Einsatz von Aufmerksamkeit und Muskelanstrengung."

Genau das erwartet auch das Publikum von den Spielern: Sie müssen ihre Identifikation mit der Rolle, den dementsprechenden Kampfeinsatz und auch ihre Enttäuschung bei Nichtgelingen überzeugend und für das Publikum (im Stadion und vor dem Fernsehschirmen zuhause) gut sichtbar inszenieren (vgl. Abb. 31). Letztlich wird mangelndes Engagement[225] – mehr noch als ausbleibender Erfolg – nicht nur vom Publikum negativ sanktioniert: Der Trainer bestraft den unmotiviert wirkenden Spieler durch Auswechslung, und die Fans fordern die Mannschaft bei als unzureichend empfundenem Engagement regelmäßig mit Liedern zu mehr Einsatz auf.[226] Der Manager der Mainzer ging sogar soweit, den Spielern nach einem seiner Meinung nach aus Arroganz und Trägheit verlorenem Spiel die Auszahlung der Auflaufprämie zu verweigern[227]:

> „Ich möchte den erleben, ähm der für dieses Spiel eine Einsatzprämie haben möchte, weil heute war kein Einsatz da. (…) wenn kein Einsatz is, bezahlen wir einfach kein Geld." (Dok. 2: 305ff.)

---

[225] Goffman verwendet an dieser Stelle den Begriff „engagement", um damit neben der bloßen Mobilisierung kognitiver Konzentration und physischer Kräfte innerhalb einer anlassgemäßen Aktivität auch die Dimensionen der Verpflichtung gegenüber bestimmten Aktionen und der Identifikation mit einer Sache erfassen zu können (vgl. Goffman 1971: 44). An anderer Stelle taucht in der deutschen Übersetzung der Begriff „Engagement" auf, obwohl im Original von „involvement" die Rede ist (Goffman 1971: 41ff.). Hier bedeutet Engagement jedoch keineswegs die volle Erfassung einer Rolle, sondern bezieht sich lediglich auf die notwendige Versunkenheit und Körperspannung bei der Teilnahme an anlassgemäßen Aktivitäten.
[226] Ein beliebter Liedtext der Fans lautet folgendermaßen: „Wir wollen Euch kämpfen sehen, wir wollen Euch kämpfen sehen, wir wollen, wir wollen, wir wollen Euch kämpfen sehen!"
[227] Ganz ähnlich dazu Karl-Heinz Rummenigge, der Vorstandsvorsitzende des FC Bayern München, nach einer 1:4 Niederlage seiner Mannschaft gegen Mailand in der Champions League: „Der AC Mailand hat uns eine Lektion erteilt in Sachen Leidenschaft, Willen und Engagement." (Zitiert nach Aschelm 2005a: 31)

Abbildung 30: Rollenübernahme (Torsten Silz/ddp)

3.1 Die Bedeutung des Körpers im Fußball   183

Abbildung 31: Dramatische Geste der Enttäuschung (Torsten Silz/ddp)

Wie hart der Einsatz der Spieler gegeneinander im Spiel ist, belegt auch folgender Ausschnitt aus einer Gruppendiskussion, in der der strategische Umgang mit Fouls beschrieben wird:

> „Ich denk schon, dass auch Spieler ins Spiel gehen und sagen, wenn die jetzt merken, gerade am Anfang vom Spiel, ein Spieler von der gegnerischen Mannschaft ist gut drauf, dann muss man den ein bisschen härter erst mal bearbeitet werden und damit auch zeigt, ja, versucht auch ein

bisschen, den Spaß am Spiel zu nehmen und - das wird ja auch von Trainern teilweise gefordert, und .. – taktisches Foul wird ja auch gefordert, also wenn man dann in der Situation, wo es dann angebracht ist, das nicht macht, dann-dann kriegt man ja später zu hören, ‚Ja, da hättest du einfach ein Foul machen müssen" – also, ich denke von daher is- Fußball ist auch sicher eine Kampfsportart." (Dok. 25: 30)

Insgesamt muss man jedoch festhalten, dass die Zuschauer wesentlich mehr Engagement bei der Inszenierung von Rivalität zeigen als die Spieler und der Konflikt keineswegs nur auf die sportliche Auseinandersetzung bezogen wird. So werden die Spieler der gegnerischen Mannschaft bei deren namentlicher Vorstellung ausgepfiffen, wenn sie sich verletzen, werden sie verhöhnt („Petrov ge-het! Petrov ge-het!") und man sympathisiert mit den Erzfeinden der anderen.[228]

Der Unterschied zwischen Spielern und Fans wird vor allem im Rahmen so genannter Lokalderbys sichtbar, beim Aufeinandertreffen von zwei Mannschaften, die aufgrund ihrer regionalen Nachbarschaft ein besonders großes Bedürfnis nach gegenseitiger Abgrenzung voneinander haben. Während die Fans sich dieser schon im Vorfeld durch die Presse hochgespielten Feindschaft und den dazugehörenden Emotionen voll hingeben (vgl. Dok. 72: 15), kann man bei den Spielern trotz Einsatz und Engagement innerhalb ihrer Rolle während des Spiels Verhaltensweisen beobachten, die die Deutung nahe legen, dass der ausgetragene sportliche Konflikt nicht von den Personen Besitz ergriffen hat, sondern sich lediglich auf ihre Rollen als Spieler beschränkt. So pflegen die Spieler gegnerischer Mannschaften auch im Rahmen von Lokalderbys einen professionellen Umgang miteinander, sie begrüßen sich vor dem Spiel und beglückwünschen sich danach. Liegt einer der Spieler am Boden und muss behandelt werden, wird der Ball, auch wenn er sich gerade im Besitz der gegnerischen Mannschaft befindet, ins Aus geschossen, damit die Sanitäter die Spielfläche betreten dürfen. Nach einem Foul wird sich mit ausgestreckter Hand oder einem Kopftätschler entschuldigt und man hilft sich gegenseitig wieder auf. Das alles sind informelle Regeln im Profifußball, die nicht in den offiziellen Bestimmungen festgeschrieben sind, und bei Nichtbeachtung nicht durch den Schiedsrichter sanktioniert werden, sondern maximal durch Pfiffe der gegnerischen Fans (vgl. 3.1.6 Exkurs über Werte und Ehre im Fußball).

Derartige Verhaltensweisen lassen sich auch als Rollendistanz interpretieren, d.h. ein Individuum geht nicht vollständig in seiner Rolle als Spieler eines bestimmten Vereins oder Landes auf, sondern demonstriert dem Publikum, dass er mehr als das ist, z.B. ein Profi, der den sportlichen Fairnessethos ernst nimmt (vgl. Goffman 1973c). Die Funktion dieser Rollendistanz liegt vermutlich darin, die eigene individuelle Spielerkarriere nicht zu gefährden und sich auch für die Zukunft Möglichkeiten offen zu halten. Da Spieler, Trainer und Betreuer regelmäßig bei den Spielen der Bundesliga, anderer Wettbewerbe (DFB-Pokal etc.) und Freundschaftsspielen zusammentreffen, die jedes Mal unterschiedlich ausfallen können, entsteht ein sog. Kontaktsystem (vgl. Luhmann 1983: 75ff.). Da mal die eine, mal die andere Mannschaft gewinnt, entwickelt sich eine gegenseitige Abhängigkeit voneinander, und jede ist hin und wieder auf die Kooperationsbereitschaft der anderen angewiesen. Da alle Beteiligten unter dem „Gesetz des Wiedersehens" stehen, ein Spiel also immer nur ein

---

[228] So freuten sich z.B. die Wolfsburger Fans bei einem Spiel gegen Borussia Dortmund über jedes Tor, das Schalke 04 in einem zeitgleich ausgetragenen Spiel erzielte (vgl. Dok. 73: 21). Dabei handelte es sich um reine Schadenfreude, da Dortmund und Schalke eine alte Feindschaft verbindet und in der Punktetabelle weder Wolfsburg von einem Sieg Schalkes noch Dortmund von einer Niederlage Schalkes profitiert hätten.

3.1 Die Bedeutung des Körpers im Fußball

Moment neben anderen ist, und sogar ein Wechsel der individuellen Mannschaftszugehörigkeit in Zukunft denkbar ist, werden sowohl Spieler als auch Trainer sich wahrscheinlich bemühen, die guten Beziehungen untereinander aufrecht zu erhalten (Luhmann 1983: 75). Die Existenz dieses Kontaktsystems im Profifußball resultiert vermutlich in der Kontrolle des expressiven Handelns, d.h. die Spieler nehmen sich in ihren Rollen als Konfliktgegner zurück, und werden sich um die Darstellung von Professionalität bemühen, z.B. indem sie sich an Fairnessregeln halten. Dabei hoffen sie natürlich immer, dass derartige Gesten von Kooperationswilligkeit in einer unbestimmten Zukunft auch honoriert werden.

Im Gegensatz zu den Spielern handelt es sich bei den Fans und Zuschauern nicht um unmittelbar Beteiligte am Spielgeschehen. Ihnen liegt nichts daran, gute Beziehungen zu einem gegnerischen Verein zu pflegen, ihre Parteilichkeit und Neigung zum expressiven Handeln wird keinesfalls durch das „Gesetz des Wiedersehens" abgeschwächt. Anders als die Spieler müssen die Fans auch nicht berücksichtigen, in Zukunft möglicherweise einmal die Vereinszugehörigkeit zu wechseln. Daraus ergeben sich unterschiedliche Perspektiven auf das Geschehen und entsprechend unterschiedliche Handlungspraxen, die ein Spieler folgendermaßen beschrieb:

> „Die [Fans] leben das ja auch ganz anders als wir Spieler. Die meisten Spieler, gerade bei Lokalderbys, wenn ich jetzt- oder nehmen wir jetzt Schalke und Dortmund. Die sind nun lokal so nah aneinander, die kennen sich persönlich alle sehr gut, und die kennen sich seit Jahren aus der Bundesliga. Viele sind sicherlich auch befreundet. Und dann gibt's 90 Minuten wird sich hart bekämpft oder angegangen und dann spielt man dann nur für seine Farbe so ungefähr, und danach, nach dem Abpfiff liegen die sich teilweise in den Armen oder nehmen sich so, Hand auf die Schulter und quatschen, ‚na, und was ist bei Dir so los?' So was, und die Fans keilen sich immer noch auf den Tribünen. (…) die Fans verlangen das auch, dass da hitzige Stimmung ist, aber wie gesagt: nach dem Abpfiff sind Fußballer doch meistens dann damit fertig und verstehen sich äh genau so gut wie vorher, egal ob da irgendwas auf dem Platz, wo man sich geschubst hat sogar mal- es gibt ja dann auch so Szenen, wo sich geschubst wird und richtig an die Gurgel gegangen wird. Auch danach ist, nach dem Abpfiff meistens wieder Ruhe und nix mehr davon irgendwie präsent. (Dok. 96: 195)

Zusammenfassend bleibt festzuhalten, dass zwischen Verhaltensformen, die dem Vollzug und der Bestätigung von Gemeinschaften dienen und solchen, die gegenüber unerwünschten Eindringlingen und Kontrahenten gezeigt werden, offensichtlich große Ähnlichkeit besteht. Und wieder spielt der Körper hierbei eine entscheidende Rolle, denn ebenso wie Körpernähe Ausdruck von Zusammengehörigkeit sein kann, so kann derartiges Verhalten auch als unerwünschtes Eindringen in den persönlichen Raum eines Individuums und damit eine Bedrohung bzw. Verletzung der Intimsphäre und Ehre des anderen gedeutet werden (vgl. Goffman 1974a). Beispiele hierfür finden sich beim Fußball häufig zwischen Spielern gegnerischer Mannschaften, die sich bei der Auseinandersetzung um die Deutung irgendeiner Situation im Spiel dicht voreinander aufbauen, sich gegenseitig in die Augen starren und sich beinahe Nase an Nase anschreien (vgl. Abb. 30).

Grundsätzlich scheint es im Fußball im Vergleich zu anderen sozialen Kontexten relativ häufig zu emotionalen Ausbrüchen und gewalttätigen Auseinandersetzungen (sowohl zwischen den Trägern von Leistungs- als auch Publikumsrollen) zu kommen. Das lässt sich ebenfalls auf die besondere Bedeutung des Körpers im Fußball und die bereits beschriebene Tendenz von Konflikten in unmittelbaren Interaktionen zur Ausdehnung und Eskalation zurückführen. So scheint der Fußball (oder möglicherweise auch der gesamte Sport) einer der wenigen verbleibenden Bereiche in modernen Gesellschaften zu sein, in dem körperliche Impulse und Emotionalität – zumindest innerhalb strikter Regeln – erlaubt und sogar erwünscht sind.[229]

> „Ich weiß jetzt nicht, ob ich erklären kann, worum es beim Fußball geht, aber Fußball is für mich einer der faszinierendsten Dinge überhaupt, ganz einfach, weil-weil es ganz viele Sachen miteinander verbindet. Ehm. Was eben aus meiner Sicht heutzutage immer wichtiger wird, man hat kaum noch die Möglichkeit, so richtig Emotionen auszuleben. Auch teilweise negative Emotionen, also was weiß ich, wenn man durch die Stadt läuft und ehm fühlt sich dann nicht so gut, dann hat man ja nicht die Möglichkeit, so irgendwie rumzu – also, wenn man halbwegs normal tickt, nicht die Möglichkeit, da irgendjemand einfach anzupöbeln oder der Sache mal freien Lauf zu lassen und Luft zu machen, das ist sicher ein-... etwas, warum viele Leute ähm... zumindest unbewusst zum Fußball gehen, weil sie da die Möglichkeit haben, man hat das Gefühl, 100%ig dabei zu sein, obwohl man selber gar nicht auf dem Feld steht, man regt sich über Dinge auf, die passieren, man freut sich über Dinge, die passieren, die man selber nicht beeinflusst hat, ehm ... und das ist etwas, was man einfach, was eben nicht in vielen anderen Dingen haben kann. Man kann andere Sportarten nehmen, aber nehmen wir normale Berufe, ist es ganz schwierig, sich dawelche auszuleben." (Dok. 4: 16)

In dieser Passage wurde die Funktionslogik des Fußballs mit jener der Berufswelt kontrastiert. Fußball bedeutete für diesen Trainer etwas, das „ganz viele Sachen miteinander verbindet" und ein Bereich, in dem es im Gegensatz zu den meisten anderen gesellschaftlichen Teilsystemen sozial anerkannt ist, „so richtig Emotionen auszuleben". Als wichtige Zuschauermotivation beschrieb er die Möglichkeit zum Moralisieren und das Gefühl „100%ig dabei zu sein", d.h., dass man sich als ganze Person angesprochen und inkludiert fühlt.[230] Dasselbe gilt auch für die Leistungsrollen, von denen ebenfalls emotionales Engagement in einem Ausmaß erwartet wird, wie sonst nirgends in unserer Gesellschaft. Dass die gesteigerte Emotionalität häufig mit einer geringeren Affektkontrolle der Spieler einhergeht, lässt sich auf dem Fußballfeld regelmäßig beobachten: so z.B. beim recht hemmungslosen Schreien der Spieler, ihrem ständigen Ausspucken[231], der Akzeptanz von Nacktheit und der

---

[229] Ansonsten gelten Familie und Intimbeziehungen als einzige soziale Bereiche, in denen das Ausleben von Emotionen und Affekten in unserer Gesellschaft legitim sind.

[230] Dabei scheinen auch die Zuschauer diese in unserer Gesellschaft eher unübliche Form des unmittelbaren Auslebens emotionaler Affekte erst erlernen zu müssen. So berichtete ein Kollege, der Feldstudien in einem Amateurfußballverein durchführte, davon, wie er während seines Feldaufenthalts üben musste, seinen Gefühlen freien Lauf zu lassen, herumzubrüllen, laut zu schimpfen etc. Er habe erst lernen müssen, dass diese Art von Verhalten beim Fußballgucken Spaß machen kann. Diese Beschreibungen erinnern an Beckers (1981: 36ff.) Analysen über das Erlernen des Marihuana-Konsums. Analog zu Becker (1981: 51f.) lässt sich konstatieren, dass ein Mensch nicht einfach ein Fußballfan ist, sondern dass er nur dann dazu in der Lage ist, Emotionen beim Fußball auszuleben oder sich abzureagieren, wenn er einen Lernprozess durchlaufen hat. Niemand wird Fußballfan, ohne 1. zu lernen, sich auf ein Spiel einzulassen und es in allen seinen Konsequenzen ernst zu nehmen, ohne 2. zu lernen, Gefühle beim Fußball zu entwickeln und ihnen auch in einer Form Ausdruck zu geben, die ansonsten in unserer Gesellschaft unerwünscht sind, und ohne 3. zu lernen, diese so externalisierten Gefühle zu genießen (und sich beispielsweise nicht dafür zu schämen). So ähnlich sieht wahrscheinlich der Prozess aus, bei dem ein Mensch die Motivation zum Fußballspiel-Konsum entwickelt und die nicht vorhanden war, als er das erste Mal ein Spiel gesehen hat. Das heißt, dass man erst nach Durchlaufen dieses Prozesses bereit und fähig ist, Fußballspiele als Vergnügen wahrzunehmen. (Für den Hinweis zu diesem Entwicklungsprozess danke ich Dariuš Zifonun, der im Gegensatz zu mir diesen Lernprozess am eigenen Leib erleben durfte.)

[231] Zur kulturhistorischen Geschichte des Spuckens vgl. Elias 1997: 300ff. Spucken ist heute in der Öffentlichkeit nur noch innerhalb einiger Sportarten legitim und wird dann gerne mit dem erhöhten Speichelfluss durch die körperliche Anstrengung begründet. Dass das Spucken vermutlich eher mit der Darstellungspraxis hegemonialer

3.1 Die Bedeutung des Körpers im Fußball

Austragung offener Konflikte zwischen Mannschaften inklusive der Zufügung gegenseitiger Verletzungen.[232]

Diese Beobachtungen lassen vermuten, dass die Neigung zu Moralisierungen wie Empörung und Ressentiment sowohl für die Zuschauer als auch die Spieler ein konstitutives Merkmal des Fußballs ist.[233] Dabei geht es in der Regel um kollektive Empörungen, die sowohl zur Solidarisierung, also der Bildung von Wir-Gruppen, als auch zur Abgrenzung gegenüber den „Anderen" beitragen. Die Ursache für die Affektdichte im Fußball kann auch als Beleg für die Existenz zahlreicher informaler normativer Erwartungen und Moralvorstellungen gewertet werden, die offensichtlich neben dem festgeschriebenen formalen Regelwerk zum fußballerischen Alltagswissen gehören.

3.1.6 Exkurs über Werte und Ehre im Fußball

„Alles, was ich über Moral weiß, habe ich vom Fußball." (Albert Camus)
„Wenn einer moralischer Sieger ist, dann hat er verloren." (Eichler 2006: 229)

Die weit verbreitete Empörung über sog. „Retorten"-Klubs wie den VfL Wolfsburg oder Bayer 04 Leverkusen lässt vermuten, dass es eine ganze Reihe impliziter normativer Erwartungen im Fußball gibt, die hier enttäuscht werden.[234] Offensichtlich soll ein Fußballverein auf eine möglichst lange Tradition und Geschichte zurückblicken können[235] sowie möglichst viele Fans und Mitglieder haben. Erst ein „Traditionsverein", der bereits seit mehreren Generationen auf Bundesliga-Niveau Fußball spielt, auf große Erfolge zurückschauen kann und eine stabile sowie umfangreiche Fangemeinde besitzt, verfügt in den Augen der Fans über eine ausreichend stabile Vereinsidentität (vgl. Dok. 2: 1185; Dok. 13: 101). Zur Kompensation dieser fehlenden eigenen Tradition bemühte sich z.B. der VfL Wolfsburg sehr intensiv um die Bindung neuer Fans und verwies in seinen Werbekampagnen auf tradierte Werte wie Glaube, Freundschaft und Ehre (vgl. Abb. 18, 19, 35, 36; Dok. 63: 18ff.).

Männlichkeit zu tun hat, lässt sich durch den Verweis auf Sportarten begründen, in denen das Spucken vollkommen unüblich und sogar unerwünscht ist (z.B. Handball, Schwimmen) und die Tatsache, dass man Sportlerinnen weniger häufig offen ausspucken sieht.

[232] Entgegen der hier vertretenen Argumentation, dass es sich bei der Disposition zur Gewaltbereitschaft im Fußball um erlernte Verhaltensweisen handelt, wird die Entstehung des Sports bzw. des Fußballs aus einer zivilisationstheoretischen Perspektive häufig unter Verweis auf dessen kompensatorische Funktion erklärt: Demnach können atavistische Kampfinstinkte, die im Alltagsleben unterdrückt werden müssen, im Sport in einem Als-ob-Modus in gedämpfter Form ausgetragen werden (vgl. Elias 2003 [1986]; Elias/Dunning 2003 [1986]).

[233] Das galt z.B. nicht für die Anfangszeit des modernen Fußballs Ende des 19. und Anfang des 20. Jahrhunderts in England und dem damals herrschenden Ideal des „Gentlemen Amateurs" (vgl. Brändle/Koller 2002: 29ff.). Hier sollten Emotionen sowohl bei Torerfolgen als auch im Falle von Beleidigungen vermieden werden, wobei die britische Elite diese „hohe Kunst der Affektkontrolle", die „Fähigkeit, zu jedem Zeitpunkt und in jeder Situation ‚a stiff upper lip' zu bewahren" den Mitgliedern unterer Bevölkerungsschichten absprach (ebd.: 30).

[234] Zur unsichtbaren Allgegenwart der Moral in unserer Alltagswelt vgl. Bergmann/Luckmann 1999; Honneth 1985.

[235] Wieviel Wert die Vereine auf ihre Tradition legen, spiegelt sich auch in der Erwähnung der Gründungsdaten in den Vereinsnamen wider, z.B. 1. FSV Mainz 05, Schalke 04 etc. (vgl. Ott 2002: 91).

Abbildung 32 und 33:   Imagekampagne des VfL

Einen weiteren Beleg für die latenten Werte und Normen im Fußball liefert die häufig geäußerte Empörung über die Kommerzialisierung des Fußballsports, der mittlerweile zum „eiskalten Geschäft" verkommen sei und in dem es nur noch ums Geldverdienen gehe (vgl. Dok. 2: 44; Dok. 29: 5). Auch in dieser Empörung spiegeln sich enttäuschte normative Erwartungen. In diesen Klagen wiederholen sich die Befürchtungen, die von den Vertretern des „Gentlemen Amateur"-Ideals bereits Ende des 19. Jahrhunderts gegen die zunehmende Professionalisierung des Fußballs angeführt wurden (vgl. Brändle/Koller 2002: 31). Wie die wörtliche Bedeutung des Begriffs „Amateur" bereits nahe legt, sollte es im Fußball um die Liebe zu diesem Sport gehen und keinesfalls um finanzielle Anreize. Und selbst wenn dahinter das Klassen- und Distinktionsbewusstsein der Oberschichten gegenüber der Arbeiterschaft steckte, konnte sich die Geltung dieser Norm, den Sport primär aus „Leidenschaft" auszuüben, durchsetzen und findet sich bis heute in den Selbstbeschreibungen der Fußballer (vgl. Kap. 1.4.2 Die Entstehung des modernen Fußballs in England).

Viele Spieler erklärten, sie hätten ihr „Hobby" und ihre „Leidenschaft" „zum Beruf" gemacht und spielten vor allem aus „Spaß" und „Freude am Spiel" (Dok. 17: 18ff.). Vor allem von den Vereinsfunktionären wurde diese wertrationale Motivation gefordert, der zufolge der Fußball für die Spieler nicht nur Mittel zum Geldverdienen sein durfte, sondern sozusagen als Selbstzweck erlebt werden sollte (vgl. Dok. 7: 17; Dok. 8: 207, 211).

> „Fußball war früher nicht *das* Business oder *das* Geschäft, was es heute ist. Heute geht es in erster Linie auch darum, äh durch den Fußball auch gewisse finanzielle Potenziale abzurufen und zu generieren. Früher war's mehr Fußball aus Leidenschaft aus meiner Sicht. Wo sich ein Sport in Deutschland entwickelt hat, (…) aufgrund (..) der-der-der Nachfrage die der Markt dann hergegeben hat, sich immer mehr als Monopol dargestellt hat im Sportbereich, in Deutschland jedenfalls, und auch jetzt in Europa, natürlich dazu geführt hat, dass man über gewisse Wettbewerbe sehr, sehr viel Geld verdienen kann. Und so unterliegt also der sportliche *Geist* eigentlich des Fußballspielens aus meiner Sicht ist so ein bisschen ins Hintertreffen gelangt. In erster Linie steht jetzt Erfolg im Vordergrund, Erfolg lieber Heute als Morgen. (…) Aber Fußball ist aus meiner Sicht erstens ein Sport, der leidenschaftlich geführt werden sollte, der allerdings so ein bisschen in die Kategorie des-des Geld Machens abgedriftet ist." (Dok. 29: 5)

Besonders sichtbar wurde dieses wertrationale Fußballverständnis auf der Seite der Spieler bei der Frage, ob man die Nationalität wechseln dürfe, um in der Nationalmannschaft eines anderen als des Herkunftslandes spielen zu können. Diese Position wurde von den meisten mit der Begründung abgelehnt, dass es hier um eine Frage der Ehre und nicht des Geldes gehe (vgl. Dok. 75: 397; Dok. 29: 178; Dok. 69: 356).

Ähnlich ist das öffentliche Lamento über die „Söldner" in der Bundesliga einzuschätzen, auch hier zeigt sich die Enttäuschung darüber, dass die Spieler vor allem des Geldes wegen für einen bestimmten Verein spielen und Loyalität und Treue – sei es für einen Verein oder ein Land – nicht (mehr) die relevanten Orientierungsgrößen sind (vgl. auch Dok. 7: 17; Dok. 29: 202; Dok. 48: 13). Dabei zeigt die negative Konnotation, mit der von solchen „Söldnern" gesprochen wird[236], dass es im Fußball offenbar als wünschenswert erachtet

---

[236] Wesentliche Merkmale von Söldnern als Kriegertypus sind die Ableistung von Kriegsdienst gegen materielle Entlohnung, unabhängig von ideellen Beweggründen und ohne tiefere Bindung zum Dienstherrn (vgl. Sikora 2003). Außerdem zeichnen sich Söldner durch ein besonders hohes Maß an Mobilität aus, da der Militärdienst für sie ein reines Arbeitsverhältnis und damit von ihrer nationalen Herkunft entkoppelt ist (ebd.: 213). Daher impli-

wird, dass ein Spieler eine tiefere Bindung an seinen Dienstherrn empfindet und eher ideelle als materielle Beweggründe seine Mannschaftszugehörigkeit bestimmen.[237]

> „Wissen Sie, wenn Sie nur Söldner auf dem Platz haben aus aller Herren Länder, kriegst du die Identifikation mit dem Verein nicht hin und mit dem Umfeld. Und wenn du diese- von den fünfundzwanzig Söldnern, die du im Kader hast am Ende der Saison zwölf aussortierst und zwölf neue holst, dann-dann-dann ist das ein Zustand, den kann man eigentlich nicht gutheißen." (Dok. 48: 189)

Gegenüber diesen normativen Anforderungen scheinen auch die oben erwähnten Erwartungen an die Spielfreude in den Hintergrund zu treten, denn ginge es vor allem um die Begeisterung für den Fußball, wären Auswahl und Wechsel des Arbeitsgebers vermutlich eher bedeutungslos.

> „Man muss aus *Überzeugung* Nationalspieler sein und nicht aus materiellen Gründen. Das ist wichtig. Aus *emotionalen* Gründen muss ich für ein Land spielen können. Ich kann mich da nicht hinstellen und Nationalhymne hören und eigentlich vom-.. im *Geiste* eigentlich überhaupt nicht davon überzeugt sein. Das kann's ja nicht sein." (Dok. 29: 178)

Zumindest auf der Ebene der Nationalmannschaft besteht die Erwartung, dass eine emotionale Bindung an den „Arbeitgeber" bestehen soll und die Zugehörigkeit zu einer Mannschaft genauso wenig beliebig auswechselbar ist wie die nationale Herkunft. In abgeschwächter Form gilt das jedoch auch für die Vereinszugehörigkeit eines Spielers, auch hier sind sowohl von Fanseite als auch von den Vereinsfunktionären Treue, Loyalität und eine affektive Bindung an den Klub vielfach erwünscht (vgl. Dok. 2: 20, 913ff.; Dok. 7: 17; Dok. 29: 202). Derartig traditionelle Fußballwerte zeigen sich auch in einer bestimmten Form des Torjubels, wenn die Profis nämlich nach einem Tor das Vereinsemblem auf ihrem Trikot küssen oder in anderer Weise ehren. Wobei eine derartig demonstrative Zurschaustellung vor allem auf das damit verbundene Mangelempfinden des Publikums aufmerksam macht, denn

> „[d]ie modernen, stets wandernden Klubstars, diese Avantgarde der globalisierten Arbeitsverhältnisse, machen mit ihren Gesten auch deutlich, was sie eigentlich zu verschleiern suchen, daß sie Profis sind, die besten Einsatz für ihren Klub zeigen – aber eben nur so lange, wie sie von ihm bezahlt werden; und daß sie das Geschäft verstanden haben, indem sie Treuebekenntnisse gleich mitliefern." (Horeni 2003: 27)

So gehört folgendes Bekenntnis des brasilianischen Spielers Ailton, der nach einem Tor das Vereinswappen auf seinem Trikot zu küssen pflegte, ebenso zu seinem Selbstverständnis: „Jeder muss dahin gehen, wo er am meisten verdienen kann." (Salamon 2003: 18) Dagegen zeigt ein Spieler „Charakter" (vgl. Kap. 3.2.2 Die Mess- und Quantifizierbarkeit fußballerischer Leistung), wenn er ein finanziell besseres Angebot auch mal ausschlägt oder lieber

---

ziert die Rede von Söldnern häufig, dass es sich dabei um Ausländer handelt, die nicht dem Staat bzw. der Region dienen, der sie angehören.

[237] Diese Erwartungen spiegeln sich auch in alten DFB-Statuten: So wurde der Spieler Jupp Derwall 1953 von seinem Heimatklub Alemannia Aachen nach seinem Wechsel zu Fortuna Düsseldorf für ein Jahr gesperrt, obwohl der Vertrag schon ausgelaufen war (vgl. Salamon 2003: 16). Begründung: Weil die Existenz des abgebenden Vereins gefährdet war.

3.1 Die Bedeutung des Körpers im Fußball

bei einem Verein bleibt, bei dem er auch spielen darf, als für ein höheres Gehalt bei einem anderen Klub auf der Bank zu sitzen.[238]

> „Es gibt (..) richtig Legionäre, die sagen, hier verdiene ich das Geld, das ist mein Job, und nächstes Jahr spiele ich woanders, und da kriege ich mehr Geld, und dann mache ich das noch lieber. Aber bei mir ist das so, es muss schon ein bisschen, sagen wir mal, dieser Rahmen, in dem ich meine Arbeitsmöglichkeiten bekomme, der muss auch ein bisschen stimmen. Und wenn ich mich mit dem Verein, mit der Mannschaft überhaupt nicht identifizieren kann, glaube ich persönlich nicht, dass ich hundert Prozent bei mir abrufen kann, meine Leistung einbringen kann. Dann werde ich eben mit neunzig Prozent vielleicht durch die Saison laufen." (Dok. 35: 149)

Eine weitere normative Erwartungshaltung im Sport allgemein, die im Fußball ebenfalls untrennbar mit dem Ideal des „Gentlemen Amateur" verbunden ist, bezieht sich auf das sog. „Fair play" oder „Fairness-Gebot". Neben der strikten Beachtung der formalen Spielregeln gilt es, „nie einen Vorteil über einen Gegner zu erlangen, den dieser nicht auch über sie erlangen könnte" (Brändle/Koller 2002: 30). Aus dieser Position lassen sich sowohl das Doping-Verbot als auch die im Fußball übliche Praxis ableiten, den Ball ins Aus zu schießen, wenn einer der Gegenspieler verletzt am Boden liegt. Fairness bezeichnet also die ethische Haltung eines Sportlers im Wettkampf und lässt sich am besten mit den moralischen Geboten von Anstand, Aufrichtigkeit, Rücksichtnahme, Gerechtigkeit, Bescheidenheit, Toleranz und Großmut beschreiben (vgl. Väth 1994: 34f.).

Die Gültigkeit dieser moralischen Erwartungen spiegelt sich erneut im Enttäuschungsfall wider, so z.B. beim Wettskandal um den deutschen Schiedsrichter Robert Hoyzer. Galt doch bis dahin der Unparteiische so sehr als Personifizierung der oben genannten Tugenden, dass man es gar nicht für nötig gehalten hatte, ihm das Wetten überhaupt zu verbieten. Die kollektive Empörung über diesen „Verrat" und „Ansehensverlust des deutschen Fußballs", der letztlich nur sehr geringfügige rechtliche Konsequenzen nach sich zog, belegt jedoch anschaulich, dass hier eine ganze Reihe informeller Regeln verletzt wurden. Entsprechend lauteten die düsteren Zukunftsprognosen:

> „Mit dem Fall Hoyzer droht dem Profifußball das Fundament wegzubrechen. Der sportliche Wettbewerb wird wertlos, wenn Schiedsrichter und Betrüger in Wettbüros seinen Ausgang bestimmen. (…) Der verkaufte Fußball raubt in den Augen der Fans dem Spiel die Seele (…)." (Horeni 2005b: 1)

Zum Fairness-Ethos gehören außerdem die „Achtung des Gegners, Rücksichtnahme auf dessen Gesundheit und soziale Integrität" (Väth 1994: 34). Der Gegner darf nicht beleidigt oder gedemütigt werden, und selbst in einer aussichtslosen Situation darf der unterlegene Gegner den Widerstand nicht aufgeben, sondern soll ein Spiel ernsthaft zu Ende spielen. Dieses Bemühen wird dann möglicherweise mit einem „Ehrentreffer" belohnt, d.h. es wird ein Tor erzielt, dass an der Niederlage der Mannschaft nichts mehr ändern kann (vgl. Ott 2002: 87). Eine zentrale Funktion dieser Fairness-Regeln ist es, das Konkurrenzverhältnis

---

[238] Beispielhaft hierfür war die Diskussion um die Vertragsverlängerung des Stuttgarter Spielers Andreas Hinkel in der Saison 2003/04, der sich trotz eines Angebots des AC Mailand für den Verbleib bei der damals sehr jungen und erfolgreichen Stuttgarter Mannschaft entschieden hatte. Trainer Magath betrachtete das als „ein Zeichen für ganz Fußball-Deutschland" (Horeni 2003. 27) und Presse und Vereinsfunktionäre lobten seine „Bodenständigkeit" und den „Treuefaktor" (vgl. Eder 2003).

auf den Sport beschränkt zu halten, in dem der Gegner weder unterworfen noch eliminiert werden soll (vgl. Väth 1994: 35; Simmel 1995b).[239] Im Kampf um den Ball sollen die verbindenden Gemeinsamkeiten der Konkurrenten keineswegs zerstört, Würde und Ehre aller Beteiligten nicht verletzt werden. Das versichern sich die Spieler mit Hilfe eines kurzen Händedrucks, den alle vor Beginn jeden Spiels miteinander austauschen.[240] Entsprechend groß ist die Empörung bei Verstößen gegen diese Erwartungen, so z.B., wenn die gegnerische Mannschaft das Spiel nicht unterbricht, um die medizinische Behandlung eines am Boden liegenden Spielers zu ermöglichen, beim Vortäuschen von Foulspiel („Schwalbe") oder verbalen Beleidigungen (vgl. Eichler 2006: 230f.). Während die Fans ihren Unmut mit Pfiffen und Brüllen kundtun, schreien sich die Spieler auf dem Platz an, beschweren sich beim Schiedsrichter, es kommt zu Rudelbildung und nicht selten sogar zu Tätlichkeiten. Ein Beispiel für solche Ehrverletzung ist das Anspucken des Gegners[241], und auch wenn unter Fußballern ansonsten keine Berührungsängste vor den Körperausscheidungen ihrer Kollegen herrschen und Spucken (zumindest auf den Rasen) sowieso eine häufig beobachtbare Tätigkeit der Spieler ist, so wird Anspucken dennoch als Verunreinigung, persönliche Beleidigung und Ehrverletzung verstanden und gilt auch innerhalb der Spielregeln als feldverweiswürdiges Vergehen (vgl. Eichler 2006: 271; Goffman 1974a: 77f.; FIFA 2006: 38).

Ein weiterer Beleg für die Kultivierung eines äußerst reizbaren Ehrbegriffs im Fußball ist der Kopfstoß, den der französischen Fußballstar Zinédine Zidane dem Italiener Marco Materazzi beim WM-Finale 2006 versetzte, nachdem dieser zuvor Zidanes Ehefrau und Familie beleidigt hatte (vgl. Abb. 34; Hauschild 2006; Schneder 2006; Tietze 2006). In dieser Tat manifestierte sich die Ehre in Form „ritterlicher Männlichkeit", die es den Männern vorschreibt, Beleidigungen des „schutzlosen Geschlechts", vor allem wenn es sich dabei um die eigene Frau, Mutter oder Schwester handelt, durch körperliche Angriffe zu ahnden (vgl. Frevert 1991: 224ff.). Zidane verstand sich in dieser Situation offenbar in erster Linie als Mann, der die Ehre seiner Familie (vor allem ihre weiblichen Mitglieder) gegen die Herausforderungen eines Rivalen mit allen Kräften verteidigen musste (vgl. Burkhardt 2006: 198). Geschlecht scheint prinzipiell eine zentrale Dimension der Ehre zu sein – und zwar sowohl im Fußball als auch in der Ständegesellschaft (vgl. Frevert 1991: 222ff.): So können prinzipiell nur Männer ihre Ehre im Kampf wiederherstellen, wobei die vorangegangene Beleidigung sich häufig auf Ehefrau oder Mutter bezieht.[242]

---

[239] Stichweh (2005a: 114) zufolge hat die für den modernen Sport typische Ethik der Fairness die in traditionalen Gesellschaften übliche Ehre als Motiv zur Forderung zum Kampf ersetzt.
[240] Diese kurze Reminiszenz an den Fairness-Ethos wird allerdings keinesfalls mit dem gleichen Engagement und vergleichbarer Sorgfalt wie die Begrüßung der eigenen Mannschaftskollegen ausgeführt. Eher nachlässig und unaufmerksam, ohne dem gegenüber in die Augen zu sehen und quasi im Vorübergehen wird sich gegenseitig ein gutes Spiel gewünscht.
[241] Historisches Beispiel ist die Spuckattacke des holländischen Verteidigers Frank Rijkaard gegen den deutschen Stürmer Rudi Völler bei der Weltmeisterschaft 1986 in Italien, in deren Folge letztlich beide vom Platz gestellt wurden (vgl. Bender/Kühne-Hellmessen 2003: 20f.).
[242] Häufige Beispiele sind die Beschimpfung von Ehefrau oder Mutter als Prostituierte oder die Behauptung, von der Ehefrau oder Freundin hintergangen zu werden (vgl. Dok. 4: 140).

3.1 Die Bedeutung des Körpers im Fußball 193

Abbildung 34: Duell im modernen Fußball: Zidane und Materazzi bei der WM 2006 (LCI/ddp)

Dieses empathisch aufgeladene Ehrverständnis findet sich heute kaum noch außerhalb des Fußballplatzes. In der ständisch geprägten Gesellschaft des 19. Jahrhunderts gehörte es zum Habitus der Männer der sozialen Oberschichten – also exakt jenem Klientel, das bei der Entstehung und Institutionalisierung des Fußballs tonangebend war (vgl. Frevert 1991; Kap. 1.4). Möglicherweise dreht sich deshalb im Sport allgemein und im Fußball im Besonderen bis heute vieles um die Ehre (vgl. Ott 2002: 88): Die Spieler sind *ehr*geizig, nach einem Sieg drehen sie ihre *Ehren*runden, gehen zur Sieger*ehrung*, auf der *Ehren*tribüne sitzen die *Ehren*gäste, die FIFA hat einen eigenen Ethikkodex erlassen (vgl. Dok. 8: 175; FIFA 2004), manche Vereine haben einen *Ehren*präsident und natürlich viele *ehren*amtliche Helfer. Häufig wird der sportliche Konkurrenzkampf als Duell bezeichnet oder Ehre, ganz im Sinne Schopenhauers als „Dasein in der Meinung anderer" verstanden (vgl. Bergmann/Luckmann 1999: 23), als konstitutive Dimension des sportlichen Wettkampfes benannt (vgl. Becker 1990: 152ff.; Ott 2002: 88).[243] In meinen Interviews beschrieben viele

---

[243] Im Gegensatz dazu betont Frevert (1991: 11), dass es beim Konkurrenzkampf im Sport anders als beim klassischen Duell primär um einen ergebnisorientierten Leistungsvergleich bzw. ein Kräftemessen gehe. Während die sich duellierenden Ehrenmänner ihre Ehre lediglich durch die Teilnahme am Duell unter Beweis stellen müssen. Dagegen lässt sich einwenden, dass im Fußball auch eine unterlegene Mannschaft ihre Ehre retten kann, in dem sie kämpft und ein Spiel bis zum Ende nicht verloren gibt (vgl. Becker 1990: 153).
Vgl. dazu auch den bereits beschriebenen Unterschied zwischen Konkurrenz und anderen Kampfformen (Simmel 1995b).

Spieler es als eine „Ehre", für die Auswahlmannschaft ihres Herkunftslandes spielen zu dürfen (z.B. Dok. 45: 191).

> „Man wird ja nicht bezahlt, um für sein Land zu spielen, (...) da gibt's Prämien bei Siegen oder so was. Aber man bekommt ja kein Salär dafür, dass man für ein Land spielt. Ähm. Insofern ist das 'ne Frage der Ehre, und [ich] denke insofern auch 'ne Frage des Patriotismus, der Identifikation mit diesem Land und der Verbundenheit." (Dok. 46: 272)

Vor allem die Fußballfans orientieren sich an immateriellen Werten und einem kollektiven Ehrbewusstsein, das bereits durch das Entwenden der Vereinsfahne empfindlich gereizt werden kann und Wiedergutmachung verlangt (vgl. Becker 1990). Insgesamt bilden moralische Erwartungen und Ehrvorstellungen im Fußball also ein normatives Hintergrundkonzept bzw. eine Art informellen Ehren-Kodex, der sich sowohl in den Selbstbeschreibungen der Fußballer als auch in den sozialen Interaktionen immer wieder finden lässt. Dabei wird ausländischen Spielern, vor allem südländischer Herkunft, häufig ein besonders reizbarer Ehrbegriff unterstellt (vgl. auch Dok 9: 160).[244]

> „Also 'n Marokkaner, Tunesier in der Mannschaft is grundsätzlich insofern schwierig, dass du einfach wissen musst, dass die- also geht auch bei Serb- also Jugoslawen ist das auch ähnlich, dieses- dieses Ehrgefühl, das wir so nicht haben. Also was weiß ich, wenn zu mir jetzt einer sagt, „Deine Mutter ist ne Hure", dann würde da ich sagen, „Bist du noch ganz dicht", und würde ihm vielleicht auch noch eine scheuern, aber ich würde jetzt nicht ein Leben lang damit rumlaufen und sagen, „Der hat das gesagt, den schnappe ich mir irgendwann." Das ist da wirklichdas is da echt extrem. Ja also ...dieses Ehrgefühl, das wir so nicht kennen, das musst du *wissen*, wie du mit den Jungs umgehen musst, das ist ein *Riesen*unterschied. Ehm... grundsätzlich der Stolz viel ausgeprägter, all solche Dinge. Klar hängt das mit der Herkunft zusammen (...). Aber ich mein, ich bin ja auch nicht blöde und weiß, dass nicht alle gleich sind, aber es gibt ja so diese grundsätzliche Mentalität, und da ist es schon so, dass man normal sagt, also Ehre, Stolz, das ist schon viel extremer ausgeprägt als hier bei uns." (Dok. 4: 140)

Diese auffallende Bedeutung der Ehre im modernen Fußball ist erklärungsbedürftig, da soziologische Gesellschaftstheorien generell meist davon ausgehen, dass Ehre und Moral als Orientierungswerte in modernen Gesellschaften an Bedeutung verloren haben (vgl. Berger 1970; Frevert 1991; Vogt/Zingerle 1994; Weber 1980). Ehre gilt als Merkmal vormoderner Gesellschaften, die primär segmentär oder stratifikatorisch differenziert sind, während Ehre in funktional differenzierten Gesellschaften als Anachronismus bzw. „Fossil in der Moderne" verstanden wird (Vogt 1997: 381). Die Differenzierungstheorie versteht normative Ideale und Wertvorstellungen eher als Störfaktoren der Funktionssysteme moderner Gesellschaften, die mit dem binären Code eines Systems interferieren können (vgl. Vogt 1997: 380). So z.B., wenn Doping aus der Perspektive des Sportsystems entlang der Leitdifferenz leisten/nicht-leisten eine systemgerechte Handlungsalternative darstellt, obwohl es dem Fairness-Ethos widerspricht.[245] Die Bedeutung von Ehre impliziert außerdem die Dominanz partikularistischer Handlungsorientierungen, da sie immer an die Zugehörigkeit zu einem sozialen Kollektiv, wie Stand oder Familie gebunden ist. Für moderne Ge-

---

[244] Zur Bedeutung der Ehre in sog. „Honour-and-Shame-Gesellschaften" des Mittelmeerraums, die als Modernisierungsnachzügler verstanden werden, vgl. auch Burkhardt 2006: 196ff.; Giordano 1994.
[245] Hier unterläuft sozusagen die Moral die binäre Codierung des Sports, die laut Luhmann aber davon grundsätzlich nicht tangiert werde, da sie „auf einer Ebene höherer Amoralität fixiert" sei (vgl. Luhmann 1997: 752).

3.1 Die Bedeutung des Körpers im Fußball

sellschaften wird allerdings vermutet, dass Sozialbeziehungen zunehmend nach sachlichen Interessen und immer weniger nach Gruppenzugehörigkeiten und Kriterien der sozialen Nähe bzw. Ferne organisiert sind und somit keine funktionale Notwendigkeit für soziale Ehre mehr besteht (vgl. Frevert 1991: 11).

Gleichzeitig scheint sie innerhalb der wenigen Bereiche, innerhalb derer sie auch in einer modernen funktional differenzierten Gesellschaft noch vorkommt, wichtige Funktionen zu erfüllen. Vogt (1997: 373) betrachtet Ehre als sozialen Integrationsmechanismus und „eigensinniges Bindemittel moderner Gesellschaften", mit dessen Hilfe neue soziale Partikularismen, die als Identitätsgeneratoren in der Moderne unverzichtbar seien, stabilisiert werden können: „Ehre hat also einen *gruppenkonstituierenden Charakter*, sie integriert jeweils die In-group gegen die Out-group, gegen das Fremde und Andere." (Vogt 1997: 107) Aufgrund der zunehmenden Ent-Institutionalisierung der Moral in modernen Gesellschaften wird angenommen, dass sie vermutlich mittlerweile einen „anderen Aggregatzustand" angenommen „und sich ins Kommunikative verflüchtigt" hat (Bergmann/Luckmann 1999: 21).

Ganz ähnlich konstatiert Simmel (1995a: 600ff.) als Funktion der Ehre die „Selbsterhaltung der Gruppe", „ihre innere Kohäsion, ihren einheitlichen Charakter und ihren Abschluß gegen die andern Kreise eben desselben größeren Verbandes". Gleichzeitig wird dieser soziale Zweck des Gruppenzusammenhalts den Individuen als „innerlichstes, tiefstes, allerpersönlichstes Eigeninteresse" eingeimpft, so dass sich jeder Einzelne sowohl aus Sozial- als auch Individualinteresse der Ehre der Gruppe verpflichtet fühlt (ebd.: 602). Im Fußball wird möglicherweise auch mittels der in den oben beschriebenen Solidaritätsritualen inhärenten Ehrenkodices versucht, eine derartige Überschneidung von Mannschafts- und Eigeninteresse der Spieler herzustellen. Beispielhaft hierfür ist die beim Fußball sehr beliebte Redewendung: „Einer für alle. Alle für einen". Ein Sieg bedeutet eine Ehre für die gesamte Mannschaft, an der jeder einzelne Akteur wiederum partizipieren kann. Besonders deutlich wurde das auch bei der Vereinsphilosophie des 1.FSV Mainz 05:

> „Und wir waren immer nach der Philosophie: Wir wollten die Spieler nach einem Jahr so weit haben, dass sie sagen ‚Mensch, das ist ein besonderer Verein, für den setzen wir uns auch besonders ein.. Da wollen wir bleiben'." (Dok. 8: 207)

Aber auch die andere Vereine legten bei der Spielerrekrutierung großen Wert auf „die Moral" bzw. „den Charakter" eines Spielers[246], womit nichts anderes gemeint ist, als die Bereitschaft des Spielers, das Vereinsinteresse zu seinem eigenen zu machen (vgl. Kap. 3.2.2.1 Mannschafts- vs. Einzelleistung).

> „Die Moral eines Spielers die- das ist ja der Charakter, den er hat, wenn man ihn spielen sieht. Ja, das ist ja die Moral, die ein Spieler hat, wenn man hinten liegt, ob er sich dann hängen lässt, oder ob er dann noch mal versucht, die anderen zu motivieren. (…) Ja, das ist- Moral hat man dann wenn man ein Spiel umbiegt. Dann sagen ja viele, oh, die haben aber Moral bewiesen oder wehren sich gegen verschiedene negative Dinge. So, und ich glaube, das lernt man erst kennen, wenn man den Spieler wirklich länger bei sich hat. Wann Spieler Moral hat. Das sehe ich nicht in zwei, drei Spielen. Ich sehe zwar einen gewissen Charakter, den der Spieler hat, ob er kampf-

---

[246] Hier spiegeln sich möglicherweise auch heute noch die pädagogischen Bemühungen, den Fußball als Schule des Charakters zu instrumentalisieren (vgl. Kap. 1.4.2 Die Entstehung des Fußballs in England und 1.4.3 Verbreitung und Entwicklung des Fußballs in Deutschland).

stark ist, ob er Gas gibt, ob er neunzig Minuten marschieren kann, oder ob er sich hängen lässt, wenn es 0:3 steht." (Dok. 29: 115)

Eine weitere Funktion der Ehre liegt in ihrer Wirkung als Steuerungsinstrument und Motivationshilfe (vgl. Vogt 1997: 193). So stellt sie eine Form symbolischer Gratifikation dar und fungiert damit als Mittel positiver Sanktionierung für bestimmte sozial erwünschte Handlungsweisen. Bestes Beispiel im Fußball ist das Ehrenamt, in dem man anstelle monetärer Entgeltung soziale Anerkennung erhält (vgl. Vogt 1997: 326ff.). Auch explizite und implizite Ehrenkodices beinhalten Ge- und Verbote für korrektes Verhalten. Indem Ehre, z.B. in Form bestimmter Verhaltensprogramme wie Treue und Engagement fester Bestandteil sozial erwünschter Werthaltungen ist, kann sie auch als Mobilisierungsmedium genutzt werden (vgl. Vogt 1997: 83f.). Der Appell an sie kann zur Steigerung der Leistungsbereitschaft führen, da Ehre „als innere, aber von außen ‚abrufbare' Steuerungsgröße zu Handlungen und Leistungen motiviert, die sonst nicht erwartbar wären" (ebd.: 84). Eines der bekanntesten Beispiele für derartige Handlungsimperative im Leistungssport ist die Aufforderung: „Quäl Dich, du Sau!"[247]

Zusammenfassend lässt sich festhalten, dass ein wertrationales Fußball-Verständnis, der Fairness-Ethos und die Geschlechtsehre entscheidende Komponenten des Ehrbegriffs im Fußball sind, deren Funktionen vor allem in der Sicherung des Gruppenzusammenhalts und der motivationalen Leistungssteigerung zu suchen sind. Entsprechend könnte man die Bedeutung der fußallerischen Ehre folgendermaßen zusammenfassen:

„Sie fungiert als Norm, die in der Logik eines ‚reinen' Wettkampfs Gleicher begründet ist, durch den bedingungslosen, aufopferungsvollen Einsatz der Körper im performativen Ritual des Spiels beglaubigt wird und dadurch Gruppenidentifikation schafft. (..) sie funktioniert (…) als unausgesprochene (…) gewissermaßen naturalisierte und mythische Wert-Vorstellung, die eher anläßlich ihrer Verletzung Gegenstand des Diskurses wird." (Ott 2002: 92)

3.1.7 Zwischenfazit

Ausgangspunkt dieses Kapitels war die Bedeutung des Körpers im Fußball, die zunächst aus der Bedingung körperlicher Kopräsenz beim fußballerischen Leistungsvergleich abgeleitet wurde. So ist der Körper entscheidender Bestandteil der Kommunikation fußballerischer Leistung und steht unweigerlich im Fokus von Wahrnehmung, Zuschreibung und Darstellung. Dessen Bedeutung wurde anhand verschiedener sozialer Phänomene herausgearbeitet: Zunächst gibt es klare Regeln, wo sich die Körper während des Spiels aufzuhalten und wie sie sich zu verhalten haben. Am Beispiel verschiedener Rituale und einer Art von institutionalisiertem Berührungszwang zwischen den Spielern wurde gezeigt, dass der Körper im Fußball als wahrscheinlich wichtigstes Darstellungs- und Mitteilungsmedium fungiert. Aufgrund dieser herausragenden Bedeutung des Körpers sind im Fußball Berührungen und Körperkontakt zwischen Männern ohne Intimitätsverdacht möglich. Gleichzeitig spiegeln sich in dem Berührungssystem auch die sozialen Beziehungsstrukturen der Fußballwelt wider, die Spieler erweisen sich wechselseitig Ehrerbietung, stellen Gemeinschaft

---

[247] Dieser pointierte Ausspruch stammt nicht aus dem Fußball, sondern dem Radsport und galt Jan Ullrich während der Tour-de-France 1997 (vgl. Krämer 1998: 240).

3.1 Die Bedeutung des Körpers im Fußball

und ein Wir-Gefühl her und inszenieren damit für alle Beteiligten gut sichtbar Gruppengrenzen nach innen und nach außen. So dient die gleiche körperliche Darstellungspraxis sowohl der Konstruktion solidarischer Vergemeinschaftung innerhalb der eigenen Mannschaft als auch der Inszenierung unüberwindbarer Differenzen zur gegnerischen Mannschaft.

Darüber hinaus richten sich weitere Erwartungen an den Einsatz des eigenen Körpers trotz des Risikos von Schmerz und Verletzung. Er wird als verbrauchbares und gleichzeitig schützenswertes Kapital wahrgenommen, das einerseits gepflegt und gehegt wird, nur um andererseits zu weiteren, den körperlichen Verschleiß vorantreibenden Höchstleistungen gebracht zu werden. Insofern erinnern Zugriff und disziplinierende Zurichtung der Spielerkörper durch die Fußballklubs an den Umgang mit Insassen totaler Institutionen. Auch in der zumindest partiellen Überschneidung von Wohn- und Arbeitsstätte lassen sich Parallelen zwischen den Spielern von Profimannschaften und beispielsweise Internatsschülern oder Kadetten feststellen. Andererseits gibt es aber auch nicht zu unterschätzende Unterschiede. Letztlich diente dieser Vergleich also weniger dazu, die Fußballklubs als totale Institutionen darzustellen, sondern eher eine neue Perspektive zu gewinnen und einige auffällige Verhaltensweisen der Spieler als Reaktionen auf Maßnahmen körperlicher Disziplinierung deuten zu können, die primär der Sicherung ihrer gefährdeten Identität dienen sollen.

Die Analyse machte außerdem sichtbar, dass im Profifußball (anders als bei der berufsbedingten Mitgliedschaft in anderen formalen Organisationen) der Mensch nicht nur ausschnitthaft im Rahmen einer bestimmten Funktionsrolle inkludiert wird, sondern dass die Erwartungen wenig formalisiert sind und sich auf die ganze Person beziehen. Aus kommunikationstheoretischer Perspektive ist eine Person eine soziale Konstruktion, die vor allem im Rahmen von unmittelbaren Interaktionen dem Bedürfnis des Beobachtens Rechnung trägt (vgl. Luhmann 2000b: 90f.): Zunächst ist nämlich „in der Interaktion zwischen Menschen (…) der andere Mensch (…) als Körper anwesend", der genauso wie das Individuum Mensch zur Umwelt der Gesellschaft gehört (Luhmann 2000b: 89). In der Kommunikation wird dieser Umweltkomplex dann als „Person" bezeichnet und so getan, als ob Individuum und Person identisch seien. Aufgrund der Notwendigkeit ihrer körperlichen Anwesenheit und der Fokussierung der Aufmerksamkeit bei der Beobachtung ihrer sportlichen Leistungen auf den Körper drängen sich im Fußball die anwesenden Spieler als Personen sicht- und hörbar auf (vgl. Luhmann 1997: 815). Durch ihre Beobachtung als ganze Personen können dann aber auch interaktionsexterne Rollenverpflichtungen aktiviert werden, und es lassen sich andere Rollen der Teilnehmer ins Gespräch bringen. Mit den daraus resultierenden Folgen für die Zurechnung fußballerischer Leistung beschäftigen sich das zweite und das dritte Auswertungskapitel. Im Mittelpunkt steht die Bedeutung zugeschriebener körperlicher Merkmale, wie der ethnischen und der nationalen Zugehörigkeit, bei der Personenwahrnehmung, der Zurechnung fußballerischer Leistung und der sozialen Inklusion.

3.2 Das Leistungsprinzip im Fußball

„Meine Herren, wir sind hier nicht bei der SPD, im Fußball spielen nur die Besten."
(Otto Rehhagel)

Ausgangspunkt der bisherigen Überlegungen war die Annahme, dass es im Fußball bzw. im Sport allgemein vor allem um die Beobachtung und den Vergleich körperlicher Leistungen geht. Aus der Perspektive des Sports wird die Welt primär hinsichtlich der Frage wahrgenommen, inwiefern es sich bei einem Sachverhalt um eine sportliche Leistung handelt oder eben nicht. Wie wir bereits festgestellt hatten, gehört die Orientierung am Leistungsprinzip zu den allgemeingültigen Leitprinzipien moderner Gesellschaften und lässt sich in praktisch allen Funktionssystemen nachweisen, aber nur im Sport kann sie mit dem eigentlichen Funktionszweck gleichgesetzt werden. Anders ausgedrückt: Die herausgehobene Bedeutung des Leistungsprinzips im Sport ergibt sich aus der Dopplung von Leistung als binärem Code des Funktionssystems und der allgemeinen Geltung meritokratischer Normen in der Moderne. Die Besonderheit des Sports ist demnach die ausschließliche Ausrichtung auf „Leistung um der Leistung Willen".

Ihre Bedeutung als Präferenzcode ist jedoch analytisch zu unterscheiden vom Leistungsprinzip als normativem Modell moderner Gesellschaften: Mit ihrer Deutung als binärem Code ist die Frage nach der Geschlossenheit und Abgrenzung des Funktionssystems Sport von seiner Umwelt bzw. anderen gesellschaftlichen Teilbereichen verbunden, während die Deutung des Leistungsprinzips als allgemeine Selbstbeschreibung einer modernen funktional differenzierten Gesellschaft vor allem auf die Frage der sozialen Inklusion bzw. der Ungleichheitsrelevanz askriptiver im Gegensatz zu erworbenen Merkmalen verweist. Aufgrund dieser doppelten Betonung des Leistungsprinzips scheint der Sport ein besonders gut geeignetes Untersuchungsfeld zu sein, um sich mit der Frage nach der Relevanz zugeschriebener – und damit eben nicht leistungsbezogener – Merkmale für den sozialen Zugang in der modernen Gesellschaft auseinanderzusetzen. Denn gerade hier lässt sich im Gegensatz zu anderen Bereichen vermuten, dass die Feststellung von Leistungsdifferenzen und damit die Hierarchiebildung unaufwendig, eindeutig und hochgradig sichtbar abläuft, so dass es kaum Möglichkeiten gibt, das Leistungsprinzip zu unterlaufen.

Vor der Beschäftigung mit der Inklusionsfrage im Fußball ist jedoch zunächst das folgende Kapitel gesetzt, das sich mit dem Leistungsbegriff in seiner Bedeutung als Präferenzcode des Sports befasst. Es geht also um die Abgrenzung des Sportsystems (und damit auch des Fußballs) von anderen gesellschaftlichen Teilbereichen, wie Politik oder Wissenschaft, und die Frage, inwiefern sich die besondere Bedeutung des Leistungsprinzips in den Selbstbeschreibungen des Sports resp. des Fußballs und seiner Organisationen wieder finden lässt (3.2.1). Im Mittelpunkt stehen die Deutungen der Höchstleistungsidee inklusive ihrer impliziten Bestandteile Konkurrenz und Wettbewerb und die daran anschließende Beschreibung der Entscheidungsregeln bzw. Programme für die Zuschreibung fußballerischer Leistungen (3.2.2). Was bedeutet Leistung im Fußball überhaupt, und ist damit nur die kollektive Mannschaftsleistung gemeint oder auch individuelle Leistungen? Entlang welcher Kriterien wird Leistung im Fußball zugerechnet, vergleichbar und messbar gemacht und schließlich quantifiziert? Abschließend erfolgt eine kurze Zusammenfassung der bisherigen Ergebnisse (3.2.3).

3.2 Das Leistungsprinzip im Fußball

3.2.1 Die Funktionslogik des Fußballs

Worum geht es also beim Fußball? Und was ist der Unterschied zu anderen Gesellschaftsbereichen? Zur Beantwortung dieser Fragen lassen wir am besten die unmittelbar Beteiligten selbst zu Wort kommen. Den Anfang macht das Lamento eines Fußballmanagers, der über die Veränderungen im Profigeschäft klagt:

> „Ja, ich glaube schon, dass sich die grundsätzliche Ansicht aller Beteiligten ein bisschen gewandelt hat in den letzten zwanzig Jahren. Fußball war früher nicht *das* Business oder *das* Geschäft, was es heute ist. Heute geht es in erster Linie auch darum, äh durch den Fußball auch gewisse finanzielle Potenziale abzurufen und zu generieren. Früher war's mehr Fußball aus Leidenschaft aus meiner Sicht. Wo sich ein Sport in Deutschland entwickelt hat, immer die Nummer eins gewesen ist, der dann aufgrund der, ich sag's hier mal so, der-der-der Nachfrage die der Markt dann hergegeben hat, sich immer mehr als Monopol dargestellt hat im Sportbereich, in Deutschland jedenfalls, und auch jetzt in Europa, natürlich dazu geführt hat, dass man über gewisse Wettbewerbe sehr, sehr viel Geld verdienen kann. Und so unterliegt also der sportliche *Geist* eigentlich des Fußballspielens aus meiner Sicht ist so ein bisschen ins Hintertreffen gelangt. In erster Linie steht jetzt Erfolg im Vordergrund, Erfolg lieber heute als morgen. Das heißt, Zeitfaktoren spielen eine große Rolle. Der Druck auf die Vereine wird immer größer. Die Vereine sind natürlich auch in der Situation, dass sie sehr viel Geld in den letzten Jahren ausgegeben haben für Spieler, für Stadien, etc., um einfach dem Anspruch gerecht zu werden, den auch die Zuschauer dann an Spitzenvereine haben. Wobei natürlich das Rad nicht unendlich zu drehen ist. Also man hat das ja jetzt mitgekriegt, dass irgendwann der Transfermarkt auch zusammengebrochen ist. Dass die Spielergehälter einfach überhöht gezahlt worden sind jahrelang, so dass jetzt die Schraube so langsam wieder zurückgedreht wird. Aber Fußball ist aus meiner Sicht erstens ein Sport, der leidenschaftlich geführt werden sollte, der allerdings so ein bisschen in die Kategorie des-des Geld Machens abgedriftet ist." (Dok. 29: 3)

In dieser ersten Beschreibung erfahren wir vor allem, worum es aus der Perspektive des Befragten beim Fußball *nicht* gehen sollte. Er beschreibt das aktuelle Geschehen im Profifußball als „Business" und „Geschäft", bei dem es das primäre Ziel sei, „finanzielle Potentiale abzurufen und zu generieren". Wettbewerb wird hier im Sinne eines wirtschaftlichen und nicht auf sportliche Leistung bezogenen Konkurrenzkampfes gedeutet.[248] Gleichzeitig macht er deutlich, dass das seiner Ansicht nach nicht die eigentliche Handlungslogik des Fußballs darstellt, sondern eine aus seiner Perspektive unerfreuliche Veränderung der „letzten zwanzig Jahre". „Der sportliche Geist des Fußballspielens" sei „ins Hintertreffen" geraten, der Sport „in die Kategorie des Geldmachens abgedriftet". Letztlich beklagt er also das Eindringen wirtschaftlicher Handlungslogiken in den Fußball. Seiner Deutung zufolge gehören also weder Geld Verdienen, Geschäftemachen, finanzieller Wettstreit um die besten Spieler noch der durch Investitionen ausgelöste Zeitdruck zum Sinn und Zweck des Fußballs. An dieser Entwicklung seien auch das Publikum bzw. die Massenmedien beteiligt, deren Ansprüche immer höher würden und von den Vereinen offenbar immer schwieriger befriedigt werden könnten. Er erwartet also, dass sich sportliche Handlungen nicht primär an Zahlungen orientieren dürfen. Entsprechend beklagt er auch die zunehmende Motivation zur Erbringung sportlicher Leistungen durch finanzielle Anreize, wie es z.B. bei

---

[248] Hintergrund der großen Ähnlichkeit der verwendeten Metaphern von Konkurrenzkampf und Wettbewerb in Wirtschaft und Sport ist deren gemeinsamer Ursprung in der Welt des Militärs und der Kriegsführung (vgl. Lakoff/Johnson 2003; Küster 1998; Siefert 2002).

der im Fußball üblichen Zahlung von Auflauf-, Leistungs- bzw. Erfolgsprämien gemacht wird (vgl. Dok. 29: 202).[249]

In der Deutung dieses Befragten wird also die Existenz unterschiedlicher und offenbar konfligierender Handlungslogiken im Fußball als Problem wahrgenommen. Die sog. Multireferentialität formaler Organisationen, also die Tatsache, dass organisationales Handeln auf verschiedene Teilsystemlogiken Bezug nimmt, scheint dem Selbstverständnis des Befragten zu widersprechen, der offenbar eine deutlichere Orientierung am „sportlichen Geist" erwartet. Seiner Deutung zufolge dominieren jedoch wirtschaftliche Logiken das aktuelle Geschehen der Fußballklubs.[250] Aber was genau macht diesen „sportlichen Geist" bzw. die Funktionslogik des Sports aus, wenn es nicht das Geld Verdienen oder die Aufmerksamkeit der Massenmedien sind?

Diesen normativen Selbstbeschreibungen zufolge sollte der Fußball also weder Leistungen für andere Funktionssysteme erfüllen noch sollte der Sieg aufgrund externer (finanzieller) Anreize erfolgen, sondern „aus Leidenschaft" bzw. zum Selbstzweck, sozusagen intrinsisch motiviert sein. Es werden keine weiteren Leistungsbezüge oder Funktionen genannt, wie man das bei anderen Funktionssystemen vermuten würde (so z.B. der Erkenntnisgewinn in der Wissenschaft). In den Selbstbeschreibungen der Fußballer werden als Motivation entweder der „Spaß" am Fußballspiel, die Lust am Gewinnen bzw. dem Leistungsvergleich („Wer ist die bessere Mannschaft?") und die Freude am sportlichen (Konkurrenz-) Kampf genannt (vgl. z.B. Dok. 4: 16; Dok. 9: 220; Dok. 17: 70; Dok. 20: 12).

Diese „Funktionen" spiegeln sich auch in den Strukturen und Organisationen des Fußballsports, die insgesamt vor allem auf die Herstellung einer leistungsbezogenen Reihenfolge ausgerichtet zu sein scheinen: Deutsche Klubs und Vereine werden in acht bzw. neun verschiedene Spiel- bzw. Leistungsklassen eingeteilt und zwar zunächst unabhängig davon, ob es sich um Profis oder Amateure handelt[251]: Erste und zweite Bundesliga, Regionalliga, Oberliga, Verbandsliga (nur in einigen Landesverbänden), Landesliga, Bezirksliga/Bezirksoberliga, Kreisliga A-D bzw. Kreisklassen (vgl. Schulze 2005: 110). Im Vergleich zur Binnendifferenzierung anderer Funktionssysteme fällt auf, dass im Sport resp. im Fußball die

---

[249] Die diesbezüglichen Regelungen in den Vereinen sind sehr unterschiedlich, so werden die Leistungsprämien sowohl mit den Spielern individuell vereinbart als auch vom Spielerrat für die gesamte Mannschaft ausgehandelt (vgl. Schewe u.a. 2002).
[250] Die Betonung der konfligierenden Handlungslogiken in Fußballklubs bzw. die Klage über das zunehmende Eindringen wirtschaftlicher Orientierungen in den Sport resultierte möglicherweise auch aus der Position des Befragten innerhalb der Organisation und aus seiner Biographie. In seiner Funktion als Sportdirektor arbeitete er genau an der Schnittstelle zwischen Mannschaft und Trainer auf der einen Seite und dem Finanzmanager auf der anderen Seite, d.h. er war gemeinsam mit dem Trainer für die Planung und Zusammenstellung der Mannschaft sowie die Verpflichtung neuer Spieler zuständig, musste sich aber gleichzeitig an die finanziellen Vorgaben des Managements halten. Sein Handeln als Sportdirektor orientierte sich im Gegensatz zum Finanzmanager des Klubs primär an sportlichen Grundsätzen, wie er das innerhalb seiner persönlichen Karriere bereits als Spieler und Trainer getan hatte (vgl. Dok. 29: 26).
[251] Die Bildung von Leistungsklassen lässt sich als Folge der zunehmenden Ausdifferenzierung des Fußballs verstehen und der damit einhergehenden Verbreiterung des Leistungsspektrums der Akteure (Professionalisierung), die es aus Zeitgründen notwendig werden ließ, nur noch Mannschaften mit ähnlicher Leistungsstärke gegeneinander antreten zu lassen. Gleichzeitig sollte für das Publikum die Spannung aufrechterhalten werden. Da die Ligen untereinander in einer klaren Leistungshierarchie stehen, wird die Vergleichbarkeit der Leistungen auch weiterhin gewährleistet, auch wenn die direkten Leistungsvergleiche nur noch innerhalb der Ligen stattfinden. Außerdem wird durch die Bildung von Leistungsklassen niemand von der Teilnahme am Wettbewerb grundsätzlich ausgeschlossen, sondern nur nach Leistungskriterien hierarchisiert. Insofern stellt die Unterteilung in fußballerische Leistungsklassen das Ergebnis der Synthese von Leistungsprinzip, Konkurrenz und dem universalistischen Inklusionspostulat dar (vgl. Müller 2006: 395f.).

gesamte Struktur ausschließlich auf die Beobachtung und den Vergleich von Leistungen ausgerichtet ist. So sind Tabellen mit Leistungsbewertungen, die Strukturierung in Leistungsklassen bzw. Ligen sowie die Durchführung jeden Trainings und jeden Spiels auf Leistungsvergleich und dessen Bewertung angelegt.

Auch wenn das Leistungsprinzip als normatives Grundprinzip für die Zuweisung sozialer Positionen in allen gesellschaftlichen Funktionssystemen gilt, so lassen sich dennoch die Binnenstrukturen der Teilsysteme nicht einzig und allein unter Verweis auf das Leistungsprinzip erklären, d.h. weder Politik noch Wissenschaft oder Kunst sind in Form von Leistungsklassen etc. organisiert. Es gibt zwar auch in der Wissenschaft Rankings, es ist aber nicht das gesellschaftlich anerkannte Ziel der Wissenschaftler, diese Liste anzuführen noch erfolgt die Organisation wissenschaftlicher Disziplinen in einer dem Ligensystem vergleichbaren Form, in der es jedes Jahr aufgrund der Leistungen der vorangegangenen Saison zu Auf- und Abstiegen in die jeweils nächste Leistungsklasse kommt. Konkurrenz und Wettbewerb sind in anderen gesellschaftlichen Teilsystemen in Bezug auf die Funktionslogik des Systems bzw. seine Leitdifferenz prinzipiell Randerscheinungen bzw. strukturelle Zusatzkomponenten, die aus den meritokratischen Grundprinzipien der Moderne resultieren, aber nur im Sport scheinen Leistungsvergleich, Konkurrenz und Wettbewerb als zentrale Funktionslogiken zu fungieren.

> „Ohne Konkurrenz gibt's keinen Fußball mehr. Sollen wir alle *mit*einander spielen? [lacht] Na, na, mer müssen ja gegeneinander spielen." (Dok. 33: 289)

Dieses von einem Trainer imaginierte Gedankenspiel verdeutlicht, dass neben dem Leistungsprinzip auch der Konkurrenzgedanke für den Fußball konstitutiv ist: Ohne Konkurrenten in Form einer gegnerischen Mannschaft ist Fußball nicht denkbar. Die Idee der Höchstleistung impliziert bereits einen Vergleich verschiedener Mannschaften miteinander und damit auch Konkurrenz. Hieran lässt sich erneut der Unterschied zu anderen Funktionssystemen erkennen: So lässt sich Konkurrenz z.B. in der Wissenschaft als allgemeiner Ausdruck der modernen funktional differenzierten Leistungsgesellschaft verstehen, in der soziale Positionen im Unterschied zu primär stratifikatorisch differenzierten Ständegesellschaften aufgrund persönlicher Leistung zugewiesen werden. Aber Wissenschaft würde grundsätzlich auch ohne Konkurrenz funktionieren, möglicherweise weniger effektiv, aber die Suche nach Wahrheit kann regelmäßig ohne das Konkurrieren um etwas oder den Vergleich der Leistungen durchgeführt werden. In anderen Funktionssystemen besteht keine Notwendigkeit, gegeneinander zu spielen bzw. sich permanent an den Leistungen anderer zu messen. Das unmittelbare Ziel eines jeden Fußballspiels jedoch – nämlich festzustellen, wer die bessere Mannschaft ist – lässt sich nur durch einen Leistungsvergleich bzw. einen Wettkampf erreichen („mer müssen ja gegeneinander spielen!").[252]

Hier ließe sich einwenden, dass eine derartige Konkurrenzorientierung vermutlich lediglich für agonal strukturierte Sportarten und vor allem Mannschaftssportarten Geltung hat. Der folgende Interviewausschnitt zeigt jedoch, dass die Konkurrenzorientierung offen-

---

[252] Sonst sähe das Spiel anders aus und hätte eine andere Zielsetzung, so wie die Adaption des Fußballspiels durch einen Stamm in Neuguinea, in dessen Wertesystem Konkurrenz und Wettkampf nicht vorkommen, und wo man daher Fußball so spielt, dass am Ende jede Mannschaft dieselbe Anzahl Tore erzielen muss (vgl. Weiß 1999: 35f.; Leonard 1980: 45).

bar impliziter Bestandteil jeden sportlichen Leistungsvergleichs ist. Hier erzählt ein Trainer von seinen ersten Kontakten zum Sport allgemein:

> „Dann war da- mein Vater war so drauf, dass er- er war im Außendienst tätig und wenn er am Wochenende da war, dass ich dann ganz viel mit ihm- er war auch ein Sportler eben, Tennisspieler, Skifahrer- also Tennislehrer, Skilehrer usw. und hat dann da ganz viel mit mir unternommen. (…) Wir sind Sonntagmorgen auf den Sportplatz gegangen und ich glaube, wir sind da fünf Jahre, hat er mich zum Sprintduell aufgefordert, bis ich dann irgendwann tatsächlich schneller war als er, aber er hat mich fünf Jahre lang hat er mich regelmäßig uralt aussehen lassen- einfach [lacht]- ich kann mich an den Tag erinnern, an dem ich dann das erste Mal schneller war als er." (Dok. 4: 18)

Um welche Bewegungsform es bei der Ausübung sportlicher Tätigkeiten geht, scheint also eher sekundär zu sein, im Vordergrund stehen die Idee der Leistungssteigerung und damit auch die Konkurrenzorientierung. Entsprechend engagieren sich die meisten (Leistungs-) Sportler in verschiedenen sportlichen Disziplinen. So z.B. auch der Vater dieses Trainers, der Tennis und Ski unterrichtete, aber auch regelmäßig auf dem Sportplatz anzutreffen war. Hier wurde dann offenbar nicht nur Fußball gespielt, sondern auch gelaufen. Und obwohl der Laufsport an sich auf den ersten Blick nicht agonal strukturiert zu sein scheint, denn man könnte auch alleine laufen, wird in dieser Darstellung vor allem die Konkurrenz- und Wettkampforientierung betont. Der Befragte berichtet nicht vom Laufen an sich als einer bestimmten Bewegungsform, sondern im Vordergrund steht der Leistungsvergleich, das „Sprintduell", dass er sich fünf Jahre lang jeden Sonntagmorgen mit seinem Vater auf dem Sportplatz geliefert hat. Der für ihn entscheidende Moment ist entsprechend auch nicht die Freude am Laufen als solchem (oder zur Vorbereitung für das Absolvieren einer anderen zweckorientierten Aufgabe[253]), sondern der Tag, an dem er „das erste Mal schneller war als er." Diese Steigerungsidee und der Bezug auf einen Konkurrenten bzw. eine Gegenseite (in Ermangelung anderer Personen wird üblicherweise „gegen die Uhr" gelaufen) scheinen als konstitutive Elemente des Sports gedeutet zu werden, die alle hier genannten Sportarten gemeinsam haben. Ziel ist also nicht die bloße Durchführung eines bestimmten vorgegebenen Bewegungsablaufs, sondern dessen Steigerung in Konkurrenz zu einer anwesenden oder imaginierten Gegenseite[254]: Es geht also darum, schneller zu laufen als der direkte Konkurrent oder zumindest schneller als das letzte Mal.

Wieder ließe sich einwenden, dass die Idee der Leistungssteigerung und der darin einbegriffenen Konkurrenzorientierung für nahezu jedes Funktionssystem gilt: Im Unterschied zum Sport würde jedoch eine Reduktion auf die bloße Idee des Besser-Seins als Abweichung von der Funktionslogik erscheinen, da das Leistungsprinzip lediglich als Zusatzorientierung zum „eigentlichen" Ziel verstanden wird. Nicht jede wissenschaftliche Kommunikation muss notwendigerweise als Leistung gedeutet werden, während jedoch die Beschreibung einer körperlichen Bewegung als Sport immer schon den Leistungsaspekt bein-

---

[253] Wie z.B. das historische Vorbild des Marathonlaufs, bei dem die Übermittlung einer Nachricht im Vordergrund stand und das Laufen Mittel zum Zweck war. Aus dieser Perspektive handelt es sich also weder beim tatsächlich stattgefundene Lauf des Boten nach Marathon noch beim Spurt zur Straßenbahn um die Kommunikation sportlicher Leistung.
[254] Hier liegt auch die Differenz zur Bewegungsform des Turnens, die in Deutschland im 19. und Anfang des 20. Jahrhunderts sehr beliebt war und die im Unterschied zum modernen Sport ohne Steigerungsidee und Konkurrenzgedanken auskam (vgl. Kap. 1.1.3 Die Ausdifferenzierung des Sports in den deutschen Staaten; Krüger 1996; Eichberg 1979).

3.2 Das Leistungsprinzip im Fußball

haltet, sonst handelte es sich nicht um Sport, sondern beispielsweise den Weg zur Arbeit oder einen Spaziergang. Hier wird deutlich, dass der Leistungsbegriff[255] immer schon den Vergleich impliziert (und in diesem Sinne auch die Konkurrenzsituation): Eine Handlung oder Kommunikation wird erst in Bezug auf eine andere (vorangegangene oder zu erwartende) Handlung bzw. Kommunikation zu einer Leistung. Und auch der Sport lässt sich im Unterschied zu anderen Funktionssystemen nicht unabhängig vom Leistungsvergleich denken, vielmehr scheint dieser Vergleich das einzige bzw. zentrale Ziel sportlicher Kommunikation zu sein.

Damit erscheint der Sport im Vergleich zu anderen gesellschaftlichen Teilsystemen seltsam inhaltsleer und „zweck-los".[256] Dieser Gedanke findet sich auch in der folgenden Erläuterung eines Trainers auf die Frage nach der Besonderheit des Fußballs:

> „(...) ehm meine Faszination kann ich nicht wirklich erklären, aber so generell ist es einfach eine Sache, die es vielen Menschen ermöglicht, sich gemeinsam ... für etwas stark zu machen, was nicht wirklich ehm – sagen wir mal – einen höheren Sinn verfolgt. Also es ist nicht so, dass wir die Welt damit verbessern oder verändern, und das ist ja auch ganz praktisch, weil es die Verantwortung auch ein bisschen raus nimmt. Es geht einfach darum, wenn man gewinnt, fühlt man sich besser, wenn man verliert, fühlt man sich schlecht und das im Kollektiv." (Dok. 4: 16)

Er beschreibt den Fußball als sinn-los, da er keinerlei über das regelkonforme Ziel des Spielgewinns hinausgehende Zwecke vermutet. Als Sinn des Spiels wird primär das gemeinsame Erleben von Sieg bzw. Niederlage genannt. Gerade diese Sinn-Freiheit des Fußballs wird hier als Entlastung und „ganz praktisch" gewertet, „weil es die Verantwortung (..) raus nimmt." Demnach geht es einfach ums Gewinnen, zunächst ohne die Berücksichtigung weiterer, damit erst sekundär verknüpfter Folgen, wie z.B. monetäre Zugewinne oder Verluste. Im Unterschied zu anderen Funktionssystemen wird der Sieg im Sport zum Selbstzweck. Das Leistungsprinzip, das sich als eine Art normative Konstante in allen Funktionssystemen finden lässt, scheint im Sport als ausschließliches und sich selbst genügende Orientierungsmuster zu fungieren. Das zeigt sich auch in einer bekannten und häufig verwendeten Fußballweisheit:

> „Beim Fußball geht es immer noch darum, das Runde in das Eckige zu bringen und das am besten einmal mehr als der Gegner, und dann passt es." (Dok. 46: 167)

Hier wird das Ziel des Fußballs in seiner Schlichtheit und in gewissem Sinne Inhaltslosigkeit deutlich: Dieser Deutung zufolge besteht der einzige Sinn und Zweck des Spiels darin, mehr Tore als der Gegner zu schießen. Die Formulierung „das Runde in das Eckige zu bringen" verdeutlicht hierbei das einfache Grundprinzip, der Ball muss ins Tor. Das alleine reicht aber noch nicht, sondern es muss mindestens einmal häufiger sein als es der gegnerischen Mannschaft gelingt. Wieder wird der Vergleich bzw. die Konkurrenzorientierung des Fußballs hervorgehoben, ohne die der Fußball offensichtlich nicht denkbar wäre. Tore werden eben nicht einfach so geschossen, das deutet bereits die Formulierung an, dazu wäre es

---

[255] Der implizite Bezug auf eine vorangegangene Handlung findet sich auch in der ursprünglichen Bedeutung des Leistungsbegriffs, der auf den Gegenstand einer Schuldverpflichtung hinweist (vgl. Köbler 1995; Grimm/Grimm 1854-1960: 762ff.). Entsprechend meinte „leisten" die Erfüllung eines Versprechens bzw. etwas beweisen.
[256] In dieser Sinn- bzw. Zwecklosigkeit des Sports liegt vermutlich neben der für die Moderne typischen Abwertung körperlicher im Gegensatz zu geistiger Arbeit die Ursache für das Verständnis des Sports als „Nebensache".

zu banal. Rundes in Eckiges zu bringen, ist gewöhnlich eine Tätigkeit, die Kinder beim Spiel mit Bauklötzen verrichten. Der Zweck kann also nicht in dieser Formenlehre liegen, sondern in dem Ziel, mehr Tore als der Gegner zu erzielen.

Auch im folgenden Interviewausschnitt geht es um die Beschreibung fußballerischer Leistungen und der darin implizierten Idee von Steigerung und Konkurrenz:

> „So, und wir sind gelaufen wie- ich sage.., ja, vorher noch nie ne Mannschaft in der Zweiten Liga. Die haben zusammen- Du hättest denen, ich glaub, die hätten mit 'ner Axt im Schienbein weitergespielt, das war einfach so, und ohne unfair zu werden, nur einfach dieser *Wille* hat sie wirklich von diesem klaren Ziel beseelt, *besser* zu sein, anders zu sein als andere." (Dok. 4: 80)

Hier erzählt ein Trainer von den Anstrengungen seiner Mannschaft im Aufstiegskampf auf dem Weg in die Bundesliga: Das erklärte Ziel sei es gewesen, „besser zu sein" und in die höchste Leistungsklasse aufzusteigen. Im Zentrum steht wieder der Vergleich mit anderen, allerdings sind hier nicht nur die direkten Konkurrenten gemeint, sondern er weitet den Leistungsvergleich zeitlich und sozial noch aus und erklärt seine Spieler zur *besten* Mannschaft, die es *jemals* in der Zweiten Liga gegeben habe. Man sei gelaufen wie noch nie eine andere Mannschaft. Erst durch den Vergleich mit anderen Leistungen wird das Laufen zu einer sportlichen Leistung erklärt. Zur Illustration wählt er das drastische Bild, dass sie selbst „mit 'ner Axt im Schienbein weitergespielt" hätten. Dadurch unterstreicht er die Intensität des „Willens" seiner Spieler, die davon „beseelt" gewesen seien, „besser zu sein (..) als andere."

Sprachlich drücken sich Leistungsvergleich und Steigerungsidee in den grammatischen Entsprechungen Komparativ und Superlativ sowie der Bindung an ein soziales, sachliches oder zeitliches Vergleichsobjekt aus: Entweder es geht darum, besser als andere zu sein, bessere Leistungen zu bringen oder die beste Mannschaft aller Zeiten zu sein.[257] Das spiegelt sich in den häufig verwendeten Semantiken von Erfolg und Sieg.

> „Es wird alles nur gemacht, um Spiele zu gewinnen. Die Belastung richtet sich nach den Erfolgsaussichten. (...) Es nützt ja nichts, wenn ich zehnmal trainiere in der Woche und mer verlieren dann 3:0. Das nützt nix. Besser nur einmal trainieren, auch wenn die Leute draußen heulen, ,die machen zu wenig'. Mer müssen die Spiele gewinnen. Des ist das A und das O. Und das Training ischt darauf ausgerichtet, die Spieler in optimale Verfassung zu bringen zum Spiel." (Dok. 32: 13ff.)

In der Darstellung dieses Trainers wird hervorgehoben, dass das erklärte Ziel der Konkurrenzorientierung im Fußball immer der Spielgewinn sei. Darauf sei alles ausgerichtet: die Häufigkeit des Trainings, die individuelle körperliche Verfassung der Spieler und die Orientierung des Publikums. Das Ziel besser zu sein als der Gegner, lässt sich im Fußball offenbar in erster Linie durch den Spielgewinn verwirklichen. Alles andere tritt dahinter zurück.

> „Völlig Wurscht! Wir wollen gewinnen! Wie auch immer, ne." (Dok. 31: 145)

---

[257] Insofern tendieren Vergleich und Steigerung von Leistungen immer auch über die aktuellen territorial-lokalen Grenzen hinaus hin zur Globalität (vgl. Kap. 3.4.1 Fußball als globaler Vergleichs- und Beobachtungszusammenhang).

3.2 Das Leistungsprinzip im Fußball

Auch wenn sich einzelne Niederlagen innerhalb einer langen Bundesligasaison wieder ausbügeln lassen, können sie vor allem für die Trainer unmittelbare Folgen haben. So sind sie es in der Regel, die bei Niederlagen ihrer Mannschaften zur Verantwortung gezogen werden. Daher wird zur Beschreibung der unsicheren Position der Trainer im Fußball häufig vom sog. „Trainerkarussell" oder dem Trainerposten als „Schleudersitz" gesprochen.[258] Gleichzeitig geht es aber keineswegs um die Feststellung eines endgültigen Siegers, wie beispielsweise in der griechischen Antike, sondern der Leistungsvergleich und damit die für alle ständig wiederkehrende Chance, beim nächsten Mal zu gewinnen, wird jede Spielzeit wiederholt[259] und durch die sich praktisch pausenlos wiederholenden Wettbewerbe ständig aktualisiert und perpetuiert. Es entsteht eine nicht enden wollende Reihung von Spielen, die eine zusammenhängende Folge darstellen: eine Serie.[260] Einzige Unterbrechungen im Jahr sind eine kurze Winterpause und knapp drei Monate im Sommer zwischen dem Ende der Bundesliga und ihrem Neubeginn im August. Wobei diese Zeit meistens durch die Endrunden anderer Fußball-Wettbewerbe aufgefüllt wird, so z.B. dem Liga-Pokal oder internationalen Vereinswettbewerben wie der Champions League oder dem UEFA-Pokal sowie Kontinental- und Weltmeisterschaften.

Zusammenfassend lässt sich festhalten, dass sowohl die Selbstbeschreibungen als auch die Strukturen des Fußballs, die bei einer ersten Analyse des empirischen Materials sichtbar werden, deutlich auf den Vergleich fußballerischer Leistungen abzielen. Die Funktionslogik des Fußballs besteht vor allem in der Idee des Besserseins, der damit verbundenen Konkurrenzorientierung und dem Gewinnen. Im Gegensatz zu anderen gesellschaftlichen Funktionssystemen, zu deren alltäglicher Praxis ebenfalls meritokratische Normen bzw. Rivalität gehören, erschöpft sich der Sport jedoch in dieser Handlungslogik und bedarf keiner darüber hinausgehenden Orientierungsmuster.

Aus der großen Bedeutung des Leistungsbegriffs in (Selbst-)Beschreibung und Struktur ergeben sich jedoch einige Unklarheiten, so z.B. die Frage, was genau im Fußball eigentlich als Leistung gedeutet und gemessen sowie wer oder was überhaupt miteinander verglichen wird. Zunächst müssen beobachtbare Einheiten festgelegt werden, die miteinander verglichen werden können, erst dann können sie mit gleichem Maß gemessen und in eine numerische Rangordnung gebracht werden (vgl. Heintz 2008). Im Fußball stellt sich die Frage, ob nur Mannschaften oder auch einzelne Spieler relevante Einheiten für den

---

[258] In den drei von mir untersuchten Vereinen wurden während des Untersuchungszeitraums in zwei Vereinen die Trainer gewechselt – allerdings aus unterschiedlichen Gründen: Während Trainer Erik Gerets beim VfL Wolfsburg nach einer mehrmonatigen Niederlagenserie und unüberwindbaren Differenzen mit dem neuen Sportdirektor vor Ablauf seines Vertrags entlassen wurde, trennte sich Uwe Rapolder von Arminia Bielefeld auf eigenen Wunsch. Nach einer überaus erfolgreichen Saison 2004/05 – was für die Arminia nicht den Gewinn der deutschen Meisterschaft bedeutete, sondern den Klassenerhalt in der Ersten Bundesliga und das Erreichen des Halbfinales im DFB-Pokal – nahm Rapolder das Angebot des Traditionsvereins 1. FC Köln an und wurde nach Bekanntwerden dieser Entscheidung von Arminia sofort beurlaubt.
[259] Sogar innerhalb einer Saison spielt jede Mannschaft zweimal gegeneinander, einmal im eigenen Stadion und einmal im Stadion des Gegners.
[260] Dieser serielle Charakter kommt auch in der populären Fußballweisheit „Nach dem Spiel ist vor dem Spiel" zum Ausdruck. Entsprechend heißen die Spielklassen in Italien auch „serie", was soviel wie Reihe bedeutet. Letztlich lässt sich die Fußballliga auch als wöchentliche Seifenoper interpretieren: Es handelt sich um eine endlose Fortsetzungsreihe ohne absehbares Ende, bei der man auf jede neue Wendung und jedes Ergebnis gespannt ist und bei der es um emotionale Identifikation und starke Polarisierungen geht (vgl. O'Connor/Boyle 1993). Im Unterschied zu den anderen Soaps schafft der Fußball es jedoch regelmäßig in die Nachrichten und steht in dem Ruf, gesamtgesellschaftliche Relevanz zu besitzen.

Leistungsvergleich sind.[261] In einem zweiten Schritt müssen bestimmte Vergleichsdimensionen festgelegt werden, entlang derer Mannschaften oder Spieler miteinander verglichen werden. Daran anschließend werden diese ausgewählten Vergleichskriterien operationalisiert, um sie messbar zu machen. Doch wie bereits erwähnt, scheint die Mess- und Quantifizierbarkeit von Leistung im Fußball problematischer zu sein als beispielsweise in den Meter-Gramm-Sekunde-Sportarten der Leichtathletik. Fußballerische Leistung kann nicht in Abwesenheit eines Gegners und nur mit der Uhr gemessen werden. Eine Abstraktion von Zeit, Ort und Gegner ist nur sehr eingeschränkt möglich.[262] Entsprechend gibt es im Fußball z.B. auch keine den Meter-Gramm-Sekunde-Sportarten vergleichbaren Rekorde.[263] Hier stellt sich also die Frage, nach welchen Regeln bzw. Programmstrukturen die Zuschreibung von Leistung im Fußball erfolgt. Inwieweit lässt sich fußballerische Leistung jenseits der zählbaren Tore messen bzw. in Zahlen umwandeln? Geht es auch um individuelle Leistungen oder zählt nur die Mannschaft? Und schließlich: Welche Rolle spielen die ethnische und die nationale Zugehörigkeit in diesen Zurechnungsprozessen?

3.2.2 Die Mess- und Quantifizierbarkeit fußballerischer Leistung

> „Weil Fußball is ja net nur mit dem Fuß, das ist ja das Gesamte, da gehört ja Disziplin, Taktik, das gehört ja alles mit dazu." (Dok. 2: 1002f.)

Was genau bedeutet also fußballerische Leistung, bzw. welche Handlungen werden als Leistungen zugerechnet, und wie wird fußballerische Leistung operationalisiert und damit messbar gemacht? Um wessen Leistung geht es überhaupt, und welche Einheiten werden miteinander verglichen: Mannschaften oder auch die einzelnen Spieler? Das sind die zentralen Fragen, die in den folgenden Abschnitten beantwortet werden sollen. Im Mittelpunkt stehen Deutung und Zuschreibung fußballerischer Leistung bzw. die Programmstrukturen des Fußballs (also Regeln zur Zuweisung der korrekten Codewerte). Dabei werden verschiedene Bezugsebenen und Dimensionen der Zurechnung von Leistung herausgearbeitet. Je nach Kontext und Situation konkurrieren nämlich z.B. Mannschaften oder einzelne Spieler miteinander. Leistung kann hinsichtlich verschiedener Ebenen beobachtet und zuge-

---

[261] Daran anschließend stellt sich die Frage, entlang welcher Kriterien die Mannschaften gebildet werden bzw. welche Mannschaften miteinander vergleichbar sind. Im Fußball können z.B. die Mannschaften verschiedener Nationen miteinander verglichen werden. Im Gegensatz dazu gelten die Geschlechter auch im Fußball als inkommensurabel, und Frauen- und Männermannschaften dürfen nicht miteinander verglichen werden.

[262] Bestes Beispiel hierfür ist der verpatzte Aufstieg des 1. FSV Mainz 05 in der Saison 2002/03, in der Eintracht Frankfurt punktgleich, aber mit dem besseren Torverhältnis anstelle der Mainzer in die erste Bundesliga aufstieg, obwohl die Mainzer nur wenige Wochen vorher im Direktvergleich mit 3:2 gegen die Frankfurter gewonnen hatten.

[263] Trotzdem wird auch im Fußball immer wieder versucht, mittels artifizieller Hilfskonstruktionen abstrakte Rekorde zu konstruieren. Die Rekorde können sich auf die individuellen Leistungen einzelner Spieler oder Mannschaftsleistungen beziehen. Beispiele hierfür sind Titel wie „Rekordmeister", „Rekordaufsteiger" oder auch die Listen der Torschützenkönige. Im Vordergrund steht vor allem die *Aufzeichnung* erbrachter Leistungen (im Sinne des englischen Wortes „record") (vgl. Stichweh 1990: 384). So werden z.B. in der Fußballberichterstattung regelmäßig vor einer Partie alte Statistiken abgerufen, die den geneigten Zuschauer daran erinnern sollen, dass z.B. die roten Teufel aus Kaiserslautern in den vergangenen sieben Jahren kein einziges Mal auf der Bielefelder Alm punkten konnten, dass der HSV der einzige Verein ist, der seit Gründung der Bundesliga noch nie absteigen musste oder dass Oliver Kahn seit soundsovielen Minuten keinen Ball in sein Tor gelassen hat. Anschauliches Beispiel für solche artifiziellen Rekordkonstruktionen ist die Rubrik „Historie" in der ARD-Sportschau.

3.2 Das Leistungsprinzip im Fußball

schrieben werden, relevante Bestimmungskriterien könnten hier Kontext und der jeweilige Bezugspunkt der Beobachtung von Leistung sein.

3.2.2.1 Mannschafts- vs. Einzelleistung

Zunächst stellt sich die Frage, wessen Leistungen miteinander verglichen werden, wie sie operationalisiert und dadurch messbar gemacht werden. Im Fußball wird Leistung am offensichtlichsten auf der Mannschaftsebene gemessen, und hier ist sie in gewissen Grenzen auch quantifizierbar: Ein Tor mehr als die andere Mannschaft erzielt zu haben, wird als Sieg zugerechnet und in der Bundesliga mit drei Punkten honoriert. Sowohl diese Punktregeln als auch die in den FIFA-Vorschriften festgeschriebene Spielregel zur Erzielung eines Tores[264] stellen Festlegungen und Standardisierungen zur Zurechnung, Messung und Quantifizierung kollektiver Leistung im Fußball dar.

Auf der Ebene der Einzelspieler stellen jedoch sowohl Zuschreibung, Messbarkeit als auch die Quantifizierung von Leistung ein Problem dar und werfen zahlreiche Fragen auf: Tore zu schießen und Spiele zu gewinnen, ist nicht die Aufgabe aller Spieler. Lediglich ein Stürmer muss sich an der Anzahl der von ihm erzielten Tore messen lassen, während die Handlungen von Torhüter oder Verteidiger als hervorragende fußballerische Leistungen verstanden werden können, ohne dass sie dabei Tore schießen müssten. Wie bzw. entlang welcher Kriterien werden also diese individuellen Leistungen im Fußball gemessen? Welche Regeln und Messverfahren gibt es dafür? Und in welchem Verhältnis stehen die Leistungen auf Mannschafts- und Individualebene zueinander: Inwiefern werden in einem Mannschaftssport die Leistungen Einzelner überhaupt beobachtet?

Auch wenn im Fußball der Vergleich von Mannschaftsleistungen grundsätzlich im Vordergrund der Beobachtung stehen mag, setzt sich die sportspezifische Beobachtungslogik des Leistungsvergleichs auch auf der Individualebene fort. Dazu müssen jedoch zunächst Leistungskriterien gefunden werden, entlang derer die Leistungen einzelner Spieler miteinander verglichen werden können. Beispiele hierfür finden sich bei der Leistungsbewertung durch die Fachpresse[265] oder durch die Talentscouts der Vereine, d.h. aber auch, dass die Zurechnung und Messung individueller Leistungen im Fußball offensichtlich in stärkerem Maß als die kollektive Leistung subjektiven Einschätzungen bestimmter Personen (Experten) unterliegt. Im Gegensatz zu der quantifizierten Messung in Form der Torzahl auf der kollektiven Ebene scheint es beim Vergleich und der Messung individueller Leistungen vor allem um Werturteile zu gehen.[266]

---

[264] Demnach hat eine Mannschaft dann ein Tor gültig erzielt, wenn der Ball die Torlinie zwischen Torpfosten und unter der Querlatte vollständig überschritten hat, ohne dass die Regeln von der Mannschaft vorher übertreten wurden, zu deren Gunsten das Tor erzielt wurde.
[265] So z.B. jede Woche in der Fußball-Zeitschrift Kicker: Hier werden für jeden Spieler pro Spiel Einsätze, Ein- und Auswechselungen, Tore, Assists (=unmittelbare Torvorbereitung), geschossene und verwandelte Elfmeter sowie gelbe und rote Karten aufgelistet und zu einer Gesamtnote zusammengefasst (vgl. http://www.kicker.de/fussball/ bundesliga/vereine/spielersteckbrief/object/510/saison/2006-07).
[266] Das entspricht der Feststellung Porters (1995), dass der Vorgang der Quantifizierung gleichzeitig auch eine Objektivierung bzw. Entpersonalisierung impliziere, d.h., dass z.B. Vergleiche durch die Festlegung formalisierter Regeln zur Messung und die Zuordnung von Zahlenwerten deutlich weniger von persönlichen Idiosynkrasien und subjektiven Werturteilen abhängen.

Außerdem variieren die Kriterien für den individuellen Leistungsvergleich je nach der Spielposition: So wird bei einem Stürmer die Anzahl der Tore oder zumindest der Torschüsse gezählt, während bei einem Abwehrspieler vor allem Zweikampfstärke und bei einem Torwart Reaktionsgeschwindigkeit beobachtet wird (vgl. z.B. Dok. 71: 297). Im Datenmaterial finden sich für die Bewertung spielerischer Leistungen häufig folgende Kriterien: Torgefährlichkeit, Spielintelligenz, Beweglichkeit, taktisches Vermögen, Zähigkeit, Schnelligkeit, Fitness, Kraft, Ausdauer, Härte, Kampfkraft, Anspielbarkeit, Athletik und Ballfertigkeit (z.B. in Form von Schusstechnik und -stärke, Passspiel, Technik, Dribbling und Kopfballspiel) (vgl. Dok. 33: 153; Dok. 35: 99, 103; Dok. 48: 205ff.). Auch beim Vergleich und der Messung individueller Leistungen lassen sich Bestrebungen zur Objektivierung und Quantifizierung feststellen, z.B. durch die Formalisierung und Standardisierung von Messkriterien und -techniken in Form von Datenbanken und Bewertungsbögen von Spielbeobachtern und Fachpresse. Außerdem werden die Ergebnisse – so weit möglich – in numerischer Form ausgedrückt. Tatsächlich gibt es aber meistens keine festgeschriebenen Regelungen für diese Zuweisung von Zahlenwerten (z.B. ab wann ein Zweikampf als gewonnen gilt), so dass die individuelle Leistungszurechnung im Fußball tatsächlich vor allem entlang informeller Regeln und nicht standardisierter Kriterien zu erfolgen scheint.

Entsprechend finden sich viele der oben genannten Leistungskriterien auf den Beobachtungsbögen der Talentscouts, für die es dann teilweise festgelegte Messverfahren und wenn möglich numerische Ausdrucksformen gibt (vgl. Dokumente Wolfsburg_6).[267] Das Spielgeschehen wird also zunächst auf einzelne typische Leistungshandlungen reduziert, die auf verschiedene Weise operationalisiert und gemessen werden, um dann in einem zweiten Schritt die verschiedenen Teilbewertungen wieder zu einer Gesamtnote zusammenzufügen. Mit deren Hilfe werden die Spieler miteinander verglichen und in eine Rangfolge gebracht.[268] Der unterschiedliche Grad an Messbarkeit bzw. Quantifizierbarkeit der verschiedenen individuellen Leistungsdimensionen scheint nicht als problematisch wahrgenommen zu werden. So gelten auf Zahlen reduzierbare Merkmale wie Schnelligkeit (Messung mit der Stoppuhr), Schussstärke (Messung mittels Laserpistole) und Ausdauer (Messung mittels Laktattests) nicht unbedingt als aussagekräftiger im Vergleich zu anderen Eigenschaften, die nur mittels der subjektiven Einschätzungen der Spielerbeobachter bewertet werden können. Dass die Scouts sich bei ihren Einschätzungen nach eigenen Aussagen hauptsächlich auf ihre Erfahrung, ihr Augenmaß und ihre Menschenkenntnis stützen, mindert den Wert der Aussage und das Maß an Vergleichbarkeit offenbar nicht (vgl. Dok. 64: 39ff.; Dok. 67; Dok. 71). In der folgenden Interviewpassage beschreibt ein Talentscout, auf was er bei der Beurteilung eines Spielers achtet:

> „Schnelligkeit. Ausdauer. ...Was noch? Das sind halt so allgemeine Dinge. Und dann so im taktischen Bereich halt auch: Verhalten beim Zweikampf, Offensivzweikampf, beim Defensiv-

---

[267] In diesem Zusammenhang bemüht sich die Fußballschule von Ajax Amsterdam International um eine international gültige Standardisierung der zentralen Kriterien der Spielerbewertung. Demnach werden als die entscheidenden Leistungsmerkmale eines Spielers Technik, Intelligenz bzw. Spielverständnis, Persönlichkeit und Schnelligkeit, kurz TIPS, genannt (vgl. Dok. 71: 143ff.).
[268] Hier stellt sich die Frage, ob die Logik des Leistungsvergleichs auf der individuellen Ebene im Fußball vom gesamten Publikum nachvollzogen wird oder ob sich diese differenzierte Beobachtungsperspektive nicht eher auf eine sehr begrenzte Anzahl von Fachleuten beschränkt (zur personalisierten Wahrnehmung von Fußballspielern vgl. Adelmann/Stauff 2003: 114ff.). In dem von mir erhobenen Datenmaterial bezieht sich der größte Teil des individuellen Leistungsvergleichs auf die Frage der Spielerrekrutierung.

3.2 Das Leistungsprinzip im Fußball

> zweikampf, beim Offensivkopfball, Defensivkopfball. All solche Geschichten. Umschalten und... (…) Also unsere Datenbank ist nicht wie die ran-Datenbank. Bei Schnelligkeit wird nicht nur geguckt, wie schnell kann einer laufen, sondern wie schnell handelt er, reagiert er, wie schnell schaltet er um, also was antizipiert er. Da sind noch ein paar Dinge anders. Und ich weiß nicht, die Ran-Datenbank ist halt, wenn jemand, ja, siebzig Prozent Ballbesitz vielleicht hat, und andauernd nur Pässe über zwei Meter spielt, na gut." (Dok. 71: 129ff.)

Er bezieht sich hier auf die Datenbank eines privaten Fernsehsenders, der in den 1990er Jahren die Fernsehübertragungsrechte der Bundesliga besaß und eine Internet-Datenbank einrichtete, in der versucht wurde, die Einzelleistungen der Fußballspieler in Zahlenform auszudrücken und somit besser vergleichbar zu machen.[269] In seiner Darstellung kritisiert er jedoch diese Art der Quantifizierung fußballerischer Leistungen, die er für zu wenig aussagekräftig hält. Entsprechend beschreibt er seine eigene Form datengestützter Leistungsbewertung als vielschichtiger, da die angegebenen Bewertungen sich nicht nur auf die körperliche Leistung bezögen. Hier werde Schnelligkeit nicht nur als die Geschwindigkeit des Körpers bei der Fortbewegung verstanden, sondern auch als Reaktionsgeschwindigkeit etc. Die einfachen Messungen werden sozusagen durch subjektive Bewertungen und Interpretationen qualitativ angereichert.

An diesem Beispiel erkennt man bereits, dass es im Fußball offenbar nicht nur um physische Leistungen geht, sondern auch um psycho-soziale Fähigkeiten der Spieler, die offenbar als Voraussetzung für die Erbringung fußballerischer Leistungen gedeutet werden. Weitere Beispiele neben der Reaktionsgeschwindigkeit sind Disziplin, die „Einstellung" bzw. der „Charakter", Einsatzwille, Kampfbereitschaft, Persönlichkeit, Teamfähigkeit, soziale Kompetenzen und Willenskraft (vgl. z.B. Dok. 33: 169; Dok. 46: 338; Dok. 48: 205; Dok. 71: 121ff.). Dieses Nebeneinander körperlicher und psycho-sozialer Leistungsmerkmale beschreibt ein Manager folgendermaßen:

> „Am liebsten ist uns ein pfeilschneller, 2-Meter-zwanzig-großer, absolut torsicherer und auch noch defensiv starker Mann, den es nirgendwo gibt. So, also muss man Abstriche machen. Jeder Spieler hat Stärken und Schwächen, und wir müssen den finden, der für uns am besten passt. Aber es spielt nicht nur die körperlichen und die fußballerischen Fähigkeiten eine Rolle, man muss eine Mannschaft natürlich auch schon sozial zusammensetzen. Also, wenn Sie jetzt – ich nenne es mal so – 20 Hasen in dieser Mannschaft haben, die alle prima mit dem Ball umgehen können, die spielen jetzt gegen eine Mannschaft, wo der erste dem sagt, „Ich breche dir nachher die Knochen!", und der andere kriegt einen Weinanfall, unserer, gegen elf Stück einen Weinanfall, dann können die noch so gut Fußball spielen, die treffen keinen Ball mehr, weil die Psyche eine Rolle spielt. Also müssen Sie eine Mannschaft zusammenstellen mit verschiedenen Charakteren. Da muss- da müssen die so genannten ein, zwei Sauhunde drin sein, die vor nichts Angst haben, die ne Mannschaft mitreißen können. Sie brauchen Spieler, die geführt werden müssen, d. h. die sich ein bisschen unterordnen, und Sie brauchen Spieler, die eine Mannschaft führen. Und da müssen Sie ein Konzert draus machen. Weil- wenn Sie elf Führungsspieler haben, die prügeln sich selber auf dem Feld, weil ja keiner dem anderen was sagen darf, weil das sind ja alles Führungsspieler. Also, muss eben so ein bisschen der Mix stimmen." (Dok. 2: 559ff.)

In dieser Beschreibung werden zunächst „körperliche und fußballerische Fähigkeiten" wie Schnelligkeit, Kraft, Größe und Torsicherheit aufgeführt, die alle relativ gut mess- und

---

[269] Zu der in den USA bzw. anderen Sportarten wesentlich differenzierteren Praxis der Quantifizierung vgl. Werron 2005b, 2007.

quantifizierbar sind. Daneben wird aber auch die Bedeutung psycho-sozialer Kompetenzen für die Zusammenstellung einer Mannschaft betont. Neben den rein fußballerischen Fähigkeiten müsse auch auf die soziale Zusammensetzung der Mannschaft geachtet werden. „Psyche" und „Charakter" der Spieler werden also offenbar als notwendige Voraussetzung für die Erbringung fußballerischer Leistung gedeutet. Damit sind auch so genannte Sekundärtugenden wie Engagement, Einsatzwille und Leidenschaft gemeint, die von den Spielern erwartet werden und als Grundlage fußballerischen Erfolgs verstanden werden. Dass angemessenes Engagement als Voraussetzung für Leistung gedeutet wird, lässt sich auch aus den im Fußball verbreiteten Semantiken vom „Arbeitssieg" oder dem „Erarbeiten" eines Erfolgs ableiten. Mentale Fähigkeiten wie Motivation, Kampfbereitschaft und „Willenskraft" werden im Fußball also als Leistungsvoraussetzungen zugerechnet, für deren Ausbildung und Training vielfach sogar eigens Trainer oder Psychologen engagiert werden, die sich mit den seelischen Befindlichkeiten der Spieler und ihren sozialen Beziehungen untereinander zu befassen haben (vgl. auch Dok. 79: 282ff.).

> „Wir haben ja jemanden eingestellt, der nicht als ‚Leistungscoach' wird- der von vielen als ‚Mentalcoach' als wie auch immer bezeichnet wird, der halt jeden Mensch .. als Einheit sieht, was Körper, Geist, Seele betrifft und eben bestimmte Dinge auch gruppendynamisch, mannschaftsdynamisch und so was angeht. Und da gehört natürlich auch dazu, sich mit jedem Einzelnen individuell zu beschäftigen (…)." (Dok. 69: 77)

Hier wird entgegen der von der Theorie unterstellten einseitigen Betonung des Körpers ein eher ganzheitliches Bild fußballerischer Leistungen beschrieben, bei dem der Spieler „als Einheit" von „Körper, Geist, Seele" verstanden wird. Dabei wird die mentale Leistungsfähigkeit offenbar analog zu physischen Fertigkeiten als trainierbar verstanden, was dann allerdings nicht mehr in der Einheit von Körper und Seele geschieht, sondern arbeitsteilig durch funktional spezialisierte Trainer erledigt wird.

In einem der anderen von mir untersuchten Vereine hatte eine derartige Ausdifferenzierung der Arbeitsaufgaben noch nicht stattgefunden, und der Cheftrainer erfüllte zusätzlich die Rolle des Mentalcoachs, das lässt sich z.B. am folgenden Ausschnitt eines Beobachtungsprotokolls erkennen, der die Ansprache des Trainers an die Mannschaft vor einem Spiel wiedergibt. Hier versucht er die Spieler zu motivieren, indem er an ihr Engagement und sog. Sekundärtugenden wie Kampfbereitschaft und Einsatzwillen appelliert:

> „Sie seien eine Mannschaft, und hierbei gehe es um „Solidarität, Teamgeist und Komplementarität". Er zeigt wieder auf den Aufstellungsplan, hier werde in Paaren gespielt. Sie seien aufeinander angewiesen, wenn der eine laufe, müsse auch der andere laufen. Und er wolle nicht sehen, dass da einer hinterher hänge oder den anderen die Arbeit machen lasse. Er wolle keine „faule Bande". Dann geht er auf die Hinrunde ein, dabei spricht er in der Vergangenheit. Sie seien stark gewesen. „Wir waren clean im Kopf". Man hätte mit einem guten Konzept gespielt, sich richtig angestrengt und dafür auch viel Lob kassiert. Aber ab jetzt sei die Vorrunde vergessen, „ab heute zählt's!" (Dok. 38: 25)

Der größte Teil derartiger Ansprachen vor einem Spiel besteht nicht etwa darin, die Spieler an einstudierte Techniken oder körperliche Trainingserfolge zu erinnern oder von ihnen ein technisch versiertes Fußballspiel zu fordern, sondern sie anzufeuern und zu „absolutem Engagement" zu verpflichten. Das versucht der Trainer in diesem Beispiel durch eine Mischung aus aufmunternden Sprüchen und militärischem Befehlston zu erreichen: Zunächst

3.2 Das Leistungsprinzip im Fußball

betont er die wechselseitige Abhängigkeit bzw. Angewiesenheit der Spieler aufeinander und beschwört den mannschaftlichen Zusammenhalt. Auf dieser Basis formuliert er dann wiederholt den Appell an die gesamte Mannschaft, sich anzustrengen und hart für den Erfolg zu arbeiten. Diese Forderung variiert in ihrer Direktheit und Intensität sowie in der sprachlichen Ausdrucksform: Zunächst argumentiert er mit der Solidarität unter Mannschaftskollegen, um deren Willen gelaufen werden müsse, dann formuliert er diese Forderung als seinen eigenen Wunsch an die Spieler, wofür er allerdings die Form der Negationen wählt. Er sagt, was er nicht will, und das ist wie bereits die anfängliche Berufung auf Solidarität und Teamgeist moralisch aufgeladen: Denn wer will schon vorgeworfen bekommen, faul zu sein und als jemand gelten, der die Arbeit von anderen erledigen lässt? Im Ganzen wird deutlich, dass es in dieser Passage weniger um die körperliche als vielmehr die mentale Leistungsfähigkeit der Spieler geht. Das drückt sich ebenfalls in der verwendeten Umschreibung aus, „clean im Kopf" zu sein.

Die Berücksichtigung von Merkmalen wie „Charakter" oder „Einstellung" impliziert außerdem, dass die Spieler keinesfalls nur in Bezug auf isolierte Leistungskriterien im Rahmen ihrer Funktionsrolle beurteilt werden, sondern auch in Bezug auf vermutete Leistungsvoraussetzungen, die die ganze Person betreffen. Dass es nicht nur um die Rollenverpflichtungen als Fußballer geht, sondern gleichzeitig auch funktionssystemexterne Rollen relevant gemacht werden, wurde bereits bei der Untersuchung der besonderen Bedeutung des Körpers im Fußball festgestellt (vgl. Kap. 3.1). Durch die Beobachtung und Relevantsetzung von Personen kann die Komplexität zukünftiger Verhaltenserwartungen und Erwartungserwartungen deutlich reduziert werden. Eine weitere Komplexitätsreduktion kann durch die Darstellung einer Person als Repräsentant eines Kollektivs bzw. sozialen Typus' erreicht werden: Dann werden nicht mehr Individuen wahrgenommen, sondern ein Mann, eine Frau, ein Ausländer oder ein Deutscher. Im Fußball scheint sich die Beobachtung der Spieler also häufig nicht nur an der Funktionsrolle, sondern an der Person zu orientieren.

Personenmerkmale bzw. psycho-soziale Fähigkeiten lassen sich jedoch nur sehr schlecht messen oder gar quantifizieren. Sowohl „Charakter" als auch „Moral" bleiben in den Beschreibungen sehr diffuse Kategorisierungen, für die sich keine klaren Kriterien der Zuweisung angeben lassen.[270] Vielmehr scheint die Messung derartiger Merkmale vor allem der subjektiven Beurteilung zu unterliegen; und die wiederum benötigt Indikatoren, mit deren Hilfe der Charakter eines Spielers sichtbar gemacht wird. So verweist ein Manager auf die Außendarstellung der Spieler, die ihm offenbar dabei hilft, dessen innere Werte zu beurteilen:

> „Ja, Moral das ist ja- die Moral eines Spielers die- das ist ja der Charakter, den er hat, wenn man ihn spielen sieht. Ja, das ist ja die Moral, die ein Spieler hat, wenn man hinten liegt, ob er sich dann hängen lässt, oder ob er dann noch mal versucht, die anderen zu motivieren. Das ist aber, glaube ich, bei jüngeren Spielern eher ne Geschichte, die hat er in sich, die muss er aber entwickeln. Jeder Spieler entwickelt eine gewisse.., ja, „Moral". Moral – festgemacht jetzt an was? An Spielständen oder grundsätzlich, oder..? Ja, das ist- Moral hat man dann, wenn man ein Spiel umbiegt. Dann sagen ja viele, oh, die haben aber Moral bewiesen oder wehren sich gegen verschiedene negative Dinge. So, und ich glaube, das lernt man erst kennen, wenn man den Spieler

---

[270] In einer ethnographischen Untersuchung englischer Fußballprofis arbeitet Roderick (2006: 35ff.) folgende zentralen Bestandteile der vom Management geforderten „good professional attitude" heraus: Kampfgeist, Spielen trotz Verletzungen und Schmerzen, „hard work", „desire to win" und „the willingness (…) to sacrifice personal achievement and glory for the good of the team" (Roderick 2006: 36ff.).

> wirklich länger bei sich hat. Wann Spieler Moral hat. Das sehe ich nicht in zwei, drei Spielen. Ich sehe zwar einen gewissen Charakter, den der Spieler hat, ob er kampfstark ist, ob er Gas gibt, ob er neunzig Minuten marschieren kann, oder ob er sich hängen lässt wenn es 0:3 steht. Das sind alles natürlich Kriterien, die irgendwo als Puzzle zusammengefügt werden, und dann letztendlich dazu führen, dass man Entscheidungen trifft." (Dok. 29: 115)

Aus diesen Ausführungen wird deutlich, dass es bei der Einschätzung der Moral um die Beurteilung der ganzen Persönlichkeit eines Menschen geht, es wird sogar versucht, die zukünftige Persönlichkeitsentwicklung des Spielers zu antizipieren. Außerdem sei eine derartige Beurteilung der Spieler erst auf der Basis gemeinsam verbrachter Zeit möglich, aber keinesfalls „in zwei, drei Spielen" und entsprechend auch nicht innerhalb eines Vorstellungsgesprächs. Willenskraft und Charakter werden offenbar nur in besonderen Situationen sichtbar, in denen Handlungen folgenreich und ungewiss sind und etwas auf dem Spiel steht.[271] Beispiele hierfür sind Mut und Gelassenheit beim Elfmeterschießen, ausdauernde Kampfbereitschaft, selbst bei klar überlegenen Gegnern oder weiter zu spielen trotz Schmerzen und Erschöpfung, oder aber der Versuchung zu widerstehen, immer zum meistbietenden Verein zu wechseln (vgl. Birrell 1981; Goffman 1973f: 237ff.).

> „Er [der Charakter; M.M.] bezieht sich einerseits auf das Wesentliche und Unverwechselbare eines Menschen, auf das, was *charakteristisch* an ihm ist. Andererseits bezieht er sich auf Eigenschaften, die in schicksalhaften Augenblicken geschaffen und zerstört werden können. Von diesem Standpunkt aus gesehen kann jemand sich so verhalten, daß er die Charaktereigenschaften, die ihm später eigen sind, festlegt; er kann so handeln, daß er schafft und begründet, was ihm dann zugeschrieben wird. (…) Also ein Paradox: Charakter ist beides, unveränderlich und veränderbar." (Goffman 1973f.: 258)

Beim Charakter eines Menschen handelt es sich in der Wahrnehmung der Beobachter um ein askriptives, invariantes Personenmerkmal, das jedoch innerhalb bestimmter Bewährungssituationen zuvor erworben werden muss. Wenn ein Charakter aber nur im Rahmen von Krisen oder nach langen Jahren persönlicher Bekanntschaft sichtbar wird, muss für seine Messung bzw. Beurteilung auf andere, auch kurzfristig beobachtbare Indikatoren zurückgegriffen werden. Hier scheinen sich andere Personenmerkmale, wie z.B. die ethnische oder die nationale Herkunft der Spieler geradezu anzubieten, da häufig vermutet wird, dass sie irgendwie mit dem Charakter einer Person zusammenhängen. Mit der Typisierung[272] eines Menschen (bzw. Spielers) als Mitglied bzw. Repräsentant eines sozialen Kollektivs ist nämlich regelmäßig auch die Zuschreibung bestimmter Verhaltensweisen und Eigenarten verbunden (vgl. Kap. 3.4.3 Nationale und ethnische Mitgliedschaftskategorien bei der Beobachtung und Zurechnung fußballerischer Leistung). Auf diese Weise können die ethnische und/oder die nationale Zugehörigkeit eines Spielers, die zunächst als Indikatoren für bestimmte Charaktereigenschaften gedeutet werden, die wiederum als Voraussetzung für die Erbringung fußballerischer Leistung gelten, letztlich zu relevanten Faktoren für die Rekrutierung dieses Spielers werden. Über diesen Umweg der subjektiven Bewertung bei der Leistungszurechnung können also unter bestimmten Umständen askriptive

---

[271] Goffman (1973f: 259) beschreibt derartige Bewährungsproben als „action" bzw. „auf das Selbst gerichtete ritualisierte Beschwörung der moralischen Szene".
[272] Zum Vorgang der Typisierung von Handlungen und Akteuren als Prozess der Herstellung eines Sinnzusammenhangs vgl. Schütz/Luckmann 1975: 24ff.; Berger/Luckmann 1980: 58.

3.2 Das Leistungsprinzip im Fußball

Merkmale eine Bedeutung für die Frage der Inklusion in die Leistungsrollen erlangen. Wie genau dieser Prozess abläuft bzw. welche Randbedingungen ihn begünstigen, ist Gegenstand des nächsten Kapitels (vgl. Kap. 3.3 Nationale Differenzierungen bei der Spielerrekrutierung).

Zuvor soll jedoch noch der Zusammenhang zwischen den beiden Ebenen von Mannschafts- und Einzelleistung abschließend beschrieben werden. In den Darstellungen der Fußballer fällt regelmäßig auf, dass beide Leistungsebenen keineswegs immer kongruent wahrgenommen werden, d.h., dass z.B. die Leistung einer Mannschaft als unter den Erwartungen bleibend beobachtet wird, während einzelnen Spielern eine hervorragende Leistung attestiert wird (so z.B. in einer Traineransprache nach einer 0:5 Niederlage vgl. Dok. 39: 17). Andersherum kommt es auch vor, dass eine Mannschaft ein Spiel gewinnt, obwohl jeder einzelne Spieler keine gute Bewertung erhält. In gewisser Weise wird der Mannschaftserfolg also unabhängig von den Einzelleistungen interpretiert, die Leistung der Mannschaft erscheint als eigenständige emergente und nicht auf Einzelleistungen reduzierbare Ebene. Diese Vorstellung scheint in der Fußballwelt relativ weit verbreitet[273] und wird von einem der Wolfsburger Manager bei einem Vergleich seiner Mannschaft mit den Spielern von Mainz 05 folgendermaßen auf den Punkt gebracht:

„Die Frage ist, ob die Mannschaftsleistung, die auf dem Platz gebracht werden kann, noch mehr ist als die Summe der Individualleistungen. Das ist der entscheidende Punkt im Fußball. Individuell muss unsere Mannschaft deutlich besser sein als Mainz. (..) Wenn Sie da 20 Spieler nebeneinander legen, dann müssen wir bei 18 Spielern besser sein als Mainz. Das heißt aber natürlich nicht, dass die Mannschaftsleistung besser ist als die Mainzer Mannschaftsleistung. Deshalb ist die Frage immer: Gelingt es, aus der Summe der Einzelleistungen ein höheres Ergebnis zu erzielen als als Mannschaftsleistung?" (Dok. 66: 153)

Hier beschreibt der Befragte sehr eindrücklich die Unberechenbarkeit und Kontingenz der Mannschaftsleistung in Bezug auf die Einzelleistungen der Spieler. Denn selbst wenn jeder einzelne Spieler einer Mannschaft besser sei als die der gegnerischen Mannschaft, seien doch nicht automatisch Rückschlüsse auf die Mannschaftsleistung erlaubt.[274] In dieser Unvorhersehbarkeit liegt für ihn „der entscheidende Punkt im Fußball": Demnach besteht die große Aufgabe darin, Einzelleistungen in eine Mannschaftsleistung umzuwandeln. Zu einer ähnlichen Deutung kommt der Wolfsburger Sportdirektor:

„Weil die Einzelqualität des Spielers ist .. sehr gut, aber.. eine Mannschaft macht halt mehr aus als elfmal was zusammenzuzählen, zu sagen ‚der ist so gut und der ist so gut und am Ende hab' ich nen Betrag 'rausgerechnet', aber eine Mannschaft ist mehr als die Summe der Einzelspieler." (Dok. 69: 223)

---

[273] Diese Deutung spiegelt sich auch in den von vielen Trainern verwendeten kollektiven Motivationsritualen, wie sie in Kap. 3.1.5 beschrieben wurden. Vgl. dazu auch die Beschreibungen Durkheims (1994 [1912]: 289) zur emergenten, das Individuum transzendierenden Kraft der Gesellschaft, die in Form religiöser Gruppenrituale verdichtet wird und den Einzelnen zu Akten befähigt, „deren wir unfähig sind, wenn wir auf unsere Kraft allein angewiesen sind."
[274] Damit beschreibt der Manager eines der zentralen Probleme seines Klubs, dessen Spieler – zumindest wenn man von der Höhe ihrer Gehaltsforderungen und ihrer internationalen Erfahrung auf ihre Leistungsfähigkeit schließen darf – allesamt hätten besser sein müssen als die deutlich unerfahreneren und preiswerteren Spieler des 1. FSV Mainz 05. Tatsächlich beendete der VfL Wolfsburg die Saison 2004/05 jedoch nur mit fünf Punkten vor den Mainzern auf Platz 9 der Tabelle. Mainz 05 belegte Platz 11.

Zusammenfassend lässt sich bisher festhalten, dass individuelle fußballerische Leistungen sich nicht einfach addieren lassen. Es bleibt jedoch unklar, wie die Befragten überhaupt zu einer eindeutigen Hierarchisierung individueller Leistungen kommen, da die Messbarkeit von Einzelleistungen im Fußball im Gegensatz zur Eindeutigkeit der Mannschaftsleistung (Anzahl der Tore) keineswegs problemlos ist. Des Weiteren konnte festgestellt werden, dass Zuschreibung und Bewertung von Leistung variieren können, je nachdem ob Bezug auf die Ebene individueller oder kollektiver Leistungen genommen wird. Auch einzelne Spieler können hinsichtlich ihrer Leistungsfähigkeit in Bezug auf ihre Mannschaftsleistung beurteilt werden, z.B. anhand von Kriterien wie Teamfähigkeit oder soziale Kompetenz (vgl. Dok. 67: 24). Entsprechend kann ein individuell in Bezug auf Ballbeherrschung und taktisches Verständnis als hervorragend bewerteter Spieler aufgrund mangelnder Teamfähigkeit (z.B. seiner Weigerung deutsch zu lernen) unter Berufung auf das Leistungsprinzip exkludiert werden.

Doch bevor die Frage nach der kontextabhängigen Bedeutungsvarianz des Leistungsbegriffs weiter geklärt werden kann, folgen zunächst ein paar Überlegungen zur Kontingenz der Mannschaftsleistung im Fußball, auf die in den vorangegangenen Zitaten wiederholt hingewiesen wurde.

3.2.2.2 Exkurs: Die Kontingenz fußballerischen Erfolgs

> „Zuerst hatten wir kein Glück, und dann kam auch noch das Pech dazu."
> (Jürgen Wegmann)

Die mangelnde Vorhersagbarkeit der Mannschaftsleistung wird vor allem von den verantwortlichen Vereinsfunktionären als Problem wahrgenommen. Auf der anderen Seite stellt eben diese Spannung von „Leistungsintentionalität und Ergebniskontingenz" für das Publikum einen großen Nervenkitzel dar, der den Fußball als Zuschauersportart vermutlich so attraktiv macht (vgl. Werron 2005a: 272f.). Dieser Sachverhalt spiegelt sich auch in der Selbstwahrnehmung der Fußballer; so erklärt ein Manager:

> „Im Fußball entscheidet ein Millimeter. Wenn Sie den Ball gegen den Pfosten schießen, wie es uns letztes Jahr passiert is, äh, sind Sie in der Zweiten Liga, und verlieren zwanzig Millionen Euro. Wenn der Ball zwei Zentimeter weiter- oder zwei Millimeter weiter links gewesen wäre, hätten wir zwanzig Millionen Euro auf dem Konto gehabt und wären in der Bundesliga gewesen. Im Unternehmen schwer nachvollziehbar, dass so ne Entscheidung jetzt an Millimetern- von Millimetern abhängig is." (Dok. 2: 73ff.)

Der Erfolg im Fußball entscheide sich an Millimetern, und die werden vermutlich nicht als Ergebnis intentionalen Handelns betrachtet. Um die Auswirkungen derartiger Millimeterentscheidungen aufzuzeigen, verweist der Befragte auf die finanziellen Folgen fußballerischer Niederlagen. Die relevanten Einflussfaktoren sind so zahlreich und unberechenbar, dass sich der Ausgang eines Spiels weder innerhalb derselben Leistungsklasse noch beim Aufeinandertreffen von Mannschaften unterschiedlicher Leistungsklassen 100-prozentig voraussagen lässt. Diese Unvorhersehbarkeit macht einen Wettbewerb wie den DFB-Pokal überhaupt erst möglich, in dem regelmäßig Amateure gegen Bundesligaprofis antreten und den vor allem das Prinzip des David-gegen-Goliath-Kampfes für die Zuschauer reizvoll macht. In der fol-

3.2 Das Leistungsprinzip im Fußball

genden Interviewpassage beschreibt der Manager von Mainz 05 die Niederlage seiner Mannschaft in einem Pokalspiel gegen einen Amateurverein aus der Oberliga:

> „Unsere zweite Mannschaft hätte dort nicht verloren, bin ich mir ganz sicher. Aber unsere.. die haben da so mit gekickt und haben gedacht, irgendwann schießen sie mal ein Tor, so hat das ausgesehen. Also die anderen kamen nie in die Nähe von unserem Tor, aber ähm irgendwann haben die mit elf Mann praktisch auf der Torlinie gestanden, und wir haben das Ding nicht da rein geschossen, und dann kam Elfmeterschießen. So passiert's, und dann is klar, da verliert man so ein Ding. Das war auch absolut berechtigt. Im Endeffekt habe ich mich für die Jungs da gefreut von Velbert, die waren ja alle, die Hälfte war mit Übergewicht sind die da rum gelaufen und gewinnen dann gegen unsere hoch bezahlten Profis, ja. Das war für die natürlich das größte überhaupt. Und das haben sie auch verdient gehabt." (Dok. 2: 278ff.)

Er beschreibt, dass es auch bei „hoch bezahlten Profis" nicht ausreiche, einfach „so mitzukicken" und darauf zu vertrauen, dass irgendwann automatisch ein Tor fallen werde. Einen solchen Automatismus scheint es im Fußball nicht zu geben, und die bereits erwähnten fehlenden Millimeter bzw. etwas Pech resultieren dann in einer Niederlage des Favoriten. Das konnte offenbar weder durch Training und Prämien bei den Profis noch das Übergewicht der Amateure verhindert werden. Interessanterweise wird einerseits zwar deutlich auf die Kontingenz des ausgebliebenen Erfolgs verwiesen, man hatte offensichtlich auch einfach ein bisschen mehr Pech als der Gegner, andererseits deutet er die Niederlage seiner Mannschaft bzw. den Gewinn der Amateure aber auch als „verdient". Glück bzw. Pech scheinen also als legitime Einflussfaktoren wahrgenommen zu werden.

In dieser Darstellung spiegelt sich außerdem noch einmal die bereits beschriebene Nicht-Übertragbarkeit fußballerischer Leistung: So ist es nicht nur theoretisch möglich, dass ein Drittligist den aktuellen Tabellenführer der Bundesliga aus dem Wettbewerb kickt, um dann gegen eine Mannschaft auszuscheiden, die zuvor gegen den Tabellenführer verloren hat. In dieser Nicht-Transitivität der Leistung liegt der besondere Reiz großer internationaler Fußballturniere wie der Weltmeisterschaft: So kann eine Mannschaft im Vorfeld solcher Großveranstaltungen auch Spiele verlieren und trotzdem Weltmeister werden. Solche Ergebnisse werden dann von Beobachtern gerne durch Verweis auf die typischen Eigenschaften einer „Turniermannschaft"[275] erklärt:

> „(...) wenn man die Geschichte der- des deutschen Fußballs sieht, sind wir *immer* eine Mannschaft gewesen, die über mannschaftliche Geschlossenheit, über Teamgeist, über Taktik, über Kampfkraft, über Kondition Spiele und Turniere gewonnen hat. Wenn man Brasilien oder Argentinien oder diese Nationen sieht, dann haben die ihre Titel über spielerische Dinge .. gewonnen, weil sie *überragende* Spieler in ihrer Mannschaft hatten, die Einzelqualität hatten, oder weil sie.. ja übers Spiel halt ihren Gegner besiegt haben und wir haben's meist über die mannschaftliche Geschlossenheit geschafft, auch in den großen Phasen bei Franz Beckenbauer oder diesen Spielern." (Dok. 69: 219)

In dieser Beschreibung werden der deutschen Nationalmannschaft bestimmte Tugenden bzw. Fähigkeiten wie „Teamgeist", „Taktik und „Kampfkraft" zugeschrieben. Unklar bleibt

---

[275] Diese Qualität wird unter Verweis auf den „Geist von Spiez" und das darauf folgende „Wunder von Bern" immer wieder der deutschen Nationalmannschaft zugesprochen. Das bedeutet, dass eine Mannschaft aufgrund der Kasernierung im Vorfeld eines solchen Turniers und des dadurch entstehenden Teamgeistes und Motivation, eine deutliche Leistungssteigerung erfährt (vgl. Kap. 3.1.4 Exkurs: Der Profifußballverein als totale Institution).

jedoch, inwiefern man einer Mannschaft derartige Personeneigenschaften zusprechen kann, oder ob diese Fähigkeiten eher bei den einzelnen Spielern verortet werden. Hierbei werden deutsche mit südamerikanischen Spielern kontrastiert, denen offenbar größere individuelle fußballerische Leistungsfähigkeit zugeschrieben werden (vgl. Kap. 3.3.1 Ethnische und nationale Zugehörigkeit als Indikator bei der Zuschreibung fußballerischer Leistungsfähigkeit). Individuelle Leistungen können in der Wahrnehmung also offensichtlich durch bestimmte Gruppendynamiken ausgeglichen werden oder anders formuliert: Teamgeist und mannschaftliche Geschlossenheit werden als funktionale Äquivalente fußballerischer Leistungsfähigkeit gedeutet.

Die Unvorhersehbarkeit des Spiels kann auch nicht mit Hilfe finanzieller Mittel geheilt werden. Denn obwohl sich Korrelationen zwischen der Höhe des Spieleretats und dem sportlichen Erfolg eines Vereins feststellen lassen, ist die Finanzkraft der Klubs nicht immer die entscheidende Determinante (vgl. Fricke 2005: 30). So ist eine Mannschaft aus den besten und teuersten Spielern offenbar kein Garant für den Gewinn eines Spiels. Diese Unklarheiten bzgl. des Zusammenhangs von Finanzkraft und Erfolg werden auch von den Befragten klar benannt:

„Nee, den Erfolg kann man nicht kaufen, aber man muss ja die Mannschaft kaufen. Den Erfolg kann man nicht kaufen, man kann sich die Mannschaft kaufen. Aber man sieht's ja auch an Borussia Dortmund, auch an anderen Vereinen, die viel investiert haben und im unteren Drittel spielen." (Dok. 62: 17)

Fußballerischer Erfolg sei nicht käuflich, und selbst reiche Klubs scheinen teure Fehleinkäufe zu tätigen, die nicht zum erhofften Erfolg beitragen. Finanzielles Kapital lässt sich also nicht unmittelbar und zwangsläufig in sportliche Leistung konvertieren. Interessanterweise spricht der Befragte davon, dass „die Mannschaft" gekauft werde. Dabei werden in der Regel nur einzelne Spieler und keine fertigen Mannschaften verpflichtet. Es bleibt also unklar, ob sich die Unvorhersehbarkeit bzw. Nicht-Käuflichkeit der Leistung in dieser Aussage auch auf die individuelle Leistungsebene bezieht.

Die Frage, warum eine Mannschaft mal erfolgreich ist und mal nicht, ist selbst für erfahrene Fußballexperten eine Gleichung mit zu vielen Unbekannten. Daher wird meist nicht von klaren kausalen Zusammenhängen, sondern eher von Wahrscheinlichkeiten gesprochen:

„Fußball ist ja immer so: Man kann den Erfolg ja nicht erzwingen. Man kann eines machen: Man kann *Wahrscheinlichkeiten* erhöhen. *Erfolgs*wahrscheinlichkeiten erhöhen." (Dok. 79: 312)

Ein Trainer fasst die Kontingenz im Fußball folgendermaßen zusammen:

„Sportlich kann man mich nicht enttäuschen, weil da weiß ich einfach, dass- es is alles möglich. Das kann der beste Fußball der Welt sein, und es klappt halt nicht, und dann sieht es völlig beschissen aus." (Dok. 4: 70)

Auf diese Weise wird die Unvorhersehbarkeit und Unberechenbarkeit fußballerischer Leistung zur Entlastung der Spieler umgedeutet. Niederlagen und schlechte Leistungen können demnach immer auch einfach als Pech ausgelegt werden. Entsprechend beschreibt ein Jour-

3.2 Das Leistungsprinzip im Fußball

nalist Fußball als ständiges Streben nach „Kontingenzüberwindung": Seiner Meinung nach besteht

> „jedes Fußballspiel (..) aus einem Zusammenprall von purem Zufall und strategischem Bemühen (..). Selbst der genialste Spielzug garantiert ja nicht den Torerfolg; aber der dümmste Dusel kann Ursache für den totalen Triumph sein. Philosophisch gesehen, bestehen selbst die erfolgreichsten 90 Minuten aus einer Aneinanderreihung „krisenhafter und darum notorisch riskanter Leistungen" (so der Philosoph Martin Seel). Daraus lässt sich die Schlussfolgerung ziehen, dass das Fußballspiel für jeden der 22 Akteure die Konfrontation mit dem Ungewissen heraufbeschwört. Jedes Match beruht auf der ununterbrochenen Anstrengung, das Zufällige zu minimieren. Denn das Fußballspiel ist alles, was an Kontingenz der Fall ist." (Thomas 2004, S. 17)

Sieg oder Niederlage resultieren in der Wahrnehmung der Beteiligten offenbar nicht zwangsläufig aus intentionaler Leistung: Was im Fußball passiert, wird also nicht immer als Handeln der Akteure, sondern häufig auch als das Erleben von Glück, Pech, Schicksal oder Fügung durch höhere Mächte gedeutet (vgl. Dok. 9: 55): „Wir haben jetzt mal 'nen schwarzen Tag gezogen." (Dok. 39: 20) Die Ursache für Sieg oder Niederlage wird also an unterschiedlichen Stellen lokalisiert: Einmal kann das Spielgeschehen den Spielern als Handlung zugerechnet und ein anderes Mal der Umwelt in Form „höherer Mächte" zugeschrieben werden (vgl. Luhmann 2005c [1981]). Gewinnen und Verlieren kann also von beiden Seiten sowohl als Handlung – und damit mehr oder weniger als „verdiente(r)" Sieg oder Niederlage – als auch als bloßes Erleben beobachtet werden. In dieser Wahrnehmung gewinnt nicht immer die bessere Mannschaft, sondern manchmal auch die glücklichere – oder eben die mit weniger Pech.

Zur Bewältigung dieser Spannung zwischen „Leistungsintentionalität und Ergebniskontingenz" (Werron 2005a) lassen sich vor allem bei den Spielern unterschiedliche Strategien beobachten. Häufig werden z.B. bestimmte Handlungen vor einem Spiel zwanghaft wiederholt, wenn nach deren erstmaliger Durchführung ein Spiel gewonnen oder ein Tor geschossen wurde.

> Spieler 1: „(…) Wir hatten letztes Jahr, da war es bei uns so, ich war ja noch in Dresden letztes Jahr, da hatten wir- da haben wir immer im Eckchen fünf gegen fünf gespielt vorm Spiel, und dann hat ein gewisser Spieler die Leibchen immer reingebracht. Nicht weil er der Jüngste war, weil der Trainer es irgendwo einmal gemacht hat, und dann ist es irgendwo hängen geblieben. Der war immer der, der die Bälle- der eine hat immer die Bälle reingebracht, und der andere hat nur die Leibchen- das war einfach irgendwo- kein anderer is hingegangen, hat gesagt ‚Trainer, ich nehm' jetzt die Leibchen!' Sondern der eine is hingegangen und hat das gemacht. Das war einfach- is irgendwo hängen geblieben-"
>
> Spieler 2: „Es kann sein, dass einmal hat er so gesagt und nachher nach zwei Tage später, die Mannschaft hat gewonnen. Und dann hat Trainer gesagt, okay, wir behalten das so. .. das kann sein." (Dok. 25: 982ff.)

Man betritt in einer bestimmten Reihenfolge oder mit einem bestimmten Fuß zuerst den Platz[276], hat eine festgelegte Ordnung beim Anziehen von Schuhen und Stutzen, klatscht sich genau dreimal gegenseitig ab, nimmt immer die dritte Dusche von links, hört immer

---

[276] So wird von Toni Polster berichtet, dass er aufgrund seines Aberglaubens immer als Drittletzter den Platz betreten musste (vgl. Eichler 2006: 262).

dasselbe Lied vorm Spiel, hat denselben Zimmergenossen etc. (vgl. Dok. 21: 46; Dok. 46: 194; Dok. 25: 936; Eichler 2006: 262). Stellenweise lassen sich bei derartigen *Ritualen der Kontingenzbewältigung* zwanghafte Züge beobachten, so z.B. beim Sich-gegenseitig-Glück-Wünschen, wenn jeder jeden berührt haben muss (vgl. Kap. 3.1.2 Berührungssysteme im Fußball) oder es eine bestimmte Anzahl von Widerholungen einer Handlung geben muss, z.B. dreimal den Ball ins leere Tor schieben (vgl. Dok. 15: 60ff.). Eine weitere sehr beliebte Strategie der Spieler ist es, während einer Siegesserie die Kleidung nicht zu wechseln: So berichtet beispielsweise der Torwart Lars Leese in seiner Biographie, wie er gemeinsam mit seiner Mannschaft an die „gewinnbringende Kraft" einer „Genschman-Unterhose" glaubte, die er zu jedem Spiel tragen musste (Reng 2003: 40). Dasselbe gilt natürlich auch andersherum, d.h. Tätigkeiten und Gegenstände, die mit einer Niederlage assoziiert werden, werden in Zukunft gemieden:

> „Wir hatten früher immer blau und haben mit dieser dritten Farbe immer verloren. Das is schon Aberglaube gewesen, da haben wir irgendwann gesagt, wir müssen was anderes machen." (Dok. 9: 210)

Mittels derartiger abergläubischer Rituale soll offenbar Einfluss auf das Geschehen in Form von Handlungen als Reaktion auf Erleben genommen werden, so z.B. durch den Besitz bestimmter Utensilien wie Glücksbringer oder Talismane (vgl. z.B. Dok. 15: 327). Andere beziehen die Rituale direkt auf Gott und versuchen offenbar, die Unsicherheiten mit Hilfe des christlichen Glaubens zu überwinden: Sie bekreuzigen sich beim Betreten des Rasens, beten zu Gott oder bedanken sich bei Jesus mittels Nachrichten auf ihrem Unterhemd, das sie im Torjubel ausziehen (vgl. Dok. 21: 74; Dok. 63: 21; Dok. 52: 195).

> „Also, bei mir ist das so, dass seitdem ich Fußball spiele, habe ich Gott bei mir, und dem bedanke ich noch mal, bevor ich auf den Platz gehe, indem ich dreimal Kreuze, also bevor ich auf den Platz gehe. (…) Vorm Spiel, wenn wir raus laufen. Zeige ich ihm, dass ich mit ihm rechne, 90 Minuten lang, und dass er mir helfen soll, das tue ich halt mit den Kreuzen." (Dok. 15: 64f.)

Für diesen Spieler bildet sein Glaube die Grundvoraussetzung, um seine Leistung bringen zu können. Indem er sich bekreuzigt, fordert er Gott auf, ihm zu helfen und schreibt seine fußballerischen Leistungen zu großen Teilen auch der Einwirkung Gottes zu. Das ist sein Weg, um mit Leistungsdruck, Erwartungsunsicherheit bzw. Leistungskontingenz fertig zu werden.

3.2.2.3 Vereinsmannschaft vs. Nationalmannschaft

Wir hatten bereits festgestellt, dass Zuschreibung und Beurteilung bzw. Messung von Leistung im Fußball sich je nach Kontext auf einzelne Spieler oder ganze Mannschaften beziehen und entsprechend unterschiedlich ausfallen können. Darüber hinaus lässt sich für die Beobachtung fußballerischer Leistung im Datenmaterial eine weitere Bezugsebene finden: die Leistung der Nationalmannschaft.

> „Wenn man aber unter dem Gesichtspunkt einer guten nationalen Mannschaft die Dinge betrachtet, dann wäre es wünschenswert, die Überfrachtung mit ausländischen Spielern – egal wo-

3.2 Das Leistungsprinzip im Fußball 219

> her sie kommen – nicht so deutlich zu haben. (…) Aber das ist ein Konflikt, den beispielsweise der Herr Klinsmann als Bundestrainer beklagt, den die Vorgänger beklagt haben: Zu wenig aus Deutschland kommt an hoch qualifizierten Leuten nach, weil die Ausländer in jüngeren Jahren oft schon weiter sind und dann die Positionen in den Bundesligavereinen besetzen, und unsere Nationalspieler sitzen teilweise auf der Ersatzbank. Das ist ein Widerspruch, wenn man jetzt für die Nationalmannschaft denkt. Aber wir müssen ja daran denken, wenn wir uns einig sind, dass die nächsten Jahrzehnte die Weltmeisterschaften auf nationaler Ebene durch die FIFA durchgeführt werden. Also dann spielt immer noch Deutschland gegen Marokko meinetwegen, und dann kommen diese marokkanischen Spieler dann natürlich in die Nationalmannschaft von Marokko. Aber in der Bundesliga, wo es darum geht, in dieser Klasse zu bestehen, zu überleben, musst du sofort die besten elf oder sechzehn, siebzehn Leute auf dem Platz haben, weil du sonst Gefahr läufst abzusteigen." (Dok. 48: 13)

Der Befragte antwortet hier auf eine Frage nach den aktuellen Ausländerbeschränkungen in der Bundesliga, die er unter Verweis auf das Leistungsprinzip legitimiert, wobei er als relevanten Leistungskontext den „Gesichtspunkt einer guten nationalen Mannschaft" nennt. Denn die Zulassungsbeschränkungen lassen sich aus der Perspektive der Bundesligaklubs kaum rechtfertigen: Wenn es darum geht, „die besten elf (…) Leute auf dem Platz" zu haben, dann erscheint es wenig rational, Spieler aufgrund ihrer nationalen Herkunft ungeachtet ihrer fußballerischer Leistungen von vorneherein auszuschließen. Wenn man aber nicht die Leistungsfähigkeit der Vereinsmannschaft, sondern die der Nationalmannschaft in den Vordergrund stellt, erscheint dieser Ausschluss rational und lässt sich problemlos mit dem Leistungsprinzip begründen. Erst mit Blick auf die Leistung der deutschen Nationalmannschaft werden nicht-deutsche Spieler als „Überfrachtung" wahrgenommen und die nationalen Grenzen erhalten primäre Relevanz bei der Beobachtung und Zuschreibung von Leistung.

Man spiele eben im Rahmen von Weltmeisterschaften und anderen wichtigen Turnieren immer noch „auf nationaler Ebene", entscheidend scheint hier also die Frage, wer gegen wen konkurriert: Bundesligaklubs, die grundsätzlich keine Rücksicht auf die nationale Herkunft ihrer Spieler nehmen müssen, oder nationale Auswahlmannschaften, für die nur Spieler des eigenen Nationalstaats spielberechtigt sind. In Bezug auf die rationalen Inklusionsvoraussetzungen besteht also ein Widerspruch zwischen Vereins- und Nationalmannschaft, der in der Praxis lange Zeit eher zugunsten der Nationalmannschaft gelöst wurde, d.h., der DFB und später die DFL erließen Ausländerbeschränkungen für die Bundesliga, die letztlich im Hinblick auf die große Bedeutung der Nationalmannschaft in Deutschland dafür sorgen sollten, dass junge deutsche Spieler gegenüber ihren ausländischen Kollegen bevorzugt wurden und Spielpraxis sammeln konnten (vgl. Kap. 1.4.3 Verbreitung und Entwicklung des Fußballs in Deutschland).

Der Zusammenhang zwischen Vereins- und Nationalmannschaft wird im folgenden Interviewausschnitt noch einmal vom Finanzmanager eines Bundesligavereins erläutert:

> „Das hat natürlich etwas mit Entwicklung von Nationalmannschaften zu tun. Und die Frage (…) ist eben: Wie kann ich es tendenziell- oder, ja tendenziell die Wahrscheinlichkeit erhöhen, dass die Nationalmannschaft leistungsfähiger ist. Wenn wir die Jugend entwickeln, wenn wir die Spielberechtigungen etwas beschränken.. Und es gibt ein nicht ganz von der Hand zu weisendes Argument in dem Zusammenhang, dass.. also die Beschränkungen in europäischen Nachbarländern, die es ja gibt – jedes Land hat irgendwelche Beschränkungen – dazu geführt haben, dass – und wir liberaler waren als die – dass wir relativ zurückgefallen sind. Das kann man nicht ganz von der Hand weisen. Weil die Leistungsstärke der Nationalmannschaft ist ja relativ zurückge-

fallen im Wettbewerb mit anderen europäischen Ländern. Und es gibt dabei natürlich auch Argumente, dass man sagt: Das liegt daran, weil ihr zu liberal wart. Dadurch haben junge Spieler keine Chance mehr, in die Kader und dann auch in die Aufstellung der- also die ersten Elf zu kommen, die dann zuerst mal auf dem Rasen stehen, und deswegen sind wir schlechter geworden als wir früher waren, relativ. Das ist immer ein Wettbewerbsargument. (...) Das ist sehr heftig diskutiert worden [in der DFL; M.M.]. Wobei, Sie müssen natürlich sehen, dass die Interessen der sechsunddreißig Profiklubs anders gelagert sind. Wir sind am Ende, im Grunde, wie eine Unternehmung zu betrachten, die auch kein Interesse daran hat, also zunächst einmal lokale Arbeitsplätze zu erhalten. Sondern die will, nehmen wir einmal an, wir wären börsennotiert, jedes Jahr eine Rendite erwirtschaften, die ich dann ausgeben kann oder auch nicht. So, und dann ist es mit doch schietegal als eine solche Unternehmung, ob ich das hier oder da oder woanders, sondern mein Ziel ist ja ein ganz anderes. Und es ist auch nicht primäres Ziel, zunächst einmal, von Arminia Bielefeld oder Bayern München für eine leistungsfähige Nationalmannschaft zu sorgen, ne. Sondern wir wollen als Unternehmung, die wir ja auch sind, erfolgreich sein, und mir ist es ehrlich gesagt dann zunächst einmal völlig egal, ob dazu ein XX [Name eines albanischen Spielers; M.M.] [lacht] beiträgt (...) oder-oder ein deutscher Spieler. Völlig Wurscht!" (Dok. 31: 129ff.)

Der Befragte gibt hier eine Diskussion in der DFL wieder, bei der offenbar die Ansicht vertreten wurde, dass sich die im Vergleich zu den europäischen Nachbarländern liberaleren Ausländerregelungen in Deutschland negativ auf die Leistungsfähigkeit der Nationalmannschaft ausgewirkt hätten („deswegen sind wir schlechter geworden, als wir früher waren").[277] Demnach geht es beim Fußball letztlich immer um die Beobachtung und den Vergleich fußballerischer Leistungen, diese Orientierung kann jedoch – je nach dem, wessen Leistungen beobachtet werden – in ganz unterschiedlichen Handlungen resultieren. Mit Blick auf die Nationalmannschaft erscheint ein hoher Ausländeranteil in der Bundesliga als ein Wettbewerbsnachteil für Deutschland. Vom Standpunkt der Bundesligaklubs aus seien jedoch weder die Erhaltung deutscher Arbeitsplätze noch die Leistungen der Nationalmannschaft relevante Einflussfaktoren für den fußballerischen Leistungsvergleich zwischen Fußballklubs. Man wolle einzig und allein „erfolgreich sein" – und zwar in sportlicher und wirtschaftlicher Hinsicht –, und dabei sei es „völlig Wurscht", aus welchem Land die dazu nötigen Spieler stammten.

Dieses Beispiel verdeutlicht die Flexibilität und Kontextabhängigkeit des Leistungsbegriffs, der je nach dem ob er sich auf kollektive oder individuelle Leistungen, auf Vereinsmannschaften oder die Nationalmannschaft bezieht, mit unterschiedlichen Konsequenzen für die Frage der sozialen Inklusion verbunden ist. So lässt sich je nach Kontext und Bezugspunkt selbst ein Ausschluss aufgrund askriptiver, zunächst nicht leistungsbezogener Kriterien wie der Nationalität mit dem Leistungsprinzip legitimieren.

3.2.3 Zwischenfazit: Leistungsprinzip revisited

Ausgangspunkt dieses Kapitels war die Feststellung, dass Leistung und Konkurrenz konstitutive Merkmale des Fußballs sind und dem Leistungsprinzip, auch wenn es als normatives Leitbild in praktisch allen Funktionssystemen der modernen, funktional differenzierten Gesellschaft vorkommt, im Sport besondere Bedeutung zukommt. So konnte anhand des

---

[277] Teile dieser Diskussion sind bei Büch (2001) dokumentiert.

3.2 Das Leistungsprinzip im Fußball

Datenmaterials gezeigt werden, dass es in den Beschreibungen, Organisationen und Strukturen des Spiel- und Wettkampfbetriebs in erster Linie um Beobachtung und Vergleich von Leistung geht. Bei einer genaueren Analyse der Verwendung des Leistungsbegriffs wurde jedoch deutlich, dass Zurechnung, Operationalisierung und Messung von Leistung unterschiedlich ausfallen können, je nach dem welche Bezugsebene beobachtet wird: So gibt es offensichtlich unterschiedliche Messkriterien und Regeln (Programmstrukturen) für die Leistungsmessung individueller bzw. kollektiver Leistungen im Fußball. Bei der Beobachtung von Mannschaftsleistungen wird außerdem noch einmal differenziert zwischen der Leistung von Vereins- und Nationalmannschaft. Zusammenfassend lässt sich feststellen, dass sich der Leistungsvergleich auf unterschiedliche Ebenen beziehen und daher keine eindeutige Definition fußballerischer Leistung gegeben werden kann.

Zurechnung und Messung von Leistungen erweisen sich als kontextabhängig, und es bleibt den Adressaten der Kommunikation überlassen, den situativ angemessenen Bedeutungszusammenhang bzw. die gemeinte Bezugsebene der Leistungszuschreibung erwartungsgemäß zuzuordnen. Dabei muss aus dem Kontext bzw. der Situation erschlossen werden, hinsichtlich welcher Bezugsebene die fußballerische Leistung jeweils beobachtet wird. Diese Kontextabhängigkeit der Bedeutung eines „Zeichens" wird in der Ethnomethodologie als „Indexikalität" bezeichnet (vgl. Garfinkel 1967: 4ff.; Patzelt 1987: 61ff.). Demnach handelt es sich beim Leistungsbegriff um eine indexikale Bezeichnung („indexical expression"), die innerhalb der Fußballkommunikation auf ganz verschiedene Bedeutungszusammenhänge verweisen kann und deren konkrete Deutung vom Interaktionspartner erkannt werden muss. Wenn aber je nach Bezugsebene der Leistungsbeobachtung unterschiedliche Handlungen und Fähigkeiten als Leistung zugerechnet werden können, scheint die Herstellung eindeutiger Leistungshierarchien im Sport doch nicht einfacher zu sein als in anderen Funktionssystemen, woraus sich auch Konsequenzen für die Frage der sozialen Inklusion ergeben. Denn wenn die Zurechnung und Messung von Leistung im Sport weniger eindeutig und unproblematisch abläuft als vermutet und in größerem Maß auf subjektive Werturteile denn auf formalisierte und standardisierte Regeln zurückgegriffen wird, unterliegen auch die Kriterien für Inklusion und Exklusion einem größerem Interpretationsspielraum. Der Verweis auf das Leistungsprinzip zur Legitimation von Inklusionsentscheidungen im Fußball erhält eine gewisse Flexibilität (um nicht zu sagen Beliebigkeit): So kann eine Eigenschaft, die bei der individuellen Spielerbewertung als große fußballerische Leistung zugerechnet wird, in Bezug auf die Leistungsfähigkeit der ganzen Mannschaft als problematisch beobachtet werden. Ein Beispiel hierfür findet sich in der folgenden Beschreibung eines Managers über einen iranischen Spieler, der vom Verein letztlich wieder entlassen wurde:

> „Und somit hat der sich nach hervorragendem Beginn immer mehr isoliert. Der is überhaupt nicht mehr da in die Mannschaft rein gekommen. Wir haben ihn später weggeschickt, das ging gar nicht mehr. Wobei es ein begnadeter Fußballer war. Aber jetzt nur mit dem Ball umgehen, nützt nichts, sondern es muss ja auch ne Einheit da auf dem Platz stehen." (Dok. 2: 183)

In dieser Deutung wird die getrennte und offenbar bisweilen konfligierende Wahrnehmung von individueller und kollektiver Leistung deutlich. Während der Spieler hinsichtlich seiner Einzelleistung als „begnadeter Fußballer" beurteilt wurde, schätzte man seinen Beitrag mit Bezug auf die Mannschaftsleistung als unzureichend ein. Gleichzeitig wird eine klare Gewichtung vorgenommen: Demzufolge reichen gute Einzelleistungen im Fußball nicht aus, stattdessen steht die Mannschaftsleistung bzw. die „Einheit da auf dem Platz" im Vordergrund. Insofern kann die Kontextabhängigkeit der Bedeutung fußballerischer Leistung also auch Auswirkungen auf die Frage nach dem sozialen Zugang bzw. Ausschluss aus der Fußballwelt haben: Theoretisch lassen sich also sowohl Inklusion als auch Exklusion mit dem Leistungsprinzip legitimieren, das dabei allerdings flexibel einsetzbar ist, je nachdem welche Leistung gerade beobachtet wird.

Entsprechend variabel erfolgt der Einsatz des Leistungsprinzips auch bei der Legitimation und Rationalisierung von Selektionsentscheidungen: Es kann sowohl auf die Leistung des Einzelnen als auch dessen Beitrag für die Mannschaft oder sogar für seine Chancen als Verstärkung der Nationalmannschaft verwiesen werden. Entscheidungen werden also mit Verweis auf das begründet, können sich aber je nach Kontext auf ganz unterschiedliche Leistungsebenen beziehen. Ein solches Changieren ließ sich beispielsweise bei der Nominierung der Nationalmannschaft durch den Bundestrainer Jürgen Klinsmann im Vorfeld der Weltmeisterschaft 2006 beobachten. Bemerkenswert war zunächst, dass die Ankündigung Klinsmanns, es werde bei der Auswahl ausschließlich um Leistungskriterien gehen (z.B. Zugehörigkeit der Spieler zur Stammelf ihres Heimatklubs) offenbar ein Novum darstellte. Diese strikte Orientierung am Leistungsprinzip wurde als Strukturreform des Fußballs gefeiert.[278] Ausgehend von diesen klaren Anforderungen erschien die Berufung von Spielern als illegitim, die nicht zur Startelf ihres Vereins gehörten. Vor allem wenn zugleich andere Spieler, die dieses Kriterium erfüllten und über wesentlich mehr Erfahrung verfügten, nicht nominiert wurden.[279] Hier wechselte der Trainer die Bezugsebene des Leistungsprinzips und rechtfertigte seine Entscheidungen mit Verweis auf seine „Spielphilosophie", der zufolge bestimmte Spieler eben besser in „sein System" passen würden – und zwar offensichtlich unabhängig von ihren sonstigen fußballerischen Leistungen.[280]

Damit sind wir bei der zentralen Frage dieser Arbeit angekommen: Wie kann es sein, dass zugeschriebene Merkmale wie die ethnisch-nationale Herkunft im Fußball – wo das Leistungsprinzip konstitutive Bedeutung hat – überhaupt relevant gemacht werden können? Da Zugangsbeschränkungen qua Herkunft (außer im Fall der Nationalmannschaft) keine legitime normative Basis mehr haben und begründungspflichtig sind, stellt sich die Frage, mittels welcher Mechanismen derartige Effekte im Fußball zustande kommen können. Im folgenden Kapitel wird diese Frage am Beispiel der Praxis der Spielerrekrutierung in zwei Bundesligaklubs in Form einer Fallkontrastierung untersucht.

---

[278] Zu der in der Nationalmannschaft üblichen Nominierungspraxis jenseits des Leistungsprinzips vgl. Ashelm 2004; seit Klinsmann vgl. Horeni 2005a.
[279] So z.B. Thomas Brdaric, der trotz seiner zahlreichen Tore in der Bundesliga nicht zur Nationalmannschaft eingeladen wurde: „Jürgen Klinsmann betonte immer wieder, daß es bei der Nominierung ausschließlich nach Leistung geht. Die ist bei Stürmern leicht und objektiv meßbar. Maßeinheit: Tore." (FAZ Nr. 43 vom 20.02.06: 31)
[280] Vgl. hierzu auch die Diskussion um die Nicht-Nominierung von Christian Wörns, bei der immer wieder auch die Personen jenseits ihrer Funktionsrollen relevant gemacht wurden (Horeni 2005a: 34), und die Argumentation Klinsmanns bei seiner Entscheidung für Jens Lehmann als Torwart (vgl. Horeni 2006a, 2006b).

3.3 Nationale Differenzierungen bei der Spielerrekrutierung im Fallvergleich

Im Mittelpunkt dieses Kapitels steht die Frage nach der Relevanz ethnischer sowie nationaler Zugehörigkeiten für die Regelung der Inklusion im Profifußball – und zwar trotz der prominenten Bedeutung des Leistungsprinzips. Diese Frage soll anhand eines kontrastierenden Fallvergleichs der sozialen Praxis der Spielerrekrutierung in zwei der von mir untersuchten Bundesligaklubs analysiert werden. Da die Analyse sich also vor allem auf Entscheidungen innerhalb von Fußballorganisationen bezieht, muss zunächst geklärt werden, inwiefern der in modernen Gesellschaften geltende Anspruch auf Vollinklusion überhaupt Geltung hat auf der Ebene formaler Organisationen. Im Gegensatz zur Selbstbeschreibung von Funktionssystemen scheint es in Organisationen nämlich „kein Naturrecht auf Mitgliedschaft" zu geben (Luhmann 1997: 844). Andererseits konnte die Geltung der zu Anfang explizierten Grundprinzipien des modernen Sports – die Idee der Höchstleistung, Konkurrenz und Wettbewerb – auch in den Selbstbeschreibungen der Fußballklubs festgestellt werden (vgl. Kap. 3.2 Das Leistungsprinzip im Fußball). Außerdem ist die Mitgliedschaft in Organisationen in der Regel primär zweckbestimmt, d.h. sie orientiert sich am Funktionszweck und nicht an askriptiven Personenmerkmalen (vgl. Mayntz 1963: 18). Demzufolge könnte man erwarten, dass die Rekrutierungsentscheidungen der Vereine vor allem entlang von Leistungskriterien getroffen werden, während zugeschriebenen Merkmalen, wie der ethnischen und nationalen Zugehörigkeit, keine Bedeutung beigemessen werden dürften.

Es besteht allerdings die Möglichkeit, dass sich die im vorangegangenen Kapitel beschriebenen Unklarheiten bei der Zurechnung und Messung fußballerischer Leistung auch auf die Selektionsentscheidungen der Klubs auswirken. Wenn nämlich die Leistungsattribution kontextabhängig variieren kann und nicht objektiv messbar ist, was in besonderem Maße für die Messung individueller Leistungsfähigkeit gilt, wird regelmäßig auf eine personalisierende Beurteilungen der Leistungsvoraussetzungen (z.B. Charakter etc.) zurückgegriffen. Da der „Charakter" jedoch kein äußerlich sichtbares Merkmal ist, muss die Zurechnung derartiger Fähigkeiten entlang beobachtbarer Indikatoren erfolgen. Und weil es sich bei den gesuchten charakterlichen Eigenschaften um Personenmerkmale handelt, wird bei der Suche nach möglichen Indikatoren für diese Eigenschaften tendenziell die ganze Person beobachtet. Diese Akzentuierung natürlicher Personen wiederum kann das Einfalltor für die Aktivierung ethnisch-nationaler Stereotypisierungen bilden.[281]

Diese Überlegungen werden im Folgenden anhand eines Fallvergleichs der sozialen Praxis der Spielerrekrutierung untersucht. Hierbei geht es vor allem um die Frage nach weiteren Einflussfaktoren für die Relevantsetzung ethnischer bzw. nationaler Differenzen innerhalb funktional gerahmter Interaktionssituationen wie einem Einstellungsgespräch. So ist es z.B. denkbar, dass in wenig strukturierten Kontexten mit einer höheren Wahrscheinlichkeit auf die ethnische oder nationale Zugehörigkeit zurückgegriffen wird, um Erwar-

---

[281] Ein weiterer Grund für einen erhöhten Personalisierungsbedarf im Fußball könnte im körperzentrierten Funktionskontext des Sportsystems liegen: So wird der Körper im modernen Sport im Gegensatz zu anderen Funktionssystemen nicht abgewertet und neutralisiert, sondern stattdessen stehen körperliche Leistungen im Zentrum der Beobachtungen (vgl. Kap. 3.1). Dieser Körperbezug impliziert auch eine personalisierte Wahrnehmung und Beschreibung fußballerischer Funktionsrollen, wodurch wiederum körperliche Merkmale wie die (sicht- und/oder hörbare) ethnische bzw. nationale Herkunft relevant werden können.

tungssicherheit herzustellen und Komplexität zu reduzieren.[282] Demzufolge kann man vermuten, dass Aufbau und Strukturen der formalen Organisationen, die den Rahmen für diese Interaktionssituationen bilden, Auswirkungen auf den Spielraum für Personalisierungen bei der Spielerauswahl haben. Demzufolge müssten in Fußballklubs mit weitgehend formalisierten Verfahren der individuellen Leistungsbewertung und standardisierten Selektionsverfahren zugeschriebene Merkmale wie die ethnische oder die nationale Zugehörigkeit eine geringere Rolle bei der Personalrekrutierung spielen. Um eine größtmögliche Kontrastierung bei der Untersuchung dieser Frage zu erhalten, wurden für diesen Fallvergleich zwei Klubs mit deutlichen Unterschieden in Organisationsstruktur und Professionalisierungsgrad ausgewählt: der weitgehend in der Vereinsstruktur verbliebene 1. FSV Mainz 05 und der eher mit einem „normalen" Wirtschaftskonzern vergleichbare VfL Wolfsburg (vgl. Kap. 2.1.1 Der 1. FSV Mainz 05 e.V.: Karnevalsverein mit Herzblut und Kap. 2.1.3 Der VfL Wolfsburg: Wider das Vorurteil des „seelenlosen Werksklubs").

In einem ersten Abschnitt wird zunächst aus dem gesamten Datenmaterial eine Analyse der möglichen Bedeutung und Relevanz ethnisch-nationaler Differenzen im Rahmen der Spielerrekrutierung vorgenommen (3.3.1). Hierbei wird auch untersucht, inwiefern der Einfluss zugeschriebener Merkmale auf die Personalselektion in den Organisationen des Fußballs als legitim wahrgenommen wird. Daran anschließend folgen dann die Analysen der Spielerrekrutierung beim 1. FSV Mainz 05 (3.3.2) und beim VfL Wolfsburg (3.3.3). Abschließend werden die Unterschiede und Gemeinsamkeiten herausgearbeitet, die sich bei den Personalauswahlprozessen in beiden Klubs feststellen lassen (3.3.4).

Die folgenden Auswertungen beziehen sich vor allem auf Interviewdaten, d.h. Beschreibungen des Ablaufs der Personalauswahl durch Vereinsfunktionäre und Spieler sowie retrospektive Rationalisierungen der Entscheidungen. Die Möglichkeit zur unmittelbaren Beobachtung von Einstellungsgesprächen bestand auf Wunsch der Geschäftsführung leider in keinem der Klubs.

3.3.1 Die ethnische und nationale Zugehörigkeit als Indikator bei der Zuschreibung fußballerischer Leistungsfähigkeit

Im vorangegangenen Kapitel wurde festgestellt, dass mentale Kompetenzen eines Spielers im Fußball regelmäßig als notwendige Voraussetzungen zur Erbringung fußballerischer Leistungen gedeutet werden. Außerdem konnte gezeigt werden, dass die Bewertung von Einstellung und charakterlichen Merkmalen, kurz gesagt: die Beobachtung ganzer Personen im Sinne einer Einheit aus interaktionsinternen und -externen Erwartungen, Teil der Leistungsbewertung bei der Auswahl der Spieler ist. Am Ende des Kapitels stand die Vermutung, dass in dem Maße, in dem in sozialen Interaktionen externe Rollenverpflichtungen, also die Wahrnehmung der ganzen Person, in den Vordergrund rückt, die Möglichkeit für eine Relevantsetzung ethnisch-nationaler Differenzen besteht. An dieser Stelle soll nun die Argumentation wieder aufgenommen und weitergeführt werden.

Ein Klubmanager beschrieb den Zusammenhang zwischen dem Charakter eines Spielers und seiner nationalen bzw. ethnischen Zugehörigkeit folgendermaßen:

---

[282] Diese Überlegung legen zumindest vergleichbare Untersuchungen zur Bedeutung und Relevanz der Geschlechtszugehörigkeit nahe (vgl. Heintz u.a 2004; Weinbach 2007).

3.3 Nationale Differenzierungen bei der Spielerrekrutierung im Fallvergleich

„Jede Nationalität hat ihren eigenen Charakter, das ist ganz klar. Also wenn ich jetzt einen Afrikaner vergleiche mit einem.. Mazedonier, gibt's da Riesenunterschiede. Ja, weil der Afrikaner eigentlich von seiner Lebensart her sehr locker ist, ne, und auch sicherlich.. sicherlich aufgrund der neuen Erfahrungen die er in Europa macht ähm, mit dem muss man sich wesentlich mehr auseinandersetzen, weil er einfach ganz andere Voraussetzungen erwartet, als das was ihm hier begegnet. (...) Wenn ich jetzt einen Mazedonier oder Albaner nehme – es sei denn, man hat schon den einen oder anderen, wie bei uns. Ne, wenn ein Albaner kommt, hat der überhaupt kein Problem, der weiß genau, wo's langgeht, weil die anderen Albaner ihm natürlich zeigen, wo's langgeht, ist ja klar. Wir haben auch einen Mazedonier hier, der völlig verschlossen ist und erst mal sich orientiert und völlig introvertiert ist. (...) Und das ist die Mentalität. Der ist sehr- Wie gesagt, *das* ist die Mentalität eines Mazedoniers: Sehr introvertiert, erst mal abwarten, sich unterordnen, erst mal gucken, was passiert und dann über die sportliche Entwicklung zu sehen, dass er sich irgendwo eingebunden fühlt. Aber bei einem Afrikaner ist es so, die kommen, sind stolz, sagen, wir sind in unserem Land sind wir Nationalspieler (...). Also das kann man schon sagen. Es gibt Unterschiede." (Dok. 29: 238)

Für den befragten Manager war es selbstverständlich, dass „jede Nationalität (...) ihren eigenen Charakter" habe. „Charakter" oder „Mentalität" deutete er als „Lebensart", als mehr oder weniger angeborene Disposition, wie z.B. Lern- und Integrationsbereitschaft, die Einstellung gegenüber anderen Menschen etc. So schrieb er Afrikanern eine „lockere Lebensart" zu, während Mazedonier eher „introvertiert" und „verschlossen" seien. Die Mitgliedschaftskategorie „Nationalität" scheint sich in dieser Deutung offensichtlich nicht auf die politische Staatsangehörigkeit zu beziehen, wie die Gleichsetzung von Mazedoniern und Afrikanern anzeigt. Dem Befragten ging es offenbar weniger um die unterschiedliche Staatsbürgerschaft als um die Beschreibungen verschiedener nationaler, aber auch ethnischer Kollektive. Hierbei zeigte sich eine sehr große Nähe der Deutung von nationalen und ethnischen Zugehörigkeiten[283], die darüber hinaus kausal mit bestimmten charakterlichen Eigenschaften verknüpft wurden, die dann Geltung für alle Angehörigen dieser Kategorien haben sollten (vgl. Kap. 3.4.3 Nationale und ethnische Mitgliedschaftskategorien bei der Beobachtung und Zurechnung fußballerischer Leistung). Derartige Vorstellungen bzgl. bestimmter Eigenschaften und Verhaltensweisen von Mitgliedern national definierter Kollektive erweisen sich als erstaunlich stabil und widersetzen sich regelmäßig korrigierenden Wahrnehmungen (vgl. Luckmann/Luckmann 1983: 74). Dass Ausnahmen die Regel derartiger Stereotypen nur bestätigen, belegt auch der Interviewauszug: So erfolgte die Zuschreibung der „introvertierten Mentalität eines Mazedoniers", obwohl der Befragte die Geltung dieser Aussage selbst einschränkte, indem er erklärte, dass es wichtigere Einflussfaktoren für die Verhaltensweisen der Spieler gebe, wie z.B. die Anwesenheit eines Landsmanns. Obwohl er also anerkannte, dass Kontext und Situation Verhalten und Charakter ebenso beeinflussen können, wurden die Annahmen über die qua Herkunft zugeschriebenen Eigenschaften nicht revidiert.

Derartige Vorstellungen und Verallgemeinerungen bzgl. Eigenschaften und Verhaltensweisen eines national(staatlichen), ethnischen oder auch nur territorial definierten Kollektivs, die sich korrigierenden Wahrnehmungen starr widersetzen, werden im Folgenden als ethnisch-nationale Stereotype bezeichnet (vgl. Luckmann/Luckmann 1983: 74; Stanzel

---

[283] Hier lässt sich ein deutlicher Unterschied zwischen den Kategorisierungen, die die Teilnehmer selbst in Interviews und Gesprächen untereinander verwenden, und den von mir als wissenschaftlichen Beobachterin konstruierten Kategorien erkennen (vgl. Kap. 1.2.1 Begriffe und Konzepte: Ethnie, Rasse, Nation und Nationalstaat).

1999: 10).²⁸⁴ Bei diesen handelt es sich also um Erwartungsstrukturen, um sozial geteiltes Wissen über die charakteristischen Eigenschaften von Mitgliedern verschiedener nationaler bzw. ethnischer Kollektive.²⁸⁵ Die Funktion solcher ethnisch-nationaler Stereotypen in sozialen Interaktionen liegt zunächst in der Reduktion von Komplexität bzw. der Herstellung von Erwartungssicherheit: Indem die ethnische bzw. die nationale Zugehörigkeit kausal mit der Zuschreibung bestimmter Eigenschaften und Verhaltensweisen verbunden wird, die möglicherweise auch als fußballerisch relevant gedeutet werden, werden die Stereotypen als Informationen verwendet, um Spieler hinsichtlich ihrer zu erwartenden Leistungsfähigkeit besser einordnen zu können. Auf diese Weise lassen sich dann Inklusions- bzw. Exklusionsentscheidungen unter Rückgriff auf ethnisch-nationale Stereotypen (retrospektiv) legitimieren (vgl. Zifonun 2008a, 2008b). Beispielhaft für die retrospektive Rechtfertigung von Personalentscheidungen sind die folgenden Äußerungen eines Managers:

> „Skandinavier kann man blind holen, die haben dieselbe Mentalität wie wir, die haben Disziplin, die sind taktisch gut, die müssen halt fußballerisch das bringen, ansonsten ist das nie ein Problem." (Dok. 2: 1096ff.)

In diesem Zitat wurden Annahmen über die „Mentalität" von Skandinaviern als Voraussetzungen für eine problemlose Integration gedeutet. Das Kollektiv, dem hier bestimmte psycho-soziale Eigenschaften zugeschrieben wurden, war in diesem Fall keine Nation und auch keine ethnische Kategorie, sondern es handelte sich um die Bewohner eines geographischen Teils Europas, der mehrere Nationen umfasst. Das Wissen über die charakteristischen Merkmale dieses Kollektivs wurde hier explizit zur Begründung möglicher Selektionsentscheidungen eingesetzt. Indem der Befragte pauschal erklärte, man könne Spieler aus Skandinavien „blind holen", wird außerdem deutlich, dass es sich bei derartigen ethnisch-nationalen Stereotypisierungen nicht um bloße kategoriale Abgrenzungen handelt, sondern in der Regel zusätzliche moralische Implikationen enthalten sind, d.h. die zugeschriebenen Eigenschaften und Verhaltensweisen sind mit mehr oder weniger folgenreichen sozialen Bewertungen verbunden (vgl. Bergmann 1996: 7f.; Nazarkiewicz 1999: 355ff.). Das wird auch im folgenden Interviewausschnitt deutlich:

> „Also ich weiß, dass zum Beispiel unser früherer Manager hier, der jetzt in Frankfurt Verantwortung trägt [lacht], der sagt aus Gründen die man separat diskutieren kann, ‚ich verpflichte keine Ausländer mehr. Ich hab die Schnauze voll', ne. (…) Weil die teilweise auch anders ticken. Die sind anders sozialisiert worden. Und im Rahmen wieder- Das hat auch nichts mit nationalen Aspekten zu tun. [lacht] Um Himmels Willen, der hat die ja früher auch verpflichtet. Sondern der sagt ganz einfach, weil die anders ticken, ist der, sage ich mal, der gruppendynamische Prozess hin auf ein Optimum, nämlich die drei Punkte am Samstag zu gewinnen [lacht], der ist so stark erschwert, da habe ich keine Lust mehr drauf, ne. Das Zusammenwirken eines in Afrika sozialisierten Menschen mit einem in Lateinamerika sozialisierten Menschen und einem

---

²⁸⁴ In der Bezeichnung der Stereotype wird auf eine genauere Differenzierung zwischen Ethnie und Nation verzichtet, da auch in den Deutungen der Akteure häufig Mischformen auftauchen. Allgemein wird im Folgenden jedoch davon ausgegangen, dass es bei der Kategorisierung entlang ethnischer Differenzen stärker um als abstammungsbedingt wahrgenommene physiologische Attribute geht (z.B. Hautfarbe), während die Kategorisierung qua Nation sich stärker an kulturellen bzw. sozialisationsbedingten Differenzen orientiert (vgl. Kap. 1.2.1 Begriffe und Konzepte: Ethnie, Rasse, Nation und Nationalstaat).
²⁸⁵ Vgl. dazu die Definitionen von Geschlechterstereotypen (z.B. Eckes 1997: 18).

3.3 Nationale Differenzierungen bei der Spielerrekrutierung im Fallvergleich 227

auf dem Balkan sozialisierten Menschen klappt nicht immer so, wie wir uns das vorstellen. Das muss man akzeptieren. Das ist so. Die sind halt verschieden, ne." (Dok. 31: 169)

Dieser Befragte ging ebenfalls von der Existenz von Unterschieden zwischen Angehörigen verschiedener ethnischer Kollektive aus, die er mit dem Verweis auf Sozialisationsunterschiede begründete. Er erläuterte an dieser Stelle zwar nicht, worin genau diese Differenzen bestehen, aber sie resultierten offensichtlich in Problemen beim sozialen Umgang in der Gruppe, was wiederum als Ursache für ausbleibenden Mannschaftserfolg gedeutet wurde. Soziale Homogenität bzgl. gemeinsamer Sozialisationserfahrungen scheint also als Voraussetzung für reibungsloses Verständnis und damit sportlichen Erfolg verstanden zu werden. Gleichzeitig schien der Befragte die Entscheidung seines Kollegen nicht dem Verdacht nationalistischer oder rassistischer Diskriminierung aussetzen zu wollen, das markierte er mit dem etwas merkwürdig anmutenden Einwurf: „Das hat auch nichts mit nationalen Aspekten zu tun" und dem anschließenden Lachen, mit dem er die Vorstellung, sein Kollege orientiere sich bei seinen Entscheidungen an der nationalen Zugehörigkeit der Spieler (und eben nicht-leistungsbezogenen Kriterien), als lächerlich kennzeichnete. Zur Sicherheit schob er dann jedoch noch einmal hinterher, dass eben jener Kollege „die ja früher auch verpflichtet" habe. Mit „die" waren wahrscheinlich ausländische Spieler gemeint. Ohne an dieser Stelle weiter auf die diesen Äußerungen zugrunde liegenden Deutungsmuster eingehen zu wollen, wird hier offensichtlich, dass der Befragte einen gewissen Legitimationsdruck wahrzunehmen schien, der ihn zu diesen Äußerungen veranlasste.

Beide Interviewausschnitte belegen die oben vermutete Funktion ethnisch-nationaler Stereotypen als Mittel zur Herstellung stabiler Erwartungsstrukturen und zur Legitimation von Entscheidungen über Inklusion oder Exklusion. Die ethnische bzw. nationale Zugehörigkeit fungiert in beiden Fällen – zumindest in der nachträglichen Rationalisierung – als Indikator für personale Eigenschaften, die als Voraussetzung für die Erbringung fußballerischer Leistung gelten, und damit als Begründung für die getroffenen Entscheidungen, Angehörige bestimmter nationaler bzw. ethnischer Kollektive zu verpflichten oder eben nicht. Die Verwendung ethnisch-nationaler Stereotype als Leistungsindikator scheint im Fußball durchaus üblich zu sein, und weitere Aussagen über den Einfluss der nationalen Herkunft auf die Spielerselektion lassen sich problemlos der Tagespresse entnehmen. So erklärte z.B. Rudi Assauer, der frühere Manager von Schalke 04: „Der Tscheche, den hörst und siehst Du nicht – absolut pflegeleicht. Aber bei Polen und Russen, da passiert ständig etwas, mit dem Auto, mit den Landsleuten, mit der Freundin." (Zitiert bei Jenrich 1996: 10)

Ein weiterer Beleg für die im Fußball übliche Praxis sich bei der Spielerrekrutierung an der nationalen Zugehörigkeit zu orientieren, ist die Entwicklung „nationaler Trends" bei der Spielerrekrutierung. Ein Trend setzte immer dann ein, wenn sich die ersten Einkäufe aus einem fußballerisch noch nicht erschlossenen Nationalstaat als erfolgreich erwiesen hatten (vgl. Jenrich 1996: 7ff.). Hierbei wurden die Eigenschaften einzelner Spieler wahrscheinlich als Merkmal eines ganzen nationalen Kollektivs generalisiert. Entsprechend stellt ein Sportjournalist mit Blick auf „die großen Ströme der ausländischen Spieler" in die Bundesliga fest: „So lief es zu allen Zeiten: Wenn der erste einschlug, ließen die Nachfolger nicht lange auf sich warten." (Rohr 2003a: 19)

Die ersten ausländischen Spieler in der Liga, die bereits in den 1960er Jahren kamen, waren aus Jugoslawien, anschließend waren es vor allem Skandinavier, während in den 1980er Jahren insbesondere Polen und seit dem Zusammenbruch der kommunistischen Ostblockstaaten auch Spieler aus anderen osteuropäischen Ländern zu einem festen Bestandteil der Bundesliga wurden (vgl. Rohr 2003b: 18f.). Seit den 1990er Jahren kamen dann Südamerikaner und Afrikaner „in Mode".[286] Die Existenz einer derartigen trendorientierten nationalen Personalselektion in der Bundesliga belegen auch die folgenden Beschreibungen eines international arbeitenden Trainers:

> „Es waren zum damaligen Zeitpunkt *große* Widerstände da, beispielsweise Adi Daei und Karim Bagheri. Ich hatte große Widerstände zu dem Zeitpunkt hier im Verein, die Leute unterzubringen. Erstens- sicherlich sind es dann wieder auch so ... ähm ... politische Sichtweisen, so nach dem Motto ‚man kann doch nicht Spieler aus dem Iran hierher nach Deutschland holen' zum Ersten; zum zweiten ‚Iran, das können doch keine guten Fußballer sein, die dann auch noch die Qualität haben, in der Bundesliga zu spielen'. So, und das hat sich relativ schnell innerhalb von zwei Monaten herausgestellt, dass das eigentlich sehr *wohl* geht und dass da sehr wohl hohe Qualität ist. Und dann komischerweise, wenn der erste 'mal äh.. den Schritt gemacht hat, trotz Widerstände einen Spieler eingebracht zu haben, diese Tür geöffnet zu haben, auch zu so einem Land wie Iran, danach ging das los. Danach wurden andere Spieler dann angeboten, andere Vereine haben zugegriffen und haben festgestellt ‚verdammt, das ist ja- ist ja ein guter, da sind ja gute Qualitäten da' und dann ist es vorbei mit der Nische." (Dok. 51: 9)

Die Beschreibungen belegen noch einmal, dass im Fußball regelmäßig ein Zusammenhang zwischen der nationalen Herkunft und den fußballerischen Fähigkeiten vermutet wird – und zwar im positiven wie im negativen. Das Beispiel zeigt auch, dass der sportliche Erfolg einzelner Angehöriger eines nationalen Kollektivs zur Basis der Bewertung der gesamten Großgruppe bzw. Etablierung entsprechender ethnisch-nationaler Stereotypen werden kann.

Anhand dieser ersten Analyse des Datenmaterials lässt sich bereits erkennen, dass die nationale Zugehörigkeit in der Praxis der Spielerselektion offensichtlich von Relevanz sein kann. Aber spielen hier möglicherweise auch andere Einflussfaktoren eine Rolle? Diese Frage soll in dem nun folgenden Fallvergleich zwischen dem 1. FSV Mainz 05 und dem VfL Wolfsburg untersucht werden. Dazu wird zunächst jeweils der Vorgang der Spielerrekrutierung genau beschrieben anhand äußerer Merkmale, wie Anzahl und Positionen der für Personalentscheidungen zuständigen Organisationsmitglieder (Verfügt der Verein über eigene Talentscouts und Spielbeobachter?) sowie Durchführung und Verlauf von Neuverpflichtungen (Wer wird zum Gespräch eingeladen? Gibt es standardisierte und formalisierte Selektionskriterien? Gibt es Unterschiede bei der Operationalisierung und Messung fußballerischer Leistung in den verschiedenen Klubs? Wie sehen die organisationsinternen Programme zur Leistungsbewertung aus? Inwieweit werden Personalentscheidungen offen gelegt und nachvollziehbar gemacht?). Weitere Fragen beziehen sich auf die an die Spieler gerichteten Erwartungen bzgl. der organisationsinternen und -externen Rollenverpflichtungen: Inwieweit bezieht sich das Verständnis von Mannschaftsintegration beispielsweise auch auf die Privatsphäre? In welchem Umfang wird im Kontext der Rekrutierung auf askriptive Personenmerkmale wie die ethnische bzw. nationale Zugehörigkeit zurückgegriffen? Und wenn ja, inwiefern wird die Verwendung dieser Merkmale als legitimationsbedürftig wahrgenommen? Welche Bedeutung hat das Leistungsprinzip bei derartigen Rechtfertigungen bzw. werden erneut kausale Verknüpfungen zwischen ethnisch-nationalen Differenzen und der fußballerischen Leistungsfähigkeit vorgenommen? Und schließlich:

---

[286] Jenrich (1996: 8f.) nennt als weiteres, eher auf die ethnische Herkunft abstellendes Motiv bei der Spielerrekrutierung „eine Art Alternativ-Rassismus": „Der Unterhaltungswert, die Farbenpracht, die Exotik der Mannschaften sollten durch sich möglichst bekreuzigende, möglichst fremdländische, möglichst farbige Kicker gesteigert werden."

3.3 Nationale Differenzierungen bei der Spielerrekrutierung im Fallvergleich

Spielen die nationale und ethnische Zugehörigkeit in beiden Klubs eine ähnliche Rolle oder lässt sich eine unterschiedliche Relevanz feststellen?

3.3.2 Totalinklusion in Mainz: Kommunikationsintensive Elf-Freunde-Mentalität oder einfach „Man spricht deutsch"?

> „(…) irgendwann wurde uns dann sogar mal tatsächlich vorgeworfen, so- ob man was gegen Ausländer hätte (..). Stimmt nicht. Also, wenn uns irgendwie ein Berater hier fünf Afrikaner bringt, die fließend Deutsch sprechen, dann können auch natürlich gerne Afrikaner hierher kommen. Das hat nur was mit der Kommunikation zu tun." (Dok. 10: 6)

Die Spielerrekrutierung des 1. FSV Mainz 05 war zum Zeitpunkt meines Feldaufenthalts die Aufgabe von Manager und Trainer. Vereinseigene Talentscouts oder Spielbeobachter gab es (noch) nicht (auch nicht auf Honorarbasis), stattdessen verfügte der Manager über ein in jahrelanger Arbeit selbst angelegtes Archiv, aus dem er die Informationen über potentiell interessante Spieler abrufen konnte (vgl. Dok. 2: 474ff.). Die Spielerbeobachtung wurde ebenfalls vom Trainer und dem ehrenamtlich tätigen Manager übernommen. Letzterer beschrieb diesen Vorgang folgendermaßen:

> „Unsere Mannschaft spielt, und das sehen wir ja, überlegt man natürlich schon, was kann man tun, damit diese Mannschaft stärker wird wie sie jetzt ist, irgendwann mal, vielleicht jetzt sofort, vielleicht aber auch im Sommer, wenn die Saison rum ist. So, und dann zeigen wir ein Beispiel, wie es ist – hinten links haben wir ein Problem, ohne dass es wirklich ein Problem ist. Dann überlegt man automatisch, wen könnte man da holen, wer fällt einem denn auf, wen hat man im Kopf, der hinten links besser ist als der, der jetzt da steht. Jetzt ist man 15 Jahre in diesem Geschäft, man kennt im Profibereich jeden Spieler, man kennt jede Mannschaft und ich kann Ihnen jetzt einen linken Verteidiger sagen, von der ersten und zweiten Bundesliga. Wenn man in dem Geschäft ist, weiß man auch, ob die Verträge dort auslaufen, weil man liest jeden Mittwoch-Gott, jeden Donnerstag und jeden Montag, liest man die Sportseite, und es ist einfach automatisch, wenn jetzt so einer neu dazukommt, der ab heute anfängt, sich für Fußball zu interessieren, der kann gar nicht mitreden, das geht einfach nicht." (Dok. 2: 417ff.)

Einen großen Teil seines Wissens über die Spieler sowie die Zuschreibung individueller Leistungsfähigkeit wurde also aus der Fachpresse bezogen, in der es nach jedem Spieltag der Bundesliga auch Einzelbewertungen der Spieler gibt. So erhalten alle Spieler im Fußballmagazin Kicker wöchentlich (also für jedes Spiel) eine Note, die dann am Ende der Saison zu einer Gesamtnote zusammengerechnet wird. Erst seit jüngster Zeit ist ein Großteil dieser Informationen zuverlässig über das Internet abrufbar. Daher hatte der Mainzer Manager ein eigenes Archiv aufgebaut, das er im Büro seiner beruflichen Tätigkeit als Geschäftsführer eines Autohauses verwaltete, und auf das er im Bedarfsfall zurückgreifen konnte, wenn z.B. dem Verein von einem Berater ein unbekannter Spieler angeboten wurde.

> „Früher sind bei uns da Kameraden aufgetaucht, da haben wir uns totgelacht, die konnten keinen Anstoß. Aber laut Telefax haben die 60 Länderspiele gehabt, so ungefähr. Das machen wir heute auch nicht. Wir laden ganz, ganz wenig Spieler noch zum Probetraining ein. (I: hm) Wir haben uns so ein bisschen ein Archiv aufgebaut, um erst noch zu überprüfen, das, was der Berater – der will ja auch nur Geld verdienen – uns erzählt, ob das überhaupt stimmt. Und dann muss ich sagen, fallen bei uns 70 % schon einmal durch das Raster durch. Ich glaube, ich wäre kaputter,

wenn die alle in dem Klub auftauchen. Angeblich mit vier Länderspielen, obwohl sie noch nie ein Trikot angehabt haben von der Nationalmannschaft – wir können es inzwischen in Mainz alles überprüfen, weil wir da Unterlagen aus ganz Europa gesammelt haben, um das abchecken zu können." (Dok. 2: 444ff.)

Da aber weder er noch der Trainer die meisten dieser Spieler persönlich kannten, wurde für die genauere Beurteilung der fußballerischen Leistungsfähigkeit und der psycho-sozialen Voraussetzungen zur Erbringung dieser Leistung auf unmittelbare Beobachtungen (Einladung zum Probetraining) und face-to-face-Gespräche zurückgegriffen. In den Beschreibungen des Managers stand vor allem die Beurteilung des Charakters der Spieler im Vordergrund, den es richtig einzuschätzen gelte bzgl. der Frage, ob er in die bestehende Mannschaft hineinpasse.

„Also müssen Sie eine Mannschaft zusammenstellen mit verschiedenen Charakteren. (…) Sie brauchen Spieler, die geführt werden müssen, d. h. die sich ein bisschen unterordnen, und Sie brauchen Spieler, die eine Mannschaft führen. Und da müssen Sie ein Konzert draus machen. (…) Das wichtigste ist immer, wenn Sie in zentralen Positionen, da brauchen Sie Charaktere, da brauchen Sie Typen, das ist das Ideale. (…) – wenn Sie die Achse mit guten Fußballern und auch charakterlich starken Leuten besetzt haben, dann läuft das da außen meistens automatisch, weil die führen die.

I.: Und wie finden Sie das raus?

Das weiß man. (…) Das hat man- das kriegt man im Gespräch mit bei Ausländern, wenn das einigermaßen funktioniert, bei den deutschen Spielern, die man kennt, weiß man das. Man – ich weiß net, ich hab, ich glaube 500 Spiele allein mit Mainz 05 gesehen in den letzten zehn Jahren, man guckt Sport, man guckt Premiere, man liest alles, also man kann die Spieler schon einschätzen. Spieler, die man nicht kennt, die aus den unteren Ligen z. B. kommen, da haben wir uns zueigen gemacht, dass wir uns, im Gegensatz zu früher, uns mit denen sehr sehr lang beschäftigen. Früher ist das so abgelaufen, da hat nen Spieler angerufen, seinen Berater, wir treffen uns mal, wir kannten den überhaupt net, dann hat man sich auf einer Autobahnraststätte irgendwo getroffen und hat innerhalb von zwei Stunden nen Vertrag gemacht, obwohl man den gar nicht kannte. Heutzutage verpflichten wir keinen Spieler mehr in Mainz, wo nicht der Spieler, wenn er verheiratet ist, die Frau oder die, wenn es eine feste Lebensgefährtin ist, die Freundin mit nach Mainz kommt, dass die sich einen ganzen Tag Zeit nehmen, dann führen wie die Freundin in der Stadt rum und zeigen der mal Mainz, ob die sich da auch wohl fühlt, und mit dem Spieler beschäftigt sich der Kloppo zwei Stunden und ich anschließend drei Stunden. So, und dann schicken wir den ohne ihn zu fragen, ob er nach Mainz kommen will, wieder nach Hause, meistens setzen wir den in den Flieger mit seiner Frau wieder, das zahlen wir natürlich auch dann, und dann sagen wir dem, „Jetzt denkst du mal zwei Tage darüber nach, ob du mit den Affen, die du heute kennen gelernt hast, mit so einem Klopp, mit so einem Heidel vielleicht auch so mit dem Umfeld hier klarkommen kannst", und wir, Kloppo und ich überlegen mal, ob Du derjenige bist, den wir haben wollen. Vom Fußballerischen kennen wir sie, sonst hätten wir sie nicht eingeladen. Aber vom Charakter- der Charakter spielt eine ganz ganz große Rolle. Wir haben da selten auch schief gelegen in den letzten Jahren, muss ich sagen. Also wir haben eigentlich eine Mannschaft inzwischen, wo keine Stinkstiefel drin sind. Die hatten wir früher, da waren so ein zwei, die haben wir dann auch rausgeschmissen einfach alle. Also, die Verträge nicht mehr verlängert." (Dok. 2: 569ff.)

Hier fällt erneut die große Bedeutung auf, die psycho-sozialen Merkmalen bei der Spielerselektion zugeschrieben wurde. Unklar bleibt allerdings, an welchen Merkmalen er das Vorhandensein des Charakters erkennen wollte, da blieb er bei dem vagen Hinweis, dass

3.3 Nationale Differenzierungen bei der Spielerrekrutierung im Fallvergleich

sich das selbst bei einem Fremden im face-to-face-Gespräch herausfinden lasse. Bei ausländischen Spielern schien es aufgrund nicht näher genannter Umstände schwieriger zu sein, möglicherweise weil diese zunächst vollkommen unbekannt oder aufgrund unsicherer Erwartungen schlechter einzuschätzen waren. Dass er jedoch an dieser Stelle von sich aus das Thema „Ausländer" wieder aufgriff, das im Interview einige Zeit vorher kurz thematisiert wurde, zeigt bereits, dass der Frage der nationalen Zugehörigkeit bei der Spielerselektion in Mainz eine gewisse Relevanz zugeschrieben wurde. Außerdem lässt sich aus den Beschreibungen eine Veränderung der Vorgehensweise entnehmen, die auf die zunehmende Bedeutung der Berücksichtigung psycho-sozialer Kompetenzen im Entscheidungsprozess hindeutet. So war „früher" offensichtlich lediglich nach „Aktenlage" entschieden worden, und das persönliche Treffen hatte lediglich dem Vertragsabschluss gedient. Mittlerweile schien jedoch die Bedeutung, die dem Charakter eines Spielers dessen Integration in die Mannschaft beigemessen wurde, erheblich zugenommen zu haben. „Vom Fußballerischen kennen wir sie, sonst hätten wir sie nicht eingeladen", erklärte der Manager. „Aber vom Charakter- der Charakter spielt eine ganz ganz große Rolle." Anders formuliert: Bei der Beschreibung der Personalselektion wurde auffallend stark die Person des Spielers adressiert. Demnach ging es bei der Mainzer Spielerauswahl offenbar weniger um seine funktional spezifischen Fußballfähigkeiten als um die Frage seiner Persönlichkeit („Charakter"), seiner privaten Beziehungen und seiner sozialen Verträglichkeit (ist er ein „Stinkstiefel").

Zur Entscheidungsfindung wurden regelmäßig die potentiellen Kandidaten inklusive Ehefrau bzw. Lebensgefährtin nach Mainz eingeladen, um sie in mehrstündigen Vorstellungsgesprächen sowie im Kontext geselligen Beisammenseins, wie z.B. Stadtführungen, besser kennen zu lernen. Die bereits an anderer Stelle beschriebene Vermischung von privater und beruflicher Sphäre, die in Mainz offensichtlich der Normalfall war (vgl. Kap. 2.1.1 Der 1. FSV Mainz 05 e.V.: Karnevalsverein mit Herzblut und 3.1.4 Exkurs: Der Profifußballverein als totale Institution), wird u.a. daran sichtbar, dass auch die Partnerin bzw. die Qualität der Beziehung zum Selektionskriterium erklärt wurde:

> „Und dann erst entscheiden wir, ob wir uns mit dem Spieler überhaupt über Finanzen unterhalten. Bei Spielern, wo wir den Eindruck haben, der passt nicht, das is so einer, der passt hier einfach nicht nach Mainz, der passt nicht zur Mannschaft, und die Frau meckert sowieso an allem rum hier, die will nach Berlin, in die Großstadt und net nach Mainz, lassen wir bleiben. Dann sagen wir einfach ab." (Dok. 2: 612ff.)

Wie genau dieser „Eindruck" entstand, bleibt unklar. Die Entscheidungen – sowohl darüber, wer eingeladen wurde als auch wer die Voraussetzungen für eine vertragliche Verpflichtung erfüllte – schienen vor allem auf der Menschenkenntnis von Manager und Trainer zu beruhen, die – und das liegt in der Natur der Sache – sich eben nicht auf formalisierte oder standardisierbare Kriterien zurückführen ließ. Den Selbstbeschreibungen zufolge verliefen die Personalentscheidungen in Mainz also nicht in Form personenunabhängiger Leistungsbeurteilungen, was eine Trennung von Person und Leistungsrolle implizieren würde, sondern eher als personenzentrierte Sympathieeinschätzungen. Aber wieso spielte der Charakter in den Deutungen der Mainzer „eine ganz ganz große Rolle"? Wie wurde die Aufmerksamkeit, die der Einschätzung der Person zukam, von ihnen begründet? Wieso erwarteten sie von einem Spieler (und sogar von seiner Frau), dass er (bzw. sie) nach Mainz und zur Mannschaft „passen" mussten?

Eine erste Erklärung findet sich in der folgenden Beschreibung der Spielerauswahl des Mainzer Trainers:

> „Zuallererst rede ich mit nem Spieler..., nur wenn er- wenn er Fußball spielen kann, also, d. h. er muss praktisch- er muss mir aufgefallen sein in irgendeiner Form, ich habe ihn gesehen, von ihm gehört und ihn dann gesehen, ehm und da habe ich dann- ... da denke ich mir, dass er ins Bild passt bei uns, das er reinpasst, und dann ist es für mich ganz entscheidend, dass ich also mindestens vier, fünf Stunden mit ihm spreche. ... Ich hoffe, ich kriege es immer besser hin, dass ich die Spieler mehr sprechen lasse, also am Anfang war es so, dass ich die teilweise totgebabbelt habe, aber nicht aus- weil meine Idee, ich will doch in etwa wissen, was ich von ihnen will, und dann habe ich geredet und geredet und geredet und irgendwann habe ich gedacht, hat der eigentlich schon mal was gesagt heute? So und mittlerweile kann ich mich da deutlich- ehm.. auch öfter gemacht, auch besser zurücknehmen und versuche den Spieler kennen zu lernen. Und wenn ich dann das Gefühl habe, dass das passt, dass ich Lust habe, den morgens hier zu treffen, und nicht denke, was ein Volltrottel, dann verpflichten wir den Spieler. Es ist in der ganzen Zeit- ich hab – würde ich mal sagen – in den drei Jahren mit 60, 70 Spielern gesprochen, es ist, glaube ich, erst zweimal passiert, dass ein Spieler, mit dem ich geredet habe, dass der anschließend nicht kommen wollte. Das hat dann ausschließlich finanzielle Gründe gehabt, d. h. er hat noch ein Angebot gehabt, das war finanziell besser, davon gibt es massenhaft Vereine, die das machen können, und dann ist er nicht gekommen. Aber alle anderen wollten dann danach unbedingt kommen. Wir haben sie halt nicht alle verpflichtet, aber kommen wollten wirklich- also das ist für die Spieler auch relativ angenehm dann, auf dieser Schiene wahrgenommen zu werden und kennen- die merken, man will sie wirklich kennen lernen, und das ist- das gibt ihnen schon so ein Gefühl von- also wenn man so viel über einen Menschen weiß irgendwann- [unverständlich] wie ist das in der Schule gewesen, „Ach, du bist in der Achten sitzen geblieben? Was is denn passiert? Ich bin auch in der Achten sitzen geblieben," also, ehm solche Dinge, dann spürt man schon, dass der andere einem wichtig ist. Dass man dem anderen wichtig ist, und dann glaube ich- das ist eigentlich das, was alle haben wollen. Nicht nur ne Nummer zu sein, sondern tatsächlich jemand mit Hintergrund, mit- ehm ja mit ner Vergangenheit, die so gut oder so schlecht war, dass man jetzt nach Mainz wechselt." (Dok. 4: 189ff.)

Auch hier wird deutlich, dass die körperliche Leistungsfähigkeit zwar die Basisvoraussetzung war, um zum Vorstellungsgespräch eingeladen zu werden, dass es dann aber vor allem darum ging zu prüfen, ob der Spieler „ins Bild passt bei uns" in Mainz. Er musste sympathisch sein und zwar so sehr, dass der Trainer „Lust" hatte, „den morgens hier zu treffen". In seinen Beschreibungen kann man deutlich erkennen, dass es um den Aufbau einer diffusen und eben nicht nur funktional spezifisch auf Fußball ausgerichteten Beziehung zwischen Trainer und Spieler ging. Man sollte einander „wichtig" und „nicht nur 'ne Nummer" sein, das war die klare Erwartung an die Spieler. Eine erste Funktion dieser für den beruflichen Kontext eher ungewöhnlichen Personalisierung und Intimität lässt sich den Ausführungen des Trainers zufolge in der erhöhten Attraktivität des Mainzer Vereins vermuten. Es sei „angenehm", „auf dieser Schiene wahrgenommen zu werden". Damit konnte Spielern in Mainz etwas geboten werden, das es vermutlich in anderen Vereinen nicht (mehr) gab: eine familiäre Atmosphäre. Das könnte möglicherweise auch eine Strategie gewesen sein, um die Spieler in stärkerem Maße an den Klub zu binden.

> „Also, wir wollen ihm schon zeigen- also für uns ist es ganz wichtig, dass ein Spieler hierher kommt, unbedingt hierher will. Das er sich ganz brutal mit der Sache hier identifiziert, mit dieser Stadt, mit diesem Verein, mit diesen Leuten, mit der Art, was wir- wie wir das hier machen.

3.3 Nationale Differenzierungen bei der Spielerrekrutierung im Fallvergleich 233

> Wenn einer jetzt zum Beispiel von Bayern München kommt, und einfach für seinen Spind aufzuräumen eine Putzfrau, eine eigene braucht, dann passt er net nach Mainz. Sondern hier die Jungs sind alle noch auf dem Boden geblieben, das muss man schon so sehen, und nur solche Leute wollen wir hier in Mainz auch haben. Auch dass wir sehr stark auf Zusammenhalt legen, so Einzelgänger, die hier herkommen mit ihrem Täschchen zum Training, die trainieren und dann nehmen sie ihr Täschchen und gehen wieder. Und im nächsten Training sieht man sie wieder, sonst sieht man die überhaupt net. Das passt net. Also, man muss hier in diesem Verein ein bisschen leben. Die ganze Geschichte auch mitmachen. Und das erklären wir den Spielern auch." (Dok. 2: 686ff.)

Hier werden die Forderungen der Mainzer an die Spieler noch einmal explizit: Sie sollten sich „brutal mit der Sache hier" identifizieren. Gemeint waren die Stadt, der Verein, die Leute und die spezielle Art des Fußballklubs, die weiter oben als Herzblut-Mentalität und das Mainzer „Spaß-statt-Kohle-Prinzip" beschrieben wurden (vgl. Kap. 2.1.1). Außerdem wurden Vergemeinschaftung und diffuse Beziehungsstrukturen zwischen den Spielern erwartet und als unverzichtbare Voraussetzung für die Erbringung fußballerischer Bestleistungen gedeutet. Es wurde also eine kausale Verknüpfung zwischen der Forderung nach Integration und der mannschaftlichen Leistungsfähigkeit hergestellt. Beim FSV ging es um „Zusammenhalt", man wollte keine „Einzelgänger, sondern eine „Einheit auf dem Platz" stehen haben, was unmittelbar mit der Forderung nach sozialer Integration verbunden war (Dok. 2: 187). Integration wurde hier offenbar als eine Art Anpassung an die bestehende Mainzer (Fußball-)Kultur verstanden und bezog sich explizit nicht nur auf den Fußballplatz, sondern auch auf das Privatleben der Spieler, das sich in die bestehenden Beziehungsnetzwerke einfügen sollte. Bei diesem Thema schloss sich möglicherweise aufgrund der Ähnlichkeit zu bestehenden Semantiken in der politischen Diskussion über die Integration ausländischer Mitbürger in vielen Interviewpassagen die Frage des Umgangs mit sprachlichen und nationalen Differenzen in der Mannschaft an.

> „Ja, also das besondere Klima des Vereins, das wurde dem Verein schon immer nachgesagt, also schon vor der Zeit als Jürgen Klopp hier Trainer war, (...) Ähm...aber ich glaube, wir haben auch Charaktere in der Mannschaft, die früher mal als ungenießbar galten, also selbst bei uns. Und ich glaube, die Tatsache, dass das Klima so angenehm ist, diesen Spielern gar keine andere Möglichkeit lässt, als diese Geschichte einfach mit zu leben. Ich glaube auch einfach, dass ... ich sach jetzt mal, wenn ich in einem Fußball- in einem Kader drin bin, in dem es vielleicht nicht ganz so gut läuft in dem Verein, wo sich die Leut' vielleicht auch nicht so gut kennen, und ich weiß nicht, vielleicht auch nicht so viel Wert vom Verein drauf gelegt wird, dass alle sich zumindest mal sich in einer Sprache unterhalten können, äh ...weil ich sage, es gibt keine Ausländerproblematik, sondern es gibt höchstens ne Integrationsproblematik." (Dok. 9: 134)

Hier erfahren wir jenseits der Lobreden über „das besondere Klima des Vereins", dass für die vom Verein erwartete Integration in die Mannschaft, die sich als Totalinklusion beschreiben lässt, auch sprachliches Verständnis bzw. Sprachkompetenz als Voraussetzung gefordert wurde. Die Bedeutung der Umschreibung, dass darauf vom Verein „Wert gelegt" werde, bleibt an dieser Stelle noch unklar. An der Wahl des Deskriptors „Ausländerproblematik" lässt sich jedoch bereits erkennen, dass die Anwesenheit von Spielern nichtdeutscher Herkunft als prekär wahrgenommen wurde. Außerdem spiegelt das Zitat die Wahrnehmung eines argumentativ engen Zusammenhangs der Themen „Integration" und „Ausländer" wider. Es fehlt aber immer noch die Begründung für die Forderung der Mainzer nach einer derartigen Totalinklusion der Spieler. Die wurde in der folgenden Interviewpassage geliefert:

> „(...) weil unsere Art des Fußballspielens in Mainz auch sehr darauf ausgelegt ist, auf so Zusammenhalt, auf, äh ... der eine geht durch den anderen durchs Feuer, auch wenn das jetzt vielleicht so-so markige Sprüche sind, aber es is in der Tat so. Ähm, und unser ganzes Spielsystem is auch sehr taktisch bedingt, und da muss der eine wissen, was der andere macht. Wenn die zwei aber nicht miteinander kommunizieren können, weil sie sich nicht verstehen, ist das schwierig." (Dok. 2: 151ff.)

Die Notwendigkeit einer engen Beziehung zwischen den Spielern wurde also mit der speziellen „Art des Fußballspielens in Mainz" legitimiert, für die wechselseitiges Vertrauen und Verständnis als Basisvoraussetzungen gedeutet wurden. Demnach mussten die Spieler „miteinander kommunizieren können", was hier wohl soviel bedeutet, wie eine gemeinsame Sprache sprechen. So wurde erneut eine Verbindung zwischen fußballerischer Leistung und mannschaftlicher Integration konstruiert, wodurch sich jegliche Maßnahmen zur Integrationsförderung, wie z.B. der Ausschluss bestimmter Personengruppen, letztlich unter Verweis auf das Leistungsprinzip legitimieren lassen. Gleichzeitig signalisierte der Verweis auf die „Mainzer Art", dass es sich bei diesen Ansprüchen in Bezug auf Sprachkompetenz und Integrationsfähigkeit auch in der Deutung des Befragten um FSV Mainz 05-spezifische Vorstellungen darüber handelte, was als Voraussetzungen zur Erbringung fußballerischer Leistungen gelten kann. Sprachkompetenz und Charakter fungierten in Mainz als Indikatoren für Leistungsfähigkeit, sie stellten sozusagen organisationsinterne Programme für die Leistungszurechnung sowie Entscheidungsprämissen für die Frage der Spielerselektion dar.

Die zitierte Passage bezog sich auf nicht-deutschsprachige Spieler und wird besser verständlich, wenn sie im Kontext der Gesamtargumentation steht. Ausgangspunkt dieses circa zehnminütigen Monologs war die Exaltation des Befragten über die Tatsache, dass einmal eine Bundesligamannschaft mit elf Ausländern zum Spiel aufgelaufen sei.[287]

> „Und da müssen die deutschen Fußballer ein bisschen umdenken, ähm, und deswegen passiert das so, wie es bei Cottbus war, dass die ein Spiel gemacht haben ohne einen Deutschen. Die haben in der Tat mal mit elf Ausländern gespielt. Ähm, ich bin da bestimmt kein Freund davon, weil noch wohne ich hier in Deutschland und fühl mich auch als Deutscher. Deswegen hab ich überhaupt nichts gegen Ausländer, aber wenn ich die Möglichkeit habe, – ich sag mal – einen äh jetzt nen Ausländer oder einen Deutschen zu nehmen und die Leistung und das wirtschaftliche is gleich, dann nehm ich den Deutschen einfach, weil der Deutsche verdient hier sein Geld, das is ein deutsch- das is ein Arbeitsplatz hier." (Dok. 2: 104ff.)

Die Ablehnung ausländischer Spieler bzw. die Bevorzugung von Spielern der eigenen nationalen Zugehörigkeit wurde offenbar als legitimationsbedürftig betrachtet. So drückte der hier befragte Manager sein Missfallen über eine deutsche Vereinsmannschaft mit elf ausländischen Spielern nur indirekt aus („kein Freund davon") und begründete diese Ablehnung mit seiner eigenen nationalen Zugehörigkeit; diese Aussage konnte aber offenbar nicht so stehen bleiben, sondern bedurfte einer zusätzlichen Erklärung: Zunächst antizipierte er die Möglichkeit des moralisierenden Vorwurfs der Ausländerfeindlichkeit, von dem er

---

[287] Dieses Spiel von Energie Cottbus, das auch in den Medien häufig als Beleg für den hohen Ausländeranteil in der Bundesliga angeführt wird, fand am 6. April 2001 gegen den VfL Wolfsburg statt.

3.3 Nationale Differenzierungen bei der Spielerrekrutierung im Fallvergleich

sich umgehend abgrenzte („Deswegen hab ich überhaupt nichts gegen Ausländer").[288] Die doppelte Negation und die Übertreibung („überhaupt nichts") signalisieren die Defensivität, mit der er hier auf Erwartungserwartungen reagierte. Möglicherweise spielten auch die mittlerweile häufige Thematisierung von Rassismus und Nationalismus im Fußball und die Allgegenwärtigkeit von Anti-Rassismuskampagnen hier eine Rolle. In jedem Fall nahm der Interviewpartner seine Argumentation, Präferenzen qua Nationalität zu äußern, als begründungspflichtig wahr.

Mittels seiner zweiten nachgeschobenen Erklärung relativierte er die Bedeutung der Nationalität als Kriterium für die Spielerauswahl wieder: Herkunft bzw. Staatsangehörigkeit spielten demnach nur dann eine Rolle, wenn „die Leistung und das Wirtschaftliche"[289] (...) gleich" waren.[290] Im Anschluss holte der Befragte dann noch weiter aus, um seine Haltung zu begründen, und berichtete genauer über die Erfahrungen mit ausländischen Spielern in seinem eigenen Verein:

„Äh, da wir kein Geld hatten, aber trotzdem irgendwie elf Leute zusammen bekommen mussten oder sogar 25, damit da ein paar Leute ins Stadion kommen, haben auch wir ... auf einmal Ausländer geholt. Und da- dann auch is es uns passiert, dass wir Spielersitzung hatten, wo drei Dolmetscher im Raum saßen, also insbesondere wenn's dann losgeht mit äh, das war mal ein Paradebeispiel mit unseren, wir hatten mal zwei Iraner in der Mannschaft. Ja, die haben gar nichts mehr mitbekommen, was da los war, also die konnten sich nicht artikulieren, die konnten sich nicht unterhalten, die konnten kein Wort Englisch. Äh, dann hat der Trainer in der Sitzung da zwanzig Leute, hat da was erzählt, und dann halt die Dolmetscher haben alles ins Ohr geflüstert, was der Trainer da vorne erzählt. Automatisch gab das dann auch Spannungen innerhalb der Mannschaft. Die Jungs wurden nie richtig richtig integriert, weil das ist ganz ganz schwierig, wenn einer nichts versteht. Dazu kommt, dass die Ausländer oftmals nicht das große Interesse haben, Deutsch zu lernen. Ah, da gibt's Riesenunterschiede muss man sagen. Ähm ..., wir sind auf jeden Fall da nicht weiter gekommen, und wir haben das eigentlich abgestellt vor drei Jahren. Dass wir gesagt haben, wir möchten eigentlich keinen Spieler in der Mannschaft haben, der kein Deutsch kann. (...) Äh, in unserer Mannschaft jetzt is kein Spieler drin, der nicht nahezu perfekt deutsch spricht. Wir haben auch- wir haben wenig Ausländer, aber...maximal fünf sechs, aber das is ein Ungar, der spricht perfekt deutsch, weil er seit zehn Jahren in Deutschland is. Wir haben einen Brasilianer, der is seit fünfzehn Jahren in Deutschland. Äh wir haben einen Schweizer, [lacht] der spricht sowieso deutsch. Ansonsten is bei uns nichts mehr in der Mannschaft. Und ich muss sagen [lacht] seit drei Jahren, seitdem wir das umgestellt haben – aber das is nicht der alleinige Grund natürlich – spielen wir eigentlich sehr erfolgreich. Weil jeder weiß, was der andere auf dem Feld macht, und jeder jeden versteht und jeder eigentlich auch mit je-

---

[288] Insofern zeigte der Gesprächspartner eine Orientierung seiner Äußerung an den der Interviewerin unterstellten Erwartungen und ihrem Wissensrepertoire: Diese rezipientengerechte Zuschnitt der Selbstdarstellung lässt sich unter den Begriff „Recipient Design" fassen (vgl. Sacks et al. 1974: 727). Demnach gestalten Interaktionspartner ihre Redezüge und Handlungen je nachdem, welche Erfahrungen, Erwartungen und Fähigkeiten sie dem anderen unterstellen. So lassen sich die Abschwächungen der zuvor gemachten negativen Bewertung des Umstands, mit elf Ausländern in der Startelf zu spielen, möglicherweise mit den Zuschreibungen des Befragten gegenüber der Interviewerin als „politisch korrekte" Sozialwissenschaftlerin erklären.
[289] Die finanziellen Möglichkeiten des Vereins könnte man als Randbedingungen verstehen, die aber selbstverständlich auch Auswirkungen auf die Auswahl nehmen, indem z.B. die weltbesten Spieler auch die teuersten sind und somit nur wenige Klubs ihre Gehaltsforderungen erfüllen können.
[290] Das entspricht in etwa den derzeit üblichen Formulierungen für Quotierungen von Minderheiten bei Stellenausschreibungen: „Bei gleicher Eignung, Befähigung und fachlicher Leistung werden Frauen/Schwerbehinderte (und im Fußball Deutsche) bevorzugt eingestellt."

dem abends mal weggeht. Dass da ein gewisser Zusammenhalt da is. Das is das große Risiko, muss ich sagen, im Bereich äh…wenn man mit zuviel Ausländern spielt." (Dok. 2: 135ff.)

Der Manager des Vereins fasste hier die Geschehnisse bei Mainz 05 über den Zeitraum einiger Jahre hinweg zusammen. Zunächst fällt auf, dass die Verpflichtung ausländischer Spieler hier als eine Entwicklung im Profifußball beschrieben wurde, die vor allem aus der finanziellen Not des Vereins heraus entstanden war: „[A]uf einmal" habe man Ausländer holen müssen. Er verwendete den Deskriptor „Ausländer", und es ist unklar, ob damit alle Nicht-Deutschen oder – wie man aus den nachfolgenden Berichten über sprachliche Probleme während Mannschaftssitzungen vermuten könnte – nur alle nicht-deutschsprachigen Spieler gemeint waren. Dann wurden anschaulich und relativ ausführlich Situationen geschildert, in denen die fehlende Sprachkompetenz dieser Spieler („die konnten sich nicht artikulieren") als Problem für alle Beteiligten (also auch von den Spielern selbst) wahrgenommen wurde. Wie genau sich diese Probleme äußerten, bleibt unklar, er erklärte lediglich, dass es dann „automatisch (…) Spannungen innerhalb der Mannschaft" gegeben habe. Im nächsten Schritt wurde die Desintegration dieser nicht-deutschsprachigen Spieler mit Hilfe von Übertreibungen dramatisch gesteigert („nie richtig integriert", „ganz ganz schwierig"), auf die mangelnde Sprachkompetenz zurückgeführt und in einem dritten Schritt schließlich den ausländischen Spielern selbst die Verantwortung dafür zugewiesen, indem er zumindest einem Teil von ihnen mangelndes Interesse unterstellte.

Im Mittelpunkt dieser Äußerungen steht die Entscheidung, „das" abzustellen: Gemeint ist die Verpflichtung nicht-deutschsprachiger Spieler. Unklar bleibt, wer die Entscheidungsträger waren, ob nur er und der Trainer oder auch der Vereinsvorstand. Die umständliche Einleitung sowie die nebulöse bzw. euphemistische Ausdrucksweise weisen darauf hin, dass diese Entscheidung von dem Befragten selbst als problematisch wahrgenommen wurde bzw. er möglicherweise Legitimationsbedarf gegenüber der Interviewerin antizipierte. Auf diese Weise distanzierte sich der Sprecher von den zuvor vorgenommenen Bewertungen, er betrieb also moralische Kommunikation, dementierte aber gleichzeitig jede Moralisierungsabsicht (vgl. Bergmann 1998: 83f.). Zur Legitimation dieser Exklusionsentscheidung wurde im Folgenden auf den fußballerischen Erfolg verwiesen, der als kausale Folge der neuen Rekrutierungspolitik gedeutet wurde.

Die Entscheidung der Mainzer spiegelte sich während meines Feldaufenthalts auch in der tatsächlichen Zusammensetzung der Mannschaft wider, so war der Anteil nicht-deutscher Spieler in der Stammelf mit nur vier bzw. fünf Spielern im Vergleich zu anderen Bundesligaklubs relativ niedrig. Mit Hilfe der oben beschriebenen Argumentation konnte letztlich die Entscheidung, einzelne Spieler trotz hervorragender individueller Leistungen nicht zu verpflichten, als mit dem Leistungsprinzip konform dargestellt werden, indem nämlich auf die Ebene der Mannschaftsleistung verwiesen und kollektiver Zusammenhalt und Integration als Voraussetzung für die Erbringung dieser Leistung gedeutet wurde.

Andersherum wurde aber auch eine gelungene Integration in Mannschaft, Klub und Stadt zur notwendigen Bedingung erklärt, um überhaupt die Bestleistungen eines Spielers abrufen zu können:

„Wenn ein Spieler hierher kommt, der aus nem ganz anderem Kulturkreis kommt, der ne ganz andere Sprache spricht und nicht massiv darauf hin gewirkt wird, dass er sich hier einlebt,… ich sage, durch Sprache… Auch dass seine Frau die Sprache lernt, auch dass seine Frau mit integriert wird, dann is es ganz schwer, dass der Spieler sich hier… – ich sach jetzt mal so – wohl

3.3 Nationale Differenzierungen bei der Spielerrekrutierung im Fallvergleich

> fühlen kann wie die anderen. Und dann is es natürlich auch so, dass dieser Spieler unnahbarer is, zurückhaltender is, vielleicht ungenießbarer is, und deswegen gibt es definitiv kein Problem damit, dass wir Ausländer im Kader haben, (..) sondern ..äh...es gibt höchstens ein Problem, dass welche nicht richtig integriert werden. Das gilt im übrigen auch für deutsche Spieler logischerweise, wenn ich nen Spieler hierher hole, der vielleicht jung is, der von den kleinen Verein is, der sich in dieser Welt noch nicht zurecht kennt, und den man einfach links liegen lässt, dass der dann auch nicht richtig integriert is, und sich wie das fünfte Rad am Wagen fühlt, kann auch passieren. (…) Und- ich glaube einfach, dass dieses brutal positive Klima, das brutal positive Klima dieser Mannschaft, jeden, der in die Tür rein kommt, direkt zu akzeptieren, keinem mit Vorbehalten entgegen zu treten und einfach grundsätzlich positiv zu sein, dass das ne Geschichte is, die sich jeder so annehmen muss, weil der, der das nicht mit spielt, der wird derjenige sein, der Außenseiter is, was keiner grundsätzlich sein möchte. Und da jeder mit erlebt, wenn er sich auch nur ein bisschen öffnet, dass es ihm das Ganze deutlich angenehmer macht, hier und auch deutlich mehr Spaß dadurch bereitet, wird es auch jeder tun. Und deswegen sind Kloppo und ich total überzeugt, dass selbst wenn wir so nen schwierigen Charakter hier hätten, von dem alle sagen, der is absolut ungenießbar, dass auch der hier, äh auf die Dauer, ich sage, schon ... sich integrieren würde. Ähm vielleicht- es gibt natürlich immer noch Unterschiede, es gibt immer noch die, die mehr Leben machen in der Kabine und die die weniger machen, aber, ich glaube, es würde- er würde trotzdem versuchen, in diese Gruppe mit rein zu kommen. Weil ich kann mir nicht vorstellen, dass irgendein Mensch sich wohl fühlt, wenn er immer in der Ecke sitzt und von keinem beachtet wird." (Dok. 9: 134)

Das Leben in einem Profifußballklub scheint sich demnach vor allem daran zu orientieren, dass sich die Spieler wohl fühlen, was man in Mainz durch Integration in Form großer sozialer Nähe zu erreichen suchte. Es wurde davon ausgegangen, dass Spieler erst unter der Bedingung eines „brutal positiven Klimas in der Mannschaft" ihre maximale individuelle Leistung erreichen können.[291] Damit wurde die Integrationsfähigkeit eines Spielers jedoch auch zu einem wesentlichen Kriterium für die Personalauswahl erhoben, das sich nahezu direkt mit der nationalen bzw. ethnischen Zugehörigkeit eines Spielers in Verbindung bringen lässt.

> „Wissen Sie, ich glaube,.. man muss auch besondere Anforderungen stellen an einen Spieler, der im Ausland tätig ist. Es heißt so schön ‚fährst Du nach Rom, dann tu' es, wie die Römer tun'. [klopft bei fast jedem Wort auf den Tisch] Wenn Sie ein Konzept haben mit deutschen Spielern, dann brauchen Sie einen ausländischen Spieler, der akzeptiert, dass es hier gewisse Regeln gibt. ..Wenn er das nicht akzeptiert, dann ist er auch fehl am Platz. [immer noch klopfend] Das heißt, dann kriegen Sie keine Integration in die Mannschaft. Da kriegt der keine Akzeptanz in der Mannschaft. Dann wird der isoliert. Wir haben's immer geschafft, dass wir Spieler anderer Nationalitäten auf Grund auch der Bereitschaft unserer deutschen Spieler, ihn aufzunehmen, weil wenn ein Spieler gut ist, sagt kein anderer Spieler, der ihm ja vielleicht auch mal die Prämie durch ein Tor sichert, ‚pass mal auf, Du hast keine Chance bei uns'. Nur der Punkt darf nicht lange dauern, dass der Spieler, der neu hierher kommt, auch der ausländische Spieler, bereit ist zu sagen ‚pass mal auf, ich bin hier drin und bin net der große Star'. Das ist das Problem. Und da haben wir- das sind die Integrationsprobleme, die man hat. (…)Dass die- ich sag' mal die Vorgaben, was Disziplin anbetrifft, eingehalten werden. Das heißt also, ich sag mal, Pünktlichkeit, auch Einsatz für die Mannschaft, nicht bei jeder Verletzung zu sagen ‚ich kann nicht mehr,

---

[291] Dieser Zusammenhang wurde auch von den Mainzer Spielern hergestellt (vgl. dazu auch Dok. 25: 498ff.): „Gut, also, ich meine, wenn man, man muss sich auch wohl fühlen, man muss sich im Verein wohl fühlen. (..) In der Umgebung, ehm. Nur dann kann man auch die Dinge, die nötige Leistung dann auch abrufen, die auch nötig ist, um wirklich Erfolg zu haben." (Dok. 17: 54)

aua, mir zwickt's oder so. Das kriegen die Spieler schon sehr schnell 'raus und sagen ‚och Gott, was ist denn das für ein Weichei?' oder sie sagen ‚Mensch, das ist ja wirklich ein Spieler, der auch ein Interesse hat an- auch an dem Verein, an unserer Gemeinschaftlichkeit unseres Auftretens'. Ja?" (Dok. 8: 207ff.)

In der Darstellung des Mainzer Präsidenten stellte sich die Integrationsfrage bei „ausländischen Spielern" offenbar grundsätzlich. Die von ihnen in dieser Deutung erwarteten Anpassungsleistungen wie „Disziplin", „Pünktlichkeit", „Einsatz für die Mannschaft", „Interesse am Verein" etc. implizieren gleichzeitig, dass diese „Vorgaben" bei ausländischen Spielern in geringerem Maß vorzufinden sind als bei deutschen.[292] Im Gegensatz zu den Beschreibungen des Vereinsmanagers wurde die Mannschaftsintegration hier weniger abhängig von der Sprache als vielmehr von bestimmten qua nationaler Kategorisierung zugewiesenen Eigenschaften und Verhaltensweisen interpretiert. In der Darstellung des Präsidenten ging es um „Spieler anderer Nationalitäten", also ein prinzipiell plural konstruiertes Ordnungssystem, das in seinem Sprachgebrauch jedoch wieder auf die dichotome Gegenüberstellung nicht-deutscher vs. ausländischer Spieler zusammengefasst wurde.

Die zentrale Unterscheidungsachse war hier also nicht mehr die Sprachkompetenz der Spieler, sondern deren nationale Herkunft. Entsprechend lässt sich bei diesem Befragten auch eine vollkommen andere Argumentation finden: Ihm schien es weniger um die Sicherung der Mannschaftsleistung durch Integration ausländischer Spieler zu gehen als um Identifikation. Im folgenden Interviewausschnitt legitimierte er nicht nur die Entscheidungen des Ligaverbands, Ausländerregelungen und Quotierungen für deutsche Spieler einzuführen bzw. daran festzuhalten, sondern indirekt auch die Mainzer Entscheidung gegen ausländische Spieler:

„Man wollte auch verhindern dadurch, dass eben letztendlich eine völlige Überfremdung dieser Mannschaften stattfindet. Was ich auch richtig erachte, weil ich glaube, dass es sehr wichtig ist, dass die,... dass jede äh.. Region und der Zuschauer auch eine Identifikation hat mit.. den.. deutschen Spielern. Natürlich haben wir- und das hat auch mit falscher Einstellung gegenüber Ausländern überhaupt nichts zu tun. Ich glaube, es ist sehr wichtig, auch eine Identifikation zu erhalten in einem Verband, und eine Identifikation erhalten Sie nicht, wenn Sie letztlich nur mit Legionären auftreten." (Dok. 8: 136)

In dieser Deutung wurde die Exklusion nicht-deutscher Spieler bzw. „Legionäre" aus der Bundesliga einzig mit ihrer nationalen Zugehörigkeit begründet, Leistungsgesichtspunkte spielten keine Rolle. Der Ausschluss wurde mit Verweis auf eine angeblich drohende „Überfremdung" der Mannschaften und die Notwendigkeit einer vermutlich primär national orientierten Identifikation der Zuschauer mit den Spielern erklärt (vgl. Kap. 1.4.4 Exkurs: Die Geschichte der Ausländerregelungen in der Bundesliga). Und wieder zeigte sich die Wahrnehmung eines gewissen Legitimationsdrucks bzw. „Moralisierungsdistanz". Anders lässt sich der Einschub „und das hat auch mit falscher Einstellung gegenüber Ausländern überhaupt nichts zu tun" nicht erklären. Die Legitimation der Mainzer Entscheidung, keine nicht-deutschsprachigen Spieler mehr zu verpflichten, folgte etwas später:

---

[292] Zur Analyse der darin enthaltenen rassistischen Argumentationsfiguren vgl. Kap. 3.4.5 Die Bewertung der Differenz: Rassistische Stereotypenkommunikation; vgl. auch Scherschel 2006: 56ff.

3.3 Nationale Differenzierungen bei der Spielerrekrutierung im Fallvergleich

„Wenn heute jemand hierher kommt, der muss zunächst einmal die Sprache beherrschen. Das größte Problem ist- wir haben natürlich die Erfahrung gemacht mit Iranern, die auch letztlich auf Grund ihrer Lebensumstände, hier auch, was die Glaubensfragen anbetrifft, Spieler, die den Ramadan pflegen, die haben uns ganz einfach nichts mehr gebracht. ... Und für die war es halt ganz einfach ein Job. Und wir waren immer nach der Philosophie: Wir wollten die Spieler nach einem Jahr so weit haben, dass sie sagen ‚Mensch, das ist ein besonderer Verein, für den setzen wir uns auch besonders ein.. Da wollen wir bleiben'. Kloppo hat einmal gesagt „wenn Du hier Geld verdienen willst,' das sagt der zu jedem Spieler ‚bist Du bei uns falsch, wenn Du etwas Besonderes erleben willst, dann komm' hierher'. Und das hat sich auch bewahrheitet. Und das werden wir auch nicht ändern. Wir wollen hier letztendlich auch mit dem Trainerjob eigentlich keine fertigen Bundesligaspieler haben, sondern wir wollen welche ausbilden. Die Schwierigkeit ist nur: Das musst du erst mal im Wettbewerb auch bestehen und im ersten Jahr ist es natürlich besonders schwierig. (...) Wenn er zu einer Entscheidung kommt und sagt, ‚ich fühle mich hier wohl, bin mit dem zufrieden, habe aber letztlich die Garantie oder die Möglichkeit, tatsächlich zu spielen', das ist immer eine Frage des persönlichen Ehrgeizes und das haben Sie bei ausländischen Spielern nicht, weil die natürlich darauf ausgerichtet sind- ausgerichtet sind, zunächst einmal ihren Job zu machen, Geld zu verdienen und das mit 'rüberzunehmen. Deshalb sage ich ja, ist 'ne ganz andere Identifikation. Auch ein deutscher Spieler hat- auch das darf man nicht verkennen, natürlich, wenn er einem Verein einige Zeit treu bleibt, schon die Möglichkeit, auch nach Beendigung seiner aktiven Laufbahn irgendwo vielleicht da Fuß zu fassen, sich einen Namen zu machen in anderen Bereichen, um dann auch seine Existenz weiterhin zu sichern." (Dok. 8: 207ff.)

Sprache wurde hier lediglich als ein kulturelles Differenzmerkmal unter anderen gedeutet, das eine Identifikation des Spielers mit dem Verein und der Region verhindern kann. Als weitere „Probleme" deutete er Glaubensunterschiede und die damit verbundenen religiösen Praktiken, außerdem unterstellte er ausländischen im Gegensatz zu deutschen Spielern, dass es ihnen primär ums Geldverdienen und weniger um den Verein bzw. dessen Erfolg gehe („Legionäre"). Er machte ihnen also das für formale Organisationen typische Abweichen von Mitgliedschaftsmotivation und Organisationszweck zum Vorwurf. Im Gegensatz dazu forderte er die Totalinklusion der Spieler, bei der die Differenz von beruflicher und privater Sphäre eingeebnet wird und persönliche Opfer gebracht werden müssen. Aus dieser Deutung wurden weitere Erwartungen wie Vereinstreue, persönliche Identifikation mit dessen Zielen etc. abgeleitet. Es lässt sich festhalten, dass in dieser Darstellung ein anderes Argument als die zuvor beschriebene Deutung von mannschaftlicher Integration angeführt wurde, um das Vorgehen bei der Auswahl und Bewertung von Spielern zu rechtfertigen. Zunächst ging es hier explizit um die nationale Herkunft und nicht lediglich um die Sprachkompetenz, die für die Selektionsprozesse relevant gemacht werden könnte. Die Relevanz der Nationalität wurde mit Verweis auf die Notwendigkeit von Identifikation mit Verein und Region begründet. Im Gegensatz zu den bisher vorgestellten Deutungen wurde kein Bezug zum Leistungsprinzip hergestellt.

Eine dritte Begründung für die niedrige Anzahl ausländischer Spieler findet sich in den Deutungen des Trainers: Hier stand wieder die Sprachkompetenz der Spieler und nicht ihre Herkunft im Vordergrund, allerdings nicht weil sich so eine bessere mannschaftliche Integration herstellen lasse, sondern sie seine Erklärungen und Ansprachen verstehen müssten.

„Wer gern Fußball spielt, is für mich- is bei mir herzlich willkommen. Also das is sowie grundsätzlich, wer in Deutschland leben möchte, darf hier leben. Das ist keine Frage, also.. ich würde nie sagen, „Moment, Moment mal, ja also der nimmt uns das und das weg!" Das steckt nicht in mir drin. Dementsprechend kann ich das auch nicht so sehen. Wir haben hier so wenige Ausländer in der Mannschaft, dass man mir fast unterstellen könnte, ich würd' da irgendwie drauf achten. Mache ich Null. Es ist nur so, dass ich soviel mit den Spielern rede, dass es praktisch ist, wenn sie mich verstehen. Also und ich kann nun mal nicht- also Englisch könnte ich mich noch fehlerfrei unterhalten, Französisch ging noch grad so, und dann hört's aber ganz schnell auf. Und die meisten sprechen ne andere Sprache ... Ehm und das is einfach der einzige Grund, warum wir eben so wenig Leute haben, die unserer Sprache nicht mächtig sind. Ansonsten ... ich hätte- ich würde liebend gerne mit einer bunten Mannschaft spielen, was weiß ich Chinesen oder so, wenn die mich denn verstehen würden. Also das ist einfach- das ist einfach wichtig." (Dok. 4: 138)

Die Passage beginnt mit der Formulierung der funktionsrollenbezogenen Erwartung an die Spieler, gern Fußball zu spielen. Mit dieser Aussage wurden ethnische und nationale Merkmale der Person als nicht inklusionsregulierend gedeutet („Mache ich null"). Seine Erklärung für den geringen Ausländeranteil bei Mainz 05 bezog sich auf die große Bedeutung von Kommunikation in seiner Mannschaft. Denn ohne eine gemeinsame Sprache könnten ihn die Spieler nicht verstehen. Seiner Deutung zufolge bestand in Mainz also so etwas wie ein erhöhtes Kommunikationsaufkommen. Verstehen wurde als Voraussetzung für die Erbringung fußballerischer Leistungen gedeutet.

Im folgenden Interviewausschnitt mit dem Teammanager des Klubs wurde Sprachkompetenz als Qualitätsmerkmal beschrieben, das es abzuwägen gelte gegen andere Vor- und Nachteile bei der Personalselektion. Außerdem lieferte er eine weitere Erklärung für die besondere Bedeutung von Kommunikation in Mainz:

„Es hat keine grundsätzliche Entscheidung gegeben. Es ist einfach so, dass es einfach einfacher ist. Aus den verschiedensten Gründen. Also erstens, weil unser Trainer jemand ist, der viel Wert auf Taktik und auch auf taktische Sitzungen und Analysen und viele Gespräche mit den Spielern legt, und das natürlich relativ schwierig ist, wenn der Spieler und der Trainer nicht eine Sprache sprechen können. Und wenn es schon nur die erste Fremdsprache von irgendeinem der beiden ist, dann hat es immer die Probleme, dass manche Worte nicht so verstanden werden, wie sie verstanden werden müssten. Und deswegen hat es eine grundsätzliche Entscheidung insofern eigentlich gegeben, dass wir immer *erst* uns ... auf dem Markt umschauen, wo Spieler sind, die Deutsch sprechen. Ich hab' immer gesagt, weil irgendwann wurde uns dann sogar mal tatsächlich vorgeworfen, so- ob man was gegen Ausländer hätte, also ich sag' mal so durch die Blume, ‚ah ja, Ihr nehmt ja keine Ausländer', so nach dem Motto ‚mit Ausländern könnt Ihr nicht'. Stimmt nicht. Also, wenn uns irgendwie ein Berater hier fünf Afrikaner bringt, die fließend Deutsch sprechen, dann können auch natürlich gerne Afrikaner hierher kommen. Das hat nur was mit der Kommunikation zu tun. Und ich glaube, es ist das gute Recht dieses Vereins zu sagen, wenn ich zwei Spieler angeboten bekomme, die beide die gleiche Qualität haben, und der eine spricht fließend Deutsch und der andere nicht, dass ich mich dann für den entscheide, der Deutsch spricht, weil das eine *weitere* Qualität des Spielers für seine Arbeit hier. Das *ist* einfach so. Wenn ein Spieler *überragende* fußballerische Qualitäten hat, die ein anderer deutschsprachiger mir nicht anbieten kann im Moment für das Gesamtpaket, was wir noch haben finanziell, also Ablöse, Gehalt und so weiter, dann werden wir trotzdem den nehmen, der Deutsch nicht spricht. Also das ist so." (Dok. 10: 6)

Der Beginn der Passage bezieht sich auf die Interviewfrage nach der zuvor vom Manager geschilderten Entscheidung, keine nicht-deutschsprachigen Spieler mehr zu verpflichten. Im Gegensatz dazu hatte der Teammanager offenbar eine andere Deutung, denn er unter-

3.3 Nationale Differenzierungen bei der Spielerrekrutierung im Fallvergleich

brach die Interviewerin und negierte das Gesagte zunächst, auch wenn er die Existenz einer derartigen Entscheidung letztlich doch bestätigte. Die Frage scheint als moralisches Urteil und als Aufforderung zur Legitimation gedeutet worden zu sein, auf die er mit Erklärungen und Rechtfertigungen reagierte, wie den Verweis auf das Kommunikationsbedürfnis des Trainers. Es werde eben „viel Wert" auf Taktik und „Gespräche" gelegt, daher sei die Deutschsprachigkeit der Spieler zwingend notwendig. Offenbar reichte es dazu seiner Wahrnehmung nach nicht aus, Deutsch als Fremdsprache zu lernen, stattdessen seien muttersprachliche Kenntnisse notwendig, um Missverständnisse weitgehend auszuschließen. Insofern lässt sich Sprache hier letztlich doch als Indikator für nationale Zugehörigkeit verstehen, die allerdings aufgrund der erlernten Sprachkompetenzen als „Qualitätsmerkmal" und somit Voraussetzung zur Erbringung fußballerischer Leistung umgedeutet wurde. Mit allen Mitteln versuchte er, seinen Verein vor dem schließlich von ihm selbst explizierten Vorwurf der Ausländerfeindlichkeit zu rechtfertigen („mit Ausländern könnt ihr nicht"), auch wenn er die Widersprüchlichkeit seiner Argumentation offenbar selbst wahrzunehmen schien, da er sich im Anschluss an diese Äußerung auf das Selbstbestimmungsrecht formaler Organisationen berief.[293]

Der abrupte Übergang in der Argumentation von den Beteuerungen, dass die Exklusion ausländischer Spieler nur etwas mit der Kommunikation zu tun habe, zum „guten Recht dieses Vereins", nicht jeden als Mitglied zu akzeptieren, lässt sich als Zeichen dafür deuten, dass die Exklusion qua ethnischer oder nationaler Zugehörigkeit von dem Befragten selbst als illegitim wahrgenommen wurde. Darauf weisen auch seine anschließenden Versuche hin, Herkunft, Sprache und Leistung miteinander in Beziehung zu setzen: Deutsche Sprachkompetenz (als quasi-natürliche Folge der nationalen bzw. ethnischen Herkunft) werde zu einem eigenen Qualitätskriterium „für seine Arbeit hier", die es neben anderen Kriterien abzuwägen gelte. So wurde die nationale bzw. ethnische Zugehörigkeit zu einem leistungsrelevanten Merkmal umgedeutet. Die getroffene Entscheidung über die Exklusion nicht-deutschsprachiger Spieler wurde also retrospektiv mit dem Leistungsprinzip rationalisiert. Das genaue Verhältnis von Sprachkompetenz und fußballerischer Leistung explizierte er kurz darauf noch einmal genauer:

> „Und ist er der überragendste Fußballer, kann er kicken wie Ronaldo, und spricht aber nur Suaheli oder eine Sprache, die kein Mensch kennt, ist es scheißegal, weil er kickt ja so gut, dass wir sagen ‚das mit der Sprache, das bringen wir ihm noch bei, aber er erfüllt ja die anderen Grundvoraussetzungen'. Nur, hat einer noch *taktische* Mängel, das heißt, müssen wir ihm erst die Taktik erklären, die wir hier spielen, *und* er spricht keine Sprache, dann funktioniert das nicht, weil er muss ja erst die Sprache lernen, damit wir ihm die Taktik erklären können. Dann müssen wir jemand holen, der ..vielleicht in fußballerischer Qualität schlechter ist, aber der sofort *das* beigebracht bekommen kann, was wir brauchen." (Dok. 10: 18)

Sprache fungiert in dieser Deutung lediglich als funktionales Äquivalent für fußballerische Technik-Kompetenz. Demnach stellen Kommunikation und das Verständnis taktischer Anweisungen unterhalb eines bestimmten technischen Leistungsniveaus der Fußballer notwendige Kompensationsmechanismen und damit Voraussetzungen für den sportlichen Er-

---

[293] Tatsächlich befanden sich nämlich in der Mainzer Mannschaft nur Spieler aus dem europäischen Ausland, deren Deutsch zwar verständlich aber erkennbar nicht die Muttersprache war. Der Vertrag mit dem einzigen nichteuropäischen Spieler (einem Ghanaer) wurde während meines Feldaufenthalts aufgrund von Streitereien über dessen verspätete Rückkehr aus dem Heimaturlaub nicht verlängert (vgl. Dok. 18).

folg dar: Wer schon richtig Fußball spielen kann, muss nichts mehr erklärt bekommen. Möglicherweise bewegte sich der Mainzer Klub jedoch aufgrund der begrenzten finanziellen Mittel in einem Marktsegment, in dem die Spieler noch erhebliche taktische und technische Mängel aufwiesen, die sich nur mit Hilfe sprachvermittelter Lernprozesse ausgleichen ließen.

Zusammenfassend lässt sich über die Spielerselektion beim 1. FSV Mainz 05 folgendes festhalten: Spielerbeobachtung, -sichtung und -rekrutierung waren Sache von Manager und Trainer. Das entspricht der bereits beschriebenen, nur wenig ausdifferenzierten Organisationsstruktur des Klubs (vgl. 2.1.1). Es gab keine klare Trennung zwischen Person und Funktionsrolle, was sich auch mit der besonderen Organisationsstruktur des FSV erklären lässt. So hatten die Mainzer ihre Profiabteilung zwar ausgegliedert, aber im Gegensatz zu praktisch allen anderen Bundesligaklubs nicht in eine Kapitalgesellschaft umgewandelt, stattdessen war man in der Vereinsstruktur geblieben. Wie bereits an anderer Stelle ausführlicher beschrieben, handelt es sich bei Vereinen um assoziative Organisationen, die genau wie formale Organisationen auf freiwilliger Mitgliedschaft basieren, aber andere Binnenstrukturen aufweisen. So ist für Vereine beispielsweise die enge Kopplung von individueller Teilnahmemotivation und Organisationszweck charakteristisch. Auch bei den Beschreibungen der Rekrutierungspraxis kann man in Mainz den Eindruck gewinnen, dass auch von den Spielern erwartet wurde, nicht des Gelds wegen, sondern um des Vereins Willen zu spielen. Entsprechend fungierten „Charakter" und Personenmerkmale als organisationsinterne Programmstrukturen bei der Leistungszurechnung. Zur Bestimmung des Charakters bzw. zur Auswahl der Spieler gab es in Mainz keine standardisierten oder intersubjektiv nachvollziehbaren Kriterien. Manager und Trainer scheinen das unter sich ausgemacht zu haben. Bei der Einschätzung und Bewertung des Spielercharakters sowie zur Bildung manifester Erwartungsstrukturen wurde offenbar regelmäßig auf ethnisch-nationale Stereotypen zurückgegriffen. Indem die Mainzer bei der Spielerauswahl den Charakter zu einem entscheidenden Leistungsmerkmal erklärten, machten sie auch die Person des Fußballers jenseits seiner Funktionsrolle relevant. Dadurch entstand gleichzeitig eine Art Einfallstor für personenbezogene Erwartungen und damit die Möglichkeit zur Relevantsetzung askriptiver Merkmale.

Eng verbunden mit dieser herausgehobenen Bedeutung des Spielercharakters bzw. als Begründung hierfür existierte beim FSV ein komplexes Verständnis von Integration in Mannschaft, Verein und Stadt. Entgegen der sonst in formalen Organisationen üblichen ausschnitthaften Teilnahme der Individuen wurde in Mainz die Einbeziehung des „ganzen Menschen" gefordert, die wiederum mit Verweis auf das Leistungsprinzip gerechtfertigt wurde: Demnach stellte eine solche „Totalinklusion" die Voraussetzung sowohl für kollektive als auch individuelle fußballerische Bestleistungen dar. Zur Herstellung dieser Form intensiver Integration wurde soziale Homogenität in Form einer gemeinsamen (Mutter-)Sprache gefordert (die sich allerdings nicht nach der Mehrheit der Spieler, sondern nach dem Standort des Vereins richtete). Auf diese Weise begründeten die Mainzer dann auch eine drei Jahre zurückliegende Entscheidung des Vereins, der zufolge ausländische Spieler nur noch verpflichtet werden sollten, wenn sie über sehr gute Deutschkenntnisse verfügten.

Gleichzeitig wurde die sich daraus ergebende systematische Exklusion von Spielern nicht-deutscher Herkunft von den beteiligten Entscheidungsträgern offenbar als problematisch und legitimationsbedürftig wahrgenommen. In vielen Interviews finden sich unaufgefordert Rechtfertigungen, um der Möglichkeit einer rassistischen bzw. ausländerfeindlichen

3.3 Nationale Differenzierungen bei der Spielerrekrutierung im Fallvergleich 243

Deutung dieser Entscheidung zuvorzukommen. Sie konstruierten auf verschiedene Art einen Zusammenhang zwischen der nationalen bzw. ethnischen Zugehörigkeit und der fußballerischen Leistung. Dabei wurde das askriptive Merkmal der Zugehörigkeit zu einem bestimmten ethnischen bzw. nationalen Kollektiv zunächst zu einem erworbenen Merkmal der Sprachkompetenz umgedeutet. In einem zweiten Schritt interpretierten sie Sprache bzw. Kommunikation als Voraussetzung für die Mannschaftsintegration, die wiederum als notwendige Bedingung für die Erbringung fußballerischer Leistungen verstanden wurde. Als letztes Argument folgte schließlich das intensive Kommunikationsbedürfnis in Mainz, dass sich auf den unvollständigen Ausbildungsstand der weitgehend unterklassigen Spieler zurückführen lässt. Sprache wurde hier als eine Art funktionales Äquivalent für mangelnde technische Leistungsfähigkeit gedeutet.

Die Relevanz von Nation und Ethnie bei der Spielerrekrutierung lässt sich also im Fall des 1. FSV Mainz 05 mit den relativ gering ausdifferenzierten und unprofessionellen Strukturen des Klubs in Verbindung bringen. Zur Kontrastierung soll im Folgenden die Rekrutierungspraxis eines professionelleren, finanziell besser aufgestellten und erfolgreicheren Fußballklubs, des VfL Wolfsburg, untersucht werden. Welche Bedeutung haben Sprache, mannschaftliche Integration und ethnisch-nationale Herkunft der Spieler also beim VfL?

3.3.3 Professionalität in Wolfsburg: Nonverbales Verständnis zwischen internationalen Profis

> „Die Sprache ist (..) schon nicht unwichtig, aber nicht das Entscheidende." (Dok. 69: 153)

Für die Spielerrekrutierung beim VfL Wolfsburg waren primär Sportdirektor und Trainer zuständig, die bei ihrer Suche durch einen hauptamtlich tätigen Chefscout und eine Reihe auf Honorarbasis tätiger Arbeitskräfte unterstützt wurden. Solange der Posten des Sportdirektors vakant war, hatte ein anderer der insgesamt vier Geschäftsführer die Funktion übernommen. Im Gegensatz zu Mainz, wo viele Informationen über die Spieler aufgrund mangelnder personeller und finanzieller Ressourcen über die Medien gesammelt werden mussten, standen in Wolfsburg größere finanzielle Mittel zur Verfügung, die die unmittelbare Beobachtung der Spieler vor Ort durch das eigene Personal möglich machten – und zwar in ganz Europa sowie Südamerika. Das beschrieb der Wolfsburger Chefscout folgendermaßen:

> „Da haben wir- wir haben halt so viele Kontakte wo wir auch Leute haben, die wir auch immer mal fragen können. Die uns dann auch ein objektives Urteil geben. Ohne dass sie da irgendwie mit anderen Vereinen in Berührung kommen. (…) Nur jetzt war ich halt darauf angewiesen, dass ich dann wirklich auch, um zwei Bundesligaspiele am Samstag zu beobachten, dass ich da Unterstützung habe. Und da habe ich halt vier Leute jetzt hier in Deutschland, einen in Frankreich und einen in Schweden – also für den skandinavischen Bereich. Und alles andere musste halt dann geguckt werden. Da wo Interesse ist, vom Manager Vorgaben waren, oder- Also jetzt in der Zeit, wo Herr Pander nicht da war, dann über Herrn Fuchs und den Cheftrainer. Und ich sehe halt auch zu, dass ich auf dem Laufenden bin, dass ich mir die einzelnen Ligen angucke, die Spieler angucke, und gucke, wo sind halt interessante Leute. Und das Spiel ist vielleicht heute nicht interessant, aber in einem halben Jahr kommt dann plötzlich der Manager und fragt dann, kennst du den und den Spieler, und dann habe ich ihn halt schon einmal gesehen und kann etwas dazu sagen auch. Ob es überhaupt interessant ist, da weiterzugucken oder ob das gar nicht in Frage kommt." (Dok. 71: 25)

Hier deutet sich ein höherer Grad an Aufgabenspezialisierung, Arbeitsteilung und Ausdifferenzierung der Personalstruktur an, dessen größere Professionalität sich auch in einer stärkeren Formalisierung bei der Leistungsbewertung und der Offenlegung der verwendeten Entscheidungskriterien widerspiegelte. Durch die Beteiligung verschiedener, voneinander unabhängiger Personen bei der Leistungsbewertung von Spielern ist davon auszugehen, dass zuvor eine Einigung über gemeinsame Bewertungsrichtlinien erfolgt sein musste, die zwangsläufig eine gewisse Transparenz mit sich brachte.[294] Derartige Absprachen scheinen in Wolfsburg zum einen mit Hilfe einer jährlich stattfindenden zweitätigen Scoutingkonferenz getroffen worden zu sein, auf der die Scouts vom Trainer gesagt bekamen, was für Spieler er für welche Positionen suchte und auf was sie achten sollten (vgl. Dok. 59: 23). Als weitere Professionalisierungsmaßnahmen lassen sich die Entwicklung standardisierter Bewertungsbögen, die Wiederholung der Spielerbeobachtung und -bewertung durch verschiedene Beobachter und schließlich die Speicherung dieser Ergebnisse in einer eigenen Datenbank deuten (vgl. Dok. 71: 29).

Da die Spielerbewertungsformulare für die Profis der Geheimhaltung unterlagen, beziehen sich die folgenden Angaben auf die Bewertungsbögen der Nachwuchsdatenbank, die jedoch angeblich denen der Profis mehr oder weniger nachempfunden waren (vgl. Dokumente Wolfsburg_6). Auf den dreiseitigen Bögen waren insgesamt drei Sichtungen vorgesehen, deren jeweilige Endnote in einem Ranking zusammengefasst wurde, das sich in fünf Kategorien unterteilte: Note 5 stand dabei für „Uninteressant für den VfL Wolfsburg", Note 4-4,5 für „Ergänzung für die Jugendmannschaft", Note 3-3,5 bedeutete „Verstärkung für die Jugendmannschaft", Note 2-2,5 signalisierte „Perspektiven für die Amateurmannschaft" und schließlich Note 1-1,5 wies auf Chancen für die 1. Mannschaft hin.

Neben den Personendaten[295] wurden in dem Bogen zunächst „Statur", „Größe", „Gewicht", „Schussbein" und eine „charakterliche Einschätzung" abgefragt. Den Angaben eines Scouts zufolge bezog sich die charakterliche Einschätzung vor allem auf die Teamfähigkeit eines Spielers, die weniger aus seinem Verhalten während des Spiels als vielmehr davor und danach abgeleitet wurde (vgl. Dok. 67: 24). Einzelnoten gab es für Ausdauer, Schnelligkeit (über die Strecken von 10 und 30 Metern), Schusstechnik und -stärke, Passspiel, Technik/Tribbling, Kopfballspiel, Zweikampfverhalten, Torgefährlichkeit, Koordination und Bewegungsablauf, Taktik, Anspielbarkeit, Disziplin sowie Einstellung und Einsatzwillen (vgl. Dokumente Wolfsburg_6: 2). Mit diesem Versuch, die individuellen Leistungen messbar zu machen, in Zahlen auszudrücken und somit besser vergleichbar zu machen, entstanden gleichzeitig auch für Außenstehende nachvollziehbare Kriterien für Personalentscheidungen. Bei diesen von Trainer und Scouts festgelegten Operationalisierungen handelte es sich um organisationsinterne Programmstrukturen für die Leistungszurechnung.

Inwieweit diese Bewertungen dann tatsächlich ausschlaggebend für die Verpflichtung von Spielern waren, lässt sich aufgrund meines Datenmaterials nicht beurteilen, aber zumindest dürften sie die Auswahl derjenigen mitbestimmt haben, die überhaupt zu einem Probetraining eingeladen wurden. Der Chefscout beschrieb das Vorgehen und die Arbeits-

---

[294] Diese funktionale Arbeitsteilung beim VfL zwischen Trainer, Sportdirektor und Manager wurde im Mai 2007 mit der Verpflichtung von Felix Magath aufgehoben. Dieser übernahm nach dem Vorbild englischer Klubs alle drei Ämter in Personalunion.
[295] Dazu gehörten Name, Alter, Nationalität, Anschrift, bisherige Vereine, aktueller Verein, Vertragsinformationen, Name des Beraters, der Eltern und die schulische bzw. berufliche Ausbildung.

3.3 Nationale Differenzierungen bei der Spielerrekrutierung im Fallvergleich

teilung zwischen den Scouts, dem Trainer und dem Sportdirektor resp. Manager folgendermaßen:

> „Ja, eigentlich ist die Aufgabe so, dass wir so eine quasi Vorselektion machen und auch dann die Vorschläge machen auf dem Papier, dass drüber diskutiert wird, und entweder hat der Trainer oder der Manager hat schon irgendwas gehört, warum jemand gar nicht mehr in Frage kommt, dann wird der gestrichen- Also, sage ich mal, das ist vielleicht bevor man weiter aktiv wird, dass man erst mal über die, die man hat, die Namen, spricht, was da noch von Interesse ist. Und dann geht man halt noch mal los und nimmt die noch mal unter die Lupe. Lässt auch mal andere gucken. Und dann auch so in der Schlussphase muss dann der Manager und der Trainer müssen dann auch schauen. Weil die müssen dann letzten Endes entscheiden." (Dok. 71: 225)

Die Bewertungen der Spielerbeobachter und Scouts waren offenbar für die Vorauswahl ausschlaggebend, während die Entscheidung über die Verpflichtung eines Spielers letztlich von Trainer und Manager getroffen wurden. Die Beurteilung der Persönlichkeit eines Spielers scheint in Wolfsburg – zumindest im Rahmen der standardisierten Spielersichtung – nur *ein* Selektionskriterium neben anderen gewesen zu sein. In den Interviews war dann auch nicht mehr von „charakterlicher Einschätzung" oder Charakter, sondern von der „Willenskraft" bzw. der „Mentalität" der Spieler die Rede, deren Bedeutung sich offenbar weniger auf die Person in ihrer Gesamtheit bezog, sondern eher auf ihre Funktionsrolle als Spieler. So lieferte der Wolfsburger Chefscout, der „Willenskraft" als wichtiges Auswahlkriterium neben Ausdauer und Schnelligkeit betrachtete, folgende Definition dafür:

> „Wie jemand sich auf dem Platz halt gibt, wie er sich bewegt, ob er nachsetzt oder ob er sagt, es ist mir scheißegal, ich lass ihn laufen, oder ja- Ob er sich *bemüht*, aktiv ist. Man sieht ja, ob einer dabei ist oder ob er nur so nebenher läuft. Wenn die Mannschaft in Rückstand gerät, was macht er dann? Will er die Sache wieder bereinigen oder ist es ihm auch egal? So das sind so die Sachen, auf die man ein bisschen achten kann." (Dok. 71: 125)

Die hier beschriebenen personenbezogenen Erwartungen beziehen sich immer noch auf die Rollenverpflichtungen, die innerhalb eines Fußballspiels bestehen. Im Unterschied zu den Mainzern ging es nicht um die Frage, wie sich jemand außerhalb des Spielfeldes verhielt, welche andere Rollen er noch innehatte oder ob er ein „Stinkstiefel" war. Vergemeinschaftungsprozesse und der Aufbau diffuser Beziehungsstrukturen zwischen den Spielern hatten in Wolfsburg offenbar nur eine geringe Bedeutung. Die Erwartungshaltung an die Spieler bezog sich vor allem auf den Fußballplatz und nicht ihr Privatleben, also auf ihre Funktionsrolle und weniger die Person:

> „Am Ende geht es darum, dass ich auf dem Platz eine Einheit bilde und nicht in der Kabine oder beim Essen oder sonst wo zusammenhocke, sondern auf dem Platz muss ich eine Einheit bilden. Und da zeigt sich eben, ob man eine Mannschaft ist, und da gibt es keine Nationalitäten, da gibt es keine Sprachen, da gibt es nichts, da muss der Fußball und der Erfolg, der zu erreichen ist, alles einen. Und dem muss ich auch alles unterordnen. Und ich muss mich mit meinem Mitspieler nicht verstehen. Ich muss ihn überhaupt nicht mögen... Ich muss nur mit dem den gleichen Weg des Erfolges gehen wollen. Weil es am Ende dazu führt, dass es allen besser geht. Wenn ich einen nicht leiden kann- ja gut, den kann ich halt nicht leiden. Gibt's immer. Und ich muss auch nicht jeden Tag mit dem Zusammensitzen in der Kabine und Smalltalk machen, was gerade in der Zeitung stand oder was er gestern gemacht hat. Ist überhaupt nicht notwendig. (...) Jürgen

Klinsmann und Lothar Matthäus waren in ihrer Karriere nie Freunde und waren trotzdem sehr erfolgreich zusammen. Das ist für mich ein Paradebeispiel." (Dok. 69: 203ff.)

Fußballspielen wurde als Job wie jeder andere beschrieben. Der Begriff Integration fiel hier gar nicht, sondern der Sportdirektor sprach von „Einheit", die es für eine Mannschaft „auf dem Platz und nicht in der Kabine" zu erreichen gelte. Das gemeinsame Ziel des sportlichen Erfolgs stand hier über allen persönlichen Beziehungen zwischen den Spielern, die sich ausschließlich auf den funktional spezifischen Kontext ihres Berufes beschränken sollten. Anders als in Mainz galt beispielsweise persönliche Freundschaft nicht als notwendige Voraussetzung für fußballerischen Erfolg. Wenn man im Hinblick auf diese Deutung überhaupt von einem Bedingungsverhältnis zwischen Integration und Erfolg sprechen konnte, dann im umgedrehten Sinn: Demnach war die mannschaftliche Einheit Resultat des sportlichen Erfolgs. Entsprechend beschrieb der Wolfsburger Sportdirektor seine Vorstellung einer „funktionierenden Mannschaft":

> „Die Zusammenstellung der Mannschaft zeichnet sich am Ende darin aus, dass Stärken und Schwächen jedes Einzelnen ineinander greifen, der die Stärke des einen die Schwächen des anderen kompensiert und alle bereit sind, die Stärken und Schwächen- die Schwächen des anderen zu akzeptieren und mit den eigenen Stärken zu kompensieren. Das ist eine funktionierende Mannschaft und wenn ich weiß, ich habe einen Spieler äh ... äh.. ich hab- um es an meinem Beispiel festzumachen: Ich habe mit Mario Basler zusammen auf der rechten Seite bei Bayern München gespielt. Jeder wusste, dass er seine Schwächen in der Defensive hat.. So.. Ich hab' hinter ihm gespielt, also war es für mich klar, dass ich ... einen Teil dieser Schwächen, die er hat, ausgleichen muss, damit er seine überragenden Qualitäten in der Offensive ausspielen kann. Weil wenn er sich nämlich damit beschäftigt, dass er defensiv schlecht ist, kann er nie mehr seine Stärken ausspielen. Und das sind so Dinge, wo ich sage ‚entweder identifiziere ich mich mit der Aufgabe, die ich habe – o.k., ich bin dafür da, dem anderen den Rücken freizuhalten – und dafür kann der andere auch schalten und walten, wie er will und seine Stärken für die Mannschaft ausspielen, oder eben nicht. Und wenn ich's nicht mache, dann hat die Mannschaft ein Problem, weil erstens bin ich dann unzufrieden und bringe nicht meine Leistung und zweitens der, für den ich meine Leistung bringen soll, der muss sich mit seinen Schwächen viel zu sehr beschäftigen und kann seine Stärken nicht mehr ausleben. Dann fallen schon zwei von elf Spielern raus. Also das ist dann ... ein Prozess, wo ich sage ‚ich muss akzeptieren, wie mein Mitspieler ist. Ich muss auch respektieren, dass er Schwächen hat, und bereit sein, seine Schwächen mit meinen Stärken auszugleichen'. Und dann gibt es funktionierende Mannschaften." (Dok. 69: 211)

In dieser Darstellung ging es wiederum nicht um enge persönliche Beziehungen unter den Mannschaftsmitgliedern, sondern um ein funktional spezifisches Arbeitsverhältnis. Demnach sollte sich ein Spieler vor allem an seiner speziellen Funktionsrolle auf dem Fußballplatz, also an seiner Spielposition, und am Handeln seiner Anspielpartner orientieren. Es ging also nicht darum, sich mit all seinen Kollegen gut zu verstehen oder sich mit der Mannschaft bzw. dem Verein in irgendeiner Weise zu identifizieren, sondern es wurde lediglich die Identifikation „mit der Aufgabe, die ich habe", gefordert. Das „Funktionieren" einer Mannschaft bestand in dieser Darstellung also vor allem aus dem reibungslosen Ineinandergreifen der verschiedenen Funktionsrollen innerhalb einer Fußballmannschaft.

Während des Untersuchungszeitraums kam es beim VfL zu einer Situation anhaltender Erfolglosigkeit: Die Mannschaft verlor nach einer äußerst erfolgreichen Hinrunde und trotz nahezu gleich bleibender personaler Besetzung ein Spiel nach dem anderen und musste gegen Saisonende sogar gegen den Abstieg kämpfen. Dieses offensichtliche Nicht-Funk-

3.3 Nationale Differenzierungen bei der Spielerrekrutierung im Fallvergleich

tionieren der Mannschaft wurde von dem neu verpflichteten Sportdirektor auf das Fehlen einer mannschaftsinternen Hierarchie zurückgeführt (vgl. Dok. 66: 155ff.). Als erkennbares Anzeichen für dieses Defizit wurde z.b. die Herabstufung des Mannschaftsführers zum Ersatzspieler gedeutet. Zur Herstellung einer neuen Hackordnung wurde dann ein Mentaltrainer engagiert, der durch Befragungen der Spieler herauszufinden versuchte, wen die Spieler für besonders wichtig hielten und wem sie folgen würden, „wenn's schief läuft." (Dok. 66: 177) Der alte Mannschaftsrat wurde abgesetzt und die bisherige Hierarchie „durcheinander gerüttelt". Zum „Funktionieren" einer Mannschaft gehörte dieser Wolfsburger Interpretation zufolge also weniger ein persönlich gutes Verhältnis der Spieler untereinander, als vielmehr ihre Einpassung in eine mannschaftsinterne Hierarchie, an deren Spitze man sich eine zentrale Führungsfigur wünschte. Diese Deutung der Situation hatte sich auf Seiten der Vereinsführung offenbar durchgesetzt und wurde im folgenden Interviewausschnitt vom Mannschaftsarzt noch einmal zusammengefasst.

> „Nee, wir haben also, wir haben momentan eine Situation, (…) wo wir keine richtige Hierarchie haben. Wir haben Hierarchien in den einzelnen Gruppen, Sie haben praktisch die Balkangruppe, die hat ihren kleinen Leitwolf, Sie haben die Argentinier- (…). [markiert dabei mit den Handkanten Grenzen auf dem Tisch] Da ist der D'Alessandro, dann haben Sie die Deutschen, da ist Schnoor, aber die – und Bradric, der jetzt auch so in dieser deutschen Fraktion eine Gewichtung hat, Simon Jentzsch hält sich ja immer zurück , also Sie haben- wir haben, das ist eine ganz gefährliche Situation, wenn man keinen Erfolg hat. Sie haben keinen Leitwolf. Wir hatten so was mal wie den Effenberg. Sportlich war es ja nicht so erfolgreich, aber es war so ein Mann, der ganz klar in der Hierarchie ganz oben stand, und das ist, wenn man Misserfolg hat, ist so was, für so ne Mannschaft meiner Meinung nach wertvoll. Denn wenn Sie Misserfolg haben, und da ist *die* Fraktion, die gibt dann auf einmal *der* Fraktion die Schuld und so, und ähm das ist bei uns momentan ein Problem. Also Herr Schnoor hat keinen Einfluss auf Herrn D'Alessandro und auch keinen auf Herrn Petrov. (…) und das ist die Gefahr, wenn wir Misserfolg haben, (…) das ist eine schwere Aufgabe für einen Trainer. Aber das hat- ich glaube, dass die einzelnen Gruppen ne interne Hierarchie haben, aber wir haben keine Gesamthierarchie." (Dok. 64: 209ff.)

Diese Deutung führte das strukturelle Ordnungsdefizit der Mannschaft auf eine interne Fraktionierung in Sprach- bzw. Herkunftsgruppen zurück. Vor allem im Fall von Misserfolg komme es dann zu einer Aktivierung der nationalen Herkunft und zu daran anschließenden Grenzziehungsprozessen, die mit wechselseitigen Beschuldigungen verknüpft würden. Der Mangel an ethnisch-nationaler Homogenität wurde demnach erst im Fall der Erfolglosigkeit als Problem wahrgenommen, wenn es um die Suche nach den Ursachen bzw. „den Schuldigen" ging. Dieser Kontextualisierung war sich der Sportdirektor bewusst und wies sie im folgenden Interviewausschnitt explizit zurück[296]:

---

[296] Ganz ähnlich beschrieb der Manager des DSC Bielefeld, dass die nationale Herkunft der Spieler in der Beobachtung durch die Medien erst im Fall sportlichen Misserfolgs relevant gemacht werde: „Das ist immer eine Frage des Erfolges oder Misserfolges. Ich habe mal gesagt, es interessiert doch keinen Menschen wenn ich elf ausländische Spieler habe und spiele Champions League und gewinn die, dass es elf Ausländer waren, sondern dann ist der Erfolg das Kriterium. So, habe ich aber Misserfolg, dann wird schnell- auch in Deutschland werden die Stimmen laut: Ja, zu wenig deutsche Spieler und kein Nachwuchs, und es kommt ja nichts und... Das ist eben eine Frage des Erfolges oder Misserfolges aus meiner Sicht. Wenn Erfolg da ist, interessiert es keinen Menschen, dann sind alle zufrieden. Und wenn der Misserfolg kommt sagt man: Ja, die verstehen sich nicht untereinander. Is klar, so viele Ausländer. Dann wird schnell dieses-dieses Argument auf den Tisch gebracht. Habe ich schon oft-oft erlebt." (Dok. 29: 119)

> „Und wenn ich Erfolg habe, spielt die Sprache keine Rolle, im Misserfolg soll sie plötzlich eine Rolle spielen. Also das ist ja häufig genau der Punkt, wo ich sage ‚das kann's nicht sein'. Es wird immer gesagt ‚ja, die können sich nicht unterhalten', wenn man dreimal verloren hat, was aber Unsinn ist, weil wenn man dreimal gewonnen hat, konnte man sich auch nicht unterhalten. Also da wird in diesen Punkt für mich zu viel 'rein interpretiert, gerade in der Öffentlichkeit, und es geht eben darum ‚was habe ich für ein Verständnis für die Aufgabe, die ich auf dem Fußballplatz auszufüllen habe?" (Dok. 69: 157)

Wie sich in der Gruppendiskussion mit Spielern des VfL zeigte, wurde die Situation von ihnen ähnlich gedeutet, die mangelnde Einheit bzw. nicht vorhandene Hierarchie wurden jedoch weniger in der Mannschaft als in der Vereinsführung lokalisiert:

> „Ich glaub', dass wir hier in Wolfsburg ist es so: Wenn wir verlieren, dann ist es so, dass die Mannschaft keine Einheit bildet. (...) Es ist egal, wie wir dann verloren haben. Das erste ist dann: ‚Die Mannschaft hält nicht zusammen' und so [zustimmendes Gemurmel]. Aber im Endeffekt – [räuspert sich] ich glaube, wir als Mannschaft, wir halten doch schon zusammen. Wir kämpfen schon füreinander und alles, aber- Natürlich, in einigen Spielen konnte man sehen, dass wir eben nicht als Einheit gespielt haben, dass vielleicht einige ihre persönlichen Sachen mehr in den Vordergrund getan haben, als für die Mannschaft da zu spielen, (...). Aber was in der Presse immer geschrieben wird von Mannschaft und so, ich finde, wir sind eigentlich eine ganz harmonische Mannschaft, die sich so schon ganz gut gefunden hat. .. Was nicht stimmt, ist oben die Einheit [Lachen]" (Dok. 75: 224)

Der Vorwurf mangelnder mannschaftlicher „Einheit" wurde hier zurückgewiesen bzw. nicht als pauschale Ursache für alle Niederlagen akzeptiert. Stattdessen betonte der Spieler, dass man sehr wohl zusammenhalte und füreinander kämpfe. Als Grund für den gelegentlichen Mangel an Einheit nannte er nicht die mannschaftsinterne Fraktionierung nach Nationalitäten, sondern persönliche Einzelinteressen. Insofern scheinen die Spieler sich die Fremdzuschreibungen der Vereinsführung nicht zu Eigen gemacht zu haben. Die unterschiedliche Nationalität der Spieler erhielt jedoch durch die „Strafmaßnahmen" des Sportdirektors infolge der Niederlagen neue Relevanz, wie die folgende Beschreibung eines slowenischen Nationalspielers zeigt:

> „Wenn wir Erster waren, konnte ich zur Nationalmannschaft schon zwei Tage früher abreisen, aber jetzt in Rückrunde bin ich auch wie normal zwei Tage früher abgereist und dann bekomme ich eine Strafe für. Was in der Hinrunde war normal. ‚Willst du nach Hause? Musst du zur Nationalmannschaft?' Ich war einen Tag oder zwei Tage früher abgereist; war okay, aber jetzt stört das wieder irgendwo (...) und dann musste ich Strafe zahlen." (Dok. 75: 283)

Über die intendierte Funktion dieser Bestrafung ausländischer Nationalspieler lässt sich nur spekulieren, da es keine Gelegenheit mehr gab, Management oder Trainer dazu zu befragen. Ob gewollt oder ungewollt wurde dadurch jedoch regelmäßig die nationale Zugehörigkeit der Spieler aktiviert und Differenz markiert.

Unterschiede zwischen deutschen und ausländischen Spielern wurden in Wolfsburg auch bezüglich des erwarteten Ausmaßes an Unterstützungsmaßnahmen wahrgenommen. So tauchte der Begriff „Integration" beim VfL vor allem in Bezug auf ausländische Spieler auf, denen man mittels zahlreicher und relativ kostspieliger Maßnahmen versuchte, dabei zu helfen, sich in ihrer neuen Heimat so schnell wie möglich zurechtzufinden.

3.3 Nationale Differenzierungen bei der Spielerrekrutierung im Fallvergleich

„Und dafür, um auch eine reibungslose Integration von ausländischen Spielern zu ermöglichen, die aus anderen Kulturen kommen, die andere Denkweisen einfach haben, ist es zwingend notwendig, dass man sich auch da um den sozialen Bereich kümmert, gerade insbesondere bei Spielern, die jetzt aus dem .. Übersee-Ausland, sag' ich jetzt mal, oder von anderen Kontinenten kommen. Bei Europäern ist es nicht ganz so schwierig, weil da schon bestimmte Dinge auch durch EU anders sind, aber wenn ich Südamerikaner sehe oder wenn ich Afrikaner sehe, die jetzt direkt hierher kommen, ist es schon notwendig, sich da auch über soziale Integration, über Dinge, die eben in Deutschland an Werten da sind, was eben in anderen Ländern eben anders gesehen wird, ... sich damit zu beschäftigen und ihm bestimmte Hindernisse, die dann zwangsläufig auftauchen, die nichts mit dem Fußball zu tun haben, eben beiseite räumt beziehungsweise gar nicht erst aufkommen lassen." (Dok. 69: 41)

Der Sportdirektor des VfL Wolfsburg forderte eine „reibungslose Integration", in dessen Verlauf die ausländischen Spieler die hier geltenden „Denkweisen", „Werte" und andere „Dinge" vermittelt bekommen sollten. Es ist die Rede von „Hindernissen", „die nichts mit dem Fußball zu tun haben" und für deren Beseitigung er den Klub in die Pflicht nahm, obwohl es um Probleme außerhalb der Funktionsrolle der Spieler ging. Als konkrete Maßnahmen erwähnte er kurze Zeit später die Hilfe bei Behördengängen, Wohnungssuche, Autokauf, Sprachunterricht etc., wobei sich die Unterstützungsmaßnahmen häufig auch auf die Familien der Spieler bezogen. Die Begründung für eine derartige Ausdehnung der Zuständigkeiten des Arbeitgebers auf die Privatsphäre lieferte er im folgenden Abschnitt:

„Das ist aber auch ein Prozess, der in den letzten Jahren sich einfach verändert hat, weil der Mensch an sich eben anders gesehen wird im Profifußball als wie es früher der Fall war. Früher war es so ‚Du verdienst viel Geld, hast hier einen Vertrag, also musst Du alles dafür tun, dass Du funktionierst auf dem Platz'. Und häufig haben eben Dinge oder Spieler nicht funktioniert, weil sie eben andere Probleme hatten, die nicht mit dem Fußball direkt zu tun hatten, sondern im Umfeld lagen. Wenn die Frau sich nicht wohl fühlt, kann man sich ja vorstellen, wenn ein Spieler dann nach Hause kommt und nur jeden Tag negative Dinge hört, dann wird er automatisch auch negativ. Und das sind halt Dinge, die wir über diese Agentur- die sich ja auch um deutsche Spieler kümmert, also nicht nur um die ausländischen Spieler kümmert, sondern um alle kümmert, die hierher kommen nach Wolfsburg, versuchen wir, das zumindest in einem gewissen Maß abzufedern beziehungsweise diesen Integrationsprozess zu beschleunigen oder zu vereinfachen." (Dok. 69: 49)

Die Integrationsbemühungen der Fußballklubs wurden als Folge einer veränderten Einstellung gegenüber den Spielern gedeutet: Um den „Integrationsprozess" zu beschleunigen und zu vereinfachen, sei nun auch in das „Umfeld" eingegriffen worden. Ziel sei die Sicherstellung bzw. Verbesserung der individuellen Leistungsfähigkeit der Spieler. Daher wurde die Spielerbetreuung beim VfL Wolfsburg „outgesourcet" und professionalisiert: Während man früher für die Wohnungssuche und Betreuungstätigkeiten auf Hilfskräfte und Rentner zurückgreifen musste, wurden diese Aufgaben mittlerweile von zwei jungen Frauen und deren Relocation-Agentur erledigt (vgl. Dok. 66: 37). Der Klub versuchte mittels zahlreicher Serviceleistungen und Hilfestellungen im familiären Umfeld seinen hoch bezahlten Angestellten das Leben in Wolfsburg so angenehm wie möglich zu machen (vgl. Dok. 60: 30). Einer der Geschäftsführer beschrieb die Hilfsdienste des Klubs folgendermaßen:

„Da muss man sprachlich helfen. Behördengänge, Vorschriften in Deutschland, aber auch das *Erklären* von Gewohnheiten, also die haben ja manchmal ein Problem mit Mentalitäten. Das sind net unbedingt jetzt Rechtsvorschriften, sondern es gibt Verhaltensweisen, die stoßen möglicherweise einen Ausländer vor den Kopf, die bei uns aber völlig gebräuchlich sind, und umgekehrt. Die haben vielleicht Verhaltensweisen, bei denen sie hier auf Unverständnis stoßen. (…) Verstehen Sie, es gibt bestimmte Verhaltensweisen, die jetzt net strafbar sind, oder die jetzt net gesetzlich vorgeschrieben sind, die aber einfach möglicherweise denen net klar sind, auch bis hin zum Umgang mit der Reinigungskraft. Ich weiß von einem Fall, da hat die Putzfrau am ersten Tag gekündigt, weil sie sich so net behandeln lässt. Das war aber für die ganz normal, die so zu behandeln. Äh…äh.. Also da muss man dann sagen ‚oh, bei uns sieht es schon anders aus!' und so. Also solche Dinge, das heißt: Das, was die gewohnheitsmäßig für ganz normal halten, gegen zu spiegeln und denen zu sagen ‚es ist gar net bös' gemeint, aber in Deutschland wird das und das nicht für normal gehalten'. Oder umgekehrt ‚wenn das und das auftritt, fühlen Sie sich net brüskiert, Sie will keiner brüskieren, das ist bei uns das Normale'. Also an der Ecke ist die Hilfe auch gut, dass man einfach diese kulturellen Unterschiede ein Stück weit auch aufarbeitet und deutlich macht im Wege einer kurzen Begleitung, sozusagen." (Dok. 66: 49)

Dieser Deutung zufolge ging es sowohl um sprachliche Hilfsdienste als auch um das Erklären alltäglicher Sitten und Gewohnheiten in Deutschland mit dem Ziel, „kulturelle Unterschiede" und daraus möglicherweise resultierende Frustrationen der Spieler zu vermeiden. Zu diesem alltagsweltlichen „Begleitservice" gehörte beispielsweise auch, dass eine der Betreuerinnen fließend spanisch sprechen konnte. Die Spieler waren zwar angehalten, Deutsch zu lernen und erhielten je nach Vorkenntnissen und „Typ" Einzelunterricht durch unterschiedliche Lehrer[297], das Ausbleiben eines Lernerfolgs zog aber keinerlei Konsequenzen nach sich. Entsprechend schlecht war es um die Deutschkenntnisse der meisten ausländischen Spieler in Wolfsburg bestellt. In der Darstellung der Vereinsführung unterteilten sich die Spieler aufgrund der unterschiedlichen Sprachkompetenzen in drei Fraktionen: die Argentinier, die nur spanisch sprächen, Spieler aus Deutschland, den Niederlanden und Skandinavien, die sich auf Deutsch bzw. Englisch unterhalten könnten, und Spieler aus Bulgarien und dem ehemaligen Jugoslawien, die nur über rudimentäre Deutschkenntnisse verfügten (vgl. Dok. 60: 22). Als sprachliches Verbindungsglied zwischen den Fraktionen fungierte ein slowenischer Spieler, der lange Zeit in Spanien Fußball gespielt hatte und daher gut Spanisch sprach. Der Trainer, der selber aus Belgien kam, forderte zwar, dass auf dem Platz nur Deutsch gesprochen werde, hatte aber bisher seine Wünsche nicht durchsetzen können, weshalb er irgendwann damit begonnen hatte, selbst Spanisch zu lernen (vgl. Dok. 60: 22).

Im Unterschied zu Mainz wurde das Fehlen einer einheitlichen Mannschaftssprache jedoch in Wolfsburg nicht sonderlich thematisiert oder gar als Argument gegen die Verpflichtung ausländischer Spieler verwendet. Vielmehr dominierte die Überzeugung, dass es so etwas wie eine international verständliche, nonverbale Sprache des Fußballs gebe, die weitgehend ohne Worte auskomme und selbst einander weitgehend unbekannten Profis das gemeinsame Spiel ermögliche.

„Und wenn ich weiß, ich bin linker Verteidiger in einer Mannschaft, dann weiß ich, was der Trainer meint, egal, ob ich ihn verstehe, weil wenn ich die Qualität habe, auf der Position zu spielen und für VfL Wolfsburg als Beispiel ausgewählt worden bin, dann weiß ich, was mich dort erwartet. Und dann ist die Sprache nur ein ganz kleiner Teil von dem, was eine Mannschaft

---

[297] Wie mir die Relocation-Expertin erklärte, sei die Auswahl des Lehrers für den Lernerfolg entscheidend. Demnach erhielten junge Spieler eine ältere Frau, zu der sie besser Vertrauen fassen könnten, da sie ansonsten noch nicht so „gefestigt" seien (vgl. Dok. 60: 28).

3.3 Nationale Differenzierungen bei der Spielerrekrutierung im Fallvergleich 251

> von mir erwartet. Da brauche ich die Sprache gar nicht. Mit Bizente Lisarazou, mit dem ich sechs Jahre zusammengespielt habe, habe ich mich vielleicht nur vier Sätze unterhalten. Aber wenn wir auf dem Fußballplatz waren, wussten wir genau, was wir zu tun haben. Da braucht man die Sprache aus meiner Sicht nicht. Da wird viel überbewertet. Sondern es geht dann um die Einstellung zu dem, was ich zu tun habe und was von mir erwartet wird." (Dok. 69: 141)

Im Vordergrund dieser Deutung steht eine funktionale Arbeitsteilung der Spieler, die für bestimmte Spielpositionen ausgebildet würden, die jede weitere verbale Kommunikation mit den Mitspielern überflüssig mache. Dieses wortlose Verständnis auf dem Fußballplatz, das voraussetze, dass jeder ganz „genau weiß, was er auf seiner Position zu tun hat", beschrieb er später als „Spielintelligenz", mit dessen Hilfe man praktisch „erfühlen" könne, „was meine Kollegen wollen" (Dok. 69: 181). Diese Fähigkeit setze allerdings viel Erfahrung und einen hohen Grad an Professionalität und Qualität voraus. Sprachkompetenz war für den Wolfsburger offenbar etwas, das primär außerhalb des Fußballplatzes bei der sozialen Integration in ein fremdes Land hilfreich sein könne.

> „Wenn ich natürlich 18 bin und keine Erfahrung habe, dann ist die Sprache wichtig. Wenn ich aber 25 bin und hab' 200 Bundesligaspiele gemacht, dann würde *ich* oder dann setze ich als Verantwortlicher eines Vereins voraus, dass derjenige genau weiß, was er auf seiner Position zu tun hat. Und wenn er es *nicht* weiß, dann muss man natürlich mit ihm darüber reden, aber, wie gesagt, das sind immer spezielle Dinge und ... wo ich sage, dass die Sprache natürlich schon wichtig ist, gerade, was bei der Integration im *sozialen* Umfeld stattfindet. Beim *Fußball* insgesamt würde ich es als nicht *so* entscheidend erachten, sondern da geht es darum ‚wie hoch ist die Qualität des Spielers, die ich habe?' und ‚wie hoch ist die Spielintelligenz zu *erfühlen*, was meine Kollegen wollen und was die Mannschaft am Ende braucht und was sie will'." (Dok. 69: 181)

Entsprechend sei das Erlernen der Sprache vor allem für Spieler wichtig, die über wenig Erfahrung und Können verfügten:

> „Dann muss er auch die Verantwortung übernehmen und sagen ‚okay, ich muss die Sprache lernen'. Wenn ich aber sehe- okay, es funktioniert auch so, weil ich halt gut bin, und weil bestimmte Prozesse einfach ineinander greifen, weil es einfach funktioniert, dann spielt die Sprache, eben wie gesagt, keine große Rolle." (Dok. 69: 153f.)

Diese Deutung findet sich auch in den Darstellungen eines anderen VfL-Funktionärs, der mir während eines Trainings von seinen Beobachtungen beim ersten Aufeinandertreffen zweier sich vollkommen fremder Spieler erzählte, die sich verbal nicht miteinander verständigen konnten:

> „Die gesprochene Sprache sei im Fußball aber auch gar nicht so wichtig, vielmehr gehe es um das nonverbale Verständnis zwischen den Spielern. Das fände er schon sehr beeindruckend. Z.B. das Team Quiroga (Argentinien) und dem Holländer Kevin Hofland in der Abwehr hätte sich von Anfang an vollkommen ohne Worte nur mittels Körpersprache und Gesten sozusagen blind verstanden. Oder auch D'Alessandro, bei ihm sei die nonverbale Gesten-bezogene Kommunikation noch ausgeprägter." (Dok. 60: 22)

Diese Interpretation des Fußballs erinnert an Luhmanns (1972: 56) Beschreibungen des Fußballspiels als Grenzfall eines sozialen Systems, das seiner Ansicht nach fast ausschließlich mittels wechselseitiger Wahrnehmung ohne verbale Kommunikation koordiniert wird.

Im Gegensatz zum dominanten Deutungsmuster in Mainz war in Wolfsburg also „die [gesprochene; M.M.] Sprache (..) schon nicht unwichtig, aber nicht das Entscheidende" (Dok. 69: 153), und fußballerische Leistung konnte prinzipiell auch ohne verbale Kommunikation erbracht werden. Der Sportdirektor brachte es auf den Punkt, wenn er sagte:

> „Ich muss mich nicht perfekt mit jemandem unterhalten können und ich muss nicht und ich erwarte das auch nicht von jemand, ich erwarte nur, dass er seine Aufgabe erfüllt im Sinne der Mannschaft." (Dok. 69: 153)

Aus dieser Perspektive erscheint die Sprache als Kompensationsmittel für mangelnde Leistungsfähigkeit bzw. der Versuch mangelnde Erfahrung und individuelle Leistungsklasse auszugleichen. Das Erlernen einer gemeinsamen Sprache werde erst notwendig, wenn ein Spieler nicht gut genug ausgebildet sei und die von ihm erwarteten Abläufe auf dem Platz nicht verstehe. Da die mangelnden Deutschkenntnisse der ausländischen Spieler in Wolfsburg kaum als Problem wahrgenommen wurden, ist zu vermuten, dass es sich um fertig ausgebildete Profis handelte, denen ausreichend Spielpraxis zugeschrieben wurde, so dass das Erlernen der deutschen Sprache nicht unbedingt notwendig erschien. Ganz ähnliche Äußerungen fanden sich bei den Spielern selbst:

> „Spieler 1: Im Fußball gibt es- das is eine Sprache: Die kommen zum Training und das Wichtigste ist, dass- dass sie hingekommen sind zum Spielen.. (…) Auf'm Platz ist es ja ganz, ganz einfach eigentlich.
> Spieler 2: Jeder weiß, was er machen soll-
> Spieler 1: Ganz genau.
> Spieler 2: Man braucht keine Sprache." (Dok. 75: 495ff.)

Bis hierhin lässt sich also festhalten, dass die nationale bzw. ethnische Zugehörigkeit in Wolfsburg bei der Rekrutierung keine entscheidende Rolle gespielt zu haben scheint. Die Vereinsführung legte (ganz anders als in Mainz) keinen Wert auf sozio-kulturelle Homogenität der Spieler und entsprechend auch nicht auf eine gemeinsame Sprache außerhalb des Fußballplatzes. Da in den Beschreibungen primär die Funktionsrolle und nicht die Person des Spielers bei der Auswahl betont wurde, scheint die Aktivierung ethnie- oder nationalspezifischer Personenerwartungen eher unwahrscheinlich gewesen zu sein. Maßnahmen zur sozialen Integration ausländischer Spieler wurden vor allem als Serviceleistungen des Klubs für ihre wertvollen Angestellten verstanden und sollten primär deren sportliche Leistungsfähigkeit sichern.

Im Kontext eines derart professionellen Fußballklubs sind die Tendenzen zur personalisierenden Beurteilung der Spieler offenbar abgeschwächt; nationale bzw. ethnische Zugehörigkeiten haben weniger Gelegenheit, als relevante Deutungskategorien bei der Spielerrekrutierung zum Einsatz zu kommen. Die Unterschiede zwischen den Klubs bzw. deren unterschiedliche Organisationsstruktur scheinen also die entscheidenden Determinanten für die Relevanz partikularer Kriterien bei der Bewertung und Auswahl der Spieler zu sein. Diese Vermutung spiegelt sich nicht nur in den Beschreibungen der Funktionäre, sondern auch in der beobachtbaren Handlungspraxis: So gab es zum Zeitpunkt meines Feldaufenthalts im Kader des VfL Wolfsburg insgesamt 15 nicht-deutsche (davon allein sieben aus

3.3 Nationale Differenzierungen bei der Spielerrekrutierung im Fallvergleich

Südamerika bzw. Afrika) und zehn deutsche Spieler, was im Vergleich zu anderen Bundesligamannschaften einen relativ hohen Ausländeranteil darstellte.

Auch wenn die nationale Zugehörigkeit bei der Spielerrekrutierung in Wolfsburg keine so große Rolle spielte wie in Mainz und die unterschiedliche Berücksichtigung partikularer Personenmerkmale vor allem auf die Unterschiede in der Organisationsstruktur zurückgeführt werden können, so waren nationale Herkunft und Nationalität der Spieler auch in Wolfsburg nicht vollkommen irrelevant und wurden von den verantwortlichen Entscheidungspersonen durchaus mit beobachtet:

> „Also das Wichtigste für mich ist die fußballerische Qualität zunächst mal. Und der Spieler, der kommt, muss uns besser machen.. auf der Position, wo er eben spielen soll. (…) Dann geht es natürlich zunächst mal darum: Gibt es diese Qualität in Deutschland? Also so ist zumindest *meine* Herangehensweise. Und wenn es die gibt, dann versuche ich, die umzusetzen. Wenn's die nicht gibt, ..is klar, dann muss man überall schauen, weil 'ne andere Möglichkeit haben wir ja gar nicht. Und die Qualität entscheidet über alles am Ende. ... Wenn ich das Gefühl habe, der eine ist besser als der andere, dann muss ich den besseren nehmen. Ob der jetzt Deutscher ist oder Ausländer, das spielt dann keine große Rolle. Und wenn's ein Argentinier ist, wird's auch ein Argentinier wieder sein. ... Da geht es nicht darum, bestimmte Strukturen oder so was oder aus Trotz irgendwelche Dinge nicht zu machen, weil ja hier schon vier Argentinier sind, sondern es geht einzig und allein darum, die Mannschaft besser zu machen. Aber klar ist das für *mich* zumindest ein Fokus, zunächst mal oder Hauptfokus zunächst mal im Bereich Deutschland liegt." (Dok. 69: 263)

Der Sportdirektor des VfL beschrieb hier ohne weitere Begründung oder Legitimation eine generelle Präferenz für die Verpflichtung deutscher Spieler. Im Vordergrund stehe zwar die Suche nach „Qualität" bzw. dem „besseren" Spieler, aber praktisch werde zunächst innerhalb Deutschlands geschaut und erst dann in einer Art konzentrischer Suche im inner- und außereuropäischen Ausland. Die beschriebene grundsätzliche Bevorzugung deutscher Spieler scheint jedoch nicht durch Forderungen nach sprachlicher Homogenität oder Vermutungen bzgl. charakterlicher Vorzüge begründet gewesen zu sein. Zumindest erwähnte er nichts Derartiges. Stattdessen könnte es um die bestehenden Ausländerregeln der Bundesliga gehen, in denen die Verpflichtung von mindestens zwölf deutschen Spielern im Kader vorgesehen ist. Letztlich wiederholte er die Forderungen und Semantiken der Fußballdachverbände, die bereits im Kontext der Diskussionen über die Ausländerregelungen erschöpfend dargestellt wurden, und denen zufolge einheimische Spieler bevorzugt behandelt werden sollen (vgl. Kap. 1.4.4 Exkurs: Die Geschichte der Ausländerregelungen in der Bundesliga). Das Kontingent an Spielern aus Nicht-UEFA-Ländern beim VfL war zu diesem Zeitpunkt bereits ausgeschöpft, so dass niemand mehr aus dem nicht-europäischen Ausland verpflichtet werden konnte. Aufgrund der Verschärfung der formalstrukturellen Ausländerbeschränkungen des DFB für die Amateurspielklassen hatte der VfL entschieden, die Kooperation mit einem argentinischen Fußballklub aufzugeben. So war die Verbindung nach Argentinien ursprünglich dazu gedacht gewesen, junge argentinische Spieler nach Wolfsburg zu holen und zunächst in den Amateurklassen einzusetzen, auf diese Weise langsam und „kostengünstig" aufzubauen und an die Profimannschaft heranzuführen (vgl. Dok. 66: 5ff.; Kap. 2.1.3 Der Verein für Leibeserziehung Wolfsburg).

Die Beschreibungen des Wolfsburger Sportdirektors an dieser Stelle stehen also in einem gewissen Widerspruch zu seinen anderen Aussagen, zur beobachtbaren Rekrutierungspraxis des Klubs bzw. der relativ hohen Anzahl nicht-deutscher Spieler im Kader.

Eine mögliche Erklärung dafür könnte darin liegen, dass der Sportdirektor zum Zeitpunkt der Untersuchung gerade neu beim VfL Wolfsburg angefangen hatte und diese Äußerung eine Veränderung der bisherigen Vorgehensweise bei der Spielerrekrutierung anzeigen sollte. Eine derartige Deutung würde auch die explizite Betonung erklären, mit der er die von Deutschland ausgehende Suche als *seine* „Herangehensweise" beschrieb. Möglicherweise sollte auf diese Weise eine Abgrenzung von seinen Vorgängern und der bisherigen Praxis der internationalen Spielerrekrutierung mit Schwerpunkt auf Südamerika markiert werden. Diese Deutung lässt sich ebenfalls in Berichten der Fachpresse wieder finden, die zu dieser Zeit über Streit zwischen Trainer und Sportdirektor bei der Suche nach neuen Spielern berichteten. Demzufolge wollte der Sportdirektor den Klub mit jungen deutschen Spielern aufbauen und hielt „die argentinische Fraktion um Andrés D'Alessandro für verzichtbar" (Heike 2005b: 35; vgl. Dok. 76: 29).

Letztlich weisen diese Darstellungen darauf hin, dass auch in einem relativ professionell geführten Klub wie dem VfL die nationale Zugehörigkeit bzw. Nationalität der Spieler Bedeutung im Rekrutierungsprozess bekommen konnte. Bei der Beobachtung fußballerischer Leistungen besteht offenbar immer die Möglichkeit, dass nationale Differenzen als Beobachtungsschema verwendet werden. Diese Möglichkeit wird durch wenig ausdifferenzierte Organisationsstrukturen, einen niedrigen Professionalisierungsgrad und nur in geringem Ausmaß standardisierte Leistungskriterien grundsätzlich begünstigt. Anhand von zwei weiteren Beispielen soll illustriert werden, dass die nationale Zugehörigkeit auch im hochgradig professionellen Umfeld des VfL Wolfsburg immer wieder relevant gemacht wurde, z.B. in Form ethnisch-nationaler Stereotypisierungen:

„Der Trainer achtet auch sehr darauf, dass es so von der Mentalität her passt. [seufzt] Argentinier passen von der Mentalität her halt auch oft besser als Brasilianer in die Bundesliga. Und dann ist es ihm halt noch lieber, erst mal Deutsche zu finden. Und dann ist es ihm lieber, jemanden aus Europa zu nehmen und dann auch aus einem Land wo man sagt, von der Mentalität her passt es ganz gut. Dass man wenige Probleme mit der Integration hat und schnell ein Team hat und trainieren kann, ein bisschen seine Vorstellungen da durchsetzen kann.

I: Was sind denn diese Mentalitätsunterschiede?

B: Ja. [Lacht] Gut, also ich kenne die schon. Das fängt bei den Brasilianern an in Berlin. Die fangen halt dann an zu feiern, wenn wir schlafen gehen. So ist das halt in dem Land da.. Und, ja, die sehen das halt alles ein bisschen lockerer und…ja… ja, doch, die sehen's auch lockerer. Aber ich glaube, die sind manchmal schon etwas disziplinierter auch wie Brasilianer. Also es ist nicht nur so- von den Ländern her hat man ja, wenn man nach Buenos Aires kommt, auch mehr den Eindruck, dass es europäischer ist wie zum Beispiel wenn man nach Sao Paulo oder was kommt. Das merkt man schon... Die Sprache ist natürlich dann auch ein Hindernis. Also die brauchen halt lange oder interessieren sich auch nicht dafür, so schnell wie möglich halt auch die Sprache zu lernen." (Dok. 73: 58ff.)

Der Chefscout des VfL beschrieb hier die aktuelle Rekrutierungspolitik erneut als eine Art Suche in konzentrischen Kreisen, der zufolge zuerst Spieler aus Deutschland, dann aus Europa und erst dann aus Südamerika berücksichtigt wurden. Im Gegensatz zum Sportdirektor verwies der Scout zur Begründung dieses Vorgehens auf die unerwünschten Mentalitätsunterschiede zwischen deutschen und nicht-europäischen Spielern. Derartige Unterschiede seien störend für die „Integration" und die Trainierbarkeit der Mannschaft. Die „Mentalität" wurde hier als Einstellung, Lebensweise und das Vorhandensein von Sekun-

3.3 Nationale Differenzierungen bei der Spielerrekrutierung im Fallvergleich 255

därtugenden wie Disziplin gedeutet, die wiederum als Voraussetzung für „Integration" und Trainingsalltag verstanden wurden. Die Interpretation von Integration erschließt sich hier nur vage, möglicherweise meinte er so etwas wie Ähnlichkeit und miteinander Auskommen. Erstmals taucht – wenn auch eher als „Nachklapp" – mangelnde Sprachkompetenz als ein Faktor auf, der als „Hindernis" wahrgenommen wurde. Der genaue Zusammenhang zwischen Mentalität und Integration bleibt zwar unklar, aber die Art des Verweises auf die Existenz von Mentalitätsunterschieden signalisiert, dass derartiges Wissen über nationale Stereotypen im Fußball als allgemein anerkannt und selbstverständlich unterstellt wird (vgl. Kap. 3.4.3 Nationale und ethnische Mitgliedschaftskategorien bei der Beobachtung und Zurechnung fußballerischer Leistung).

Bei der Beurteilung der Spieler finden sich also auch in Wolfsburg immer wieder nationale Stereotypen, die unter bestimmten Umständen auch zur Rationalisierung von Entscheidungen verwendet werden konnten, z.B. in Situationen, in denen nur wenige Informationen vorlagen. So wurde die Auswahl des argentinischen Fußballklubs River Plate für die Kooperation mit dem VfL von einem der Geschäftsführer folgendermaßen begründet:

„Der Anstoß kam eigentlich von River Plate, beziehungsweise von VW Argentina. (...) Wir hatten zu dem Zeitpunkt auch Interesse an dem Spieler erst mal Klimowicz, der gar nicht von River Plate kam. Und das war der Erste, der hier bei uns sportlich eingeschlagen ist. Und auf Grund dieser Geschichte haben die sich ausgetauscht, was man machen könnte. Warum River Plate? Wir hatten natürlich auch an Brasilien gedacht, weil VW eigentlich in Brasilien deutlich stärker ist, aber wir waren denn gemeinsam zu der Überzeugung gekommen, dass die Mentalität von Argentiniern besser zu uns passt als die von Brasilianern, dass also die Eingewöhnungszeit, die Akklimatisierung und so weiter für Argentinier leichter ist in Wolfsburg als für Brasilianer. Und dazu kam, dass wir ... eigentlich wenige Klubs in Südamerika finden konnten, von denen wir der festen Überzeugung waren, dass die 'ne sehr, sehr seriöse Führung besitzen, die auch zuverlässig als Vertragspartner in Frage kamen, und das war River Plate auf jeden Fall. (...) Also nach den Informationen, die wir erhalten haben, und auch nach den Gesprächen, die Peter Pander vor Ort geführt hat, ist es so, dass die ... ich sage mal deutschen Tugenden wie Disziplin, Pünktlichkeit, Einbindung in so eine Gruppe ausgeprägter ist bei argentinischen Spielern, die häufiger eine gewisse europäische Vergangenheit auch haben. Und das ist bei brasilianischen Spielern, die zum Teil aus noch schwierigeren sozialen Umfeldern stammen als Argentinier, so nicht gewährleistet gewesen. Das war so der Grund, dass wir sagen ‚von der Mentalität, von der eigenen Historie, von der Art der Gesellschaft ist Argentinien das europäischste Land.' Das haben uns auch die Leute gesagt, die in Südamerika zu Hause sind. Und das war mit einer der Gründe." (Dok. 66: 5ff.)

Hier wurde die Mentalität der Argentinier als entscheidender Grund für die Auswahl des Kooperationspartners angeführt. Dabei wurde Mentalität als eine Mischung aus Arbeits- und Lebensgewohnheiten in Folge der sozialen Herkunft verstanden, also als eine Art nationaler Habitus. Aufgrund dieser unterstellten Ähnlichkeiten ging man in Wolfsburg von relativ kurzen Eingewöhnungszeiten der argentinischen Spieler aus.

Zusammenfassend lässt sich festhalten, dass die Sichtung und Rekrutierung neuer Spieler in Wolfsburg von verschiedenen, auf diese Aufgaben spezialisierten Funktionsträgern durchgeführt wurde. Die letzte Entscheidung lag jedoch bei Sportdirektor und Trainer. Diese professionelle Arbeitsteilung spiegelte sich auch in den primär funktionsrollenorientierten Erwartungen des Klubs an die Spieler wider. Anders als bei Mainz 05 gab es ein deutliches Auseinandertreten von Mitgliedschaftsmotivation und Organisationszweck, d.h., dass Fußballer vor allem aufgrund monetärer Anreize für den VfL spielten, scheint von der Vereinsführung nicht als Problem wahrgenommen worden zu sein. Der Person des Spielers wurde bei der Rekrutierung nur relativ wenig Aufmerksamkeit geschenkt.

Der Prozess der Spielerbewertung und -selektion wurde mittels standardisierter und messbarer sportlicher Leistungskriterien sowie der Eintragung in Formulare und Datenbanken auch für Außenstehende transparent und nachvollziehbar. Die Einschätzung des Charakters stellte nur eines unter mehreren Kriterien dar und bot daher offenbar nur begrenzte Möglichkeiten zur Relevantsetzung personenbezogener Erwartungen, wie z.B. der ethnischen oder der nationalen Zugehörigkeit. Aufgrund der stärkeren Betonung der Funktionsrolle gab es kaum Forderungen bzgl. sozio-kultureller und sprachlicher Homogenität der Spieler. Entsprechend verlief die Integrationshilfe in Wolfsburg auch nicht in Form einer Totalinklusion, sondern als eine Art Servicepaket, dass der Klub seinen Angestellten zu deren persönlichem Wohlbefinden anbot. Deutschkenntnisse wurden zwar gewünscht, aber nicht als zwingend notwendig für die Erbringung fußballerischer Höchstleistungen verstanden. Vielmehr wurde davon ausgegangen, dass hoch bezahlte Profis sich in einer Art international verständlicher, nonverbaler Fußballsprache verständigen können und nicht auf zusätzliche Erläuterungen zu Taktik oder Technik angewiesen sind.

Dennoch spielte die Nationalität auch bei der Spielerauswahl in Wolfsburg eine Rolle, zumindest aufgrund der formalstrukturellen Ausländerbeschränkungen der DFL, denen zufolge im Mannschaftskader maximal fünf Spieler aus Ländern außerhalb der UEFA enthalten sein durften. Dieses Kontingent war beim VfL zum Untersuchungszeitpunkt bereits ausgeschöpft, die Neuverpflichtung eines Nicht-UEFA-Spielers hätte also praktisch immer die Entlassung eines Teamkollegen erfordert. Wegen der verschärften Ausländerbeschränkungen des DFB konnten diese Spieler auch nicht mehr in den Kader der Amateurmannschaft des VfL transferiert werden, sondern mussten zurück in ihre Heimat geschickt werden. Jenseits derartiger formalstruktureller Vorgaben scheinen die fußballspezifischen Wissensbestände über ethnisch-nationale Stereotypen jedoch auch beim VfL bisweilen aktiviert worden zu sein, so z.B. bei der Entscheidung für eine Kooperation mit einem argentinischen Fußballklub. Neben der qua Nationalität unterstellten fußballerischen Leistungsfähigkeit argentinischer Spieler hatte man ihnen offenbar auch eine bestimmte Mentalität zugeschrieben, die aufgrund ihrer angeblich großen Ähnlichkeit zum europäischen Habitus der „brasilianischen Mentalität" vorgezogen wurde.

Die nationale Zugehörigkeit der Spieler wurde in Wolfsburg auch im Fall sportlicher Erfolglosigkeit thematisiert und zur Ursache daran anknüpfender Grenzziehungsprozesse in der Mannschaft und dem daraus resultierenden Misserfolg erklärt. Aus diesen Schlussfolgerungen ließ sich dann die Rekrutierungspolitik des neuen Sportdirektors ableiten, der zufolge bei der Spielerauswahl deutsche Spieler bevorzugt und die Suche zunächst auf Deutschland beschränkt werden sollte.

3.3.4 Unterschiede und Gemeinsamkeiten

Bevor im Folgenden noch einmal die wichtigsten Unterschiede und Gemeinsamkeiten zwischen den beiden Fußballklubs bezüglich der Bedeutung der nationalen Herkunft bei der Spielerselektion zusammengefasst werden, soll kurz auf die Grenzen dieser Ergebnisse hingewiesen werden. Da ich zu den zentralen Situationen des Prozesses der Spielerrekrutie-

3.3 Nationale Differenzierungen bei der Spielerrekrutierung im Fallvergleich

rung, wie z.B. Personalgesprächen, keinen Zugang hatte, basieren die hier vorgenommenen Interpretationen möglicher Selektions- und Ausgrenzungsmechanismen vor allem auf den Selbstbeschreibungen und Deutungen der Befragten. Des Weiteren stellen die beiden für die Kontrastierung ausgewählten Klubs in verschiedener Hinsicht vermutlich Extrembeispiele dar und sind demnach nicht repräsentativ für die Bundesliga: Überspitzt formuliert, handelt es sich um einen der ärmsten und einen der reichsten Klubs mit entsprechend wenig bzw. viel Personal, einen von Amateuren geführten „Hinterhofverein" und einen von Profis wie einen Weltkonzern geleiteten Klub. Die meisten Vereine der Bundesliga liegen in Bezug auf den Professionalisierungsgrad, die Organisationsstruktur, die finanziellen Kapazitäten und den Personalumfang irgendwo dazwischen, so z.B. auch der dritte untersuchte Klub, der DSC Arminia Bielefeld (vgl. Kap. 2.1.2). Aufgrund eben dieser deutlichen Unterschiede eignen sich die beiden Fußballvereine aber auch für einen derartigen kontrastierenden Fallvergleich. Im Folgenden wird der Vergleich beider Klubs noch einmal entlang einiger ausgewählter Punkte kurz zusammengefasst, die sich im Verlauf der Kontrastierung als relevant herausgestellt haben:

In Bezug auf die *Zugangschancen* und den *Anteil nicht-deutscher Spieler* in den Gesamtkadern beider Klubs bestanden erhebliche Unterschiede, auch wenn das beim Blick auf die Zahlen zunächst nicht so erscheint: Während Mainz 05 im Untersuchungszeitraum insgesamt neun nicht-deutsche Spieler unter Vertrag hatte, waren es beim VfL Wolfsburg gerade mal drei mehr. In der Startelf wird der Unterschied deutlicher, da die Mainzer in der Regel mit lediglich zwei bis drei nicht-deutschen Spielern aufliefen, waren es beim VfL lediglich zwei bis drei deutsche Spieler. Einen Platz in der Stammelf einer Mannschaft zu haben, bedeutet für einen Spieler, mehr Geld durch Zusatzprämien zu verdienen, einen höheren Marktwert und ein höheren Status in der Mannschaftshierarchie zu haben. In Mainz gab es außerdem die explizite Regelung, nur deutschsprachige Spieler zu verpflichten, d.h. dass die dort engagierten nicht-deutschen Spieler alle bereits längere Zeit in Deutschland lebten und gut Deutsch sprechen konnten. Im Gegensatz dazu hatte der VfL lange Zeit eine sehr international orientierte Rekrutierungspolitik verfolgt und mit Vorliebe argentinische Spieler verpflichtet, von denen jedoch nur wenige Deutsch sprechen konnten.

Die Relevanz der nationalen bzw. ethnischen Zugehörigkeit bei der Spielerselektion scheint unter anderem auch vom *Professionalisierungsgrad* der Organisationsstruktur des Fußballklubs und dem davon abhängigen *Standardisierungsgrad der Leistungsbewertung* abzuhängen. Wenn in der Binnenstruktur des Klubs eine enge Kopplung zwischen individueller Mitgliedschaftsmotivation und Organisationszweck besteht, wie es für einen Verein typisch ist, kommt es regelmäßig zu einer geringeren Differenzierung zwischen Person und Funktionsrolle. Das bedeutet, dass eine personenunabhängige Leistungsbewertung kaum möglich ist, was wiederum die Wahrscheinlichkeit für den Rückgriff auf askriptive Personenmerkmale wie z.B. die nationale bzw. ethnische Zugehörigkeit und die damit verbundenen Stereotypen erhöht. Je mehr dagegen in den Deutungen funktionsrollenspezifische Erwartungen formuliert wurden, desto bedeutungsloser wurden sozio-kulturelle Differenzen zwischen den Spielern interpretiert, wie z.B. die nationale Herkunft oder die Muttersprache. Es besteht also ein enger Zusammenhang zwischen der Organisationsstruktur und den jeweiligen fußballklubspezifischen Programmen zur individuellen Leistungsbeurteilung von Spielern. Eine professionelle Vereinsführung inklusive hoher Standardisierung und Formalisierung der Spielerbewertung verringert die Wahrscheinlichkeit, dass nationale

Differenzen bei der Spielerauswahl – bzw. bei der retrospektiven Rationalisierung dieser Entscheidungen – als relevante Selektionskriterien gedeutet werden.

Ungeachtet dieses offenkundigen Einflusses der Organisationsstruktur auf die Relevanz partikularer Personenmerkmale bei der Leistungsbewertung bleiben nationale Stereotypisierungen auch im Rahmen professionell geführter Fußballklubs präsent – wenn auch in geringerem Umfang und weniger folgenreich für die beobachtbare Rekrutierungspraxis. Verbreitung und Selbstverständlichkeit nationaler Stereotypen im Fußball hängt möglicherweise mit der besonderen Relevanz der ganzen Person im Funktionskontext des Fußballs zusammen, die sich auf den Körperbezug des Sports zurückführen lässt: So geht es im modernen Sport im Gegensatz zu anderen Funktionssystemen explizit um den Körper und seine Leistungsfähigkeit. Die Beobachtung des Körpers impliziert jedoch in aller Regel auch die Personalisierung der Wahrnehmung, die wiederum zum Einfallstor für personenbezogene Erwartungen werden kann (vgl. Kap. 3.1).

Ethnisch-nationale Stereotypen sind offensichtlich Bestandteil *pragmatischen Handlungswissens*, das sich im gesamten Funktionskontext des Fußballs finden lässt und dem Aufbau stabiler Erwartungsstrukturen dient (vgl. dazu auch Kap. 3.4.3). Auch wenn die von mir hierzu gewonnenen Daten hauptsächlich aus den Deutungen der Befragten bestehen, lässt sich doch vermuten, dass es sich bei den Nationalstereotypen um handlungsanleitende normative Wissensbestände und Bewertungen handelt. Dieses Wissen steht jedoch in einem gewissen Widerspruch zu der offensichtlich gleichzeitigen Wahrnehmung der Geltung des universalistischen Inklusionspostulats moderner Gesellschaften und der Existenz einer allgemeinen Leitorientierung im Funktionskontext Sport am Leistungsprinzip.[298] Die Wahrnehmung dieses Widerspruchs wurde an den ungefragt geäußerten *Legitimationen und Erklärungen* der Befragten sichtbar, mit denen sie moralische Bewertungen und die daraus resultierende Ausgrenzungspraxis einleiteten bzw. rahmten. Zur Überbrückung dieser Widersprüche wurden dann teilweise recht komplexe kausale Bedingungsverhältnisse zwischen der nationalen bzw. ethnischen Zugehörigkeit und der fußballerischen Leistungsfähigkeit konstruiert. Ziel dieser Argumentation war stets die Umdeutung askriptiver und damit funktionssystemexterner Merkmale in leistungsrelevante und damit funktionssysteminterne Selektionskriterien. Innerhalb der Interviewsituationen kam es dann zu einer durch meine Anwesenheit stimulierten gemeinsamen kommunikativen Konstruktion normativer Geltungsansprüche bzw. deren Anpassung an die beschriebene Handlungspraxis.

Diesen Ergebnissen zufolge lässt sich die Bedeutung des Leistungsprinzips im Fußball also nicht als stabiler Komplex fest institutionalisierter Erwartungsstrukturen verstehen, sondern als situativ- bzw. kontextabhängig modifizierte kommunikative Konstruktionsleistung (vgl. Bergmann 1999). Die Deutung des Leistungsprinzips bzw. der Entscheidungen, die sich damit rechtfertigen lassen, erweist sich in der Analyse der Fußballkommunikation als äußerst flexibel und kontextabhängig. Dennoch scheint von den Befragten die Existenz einer übersituativen Vorstellung von Leistungsgerechtigkeit wahrgenommen worden zu sein; und die Verwendung von Leistungssemantiken gab den Situationen offenbar eine gemeinsame sportspezifische Rahmung.

---

[298] Zur Reflexion über die Bedeutung dieser zwei unterschiedlichen Wissensformen, die bei der Verwendung des Leistungsprinzips als Deutungsressource relevant sind, vgl. Dröge/Neckel/Somm 2006.

3.4 Die Grenzen in der Fußballwelt: Herstellung und Bewertung nationaler Differenzen

> „Gut, ich habe auch am liebsten elf Deutsche auf dem Platz stehen. (...)
> Welche Mannschaft spielt noch mit elf Deutschen?" (Dok. 71: 77)

Ausgangspunkt des folgenden Kapitels ist die Frage nach der Gleichzeitigkeit von Globalisierungs- und Nationalisierungsprozessen im Fußball. So steht auf der einen Seite die Etablierung eines weltweiten fußballerischen Vergleichshorizonts, der im Rahmen der historischen Analyse auf das Ende des 19. Jahrhunderts datiert wurde, und auf der anderen Seite die parallel dazu verlaufende Segmentierung des Fußballs in territoriale bzw. nationale Einheiten (vgl. Kap. 1.4.2 Die Entstehung des modernen Fußballs in England). Unter Globalität soll hier das Bewusstsein für die zunehmende Entgrenzung der Welt und die Entstehung eines globalen Beobachtungs- und Vergleichshorizonts verstanden werden. Hier stellt sich zunächst die Frage nach der Wahrnehmung und den Beschreibungen der Fußballwelt durch ihre Akteure. Gibt es in den Deutungen der Fußballer überhaupt einen globalen Fußballraum oder erfolgen Leistungsvergleiche tatsächlich lediglich innerhalb oder entlang nationaler Grenzen?

Bei der Beantwortung dieser Fragen wird unterschieden zwischen den Deutungen und Beschreibungen der Fußballwelt (3.4.1) und der Ebene der formalen Organisationen mit den dazugehörenden Regelwerken (3.4.2). Welche Grenzen nehmen also die Akteure selbst im Fußball wahr? Und beschreiben sie ihren Sport als einheitliche Fußballwelt oder eher als Nationenfußball? Wie sehen im Gegensatz dazu der Aufbau und die Strukturen der Fußball-Organisationen aus? Welche Grenzen sind hier relevant? Im Anschluss daran geht es auf einer dritten Ebene schließlich um die soziale Praxis und die Differenzkategorien, die bei der Beobachtung und Zuschreibung von Leistung im Fußball relevant gemacht werden. Wie bereits in den vorangegangenen Kapiteln gezeigt wurde, gibt es im Fußball ein allgemein anerkanntes System nationaler Stereotype (3.4.3). Die Anwendung dieses Klassifikationssystems gibt aber noch relativ wenig Auskunft darüber, entlang welcher Kriterien die Unterscheidung nach Nationen verläuft. Diese Frage soll anschließend durch eine Analyse der Deutungsmuster nationaler Zugehörigkeit beantwortet werden (3.4.4). Die breite Akzeptanz nationaler und ethnischer Stereotypisierungen kann in der Fußballkommunikation jedoch auch eine stärker wertende Konnotation erhalten und die Form rassistischer Argumentationsfiguren annehmen (3.4.5). Hier stellt sich die Frage nach der Relevanz dieser Unterschiede und ihrer gelegentlichen Bewertung in der Alltagspraxis des Profifußballs. So werden beispielsweise von den Spielern nationale und ethnische Mitgliedschaftskategorien regelmäßig in Form von Frotzeleien mobilisiert (3.4.6). Abschließend werden diese unterschiedlichen Ergebnisse über die Bedeutung und den Umgang mit nationalen bzw. ethnischen Differenzen im Fußball kurz zusammengefasst und in den Gesamtzusammenhang der Arbeit eingeordnet (3.4.7).

3.4.1 Fußball als globaler Vergleichs- und Beobachtungszusammenhang

„Und die ganze Welt ist kleiner geworden!" (Dok. 2: 1083)

In zahlreichen sportwissenschaftlichen (Selbst-)Beschreibungen des Sports (vgl. Bröskamp 1998; Cachay u.a. 2005; Riedl/Cachay 2002; Jenrich 1996) ebenso wie in weiten Teilen der Medienberichterstattung[299] wird der Sport regelmäßig als globaler bzw. transnationaler Raum wahrgenommen und dabei häufig als „Vorreiter der Globalisierung" bzw. Beispiel für die „global culture industry *par excellence*" (Miller u.a. 2001: 13) verstanden. Der Fußball gilt als besonders anschauliches Beispiel für eine „globale Sportart", was durch den Verweis auf die Entmonopolisierung nationaler und internationaler Sportverbände und den Anstieg des Ausländeranteils unter den Spielern belegt wird (vgl. Cachay u.a. 2005: 2f.).

Auch im Rahmen der von mir durchgeführten Interviews lässt sich diese Beschreibung des Fußballs als globaler Sport wieder finden. So wird die Entwicklung eines weltweiten Beobachtungszusammenhangs im Profifußball von den Befragten vor allem auf der Ebene des individuellen Leistungsvergleichs wahrgenommen, d.h. in Bezug auf die weltweite Suche nach den besten Fußballerspielern. Ein Manager beschrieb diese zunehmend nationale und kontinentale Grenzen überschreitende Personalsuche folgendermaßen:

„Und die ganze Welt ist kleiner geworden! Ja, man hat heute ganz anderen Zugriff: Internet, was es alles gibt, das gab es früher net. Wenn mir früher mal einer gesagt hat, in Porto Alegre, da in Brasilien, spielt ein Fußballer, da hab ich gesagt, „Na dann lass ihn spielen!" Und heutzutage, wenn mir einer sagt, der ist hervorragend, dann hol ich mir ein Flugticket, übertrieben gesprochen, flieg dahin und guck mir den an. Das wäre vor zehn Jahren undenkbar gewesen, dass einer nach Brasilien fliegt, sich einen Fußballer anguckt – außer die Top-Klubs wie Leverkusen oder so. (…) Da sind die Connections einfach da. Und das ist alles vernetzt, und das gab es früher einfach net. Und deswegen hat man früher aus den nahen Ländern genommen" (Dok. 2:1083ff.)

In der Wahrnehmung dieses Vereinsmanagers gab es zweifelsfrei einen globalen Vergleichs- und Beobachtungshorizont für die Leistungsfähigkeit von Spielern. Er führte das vor allem auf die Existenz moderner Kommunikationsmittel und Verbreitungsmedien zurück, so habe man durch das Internet einen „ganz anderen Zugriff" auf Informationen als früher. Hier könnten Spieler und Wettbewerbe weltweit beobachtet werden, und es finde Kommunikation über fußballerische Leistungen statt. Die Entstehung eines globalen Kommunikationszusammenhangs wurde von ihm als Ergebnis der Verbesserung der Erreichbarkeit durch die Verbreitungsmedien beschrieben.

Gleichzeitig verwies er aber auch auf die Verbesserung der Möglichkeiten zur Verwertung solcher Informationen über die Existenz eines guten Spielers in Brasilien. Noch vor zehn Jahren sei eine solche Reisetätigkeit eher die Ausnahme gewesen, aber mittlerweile scheint es nicht zuletzt dank der immer selbstverständlicher und preiswerter gewordenen modernen Personentransportmittel auch für kleinere Klubs normal zu sein, große räumliche Distanzen zurückzulegen, um die fußballerischen Leistungen eines Spielers persönlich in Augenschein zu nehmen. In dem Maße, in dem sich die Möglichkeiten zur medial vermittelten sowie zur unmittelbaren Beobachtung von Spielern in aller Welt entwickelt hätten, sei es

---

[299] Exemplarisch für die zahlreichen Medienberichte über den steigenden Anteil nicht einheimischer Spieler in den nationalen Ligen sei hier die mehrteilige Serie des Kicker „Deutschland – Deine Ausländer" genannt, die im September 2003 startete (z.B. Franzke 2003; Rohr 2003b).

3.4 Die Grenzen in der Fußballwelt

auch nicht mehr notwendig gewesen, nur Spieler „aus den nahen Ländern" zu verpflichten. Die Beobachtung über das Internet oder andere Medien reichte hier allerdings offenbar nicht aus, um sich einen angemessenen Eindruck von einem Spieler zu machen; er musste vor Ort angesehen werden, um ihn besser einschätzen zu können. Wie bereits beschrieben, stellen Vergleichbarkeit und Messung individueller Leistungen im Fußball ein Problem dar, das aber offensichtlich die Wahrnehmung eines grenzüberschreitenden globalen Vergleichshorizonts nicht beeinträchtigt (vgl. Kap. 3.2.2.1 Mannschafts- vs. Einzelleistung).

Dieser Prozess des „kleiner Werdens" der Welt und der zunehmenden Vernetzung hat in der Wahrnehmung des Befragten seinen Ausgangspunkt auf der Ebene der Top-Vereine. Dort habe man bereits früher über globale „Connections" verfügt und sich Beobachter und Reisen in die entsprechenden Weltregionen leisten können. Im folgenden Interviewauszug beschrieb er die Entwicklung eines globalen Spielermarktes noch einmal genauer:

> „Der- den südamerikanische Markt an sich, den gab es früher so net. Ja, die Südamerikaner waren von Europa ziemlich abgekoppelt. Also als Beispiel, ein Pélé, der beste Fußballer der Welt, wäre nie auf die Idee gekommen, in Europa Fußball zu spielen. Das war eine andere Welt da drüben. Man hat überhaupt ganz wenig Kontakte auch gehabt. Aber inzwischen schicken die Vereine in den letzten zehn Jahren zehn Beobachter zu allen Spielen nach Südamerika, nach Brasilien, nach Argentinien, nach Peru, durch die Fernseh-Satelliten-Geschichte kann man sich alles angucken, was man will, automatisch wurde der südamerikanische Markt, wo natürlich traditionell Superfußballer sind, wurde mit eingenommen, eh, der jugoslawische, kroatische Markt, das ist wie Deutschland inzwischen, da kriegt man alles mit, also das ist einfach- da holen Sie sich die Zeitung und da steht alles drin, wie jeder Spieler und mit Noten und allem. Und in Afrika war das ganz genauso, also Afrika hat ja als Fußballnation- jetzt erst seit zehn Jahren spielen die ja überhaupt eine Rolle, da hat man erst gemerkt, dass die gegen nen Ball treten können, jetzt übertrieben gesprochen." (Dok. 2: 1065ff.)

In seiner Wahrnehmung wurde erst seit den 1990er Jahren eine Verbindung zwischen den vorher weitgehend getrennten Fußball-Welten Südamerikas, Afrikas und Europas hergestellt, die er auf die Entwicklung moderner Kommunikationstechniken, wie „die Fernseh-Satelliten-Geschichte" zurückführte.[300] In der Wahrnehmung des Befragten begannen diese Entwicklungen vor etwa zehn Jahren, also Mitte der 1990er Jahre, und erst seit diesem Zeitpunkt konnte seiner Meinung nach von der Existenz eines globalen Leistungshorizontes ausgegangen werden.

Eine ganz ähnliche Wahrnehmung der Entwicklung hatte ein Trainer, der in verschiedenen Ländern und Kontinenten als Fußballlehrer tätig gewesen ist, und der sich selbst in einer Mail an mich folgendermaßen vorstellte:

> „Fussball war fuer mich nie der dt. fussball [sic!]. durchgehend habe ich den weltweiten fussball „bearbeitet": Besuche der Junioren-WM in Kuala Lumpur, Beobachtungen von Asien-Spielen in Dubai, Betrachtung der Infrastrukturen von osteurop. Klubs Zalgiris Vilnius in Litauen, ... Transfers von Spielern aus Iran, aus Australien, aus Bulgarien und und und ... waren logisch! Taetigkeiten in Ghana oder jetzt in Tabriz- Iran sind fuer mich normal. Ich diskutiere die Globalisierung nicht, ich praktiziere Globalisierung!" (Dok. 50: 21)

---

[300] Auch in der Literatur werden technologische Fortschritte in der kommunikativen Vernetzung sowie die Entwicklung von Transportmitteln als Voraussetzung für die Herausbildung eines globalen Kommunikationszusammenhangs sowie die Entstehung eines weltweiten Höchstleistungshorizonts genannt (vgl. Stichweh 2000b: 253f.; Wobring 2005).

Zunächst zeigt das Beispiel eines weltweit tätigen Trainers, dass sich die Globalisierung des Fußball-Arbeitsmarkts nicht nur auf die Spieler bezieht.[301] Die Tendenz des Fußballs zur Globalität beschrieb er als „logisch", nationale Grenzen waren in seiner Darstellung lediglich kategoriale Differenzen ohne sportliche Bedeutung. In einem später geführten Interview erzählte er noch mehr über die hier nur angedeuteten weltweiten Spielertransfers und die Entstehung eines globalen Spielerbeobachternetzwerks:

> „Ohne Frage, weil .. sag ich mal vor zehn Jahren ... war es sicherlich so, dass das Scouting-System bei den Bundesligisten oder auch bei den Profivereinen insgesamt sicherlich *nicht* so ausgestattet war. Das sind gerade in den letzten Jahren hat man schon auch recht weltweit ... hat man die ganzen Kontinente so weit abgedeckt – nicht nur die größeren Klubs in Deutschland, sondern mittlerweile auch die kleineren, die einfach so 'ne Strukturvernetzung dort aufgebaut haben, dass es schon sehr schwierig ist, im Moment zu sagen ‚so, ich geh' jetzt in den asiatischen Raum und picke mir dann das Land X oder Y' und sage ‚da ist noch keiner, da bin ich jetzt alleine'. Ich sag' jetzt einfach mal [19]94 bei den Asienspielen, da hat man wirklich noch die zwei, drei, die vielleicht aus dem europäischen Raum auch da waren, sich das auch angeguckt haben, die hat man per Handschlag begrüßen können; heute ist das ganz anders. Wenn man jetzt in China, in Peking die verfolgt hat die Asienspiele, da saßen von allen größeren Klubs und auch von allen Vereinen Vertreter auf der Tribüne, haben sich die Spiele angeschaut, ob es um Oman oder Bahrain oder wo auch immer, um einfach zu gucken ‚wo ist denn noch -'. Und das gleich ist bei den Afrikameisterschaften, die parallel ja wie Europameisterschaften zu sehen sind. Das hat sich sicherlich sehr stark verändert. Jetzt so auf Anhieb würde es mir schwer fallen zu sagen ‚Mensch verdammt, da ist jetzt noch eine Nische' oder ‚da ist jetzt noch keiner'. Das ist nicht der Fall. Ich denke, Bundesligisten oder auch Profivereine haben das weltweit so abgedeckt, dass sie also durchaus wissen, dass ein Ali Kharemi im Iran, der im Moment in Dubai spielt, oder ein achtzehnjähriger, jüngerer Spieler, wo auch immer letztendlich er für Furore gesorgt hat, dass der schon im Blickfeld ist von den Vereinen.." (Dok. 51:25)

Ähnlich wie in der zu Anfang analysierten Interviewpassage wurde hier beschrieben, dass mittlerweile selbst kleinere Klubs weltweit Spieler und Spiele beobachteten und Leistungen verglichen. Außerdem scheint es kaum noch Länder zu geben, die fußballerisch nicht erschlossen sind. Es lässt sich also festhalten, dass in der Wahrnehmung der Akteure mittlerweile zweifellos ein globaler Beobachtungs- und Vergleichszusammenhang bzgl. des Spielermarkts existiert (vgl. Dok. 2: 126ff.; Dok. 71: 31ff., 245, 277ff.). Auch wenn noch lange nicht alle Profiklubs der Bundesliga eigene Vertreter in allen Ländern haben, so sind ihnen doch zumindest Informationen über Spieler in anderen Weltregionen zugänglich.

Entscheidend für den Aufbau globaler Beobachtungsräume sind offensichtlich auch die Kontakte von Sponsoren in verschiedenen Weltregionen und die Entstehung strategischer Partnerschaften mit Fußballklubs in wichtigen Abgabeländern. Berichte über derartige Partnerschaften wurden in den Gesprächen häufig erwähnt (z.B. Dok. 51: 133ff.), so z.B. die Kooperation des VfL Wolfsburg mit dem argentinischen Spitzenklub River Plate (vgl. Dok. 59: 19ff.). Das große finanzielle Engagement von VW, das eine solche internationale

---

[301] Besonders anschauliches Beispiel für einen bereits sehr früh weltweit tätigen Trainer ist Rudi Gutendorf, der 1946 als Trainer beim SV Rengsdorf und Rot-Weiß Koblenz begonnen hatte, dann über Stationen in Tunesien, USA, Peru (Nationaltrainer), Bolivien (Nationaltrainer), Venezuela, Australien, Spanien, Trinidad (Nationaltrainer), Nepal (Nationaltrainer), Tonga (Nationaltrainer), Tansania (Nationaltrainer), Ghana (Nationaltrainer), Fidschi (Nationaltrainer), China, Iran und Mauritius (Nationaltrainer) immer wieder mal in die Bundesliga zurückkehrte. 2004 schließlich wurde er Trainer der Frauennationalmannschaft von Samoa.

3.4 Die Grenzen in der Fußballwelt

Partnerschaft überhaupt erst ermöglicht hatte, richtete sich offenbar auf die Hoffnung, dass der VfL irgendwann einmal durch die Beteiligung an internationalen Wettbewerbe als Marketinginstrument für VW fungieren könnte (vgl. Dok. 66: 108). Entsprechend äußerte sich ein Interviewpartner der VW-Sportförderung:

> „Und wir möchten halt, dass der VfL Wolfsburg unser Image – wenn sie gut spielen *welt*weit, weil wir ein *Global Player* sind – auch weltweit verbreitet, die Marke VW." (Dok. 62:29)

Es besteht also die Möglichkeit einer Kopplung der Interessen großer Wirtschaftskonzerne, die den Fußball bzw. einzelne Vereine zu ihren globalen Werbeträgern machen wollen, mit den Interessen der Fußballklubs, die einen weltweiten Leistungsvergleich anstreben.

> „Also die Jahreszahl kann ich jetzt nicht so jetzt genau nennen, aber ich sag' jetzt einfach mal Anfang achtziger Jahre, wo man auch mehr und mehr festgestellt hat, was sich ja heute auch ergibt immer wieder, wenn Unternehmen – größere Unternehmen – sich für den Bereich Fußball interessiert haben.., ob es Autofirmen wie Hyundai, ob Firmen, Sportartikel- Nike oder andere – ich glaube, dass es sehr stark damit parallel gelaufen ist, dass die dann gesagt haben, ‚Mensch, wir haben das Produkt Hyundai, Daewoo oder andere aus dem Asiatischen, aus Korea oder wie auch immer, Japan, wir wollen den Markt erschließen .. Zum Beispiel ... mit Siemens – 1860 München, die jetzt sehr stark in China unterwegs sind, parallel oder unmittelbar danach, wo sie in China eingestiegen sind, die Liga nennt sich sogar *Siemens Super League*. Gleichzeitig hat man dann auch für einen Transfer gesorgt, einen Chinesen in das Team von 1860 München zu integrieren vor zwei Jahren." (Dok. 51: 21)

Ebenso wie VW haben offenbar auch andere Unternehmen in die Klubs investiert, obwohl sie auf den ersten Blick gar nichts mit Sport bzw. Fußball zu tun haben. Der befragte Trainer erklärte dieses Eindringen wirtschaftlicher Funktionslogiken in den Sport mit der Popularität des Fußballs, über die die Unternehmen versucht hätten, die Märkte anderer Länder zu erschließen. So habe die deutsche Firma Siemens in China sogar den Namen der nationalen Liga erworben; und um die Münchener Heimat des Siemens-Konzerns auch in China bekannt zu machen (z.B. durch das öffentliche Interesse von Seiten Chinas an der Übertragung von Spielen des Hausvereins 1860 München), habe Siemens gleichzeitig für den Transfer eines chinesischen Spielers in das Münchener Team gesorgt. In der Deutung überlagerten sich die globalen Vergleichs- und Kommunikationszusammenhänge von Wirtschaft und Sport; und ihnen wurden wechselseitig katalysatorische Funktionen zugeschrieben: Demnach investierten die Firmen viel Geld in die Mannschaften, um die Erfolgswahrscheinlichkeiten und damit ihre Chance auf Teilnahme an internationalen Wettbewerben zu erhöhen, die ihnen dann wiederum zu einem größeren Werbepublikum verhelfen sollten.

Auch auf der Ebene der tatsächlich als sportliche Leistungen zugerechneten Handlungsvollzüge wurde von den Befragten die Entstehung eines globalen Vergleichszusammenhangs wahrgenommen. Spieler und Trainer erklärten häufig, dass so etwas wie eine weltweite Verbreitung und Angleichung von Spielstilen und Techniken stattgefunden habe. Demnach werde „mittlerweile (…) überall so Fußball gespielt wie in Europa, es wird sich angepasst weltweit." (Dok. 15:129) Fußballerische Innovationen würden sich im Erfolgsfall zunächst national und schließlich weltweit durchsetzen.

> „(…) wir waren ja immerhin die erste Mannschaft in Deutschland, die ohne Libero gespielt hat, 1995 haben wir damit angefangen, dann wurde diese Viererkette auf einmal- heute ist es fast

> normal, dass alle ohne Libero spielen, wobei manche spielen immer noch mit so einem hinten drin. Das ist eine Art, wo das Fußballspielen einfach umgestellt wurde, war in Deutschland unvorstellbar. Dass man ohne Libero spielt, aber sie haben vergessen, dass die erfolgreichen großen Nationen wie Brasilien und Frankreich, die kennen das überhaupt nicht ‚Libero'. Sondern irgendwann hat man gemerkt, dass muss ja was sein, also ohne eine Absicherung, ohne dass da hinten immer einer steht, wenn mal irgendein Ball durchgeht, dass er den Ball noch haben kann, hat man den nach vorne geschoben, hat vorne einen mehr. Und wir haben uns immer gewundert, warum wir gegen die Brasilianer verloren haben. Ja, die waren immer einer mehr auf dem Feld, weil den da hinten dran hatten die net. Das geht aber nur, wenn ich so gute Fußballer hab, dass sich dauernd einer beim Gegner durchläuft, weil dann keine Absicherung mehr da ist, und der Torwart muss ein bisschen mitspielen. Aber das machen inzwischen fast alle. (…) Das haben die guten Fußballernationen vorgemacht, und die Deutschen haben mit fünfjähriger Verzögerung haben sie fast alle nachgezogen." (Dok. 2: 1212ff.)

Der Befragte beschrieb verschiedene Arten Fußball zu spielen, die offenbar zunächst weit verbreitet waren, bis sich schließlich ein anderes Spielmodell durchsetzen konnte, das sich als erfolgreicher erwies. Bei dieser Umstellung seien die deutschen Mannschaften zunächst sehr zögerlich gewesen und hätten offenbar trotz zahlreicher Niederlagen fünf Jahre an ihrem alten System festgehalten, bis „auf einmal" „fast alle nachgezogen" hätten und nun statt mit einem Libero mit einer Viererkette spielten. Giulianotti (1999: 137) verwendet zur Erklärung dieser „revolutions (..) in this footballing community" Thomas Kuhns (2001) Modell der wissenschaftlichen Paradigmen. Demzufolge kommt es ähnlich wie in der Wissenschaft erst zur Revolution bzw. zur Ablösung dominanter traditioneller Spieltaktiken (Libero), wenn sie durch ein neues Paradigma (Viererkette) ersetzt werden, das ausreichend Unterstützung in der Fußball-Community findet.

In den Deutungen der Befragten gab es also durchaus ein Bewusstsein für die zunehmende Entgrenzung der Fußballwelt und die Etablierung eines globalen Beobachtungs- und Vergleichszusammenhangs, der sich sowohl auf Wettkämpfe als auch die Leistungen einzelner Spieler bezog. Diese fußballerischen Entwicklungen wurden regelmäßig auf die Mitte der 1990er Jahre datiert und mit Verweis auf Einflüsse aus Wirtschaft, Politik und Recht begründet. Die Ursachen vor allem für die Entstehung eines globalen Spielertransfersystems wurden weniger in einer Sport-immanenten Funktionslogik wie dem Leistungsprinzip vermutet, sondern primär in der Einwirkung anderer gesellschaftlicher Teilbereiche. Eine zentrale Rolle in diesem Prozess wurde vor allem der Rechtsprechung der Europäischen Union zugewiesen. Aus dieser Perspektive erscheint das Bosman-Urteil[302] von 1995 als wichtiges Anstoßereignis fußballerischer Globalisierungsprozesse (vgl. Dok. 13:99; Dok. 33: 281; 293ff.; Kap. 1.4.4 Exkurs: Die Geschichte der Ausländerregelungen in der Bundesliga).

> „Grundsätzlich glaube ich schon, dass es ab dem Bosman-Urteil dazu kam, dass viele Vereine natürlich dann über die Grenzen hinaus versucht haben, sich Qualität einzukaufen. Ganz klar. Und dadurch der Ausländeranteil natürlich prozentual sehr angestiegen ist." (Dok. 29:55)

---

[302] In der Folge des sog. Bosman-Urteils des Europäischen Gerichtshofs, durch das die bis dahin geltenden national-verbandlichen Ausländerbeschränkungen in den Fußballligen der EU unter Berufung auf supranationale Arbeitsrechtsbestimmungen ungültig wurden, kam es zu einem deutlichen Anstieg des Ausländeranteils in den nationalen Profifußball-Ligen (vgl. Riedl/Cachay 2002).

3.4 Die Grenzen in der Fußballwelt

Der Befragte deutete das Bosman-Urteil als Ursache für die Durchsetzung eines neuen grenzüberschreitenden Vorgehens bei der Spielersuche mit der Folge eines höheren „Ausländeranteils" in den nationalen Ligen. Im folgenden Interviewausschnitt beschrieb ein ehemaliger Spieler, der mittlerweile im Management eines Fußballklubs tätig war, wie er die Globalisierung des Spielermarktes erlebt hatte:

> „Ja, die Internationalisierung und die Veränderung innerhalb einer Mannschaft waren natürlich durch die Freigabe von Ausländerplätzen sehr extrem. Als ich meine Karriere angefangen hab', gab's diese Regelung: zwei Ausländer pro Mannschaft, egal aus welchem Land, was sich durch das Bosman-Urteil natürlich extrem verändert hat, und wenn man dann die Kader heute in der Bundesliga sieht, ist es so, dass die Globalisierung, die es sonst in der freien Wirtschaft gibt, auch im Fußball, in den Fußballmannschaften Einzug gehalten hat." (Dok. 69:125)

Auch dieser Interviewpartner sah die „Freigabe von Ausländerplätzen" in Folge des Bosman-Urteils als Auslöser einer zunehmenden „Internationalisierung". Seiner Deutung nach war das Urteil des Europäischen Gerichtshofs die unmittelbare Ursache für die „Globalisierung", die „in den Fußballmannschaften Einzug gehalten" habe und die man ansonsten eher aus der Wirtschaft kenne. Hier wird deutlich, dass diese Veränderungen als Ergebnis externer Einflüsse und eben nicht Sport-immanenter Entwicklungstendenzen erlebt wurden. Aus der Perspektive des Befragten war die Internationalisierung des Spielermarktes also nicht das Produkt des in der Höchstleistungsidee implizierten Anspruchs auf soziale und räumliche Universalität, sondern die Folge eines massiven Eingriffs von Seiten der Gerichte. Diese Interpretation tauchte auch im Gespräch mit dem Vereinspräsidenten eines anderen Klubs auf:

> „Ja gut, wir unterstehen natürlich auch dem europäischen Recht mittlerweile. Sie können ja sich jetzt nicht mehr loslösen von der Rechtsprechung oder von- insoweit auch von der Rechtsprechung des Europäischen Gerichtshofs. Sie können sich nicht mehr lossprechen von den Vorgaben, die aus Luxemburg teilweise gegeben werden, auch aus den Vorgaben der UEFA. Wo man sagt, es ist schon eine Globalisierung und die Unterscheidung zwischen europäischen Mitgliedsstaaten oder Mitgliedsstaaten der EU, und dann gibt's noch die Anrainerstaaten, das sind alles Punkte, die da eine Rolle gespielt haben." (Dok. 8: 151)

Das europäische Recht bzw. die Rechtsprechung des europäischen Gerichtshofs wurden als „Vorgaben" erlebt, sozusagen als äußere Beschränkung der Handlungsmöglichkeiten im Fußball, wofür auch die UEFA mit verantwortlich gemacht wurde. Diese Deutung impliziert außerdem, dass die Fußballklubs grundsätzlich eine andere, vermutlich restriktivere Regelung präferieren würden. Die Globalisierung wurde also als Ergebnis der europäischen Rechtsprechung gedeutet und nicht als logische Konsequenz des Leistungsprinzips. Entsprechend wurden die Aufhebung nationalstaatlicher Unterschiede und die Einführung kategorialer Unterscheidungen zwischen Spielern aus EU-Mitgliedsstaaten, Anrainerstaaten und dem Rest der Welt als Folge des EU-Rechts und nicht als fußballspezifische Differenzierung verstanden.

Analog dazu wird für die Erteilung einer Spielberechtigung durch den Ligaverband (also auf Organisationsebene) unterschieden zwischen Spielern mit deutscher Staatsangehörigkeit (Deutschen), Spielern mit der Staatsangehörigkeit eines Mitgliedverbandes der UEFA

(Europäer), Spielern „aus anderen Konföderationen der FIFA" (Nicht-Europäer) und den sog. Fußballdeutschen[303] (vgl. Dok. 58: 43; Lizenzordnung Spieler, LOS, § 5 Nr. 6). Im Gegensatz zu den anfangs vorgestellten Deutungen und Selbstbeschreibungen der Akteure einer zunehmend entgrenzten Fußballwelt scheinen die territorialen bzw. nationalen Grenzziehungen in den Verbänden und Organisationen des Fußballs noch wesentlich deutlichere Konturen zu haben.

3.4.2 Organisationen und Regelwerke des Fußballs: Die Grenzen der Fußballwelt

> „Also deshalb ist es ein unglaublicher Abgrenzungswust zwischen
> EU-Ausländer und UEFA-Status" (Dok. 31: 117)

Die Deutungen des Fußballs als einheitlicher und praktisch grenzenloser Raum für den Spielertransfer lassen sich auf der Ebene der formalen Regelstrukturen maximal für das Hoheitsgebiet der Europäischen Union bzw. der UEFA bestätigen. Trotz der welt- oder zumindest europaweiten Beobachtung und Zirkulation von Fußballern bleibt die strukturelle Bedeutung der Nation bzw. des Nationalstaates[304] weitgehend bestehen: Vereine und Mannschaften eines Landes untergliedern sich unter der Schirmherrschaft des nationalen Dachverbandes in Regionalverbände. Bei den Profifußballklubs handelt es sich insgesamt eher um so genannte ethnozentrische Organisationen, die mit ihrem Stammsitz einem Land stark verbunden bleiben, als um transnationale Unternehmen (vgl. Giulianotti/Robertson 2002).[305] Der Weltfußballverband FIFA funktioniert nach dem „Ein-Verbands-Prinzip", d.h. dass die Abwicklung des Fußballs auf geographischer und fachlicher Ebene in jedem Land von jeweils nur einem Verband durchgeführt werden darf. Dieser Aufbau, bei dem pro Nation (nicht Nationalstaat) immer nur ein Verband Mitglied in der FIFA werden kann, ist ebenfalls ein Beleg dafür, dass es sich beim Weltfußballverband nicht um eine transnationale Organisation handelt, der es primär um die Konstitution eines globalen Fußball-Funktionszusammenhangs geht. Ansonsten müssten auch einzelne Mannschaften oder sogar individuelle Spieler Mitglieder werden können. Auch Wettkampf und Spielbetrieb sind im Fußball nach wie vor entlang nationaler Grenzen organisiert: So gibt es neben dem alltäglichen Ligabetrieb, in dem der nationale Meister ermittelt wird, die nationalen Auswahlmannschaften, die im Rahmen von Kontinental- und Weltmeisterschaften alle zwei bzw. vier Jahre gegeneinander antreten. In den nationalen Ligen entscheidet die Herkunft eines Fußballklubs (und teilweise auch die der Spieler) über die Teilnahmechancen am Wettbewerb, und es dürfen nur inländische Mannschaften (aber nicht zwangsläufig inländi-

---

[303] Noch einmal zur Erinnerung: Das sind Spieler, die zwar nicht die deutsche Staatsangehörigkeit besitzen, also auch keine Spielberechtigung für die Nationalmannschaft haben, aber ansonsten ebenso wie deutsche Spieler ohne Beschränkung verpflichtet und eingesetzt werden dürfen, wenn sie in den letzten fünf Jahren, davon mindestens drei Jahre als Jugendspieler, ununterbrochen für deutsche Vereine gespielt haben (vgl. Lizenzordnung Spieler, LOS, § 5 Nr. 6; Kap. 1.4.4 Exkurs: Die Geschichte der Ausländerregelungen in der Bundesliga).
[304] Auch wenn nicht jede Nation einen existierenden Nationalstaat impliziert, und es gerade im Fußball auch Beispiele für die Relevanz von Nationen ohne Staat gibt (Nationalmannschaften von nicht als souverän anerkannten Staaten), werden im Folgenden die beiden Begriffe meistens synonym verwendet, außer der Unterschied zwischen Nation und Nationalstaat ist von Relevanz.
[305] Die Bedeutung des Territorialprinzips spiegelt sich auch in der Unterteilung in Heim- und Auswärtsspiele und dem angeblichen Heimvorteil.

3.4 Die Grenzen in der Fußballwelt

sche Spieler) gegeneinander antreten.[306] Im Gegensatz dazu dient die Nation im Fall internationaler Wettkämpfe als Grenzziehungsprinzip der Mannschaftsbildung, und die Herkunft der einzelnen Spieler entscheidet über den Zugang.[307] Anders als in den Beschreibungen der Akteure, in denen sich das Bild einer grenzenlosen Fußballwelt ergeben hat, fungieren Nation bzw. Nationalstaat auf der formalstrukturellen Ebene wesentlich deutlicher als Teilungsdimensionen bzgl. des Zugangs sowie der Organisation von Konkurrenz und Leistungsvergleich.

Vermutlich als Folge dieser Strukturen und Regelwerke orientiert sich auch die Spielerrekrutierung stark an territorialen Grenzen und scheint daher manchmal im Widerspruch zu den Beschreibungen einer globalisierten Fußballwelt zu stehen (vgl. Kap. 3.3 Nationale Differenzierungen bei der Spielerrekrutierung im Fallvergleich). So werden die Leistungen von Spielern in Afrika und Südamerika mithilfe moderner Kommunikations- und Transportmittel zwar regelmäßig beobachtet, die Verpflichtung dieser Spieler wird jedoch durch die geltenden Ausländerbeschränkungen in der Bundesliga streng limitiert. Einschränkungen ergeben sich auch durch die kontinental unterschiedlichen Wettbewerbskalender. So kollidieren z.B. die Südamerikameisterschaften regelmäßig mit den Spieltagen der europäischen Ligen, was zu Doppelbelastungen südamerikanischer Spieler in Europa führt (vgl. Dok. 59: 22).[308] Wie die Geschichte des Fußballs zeigt, lässt sich die kontinentale Segregation zwischen Europa und Südamerika offenbar nicht nur der räumlichen Entfernung zurechnen, sondern es besteht traditionell eine Art Konkurrenzverhältnis zwischen den Fußballnationen Europas und Südamerikas. So gab es immer wieder Bestrebungen der Südamerikaner, sich vom Spielbetrieb der FIFA bzw. der nationalen und kontinentalen Dachverbände abzusetzen, was einige Male beinahe zur Spaltung der FIFA geführt hätte.[309] Bis in die 1970er Jahre verhinderten außerdem die reichen südamerikanischen Fußballklubs den Transfer ihrer Spieler nach Europa (vgl. Lanfranchi/Taylor 2001: 109).[310]

---

[306] Theoretisch wäre es also möglich, dass ein deutscher Klub mit einer Mannschaft ohne einen einzigen deutschen Staatsbürger deutscher Meister würde. Lediglich im Mannschaftskader müssen aufgrund der geltenden Quotenregelung mindestens zwölf deutsche Spieler enthalten sein (vgl. Kap. 1.4.4 Exkurs: Die Geschichte der Ausländerregelungen in der Bundesliga).
[307] Die internationalen Klubwettkämpfe, wie Champions League oder Weltpokal, nehmen eine Art Zwischenposition ein: Hier kämpfen Klubmannschaften verschiedener Länder gegeneinander, wobei die Zuweisung der Startplätze sowohl nach nationaler Herkunft des Klubs als auch nach Leistung (Tabellenplatz der nationalen Liga) gewichtet wird.
[308] Eindrucksvolles Beispiel für die Probleme, die sich aus dieser mangelnden terminlichen Standardisierung ergeben können, bietet folgende Beschreibung des stressigen Arbeitsalltags eines argentinischen Spielers des VfL Wolfsburg:
„Ja, er hat- er hat- der Mann ist einfach auch überlastet unserer Meinung nach. Der ist ja immer wieder hin- und her geflogen, hat in der argentinischen Nationalmannschaft gespielt (…). Also der hat so ein hohes Spielpensum und vor allen Dingen dann viele Reisen immer, der ist ja teilweise dann hier von Deutschland nach Argentinien, dann haben sie ein Spiel gehabt in Brasilien, und zur Olympiade nach Griechenland und wieder zurück nach Argentinien, also allein die Flugkilometer, die er da runter gezogen hat, das ist ja nicht- das ist ja auch keine vernünftige, körperliche Regeneration zwischen den Spielen, und im Grunde genommen hat er dann nie richtig mittrainieren können, er hat die Grundlagen auch nie richtig mitmachen können- dasselbe Problem hatten wir voriges Jahr mit ihm im Trainingslager, hat ja auch eine Verletzung gehabt, die ganz hartnäckig war, aufgrund dessen, weil bei ihm eine Überlastung vorliegt, und von daher er nicht richtig regenerieren kann, aber immer sehr schnell alles wieder mitmachen will. Das ist ein Problem." (Dok. 64:157)
[309] Beispielhaft hierfür ist der Versuch in den 1940er Jahren in Kolumbien eine eigene Profiliga zu gründen (vgl. Eisenberg u.a. 2004: 81ff.).
[310] Der Rückgang transatlantischer Fußball-Migration in den 1960er Jahren wird in der Literatur außerdem auf eine neue Regelung der FIFA zurückgeführt, der zufolge die Spieler selbst nach einem vollzogenen Wechsel der

Entsprechend gestaltet sich die tatsächliche Spielersuche weit weniger global, als von den Akteuren zunächst beschrieben. In den meisten deutschen Bundesligaklubs scheint die Suche nach geeigneten Spielern in einer Art dreigliedrigem System in konzentrischen Kreisen zu verlaufen: Spieler deutscher Herkunft werden gegenüber Kollegen aus Resteuropa bevorzugt, während Spieler aus anderen Weltregionen sozusagen nur die dritte Wahl darstellen.[311] (vgl. Kap. 3.3):

> „Also wenn wir die Qualität des Spielers als Deutschen kriegen, dann ist es am liebsten der Deutsche. Wenn wir die Qualität halt als Europäer kriegen, dann – und weil man halt nichts Deutsches findet – dann nimmt man den Europäer. Ja, und sollte es da nichts geben, dann muss man halt schon weiter gucken: Südamerika." (Dok. 71: 329)

Dieses Vorgehen lässt sich unmittelbar auf die geltenden Ausländerbeschränkungen zurückführen, denen zufolge die Fußballvereine mindestens zwölf deutsche Spieler unter Vertrag haben mussten, während die Anzahl der nicht-europäischen Ausländer beschränkt war (vgl. Kap. 1.4.4 Exkurs: Die Geschichte der Ausländerregelungen in der Bundesliga).

Zu ganz ähnlichen Ergebnissen kommt McGovern (2002) in einer Studie über die Spielerrekrutierung in der englischen Premier League.[312] Demnach handelt es sich weniger um eine Globalisierung des Spielermarkts als vielmehr eine *Inter*nationalisierung: Es gebe keinen einheitlichen globalen Markt, sondern lediglich eine limitierte Anzahl von Geberländern. Außerdem bestünden Präferenzen für Spieler aus Nationen, denen ähnliche soziale, kulturelle und sprachliche Fähigkeiten zugeschrieben werden wie Spielern aus dem rekrutierenden Land.

Vergleicht man also die Beschreibungen der Akteure über einen angeblich globalen Spielermarkt mit der anhaltenden Bedeutung territorialer und vor allem nationaler Grenzen auf der Ebene der Organisationen, stellt sich die Frage, wie sich diese auf den ersten Blick doch recht widersprüchlichen Befunde interpretieren lassen. Auffallend ist zunächst, dass auch die partielle Öffnung des Spielermarktes von den Akteuren selbst weniger als Durchsetzung des Leistungsprinzips denn als Folge politischer und juristischer Eingriffe gedeutet wurde. So scheint der Fußball in den Darstellungen der Befragten prinzipiell einer anderen Logik zu folgen, die auf territoriale und vor allem nationale Grenzziehungen nicht verzichten konnte. In den Beschreibungen der Fußballfunktionäre fanden sich immer wieder Hinweise auf „Fußball-immanente" Grenzen der Globalisierung:

Staatsangehörigkeit lediglich für *eine* nationale Auswahlmannschaft spielberechtigt sind, ein Wechsel der Nationalmannschaft wurde also ausgeschlossen (Lanfranchi/Taylor 2001: 97). Die Klubs in Frankreich, Spanien, Portugal und Italien begannen, sich bei der Spielersuche umzuorientieren und suchten neues Spielerpotential in Afrika.
[311] Anders herum stellen Europa bzw. die nationalen Ligen in England, Frankreich, Spanien, Italien und Deutschland regelmäßig das bevorzugte Ziel von Spielern aus Südamerika, Afrika und Asien dar (vgl. Dok. 52: 82ff.; Dok. 59: 19ff.).
[312] Auch wenn sich seine Untersuchung auf den Zeitraum vor dem Bosman-Urteil beschränkt (1946-95), sind die Ergebnisse dennoch aufschlussreich, da in der englischen Liga andere Ausländerregelungen galten und gelten als in Deutschland. So gibt es in England eine deutlich stärker leistungsbezogene Regelung, der zufolge ausländische Spieler nur dann rekrutiert werden dürfen, wenn sie Nationalspieler eines Landes sind, das zu den 70 weltbesten Fußballnationen gehört. Nach dem Bosman-Urteil gilt diese Beschränkung nur noch für Spieler aus Ländern außerhalb der EU. Eine Quotenregelung für einheimische Spieler gibt es in England nicht.

3.4 Die Grenzen in der Fußballwelt

„Die Globalisierung die findet zwar statt, klar. Aber irgendwo sind dann auch diese natürlichen Grenzen gesetzt. Das heißt, Identifikation mit dem Land und ne, das ist für mich auch ne Grenze. Und ich glaube, dass da schon sehr viel drauf geachtet wird, grundsätzlich." (Dok. 29: 194)

Wie er an anderer Stelle ausführte, war mit Globalisierung vor allem die Liberalisierung des Spielermarktes und die weltweite Vernetzung der Klubs untereinander gemeint (vgl. Dok. 29: 31ff., 75ff.). Dabei stellte die „Identifikation mit dem Land" aus Sicht des Befragten eine „natürliche Grenze" der Globalisierung dar, auf die sowohl von ihm selbst (als ehemaligem Spieler, Trainer und Sportfunktionär) als auch von nicht weiter bestimmten anderen „viel geachtet" wurde. Die Gleichzeitigkeit von Globalisierung und der Persistenz nationaler Grenzen stellte also in der Wahrnehmung der Akteure keinen Widerspruch dar. Vielmehr können offenbar sowohl Fußballklubs als auch Spieler weltweit beobachtet und miteinander verglichen werden, auch wenn diese Vergleiche an bestimmten „natürlichen Grenzen", wie z.B. Ländergrenzen, gebrochen werden. Die nationale „Interdependenzunterbrechung" (Schimank 2005) des fußballerischen Leistungsvergleichs wurde in dieser Deutung vor allem auf die „Identifikation mit dem Land" zurückgeführt, die wiederum vermutlich mit der großen Relevanz der Nationalmannschaft im Fußball bzw. mit der Stellung des Fußballs als „hegemoniale Sportkultur" zusammenhängen könnte (Markovits/Hellerman 1995/1996).

Auch im folgenden Interviewausschnitt wurden die Ursachen für die Bedeutung nationaler bzw. territorialer Grenzen im Fußball in der Funktion der Identifikation vermutet:

„Weil es immer noch diesen Nationalgedanken gibt (...). Und des isch aach richtig so, weil Fußball lebt von Konkurrenz. Wenn des keinen Nationalgedanken gibt, wer soll dann gegeneinander spielen? ... Dann gibt es keine Weltmeisterschaften mehr. Das is ja logisch. Ohne Konkurrenz gibt's keinen Fußball mehr. Sollen wir alle *miteinander* spielen? [lachen beide] Naja, mer müssen ja gegeneinander spielen. Deshalb muss es Nationen geben. Das is ja auch der Reiz da bin ich schon dafür, dass man a bissl seine Identität bewahrt. Und dass man da- Des ist doch- des is doch ein Wettkampf unter Nationen ist doch was Schönes. Und deshalb müssen- der nationale Gedanke muss im Fußball bleiben, um die Nationalmannschaft stark zu halten. Und es wär' natürlich gut, wenn nicht elf Ausländer in jeder Mannschaft spielen. Darum sind ja die Begrenzungen eigentlich vorgesehen." (Dok. 31: 289)

Der befragte Trainer begründete die Notwendigkeit nationaler Grenzziehungen mit Verweis auf das Konkurrenzprinzip und die Wahrung nationaler Identität – und zwar auch für die Bundesliga. Auf die Frage, gegen wen man denn konkurrieren solle, wurde die Unterteilung in Nationen als wichtigstes Teilungsprinzip genannt. Die Unmöglichkeit eines Fußballspiels ohne Konkurrenz, also eines reinen „Miteinander", erschien ihm absurd und wurde durch das Lachen beider Interaktionspartner als abwegig markiert. Man müsse eben „gegeneinander spielen", d.h., man benötigt irgendein Grenzziehungsprinzip zur Konstitution von Konkurrenz. Aus dieser Perspektive lassen sich nationale Grenzen sogar als notwendige Bedingung zur Komplexitätsreduktion deuten, um zu verhindern, dass alle gegen alle spielen (müssen). So dass ein globaler Leistungsvergleich letztlich überhaupt erst möglich wird auf der Basis festgelegter Einheiten, die dann miteinander verglichen werden können.

Außerdem liege der Reiz beim „gegeneinander Spielen" in der Möglichkeit der nationalen Identifikation. In dieser Deutung fungiert die Differenzierung in Nationen bzw. Nationalstaaten also als antagonistisches Strukturprinzip, das gleichzeitig die Voraussetzung für soziale Integration darstellt. In diesen beiden Funktionen hielt der Befragte den „nationalen Gedanken" im Fußball für unersetzbar und konnte sich kein funktionales Äquivalent vorstellen. Dieses Plädoyer für die Bedeutung der Nation im Fußball galt hier jedoch keinesfalls nur in Bezug auf die Nationalmannschaft, sondern auch als Begründung und Legitimation der Ausländerbeschränkungen in der Bundesliga. „Um die Nationalmannschaft stark zu halten", sollten daher möglichst wenig Ausländer in den Klubmannschaften spielen. Die Bedeutung der Nationalmannschaft scheint für den Fußball also wichtiger zu sein als die Bundesliga und Einfluss auf das Geschehen in den Klubmannschaften haben zu können. Der „Wettkampf unter Nationen" wurde in dieser Darstellung zum Kernstück des Fußballs, dem sich alles andere unterzuordnen hatte. Auch im folgenden Interviewausschnitt wurde auf die faktische Bedeutung nationaler Differenzen im Fußball hingewiesen:

> „Wir bewegen uns doch auch im Europa der Nationen, ne. Und insofern muss man sich diesem Thema doch auch stellen. Ohne jetzt dass man irgendwo nationalistische Gedanken dabei hegen müsste oder so etwas. Wäre ja völlig Kokolores, ne. Also wir leben ja noch in Nationen. Es gibt ja keine unilaterale Welt, wenn man das jetzt auf eine Weltebene beziehen würde. Wenn man jetzt über Brasilianer und Afrikaner oder- Das gibt es doch de facto nicht. Also muss ich doch, wenn ich das akzeptiere, das- Gut, man kann jetzt sagen, es verwischt, und Fußball trägt ja auch zur Verwischung bei und zwar in ganz erheblichem Maße, ja, da kann man auch noch einmal separat drüber reden, aber das ist ja nun einmal Fakt." (Dok. 31: 153)

Der Manager beschrieb hier die Faktizität politischer Staatsgrenzen, die sich weder im Alltag noch im Sport ignorieren ließen. Das scheint für ihn eine eher pragmatisch-alltagsweltliche Bedeutung gehabt zu haben und sei nicht mit „nationalistischen Gedanken" zu verwechseln. Er explizierte nicht genau die Folgen, die die nationale Segmentierung der Politik für den Sport bzw. andere Funktionssysteme haben könnte; denkbar wären hier aber z.B. rechtliche Rahmenvorschriften, die z.B. in Form von Einreisebewilligungen ganz konkrete Auswirkungen auf den Fußball haben könnten.

Zusammenfassend lässt sich festhalten, dass auf der Ebene der allgemeinen Deutungen zunächst übereinstimmend von der Entstehung eines globalen Vergleichs- und Beobachtungshorizonts im Fußball die Rede war. Den Beschreibungen der Akteure zufolge wurden (vor allem individuelle) fußballerische Leistungen inzwischen weltweit beobachtet und miteinander verglichen. Demnach hatten territoriale bzw. nationalstaatliche Grenzziehungen seit Mitte der 1990er Jahre zunehmend an Bedeutung verloren. Am häufigsten wurde diese Entwicklung mit dem Verweis auf die Liberalisierung des Spielermarkts illustriert, die jedoch als Resultat massiver Eingriffe sportexterner Funktionslogiken begriffen wurde. Die gleichzeitige Geltung territorialer bzw. nationaler Grenzen innerhalb der Fußballorganisationen und Regelwerke wurde jedoch nicht als Widerspruch zur beschriebenen Entgrenzung wahrgenommen. Vielmehr deuteten die Akteure die Beständigkeit nationaler Differenzierungen im Fußball als eine Art sportimmanentes Strukturprinzip. Verallgemeinert heißt das, dass Konkurrenzprinzip und nationale Identifikation neben dem Leistungsvergleich offenbar konstitutive Merkmale des Fußballs darstellen und ursächlich für den territorial- bzw. nationalstaatlich gegliederten Aufbau der Fußball-Organisationen sind. Die agonale Struktur des Fußballs mit der Notwendigkeit zur physischen Kopräsenz des Gegners bietet außerdem gute Möglichkeiten, nationale Differenzierungen abzubilden und nationale Identität herzustellen.

Derartige Überlegungen finden sich auch bei Rowe (2003), der die Beständigkeit nationaler Differenzierungen im Sport allgemein und im Fußball insbesondere mit der Be-

3.4 Die Grenzen in der Fußballwelt

deutung der sportlichen Grundprinzipien Konkurrenz und Wettkampf und der darin implizierten Idee von Identität begründet:

> „Sport certainly has manifest advantages fort he project of globalization: it is a cultural practice that, at the elite level at least, takes place according to standardized rules in delimited time and space with a readymade 'on-site' audience. (…) But at the heart of sport's ethos is the idea of competition. This is what provides sport its drama, but its affective force derives directly from the connotative attachment of competition to identity." (Rowe 2003: 285)

Die strukturelle Relevanz der Nation zeige sich im Fußball vor allem in der nationalen Prägung der Klubs und der großen Bedeutung der Nationalmannschaft. So hat beispielsweise die Popularität der Weltmeisterschaft seit ihrer Einführung 1930 stetig zugenommen, und die Austragung des World Cup stellt mittlerweile unstritten ein Weltereignis[313] dar.

> „Football more than any sport can lay claim to bet he ‚global game'. Yet the klubs still retain a 'national' brand irrespective of the composition of their playing and coaching staff and of their shareholder register, and their players are still expected to return to 'home base' in their respective continents for peak international sports tournaments like the World Cup." (Rowe 2003: 286)

So scheinen der Anspruch des Fußballs als globaler Sport und die große Bedeutung nationaler Grenzen tatsächlich in einer Art funktionalem Zusammenhang zu stehen, denn letztlich wird ein globaler fußballerischer Leistungsvergleich erst durch die Errichtung nationaler Vergleichseinheiten möglich und organisatorisch handhabbar. Darüber hinaus sorgt die Grenzziehung für Identifikation und Identität im Wettkampfgeschehen.

Aber warum wird unter den vielen verschiedenen Möglichkeiten zur Mannschaftsbildung ausgerechnet auf nationale Differenzen zurückgegriffen? Warum werden nicht andere territoriale Grenzziehungen als Vergleichsräume verwendet? So konnte sich beispielsweise bei der Bildung von Auswahlmannschaften für den Konkurrenzkampf bisher kein anderes Selektionsprinzip als die Nation durchsetzen. Lediglich für Wohltätigkeitsspiele sind bisher Kontinental- oder sogar Weltauswahlmannschaften denkbar.[314]

Um die Besonderheiten der Nation für Prozesse der Identifikation und Identitätsbildung herauszufinden, werden im Folgenden Verwendung und Deutungsmuster nationaler Zugehörigkeit genauer untersucht. Welche Mitgliedschaftskategorien sind es genau, die bei der Beobachtung und dem Vergleich fußballerischer Leistungen regelmäßig verwendet werden? Handelt es sich primär um nationale Differenzen oder spielen auch ethnische Unterschiede eine Rolle? Und inwiefern werden diese Mitgliedschaftskategorien auch in den unmittelbaren Interaktionen der Fußballer verwendet? Findet also eine Differenzierung nach nationaler bzw. ethnischer Zugehörigkeit auch in der Interaktion der Spieler untereinander statt? Und wenn ja, wie wird diese Differenz hergestellt? Zur Beantwortung dieser

---

[313] Die WM gilt als Weltereignis sowohl aus einer differenzierungstheoretischen Perspektive, die auf die operative Schließung des Funktionssystems Sport fokussiert (vgl. Werron 2008), als auch in Bezug auf ihre weltweite Ausstrahlung und die globale Reichweite der Fernsehübertragung (vgl. Eisenberg 2008). Entsprechend wurde die Fußball-Weltmeisterschaft von der FIFA als „Vollversammlung der Menschheit" beschrieben (Eisenberg u.a. 2004: 252).
[314] Aber z.B. nicht im Rahmen des Konföderationen-Cups, der ja eigentlich ein Wettkampf der Kontinente sein soll, bei dem aber tatsächlich keine kontinentalen Auswahlmannschaften gegeneinander antreten (also z.B. die besten Spieler Europas gegen die besten Spieler Afrikas usw.), sondern lediglich die verschiedenen Kontinentalmeister (also z.B. der Europameister Griechenland gegen den Afrikameister Marokko).

Fragen soll im folgenden Abschnitt die entsprechende soziale Praxis in der Alltagswelt des Fußballs untersucht werden.

3.4.3 Nationale und ethnische Mitgliedschaftskategorien bei der Beobachtung und Zurechnung fußballerischer Leistung

> „Also dass Südeuropäer, Albaner, Südamerikaner, Afrikaner verspielter sind als wir Nordeuropäer, Skandinavier, das ist nun mal Fakt, ja!" (Dok. 35: 90)

Bevor es um die Relevanz nationaler Differenzen in der unmittelbaren Interaktion gehen wird, also die Frage, inwiefern die Fußballer im Alltag von ihrer nationalen Zugehörigkeit Gebrauch machen, soll zunächst untersucht werden, welche Bedeutung die nationale Herkunft bei der Beobachtung und Zurechnung fußballerischer Leistungen hat. Welche Mitgliedschaftskategorien werden in der Kommunikation über Fußball verwendet? Mit Hilfe welcher Differenzschemata wird Leistung beobachtet und zugerechnet? Ausgehend von der Bedeutung, die territoriale Unterscheidungen nach Region, Nation und Kontinent im Aufbau der Fußball-Organisationen und Regelwerke haben, lässt sich annehmen, dass auch der Leistungsvergleich entlang dieser Teilungsdimensionen erfolgt. Aus den Zugangsbeschränkungen der Bundesliga ergaben sich zum Untersuchungszeitpunkt folgende Spielerkategorisierungen: Deutsche Spieler, Fußball-Deutsche, Spieler aus Mitgliedsländern der UEFA, Spieler aus Nicht-UEFA-Ländern. Inwiefern waren diese Einteilungen auch in den Beschreibungen der Akteure in der alltäglichen Praxis relevant? Oder gab es andere Mitgliedschaftskategorien jenseits der territorialen Herkunft?

In den vorangegangenen Kapiteln wurde bereits die Bedeutung nationaler und ethnischer Mitgliedschaftskategorien als Indikatoren für die Zuschreibung bestimmter Personeneigenschaften wie Charakter und Einstellung beschrieben, die wiederum regelmäßig als Leistungsvoraussetzungen gedeutet wurden. Auf diese Weise können nationale und ethnische Differenzen als wichtige Kriterien bei der Bewertung von Fußballern fungieren. Anhand der Analyse der Spielerrekrutierung wurde aber auch gezeigt, dass die Häufigkeit der Aktivierung ethnisch-nationaler Mitgliedschaftskategorien und Stereotypisierungen vor allem vom Professionalisierungsgrad des jeweiligen Fußballklubs abhängt (vgl. Kap. 3.3 Nationale Differenzierungen bei der Spielerrekrutierung im Fallvergleich). Im Folgenden geht es demnach auch weniger um die Funktionen solcher Stereotype als vielmehr um eine genauer Analyse ihrer Verwendung und ihrer Konstruktion.

Nationale Zugehörigkeit wird hier nicht gleichbedeutend mit Staatsbürgerschaft verstanden, sondern als Inklusions- bzw. Exklusionssemantik (vgl. Bös 2005a), also als Beschreibung gesellschaftlicher Kollektive, die nicht zwangsläufig mit den existierenden formalstrukturellen Regelungen übereinstimmen muss. Wie bereits erläutert, werden mit der Zuschreibung nationaler Mitgliedschaftskategorien gleichzeitig bestimmte typische Handlungen und Eigenschaften verbunden. Laut Sacks (1992) impliziert die Wahl von „membership categorization devices" bereits bestimmte „category bound activities", d.h., dass mit der Markierung von Differenz bzw. der Typisierung eines Interaktionsteilnehmers als Angehöriger eines bestimmten sozialen Kollektivs auch Verhaltenserwartungen und häufig sogar damit einhergehende Bewertungen aktiviert werden. Wenn sich diese Verallgemeinerungen bzgl. eines national(staatlich)en, ethnischen oder auch nur territorial definierten Kollektivs korrigierenden Wahrnehmungen starr widersetzen, bezeichnet man sie

3.4 Die Grenzen in der Fußballwelt

als nationale bzw. ethnische Stereotypen (vgl. Luckmann/Luckmann 1983: 74; Stanzel 1999: 10; Kap. 3.3.1).[315] Ein Beispiel für die im Fußball weit verbreiteten Nationalstereotype liefert das folgende Zitat eines Spielers:

> „(…) und die Deutschen, die werden dafür oder sind dafür bekannt für Disziplin, für ihren Ehrgeiz, für – eh – für Geradlinigkeit, die Italiener z. B. sind dafür bekannt, um die, die taktisch einfach hervorragend geschult sind." (Dok. 17: 273)

Die mit der nationalen Kategorisierung verbundene Zuweisung bestimmter Eigenschaften und Verhaltensweisen wurde ganz selbstverständlich auf alle Mitglieder der beiden genannten nationalen Kollektive angewendet. Der Sprecher bezog sich nicht auf konkrete Personen (*Ent-Individualisierung* und *Verallgemeinerung*), sondern auf alle deutschen und italienischen Spieler, denen er Disziplin, Ehrgeiz und Geradlinigkeit bzw. „hervorragende" Taktikkompetenz unterstellte.[316] Nationale Stereotype lassen sich also als Erwartungsstrukturen bzgl. charakteristischer Eigenschaften von Mitgliedern entsprechender Kollektive beschreiben.[317] Wie bereits bei der Untersuchung der Spielerrekrutierung angedeutet wurde, existiert im Fußball ein relativ umfangreiches und elaboriertes System von Nationalstereotypen, d.h. eine Matrix aufeinander bezogener (…) Zuschreibungen allgemeiner Eigenschaften, die primär auf Distinktion angelegt sind (vgl. Parr 2002). Dabei beziehen sich die nationalen Stereotypisierungen nicht nur auf die Zuweisung individueller, sondern auch auf kollektive Eigenschaften bzw. Fähigkeiten national homogener Mannschaften.[318] Im Folgenden soll zunächst versucht werden, dieses weit verbreitete Gefüge nationaler Stereotype im Fußball zu rekonstruieren, seine Konstruktionsmerkmale aufzuzeigen und nach den Ursachen für die große Relevanz dieser Stereotypisierungen zu fragen.

In meinem Datenmaterial finden sich fußballerische Nationalstereotype für insgesamt 24 verschiedene Nationen: Albanien, Argentinien, Brasilien, Bulgarien, Deutschland, England, Frankreich, Ghana, Holland, Iran, Italien, Jugoslawien, Kamerun, Korea, Marokko, Mazedonien, Österreich und Ungarn, Polen, Rumänien, Russland, Spanien Tschechien und die USA. Dabei wurden den Mitgliedern der unterschiedlichen Nationen bestimmte angeblich charakteristische fußballbezogene Eigenschaften und Fähigkeiten zugeschrieben. Die

---

[315] Im Gegensatz zu dieser Definition betont Nazarkiewicz (1999: 355ff.) den Unterschied zwischen allgemeinen Kategorisierungsleistungen und Stereotypisierungen: Demnach implizieren Stereotypen im Gegensatz zu kategorialen Abgrenzungen zusätzlich eine moralische Bewertung der Differenzen. Später werde ich mich mit einer stärker moralisch aufgeladenen Form der Stereotypenkommunikation beschäftigen (vgl. Kap. 3.4.5 Die Bewertung der Differenz: Rassistische Stereotypenkommunikation).

[316] Entgegen dem Eindruck, der in der Fachliteratur über Stereotypen häufig vermittelt wird, sind Fremd- oder Heterostereotypen im Fußball nicht automatisch mit moralischen *Ab*wertungen verbunden. Im Gegenteil lassen sich auch zahlreiche positiv konnotierte Fremdstereotype finden (vgl. Zifonun 2008a, 2008b). Mitglieder des eigenen Kollektivs werden also nicht durchgängig positiv bewertet und die anderen nicht durchgängig negativ.

[317] Vgl. dazu die Definitionen von Geschlechterstereotypen (z.B. Eckes 1997: 18).

[318] So wird sowohl in der wissenschaftlichen als auch in der populären Literatur zum Fußball von der Entstehung nationaler Spielstile Anfang des 20. Jahrhunderts ausgegangen, die auf die Herausbildung der nationalen Fußball-Ligen und der Nationalmannschaften zurückgeführt werden (vgl. dazu auch Eisenberg u.a. 2004: 151ff.). In diesem Zusammenhang sind auch die Verdichtungen der massenmedialen Sportberichterstattung vom deutschen resp. italienischen oder französischen Fußball bemerkenswert: Mit dieser Sprachregelung wird angezeigt, dass das Fußballgeschehen tatsächlich nur im Rahmen nationaler Grenzen beobachtet wird (vgl. z.B. die Berichte über den „größten Skandal im deutschen Fußball" im Zusammenhang mit den verbotenen Wetten des Schiedsrichters Robert Hoyzer von Horeni 2005b).

Ausprägungen der Teilungsdimension Nation sind also plural konstruiert, und es kann prinzipiell so viele Kategorien wie Nationen geben.

> „Deutsche werden schon zu den – wenn sie denn dann gestanden sind – zu den Robusteren gezählt. Ich mein' die deutschen Vorzüge liegen ja, sagen wir mal, in der Kampfkraft und in der Athletik, weniger in der Ballfertigkeit. Da gibt's ja nur wenige Spieler die mit so einem Brasilianer meinetwegen mithalten können." (Dok. 48: 205)

Deutschen Spielern wurde regelmäßig Disziplin, Stärke, Kampfbereitschaft, Geradlinigkeit („Spielen ohne Schnörkel") und Effizienz unterstellt (vgl. Dok. 35: 99; Dok. 51: 57; Dok. 52: 54; Dok. 71: 297). Sie galten als robust, athletisch, kämpferisch und ehrgeizig.

> „Ja, in Deutschland wird halt anders Fußball gespielt. (…) Ja, kämpferisch, wird mehr gelaufen. Es wird mehr taktisch gespielt, ja, in Brasilien ist es mehr so, dass wir auf Technik, (…) ja wird mehr Technik herausgerufen, in Deutschland wird halt auf diese kämpferische Art Fußball gespielt." (Dok. 17: 129)

In allen Zitaten wurden die unterstellten Eigenschaften stets mit denen eines anderen nationalen Kollektivs verglichen; es handelte sich um einen praktisch weltweiten Vergleich verschiedener Nationen, wobei die Vergleiche sich meist an der Logik der maximalen Kontrastierung zu orientieren schienen. Im Fall deutscher Fußballer erfolgte die Kontrastierung häufig gegenüber südamerikanischen oder südeuropäischen Spielern: Demnach kämpften und liefen die Deutschen mehr, während die Brasilianer eher auf Taktik und Technik setzten. In einer verdichteten Form wurde dann häufig vom deutschen „Rumpelfußball" oder „Arbeitsfußball" im Gegensatz zu den brasilianischen „Ballzauberern" gesprochen (vgl. Parr 2003: 53). Hier wird deutlich, dass die verwendeten Nationalstereotype *relational* konstruiert sind und ohne Vergleich mit mindestens einem anderen nationalen Kollektiv nicht verwendet werden. Dabei sind die verglichenen Nationalstereotype meistens auf einen *maximalen Kontrast* hin angelegt, der häufig mit einer Tendenz zur Übertreibung einherging.

> „Dass wir drei Albaner haben, die sehr beweglich sind, die sehr gut mit dem Ball umgehen können, und dass wir zum Beispiel im inneren Mittelfeld mit zwei Deutschen spielen – das eine bin eben ich, das andere mein Freund „Rübe" Rüdiger Kauf, der eben- wo beide- oder wo wir beide eben einen anderen Fußballstil einfach vielleicht verkörpern in dem Sinne. Also wir spielen halt viel gradliniger, viel, ja, sehr laufintensiv, sehr, teilweise körperbetont – bei mir nicht immer, aber so- Das ist eine andere Art. Ist auch teilweise positionsbedingt natürlich, aber es ist eben auch vielleicht ein anderes Fußballverständnis." (Dok. 35: 99)

In dieser Passage verglich ein Spieler seinen eigenen „Fußballstil" und sein „Fußballverständnis" bzw. den Stil seines deutschen Mittelfeldkollegen mit dem Spiel seiner albanischen Mannschaftskollegen. Die unterschiedlichen Fähigkeiten wurden vom Sprecher unmittelbar kausal mit der nationalen Zugehörigkeit verknüpft, obwohl er etwas später selber darauf hinwies, dass bestimmte Verhaltensweisen auch durch die jeweilige Spielposition bedingt sein könnten. In diesen Charakterisierungen von Albanern und Deutschen wurden maximale Kontraste aufgebaut: Die große Beweglichkeit der Albaner steht im Gegensatz zur Geradlinigkeit der Deutschen wie die „sehr gute" Ballbeherrschung zu Laufintensität und Körperbetonung. In seiner Deutung waren diese nationalen Differenzen inkorporiert, die Spieler „verkörperten" bestimmte nationale Spielstile, wobei hier unklar bleibt, inwie-

3.4 Die Grenzen in der Fußballwelt

fern es sich um angeborene oder im Verlauf der fußballerischen Ausbildung antrainierte Differenzen handelt.

Wie bereits erwähnt, sind diese Heterostereotypen nicht unbedingt mit abwertenden Zuschreibungen verbunden, vielmehr scheint es je nach Kontext Positiv- und Negativvarianten fußballerischer Nationalstereotype zu geben (vgl. Parr 2003: 52). So können Deutsche z.B. einerseits als geradlinig und kämpferisch bezeichnet werden, andererseits aber auch als „Rumpelfußballer". Ebenso kann die Bewunderung für die „filigrane Ballfertigkeit" und „Zauberei" der Brasilianer auch als verspielter Individualismus und Disziplinlosigkeit abgewertet werden (vgl. Dok. 8: 284ff.; Dok. 33: 113; Dok. 71: 57). Ob die Positiv- oder die Negativvariante eines Nationalstereotyps zum Einsatz kommt, hängt auch von der jeweiligen Situation und den verfolgten Absichten ab. Geht es z.B. um die Legitimation einer Entscheidung gegen die Verpflichtung brasilianischer Spieler, scheint die Betonung ihrer angeblichen Disziplinlosigkeit wahrscheinlicher (vgl. Dok. 8: 292). Im Fall der Medien-Berichterstattung weist Parr auf den unterschiedlichen Verwendungskontext von Sieg und Niederlage hin:

> „Dann siegt beispielsweise die deutsche ‚Ordentlichkeit' zwar über österreichische ‚Schlampertheit', die deutschen ‚Rumpelfüßler' verlieren aber gegen den erfrischenden französischen ‚Spielwitz'." (Parr 2003: 52f.)

Neben dem regelmäßig auftauchenden Vergleich zwischen Deutschen und Brasilianern oder Südländern allgemein bildeten in meinem Datenmaterial auch brasilianische und argentinische Spieler ein häufiges Kontrastpaar, das allerdings immer auch an der Referenzgröße der „deutschen Tugenden" gemessen wurde (vgl. Dok. 66: 9). So rationalisierten die Wolfsburger ihre Entscheidung für die Kooperation mit einem argentinischen Klub mit dem Verweis auf die europäische „Mentalität" der Argentinier (ebd.). Das Stereotypenwissen über die Differenz zwischen Brasilianern und Argentiniern findet sich auch in anderen Bundesligaklubs, wie z.B. in den Beschreibungen eines Spielerbetreuers, der sich vor allem um brasilianische Spieler kümmerte:

> „Also Argentinien und Brasilien, da sind Welten zwischen – von der Mentalität. Die Argentinier sind viel europäischer orientiert, sind wie Spanier, kann man fast sagen. So von ihrer Art her zu leben und zu denken. Und die Brasilianer sind schon sehr eigen, ganz andere Mentalität." (Dok. 79: 188)

Hier wurden beide Nationalitäten indirekt mit Europa verglichen. Die Unterschiede zwischen Argentiniern und Brasilianern wurden insgesamt stark übertrieben und vor allem in der „Mentalität" bzw. der „Art zu leben und zu denken" verortet. Etwas später im Interview erfolgte dann die Begründung der vermuteten Unterschiede.

> „(...) weil die Argentinier sind schon sehr *emotional*. Das muss man schon sagen, sehr.. feurig. Ja sehr, so wie die Italiener. Die sind Italiener. Argentinien, Italien ist kein großer Unterschied von der Mentalität. Es waren ja viele- viele Auswanderer sind ja aus Italien. Argentinien ist fast Italien. So von der Art zu leben, so'n bisschen Mischung zwischen Spanien und Italien. Dazwischen irgendwo sind die. Und die Brasilianer sind eher – ja, ich würde fast sagen – etwas afrikanisch. So von der Mentalität. Die kommen ja auch- es sind viele Farbige auch, die in Brasilien leben; in Argentinien kaum. Ich glaube, ich kenne keinen farbigen argentinischen Spieler. Es gibt keinen. Ich wüsste jetzt keinen. Und Brasilien sind ja viele- die meisten sogar, würde ich

fast sagen. Wenn man mal sieht: Lucio ist eher die Ausnahme. Ob das jetzt Juan ist, Zé Roberto, Roque Junior – es ist einfach 'ne andere ... ist 'ne andere Mentalität." (Dok. 79: 244)

Die Mentalitätsdifferenzen wurden in dieser Deutung erneut auf historische und schließlich stammesgeschichtliche Unterschiede zurückgeführt. Demnach stammten die Argentinier vor allem von europäischen Einwanderern ab, während die Brasilianer „eher etwas afrikanisch" seien. Er belegte das mit dem Hinweis auf einen großen Anteil dunkelhäutiger Spieler.

Insgesamt lässt sich festhalten, dass Häufigkeit und Dichte dieser Nationalstereotype im Datenmaterial als Beleg dafür gelten können, dass es sich bei derartigen Attributionen – zumindest im Bereich des Profifußballs[319] – um geteiltes und allgemein anerkanntes Kulturwissen handelt. Die kategorialen Ausprägungen der Teilungsdimension Nation sind hierbei *plural*, es gibt genau so viele Kategorien, wie es Nationen gibt. Neben den Klassifikationen qua Nation bestand außerdem eine verbreitete Tendenz, die Spieler entlang großräumiger Territorien einzuteilen.

„Das Zusammenwirken eines in Afrika sozialisierten Menschen mit einem in Lateinamerika sozialisierten Menschen und einem auf dem Balkan sozialisierten Menschen klappt nicht immer so, wie wir uns das vorstellen. Das muss man akzeptieren. Das ist so." (Dok. 31: 178)

In dieser Interviewpassage rechtfertigte ein Klubmanager die Entscheidung eines Kollegen, keine ausländischen Spieler mehr zu verpflichten. Seine Begründung zielte auf Sozialisationsunterschiede, die schließlich in Problemen bei der Mannschaftsbildung resultieren würden Er verwendete dabei kontinentale bzw. teilkontinentale Stereotypisierungen, d.h., er schrieb Personen, die aus Afrika, Lateinamerika bzw. dem Balkan kamen, bestimmte Eigenschaften und Verhaltensweisen zu, die er mit Gemeinsamkeiten in der Sozialisation erklärte. Demzufolge scheint er von einheitlichen Sozialisationserfahrungen ganzer Kontinente ausgegangen zu sein. Ähnliche pannationale Stereotype finden sich in meinen Daten für Asien, Skandinavien, Europa und Teile Europas. Auch hier gilt die relationale Konstruktionsweise der stereotypen Kontrastierungen, d.h., dass sich bei der Verwendung eines kontinentalen Stereotyps häufig auch der Vergleich auf einen Kontinent bezieht.

„Ja, also ich sag mal, man weiß jetzt, die Afrikaner, weil wenn sie auf die Welt kommen und können laufen, nehmen sie irgendwo ein Stoffknäuel und rennen dann vor dem Tipi rum und spielen den ganzen Tag Fußball. Bei denen klebt der Ball anderster wie bei einem Europäer. Problem bei denen ist- bei den Afrikanern ist, denen kann man nicht erklären, wo sie hinlaufen sollen auf dem Feld, weil die rennen immer dahin, wo der Ball ist." (Dok. 2: 992ff.)

In dieser Darstellung erläuterte ein Manager, wie es seiner Ansicht nach zu dem angeblich anderen Ballgefühl afrikanischer Spieler kommt. Er ging implizit davon aus, dass alle Kinder in Afrika in derart ärmlichen Verhältnissen aufwüchsen, dass sie in Zelten wohnen müssten, nichts anderes zum Spielen als ein Stoffknäuel hätten und nicht über ausreichende Intelligenz verfügten, im Spiel die Rollen der anderen zu übernehmen.[320] Bei dieser Kontrastierung wurden „die Afrikaner" mit „einem Europäer" verglichen, dessen Kindheitser-

---

[319] Ethnographische Untersuchungen im Amateurfußball lassen vermuten, dass Nationalstereotypenwissen auch in unteren Ligen regelmäßig zum Einsatz kommt (vgl. Zifonun 2008b; Zifonun/Cindark 2004).
[320] Vgl. hierzu Meads (1972: 152ff.) sozialisationstheoretische Erläuterungen über das Erlernen des „taking the role of the other" im Rahmen von Ballspielen.

3.4 Die Grenzen in der Fußballwelt

fahrungen zwar nicht weiter ausgeführt, aber offenbar als vollkommen „anderster" unterstellt wurden. Derartig extreme Vereinfachungen scheinen die allgemeine Funktion von Stereotypisierungen, mit deren Hilfe die Komplexität sozialer Wirklichkeit auf überschaubare Einheiten reduziert werden kann, ad absurdum zu führen. Durch eine großflächigere Stereotypisierung der Spieler ergeben sich letztlich insgesamt weniger Differenzkategorien.

Im Gegensatz zu Europa oder Südamerika, für die es auch eine Vielzahl nationaler Stereotype gab, erwiesen sich die Kontinentalstereotype für Afrika als sehr stabil, und es fanden sich kaum Stereotypisierungen einzelner afrikanischer Nationen.[321]

> „Also, sagen wir mal, ein Spieler aus den nördlichen Ländern hat eine ganz andere Einstellung zum deutschen Fußball als ein Afrikaner oder ein Brasilianer. Auch anders ist das wieder- ob das Serben sind, Kroaten. Losgelöst von Spielern der Anrainerstaaten, ob das Schweiz, Luxemburg, Belgien oder Holland ist. Das is ne völlig andere Sache. (…) Afrikanische Spieler und brasilianische Spieler kriegen Sie nicht in den Griff." (Dok. 8: 284ff.)

In dieser Deutung wurden „Spieler aus nördlichen Ländern" bzw. Spieler aus direkten deutschen Nachbarländern mit Afrikanern und Brasilianern verglichen. Dabei fällt erneut auf, dass es keinerlei Differenzierung zwischen verschiedenen afrikanischen Nationen gab. Bisweilen wurde sogar der gesamte afrikanische Kontinent kurzerhand zur „Fußballnation" erklärt:

> „(…) also Afrika hat ja als Fußballnation- jetzt erst seit zehn Jahren spielen die ja überhaupt eine Rolle, da hat man erst gemerkt, dass die gegen nen Ball treten können, jetzt übertrieben gesprochen. Vorher konnte sich ja keiner vorstellen, dass da so ein Schwarzer im Wald Fußball spielen kann. Aber inzwischen haben die natürlich aufgeholt, warum haben sie aufgeholt? Weil natürlich viel Europäer dorthin sind. Und denen da mal erklärt hat, wie in Deutschland Fußball- oder wie in Europa Fußball gespielt wird." (Dok. 2: 1076ff.)

In dieser Darstellung wurde die fußballerische Erschließung Afrikas durch die Europäer beschrieben, die in der Wahrnehmung des Sprechers erst Mitte der 1990er Jahre stattgefunden hatte.[322] Diese relativ kurze Zeitspanne könnte eine mögliche Ursache für den niedrigen Differenzierungsgrad der verwendeten afrikanischen Nationalstereotype sein. Es ist jedoch wahrscheinlicher, dass die nationale Kategorisierung in diesem Beispiel entlang anderer Merkmale erfolgte als im Fall der zuvor dargestellten Stereotypisierungen. In den bisherigen Beispielen wurde der Prozess der Kategorisierung stets als selbstverständlich vorausgesetzt. An keiner Stelle wurde erläutert, welche Merkmale überhaupt konstitutiv für die nationale Zugehörigkeit einer Person zu einem Land sind. Denkbar wären hier z.B. Staatsbürgerschaft, Sprache, Sitten und Gebräuche, Herkunft der Eltern, Wohnort etc. Das Wissen darüber, was damit gemeint ist, deutsch, brasilianisch oder italienisch zu sein, wird als bekannt vorausgesetzt. Wir werden später auf diese Frage zurückkommen (vgl. Kap. 3.4.4 Wer ist deutsch? Deutungsmuster nationaler Zugehörigkeit).

---

[321] In meinem Datenmaterial gibt es lediglich eine Ausnahme: „Afrikaner, (…) da gibt es Unterschiede in Afrika. Ja zum Beispiel die Spieler aus Kamerun oder so [anerkennendes schnalzen], sehr europäisch, ja also die haben Disziplin, wenn Sie so nen Ghanaen holen, ja, dem können Sie den ganzen Tag hinterher rennen, ja der macht, grad was er will. Also das is so, das weiß man schon, aber auch da, das kann man nicht immer 100 % verallgemeinern. Und es gibt so einen gewissen Erfahrungswert. Ghanaen müssen Sie hundertprozentig einen Betreuer an die Hand geben. Das geht gar nicht anderster." (Dok. 2: 959ff.)
[322] Zur Geschichte des Fußballs in Afrika, die keinesfalls erst 1990 begonnen hat, vgl. Apraku/Hesselmann 1998.

278   3. Innenansichten des Profifußballs: Ergebnisse der ethnographischen Untersuchung

Im vorliegenden Zitat erfolgte die Kategorisierung jedoch offenbar primär aufgrund physiologischer Differenzen (vor allem der Hautfarbe). In der Deutung des Sprechers wurde der gesamte Kontinent als einheitlicher Großraum und seine Bewohner selbstverständlich als dunkelhäutig dargestellt. Dass es bei dieser Kategorisierung weniger um territoriale Abgrenzungen als um die körperliche Differenz der Hautfarbe ging, legt außerdem die Beobachtung nahe, dass in den Interviews Afrikaner und Brasilianer häufig zusammengefasst und damit bereits implizit als (pan-)ethnisches Kollektiv verstanden wurden (vgl. z.B. Dok. 33: 101, 137; Dok. 45: 55). Da die meisten brasilianischen Fußballspieler in der Bundesliga schwarz sind, weist die gemeinsame Kategorisierung mit afrikanischen Spielern darauf hin, dass die Markierung von Nationalität hier eher rhetorischen Charakter hat.

Neben der Staatsangehörigkeit kann im Fußball also offensichtlich auch eine Kategorisierung nach Hautfarbe vorkommen, mit der dann wiederum auch die Zurechnung bestimmter sportlicher Leistungsfähigkeiten verbunden sein kann.

> „Ich sag mal, es gibt andere Nationen, die balltechnisch, von den Genen her schon *viel* geeigneter sind, Fußball zu spielen. Ein Brasilianer, der ist von seinem Bewegungsablauf prädestiniert, Fußball zu spielen, in Afrika sind die Leute vielleicht auch prädestinierter, Fußball zu spielen, von ihrem Körperbau her – so wie sie gute Langstreckenläufer haben, ne, kann ich mir auch vorstellen, die Afrikaner und die Südamerikaner, die haben irgendwas in den Genen, im Körperbau, was sie befähigt, besonders gut zu spielen." (Dok. 45: 55)

Auch wenn rhetorisch die Nationalität markiert wurde, lassen die Verweise auf Körperbau, genetische Differenzen und Langstreckenläufer darauf schließen, dass es sich um eine ethnische Klassifizierung handelt. Außerdem wurden erneut Afrikaner und Brasilianer gemeinsam klassifiziert, wobei der Sprecher körperliche Differenzen als Basis der Einteilung nannte, die wiederum kausal mit besonderer sportlicher und fußballerischer Leistungsfähigkeit verknüpft wurden. Demnach sollen Schwarze aufgrund ihres Bewegungsablaufes und ihres Körperbaus „viel geeigneter" sein, „besonders gut zu spielen".

In einem anderen Interview wurde die Hautfarbe zwar in Bezug auf sportliche Leistungen allgemein als relevantes Differenzschema betrachtet, nicht aber für den Fußball. Außerdem schienen die Befragten im Fall ethnischer Stereotypisierungen häufig einen Legitimationsbedarf wahrzunehmen und begründeten die von ihnen unterstellten Differenzen, so z.B. während des Gesprächs mit einem Sportmediziner:

> „Also Sie haben natürlich ehm- der Schwarze hat natürlich eine andere Muskelstruktur als der Weiße, sie sind meiner Meinung nach die besseren Tänzer, wenn es darauf ankommt. (…) Ehm das liegt eigentlich daran, denke ich mal, dass die auch in den Ländern is ne andere- die bewegen sich seit Millionen Jahren bewegen die sich ja auch mehr, ja? Wenn Sie, wie in der Eiszeit, mit einem Fell rumlaufen, da können Sie nicht, sind Sie nicht so beweglich, wenn Sie mit der dicken Pelzmütze, wie es so früher war, und man muss das auch sehen, dass sich das im Laufe der Jahrtausende ja langsam genetisch entwickelt hat. Von daher ist der Schwarze eigentlich auch der bessere Läufer. Weil er natürlich auch, weil ich sag mal, wenn Sie wie die Äthiopier, die die Langstrecken gewinnen, ..die wachsen in dünner Luft auf seit Generationen, deren Blutkörperchen sind da eben auch schon bisschen anders geformt, und die werden immer die besseren Langläufer sein oder die aus den Hochländern von Kenia kommen. Und im Fußball ist es halt so, das ist eine sehr spezielle Koordination, die nichts mit Laufen- wissen Sie, das eine ist ja, Laufen musste der Mensch immer, seit Millionen Jahren muss er laufen, entweder hinter dem Mammut her oder vor dem Tiger weg [lacht], ist ja egal, aber bei bestimmten Sportarten da ist

3.4 Die Grenzen in der Fußballwelt

es so, wo das Laufen nicht so eine große Rolle spielt wie die Koordination, mit einem Gerät umzugehen, wie z. B. mit einem Ball, das ist ja so rein von der Geschichte der Menschheit eine ganz neue Geschichte, d. h., das muss man lernen, muss ein Talent dazu haben. Und da gibt es eben, ich sag mal, so einen Zinédine Zidane, für mich einer der größten Techniker, genauso wie Pelé oder Herr Beckenbauer, das ist nicht abhängig meiner Meinung nach, aus was für einer Rasse die kommen." (Dok. 64: 241f.)

Er begann seine Ausführungen mit dem Hinweis auf die Existenz physischer Unterschiede zwischen Schwarzen und Weißen, die für ihn offenbar zum selbstverständlichen geteilten Kulturwissen gehörten. Für ihn war die unterschiedliche Muskelstruktur von Schwarzen in einem doppelten Sinn „natürlich": Er ging davon aus, dass die Unterschiede unzweifelhaft vorhanden seien – und zwar von Natur aus, begründete sie aber sicherheitshalber noch mit dem Verweis auf pseudowissenschaftliches Wissen aus den Bereichen Evolutionsbiologie und Humanmedizin. Trotz der Deutung körperlicher Differenzen zwischen Schwarzen und Weißen als folgenreich für die sportliche Leistungsfähigkeit wurde die ethnische Zugehörigkeit als wenig bedeutsam für die fußballerische Leistungsfähigkeit interpretiert, da Ballkoordination nicht stammesgeschichtlich vererbbar sei.

Zusammenfassend kann man sagen, dass schwarzen Spielern bessere läuferische und balltechnische Fähigkeiten zugeschrieben wurden: „Bei denen klebt der Ball anderster wie bei einem Europäer." (Dok. 2: 992) Obwohl die Hautfarbe ein deutlich sichtbareres Merkmal als die nationale Zugehörigkeit eines Spielers ist, gab es kein besonders elaboriertes System rein ethnischer Stereotype. Im Gegensatz zur Teilungsdimension Nation mit ihren plural konstruierten Kategorien wurde die Klassifizierung nach Hautfarbe meist auf zwei Ausprägungen vereinfacht: schwarz und weiß. Mit Hilfe dieser Dichotomisierung lässt sich die Komplexität bei der Beobachtung und Zurechnung fußballerischer Leistung drastisch reduzieren, d.h., die Fülle an möglichen Ursachen für bestimmte fußballerische Handlungen wird auf ein zu bewältigendes Maß zurückgeführt. Hier liegt wahrscheinlich eine der wichtigsten Funktionen von Kategorisierungen und Stereotypisierungen. Darauf deutet auch die Tendenz zur Dichotomisierung der Beobachtungskategorien hin, wenn z.B. nationale Differenzen auf Deutsch vs. nicht-deutsch reduziert werden. Eine weitere Funktion wurde bereits bei der Analyse der Personalselektion aufgezeigt: So können mit Hilfe der Nationalstereotype, die im Fußball als allgemein anerkanntes Wissen zu gelten scheinen, Personalentscheidungen (zumindest retrospektiv) legitimiert werden (vgl. Kap. 3.3 Nationale Differenzierungen bei der Spielerrekrutierung im Fallvergleich). Insgesamt fungierte die nationale Zugehörigkeit als eine zentrale Mitgliedschaftskategorie bei der Beobachtung und Zurechnung fußballerischer Leistungen. Die in den Regelwerken relevante Differenzierung nach EU bzw. UEFA fand sich in der alltäglichen Kategorisierung in Form der Unterscheidung zwischen Europa und anderen Kontinenten.

Unklar blieb bisher jedoch der Vorgang der Kategorisierung als solcher. Es stellt sich also die Frage, wie bzw. entlang welcher Kriterien im Fußball nach nationalen Unterschieden unterteilt wird? Und inwiefern machen die Fußballer im Alltag von ihrer nationalen Zugehörigkeit Gebrauch? Mit diesen Fragen beschäftigen sich die folgenden Teilkapitel.

3.4.4 Wer ist deutsch? Deutungsmuster nationaler Zugehörigkeit

„[A]ber entweder bin ich Deutscher oder ich bin nicht Deutscher (…)." (Dok. 69: 239)

Während im vorangegangenen Abschnitt die verschiedenen Mitgliedschaftskategorien beschrieben wurden, die in der Kommunikation über Fußball aktualisiert bzw. für die Beobachtung und Zuschreibung fußballerischer Leistung relevant gemacht werden können, soll nun der Prozess der Spielerkategorisierung in Deutsche und Nicht-Deutsche untersucht werden. Dazu wird zwischen der Ebene der Regelstrukturen und den (Selbst-)Beschreibungen des Fußballsports unterschieden.

In den Fußball-Regelwerken wird die Nationalität der Spieler zum einen im Rahmen der Ausländerbeschränkungen der nationalen Ligen relevant und zum anderen in Bezug auf die Spielberechtigung für Verbandsmannschaften. Für die formale Spielberechtigung in der Bundesliga zählt in erster Linie die *Staatsangehörigkeit*, d.h. als Deutscher wird nur derjenige kategorisiert, der auch einen deutschen Pass hat. Neben der deutschen Staatsangehörigkeit und den damit verbundenen Rechten als Spieler gibt es jedoch noch die Kategorie des „Fußball-Deutschen", der einem deutschen Spieler gleichgestellt ist, obwohl er nicht die deutsche Staatsangehörigkeit besitzt. Er muss lediglich in den letzten fünf Jahren ununterbrochen für deutsche Vereine gespielt haben (davon mindestens drei Jahre als Jugend- bzw. Juniorenspieler). Hier werden also die *Aufenthaltsdauer* und das „*Zuzugsalter*" als relevante Kriterien berücksichtigt.

Die Regelungen über die Spielberechtigung für die Nationalmannschaften haben in den FIFA-Statuten im Laufe der Jahre einige Änderungen erfahren. So gab es zunächst keine klaren Bestimmungen, wer für welches Land spielberechtigt sein sollte. Erst in den 1940er Jahren finden sich erstmals Regeln bzgl. der Spielberechtigung für Länderspiele: Demnach sollten die Spieler „von den entsprechenden Landesverbänden aufgestellt und Angehörige des Landes sein, das sie vertreten" (Art. 21, Abs. 2 Bestimmungen FIFA 1948). Was genau den „Angehörigen eines Landes" ausmacht, wurde in den 1960er Jahren folgendermaßen präzisiert: Spielberechtigt sei jeder „Bürger eines Landes, durch Geburt oder Staatszugehörigkeit seines Vaters oder gestützt auf die Gesetzgebung des Landes, das ihm Einbürgerung gewährt hat" (FIFA-Reglement 1963 Art. 3 Abs. 4). Als primäres Qualifikationskriterium fungierte also die politische *Staatsangehörigkeit*, die durch einen souveränen Staat und nicht durch die FIFA vergeben wurde. Das änderte sich jedoch 2004, als die FIFA Bedingungen formulierte, die ein Spieler seit dem zusätzlich zur Staatsbürgerschaft erfüllen muss, um für eine Nationalmannschaft spielberechtigt zu sein. Demnach muss sichergestellt sein, dass eine der nachfolgenden Voraussetzungen vorliegt:

„a) der Spieler wurde auf dem Gebiet des betreffenden Verbandes geboren;

b) die biologische Mutter oder der biologische Vater des Spielers wurde auf dem Gebiet des betreffenden Verbandes geboren;

c) die Grossmutter oder der Grossvater des Spielers wurde auf dem Gebiet des betreffenden Verbandes geboren;

d) der Spieler war während mindestens zwei Jahren ununterbrochen auf dem Gebiet des betreffenden Verbandes wohnhaft." (FIFA Zirkular Nr. 901)

Hintergrund dieser Entwicklung war der Versuch einiger brasilianischer Spieler, die in der deutschen Bundesliga spielten, die Staatsbürgerschaft von Katar und dadurch auch die Spielberechtigung für die Nationalmannschaft zu erlangen. Aufgrund der öffentlichen Skandalisierung dieses Geschehens hatte der FIFA-Präsident das Dringlichkeitskomitee eingeschaltet, das dann letztlich die Änderung der entsprechenden Ausführungsbestimmungen empfohlen hatte. Die zusätzlichen Bedingungen beziehen sich auf den *Geburtsort*, die *Abstammung* bzw. *(Bluts-)Verwandtschaft* und die *Aufenthaltsdauer*.

Auch die Bestimmungen in Bezug auf den Wechsel der Spielberechtigung für eine Nationalmannschaft änderten sich im Laufe der Jahre: In den 1940er Jahren war der Wechsel der Nationalmannschaft für einen Spieler, der ein Land in der Verbandsmannschaft bereits vertreten hatte, nur für den Fall möglich, „wenn er während drei Jahren im Gebiet des neuen Landesverbands ansässig war" (Art. 21 Abs. 3 Bestimmungen FIFA 1948). 1966 wurde dann jedoch jeder Wechsel der Nationalmannschaft untersagt, ein Spieler sollte nur noch für eine einzige nationale Auswahlmannschaft spielberechtigt sein (vgl. FIFA-Reglement Art. 3, Abs. 4,5 und 6 von 1966). Bis zu diesem Zeitpunkt waren solche Wechsel nicht selten, wurden aber offensichtlich zunehmend als problematisch empfunden. Seitdem galt die nationale Zugehörigkeit jedoch grundsätzlich als ein *unveränderbares* und *exklusives* Merkmal, das man nicht wechseln und nicht teilen kann. Diese Regelung wurde erst 2003 wieder etwas gelockert, indem ein einmaliges Wechselrecht zu Gunsten von Spielern eingeführt wurde, die bereits an einem B-Länderspiel (also beispielsweise der Jugend-Nationalmannschaft) teilgenommen haben (vgl. FIFA-Zirkular Nr. 877). Grundsätzlich spiegeln die Regeln jedoch die Überzeugung, dass man nicht „Diener zweier Herren" sein kann, nationale Zugehörigkeit wird als exklusives Personenmerkmal gedeutet:

> „Wer A sagt, dann kann er hinterher nicht mehr B sagen. Ehm, wenn er schon ein Auswahlspiel woanders gemacht hat, dann kann er nicht mehr zurück. Das sind so die internationalen Regeln-Regularien." (Dok. 45: 138)

Zusammenfassend lassen sich diese Reglerungen als Prozesse sozialer Schließung interpretieren. Die nationale Kategorisierung wurde zunehmend von der Staatsbürgerschaft abgekoppelt und zeigte verstärkt Referenzen auf ethnische Beschreibungen, so z.B. die Forderung nach Blutsverwandtschaft. Durch das Verbot jeden Wechsels wurde nationale Zugehörigkeit als *invariant* und *dauerhaft* festgeschrieben. Hierdurch erfolgte eine Umdeutung der Vorstellung von politischer Staatsangehörigkeit als Merkmal, das durch die Übernahme bestimmter Pflichten etc. erworben werden kann[323], hin zu einer zunehmenden Hervorhebung *askriptiver* und *partikularistischer* Definitionselemente. In vielen anderen Sportarten stellt die Staatsangehörigkeit bis heute ein hinreichendes Zulassungskriterium für die Nationalmannschaft dar, und auch ein Wechsel der nationalen Auswahlmannschaft ist relativ problemlos möglich.[324] Die nationale Zugehörigkeit scheint im Fußball also besondere Bedeutung zu haben. Hier stellt sich die Frage, inwiefern sich diese ethnisierten Deutungsmuster nationaler Zugehörigkeit auch in den Selbst- und Fremdzuweisungen der Akteure wieder

---

[323] Zu diesem Verständnis von Staatsbürgerschaft in universalistischen modernen Gesellschaften vgl. Parsons 1968.

[324] So z.B. im Reitsport, hier ist die Nationalität (des Reiters!) das entscheidende Kriterium für die Zulassung zum Nationalkader und der Wechsel der Nationalmannschaft ist verhältnismäßig einfach. Grundsätzlich sind sogar mehrfache Nationalitätenwechsel möglich, bedürfen allerdings der Zustimmung des Internationalen Dachverbands (vgl. General Regulations der Fédération Equestre Internationale von 2007 Art. 123, Abs. 5. ii).

finden lassen? Entlang welcher Kriterien erfolgt die Zuweisung nationaler Zugehörigkeit unter den Fußballern oder anders formuliert: Wer gilt als deutsch und wer nicht?

Die Frage der Spielberechtigung für die Nationalmannschaft und der Fall der brasilianischen Spieler, die nach Katar wechseln wollten, wurden auch in den Fußballklubs diskutiert.

> „Weil- das ist eigentlich ein Zeichen von Schwäche, von Schwäche, dass ehm unsere Nationalmannschaft, bei Ailton war ja auch die Diskussion, wird er Deutscher, so schwach ist, dass wir mit dem eigenen Nachwuchs ein bestimmtes Niveau nicht halten können, nur es ist ein Pyrrhussieg, wenn also zu viele, ich sag immer, irgendwo ein deutscher Schäferhund in der Familie ist, dass man die dann eindeutscht, und ehm.. die dann, sag ich mal, in der Nationalmannschaft spielen, was anderes ist zum Beispiel Asamoah, der ist in Hamburg *geboren*.., ne, das ist ne- ne andere Sache, der ist also nicht- der hat zwar, glaube ich, zwei Staatsbürgerschaften gehabt, aber der ist in Hamburg *geboren* – als Beispiel. (I: Hm.) Das weiß ich deshalb, weil Asamoah und Otto Addo bei mir in Bielefeld auch schon mal einen Vertrag unterschrieben hatten, der dann hinterher aus bestimmten Gründen gelöst worden ist. Ehm Kuranyi ist ein Halbdeutscher, Halbbrasilianer, da ist das ja auch *vertretbar*, wo also ein Elternteil deutsch ist. Wir haben bei Arminia Owomoyela: Vater Nigerianer, Mutter Deutsche, ne? Der hat die Wahlmöglichkeit. Jetzt hat er die Einladung gekriegt, in der nigerianischen Nationalmannschaft zu spielen, ehm.. wo er nicht weiß, vielleicht habe ich auch hier in Deutschland die Chance, ne, demnächst." (Dok. 45: 175)

Der Befragte bezog sich zunächst auf einen der brasilianischen Spieler, die damals beabsichtigt hatten, die Staatsbürgerschaft zu wechseln. Da sie keine Chance gesehen hatten, sich für die brasilianische Nationalmannschaft zu qualifizieren, hatten sie darauf gehofft, für ein anderes Land bei einer Welt- oder Kontinentalmeisterschaft mitspielen zu dürfen. Im Laufe der öffentlichen Diskussion hatte Ailton ebenfalls Interesse an der deutschen Staatsbürgerschaft bzw. Nationalmannschaft geäußert, was jedoch vom damaligen Bundestrainer sofort abgelehnt worden war. Auch der Befragte schien eine Einbürgerung Ailtons abzulehnen, er hielt die „Eindeutschung" fremder Spieler für ein Zeichen der Schwäche der eigenen Nachwuchsarbeit. „Ein deutscher Schäferhund in der Familie" reichte in seinen Augen nicht aus, um die Einbürgerung zu legitimieren. Eine Naturalisierung sei nur dann „vertretbar", wenn jemand in Deutschland geboren worden sei *(Geburtsort)*, Angehöriger mehrerer Staaten sei *(Staatsangehörigkeit)* oder ein deutsches Elternteil habe *(Verwandtschaft* ersten Grades). Er illustrierte diese Kriterien am Beispiel der beiden deutschen Nationalspieler Gerald Asamoah und Patrick Owomoyela, die aufgrund ihrer dunklen Hautfarbe auf den ersten Blick nicht selbstverständlich als Deutsche klassifiziert werden.

In einem anderen Interview nannte ein Befragter folgende Kriterien, die einen Spieler berechtigen sollten, für die Auswahlmannschaft eines Landes zu spielen:

> „Das könnte man festmachen, dass der eingebürgert ist über so ein paar Jahre und ... äh ... ja eigentlich über die Zeit, über die Zeit der Einbürgerung. Aber hier war es ja vorgesehen: Heute Einbürgerung – morgen spielen, nicht? [klopft auf den Tisch] Also, und dann wenn es nicht klappt, dann schmeißen sie ihn wieder raus, dann erkennen sie die Staatsbürgerschaft ab ... (...) Nein, es muss eine überzeugende Sache sein. Der Mensch muss äh zu der neuen Nation äh jedenfalls auch offiziell *bekennen* können. Und es müssen ein paar Jahre ins Land gegangen sein ... Sonst kaufst du immer vor Weltmeisterschaften äh..Spieler ein ... und bürgerst die ein. So ein Land wie Katar da sagt der Trainer- der darf gleichzeitig den Pass unterschreiben. Das ist ja in diesen Ländern ..., nicht? [lacht] Und der sagt dann, ab jetzt bist du ... ein Mitbürger von Katar,

3.4 Die Grenzen in der Fußballwelt

und jetzt spielst du morgen- nicht? Und dann kommt das, überlegen Sie mal, dann kommt die Nationalhymne. Und viele Länder machen ja noch so [legt die linke Hand aufs Herz] – wo soll der sich hinfassen? ... Und soll der singen? Oder soll der nicht singen? Also das sind sicherlich Kleinigkeiten, aber irgendwo geht doch in diesen Köpfen der Menschen etwas anderes vor.
I: Ich weiß nicht, singt Asamoah mit bei der Nationalhymne?
B: Kann ich im Moment noch nicht sagen, ob er es inzwischen tut. Die- Er ist ja Deutscher. Er ist Deutscher. Und entweder ist er als ganz kleines Kind hier her gekommen oder er ist hier sogar geboren. Der ist ja- der hat ja früher mit dem Otto Addo von Dortmund zusammen gespielt. Die sollten beide- waren ja schon mal in Bielefeld unter Vertrag, nicht? Und dann stieg Arminia wieder ab, und dann kamen die eben doch nicht. Die sollten mal in Bielefeld spielen. Also bei den beiden würde ich das schon so sehen. Die sind ja zwanzig Jahre in Deutschland, nicht? Und ob Asamoah inzwischen die Nationalhymne mitsingt, das kann ich nicht beantworten. Aber es sind Mosaiksteinchen, die dazu gehören und... so ein bisschen Gesamtbild möge es dann schon sein." (Dok. 48: 101ff.)

In dieser Deutung fungierte vor allem die Dauer, die man in einem Land verbracht hat (*Aufenthaltsdauer*), als relevantes Zugehörigkeitskriterium. Demnach sollte ein Spieler offensichtlich bereits eine Weile in dem betreffenden Land leben, bevor er die Spielberechtigung für die dortige Nationalmannschaft erhalten durfte. Für den Befragten war eine zu enge Kopplung von Spielberechtigung, Spielerfolg und Staatsbürgerschaft nicht nachvollziehbar, eine funktionale Aushöhlung der Einbürgerung lediglich zum Zweck, vor internationalen Wettbewerben Spieler einzukaufen, wollte er ausschließen. Nationale Zugehörigkeit wurde von ihm als offizielles Bekenntnis eines Menschen zu einer Nation gedeutet (*Selbstzuschreibung*), sozusagen als Herzenssache. Man solle aus Überzeugung Angehöriger eines Landes sein, und im Kopf dürfe nichts anderes „vorgehen". Für den Befragten gehörte auch das Absingen der Nationalhymne inklusive Schwurgeste (Hand aufs Herz) dazu. Und auch wenn er nicht mit Sicherheit sagen konnte, ob Gerald Asamoah mitsingt, war die deutsche Identität Asamoahs für ihn dennoch unstrittig („ist ja Deutscher"). Asamoah sei entweder als „ganz kleines Kind" nach Deutschland gekommen oder bereits hier geboren worden und lebe mittlerweile seit zwanzig Jahren in Deutschland. Zentrale Kriterien dieser Begründung sind also erneut der *Geburtsort* bzw. der *Ort der Primärsozialisation* und die *Aufenthaltsdauer*. Es blieb jedoch unklar, ob z.B. auch ein langjähriger Aufenthalt oder das offizielle Bekenntnis durch das Absingen der Nationalhymne als alleiniger Grund für die Einbürgerung ausreichen würde. Da wollte er sich letztlich doch nicht so genau festlegen, das alles seien nur „Mosaiksteinchen", und insgesamt komme es doch eher auf das „Gesamtbild" an. Er konnte also die Bedingungen, unter denen er eine Einbürgerung und die Vergabe der Spielberechtigung für die Nationalmannschaft für legitim hält, nicht genau explizieren. Dagegen fiel es offenbar leichter anzuzeigen, in welchen Fällen eine Einbürgerung seiner Ansicht nach unzulässig wäre.

In diesem Zusammenhang ist die Geschichte Gerald Asamoahs instruktiv, da sein Fall in meinen Daten oft als Beispiel für eine legitime und gelungene Einbürgerung angeführt wurde (vgl. Dok. 4: 158; Dok. 20: 59; Dok. 25: 641; Dok. 75: 375). Die Begründung lautete dann regelmäßig, dass Asamoah bereits in Deutschland geboren oder spätestens im Kleinkindalter zugezogen sei und außerdem die doppelte Staatsangehörigkeit gehabt und sich dann für Deutschland entschieden habe. Von den oben genannten Kriterien nationaler Zugehörigkeit wurde im Fall Asamoahs lediglich auf die Behauptung deutscher Eltern verzichtet, was vermutlich an seiner extrem dunklen Hautfarbe liegt. Tatsächlich sieht die

Geschichte Gerald Asamoahs jedoch etwas anders aus, und seine Einbürgerung bzw. Spielberechtigung für die deutsche Nationalmannschaft lässt sich nicht mit den von den Befragten genannten Kriterien in Einklang bringen. So kam er als Kind ghanaischer Eltern erst im Alter von 12 Jahren nach Deutschland. Seine Einbürgerung erfolgte erst mit 23 Jahren (2001) und zwar mit der unmittelbaren Absicht, ihn in den DFB-Kader berufen zu können und mit der Perspektive, bei der WM 2002 mitzuspielen.[325]

Aber auch jenseits der Diskussionen über die Nationalmannschaft stellt sich die Frage, unter welchen Bedingungen einem Fußballer die Eigenschaft „deutsch" zugeschrieben wird. Im folgenden Ausschnitt einer Gruppendiskussion unterhielten sich zwei Spieler über ihren Status als „Ausländer" und die Unterschiede zwischen ihnen. Kurz vorher hatte sich Spieler 1 selbst als „Ausländer" klassifiziert, woraufhin sich auch Spieler 2 als „Ausländer" mit etwas besseren Deutschkenntnissen bezeichnet hatte (Dok. 25: 86). Bei Spieler 1 handelte es sich um einen ungarischen Spieler, der zum Zeitpunkt des Gesprächs zwar schon seit rund zehn Jahren in Deutschland spielte, aber immer noch einen deutlichen Akzent hatte. Er war Nationalspieler in seinem Land und befand sich damals kurz vor dem Ende seiner Karriere. Spieler 2 war ein junger Spieler, der als Gastarbeiterkind in Deutschland geboren und aufgewachsen ist, aber die serbische Staatsangehörigkeit behalten hat. Er galt als „Fußball-Deutscher" und war den deutschen Spielern formal gleichgestellt.

> „Spieler 1: Aber du bist doch hier geboren, oder?
> Spieler 2: Ja, aber ich hab trotzdem keinen deutschen Pass.
> Spieler 1: Ja, okay. Aber ... das is halt anders.
> Spieler 3: [gleichzeitig] Ja, richtig. Ich denk mal, hier wird auch viel auf jüngere Spieler- Gut, stimmt, hier waren auch Ausländer, die halt wie XX [Spieler 2] jetzt hier schon ewig in Deutschland leben oder XY auch ... der auch schon ewig hier war." (Dok. 25: 450ff.)

Spieler 1 hatte offenbar Spieler 2 bisher gar nicht als Ausländer wahrgenommen und zeigte sich über dessen Selbstzuschreibung erstaunt. Als zentrale Kriterien für die deutsche Zugehörigkeit wurden *Geburtsort* und *Staatsangehörigkeit* (Besitz eines deutschen Passes) genannt. Obwohl Spieler 2 in Deutschland geboren war, hatte er nicht die *deutsche Staatsangehörigkeit*, was ihn offenbar auch in den Augen von Spieler 2 zum Ausländer machte, allerdings mit Abstrichen, zu deren Explizierung er jedoch nicht mehr kam. Die Ausführungen von Spieler 3 erfolgten zeitgleich zu dem kurzen geflüsterten Austausch von Spieler 1 und 2 im Hintergrund. Er setzte sozusagen den „offiziellen" Teil der Gruppendiskussion fort. Sein Anschluss („Ja, richtig.") bezog sich auf die vorangegangene Äußerung eines anderen Spielers über die Fluktuation deutscher bzw. ausländischer Spieler im Verein. Den größeren Zusammenhang dieser Passage bildete die Frage des Interviewers, warum es so wenig ausländische Spieler in diesem Verein gebe. Spieler 3, ein Deutscher, der in der Diskussion die Gruppe häufig dominierte, begann mit einem Hinweis auf „jüngere Spieler". Es seien sehr wohl Ausländer im Verein gewesen, allerdings solche, die „hier schon ewig in

---

[325] Die Geschichten über die Naturalisierung Gerald Asamoahs, die in Form von Tatsachenberichten erzählt wurden, lassen sich als eine Art „moderne Fußballlegende" verstehen und erinnern an die in der volkskundlichen Erzählforschung beschriebenen modernen Großstadtmythen (vgl. Brednich 1990, 1998). Mit Hilfe derartiger Geschichten und deren Wahrheitsanspruch wurden eventuelle Widersprüche zwischen der Deutung der legitimen Bedingungen nationaler Zugehörigkeit und der Einbürgerung Asamoahs unkenntlich gemacht. Zum Phänomen der modernen Fußballlegende vgl. auch Kap. 3.5.2 Moderne Sportlegenden.

3.4 Die Grenzen in der Fußballwelt

Deutschland leben". Als Beispiele nannte er zwei junge Spieler, die in Deutschland aufgewachsen waren und fließend deutsch sprachen. Obwohl einer der beiden sogar im Besitz der deutschen Staatsangehörigkeit war, wurden beide als „Ausländer" klassifiziert.

Dieser Gesprächsausschnitt macht deutlich, dass eine simple Dichotomisierung zwischen Deutschen und Ausländern in der Alltagswahrnehmung dieser Spieler offenbar nicht ausreicht. Stattdessen scheint es sich lediglich um zwei Ausprägungen unterschiedlicher Ebenen nationaler Zugehörigkeit zu handeln, deren Zusammenhang und Rangfolge unklar ist. Die Ausprägung deutsch vs. nicht-deutsch kann je nach Ebene variieren, wobei sich dann die Frage stellt, wie mit derartigen Inkonsistenzen umzugehen ist bzw. was das für die Gesamtkategorisierung zu bedeuten hat (vgl. Tabelle 4). Entsprechend handelten die Spieler 1 und 2 ihren unterschiedlichen Status als Ausländer aus. Bei Spieler 1 scheint die Sache klar zu sein: Er wurde nicht in Deutschland geboren, hatte keine deutschen Eltern, war erst als Erwachsener hierher gezogen, hatte nicht die deutsche Staatsangehörigkeit und sprach gebrochen deutsch. Dagegen fällt die Kategorisierung bei Spieler 2 schon uneinheitlicher aus: Er wurde in Deutschland geboren, wuchs hier auf, sprach fließend deutsch, hatte aber keine deutschen Eltern und keinen deutschen Pass. Obwohl er also in drei von fünf Dimensionen als deutsch kategorisiert werden konnte, war er sowohl in der Selbst- als auch in der Fremdwahrnehmung ein Ausländer.

Tabelle 4: Dimensionen nationaler Zugehörigkeit

Kriterien zur Bestimmung der nationalen Zugehörigkeit	Deutscher	Ausländer
Geburtsort	Deutschland	Nicht Deutschland
Ort der Primärsozialisation	Deutschland	Nicht Deutschland
Staatsangehörigkeit	deutsch	nicht deutsch
Staatsangehörigkeit der Eltern (Verwandtschaft ersten Grades)	deutsch	nicht deutsch
Muttersprache	deutsch	nicht deutsch

Je mehr Merkmale man in die Tabelle aufnimmt (z.B. äußeres Erscheinungsbild/Phänotyp, Aufenthaltsdauer, Ort der Sekundärsozialisation), umso vielschichtiger und uneinheitlicher wird die Zuschreibung nationaler Zugehörigkeit. Grundsätzlich sind ganz unterschiedliche Merkmalskombinationen denkbar, für deren alltagsweltliche Deutung es offenbar kaum klare Regelungen gibt. So könnte Gerald Asamoah, der weder in Deutschland geboren und aufgewachsen ist, noch deutsche Eltern hat und zumindest in seiner ersten Zeit als Nationalspieler schlecht deutsch sprach, aber einen deutschen Pass besitzt, in diesem Stufenmodell maximal auf zwei von fünf Ebenen als Deutscher klassifiziert werden. Obwohl er die Spielberechtigung für die deutsche Nationalmannschaft und einen deutschen Pass hat, wird er jedoch immer noch nicht als „richtiger Deutscher" wahrgenommen (Dok. 25: 641). Möglicherweise erfolgt die Klassifikation als deutsch oder nicht-deutsch auch gar nicht entlang von diskreten und dichotom ausgeprägten Kategorien, sondern eher im Rahmen eines Kontinuums, in dem Personen irgendwo zwischen den beiden Endpunkten „richtig deutsch" und nicht-deutsch eingeordnet werden können. Das tatsächlich entscheidende Kriterium, um als „richtig deutsch" zu gelten, sind offenbar deutsche Eltern. In diesem Fall muss nämlich erst gar nicht darüber diskutiert werden, ob jemand deutsch ist oder nicht. In allen bisher geschilderten Fällen fehlte dieses Merkmal, und die betreffenden Spieler wurden als Ausländer klassifiziert.

> „Die meisten Türken, die hier Fußball spielen, sind ja hier geboren, aufgewachsen usw."
> (Dok. 4: 120)

Auch in dieser Beschreibung zeigt sich, dass es offenbar nicht ausreicht, in Deutschland geboren und aufgewachsen zu sein, um als Deutscher zu gelten. Die Personen, über die gesprochen wurde, sind vermutlich Kinder früherer Gastarbeiter in der zweiten oder dritten Generation, sie wurden aber immer noch als Türken wahrgenommen. Demzufolge ist nur deutsch, wer auch deutsche Vorfahren hat, im Vordergrund steht also eine ethnisierte Deutung nationaler Zugehörigkeit, die vor allem über Blutsverwandtschaft (oder den Glauben daran) codiert ist.[326]

Zusammenfassend lässt sich festhalten, dass die Deutungsmuster nationaler Zugehörigkeit in Regelwerken und Alltag relativ viele Parallelen zeigen. Es gibt sowohl in den Statuten als auch im Alltagswissen verschiedene Kriterien zur Bestimmung, ob ein Spieler als Deutscher oder Ausländer wahrgenommen wird. Dabei stellt der Besitz der deutschen Staatsbürgerschaft nur ein Kriterium neben anderen dar. Insgesamt scheinen die ethnischen Definitionen bzw. die als zugeschrieben gedeuteten Merkmale bei der Beschreibung nationaler Zugehörigkeit zu dominieren. Blutsverwandtschaft (ersten oder zweiten Grades) ist vermutlich das eindeutigste Bestimmungsmerkmal, das mit großer Wahrscheinlichkeit dazu führt, dass ein Spieler als deutsch wahrgenommen wird (selbst wenn er nicht in Deutschland geboren und aufgewachsen ist). Nationale Zugehörigkeit wird als zugeschriebenes, invariantes und exklusives Personenmerkmal gedeutet, das man nicht „wie eine Hose abstreifen kann" (Dok. 8: 364) und das auch Mehrfachmitgliedschaften tendenziell ausschließt. Diese Deutung nationaler Zugehörigkeit spiegelt gleichzeitig die symbolisch aufgeladene Relevanz nationaler Differenzen im Fußball wider. Die ethnische Codierung der Deutungsmuster nationaler Zugehörigkeit erhöht außerdem die Wahrscheinlichkeit für Prozesse sozialer Schließung bzw. Exklusion.

Ausgrenzung auf der Basis nationaler Differenzen kann aber auch mit Hilfe rassistischer Semantiken bzw. moralischer Abwertungen von Ausländern erfolgen. Dichotomisierende Stereotypisierungen von Deutschen im Gegensatz zu Ausländern implizieren in der Regel eindeutigere moralische Bewertungen als die oben beschriebenen Nationalstereotype. In diesem Fall wird die Differenz zwischen zwei Kollektiven bzw. den ihnen zugeschriebenen Eigenschaften und Fähigkeiten als Problem wahrgenommen und normativ aufgeladen. Der folgende Abschnitt beschäftigt sich mit Beispielen dieser in meinem Datenmaterial relativ häufig vorkommenden rassistischen Stereotypenkommunikation.

---

[326] Zu einem sehr ähnlichen Ergebnis kommt auch die Vignettenanalyse von Mäs u.a. (2005): Demnach wird Personen am sichersten die Eigenschaft „deutsch" zugeschrieben, wenn die Eltern Deutsche sind.

3.4 Die Grenzen in der Fußballwelt

3.4.5 Die Bewertung der Differenz: Rassistische Stereotypenkommunikation

> „Des loasset mer uns von keinem mehr nehme, erst recht nit von dene Polen!"
> (Jürgen Klinsmann vor einem Spiel der deutschen Nationalmannschaft gegen Polen bei der WM 2006)

Auch die fußballerischen Nationalstereotype, die im dritten Abschnitt dieses Kapitels beschrieben wurden, implizieren bestimmte Bewertungen, und es kommen situationsabhängig Positiv- und Negativvarianten dieser Stereotype zum Einsatz. Letztlich blieben diese kategorialen Abgrenzungen jedoch meistens sozial folgenlos – außer im Fall der Spielerrekrutierung. Im Folgenden geht es um Beispiele, in denen die Klassifikation der Spieler als Mitglieder ethnischer bzw. nationaler Kollektive und die damit verbundenen Erwartungen an Verhalten und Eigenschaften deutlich negativ bewertet und als quasi naturgegebene Unterschiede gedeutet werden. Als zentrale Merkmale rassistischer Stereotypenkommunikation sollen hier die Konstruktion ethnischer bzw. nationaler *Differenzen*, die *Abstraktion* bzw. Verallgemeinerung einzelner Unterscheidungsmerkmale zu zentralen Wesensmerkmalen, die *Naturalisierung* dieser Unterschiede und die moralisierende *Herabwürdigung* der „Anderen" verstanden werden (vgl. Scherschel 2006: 56f.; Bergmann 1996: 6f.).

Bei der folgenden kurzen Analyse derartiger rassistischer Stereotypenkommunikation geht es weniger um eine gleichermaßen moralisierende Bewertung dieses Phänomens als um den Versuch, einige Struktur- und Konstruktionsmerkmale herauszuarbeiten. Außerdem stellt sich die Frage, inwiefern die relativ große Anzahl der (manchmal auch teilnehmend) beobachteten rassistischen Stereotypendiskurse auf den Fußballkontext zurückgeführt werden kann.

Ausgangspunkt gemeinsamer moralischer Entrüstung und rassistischer Stereotypenkommunikation im Fußball ist häufig eine dichotome Kategorisierung ethnischer bzw. nationaler Kollektive in der Interaktion, z.B. von Deutschen vs. Anderen oder Deutschen vs. Ausländern. In einem ersten Schritt derartiger Moralisierungen werden nationale Differenzen bzw. der Anteil nicht-deutscher Spieler zum Problem erklärt:

> „Es ist ja ein oft diskutiertes Thema, dass der Anteil der ausländischen Spieler immer größer wird. Die Integration dieser Spieler ist im Gegensatz zu früher natürlich wesentlich schwerer, weil die Anzahl sich erhöht hat. Also die Quantität hat sich erhöht." (Dok. 29: 31)

Dieser Darstellung zufolge stellte der zunehmende „Anteil der ausländischen Spieler" in der Bundesliga ein Diskussionsthema dar, d.h. es gab unterschiedliche Meinungen und Bewertungen dazu. Der Befragte führte diesen Gegenstand auf die Frage nach Anzeichen für eine Globalisierung im Fußball in das Gespräch ein. Als Grund dafür, warum über den Ausländeranteil diskutiert wurde, nannte er die Schwierigkeiten bei der Integration, die in seiner Wahrnehmung proportional zur steigenden Anzahl der Ausländer insgesamt zugenommen hätten. Auch wenn die Relevanz nationaler Zugehörigkeit bei der Spielerselektion in hohem Maße vom Professionalisierungsgrad eines Klubs abhängt (vgl. Kap. 3.3 Nationale Differenzierungen bei der Spielerrekrutierung im Fallvergleich), so ist die Thematisierung nationaler und ethnischer Heterogenität und deren Deutung als potentielles Problem dennoch regelmäßiger Bestandteil der Fußballkommunikation in allen untersuchten Klubs sowie innerhalb der massenmedialen Berichterstattung (z.B. Kilchenstein 2005).

> „Wir brauchen eine gesunde Mischung.. ne?.. Die Identifikation- wissen Sie, wenn Sie nur Söldner auf dem Platz haben aus aller Herren Länder, kriegst du die Identifikation mit dem Verein nicht hin und mit dem Umfeld. Und wenn du diese- von den fünfundzwanzig Söldnern, die du im Kader hast am Ende der Saison zwölf aussortierst und zwölf neue holst, dann-dann-dann ist das ein Zustand, den kann man eigentlich nicht gutheißen." (Dok. 48: 189)

Ausgangspunkt der Ausführungen war das im öffentlichen Diskurs häufig thematisierte Spiel von Energie Cottbus gegen den VfL Wolfsburg am 6. April 2001, in dem Cottbus elf ausländische Spieler in der Startelf hatte. Der Befragte forderte dagegen eine „gesunde Mischung", was sich auf die Zusammensetzung deutscher und nicht-deutscher Spieler in einer Mannschaft beziehen dürfte. Hier stellt sich die Frage, was genau eine „gesunde Mischung" ist bzw. welcher Anteil ausländischer Spieler nicht mehr „gesund" ist.

Die Beurteilung einer Mannschaftszusammensetzung als „gesund" hat insgesamt weniger mit der fußballerischen Leistung als vielmehr mit einer ethisch-moralischen Bewertung zu tun. Dieser Impetus wurde auch in der nach einer kurzen Pause folgenden Erläuterung beibehalten, indem der Befragte nicht-deutsche Spieler als „Söldner aus aller Herren Länder" bezeichnete, worin bereits eine negative Konnotation enthalten ist. Sein zentrales Argument gegen einen zu hohen Anteil nicht-deutscher Spieler war die Gefährdung der Identifikation mit dem Verein und dessen Umfeld. Unklar blieb jedoch, ob er um die fehlende Identifikation der Spieler oder die der Fans fürchtete. Am Ende dieser Passage steigerte er seine Entrüstung zu einer expliziten Bewertung dieses „Zustandes", den man einfach „nicht gutheißen" könne.

Die volle Dynamik rassistischer Stereotypenkommunikation wird jedoch nur sichtbar, wenn auch die Rolle des Interaktionspartners bei der Analyse mit berücksichtigt wird (vgl. Nazarkiewicz 1999). Im Folgenden werden diese Interaktionseffekte anhand von zwei kurzen Passagen aus dem Gespräch mit einem Trainer exemplarisch vorgestellt.

Rassistische Stereotypenkommunikation 1: Die faulen Ausländer

> „I: Und wie – wie läuft denn das, wenn Sie- Sie sprechen ja- Sie haben ja auch Spielbesprechungen und so weiter. Wenn dann einige Spieler, wenn Sie nicht ganz sicher sein können, dass alle Spieler verstanden haben, was Sie meinen? Das ist ja ein Problem, oder?
>
> B: Da muss einer übersetzen. Das ist klar. Da muss einer der anderen Ausländer, die Deutsch können, übersetzen. (1) Des is klar. Des missen mer machen, aber ansonsten will ich eigentlich- Ich war ja bei Verein XY Trainer und hatte 18 Ausländer und 15 konnten kein Deutsch. Da hab' ich die Sitzung in vier Sprachen gehalten. Seitdem bin ich müde. Seitdem will ich das nimmer. Das war so zu intensiv, zu anstrengend für mich. Da musste ich in Französisch, Englisch, Italienisch und Deutsch das machen und jeden Satz in vier Sprachen. Weil das eine ganz bunt zusammengewürfelte Mannschaft war. Seit der Zeit – das war [19]97, das habe ich ein Jahr gemacht – hab' ich kein' Bock mehr, denen immer in ihrer Sprache. Die sollen Deutsch lernen. (I: mhmh) Aber wirklich. Weil wenn ich hierher komme, da bin ich wirklich jetzt- Wenn die- es sind zum Teil Spieler vier Monate hier und können nicht einmal den Fachjargon Fußball in Deutsch. Die wissen nicht mal, was ein Hütchen ist oder was Rasen ist oder was ein Tor heißt. Das geht nicht. ... (I: mhmh) Da muss ich sie wieder nach Hause schicken. (I: mhmh) Nix Integration... Sie müssen sich selbst integrieren. Und wenn einer hierher kommt und wirklich gutes Geld verdient und meint, er muss in fünf Monaten kein Wort Deutsch können, dann ist er fehl am Platz. Dann muss er wieder gehen. (I: mhmh) Ich war in der Westschweiz unten, im Wallis,

3.4 Die Grenzen in der Fußballwelt

und hatte in der Schule kein Französisch. Ich hab' zwar 's große Latinum gemacht, aber naturwissenschaftlicher Art und und hab' dann in fünf Monaten Französisch gesprochen. Das erwarte ich von den anderen auch. Und die brauchen nicht perfekt Deutsch können, aber die müssen zumindest draußen meine Anweisungen verstehen. Wenn sie des nit können, dann müssen se wieder nach Hause gehn. (I: mhmh) So is das. Denn ich bin nicht- Ich bin kein Sprachlehrer, sondern ich bin Fußballtrainer. Und die kriegen Sprachunterricht von uns, da gehen se nur teilweise hin, weil sie zu faul sind, (I: mhmh) und machen hier 'nen schönen Max. Das geht nicht.

I: Und das sagen Sie den Spielern auch?

R: Ja, des sag' ich denen schon. (I: Ja.) Des sag' ich denen schon, aber meistens nützt es nix, die meisten lernen trotzdem nix. [Interviewerin lacht]" (Dok. 33: 67ff.)

Unmittelbar vor dieser Interviewpassage wurde darüber gesprochen, wer in der Mannschaft nicht deutsch spricht bzw. verstehen kann. Das Gespräch hatte gerade erst begonnen und wollte nicht so richtig in Schwung kommen. Im Anschluss an die zunächst einsilbigen Antworten des Befragten formulierte die Interviewerin diese Frage zunächst sehr offen („was meinen Sie?"), und lud dann ihr Gegenüber mit der Bewertung der sprachlichen Fähigkeiten einzelner Spieler als Problem zum gemeinsamen Moralisieren ein. Der Befragte begann auch diese Antwort zunächst relativ kurz angebunden und führte hier erstmals die dichotomisierende Unterscheidung in Ausländer und Deutsche ein. Über das Merkmal der Sprachkompetenz wurde eine ethnische bzw. nationale *Differenz* konstruiert. Er wiederholte zweimal, dass in diesem Falle eben übersetzt werden müsse, und es entstand der Eindruck, als wolle er die Sache damit auf sich beruhen lassen. Dann aber unterbrach er sich selbst, um weiter auszuholen und von seinen früheren Erfahrungen als Trainer einer anderen Mannschaft zu berichten. Es war das erste Mal in diesem Gespräch, dass er spontanes Engagement zeigte und ins Erzählen kam. Mit seinem Erfahrungsbericht aus früheren Zeiten bereitete er den Boden für die daran anschließende Empörung über „die" Ausländer. Mit dem Hinweis auf sein Praxiswissen und sein Bemühen in früheren Jahren (als er Sitzungen in vier Sprachen hatte halten müssen) wies er sich selbst als Fachmann für dieses Thema aus, der in der Vergangenheit schon viel Verständnis gezeigt habe, aber infolge dieser Anstrengungen mittlerweile „müde" geworden sei. Durch diesen Einschub und indem er sich erneut selbst unterbrach, wirkte die Geschichte authentisch und gleichzeitig dramatischer. Seine Erzählungen dienten außerdem als Belege für seine Bereitschaft, ausländischen Spielern zu helfen und zeigten seine grundsätzliche Aufgeschlossenheit gegenüber nicht-deutschen Fußballern.

Bereits hier war eine erste Steigerung seiner Entrüstung erkennbar, die durch die affirmative Kooperation der Interviewerin („mhmh") bzw. den ausbleibenden Widerspruch unterstützt wurde: So verwandelte sich sein anfängliches „aber ansonsten will ich eigentlich nicht" letztlich in ein entschiedenes „hab ich keinen Bock mehr". Während er von seinen früheren Erfahrungen berichtete, schien er sich der zumindest impliziten Zustimmung der Interviewerin zu versichern, ehe er voll in die moralische Kommunikation einstieg. Mit dieser Vorsichtsmaßnahme hielt er sich eine Rückzugsmöglichkeit offen, er signalisierte „Moralisierungsdistanz" (Bergmann 1998: 88).

In seiner zunehmenden Empörung wurde die mangelnde Sprachkompetenz ausländischer Spieler verallgemeinert und zu deren zentralem Bestimmungsmerkmal, bis sie schließlich nur noch mit dem bestimmten Artikel („*die* sollen Deutsch lernen!") benannt wurden (*Abstraktion*). Zu den Techniken seiner Moralisierung gehörten Übertreibungen („denen immer in ihrer Sprache" oder „Die wissen nicht mal, was ein Tor heißt"), Wiederholungen („Aber wirklich (...) da bin ich wirklich jetzt-"), Affektmarkierungen und Akzentuierungen (die aufgrund der relativ ungenauen Transkription hier nicht abgebildet sind) und die Formulierung expliziter Handlungsappelle an die Akteure („die sollen..."). An einigen bedeutsamen Stellen setzte er Pausen und wartete auf ein zustimmendes Hörersignal durch die Interviewerin zur Quittierung seiner Aussagen (z.B. „Das geht nicht" I: „mhmh"). Seine Empörung steigerte sich dann noch einmal, und er redete sich ein bisschen in Rage, als er auf die seiner Ansicht nach angemessene Sanktionierung im Fall mangelnder Deutschkenntnisse hinwies: Er wollte die Spieler „nach Hause schicken", was faktisch vermutlich gleichbedeutend mit einer Kündigung war. An dieser Stelle imitierte er kurz das gebrochene Deutsch eines Ausländers bzw. die Art, in der Deutsche mit Ausländern sprechen („Nix Integration"), wodurch das Gesagte noch einmal besonderen Nachdruck erhielt. Nach einer kurzen Beruhigung und mehreren Pausen plausibilisierte er seine Empörung noch einmal durch den Verweis auf seine eigenen Erfahrungen in einem fremden Land, dessen Sprache er selbst in kurzer Zeit gelernt habe. Gleichzeitig schwächte er damit seine vorangegangene Moralisierung ab. Ebenfalls etwas vorsichtiger klang seine anschließende Einschränkung, dass es ihm gar nicht um „perfekte" Deutschkenntnisse gehe. Nach einer erneuten Bestätigung durch die Interviewerin setzte er zu einer abschließenden moralisierenden *Abwertung* solcher Spieler als „faul" an. Bevor es zu einer erneuten Empörungswelle kommen konnte, unterbrach die Interviewerin jedoch die Moralisierungsdynamik mit einer Frage und beendete die Stereotypenkommunikation mit einem Lachen, durch das eine Änderung der Situationsrahmung eingeleitet wurde.

Rassistische Stereotypenkommunikation 2: Die „dummen" Afrikaner

> I: Ich hab' gelesen in dem Interview sagten Sie irgendwie im Kontext zu dieser Fairnesspokalgeschichte, dass deutsche Spieler kontrollierter in Zweikämpfe gehen.
> R: Ja. Des is so: die Afrikaner kommen oft mit zwei Beinen- mit'm gestreckten Bein, mit zwei Beinen so. Die gehen oft sehr impulsiv und sehr äh sehr äh-äh eigentlich *dumm* muss man sagen. So äh springen mit beiden Beinen 'rein, was überhaupt nit sein muss. Kannst das denen aber nicht abgewöhnen. Und äh das sinn die- die in jedem Zweikampf plötzlich so 'ne überhöhte Aggressivität und dann auch noch mit zwei Beinen, was *immer* gelb nach sich zieht. Immer. (I: Ja.) Und diese gestreckten Beine denen wegzukriegen, ist schwierig. Das hab' ich in Mannheim jahrelang probiert. (1,7) Brasilianer haben das zum Teil auch, diese ganz aggressive [unverständlich], und die Deutschen sind da schon kontrollierter. Wahrscheinlich, weil das dort nicht so geahndet wird wie hier. Hier is halt jedes gestreckte Bein sofort, jede Grätsche mit zwei Beinen is sofort gelb. Das wird so zum Teil nicht eingesehen." (Dok. 33: 135ff.)

Durch die Frage der Interviewerin wurden sowohl eine Seite der *Unterscheidung* („deutsche Spieler") als auch deren *Bewertung* („kontrollierter") bereits vorgegeben. Die verwendeten Deskriptoren wurden jedoch in der Antwort nicht aufgegriffen, sondern der Befragte bezog sich auf die andere Seite der Unterscheidung, „die impulsiven Afrikaner". Seine knappe Tatsachenaussage („Des is so.") zu Beginn unterstreicht seinen Status als Fachmann in diesen Fragen. Dann beschrieb er das seiner Ansicht nach unverhältnismäßige Verhalten „der Afrikaner", die er als „sehr impulsiv" und etwas vorsichtiger („eigentlich") als „dumm" abwertete. Die Disproportionalität des beschriebenen Verhaltens konstruierte er mittels Extremformulierungen und Dramatisierungen („sehr", „jedem", „immer", „ganz",

3.4 Die Grenzen in der Fußballwelt

„überhöht"). Zur Plausibilisierung seiner Behauptungen und Herstellung von Authentizität verwies er auf seine Erfahrungen als Trainer und seine (vergeblichen) Bemühungen, Spielern dieses Verhalten abzugewöhnen. Das beschriebene Fehlverhalten der Afrikaner beinhaltete essentialisierende Zuordnungen und wurde als unveränderbares Wesensmerkmal (*Naturalisierung*) gedeutet. Nach einer längeren Pause bezog er den Vergleich vorsichtig („zum Teil") auch auf brasilianische Spieler. Sowohl Afrikanern als auch Brasilianern schrieb er überhöhte Affektivität bzw. mangelnde Affektkontrolle sowie mangelnde Einsicht und Lernfähigkeit zu. Die gemeinsame Klassifizierung von Afrikanern und Brasilianern legt die Vermutung nahe, dass nicht die Gemeinsamkeiten irgendwelcher nationaler Kollektive, sondern Eigenschaften schwarzer Spieler beschrieben wurden.[327]

Die beiden Beispiele zeigen, dass die Verwendung rassistischer Stereotypisierungen „szenisch-situative" Qualität hat und im Rahmen sozialer Interaktionen gemeinsam inszeniert werden muss (Bergmann 1996: 14). Dabei geht es um die Konstruktion emotionaler Gemeinsamkeiten, die von den Interaktionspartnern in Form einer gemeinsamen Empörung über andere ausgedrückt wurden. Dass dabei inhaltlich vor allem auf ethnische und nationale Stereotypisierungen zurückgegriffen wurde, lässt sich möglicherweise mit der Fokussierung auf Beobachtung und Vergleich von Körpern bzw. deren Leistungen erklären. Die Ursache für das relativ häufige Auftreten derartiger rassistischer Stereotypenkommunikation könnte jedoch auch in deren Funktionslogik an sich liegen. So fallen zunächst einige Ähnlichkeiten zwischen sichtbaren Publikumsreaktionen im Fußballstadion und Merkmalen des Stereotypendiskurses auf, wie z.B. gemeinsame Empörung, Affektivität und die Abwertung des anderen. Diese Parallelen haben ihre Ursache möglicherweise in der kommunikativen Struktur der Vergleichslogik, die sowohl dem Sport als auch der Stereotypenkommunikation zugrunde liegt. Sport konstituiert sich durch den Vergleich körperlicher Leistungen, d.h. es müssen mindestens zwei deutlich voneinander unterscheidbare Einheiten miteinander verglichen und auf der Basis dieses Vergleichs bewertet bzw. hierarchisiert werden. Ganz ähnlich sieht aber auch die kommunikative Grundstruktur der Stereotypenkommunikation aus, bei der die Angehörigen eines sozialen Kollektivs bzw. die ihnen zugewiesenen Verhaltensweisen oder Eigenschaften im Vergleich zu anderen abgewertet werden. Grötsch (1995) weist darauf hin, dass es sich bei Vergleichen an sich bereits um ein „moralisch kontaminiertes" Medium handelt, das eine Tendenz zur maximalen Kontrastierung, Übertreibung und Bewertung bereits impliziere (vgl. auch Bergmann 1996). Die für die Höchstleistungsidee des Sports konstitutive sprachliche Form des Vergleichs beinhaltet also bereits eine Tendenz zur Moralisierung, so dass sportliche Leistungsvergleiche möglicherweise besonders anschlussfähig für Formen rassistischer Stereotypenkommunikation sind. Die Affinität für rassistische Stereotypisierungen lässt sich wiederum auf die Bedeutung des Körpers im Sport zurückführen. Zusammenfassend kann man festhalten, dass beim Fußball sowohl aufgrund der personalisierenden, körperbetonten Wahrnehmung der Spieler als auch aufgrund des für den Sport konstitutiven Prinzips des Leistungsvergleichs das Zustandekommen derartiger moralischer Kommunikationsformen offenbar begünstigt wird. Teile der Funktionslogik des Fußballspiels spiegeln sich also in Inhalt und Form der Stereotypenkommunikation wider.

---

[327] Derartige rassistische Stereotypisierungen schwarzer Spieler tauchten immer wieder in den Gesprächen mit Fußballern auf, so z.B. wenn Afrikanern unterstellt wird, sie liefen ähnlich wie kleine Kinder stets dahin, wo der Ball sei (Dok. 2: 995ff.).

Gleichzeitig scheinen die Befragten sich der Brisanz derartiger rassistischer Stereotypisierungen und der Möglichkeit zur Gegenmoralisierung durchaus bewusst zu sein – was angesichts der hohen Dichte anti-rassistischer Kampagnen im Fußball keineswegs überrascht. Entsprechend vorsichtig war der Umgang meiner Gesprächspartner mit wertenden Stereotypen, und sie hielten sich entweder Rückzugsmöglichkeit offen oder wiesen sogar explizit darauf hin, „nichts gegen Ausländer" zu haben (vgl. Dok. 2: 108; Dok. 10: 6; Dok. 35: 74). Dieses Verhalten lässt sich mit Bergmanns Begriff der „Moralisierungsdistanz" beschreiben: „Sie betreiben moralische Kommunikation, und gleichzeitig distanzieren sie sich von Moralisierungsabsichten." (Bergmann 1998: 88)

Zu diesen Neutralisierungstechniken moralischer Absichten gehören auch Spaßmodulationen bzw. die Rahmung rassistischer Stereotypenkommunikation als Witze. Beispiele hierfür lassen sich ebenfalls im Datenmaterial finden (vgl. z.B. Dok. 33: 89). Aber auch im direkten Umgang der Spieler miteinander bildeten Witzeleien und Frotzeleien einen Bezugsrahmen für die Thematisierung nationaler und ethnischer Differenzen.

3.4.6 Die interaktive Kultivierung der Differenz: Frotzelaktivitäten der Spieler

„Und da ja freie-freie Arbeitsplatzwahl is- wenn- da kommen sogar- jetzt dürfen hier in Deutschland Ossis dürfen unbegrenzt spielen [lacht sich kaputt], gell Marco." (Dok. 33: 281ff.)

In den alltäglichen Interaktionen der Spieler untereinander wurden (zumindest in meiner Anwesenheit) nationale bzw. ethnische Differenzen nur selten in Form von Stereotypisierungen thematisiert, stattdessen wurde die Sprachkompetenz häufig zum Inhalt spielerischer Attacken zwischen den Akteuren, so z.B. in dem folgenden Wortwechsel während einer Gruppendiskussion der Mainzer Spieler:

„Spieler 1: Ich denk mal, das is ja auch nicht so wichtig … Das is ja nicht wichtig, wie viele Ausländer du in ner Mannschaft hast oder … nicht hast.. Wichtiger ist, dass das als Mannschaft dann irgendwann passt … Was der dann is an Nationalität, is ja egal. (7)

I1: Und von der Verständigung, is das ein Thema dann?

Spieler 1: Nö, die sprechen ja alle Deutsch, also.

Spieler 2: Na, ihn [Spieler 4 ist gemeint] verstehe ich immer ein bisschen schlecht. [mehrere Spieler lachen]

Spieler 1: Er hat ein bisschen Akzent, aber sonst.

Spieler 3: [imitiert leise lachend die Betonung von Spieler 1] *Ak*zent.

Spieler 4: Manchmal, nicht immer... Aber ich habe zwei gesunde Hände, … kann ich immer zeigen, was ich will. Mancher natürlich hat Schwierigkeit zum Verstehen.

Spieler 2: Gut, ich komme aus Sachsen, deswegen. [Lachen]

Spieler 3: XXX [4 sec. Pause]

Spieler 2: Ja, das funktioniert schon. Die können ja alle … fast perfekt Deutsch also- ein paar kleine Fehler

Spieler 1: Ja, versteht eigentlich jeder.

Spieler 2: Nur XXX [meint Spieler 4] hat sich mal- der hat sich mal geärgert, als ich ihn zu lange dann nachgeäfft habe, so wie er sagt manche Wörter so falsch und so ne? Und das fand ich so witzig. [lacht]

3.4 Die Grenzen in der Fußballwelt

> Spieler 4: Für eine gewisse Zeit is okay. Aber wenn du das dann jedes Mal das hören musst-
> Spieler 2: [gleichzeitig] und- und irgendwann hat er dann mal genug gehabt, da war er sauer ...
> Spieler 4: Einfach abgrätschen. [Lachen]" (Dok. 25: 462ff.)

Die Spieler hatten zuvor über den relativ geringen Ausländeranteil in ihrer Mannschaft gesprochen, und Spieler 1 formulierte zu Beginn dieser Sequenz noch einmal sein Fazit, das dem sozial erwünschten Diskriminierungsverbot moderner Gesellschaften vollkommen gerecht wird. Der Anteil der Ausländer in der Mannschaft sei „nicht so wichtig" bzw. die nationale Zugehörigkeit sei „ja egal". Dem hatten offenkundig auch seine Kollegen nichts mehr hinzuzufügen, denn es entstand eine sehr lange Pause (sieben Sekunden!), die schließlich von einem der Interviewer mit einer Nachfrage zur Verständigung untereinander gebrochen wurde. Spieler 1 sah entsprechend der von ihm zuvor produzierten sozialen Erwünschtheitsprosa auch hier keinerlei Probleme; er wollte offenbar auch nicht den geringsten Verdacht aufkommen lassen, dass es in diesem Bereich Schwierigkeiten geben könnte. Mit dem Sprecherwechsel zu Spieler 2 erfuhr die Situation jedoch eine neue Rahmung: Er kritisierte die Sprachkompetenz von Spieler 4, dessen Deutsch einen starken Akzent hatte. Mit seinem anschließenden Lachen markierte er seinen Angriff jedoch gleichzeitig als Spaß. Kommunikation mit einer solchen „Doppelstruktur aus verbaler Provokation (...) und Spielmodalität" soll im Folgenden als Frotzelei bezeichnet werden (Günthner 1999: 300). Spieler 1 reagierte ernsthaft und verteidigte das Frotzelobjekt, indem er erklärte, er habe nur ein „bisschen Akzent". Er hatte die Äußerung von Spieler 2 offenbar nicht als Spiel interpretiert, sondern war immer noch bemüht, das Thema „Ausländer im Fußball" als problemfreie Zone darzustellen. Dagegen hatte Spieler 3 die neue Situationsrahmung als Witzelei akzeptiert und imitierte das Gesagte sofort mit einer leicht verschobenen Betonung. Spieler 4, gegen den die spielerische Attacke von Spieler 2 gerichtet war, reagierte zunächst ebenfalls mit Rechtfertigungen („Manchmal, nicht immer") und dem Hinweis, dass er sich notfalls eben mit Händen und Füßen verständige. Erst dann wies er die Schuld für Verständnisprobleme zurück und rechnete diese Spieler 2 zu, der die Retourkutsche annahm und als „korrektive Handlung" eine Art Selbstbeleidigung anbot, um seine spielerische Absicht nachträglich noch einmal deutlich zu machen („Ja gut, ich komme aus Sachsen."). Diese Ausgleichshandlung wurde durch gemeinsames Lachen von allen akzeptiert und hätte an dieser Stelle eigentlich auch beendet werden können. Nach einer längeren Pause und vermutlich der Tatsache geschuldet, dass die Spieler eben nicht unter sich waren, sondern zwei fremde Interviewer anwesend, sicherte sich Spieler 2 noch einmal gegen zu ernste Interpretationen ab, indem er erklärte, dass die ausländischen Spieler alle „fast perfekt Deutsch" sprechen könnten. Dann erläuterte er den Grund für seine vorangegangene Frotzelei, die offenbar auf eine frühere Situation anspielte, in der er sich über den Akzent und die falsche Verwendung bestimmter Wörter durch Spieler 4 lustig gemacht hatte. Spieler 4 hatte diese Frotzeleien damals offenbar nur eine begrenzte Zeit als spielerische Attacken interpretiert und sich irgendwann darüber geärgert, das zeigte auch seine Reaktion auf diese Geschichte, indem er sich erneut rechtfertigte („Aber wenn du das dann jedes Mal hören musst"). Er beendete die Situation jedoch souverän mit einer Retourkutsche, indem er Spieler 2 lachend androhte, ihn demnächst beim Fußballspielen zu foulen („abgrätschen").

Diese Frotzelsequenz verweist gleichzeitig auf zurückliegende Spötteleien, in denen sich ebenfalls über die Sprachkompetenz ausländischer Spieler lustig gemacht wurde.[328] Die Sprache und damit zumindest indirekt auch die nationale Zugehörigkeit eines Spielers scheinen auf diese Weise hin und wieder in der Mannschaft thematisiert zu werden, was vor dem Hintergrund der Betonung sprachlicher Homogenität und sozialer Integration in Mainz nicht weiter verwunderlich ist (vgl. Kap. 3.3.2 Totalinklusion in Mainz). Die Funktion solcher Frotzeleien ist vielschichtig: Zunächst dienen sie als Ausdrucksmittel für Aggression und Kritik, die ohne eine derartige Witzrahmung nur als Beleidigung verstanden werden könnten (vgl. Günthner 1999: 304).[329] Gleichzeitig sind solche Frotzeleien nur im Rahmen etablierter sozialer Beziehungen möglich, die auf einer gemeinsamen Interaktionsgeschichte basieren (ebd.: 322). Insofern fungieren sie – vor allem vor Publikum – auch als Beziehungsmarkierungen und tragen zur Reproduktion der bereits bestehenden engen sozialen Bindung bei. Indem die Spieler sich also gegenseitig in spielerischer Art imitierten, inszenierten sie sich vor den beiden Interviewern als eingeschworene Gemeinschaft (vgl. Kap. 3.1.3 Funktionen des Körperkontakts I: Rituale der Solidarität). Zugleich belegt die Szene aber auch, dass die nationale Zugehörigkeit der Spieler auf diese Weise in den Alltagsinteraktionen der Spieler – wenn auch spielerisch – relevant gemacht werden kann; nicht-deutsche Spieler können so regelmäßig an ihren Status als „Ausländer" erinnert werden. Die nationale Differenz zwischen den Spielern wird wach gehalten, wobei die Rahmung als Witz bzw. Spaß jedoch gleichzeitig die Möglichkeit zur Distanzierung von jeder diskriminierenden Absicht offen lässt.

Aufgrund der engen sozialen Bindung an die Mannschaft und der durch die Spaßmodulation eingebauten Rücknahmemöglichkeit sind auch die Frotzelobjekte praktisch dazu gezwungen, die Witze auf ihre Kosten mehr oder weniger als Spaß akzeptieren zu müssen und nicht als Diskriminierung zurückweisen zu können. Ein Beispiel, bei dem für die meisten außen stehenden Beobachter eine Spaßrahmung kaum noch nachvollziehbar ist, begegnete mir in der Umkleidekabine eines anderen Klubs. Dort hing am Spind eines schwarzen Spielers ein großer Stofftiergorilla mit einem Lebkuchenherz um den Hals (vgl. Dok. 68: 25). Auf meine Nachfragen bei den Spielern erhielt ich nur ausweichende Antworten und den Hinweis, dass das eine „interne Spaßgeschichte" sei und nichts mit der Hautfarbe des betreffenden Spielers zu tun habe (Dok. 75: 598; Dok. 74: 37). Was auch immer dahinter stecken mochte, auch den Spielern schien die Doppeldeutigkeit dieser Situation und die darin enthaltene Anspielung auf die ethnische Zugehörigkeit ihres Kollegen bewusst gewesen zu sein. Nationale und ethnische Differenzen wurden mit Hilfe solcher Witzeleien regelmäßig in Erinnerung gebracht bzw. deren soziales Vergessen verhindert.

Opfer derartiger Frotzeleien waren keinesfalls nur dunkelhäutige Spieler oder Spieler, die schlecht deutsch sprachen, sondern auch Ostdeutsche waren beliebte Frotzelobjekte (vgl. Dok. 12: 45; Dok. 33: 281ff.). Weitere beliebte Themen für Spott der Spieler untereinander waren Übergewicht (Dok. 12: 29), Alter bzw. beginnende Midlifecrisis (Dok. 12: 52ff.) und hegemoniale Männlichkeitsinszenierungen (Dok. 75: 42). Ein Stück weit schei-

---

[328] Im Verlauf der Gruppendiskussion kam es später noch einmal zu einem kurzen Verweis auf diese Frotzeleien, wenn Spieler 4 lachend erläuterte, dass die doppelte Staatsangehörigkeit seiner Meinung nach erstrebenswert sei, damit Spieler 2 ihn dann endlich nicht mehr Ausländer nennen könne (Dok. 25: 661).
[329] Man stelle sich nur vor, wie fremde Personen auf der Straße reagieren würden, wenn man ihren Akzent oder ihre Sprache imitieren würde. In manchen Fällen könnte derartiges Verhalten zum Ausgangspunkt folgenreicher Auseinandersetzungen werden.

nen Frotzelaktivitäten zum normalen Umgangston in Fußballmannschaften zu gehören und markieren als Beziehungszeichen die Gruppenzusammengehörigkeit. Gleichzeitig handelte es sich bei den Frotzeleien, denen ich im Verlauf meiner Untersuchung begegnete, überwiegend um relativ aggressive Provokationen, bei denen es häufig vor allem darum ging „Punkte zu sammeln", während der andere sein Gesicht nur noch durch Mitlachen wahren konnte (vgl. Goffman 1973c: 73ff.). Möglicherweise dienten derartige Frotzeleien dann weniger der Beziehungspflege denn als Indikator für die Konkurrenzsituation in der Mannschaft. Auf diese Weise konnten sich die Spieler voreinander und vor relevantem Publikum, wie z.B. dem Trainerstab, profilieren und Pluspunkte in der internen Mannschaftshierarchie sammeln. Die Wahl der vorrangigen Inhalte der spielerischen Attacken, die nahezu alle mit körperbezogenen Personenmerkmalen wie Alter, Gewicht oder der nationalen bzw. ethnischen Zugehörigkeit zu tun hatten, lässt sich vermutlich mit der besonderen Relevanz des Körpers im Sport erklären.

3.4.7 Zwischenfazit

Ausgangspunkt dieses Kapitels war die Frage nach den Grenzen der Fußballwelt und der Gleichzeitigkeit von Globalisierungs- und Nationalisierungsprozessen im Fußball, die bereits mit Hilfe der historischen Analyse aufgezeigt wurden. In den Beschreibungen der Fußballer zeigten sich sowohl die Wahrnehmung eines globalen fußballerischen Beobachtungs- und Vergleichshorizonts als auch ein Bewusstsein für die zunehmende Entgrenzung der Welt. Als häufigstes Beispiel für die erfolgreiche Globalisierung des Fußballs wurde die Liberalisierung des Spielermarkts genannt. Gleichzeitig zeigt sich im Aufbau der formalen Organisationen des Fußballs und seiner Regelwerke aber auch die Beständigkeit territorialer und vor allem nationaler Grenzziehungen, die sich aufgrund formaler Zulassungsbeschränkungen qua Nationalität beispielsweise auch in der sozialen Praxis der Spielerrekrutierung widerspiegeln. Im Verlauf des 20. Jahrhunderts lässt sich sowohl auf der Regelebene als auch in den Deutungen der Akteure sogar eine nationale Schließung und zunehmende ethnische Codierung der nationalen Vergleichseinheiten beobachten. Der globale Leistungsvergleich im Fußball verläuft also entlang nationaler Grenzen, die als Bedingung und Basis eines weltweiten Leistungsvergleichs fungieren und darüber hinaus zum Ausgangspunkt nationaler Identifikationsprozesse im Wettkampf werden.

Daran anschließend wurde die Verwendung nationaler und ethnischer Mitgliedschaftskategorien und der damit verbundenen Verhaltenserwartungen sowie Bewertungen in der unmittelbaren Interaktion untersucht. Hierbei wurde unterschieden zwischen einerseits der Verwendung ethnischer und nationaler Differenzen als Beobachtungsschema, das gleichzeitig mit bestimmten Eigenschaften und Verhaltensweisen der entsprechend kategorisierten Personen assoziiert wird, und andererseits der moralisierenden Abwertung ethnisch bzw. national Anderer. Derartige rassistische Stereotypenkommunikation resultiert nicht zwangsläufig aus der Anwendung ethnischer und nationaler Kategorisierungen und zeigte sich in der Analyse in hohem Maße abhängig von der interaktiven Ratifikation durch die Interaktionspartner. Auch wenn Häufigkeit und Wahrscheinlichkeit der Verwendung nationaler Stereotypisierungen sowie moralisierend-rassistischer Argumentationsmuster im Fußball teilweise auf den jeweiligen Organisationskontext bzw. den Professionalisierungsgrad des betreffenden Fußballklubs zurückgeführt werden können (vgl. Kap. 3.3 Nationale

Differenzierungen bei der Spielerrekrutierung im Fallvergleich), bleibt die Prominenz ethnischer bzw. nationaler Kategorisierungen dennoch erklärungsbedürftig, z.B. in der medialen Berichterstattung oder der alltäglichen Kommunikation über Fußball. Eine mögliche Erklärung könnte in der strukturellen Parallele zwischen der Funktionslogik des Sports und der Stereotypenkommunikation liegen: In beiden Fällen geht es um vergleichende Kommunikation, die die Kontrastierung und Bewertung von Differenzen bereits beinhaltet.

Gleichzeitig scheint den Befragten durchaus bewusst gewesen zu sein, dass sie sich durch die Beteiligung an rassistischen Stereotypendiskursen selbst moralisch angreifbar machten, weshalb sie regelmäßig „Moralisierungsdistanz" demonstrierten. Diese Gleichzeitigkeit von Markierung und Bewertung der Differenz einerseits und der Leugnung dieses diskriminierenden Verhaltens andererseits fand sich auch im direkten Umgang der Spieler miteinander wieder, indem nationale Unterschiede mit Hilfe einer ausgeprägten Frotzelkultur ständig aktualisiert und reproduziert wurden.

Die Kriterien für die Kategorisierung der nationalen Zugehörigkeit sind prinzipiell mehrdimensional; so werden regelmäßig die Abstammung, der Geburtsort, der Ort der Primärsozialisation, die politische Staatsangehörigkeit sowie die Sprachkompetenz beobachtet. Hier ließe sich ein mehrstufiges Modell nationaler Zugehörigkeit konstruieren, dem zufolge man zwischen „richtigen" und „weniger richtigen" Deutschen unterscheiden könnte. Als entscheidendes Merkmal dieses Klassifikationsprozesses konnte die Abstammung identifiziert werden: Nur wer ein deutsches Elternteil hat, gilt unzweifelhaft selbst als deutsch. Hier offenbart sich also eine eindeutig ethnische Codierung der Deutungen nationaler Zugehörigkeit, die offenbar primär als körperlich zugeschriebenes Merkmal wahrgenommen wird. Dieses Verständnis nationaler Zugehörigkeit als genuin körperbezogenes Merkmal könnte neben der oben genannten strukturellen Homologie zwischen der sportlichen Funktionslogik des Vergleichs und der vergleichenden Stereotypenkommunikation eine weitere Ursache dafür sein, dass nationale Differenzen regelmäßig als relevantes Beobachtungsschema für die Zurechnung körperlicher Leistungen gedeutet werden.

Hier könnte der Vergleich mit einem anderen primär als körperbezogen wahrgenommenen Personenmerkmal wie der Geschlechtszugehörigkeit hilfreich sein. Der folgende Abschnitt wird sich daher mit den Deutungen der Geschlechterdifferenz im Kontext des Profifußballs beschäftigen.

3.5 Das Geschlecht des Fußballs

„(…) von jeher gab's nur Männerfußball." (Dok. 35: 209)

Den Ausgangspunkt dieser Arbeit bildete die Frage nach der Bedeutung askriptiver Merkmale im Profifußball, der innerhalb der ethnographischen Untersuchung jedoch bisher nur in Bezug auf ethnische und nationale Differenzen nachgegangen wurde. Die Frage nach der Bedeutung der Geschlechterdifferenz stellt sich im Alltag des Profifußballs auch nicht, da es im Mannschaftsbereich keine Spielerinnen gibt. Fußball ist in Deutschland eine Sportart, in der Frauen und Männer weder gemeinsam noch gegeneinander spielen: Spätestens ab

3.5 Das Geschlecht des Fußballs

dem 15. Lebensjahr (B-JuniorInnen)[330] spielen Mädchen und Jungen getrennt voneinander, so dass es praktisch keine sportlichen Berührungspunkte zwischen den Geschlechtern mehr gibt.[331] Daher beziehen sich die folgenden Ausführungen weniger auf Beobachtungen, sondern vor allem auf die Auswertung der Interviews.

Ziel dieses Abschnitts ist es, die Bedeutung der Geschlechtszugehörigkeit als Exklusionskriterium im Fußball zu erläutern. Anknüpfend an die Ausführungen der historischen Analyse am Anfang der Arbeit stellt sich die Frage, welche Deutungen mit der Geschlechterdifferenz im Fußball heute verbunden sind. Welche Rolle spielt die Geschlechtszugehörigkeit für die Zuschreibung von Leistung und inwiefern gelten für Frauen und Männer im Fußball aufgrund der durchgehenden sportlichen Segregation überhaupt gemeinsame Bewertungsmaßstäbe? Wie werden die zahlreichen Benachteiligungen der Fußballerinnen im Gegensatz zu ihren männlichen Kollegen begründet? Und schließlich: Lassen sich möglicherweise Gemeinsamkeiten zwischen den Zuschreibungen qua nationaler bzw. ethnischer Herkunft und qua Geschlecht im Fußball entdecken?

Zur Beantwortung dieser Fragen werden zunächst die Deutungen der Fußballer daraufhin untersucht, inwiefern Fußball als männlich konnotierter Sport wahrgenommen wird. Inwiefern wird der Frauenfußball tatsächlich als eigenständige Sportart betrachtet, wie es die Ergebnisse der historischen Analyse vermuten lassen? In einem zweiten Abschnitt geht es um die Legitimations- und Plausibilisierungsstrategien der Exklusion der Frauen aus dem Fußball, die vor allem mit dem Erzählen von Geschichten über Spiele zwischen Frauen- und Jugendmannschaften gerechtfertigt wird. Abschließend erfolgen Überlegungen zur sexistischen Stereotypenkommunikation und ein Vergleich mit der Verwendung rassistischer Stereotypisierungen.

3.5.1 Die Androzentrik des Fußballs

„Bevor ich ganz arbeitslos werde, würd' ich vielleicht auch mal ne Frauenmannschaft trainieren. [lachend] Man könnt'- man könnte auch mal die Sportart wechsele." (Dok. 33: 355)

Anlässlich der Fußball-Weltmeisterschaft der Frauen 1995 in Schweden erklärte FIFA-Präsident Blatter: „Die Zukunft des Fußballs ist weiblich!" Im Umkehrschluss könnte das bedeuten, dass Vergangenheit und Gegenwart des Fußballs männlich sind. Entsprechend gilt Fußball auch in den Teilen der Welt, in denen er eine hegemoniale Sportkultur darstellt, als Männersport. So ist der Fußball in Deutschland eindeutig männlich konnotiert – und zwar sowohl was die Sportler selbst als auch die Zuschauer betrifft (vgl. Kreisky 2006: 26ff.; Bromberger 2006).[332] Dagegen wird in Ländern, in denen der Fußball weniger populär ist, wie z.B. in den USA, in China oder Norwegen, das Spiel auch in deutlich geringe-

---

[330] Laut Jugendordnung des DFB (§5 Nr. 2) sind gemischte Mannschaften bereits ab dem 13. Lebensjahr (C-JuniorInnen) nicht mehr die Regel, sondern nur noch zugelassen, wenn die Erziehungsberechtigten der Juniorinnen zustimmen.
[331] Lediglich in den so genannten Wilden Ligen, die außerhalb der DFB Ligastruktur operieren, gibt es bisweilen gemischte Mannschaften.
[332] Rein quantitativ sind Fußballspielende Frauen in Deutschland nach wie vor in der Minderheit. So waren 2004 nur 14 Prozent der Mitglieder des nationalen Fußballdachverbandes, des DFB, weiblich, d.h. 878.192 von 6.272800 Mitgliedern (vgl. Brüggemeier 2006: 6).

rem Umfang als geschlechtsspezifisch konnotiert wahrgenommen (vgl. Diketmüller 2002; Fasting 2004; Guttmann 2002; Hong/Mangan 2004; Markovits 2006).

Die Androzentrik des Fußballs zeigt sich beispielsweise daran, dass bei der Thematisierung von Fußballsport im Alltagswissen ohne weitere Geschlechtsattribution selbstverständlich davon ausgegangen werden kann, dass über Fußball spielende Männer gesprochen wird. Wenn von der Fußballbundesliga, von der Fußball-Weltmeisterschaft oder der Fußballnationalmannschaft die Rede ist, dann sind in aller Regel Männer gemeint. Eine zusätzliche Geschlechtsbestimmung muss nur bei den Frauen erfolgen, so z.B. im Vereinsnamen der derzeit besten deutschen Frauenmannschaften: dem 1.*Frauen*FußballKlub Frankfurt und dem 1.*Frauen*FußballKlub Turbine Potsdam. Im Gegensatz dazu gibt es keine Fußball-Vereine, die *Männer*-Fußball-Klub oder *Herren*-Fußball-Klub heißen. Männer fungieren im Fußball als der allgemeine Maßstab, und Männlichkeit dient als normatives Grundprinzip (vgl. Kreisky 2006: 27).[333] Die androzentrische Sichtweise zwingt sich im Fußball als neutral auf und muss nicht weiter gekennzeichnet werden, nur im Fall Fußball spielender Frauen ist die explizite Markierung notwendig.[334]

Wie bereits die Beschreibung der historischen Entwicklung des Fußballs zeigte, wurden die Frauen nach der Aufhebung der langjährigen Spielverbote auch nicht einfach reinkludiert, sondern erhielten ihren eigenen Wettkampf- und Ligabetrieb. Im organisierten Vereinssport unter Aufsicht des DFB gibt es ab dem frühen Jugendalter weder gemischte Mannschaften noch Spiele zwischen Frauen- und Männermannschaften. Da sich die Leistungsfähigkeit im Fußball schlecht messen und von Ort, Zeit sowie der gegnerischen Mannschaft abstrahieren lässt, gibt es praktisch keine Leistungsvergleiche zwischen Frauen und Männern. Anders als z.B. in der Leichtathletik, in der die Geschlechter auch getrennt voneinander antreten, sind im Fußball aber auch gemeinsame Rahmenveranstaltungen unüblich (vgl. Müller 2006: 396f.). Sowohl Ligabetrieb als auch internationale Großturniere werden in der Regel in unterschiedlichen Jahren und an unterschiedlichen Orten ausgetragen.[335]

Wie aber wird der Frauenfußball von den männlichen Kollegen wahrgenommen? Und welche Bedeutung hat die Geschlechterdifferenz in ihren Augen für den Fußball? Einem Bundesligamanager fiel zum Thema Frauenfußball folgendes ein:

„Der Fußball war einfach von jeher ne Männerdomäne, und jetzt in den letzten, na ja, Jahren ist ja der Frauenfußball erst so ein bisschen mehr da ins Blicklicht- ins Blickfeld gekommen, und der Fehler, den man macht, man vergleicht Frauenfußball mit Männerfußball. Das ist ne Katastrophe, und die größte Katastrophe für mich ist, wenn so geisteskranke Präsidenten wie da der in Perugia da jetzt versucht, ne Frau in ne Männermannschaft zu integrieren, das ist so lächerlich, aber schlimm finde ich es noch, also ohne der Birgit Prinz, die da ja betroffen war, nähertreten zu wollen, dass die das Spiel teilweise noch mitmacht. (…) Und, ehm der Frauenfußball wird durch solche Idioten da wie diesen Präsidenten (…) da wird er in Verruf gebracht. Man muss die Geschichte als eines sehen, da finde ich das klasse, und ich finde es toll, wie die Fußball spielen. Aber man muss aufhören, die Sache mit Männerfußball zu vergleichen. [haut auf

---

[333] Das spiegelt sich auch in der Medienberichterstattung, wenn z.B. der Gewinn der Fußballweltmeisterschaft der Frauen in der Zeitung erst auf Seite drei gemeldet wird nach zwei Seiten mit Berichten über den Sieg der Männer-Nationalmannschaft in einem Qualifikationsspiel für die Europameisterschaften (so geschehen in der FAZ Nr. 237 vom 13. Oktober 2003).
[334] Zu diesem System geschlechtsspezifisch codierter sprachlicher Wahrnehmungs-, Denk- und Handlungskategorien vgl. auch Bourdieu 2005: 21f. und Pusch 1984.
[335] Die einzige Ausnahme stellt der DFB-Pokal dar, bei dem beide Endspiele Ende Mai in Berlin unmittelbar hintereinander ausgetragen werden.

3.5 Das Geschlecht des Fußballs

den Tisch] Der Frauenfußball wird nie den Stellenwert bekommen, weil das einfach ne andere Art des Fußballspielens ist. Das ist nun mal so. Aber ich find das klasse, und ich hab mir das Spiel auch angeguckt bei der WM die Spiele, und hab mich richtig gefreut und fand das super. Aber.. man sagt, der hat nicht den Stellenwert, warum? Man vergleicht ihn mit dem Fußball. Der Fußball, das ist der Männerfußball, ist des Deutschen liebstes Kind. (…) Also Problem ist immer Damenfußball schneidet schlecht ab, wenn man es mit Männerfußball vergleicht. Und das darf man nicht. Die zwei Dinge haben nichts miteinander zu tun für mich." (Dok. 2: 1393ff.)

Für ihn war der Fußball „von jeher" eine Männerdomäne. Die Begründung für die geringere Popularität der Frauenvariante des Sports lag für den Sprecher offenbar in einer Art historischem Vorteil der Männer, die diesen Sport schon länger betreiben und auch schon länger dabei beobachtet würden. Im Gegensatz dazu werde der Frauenfußball erst seit kurzer Zeit überhaupt beachtet. Der zentrale Punkt seiner Bewertung des Frauenfußballs bezog sich auf die Inkommensurabilität von Frauen- und Männerfußball. Derartige Vergleiche bezeichnete er als „Fehler" und „Katastrophe". Er illustrierte diese Ansicht am Beispiel einer Geschichte, die damals gerade durch die Presse gegangen war, und der zufolge ein italienischer Drittliga-Verein die bekannte deutsche Fußballerin, Birgit Prinz, für seine Männermannschaft hatte engagieren wollen. Diese Idee hielt er für so lächerlich, dass sie für ihn offenbar keiner weiteren Erläuterung bedurfte. Die grundsätzliche Bereitschaft von Birgit Prinz, bei diesem Deal mitzumachen, bewertete er als „schlimm" und vermutete den gesamten Frauenfußball dadurch „in Verruf". Das Ausmaß der Empörung, von dem er beim Erzählen dieser Geschichte ergriffen wurde, spiegelte sich sowohl in seiner Wortwahl („lächerlich", „schlimm", „Katastrophe", „geisteskrank") als auch in der hier nicht abgebildeten Emphase (Stimmhebung und Gestik).

Vor der Rückkehr zum Ausgangsargument von der Unvergleichbarkeit von Frauen- und Männerfußball erfolgte zunächst noch einmal eine betonte Aufwertung des Frauenfußballs in Form einer „ja-aber-Einlassung": Er versicherte, dass er es „klasse" und „toll" finde, „wie die Fußball spielen". Diese Bewertung wurde jedoch durch das nachgeschobene „Aber man muss aufhören, die Sache mit Männerfußball zu vergleichen" sofort wieder eingeschränkt. Zur dramatischen Unterstreichung dieser Aussage schlug er sogar noch auf den Tisch. Im Anschluss wiederholte sich diese antithetische Differenzierung seiner Meinung zum Frauenfußball in Form von „ja-aber-Einlassungen" noch ein paar Mal („Das ist nun mal so. Aber ich find das klasse (…) und fand das super. Aber.. man sagt…"). Die Passage endete mit der Feststellung, dass Frauen- und Männerfußball für ihn „nichts miteinander" zu tun hätten.

Hier spiegelt sich die bereits in der historischen Analyse aufgestellte Vermutung, dass man trotz der Aufhebung des Frauenfußballverbots Anfang der 1970er Jahre nicht einfach von einer Re-Inklusion der Frauen in den Fußball sprechen kann. Stattdessen wurde mit Hilfe zahlreicher Sonderregelungen, die angeblich dem Schutz der Frauen dienen sollen, eine andere Sportart konstruiert. Auf diese Weise wurde jeder mögliche Leistungsvergleich mit dem herkömmlichen (Männer-)Fußball vermieden. Die zahlreichen Schutzmaßnahmen konnten aber schnell wieder abgeschafft werden, da die langjährige Zwangspause offenbar ausgereicht hatte, um den Fußball unhintergehbar als Männersport zu institutionalisieren und den Leistungsunterschied zwischen Frauen und Männern für lange Zeit unüberwindbar zu machen. Vor diesem Hintergrund erstaunt die Aufregung über die Idee, eine Frau in eine Männermannschaft zu integrieren.

Ganz ähnlich argumentierte auch ein Trainer:

> „Ich mag die [die Spielerinnen der deutschen Nationalmannschaft; M.M.], ich kenne ein paar, und bin ein großer Fan dieser Kiste, aber aus meiner Sicht ist es ne andere Sportart. (…) Frauenfußball gibt es seit – keine Ahnung – in dieser Form, 20, 30 Jahren, Männerfußball seit Ewigkeiten. Männer sind '54 Weltmeister geworden" (Dok. 4: 203f.)

Auch hier lässt sich wieder die bereits beschriebene antithetische Einlassung (ja…aber) beobachten, mit der der Frauenfußball zunächst positiv bewertet wird, um ihn anschließend als unvergleichbar („ne andere Sportart") aus der Konkurrenz zu nehmen. In seiner Begründung der Inkommensurabilität von Frauen- und Männerfußball verwies er auf die längere Tradition der Männervariante und den Gewinn des Weltmeistertitels 1954. Hier spiegelt sich die auch in den Selbstbeschreibungen des Sports durch die Sportwissenschaft verbreitete Ansicht, dass der Fußball immer schon ein Männersport gewesen sei, und es erst seit den 1970er Jahren Fußball spielende Frauen gebe. Paradoxerweise wurde gerade der Gewinn der Weltmeisterschaft der Männer 1954 historisch zum „Sargnagel" des Frauenfußballs in Deutschland (vgl. Kap. 1.4.3 Verbreitung und Entwicklung des Fußballs in Deutschland).

Etwas überspitzt könnte man sagen, dass sich in der Entwicklung des Fußballs die historische „Erfindung" der Geschlechterdifferenz widerspiegelt: So konstruierte man mit Hilfe von Verboten und Regeländerungen die vollkommene Inkommensurabilität der Geschlechter und den Frauenfußball als Sportart sui generis (vgl. Kap. 1.3 Die „Erfindung" der Geschlechterdifferenz). So wie aus dem „Ein-Leib-ein-Geschlecht-Modell" ein „Zwei-Leiber-Zwei-Geschlechter-Modell" wurde (vgl. Laqueur 1992), wandelte sich die Deutung des Fußballspiels von einer „Ein-Leib-eine-Sportart" zu „Zwei-Leiber-zwei-Sportarten". Demnach handelt es sich also beim Fußball in Abhängigkeit von der Geschlechtszugehörigkeit der Ausübenden um zwei verschiedene Sportarten.

> „Aber was macht Frauenfußball so schwierig- warum is Frauenfußball nicht so attraktiv, weil ich glaube, der ganz große Fehler in unserer Gesellschaft, in unseren Medien, in- auch bei den Verantwortlichen sowohl für den Damen- und auch Herrenfußball is, dass man das zu sehr vergleicht. Ähm… ich sage einfach, man müsste einfach mal anfangen, diese Geschichten wirklich richtig getrennt zu sehen Ähm, es is de facto ne andere- es is- sie spielen nach den gleichen Regeln, das is trotzdem ein anderer Sport, der mindestens genauso spannend is, weil es geht ja genauso um Tore, und es geht ja genauso darum zuzugucken, ob man gewinnt oder nicht gewinnt, und äh…der genauso die Aufmerksamkeit verdient wie andere Damensportarten, die-die sogar mehr Aufmerksamkeit bekommen. Das Problem is aber, dass man immer das Spiel der Männer vor Augen hat, und dann guckt man auf das Spiel und sagt, ‚Hm…mir fehlt da ein bisschen das Tempo und ein bisschen das Feuer'. Aber das is es ja gar nicht, das darf so nicht sein." (Dok. 9: 246)

Der zitierte Manager bezeichnete den Frauenfußball als „anderen Sport" und forderte „diese Geschichten wirklich richtig getrennt zu sehen". Eine rationale Begründung dieser Deutung fiel im sichtlich schwer. In Ermangelung eines besseren Arguments beharrte er einfach weiter darauf, dass der Frauenfußball auch wenn nach denselben Regeln gespielt werde, „trotzdem ein anderer Sport" sei. Zur Legitimation dieser Unterscheidung verwies er am Ende seiner Ausführungen schließlich auf das Leistungsprinzip und nahm selbst den (zuvor strikt ausgeschlossenen) Vergleich mit den Männern vor (zu wenig „Tempo" und „Feuer"), nur um sich auch dieses Argument sofort wieder zu verbieten („das darf so nicht sein").

Spätestens an dieser Stelle wird deutlich, dass die Forderung nach Unvergleichbarkeit vor allem vor dem Hintergrund der Annahme eines unüberwindbar großen Leistungsunterschiedes erhoben wird. Mit diesem Argument lässt sich der Ausschluss der Frauen dann auch in der Funktionslogik des Sports legitimieren, und dennoch wird stattdessen die Unvergleichbarkeit der sportlichen Leistungen der Geschlechter behauptet. Die Deutung als unvergleichbar impliziert, dass die Frauen nicht als direkte Konkurrentinnen akzeptiert werden – sei es als Mitspielerin oder Mitglieder der gegnerischen Mannschaft –, ihnen wird letztlich der Zugang zum Fußball verweigert. Ihre Handlungen werden somit nicht als sportliche Leistungskommunikationen beobachtet und sind nicht anschlussfähig an den globalen Leistungsvergleich im Rahmen des Funktionssystems Sport (oder sind auch mehrere parallele Vergleichshorizonte innerhalb einer Sportart denkbar?). Indem die Frauen auf eigene Vereine und eine eigene Liga verwiesen und damit gemäß der Devise „separate but equal" behandelt werden, sind ihre Leistungen faktisch aus dem globalen Vergleichshorizont exkludiert, da sie nicht am regulären Ligabetrieb der Herren teilnehmen bzw. in einer der dazugehörenden Leistungsklassen integriert sind. Indem die Frauen aber auf ihren eigenen Ligabetrieb beschränkt werden, wird jeder Leistungsvergleich unmöglich gemacht.

Aber möglicherweise ist der unterstellte unüberwindbare Leistungsunterschied auch gar nicht der Grund für die Verweigerung jeder direkten Konkurrenz. Ein Beleg dafür könnte z.B. die Spielpraxis des DFB-Pokals sein. In diesem jährlich ausgetragenen Vereinswettbewerb treten regelmäßig Mannschaften aus sehr unterschiedlichen Leistungsklassen gegeneinander an. So hat die erste Herrenmannschaft jedes Vereins, auch wenn sie in der untersten Liga spielt, *theoretisch* die Chance, bei einem Pokalspiel gegen eine Profimannschaft antreten zu dürfen. Gerade in derartigen David gegen Goliath-Spielen liegt offenbar der besondere Reiz dieses Wettbewerbs, auch wenn die Siegeschancen der Amateurvereine sehr gering sind. Dieser Reiz wird jedoch nicht in Spielen der Frauen gegen die Männer gesehen, denn auch beim DFB-Pokal haben die Frauen ihren eigenen Wettbewerb getrennt von den Männern.

Die Geschlechterdifferenz fungiert also im Fußball als Beobachtungsschema für die Zuweisung körperlicher Leistungsfähigkeit. Wie aber wird die selbstverständliche Hintergrundannahme eines unüberwindbaren Leistungsunterschiedes belegt, wenn die Frauen nicht als direkte Konkurrentinnen akzeptiert werden? Zur Plausibilisierung dieses Arguments wird zum einen regelmäßig auf das unhinterfragte Wissen über körperliche Unterschiede zwischen Frauen und Männern verwiesen, und zum anderen gibt es Geschichten über direkte Leistungsvergleiche, mit deren Hilfe Ausschluss und Unvergleichbarkeit der Frauen gerechtfertigt werden können.

3.5.2 Moderne Sportlegenden: Geschichten über Frauen und Kinder

> „Ich habe schon als Zwölfjähriger gespielt gegen Frauen.
> Und damals hat das schon keinen Spaß gemacht." (Dok. 75: 564)

Zur Plausibilisierung bzw. Authentifizierung der legitimen Verwendung der Geschlechterdifferenz als relevantes Beobachtungsschema für die Zuschreibung fußballerischer Leistungen wurde in den meisten Gesprächen über Frauenfußball irgendwann eine Geschichte in Form eines Tatsachenberichts erzählt. Da die meisten der Gesprächspartner auf keine eigenen Erfahrungen mit Frauenfußball zurückgreifen konnten, wurde über angebliche Spiele von Jugendmannschaften gegen Frauenmannschaften berichtet. Dabei blieb die Quelle des Berichtes häufig unklar, so z.B. bei der Erzählung eines Bundesligamanagers:

„Also die B-Jugend, ich weiß nicht welche B-Jugend, vom VfB Stuttgart hat gegen die A-Nationalmannschaft gespielt, und da stand es nach einer halben Stunde 6:0. Das ist der Unterschied. Also jetzt mal so- Der Unterschied liegt einfach darin, dass von-von.., ja, vom Tempo und von der Klasse her das mit Männerfußball überhaupt nicht zu vergleichen ist. Das geht gar nicht." (Dok. 29: 314)

Hier wurde über das Spiel 15 bzw. 16jähriger Nachwuchsspieler einer Bundesligamannschaft gegen die deutsche Nationalmannschaft der Frauen berichtet. Der Sprecher sagte nicht, ob er selber Zeuge dieses Spiels gewesen sei oder wann und wo genau bzw. in welchem Kontext es stattgefunden habe. Außerdem schien er bei der Benennung der konkreten Jugendmannschaft unsicher gewesen zu sein. Nur in Bezug auf das Ergebnis war er sich sehr sicher, so habe es „nach einer halben Stunde 6:0" gestanden. Dieses Ergebnis dient hier als Beleg für den unüberwindbaren Leistungsunterschied zwischen Frauen und Männern im Fußball. Mit dem Hinweis „das ist der Unterschied" wollte er die Zahlen für sich sprechen lassen. In seiner Deutung war das ein Ergebnis, das überhaupt keine Fragen mehr offen ließ: Frauen- und Männerfußball seien einfach nicht miteinander vergleichbar, „das geht gar nicht". Durch den Verweis auf ein derartiges Spiel wurden die Frauen zumindest indirekt wieder in den globalen Vergleichshorizont aufgenommen. Denn auch wenn innerhalb der Ligastruktur kein direkter Leistungsvergleich zwischen den Geschlechtern möglich ist, so scheint es plausibel den Frauen durch das Ergebnis eines Spiels gegen Jugendliche, also eine Art indirekten Leistungsvergleich, ein niedrigeres Leistungsniveau zuzuschreiben.[336] Außerdem scheint ein Spiel der Frauen gegen Jugendliche eher denkbar zu sein als gegen erwachsene Männer, möglicherweise weil hier selbst im Falle einer Niederlage kein allzu großer Gesichtsverlust droht.

Die Berichte über derartige Spiele finden sich auch in der Gruppendiskussion einiger Bundesligaspieler:

Interviewer 1: „Jetzt mal, ne ganz eigene Frage, stellt Ihr euch mal vor, Ihr müsstet gegen eine Frauenfußballbundesligamannschaft antreten, wie wäre das?

Spieler 1: Ja, zunächst mal hätten die ja gar keine Chance!

Spieler 2: Ja, das ist ja klar.

Spieler 1: Aber das ist ja auch normal, weil einfach Männer athletischer sind ... die meisten Männer zumindestens, und das sieht man ja, wenn auch die Top-Damenmannschaft in der Bundesliga spielt gegen – ich hab mal gesehen in Frank-, die waren ja aus Frankfurt, die spielen dann gegen eine A- oder B- Jugend und verlieren dann haushoch. Aber das ist einfach auch normal, weil einfach die Männer wie gesagt athletischer sind und einfach schneller auch ein bisschen.

Spieler 3: Zum Beispiel unser- unsere Frauenmannschaft, [US-amerikanische] Nationalmannschaft, die waren ja vor fünf, sechs, sieben Jahren immer die besten, die haben Weltmeisterschaften gewonnen und so, und das stand viel in die Zeitung, weil unsere Mannschaft- Männermannschaft war nicht so erfolgreich. Da stand, ob sie unser- ... dass sie uns schlagen können halt. Die haben, ich glaube, zwei Spiele gegen eine unter 14 und unter 13 XXX Mannschaft von unserer Seite gespielt, und sie haben beides Mal 6:0 verloren und 4:0 verloren oder so was, und das gegen-. halt

---

[336] Dabei wird an dieser Stelle bewusst auf Spekulationen verzichtet, wie wohl ein direkter Leistungsvergleich zwischen einer Bundesliga-Nachwuchsmannschaft aus 15-17Jährigen und einem Amateurverein der unteren Ligen ausfallen würde.

3.5 Das Geschlecht des Fußballs

> Spieler 2: Kinder
> Spieler 3: sehr junge Kinder. 14, 13 Jahre alt, so was." (Dok. 25: 709ff.)

Zunächst wurde kollektiv die Chancenlosigkeit der Frauen bzw. die selbstverständliche Überlegenheit der Männer festgestellt („das is ja klar!"). Begründet wurde dieser Leistungsunterschied mit der alltagsweltlichen Überzeugung, dass Männer normalerweise über bessere athletische Fähigkeiten als Frauen verfügen würden. Interessanterweise bezog der Sprecher sich hier nicht auf den Bereich des Leistungssports, sondern traf generalisierte Aussagen über alle Männer, die er nach kurzem Zögern dann doch noch mal auf „die meisten Männer" einschränkte. Zur Plausibilisierung seiner Behauptung und da er selbst offenbar noch nie gegen eine Frauenmannschaft gespielt hatte, berichtete er von dem Spiel einer Bundesligamannschaft der Frauen gegen eine A- oder B-Jugend-Mannschaft (also 17 bzw. 18Jährige), und dass die Frauen „haushoch" verloren hätten. Und wieder blieben zahlreiche Unsicherheiten in dem Bericht, so wurden z.B. weder das genaue Alter und der Verein der Jugendmannschaft noch der Kontext dieses Spiels erläutert. Nur des Ergebnisses schien er sich absolut sicher gewesen zu sein und begründete es erneut damit, dass Männer eben „athletischer" und „schneller" seien.

In der Gruppendiskussion setzte an dieser Stelle eine Steigerungsdynamik ein, und die erzählte Geschichte wurde überboten durch den Bericht eines US-amerikanischen Teamkollegen über Spiele (Plural!) der weltbesten (!) Frauenmannschaft gegen 13- bzw. 14jährige „sehr junge Kinder" (!) und die Chancenlosigkeit der Frauen.[337] Durch diese Steigerungen und Übertreibungen wurde der Leistungsunterschied zwischen Frauen und Männern maximal verstärkt. Erklärtes Ziel war es offenbar, den Nachweis zu erbringen, dass selbst eine Auswahl der besten Frauen, die auch im globalen Vergleich (frauenfußballerischer Leistungen) an der Spitze liegen, keinerlei Chancen gegen männliche Kinder hat. Denn unter diesen Bedingungen kann die Behauptung der Unvergleichbarkeit vermutlich als legitim gelten. Aber auch an diesem Bericht fallen zahlreiche Unsicherheiten und Unklarheiten auf („ich glaube", „oder so was") und wieder wurde nicht der Veranstaltungsrahmen dieser Spiele erwähnt. So fragt man sich, warum die mehrfachen Weltmeisterinnen aus den USA – zumal wenn auch die Presse bereits über ihre Chancen gegen eine Herrenmannschaft spekuliert – sich überhaupt auf ein Match gegen „sehr kleine Kinder" eingelassen haben sollten. Das einzige, was in dieser Erzählung absolut festzustehen schien, war die Tatsache, dass die Frauen sehr hoch verloren hatten und die Kinder „sehr klein" waren.

Ein Trainer erzählte eine weitere Variante der Geschichte, die er mit dem Verweis auf die Teilnahme seines Sohnes authentifizierte:

> „Mein Junge, der is 15, und haben gegen die Frauen- mit dieser Mannschaft 15er Jungs gegen die Frauen-Nationalmannschaft gespielt und haben 2:0 gewonnen und hätten 4, 5:0 gewinnen müssen. Ja, so und das ist die Nationalmannschaft, die Weltmeister geworden ist, ein paar Wochen später. Da steckt eben gar kein Vorwurf drin, es ist so. Ein fünfzehnjähriger Junge hat- wahrscheinlich ein vierzehnjähriger Junge hat dann ungefähr- ein guter, gut austrainierter Vierzehnjähriger hat dann ungefähr die körperlichen Voraussetzungen, wie eben ne zwanzigjährige

---

[337] Der Aufbau dieser Geschichten erinnert an die Gattung des Übertrumpfungswitzes (vgl. Bergmann 1996). Da der erzählte Sachverhalt auch in den hier vorgestellten Geschichten aufgrund der ständigen Übertreibungen immer fiktionaler wird, erfolgen regelmäßig Authentizitätsmarkierungen, z.B. durch Verweis auf die eigene Beteiligung.

Frau haben kann. Das ist eins darüber hinaus, in der Athletik ist im Moment, ist es nicht möglich, sich da näher zu kommen." (Dok. 4: 201)

Auch in dieser Darstellung spielten 15jährige Jungen gegen die Frauennationalmannschaft, und zwar gegen eben jene Mannschaft, die einige Wochen später die Weltmeisterschaft der Frauen gewinnen sollte. Wie man an einer anderen Stelle des Interviews erfahren konnte, spielte sein Sohn in der B-Jugend einer Bundesligamannschaft. Da das Ergebnis mit 2:0 offenbar für nicht aussagekräftig genug gehalten wurde, betonte der Erzähler, dass es eigentlich noch viel höher hätte ausfallen müssen. Warum blieb jedoch unklar. Auffällig ist außerdem der kurze Einschub, mit dem der Erzähler meinte signalisieren zu müssen, dass mit dieser leistungsbezogenen Hierarchisierung keinerlei moralische Bewertung („Vorwurf") verbunden sei. Vielmehr handele es sich einfach um Fakten („es ist so"). Die Information hinter dieser Erzählung wurde im Anschluss noch einmal deutlicher expliziert: Demnach können Frauen über die „körperlichen Voraussetzungen" eines „gut austrainierten" 14jährigen Jungens niemals hinauskommen. Diesen körperlichen Geschlechterunterschied betrachtete er als unüberwindbar („es ist nicht möglich, sich da näher zu kommen").

Die Gemeinsamkeit all dieser Berichte über Spiele zwischen Jugendlichen und Frauenmannschaften liegt in der maximalen Kontrastierung der fußballerischen Leistungen einerseits und den jeweiligen Positionen innerhalb der geschlechtsspezifischen Leistungshierarchie in Form von Leistungs- oder Altersklassen andererseits. Die innerhalb des Männerfußballs aufgrund ihres Alters sehr weit unten angesiedelten Jugendmannschaften sind also den in ihrer Leistungshierarchie ganz oben stehenden Frauen (meist handelt es sich um Auswahlmannschaften, Weltmeister oder zumindest eine Top-Bundesligamannschaft) immer noch haushoch überlegen. Mithilfe dieser Geschichten lässt sich die Unvergleichbarkeit von Frauen und Männern im Fußball belegen, ohne dass es notwendig wäre, dass jemals eine Mannschaft erwachsener Männer gegen eine Frauenauswahl antreten müsste.

Nachdem ich im Laufe meiner Untersuchungen diese Berichte in vielen verschiedenen Versionen gehört hatte und nie Auskunft über den Veranstaltungsrahmen gegeben wurde, in dem ein solches Spiel stattgefunden haben könnte, begann ich selber zu recherchieren (vgl. auch Dok. 2: 1400ff.; Dok. 64: 312; Dok. 79: 480ff.; Dok. 20: 65). Schließlich telefonierte ich mit einer Betreuerin der Frauen-Nationalmannschaft, die mir erklärte, dass es sich nicht um reguläre Wettkampfspiele handele, sondern um 20minütige Trainingseinheiten, in denen es vor allem darum gehe, die Frauen an einen „körperbetonten" Spielstil zu gewöhnen. Vielfach werde nur auf einem Teil des Feldes mit kleinen Mannschaften gespielt, und es ginge weniger ums Gewinnen oder Verlieren als um das Trainieren bestimmter Verhaltensweisen, wie Zweikampfverhalten oder Zupassspiel etc. Auch wenn die Anzahl der Tore in diesen Trainingseinheiten nicht das Entscheidende sei, seien es keineswegs immer nur die Jungen, die hier gewinnen würden.

Indem die Berichte über derartige Spiele und deren Ergebnisse ohne den Kontext des eigentlichen Ereignisrahmens wiedergegeben wurden, fungieren sie als Beleg für die absolute fußballerische Unterlegenheit der Frauen. Bei diesen weit verbreiteten Spielgeschichten scheint es sich um eine Art moderne Sport- oder Fußballlegende zu handeln, die mündlich weitererzählt werden und deren Quelle sich nicht genau zurückverfolgen lässt, denn es scheint eher unwahrscheinlich, dass einer der Erzähler jemals selbst eine solche Trainingseinheit beobachtet hat. Gleichzeitig wird mit der Geschichte ein Wahrheitsanspruch gestellt und der Ausschluss der Frauen legitimiert. Insofern erinnert diese Art Fußballlegende an die von Brednich (1990, 1998) in der volkskundlichen Erzählforschung beschriebenen

3.5 Das Geschlecht des Fußballs

modernen Sagen und Großstadtmythen (Urban Legends). Auch bei diesen Geschichten handelt es sich meistens um Berichte mit einem recht ungewöhnlichen Inhalt, die mündlich oder per Internet tradiert werden und bei denen sich der Erzähler selbst für den Wahrheitsgehalt der Geschichte verbürgt (vgl. Brunvand 1981; Jüngst 1999; Petzoldt 1999). Anhand derartiger im Fußball offenbar weit verbreiteter Erzählungen lassen sich folgende Schlussfolgerungen über das Selbstverständnis der Fußball bzw. deren Deutung der Geschlechterdifferenz ziehen:

Sowohl der Verbreitungsgrad dieser Berichte als auch die Häufigkeit ihrer Erwähnung in den Interviews lässt sich als Hinweis dafür deuten, dass ein gewisser Legitimationsdruck wahrgenommen wird. Der Ausschluss der Frauen aus dem globalen fußballerischen Vergleichshorizont ebenso wie die geringe Popularität des Frauenfußballs ist offenbar rechtfertigungspflichtig. Außerdem gibt es in Übereinstimmung mit der Selbstbeschreibung des Sports und der Geltung eines universalistischen Inklusionspostulats die Wahrnehmung, dass zur Rechtfertigung dieses Ausschlusses nicht nur auf die Geschlechtszugehörigkeit verwiesen werden darf, sondern die Relevanz der Geschlechterdifferenz für die sportliche Leistungsfähigkeit aufgezeigt werden muss. In diesem Sinne fungieren die Spielberichte als Belege für die körperliche Benachteiligung der Frauen, die als derart gravierend dargestellt wird, dass jede Form eines direkten Leistungsvergleichs auch für die Zukunft ausgeschlossen werden kann. Frauen und Kinder werden hinsichtlich ihres körperlichen Entwicklungsstandes gleichgestellt und der männlichen Physis klar untergeordnet.

In diesem Sinne lassen sich diese Fußballlegenden auch als Legitimationen bzw. sekundäre Objektivation von Sinn begreifen (vgl. Berger/Luckmann 1980 [1966]: 98ff.). Die Berichte über derartige Spiele „erklären" und legitimieren die institutionalisierte Trennung der Geschlechter im Fußball, indem sie „ihrem objektivierten Sinn kognitive Gültigkeit zuschreibt" (Berger/Luckmann 1980: 100). D.h. dass die Trennung mittels dieser Rechtfertigungen einen für alle Beteiligten übereinstimmenden Sinn und Plausibilität erhält. In diesem Sinne lässt sich die Fußballlegende von den Spielen der Jugendlichen gegen die Frauen vermutlich auf der zweiten Ebene der Legitimation, als Zwischenstufe zwischen vortheoretischen Gewissheiten und expliziten Legitimationstheorien einordnen, als höchst pragmatisches Schema, durch das „objektive Sinngefüge" miteinander verknüpft werden (Berger/Luckmann 1980: 101).

Die Trennung der Geschlechter im Fußball wird also mit dem Verweis auf die körperliche Geschlechterdifferenz begründet. Gleichzeitig bietet der Fußball aber auch besondere Möglichkeiten zur dramatischen Inszenierung eben dieser Unterschiede, die dann wieder zur Legitimation der institutionalisierten Geschlechtersegregation verwendet werden können. Goffman (1994: 144) nennt das institutionelle Reflexivität und beschreibt den gesamten Sport als ein Arrangement, „das speziell dazu geschaffen wurde, Männern die Demonstration von Eigenschaften zu ermöglichen, die als für sie charakteristisch gelten: Stärken verschiedener Art, Widerstandskraft, Ausdauer und dergleichen mehr" (vgl. hierzu auch die Beobachtungen zur Darstellung von Männlichkeit in Kap. 3.1 Die Bedeutung des Körpers im Fußball). Zu dieser dramatischen Inszenierung gehören beispielsweise die Institutionalisierung besonderer Schutzregelungen, wie sie auch bei der Einführung des Frauenfußballs Anfang der 1970er Jahre galten[338], die ständige Betonung und rhetorische Konstruktion von

---

[338] Zu den besonderen Schutzregeln gehörten z.B. die Erlaubnis für Frauen ihre Brüste mit der Hand vor einem hochspringenden Ball schützen zu dürfen, die Verkürzung der Spielzeit auf zweimal 30 statt 45 Minuten, das Verbot von Stollenschuhen und der Einsatz von Jugendbällen (vgl. Fechtig 1995: 33; Novak 1999: 489). Die

Unvergleichbarkeit und das systematische Vermeiden jeden direkten Leistungsvergleichs. Letztlich dient die institutionelle Segregation der Geschlechter im Fußball also auch der ständigen Re-Inszenierung und Reproduktion der traditionalen Geschlechterordnung, die gleichzeitig als Begründung für diese Trennung dient. Der biologische Unterschied zwischen Frauen und Männern erscheint also als natürliche Rechtfertigung der Segregation im Fußball, die jedoch gleichzeitig die Wahrnehmung körperlicher Differenzen verstärkt und diese reproduziert (vgl. Bourdieu 2005: 23; Goffman 1994: 139ff.).

Die Bedeutung der dramatischen Inszenierung der Geschlechterdifferenz und die Reproduktion der traditionalen Geschlechterordnung im Fußball sollen im folgenden Abschnitt anhand der häufigen Aktivierung von Geschlechterstereotypen und der Verbreitung sexistischer Vorurteile im Fußball aufgezeigt werden.

3.5.3 Die Bewertung der Differenz: Sexistische Stereotypenkommunikation

> „Ich spiele auch gerne mal mit ein paar hübschen Mädchen zusammen, aber das hat nichts mehr mit Sport zu tun." (Dok. 31: 294)

Wie wird die Geschlechterdifferenz innerhalb der androzentrischen Perspektive des Fußballs gedeutet, und welche Stereotypisierungen sind mit der Zuweisung der Geschlechtszugehörigkeit verbunden? Die folgende Deutung eines Vereinsfunktionärs zeigt, dass es bei der Bewertung des Frauenfußballs als unvergleichbar keineswegs nur um Leistungsdifferenzen, sondern auch um kulturelle Vorannahmen und geschlechtsspezifische Verhaltenserwartungen geht:

> „Also, wenn sich eine Frau das antun will, dann soll sie's machen. .. Aber ich meine, irgendwo sind auch Grenzen. Das ist auch für mich eine Frage der Ethik. (I: Ethik? Wieso der Ethik?) Wenn sich eine Frau in eine Fußballmannschaft der Herren mit integrieren lässt, um dort mitzuspielen. Ich bin nicht frauenfeindlich. (…) weil wenn es dann mal richtig auf die Knochen geht .., dann haben die Frauen schon Nachteile. Das- wissen Sie, Sie müssen mal den Frauenfußball betrachten. Also ich meine, wenn eine Frau eine Frau foult, dann ist immer noch ein bisschen Zurückhaltung da. Es gibt ja kaum schwere Fouls beim Frauenfußball. Das ist nicht so körperbetont wie der Männerfußball. Wenn ich mir vorstelle, die spielt jetzt bei den Männern mit und es geht mal richtig zur Sache ..., es ginge auch nicht, weil jeder Mann auch zurückziehen würde. Glauben Sie mir, da musste schon weit weg sein, wenn du eine Frau auf dem Platz so foulst wie du bei einem Gegenspieler hingehen würdest." (Dok. 8: 396ff.)

In der Wahrnehmung des Sprechers stellte die Integration einer Frau in eine Männermannschaft eine Verletzung ethischer Grenzen dar. Es war nicht mehr die Rede von Leistungsunterschieden oder Unvergleichbarkeit, sondern von Ethik. Seiner Ansicht nach wäre das eine Zumutung für eine Frau, die sie sich wohl kaum freiwillig „antun" würde. Dabei ging er von einer bestimmten normativen Vorstellung aus, wie eine Frau zu sein habe, und die war offenbar nicht kompatibel mit dem Gedanken gemischter Fußballmannschaften. Mögli-

---

meisten dieser Regelungen wurden zwischen 1980 und 1990 jedoch wieder abgeschafft, einzig die Erlaubnis zum Einsatz der so genannten „Schutzhand" ist bis heute erhalten. Die symbolische Aufladung der weiblichen Brust als besonders schützenswert verwundert vor allem angesichts der dramatischen Bilder von Männern, die ihre Genitalien mit gekreuzten Händen in Freistoßsituationen zu schützen versuchen (vgl. Abb. 28).

3.5 Das Geschlecht des Fußballs

cherweise durch die Nachfrage der Interviewerin sah sich der Sprecher veranlasst, zwischen seinen Ausführungen explizit darauf hinzuweisen, dass er nicht frauenfeindlich sei. Er schien an dieser Stelle einen gewissen Legitimationsdruck wahrzunehmen und distanzierte sich von seinen moralischen Stellungnahmen. In der Explizierung seiner normativen Erwartungen Frauen gegenüber waren also einerseits wertende Stellungnahmen enthalten, gleichzeitig leugnete er jedoch jede moralisierende Absicht.

In dieser Form von „Moralisierungsdistanz" lassen sich Parallelen erkennen zu den oben beschriebenen Formen ethnischer Stereotypisierungen (vgl. Bergmann 1998: 88): Bei der Aktivierung von ethnischen sowie geschlechtsspezifischen Stereotypen signalisierten die Akteure stets, dass sie sich des Risikos bewusst waren, durch derartige Äußerungen selbst zum Ziel negativer Bewertungen gemacht werden zu können. Sie hatten im weitesten Sinne ein Bewusstsein für die Illegitimität derartiger moralisierender Verallgemeinerungen bzw. dafür, dass andere diese Bewertungen als illegitim wahrnehmen könnten. Daher wurden neben der abwertenden Verwendung ethnischer und geschlechtsspezifischer Stereotypen gleichzeitig Rückzugsmöglichkeiten mit kommuniziert, z.B. durch die Rahmung der Situation als Witz oder die explizite Leugnung jeder moralisierenden Absichten („ich bin nicht frauenfeindlich" oder „ich hab nichts gegen Ausländer"). Die Reflexivität dieser moralischen Kommunikation (vgl. Bergmann 1998) belegt aber auch die Geltung von Diskriminierungsverboten bzw. das Bewusstsein dafür, dass die Zuschreibung bestimmter Eigenschaften aufgrund des Geschlechts als problematisch wahrgenommen werden kann.

In der Deutung des Sprechers wurde die Geschlechtszugehörigkeit als dominantes Situationsmerkmal bzw. als Masterstatus beschrieben, der ein soziales Vergessen auf dem Fußballplatz unmöglich macht. Als Begründung dieses sozialen Unterschieds verwies er auf die körperlichen Geschlechterdifferenzen. Letztlich schien er selbstverständlich von der körperlichen Benachteiligung von Frauen auszugehen, die wiederum harte körperliche Auseinandersetzungen zwischen den Geschlechtern im Fußball unmöglich machen würden, da sie gegen das Prinzip der Fairness sowie gegen allgemein gültige Moralvorstellungen verstoßen würden („da musste schon weit weg sein"). Hier spiegeln sich die Vorstellungen der polarisierenden Geschlechtscharaktere des 19. Jahrhunderts wider, denen zufolge Frauen das schwächere Geschlecht und für jede Art von körperlichen Auseinandersetzung ungeeignet sind (vgl. Kap. 1.3 Die „Erfindung" der Geschlechterdifferenz). Frauen bzw. Männern werden aufgrund ihrer Geschlechtszugehörigkeit bestimmte Eigenschaften und Verhaltensweisen zugeschrieben, die zumindest implizit mit Bewertungen verbunden sind. An einer anderen Stelle des Gespräches kam er noch einmal genauer auf seine „Einstellung" zum Frauenfußball zu sprechen:

> „(...) für den ganzen Mädchenfußball, da habe ich sowieso eine besondere Einstellung dazu: Mädchen sollten schmusen und äh.. tanzen [lacht] anstelle von Fußball zu spielen, aber das ist meine persönliche Auffassung, aber [lacht].. Warum? Weil Frauenfußball ganz einfach- ... Ich finde, es passt ... nicht so zum Fußball, die Sportart. Es ist zwar schön, wenn sie sich bewegen, aber ich hab' lieber 'ne Frau ohne blaue Flecken am Körper und Beinen." (Dok. 8: 105ff.)

Zunächst einmal fällt die Bezeichnung „Mädchenfußball" auf, die bereits eine Abwertung impliziert und zeigt, dass er die Sache nicht ernst nahm. Die nachfolgenden Stereotypisierungen wurden durch ein Lachen gerahmt, was als kommunikative Anweisung gedeutet werden kann, für das Gesagte nicht verantwortlich gemacht zu werden. Außerdem schwächte er seine Äußerung ab, indem er betonte, dass es sich nur um seine „persönliche

Auffassung" handele. Auch hier folgte der wertenden Stellungnahme über den Frauenfußball eine Distanzierung durch eine Humorisierung und Personalisierung. Außerdem fühlte sich der Sprecher veranlasst, seine Äußerungen genauer zu begründen („Weil Frauenfußball ganz einfach-"), er brach jedoch ab und erklärte dann, „es" passe „nicht so zum Fußball, die Sportart".

Auch in der folgenden Interviewpassage finden sich sowohl die implizite Abwertung des Frauenfußballs als auch die gleichzeitige Distanzierung von jeder Moralisierung:

> „Also ich habe *nie* ein Frauenfußballspiel live gesehen, obwohl ich wirklich gern Frauen sehe. Also ich hab nix gegen Frauen [lacht]. Des is nit gemeint. Aber Frauenfußball ... des is einfach- Ich weiß nit, das is einfach ne andere Sportart als Herrenfußball. Des is einfach 'ne andere Sportart, ... find' ich." (Dok. 33: 351f.)

Gleich zu Beginn der Passage zeigte der Befragte seine grundsätzlich ablehnende oder zumindest desinteressierte Haltung gegenüber dem Frauenfußball, indem er betonte, noch nie ein Fußballspiel der Frauen gesehen zu haben. Doch bereits im zweiten Halbsatz relativierte er diese Abwertung wieder, indem er das Gesagte als Witz rahmte und die sexuelle Anspielung machte, Frauen „wirklich gern" zu sehen. Ganz ähnlich wie in dem vorherigen Zitat gehörte das Betrachten von (fleckenfreien) Frauen offenbar auch in seiner Deutung zu den wichtigsten Funktionen von Frauen, denen dadurch die Rolle passiver Beobachtungsobjekte zugewiesen wurde. Er steigerte die „Moralisierungsdistanz" noch einmal durch die Betonung, „nix gegen Frauen" zu haben und das anschließende Lachen. Mit Hilfe des Anschlusses „aber Frauenfußball" wurde deutlich, dass sich die anfangs vorgenommene Wertung nicht auf die Frauen allgemein, sondern auf die Ausübung der Sportart Fußball durch Frauen bezogen hatte. Nach einigem Zögern und vergeblichen Formulierungsversuchen erklärte er den Frauenfußball schließlich zu einer anderen Sportart und vermied dadurch weitere Bewertungen.

Sexuelle Anspielungen und Witzeleien tauchten regelmäßig auch bei der Erwähnung gemischter Mannschaften auf. Ähnlich wie in Gesprächen mit pubertierenden Jugendlichen löste offenbar allein der Gedanke an die körperliche Nähe zu Frauen im Spiel und dessen Umfeld sexuell konnotierte Fantasien von nackten, duschenden, rasierten Frauenkörpern aus (vgl. Dok. 8: 406; Dok. 25: 780ff.; Dok. 33: 363). Der Umgang mit Frauen auf dem Fußballplatz schien vollkommen undenkbar, was durch die spontanen Beschreibungen fußballerischer Alltagshandlungen deutlich wurde, die durch die Anwesenheit von Frauen als absurd wahrgenommen wurden bzw. eine sexuell aufgeladene Bedeutung erhielten, so z.B. der Trikottausch am Ende eines Spiels (vgl. Dok. 75: 556). Die Ursache hierfür könnte in dem zu Anfang beschriebenen männerbündischen Berührungssystem der Fußballer liegen, in dem Sexualität systematisch dethematisiert wird (vgl. Hürlimann 2006: 21f.; Kap. 3.1.2 Berührungssysteme im Fußball). Vor dem Hintergrund normativer Heterosexualität ermöglicht nicht zuletzt die Abwesenheit von Frauen überhaupt, dass der intensive Körperkontakt zwischen den Spielern im Fußball nicht als sexuell motiviert gedeutet wird. Insofern könnte die Anwesenheit von Frauen in einer sexuellen Aufladung der gesamten Atmosphäre resultieren und auch die Wahrnehmung der Berührungen zwischen den Männern verändern. In jedem Fall scheint die Geschlechtszugehörigkeit einen Masterstatus in Situationen engen körperlichen Kontakts wie dem Fußball darzustellen, der nicht übersehen werden kann.

3.5 Das Geschlecht des Fußballs

Anhand eines letzten Beispiels sollen noch einmal die geschlechtsspezifische Zuweisung unterschiedlicher Charaktereigenschaften und Verhaltensweisen und deren Bedeutung im Fußball demonstriert werden:

> „ich bin davon überzeugt, dass einfach die körperlichen Voraussetzungen andere sind. Frauen können äh.. sicherlich vielleicht noch eleganter Volleyball spielen – Männer können das auch gut – aber das wäre zum Beispiel eine Sportart pft... hundertprozentig geeignet ... Wo ich ja auch nicht Frau gegen Frau spiele oder Mann gegen Mann, sondern ich spiele in einem Team und mache da meinen Part, und da kann ich meine Vorzüge unheimlich ausspielen. Aber ich weiß nicht, ob das der Weisheit letzter Schluss ist, dass man da aufeinander zugeht. Dass eine Frau der anderen von hinten die Beine wegreißt. Da habe ich so ein bisschen äh ... andere Vorstellungen, ne?
>
> **I:** Aber das soll ja beim Herrenfußball eigentlich auch nicht sein dass man sich die Beine wegreißt?
>
> Nein, aber dieses *Heroische* ist doch da. [lacht] Der kriegt ja dann meistens auch die rote Karte, weil's nicht sein darf. Aber das Hereingrätschen ... äh ist, wenn überhaupt, mehr männergeeignet als frauengeeignet." (Dok. 48: 225ff.)

Der Befragte begann seine Ausführungen mit der Annahme unterschiedlicher körperlicher Voraussetzungen von Frauen und Männern, die in seiner Deutung in der unterschiedlichen Eignung für bestimmte Sportarten resultieren. Dabei schien es weniger um die sportliche Leistungsfähigkeit zu gehen als vielmehr um die mit der Ausübung dieser Sportart verbundenen kulturellen Vorannahmen in Bezug auf für Frauen bzw. Männer angemessene Verhaltenserwartungen. Sportliche Konkurrenzorientierung und körperliche Härte wurden als eher „männergeeignet" gedeutet. Auffällig ist hier die vorsichtige Formulierung, mit der das Foulspiel unter Frauen beschrieben wurde: Die „ein bisschen anderen Vorstellungen", auf die der Sprecher hier verwies, bezogen sich offenbar nicht auf allgemeine Fairnessregeln im Fußball, sondern auf geschlechtsspezifische Erwartungsstrukturen bzgl. charakteristischer Eigenschaften und Verhaltensweisen von Frauen und Männern. So sei das Hineingrätschen und Wegreißen der Beine nur dann „heroisch", wenn es von einem Mann ausgeführt werde.

Letztlich verdeutlicht diese Äußerung, dass im Fußball *dasselbe* Verhalten je nach der Geschlechtszugehörigkeit unterschiedlich bewertet wird. Ausschlaggebend scheint dabei weniger die jeweilige Handlung oder die sportliche Leistung, sondern einzig und allein die geschlechtlichen Zuordnung zu sein: Was bei Frauen als elegant gilt, ist es noch lange nicht bei Männern, und was bei Männern als heroisch gilt, ist für Frauen schlicht unangemessenes Verhalten. Entsprechend lässt sich vermuten, dass auch die Wahrnehmung von Frauen- und Männerfußball als unterschiedliche Sportarten in erster Linie mit dem Geschlecht der Athleten und weniger mit beobachtbaren Verhaltensunterschieden zu tun hat.

3.5.4 *Zwischenfazit: Die Geschlechtszugehörigkeit im Vergleich zu nationalen und ethnischen Mitgliedschaftskategorien bei der Beobachtung und Zurechnung fußballerischer Leistung*

Trotz des eher kursorischen Charakters dieses Kapitels lassen sich einige auffallende Parallelen in der Deutung der Geschlechtszugehörigkeit sowie der nationalen bzw. ethnischen

Herkunft im Fußball erkennen. So fungieren sowohl die geschlechtliche als auch die nationale und ethnische Zugehörigkeit als Beobachtungsschemata bei der Zuschreibung fußballerischer Leistungen. Entsprechend existieren im Fußball weit verbreitete Erwartungsstrukturen über die jeweiligen Eigenschaften und Verhaltensweisen der Angehörigen verschiedener Geschlechter, ethnischer und nationaler Kollektive. Neben der Verwendung nationaler und ethnischer Stereotypen gibt es im Fußball einen gemeinsamen Wissensvorrat von Geschlechterstereotypen, die allerdings vermutlich deutlich seltener zum Einsatz kommen, da sie bei der regelmäßigen Spielbeobachtung aufgrund der Abwesenheit von Frauen nicht relevant sind. Andererseits ist die Aktivierung nationaler und ethnischer Differenzen häufig mit dem Verweis auf bestimmte Geschlechterstereotypen verbunden, so z.B. wenn es um Stereotypen des südländischen Machismo geht. Dann scheint die Darstellung und Wahrnehmung der ethnischen Zugehörigkeit die Darstellung und Wahrnehmung des Geschlechts zu bestimmen (vgl. Müller 2003: 142ff.). Ein weiteres Beispiel für derartige Interferenzen bei der Verwendung von ethnischen und geschlechtlichen Stereotypen lieferten Beschreibungen einer spezifisch südländischen Mentalität, der ein geschlechtlich codiertes Ehrgefühl zugeschrieben wurde:

> „Um Himmels willen, also n Marokkaner, Tunesier in der Mannschaft is grundsätzlich insofern schwierig, dass du einfach wissen musst, dass die- also geht auch bei Serb- also Jugoslawen ist das auch ähnlich, dieses- dieses Ehrgefühl, das wir so nicht haben. Also was weiß ich, wenn zu mir jetzt einer sagt, „Deine Mutter ist ne Hure", dann würde da ich sagen, „Bist du noch ganz dicht", und würde ihm vielleicht auch noch eine scheuern, aber ich würde jetzt nicht ein Leben lang damit rumlaufen und sagen, „Der hat das gesagt, den schnappe ich mir irgendwann." Das ist da wirklich- das is da echt extrem. Ja also ...dieses Ehrgefühl, das wir so nicht kennen, das musst du *wissen*, wie du mit den Jungs umgehen musst, das ist ein *Riesen*unterschied. Ehm... grundsätzlich der Stolz viel ausgeprägter, all solche Dinge." (Dok. 4: 140)

Zunächst wurden den Angehörigen ganz unterschiedlicher Nationalstaaten Gemeinsamkeiten bzgl. eines gemeinsamen Ehrgefühls unterstellt, das der Sprecher für sich als Mitglied eines anderen ethnischen Kollektivs zurückwies. Dieses als „extrem" gedeutete Ehrgefühl illustrierte er am Beispiel der Beschimpfung der eigenen Mutter als Hure, eine im Fußball offenbar durchaus gängige Beleidigung, auf die angeblich vor allem Spieler südländischer Herkunft besonders heftig reagieren.[339]

Bei der Aktivierung der Stereotypen in der Interaktion zeigen sich weitere Parallelen: Zunächst wurden ähnliche Plausibilisierungsstrategien verwendet, und die Zuweisungen von Eigenschaften und Handlungsweisen qua Geschlecht, Ethnie oder Nation wurden mittels verschiedener Erklärungsversuche legitimiert. Hier finden sich die von Berger und Luckmann (1980: 100ff.) beschriebenen Ebenen der Legitimation in Form von fundamentalen und vortheoretischen Tatsachenaussagen („das is halt so") sowie Verweise auf Erfahrungsberichte. Aus Mangel an eigenen Erfahrungen nimmt die zweite Ebene der Legitimation im Falle der Erklärung der geschlechtsspezifischen Segregation des Fußballs die Form einer „modernen Sportlegende" an. Wenn es zu moralisierenden Bewertungen der stereotypen Verhaltenserwartungen kam, wurden sowohl im Fall ethnischer und nationaler als auch

---

[339] Vgl. dazu auch die Spekulationen über die Beleidigungen, die dem aggressiven Übergriff des algerisch-stämmigen Starspielers Zinédine Zidane gegen einen italienischen Mitspieler im Endspiel der Weltmeisterschaft 2006 vorangegangen sein sollen (vgl. Tietze 2006). Es wurde vermutet, dass es sich um Beleidigungen seiner Schwester oder Mutter gehandelt habe.

3.5 Das Geschlecht des Fußballs

geschlechtlicher Zugehörigkeit auf die rhetorischen Mittel der Kontrastierung und Übertreibung zurückgegriffen. Die kommunikative Grundstruktur des sportlichen Leistungsvergleichs lieferte auch im Fall der sexistischen Stereotypenkommunikation das formale Muster für die ebenfalls auf Vergleich und Bewertung abstellende Kontrastierung von Männern und Frauen. Sowohl bei der Verwendung nationaler und ethnischer als auch geschlechtsspezifischer Stereotype nahmen die Interaktionen einen selbstreflexiven Charakter an, der hier als Zeichen für das Bewusstsein der Gesprächspartner für die Brisanz ihrer Bewertungen gedeutet wurde. So scheinen die Befragten grundsätzlich die Wahrnehmung der Illegitimität derartiger generalisierender Zuschreibungen und Bewertungen qua nationaler, ethnischer oder geschlechtlicher Zugehörigkeit geteilt zu haben. Um also nicht selbst aufgrund eines Verstoßes gegen dieses Diskriminierungsverbot zum Objekt negativer Beurteilung zu werden, wurden die moralischen Bewertungen in den Stereotypenkommunikationen durch Witzrahmungen und andere Distanzmarker abgeschwächt.

Eine weitere Gemeinsamkeit liegt in der Begründung der unterstellten Verhaltensunterschiede mit dem Verweis auf die zugrunde liegende körperliche Differenz zwischen Angehörigen unterschiedlicher ethnischer und nationaler Kollektive sowie der Geschlechter. Auch wenn der Rückbezug auf den Körper im Fall von Ethnie und Geschlecht deutlicher ausfiel, wurde auch bei der Zuschreibung nationaler Differenzen von körperlichen Unterschieden ausgegangen, die dann jedoch häufig weniger als angeboren betrachtet wurden denn als anerzogene Sozialisationseffekte. Gerade aufgrund dieses Körperbezugs stellt der Fußball eine besonders geeignete Bühne zur Inszenierung ethnischer, nationaler und geschlechtlicher Differenzen dar: Die Ursache hierfür könnte in der herausragenden Bedeutung des Körpers im Sport allgemein und insbesondere im Fußball liegen. So wurde der menschliche Körper im Sport im Gegensatz zu seiner Bedeutung in den meisten anderen gesellschaftlichen Funktionssystemen nicht abgewertet und marginalisiert, sondern zum konstitutiven Merkmal des Sports erklärt, der sich vorrangig mit der Beobachtung und dem Vergleich körperlicher Leistungen befasst. Da beim Fußball die unmittelbare körperliche Anwesenheit der gegnerischen Mannschaften die Voraussetzung für den Leistungsvergleich darstellt und die Körper in ihrer Leibhaftigkeit unumgehbar den Mittelpunkt der Aufmerksamkeit bilden, werden vermutlich auch stärker die ganzen Personen bzw. ihre körperlichen Erscheinungsbilder wahrgenommen. Im Fußball ist es praktisch unmöglich von der Person samt ihrem Geschlecht sowie ihrer ethnischen und nationalen Herkunft abzusehen, die ja vor allem als körperliche Merkmale gedeutet werden. Und da die geschlechtliche, die ethnische bzw. die nationale Zugehörigkeit als zugeschriebene Personenmerkmale wahrgenommen werden, wird eine kausale Verknüpfung dieser Merkmale mit Leistungserwartungen leicht ermöglicht und erscheint plausibel.

Schluss

> „Die Schweden sind keine Holländer – das hat man ganz genau gesehen."
> (Franz Beckenbauer)

Am Ende steht erneut ein Zitat von Franz Beckenbauer, das uns zurück zum Ausgangspunkt der Arbeit und der Frage nach der herausragenden Bedeutung nationaler und ethnischer Zuschreibungen im Fußball führt. Natürlich sind die Schweden keine Holländer, aber warum werden Handlungen im Fußball ganz anders als in der Wissenschaft oder der Kunst überhaupt entlang nationaler Differenzen beobachtet? Und warum werden ethnisch-nationale Stereotypisierungen ebenso wie der Ausschluss qua Nationalität beim Fußball als legitim wahrgenommen? Ganz ähnliches gilt auch hinsichtlich der Bedeutung der Geschlechtszugehörigkeit und deren selbstverständlicher Funktion als soziale Teilungsdimension im Sport. Im Mittelpunkt der Arbeit stand letztlich die Frage nach der Legitimität partikularistischer Diskriminierungen im Fußball bzw. nach der Vereinbarkeit mit der universalistischen Inklusionslogik moderner Gesellschaften.

Im Anschluss an die Inklusionsthematik und den Anspruch auf universale Geltung des sportlichen Leistungsvergleichs wurde außerdem nach der Gleichzeitigkeit von Globalisierung und Nationalisierung im Fußball gefragt: Wieso dominieren im Fußball einerseits nationale Grenzziehungen und der Wettbewerb erfolgt primär entlang territorialer Grenzen, während andererseits regelmäßig die Rede von einer grenzenlosen Fußballwelt ist? So gibt es keine sachlogischen Gründe dafür, dass der Vergleich fußballerischer Leistungen an nationalen Grenzen halt machen sollte.

Die Beantwortung dieser beiden Ausgangsfragen erfolgte mit Hilfe einer Analyse der Geschichte des Fußballs und ethnographischen Studien in drei Bundesligaklubs. Zunächst wurde untersucht, seit wann und aufgrund welcher historischen Zusammenhänge ethnische, nationale und geschlechtliche Differenzen als Beobachtungsschemata des modernen Fußballs fungieren. Durch die ethnographischen Analysen wurden außerdem die Funktionslogik und Wissensstrukturen des Fußballs herausgearbeitet sowie Deutungen und Konstruktion ethnischer, nationaler und geschlechtlicher Zugehörigkeiten innerhalb der alltäglichen sozialen Interaktionen im Untersuchungsfeld rekonstruiert. Im Vordergrund standen dabei die Fragen nach den alltäglichen Konstruktionsprozessen sozialer Ordnung im Fußball, der Bedeutung und Zurechnung fußballerischer Leistung und schließlich nach der Wahrnehmung und Rationalisierung des Leistungsprinzips und partikularistischen Ausschließungen im alltäglichen Vollzug.

Die Ergebnisse der Arbeit werden entlang folgender Gesichtspunkte noch einmal zusammengefasst:

1. Versteckte Parallelen: Die Gleichzeitigkeit von Entstehung und Verbreitung des Fußballspiels, Durchsetzung der Idee der Nation und der „neuen" Ordnung der Geschlechter zwischen 1880 und 1930.

2. Perspektivenverschiebung: Globalisierung und Nationalisierung des Fußballs.
3. Die Beobachtung ganzer Personen und ihrer Körper bei der Zurechnung fußballerischer Leistungen.
4. Die Indexikalität des Leistungsbegriffs.
5. Die Logik des (Leistungs-)Vergleichs: Sport und Stereotypenkommunikation.

1. Versteckte Parallelen: Die Gleichzeitigkeit von Entstehung und Verbreitung des Fußballspiels, Durchsetzung der Idee der Nation und der „neuen" Ordnung der Geschlechter zwischen 1880 und 1930

Ein erstes zentrales Ergebnis dieser Arbeit besteht in der Feststellung, dass nationale Grenzen im Fußball nicht von Anfang an bedeutsam waren und dass es sich beim Fußball keineswegs immer schon um einen Männersport handelte. Nationale und geschlechtliche Differenzen fungierten weder in den vormodernen Ballspielen noch in den Anfangsjahren des modernen Fußballs als relevante Beobachtungsschemata. Die Ursachen für diesen Bedeutungswandel wurden vor allem in den zeitlichen Parallelen zwischen der Entstehung des Fußballspiels sowie seiner massenhaften Verbreitung einerseits und der Expansion der Nationenbildung während des imperialistischen Zeitalters sowie der Durchsetzung der polaristischen Geschlechterphilosophie andererseits verortet.

Diese Entwicklung erfolgte zunächst vor allem vermittelt durch die Bedeutung der öffentlichen Schulen bei der Entstehung des Fußballs in England. Auf diese Weise übertrug sich die geschlechtsspezifische Segregation des Bildungssystems auf den Fußball, und die Trennung von Mädchen- und Jungenschulen bzw. der Ausschluss der Mädchen von der höheren Schulbildung wurde zum Ausgangspunkt für die geschlechtspezifische Konnotation des Fußballspiels. Außerdem wurde an den Schulen der Kampf um die Vorherrschaft von Adel und neu aufgestiegenem Bürgertum ausgetragen, dessen Nachwuchs sich zur Hauptträgerschicht des modernen Fußballs entwickelte. Das Bürgertum spielte aber auch eine wichtige Rolle bei der Institutionalisierung von Nationalstaat und Geschlechterordnung. An den Schulen vermischten sich nationalistisches Ideengut und Vorstellungen der polaristischen Geschlechterphilosophie mit der sozialen Praxis des Sports.

Der formale Ausschluss qua Geschlecht und Nationalität erfolgte jedoch erst Anfang des 20. Jahrhunderts und steht im Widerspruch zu den Entwicklungen anderer Funktionssysteme, wie z.B. der Politik. So erfolgte die Exklusion der Frauen aus dem Fußball in England 1921, also kurz nachdem die Frauen das Wahlrecht erhalten hatten[340], und in Deutschland wurde der Frauenfußball sogar erst 1955 verboten, zwei Jahre vor dem Inkrafttreten des ersten Gleichberechtigungsgesetzes.[341] Die nationale Schließung und zunehmende ethnische Codierung der Deutung nationaler Zugehörigkeit im Fußball erfolgte sogar

---

[340] In England erhielten 1918 zunächst nur die Frauen ab dem 30. Lebensjahr das Wahlrecht, erst ab 1928 durften Frauen ab dem 21. Lebensjahr wählen.
[341] Mit diesem Gesetz erhielten verheiratete Frauen u.a. die Berechtigung zur Erwerbstätigkeit und die männliche Entscheidungsgewalt bzgl. ehelicher Lebensangelegenheiten wurde aufgehoben. Kurz zuvor hatte das Bundesverfassungsgericht die ungleiche Entlohnung von Frauen (Frauenlohnabschlagsklauseln in Tarifverträgen) für verfassungswidrig erklärt.

erst in der zweiten Hälfte des 20. Jahrhunderts und steht im Widerspruch zur internationalen Ächtung der Rassendiskriminierung seit Ende der 1960er Jahre.[342]

Zeitgleich zu diesen Entwicklungen etablierte sich der (Herren-)Fußball in vielen Teilen der Welt als Nationalsportart. Die historischen Parallelen dieser Prozesse scheinen auf gewissen Synergieeffekten der wechselseitigen Konstruktion zu basieren: Der Fußball wurde zur Bühne für die dramatische Inszenierung der neuen Vorstellungen hegemonialer Männlichkeit und nationaler Einheit sowie Differenz. Außerdem fungierten nationale Grenzziehungen als Basis für kollektive Vergemeinschaftungen und Identifikation. Mit Hilfe nationaler Identifikationschancen konnte die Bedeutung und Spannung sportlicher Auseinandersetzungen gesteigert und emotional aufgeladen werden, was vermutlich eine entscheidende Rolle für die Durchsetzung des Fußballs als Publikumssportart spielte. Gleichzeitig halfen Sport resp. Fußball bei der Institutionalisierung und Verbreitung des Nationengedankens, indem mit Hilfe sportlicher Wettkämpfe nationale Zugehörigkeit erstmals außerhalb von Kriegen erlebbar wurde.

Diese prononcierte Bedeutung national(staatlicher) Grenzen im weltweiten Spiel- und Wettkampfbetrieb führt unmittelbar zur Frage nach der Globalität des fußballerischen Leistungsvergleichs.

2. Perspektivenverschiebung: Globalisierung und Nationalisierung des Fußballs

Sowohl die Ergebnisse der historischen als auch der ethnographischen Analysen zeigen die Gleichzeitigkeit von Prozessen der Globalisierung und Nationalisierung im Fußball. Ähnlich wie bei einem Kippbild lassen sich je nach Blickwinkel unterschiedliche Zusammenhänge erkennen: Mal erscheint eine „ent-grenzte" Fußballwelt und mal dominiert das Bild des Nationenfußballs.

Anhand der Entwicklungsgeschichte des Fußballs wurde verdeutlicht, dass man seit Ende des 19. Jahrhunderts von der Ausdifferenzierung des Sports als eigenständiges Funktionssystem und damit der Etablierung eines zumindest potentiell globalen Vergleichshorizonts fußballerischer Leistungen sprechen kann. Als entscheidende Entwicklungsschritte wurden die Vereinheitlichung der Spielregeln (1863), die Einführung eines kontinuierlichen Ligabetriebs (1871 bzw. 1888) und die Entstehung eines „öffentlichen Gedächtnisses" genannt, aufgrund dessen jede Leistung in einen fußballerischen Ereigniszusammenhang eingeordnet werden konnte. Die mit diesen Entwicklungen verbundene Tendenz hin zu einem grenzüberschreitenden fußballerischen Leistungsvergleich lässt sich entsprechend seit Ende des 19. Jahrhunderts in Form einer weltweiten Verbreitung des Fußballs beobachten. Der Leistungsvergleich wurde von der regionalen Ebene der Ligawettkämpfe auf Spiele zwischen einzelnen Nationen (in größerem zahlenmäßigen Umfang seit 1900) und schließlich die Austragung von Weltmeisterschaften (seit 1930) ausgedehnt.

Zur organisatorischen Durchführbarkeit eines derartigen globalen Leistungsvergleichs und um die Vergleiche nicht ausufern zu lassen, mussten zur Komplexitätsreduktion bestimmte Vergleichshorizonte eingeführt werden. Für diese Funktion boten sich die zeitgleich oder kurz zuvor institutionalisierten territorialen Nationengrenzen an: Die nationale Zugehörigkeit bildete eine geeignete Identifikationsbasis für den mannschaftlichen Konkur-

---

[342] So kann beispielsweise das Internationale Übereinkommen zur Beseitigung jeder Form von Rassendiskriminierung der UNO von 1966 als Ausdruck dieser Entwicklung auf der Ebene des politischen Systems gelten.

renzkampf und sorgte gleichzeitig für mehr Emotionalität und Spannung. Fußball fungierte zunehmend als Bühne für die dramatische Inszenierung nationaler Einheit und Differenz. Insgesamt lässt sich festhalten, dass die weltweite Verbreitung des Fußballs und die Durchsetzung des Nationalstaats als einzig legitime Form politischer Organisation praktisch Hand in Hand verliefen. Aus einer historischen Perspektive handelt es sich bei den Prozessen der Globalisierung und Nationalisierung des Fußballs also weniger um Widersprüche als um eng miteinander verbundene Entwicklungsdynamiken.

Das gilt auch für die Wahrnehmung der Akteure, in deren Deutung der fußballerische Leistungsvergleich weder auf mannschaftlicher noch auf individueller Ebene an irgendwelchen territorialen Grenzen halt macht. Sie berichteten übereinstimmend über einen globalen fußballerischen Beobachtungshorizont, dessen Entstehung sie jedoch weniger auf die Funktionslogik des sportlichen Leistungsprinzips als auf den Einfluss moderner Kommunikationsmedien und die Rechtsprechung des europäischen Gerichtshofs zurückführten. Die Beständigkeit der national(staatlich)en Grenzziehungen der Fußballorganisationen und die Beschränkungen bei der Verpflichtung ausländischer Spieler wurden dabei nicht als Widerspruch zur beschriebenen Entgrenzung der Fußballwelt gedeutet, sondern als pragmatische Notwendigkeit und Voraussetzung eines sinnvollen Leistungsvergleichs. Nationalgrenzen im Fußball werden also als funktionale Mechanismen des globalen Leistungsvergleichs wahrgenommen.

Diese Überlegungen führen zur Frage nach funktionalen Äquivalenten bzw. zurück zum Ausgangspunkt der Arbeit: *Warum* fungieren (ausgerechnet) Ethnie, Nation und Geschlecht als Beobachtungs- und Teilungsdimensionen des Fußballs, obwohl es doch eigentlich nur um die fußballerische Leistung gehen sollte? Wieso werden in der Alltagswahrnehmung Ausländerbeschränkungen und Geschlechtersegregation im Fußball nicht als Widerspruch zum sportlichen Leistungsprinzip und dem Postulat der Chancengleichheit gedeutet? Ein möglicher Grund dafür wurde in der Bedeutung des Körpers als gemeinsamem Referenzpunkt des Sports und ethnischer, nationaler und geschlechtlicher Zugehörigkeit verortet.

3. Die Beobachtung ganzer Personen und ihrer Körper bei der Zurechnung und Messung fußballerischer Leistungen

Bei der Beobachtung und dem Vergleich sportlicher Leistungen im Fußball kann nicht von der Person abgesehen werden, da der Körper unmittelbar im Zentrum der Aufmerksamkeit steht. Im Gegensatz zu anderen Funktionskontexten, in denen der Körper regelmäßig abgewertet und marginalisiert wird, werden seine Leistungsfähigkeit und Belastbarkeit im Sport hervorgehoben und gewürdigt. Dabei resultiert die Notwendigkeit räumlicher und zeitlicher Kopräsenz der konkurrierenden Mannschaften im Fußball in einer besonderen Fokussierung leibhaftiger Personen bzw. der beobachtbaren Unterschiede zwischen den gegeneinander kämpfenden Körpern. Anhand detaillierter ethnographischer Beschreibungen wurden die nonverbalen Darstellungstechniken zur Inszenierung von Solidarität bzw. Gegnerschaft im Fußball und die Bedeutung des Körpers dabei herausgearbeitet.

Da beim fußballerischen Leistungsvergleich also regelmäßig ganze Personen in ihrer Leibhaftigkeit beobachtet werden, scheint es wahrscheinlicher als in anderen Funktionskontexten zu sein, dass körpergebundene Merkmale, wie Ethnizität, nationale Zugehörigkeit oder Geschlecht als Interpretationskategorien relevant gemacht werden. Darüber hinaus sind nationale Vergemeinschaftungen ebenfalls auf die Inklusion ganzer Personen (und ihrer Körper) ausgerichtet. Aufgrund des gemeinsamen Körperbezugs wird die Umdeutung ethnischer, nationaler und geschlechtlicher Differenzen zu leistungsrelevanten Merkmalen auch als legitim und nicht als Bruch mit dem Leistungsprinzip oder Verstoß gegen das Postulat der Chancengleichheit wahrgenommen. Dass eine derartige Re-Interpretation zugeschriebener Personenmerkmale zu Kriterien der Leistungsbewertung überhaupt möglich ist, hat seine Ursache in den Problemen der Messbarkeit fußballerischer Leistungen und der Kontextabhängigkeit des Leistungsbegriffs.

4. Die Indexikalität des Leistungsbegriffs

Nicht zuletzt aufgrund der Notwendigkeit körperlicher Kopräsenz beim Fußball lässt sich Leistung hierbei schlecht vergleichen und messen, von einer konkreten Situation abstrahieren und auf einen anderen Ort oder Gegner übertragen. Während die Mannschaftsleistung z.B. anhand der Anzahl von Toren noch messbar ist, erweist sich die Zurechnung individueller Leistungen regelmäßig als problematisch, da sie zu großen Teilen auf subjektiven, kaum mess- und standardisierbaren Bewertungen basiert. Besonders schlecht messbar sind vor allem psycho-soziale Fähigkeiten, die regelmäßig als Voraussetzung für die Erbringung fußballerischer Leistungen gedeutet werden, z.B. Charakter und Integrationsfähigkeit. Bei der Suche nach sichtbaren Indikatoren für diese Personenmerkmale wird dann im Zuge der Spielerbewertung auf ethnische oder nationale Zugehörigkeiten zurückgegriffen, und es kommt zur Aktivierung entsprechender Stereotype.

Diese allgemeine Begründung für das Zustandekommen ethnisch-nationaler Stereotype bei der Beobachtung fußballerischer Leistungen wurde außerdem durch eine organisationssoziologische Erklärung ergänzt. Dabei geht es dann nicht mehr nur um den Gebrauch derartiger Zuschreibungen, sondern auch um die Frage, unter welchen Bedingungen sie Inklusions- bzw. Exklusionsentscheidungen beeinflussen können. Hier wurde ein Zusammenhang zwischen Organisationsstruktur und der Wahrscheinlichkeit partikularistischer Diskriminierungen festgestellt: Inwiefern personale Eigenschaften und damit auch die ethnische und nationale Herkunft als Leistungsvoraussetzungen gedeutet werden, hängt von der Professionalität eines Fußballklubs und dem Standardisierungsgrad der individuellen Leistungsbewertung ab. Eine klare Arbeitsteilung in der Führungsspitze eines Klubs, die Trennung von Mitgliedschaftsmotivation und Organisationszweck, bezahlte Berufsarbeit anstelle unbezahlter Ehrenämter und ein möglichst personenunabhängiges standardisiertes Verfahren zur Leistungsbewertung sind Rahmenbedingungen, die die Zurechnung von Leistung auf der Basis nationaler und ethnischer Zuschreibungen unwahrscheinlicher machen. Dagegen kommt es in Fußballvereinen ohne fest institutionalisierte funktionale Arbeitsteilung, ohne formalisierte und intersubjektiv nachvollziehbare Methoden der Spielerbewertung, in denen kaum zwischen Person und Funktionsrolle unterschieden wird, eher zu ethnischen und nationalen Personalisierungen sowie daran anschließenden Ungleichbehandlungen (z.B. zum Ausschluss nicht-deutscher Spieler).

Darüber hinaus wird die Legitimation partikularistischer Ausschlüsse durch die Ungenauigkeit und Kontextabhängigkeit des Leistungsbegriffs erleichtert: Je nachdem welche Vergleichsebene beobachtet wird, kann die Zurechnung fußballerischer Leistung sehr unterschiedlich ausfallen. So lässt sich beispielsweise die Exklusion individuell positiv bewerteter Spieler mit Hinblick auf die Mannschaftsleistung legitimieren. Und durch den Bezug auf die Leistungsfähigkeit der Nationalmannschaft, lässt sich sogar der Ausschluss individuell und mannschaftlich gut bewerteter Spieler mit dem Leistungsprinzip rationalisieren. Letztlich bedeutet das, dass die Inklusion im Fußball zwar über das Leistungsprinzip geregelt wird, aber man genau hinschauen muss, um wessen Leistungen es eigentlich geht.

Auch die Geschlechtszugehörigkeit wird als leistungsrelevantes Merkmal wahrgenommen, das im Unterschied zur nationalen Herkunft jedoch als unmittelbare Determinante sportlicher Leistung und nicht nur als Leistungsvoraussetzung gedeutet wird. Auf der Basis der alltagsweltlichen Überzeugung, dass Männer körperlich leistungsfähiger sind als Frauen, erscheint auch die obligatorische Geschlechtertrennung im Fußball legitim. Anders als im Fall der ethnischen und nationalen Zugehörigkeit wird jede Möglichkeit eines direkten Leistungsvergleichs der Geschlechter systematisch vermieden, wodurch die Leistungsunterschiede praktisch unüberwindbar und für alle Zeit festgeschrieben werden. Dieser vollständige Ausschluss der Frauen aus dem fußballerischen Vergleichshorizont sowie die unterschiedliche Popularität von Fußballspielenden Frauen und Männern wird vor allem durch den Verweis auf die Inkommensurabilität der Leistungen und die Deutung von Frauen- und Herrenfußball als zwei unterschiedliche Sportarten gerechtfertigt.

Die Bedeutung des Leistungsprinzips und dessen inhärente Bestandteile von Vergleich und Bewertung führen zu einem weiteren, eher formalistischen Erklärungsansatz für die Relevanz ethnischer, nationaler und geschlechtlicher Zuschreibungen im Fußball: den Parallelen zwischen der kommunikativen Struktur des sportlichen Leistungsvergleichs und der Figur des Stereotyps.

5. Die Logik des (Leistungs-)Vergleichs: Sport und Stereotypenkommunikation

Wie anhand detaillierter Beschreibungen aufgezeigt wurde, existiert ein umfangreiches und elaboriertes System ethnisch-nationaler Stereotype im Fußball. Häufigkeit und Legitimität der Verwendung dieser Stereotype lassen sich auch mit der Strukturähnlichkeit zwischen der sportlichen Leistungskommunikation und der Stereotypenkommunikation begründen. So gehören die Konstruktion von Differenz und deren Bewertung auf der Basis eines Vergleichs sowohl zur Grundstruktur der Funktionslogik des Fußballs als auch zur Kommunikationsform des Stereotyps.

Fußballmannschaften konkurrieren gegeneinander und neigen zur dramatischen Inszenierung dieser Gegnerschaft, werden aufgrund ihrer fußballerischen Leistungen miteinander verglichen und hierarchisiert. Entsprechend funktioniert auch die Kommunikation über sportliche Wettkämpfe, in der regelmäßig mit Hilfe von Vergleichen Differenz hergestellt und bewertet wird. Das bedeutet, dass in der sprachlichen Form des Vergleichs bereits eine Tendenz zur Moralisierung enthalten ist.

Die Konstruktion von Differenzen (z.B. mittels Übertreibung), deren Vergleich und implizite Bewertung sind aber auch konstitutive Merkmale der interaktiven Realisierung von Stereotypen. Hierbei geht es stets um Verallgemeinerungen bestimmter Eigenschaften und Verhaltensweisen, die den Mitgliedern eines sozialen Kollektivs zugeschrieben werden und sich korrigierenden Wahrnehmungen starr widersetzen. Die Verwendung von Stereotypen innerhalb sozialer Interaktionen erfolgt sprachlich regelmäßig mit Hilfe von Vergleichen, um die Besonderheiten der jeweiligen Kollektive überhaupt verdeutlichen zu können. Entsprechend lässt sich das umfassende System ethnisch-nationaler Stereotype im Fußballkontext als Matrix aufeinander bezogener Zuschreibungen allgemeiner Eigenschaften beschreiben, die primär auf Distinktion angelegt sind. Diese Stereotype sind relational und maximal kontrastiv konstruiert und tendieren zu Übertreibungen. Daher scheint sich die sprachliche Form des Stereotyps generell für die Kommunikation über sportliche Leistungen anzubieten. Entsprechend finden neben den ethnisch-nationalen auch geschlechtsspezifische Stereotype regelmäßig Anwendung im Fußball.

Wie so oft werfen aber auch hier die Antworten zahlreiche neue Fragen auf und zeigen Lücken in der bestehenden Forschung. Für den Fußball fehlen vor allem historische Untersuchungen über den Deutungswandel von Geschlecht und nationaler Zugehörigkeit im Verlauf des 19. und 20. Jahrhunderts. Wie groß war die Beteiligung von Frauen und Ausländern in den Anfangsjahren des Fußballs tatsächlich und wie genau kam es zum Ausschluss qua Geschlecht und Nationalität?

Aufschlussreich wäre hierbei auch die Analyse von Zusammenhängen und Rückbezügen dieser Entwicklungen auf die Bedeutung ethnischer, nationaler und geschlechtlicher Differenzen in anderen Funktionskontexten, wie z.B. Politik, Wissenschaft und Kunst. Welche Faktoren haben die Deutung der drei Teilungsdimensionen in diesen Funktionssystemen beeinflusst, und welche Berührungspunkte gibt es zum Sport, der in vielerlei Hinsicht eine auffallende Anomalie gesellschaftlicher Modernisierungsprozesse darzustellen scheint? Genau das macht ihn zu einem besonders geeigneten soziologischen Untersuchungsfeld.

Diese Arbeit versteht sich weniger als sportsoziologische Analyse, sondern als empirischer Beitrag zur Differenzierungssoziologie, zur Soziologie der Ethnizität sowie zur Geschlechterforschung. Der Fußball diente lediglich als Beispiel zur Untersuchung und Konkretisierung einiger abstrakter differenzierungstheoretischer Konzepte, die wiederum als Rahmen für die Analyse der Deutung und interaktiven Konstruktion ethnischer, nationaler und geschlechtlicher Differenzen innerhalb eines stark leistungsorientierten Funktionskontextes fungierten. Aus diesem Grund richtet sich meine Arbeit weniger an Fußballfans, sondern vielmehr an soziologisch interessierte Beobachter, die ausreichend Distanz haben, um auch solche Selbstverständlichkeiten wie den Fußball in Frage stellen zu können. Die Beschreibung der tatsächlichen oder imaginierten Unterschiede zwischen Schweden und Holländern dagegen gehört hier nicht hin und sollte auch in Zukunft besser in den Händen Franz Beckenbauers verbleiben.

Literatur

Abels, Heinz 2001: Interaktion, Identität, Präsentation. Kleine Einführung in interpretative Theorien der Soziologie, Wiesbaden: Westdeutscher Verlag
Adelmann, Ralf/Stauff, Markus 2003: Die Wirklichkeit in der Wirklichkeit. Fernsehfußball und mediale Wissenskultur, in: Adelmann, Ralf/Parr, Rolf/Schwarz, Thomas (Hg.): Querpässe. Beiträge zur Literatur-, Kultur- und Mediengeschichte des Fußballs, Heidelberg: Synchron, S. 103-121
Allert, Tilman 2005: Der deutsche Gruß. Geschichte einer unheilvollen Geste, Berlin: Eichborn
Amann, Klaus/Hirschauer, Stefan 1997: Die Befremdung der eigenen Kultur. Ein Programm, in: Dies. (Hg.): Die Befremdung der eigenen Kultur. Zur ethnographischen Herausforderung soziologischer Empirie, Frankfurt/M.: Suhrkamp, S. 7-52
Anderson, Benedict 1988: Die Erfindung der Nation. Zur Karriere eines folgenreichen Konzepts, Frankfurt/M. und New York: Campus
Anonyma 2006: Bloß kein Beckenbauer-Autogramm! Bei der WM kann man was erleben, insbesondere als VIP-Hostess: ein Selbsterfahrungsbericht, in: Frankfurter Allgemeine Sonntagszeitung Nr. 25 vom 25. Juni 2006, S. 60
Appelt, Erna 1999: Geschlecht, Staatsbürgerschaft und Nation: Politische Konstruktionen des Geschlechterverhältnisses in Europa, Frankfurt/M. und New York: Campus
Apraku, Eva/Hesselmann, Markus 1998: Schwarze Sterne und Pharaonen. Der Aufstieg des afrikanischen Fußballs, Göttingen: Verlag Die Werkstatt
Ashelm, Michael 2003: Vom Missverständnis zum Mythos, in: Frankfurter Allgemeine Sonntagszeitung Nr. 41 vom 12. Oktober 2003, S. 23
Ashelm, Michael 2004: Tore schießen, Mund halten – alles vergeblich. Warum Angreifer wie Max in der Nationalelf wenig Chancen haben, in: Frankfurter Allgemeine Sonntagszeitung Nr. 19 vom 9.Mai 2004, S. 18
Ashelm, Michael 2005a: Ende des Solidaritätszuschlags. Bayern first: Rummenigge will für mehr Leistung mehr Geld aus dem Fernsehtopf – Frankfurt kämpft für das „funktionierende Gefüge", in: FAS Nr. 51 vom 25.12.2005, S. 18
Ashelm, Michael 2005b: So funktioniert die Nationalelf, in: Frankfurter Allgemeine Sonntagszeitung Nr. 23 vom 12. Juni 2005, S. 13
Ashelm, Michael 2006: Unter Niveau, in: FAZ Nr. 59 vom 10. März 2006, S. 31
Bairner, Alan 2001: Sport, Nationalism, and Globalization. European and North American Perspectives, Albany: State University of New York
Barth, Fredrik 1969: Introduction, in: Ders.(Hg.): Ethnic Group and Boundaries. The Social Organization of Cultural Differences, Bergen-Oslo und London: Scandinavian University Books, S: 9-38
Bayly, Christopher A. 2006: Die Geburt der modernen Welt. Eine Globalgeschichte 1780-1914, Frankfurt/M. und New York: Campus
Becker, Howard S. 1981: Außenseiter. Zur Soziologie abweichenden Verhaltens, Frankfurt/M.: Fischer
Becker, Peter 1990: Fußballfans. Vormoderne Reservate zum Erwerb und zur Verteidigung männlicher Macht und Ehre, in: Völger, Gisela/Welck, Karin v. (Hg.): Männerbande Männerbünde. Zur Rolle des Mannes im Kulturvergleich, Köln, S. 149-156
Becker, Thomas 2005: Mann und Weib – schwarz und weiß. Die wissenschaftliche Konstruktion von Geschlecht und Rasse 1600-1950, Frankfurt/M.: Campus

Bellos, Alex 2006: Königin Fußball. Wo Models, Straßenkicker und Drogenhändler zusammenfinden: Das skurrile Turnier im Dschungel des Amazonas, in: Frankfurter Allgemeine Sonntagszeitung Nr. 16 vom 23. April 2006, S. 24

Bender, Tom/Kühne-Hellmessen, Ulrich 2001: Ballzauberer. Von Addo bis Zé Roberto, Berlin: Sportverlag

Bender, Tom/Kühne-Hellmessen, Ulrich 2003: Verrückte Nationalelf, Augsburg: Weltbild

Bender, Tom/Kühne-Hellmessen, Ulrich 2003: Verrückte Bundesliga. Mit kompletter Chronik und Super-Statistik, Augsburg: Weltbild

Berger, Peter L. 1970: On the Obsolence of Honour, in: Archives européennes de sociologie 11, S. 339-346

Berger, Peter L./Luckmann, Thomas 1980 [1966]: Die gesellschaftliche Konstruktion der Wirklichkeit. Eine Theorie der Wissenssoziologie, Frankfurt/M.: Fischer

Bergmann, Jörg 1996: „Ein Engländer, ein Franzose und ein Bayer..." – Über ethnische Stereotypen in der Alltagskommunikation, in: Bredella, Lothar/Christ, Herbert (Hg.): Begegnungen mit dem Fremden, Gießen: Verlag der Ferber'schen Universitätsbuchhandlung, S. 1-20

Bergmann, Jörg 1998: Über den lokalen Charakter der Moral in der gegenwärtigen Gesellschaft, in: Mitteilung des Institutes für Sozialforschung 9, S. 70-91

Bergmann, Jörg 2000: Ethnomethodologie, in: Flick, Uwe/Kardorff, Ernst v./Steinke, Ines (Hg.): Qualitative Sozialforschung. Ein Handbuch, Reinbek: Rowohlt, S. 118-135

Bergmann, Jörg/Luckmann, Thomas 1999: Moral und Kommunikation, in: Dies. (Hg.): Kommunikative Konstruktion von Moral. Band 1: Struktur und Dynamik der Formen moralischer Kommunikation, Wiesbaden: Westdeutscher Verlag, S. 13-36

Bernasconi, Robert 2001: Who Invented the Concept of Race? Kant's Role in the Enlightenment Construction of Race, in: Ders.: Race, Malden und Oxford: Blackwell, S. 11-36

Bette, Karl-Heinrich 1989: Körperspuren. Zur Semantik und Paradoxie moderner Körperlichkeit, Berlin und New York: de Gruyter

Bette, Karl-Heinrich 2004: X-treme. Zur Soziologie des Abenteuer- und Risikosports, Bielefeld: transcript

Bielefeld, Ulrich (Hg.) 1991: Das Eigene und das Fremde, Neuer Rassismus in der Alten Welt?, Hamburg: Hamburger Edition

Birrell, Susan 1981: Sport as a Ritual: Interpretations from Durkheim to Goffman, in: Social Forces Vol. 60, No. 2, S. 354-376

Bora, Alfons 2001: Öffentliche Verwaltung zwischen Recht und Politik. Die Multireferentialität organisatorischer Kommunikation, in: Tacke, Veronika (Hg.): Organisation und gesellschaftliche Differenzierung, Opladen: Westdeutscher Verlag, S. 170-191

Bös, Mathias 1993: Ethnisierung des Rechts? Staatsbürgerschaft in Deutschland, Frankreich, Großbritannien und den USA, in: Zeitschrift für Soziologie 45(4): 619-643

Bös, Mathias 1995: Zur Evolution nationalstaatlich verfaßter Gesellschaften, in: Protosoziologie 7, S. 159-169

Bös, Mathias 1997: Migration als Problem offener Gesellschaften. Globalisierung und sozialer Wandel in Westeuropa und in Nordamerika, Opladen: Leske+Budrich

Bös, Mathias 2005a: Kommentar: Staatsbürgerschaft und nationale Zugehörigkeit heute, in: Gusy, Christoph/Haupt, Heinz-Gerhard (Hg.): Inklusion und Partizipation. Politische Kommunikation im historischen Wandel, Frankfurt am Main/New York: Campus, S. 212-232

Bös, Mathias 2005b: Rasse und Ethnizität. Zur Problemgeschichte zweier Begriffe in der amerikanischen Soziologie, Wiesbaden: VS

Bourdieu, Pierre 2005: Die männliche Herrschaft, Frankfurt/M.: Suhrkamp

Bradley, James 1992: The MCC, Society and Empire: A Portrait of Cricket's Ruling Body, 1860-1914, in: Mangan, J.A. (Ed.): The Cultural Bond. Sport, Empire, Society, Portland: Frank Cass, S. 27-46

Brändle, Fabian/Koller, Christian 2002: Goooal!!!. Kultur- und Sozialgeschichte des modernen Fussballs, Zürich: Orell Füssli

Brednich, Rolf, Wilhelm 1990: Die Spinne in der Yucca-Palme. Sagenhafte Geschichten von heute, München: Beck
Brednich, Rolf Wilhelm 1998: Die Maus im Jumbo-Jet. Neue sagenhafte Geschichten von heute. München: Beck
Bromberger, Christian 2006: Ein ethnologischer Blick auf Sport, Fußball und männliche Identität, in: Kreisky, Eva/Spitaler, Georg (Hg.): Arena der Männlichkeit. Über das Verhältnis von Fußball und Geschlecht, Frankfurt/M. und New York: Campus: S. 41-52
Bröskamp, Bernd 1998: Globalisierung, ethnisch-kulturelle Konflikte und lokaler Sport, in: Klein, Marie-Luise/Kothy, Jürgen (Hg.): Ethnisch-kulturelle Konflikte im Sport, Hamburg: Czwalina, S. 41-58
Brown, Tony N./Jackson, James S./Brown, Kendrick T./Sellers, Robert M./Keiper, Shelley/Manuel, Warde J. 2003: „There's no race on the playing field". Perceptions of Racial Discrimination among White and Black Athletes, in: Journal of Sport & Social Issues 27, 2, S. 162-183
Brubaker, Rogers 2007: Ethnizität ohne Gruppen, in: Ders.: Ethnizität ohne Gruppen, Hamburg: Hamburger Edition, S. 16-45
Brüggemeier, Franz-Josef 2004: Zurück auf dem Platz. Deutschland und die Fußballweltmeisterschaft 1954, München: dva
Brüggemeier, Franz-Josef 2006a: Aufstieg des Frauenfußballs, in: Informationen zur politischen Bildung Nr. 290, S. 34-38
Brunner, Otto 1966: Das „ganze Haus" und die alteuropäische „Ökonomik", in: Oeter, Ferdinand (Hg.): Familie und Gesellschaft, Tübingen: Mohr, S. 23-56
Brunson, Nils 1982: The Irritation of Action and Action Rationality: Decisions, Ideologies and Organizational Actions, in: Journal of Management Studies 19, S. 29-44
Brunvand, Jan Harold 1981: The Vanishing Hitchhiker: American Urban Legends and Their Meanings, New York: Norton
Büch, Martin-Peter (Hg.) 2001: Verschwinden nationale Auswahlmannschaften in einer ‚offenen' Gesellschaft? Folgen einer von Vereinsinteressen geleiteten Liga-Politik und ihre Auswirkungen auf die Nachwuchsförderung, Köln: Sport und Buch Strauß
Buytendijk, Frederic J.J. 1952: Das Fussballspiel. Eine psychologische Studie, Würzburg: Werkbund-Verlag
Burkhardt, Dagmar 2006: Eine Geschichte der Ehre, Darmstadt: WBG
Cachay, Klaus 1988: Sport und Gesellschaft. Zur Ausdifferenzierung einer Funktion und ihrer Folgen, Schorndorf: Hofmann
Cachay, Klaus/Thiel, Ansgar 2000: Soziologie des Sports. Zur Ausdifferenzierung und Entwicklungsdynamik des Sports der modernen Gesellschaft, Weinheim und München: Juventus
Cachay, Klaus; Thiel, Ansgar; Riedl, Lars/Wagner, Christian 2005: Wissenschaftlicher Ergebnisbericht des Forschungsprojekts „Global Player – Local Hero. Der Sportverein zwischen Spitzensport, Publikum und Vermarktung", Bielefeld (unveröffentlicht)
Cashmore, Ellis E. 1986: Die Meister des Mißerfolgs: Schwarze Sportler, in: Hortleder, Gerd/Gebauer, Gunter (Hg.): Sport – Eros – Tod, Frankfurt/M.: Suhrkamp, S. 144-164
Connell, Robert W. 1999: Der gemachte Mann. Konstruktion und Krise von Männlichkeiten, Opladen: Leske+Budrich
Connell, Robert W./Messerschmidt, James W. 2005: Hegemonic Masculinity. Rethinking the Concept, in: Gender & Society 19, 6, S. 829-859
Cornell, Stephen/Hartmann, Douglas 2007: Ethnicity and Race. Making Identities in a Changing World, 2nd Ed., Thousand Oaks: Pine Forge Press
Court, Jürgen 2004: Der Begriff des Fußballs in der frühen Sporttheorie – eine wissenschaftliche Analyse des Streits zwischen ‚Turnen' und ‚Sport' (1900-1913), in: Pyta, Wolfgang (Hg.): Der lange Weg zur Bundesliga. Zum Siegeszug des Fußballs in Deutschland, Münster: Lit, S. 31-58
Curry, Timothy Jon 1991: Fraternal Bonding in the Locker Room: A Profeminist Analysis of Talk about Competition and Women, in: Sociology of Sport Journal 8, S. 119-135

Dann, Otto 1993: Vereinsbildung in Deutschland in historischer Perspektive, in: Best, Heinrich (Hg.): Vereine in Deutschland: vom Geheimbund zur freien gesellschaftlichen Organisation, Bonn: Informationszentrum Sozialwissenschaften, S. 119-142

Davis, John P. 1966: The Negro in American Sports, in: Ders. (Hg.): The American Negro Reference Book, Englewood Cliffs: Prentice Hall, S. 775-825

Deutscher Fußball-Bund 1998: Schriftliche Fassung der Entscheidung des DFB Bundestages vom 24.10.1998

Diem, Carl 1960: Weltgeschichte des Sports und der Leibeserziehung, Stuttgart: Cotta-Verlag

Diketmüller, Rosa 2002: Frauenfußball im Zeichen der Globalisierung – Chancen und Risiken, in: Fanizadeh, Michael/Hödl, Gerald/Manzenreiter, Wolfram (Hg.): Global Players – Kultur, Ökonomie und Politik des Fußballs, Frankfurt/M.: Brandes & Apsel, S. 203-226

Diketmüller, Rosa 2006: Frauenfußball – Ein Paradigmenwechsel? In: Kreisky, Eva/Spitaler, Georg (Hg.): Arena der Männlichkeit. Über das Verhältnis von Fußball und Geschlecht, Franlfurt/M.: Campus, S. 347-365

Dilcher, Gerhard 1997: Die Ordnung der Ungleichheit. Haus, Stand und Geschlecht, in: Gerhard, Ute (Hg.): Frauen in der Geschichte des Rechts. Von der Frühen Neuzeit bis zur Gegenwart, München: C.H. Beck, S. 55-72

Dittrich, Eckard/Radtke, Frank-Olaf 1990: Ethnizität. Wissenschaft und Minderheiten, Opladen: Westdeutscher Verlag

Dorfer, Tobias 2008: Ausländer im Profifußball. 6+5 = Klage, in: Süddeutsche Zeitung vom 30.05.2008, URL: http://www.sueddeutsche.de/wirtschaft/artikel/98/177559/(Zugriff am 31. Mai 2008)

Dröge, Kai/Neckel, Sighard/Somm, Irene 2006: Das Leistungsprinzip als Deutungsressource. Zur Rekonstruktion von gesellschaftlichem Bewertungswissen, in: Bohnsack, Ralf/Przyborski, Aglaja/Schäffer, Burkhard (Hg.): Das Gruppendiskussionsverfahren in der Forschungspraxis, Opladen: Barbara Budrich, S. 203-215

Duden, Barbara 1991: Geschichte unter der Haut. Ein Eisenacher Arzt und seine Patientinnen um 1730, Stuttgart: Klett-Cotta.

Duden, Barbara 1992: „Die männliche und die weibliche Rute." Bemerkungen zur Geschichte der Verkörperung des Geschlechtsunterschiedes, in: Böhm, Winfried/Lindauer, Martin (Hg.): Mann und Frau – Frau und Mann. Hintergründe, Ursachen und Problematik der Geschlechterrollen, Stuttgart u.a.: Ernst Klett Schulbuchverlag, S. 143-150

Dunning, Eric 1979: Die Entstehung des Fußballsports, in: Hopf, Wolfgang (Hg.): Fussball. Soziologie und Sozialgeschichte einer populären Sportart, Bensheim: Päd-Extra-Buchverlag, S. 42-53

Dunning, Eric 2003 [1986]: Sport als Männerdomäne. Anmerkungen zu den sozialen Quellen männlicher Identität und deren Transformation, in: Elias, Norbert/Dunning, Eric: Sport und Spannung im Prozeß der Zivilisation, Frankfurt/M.: Suhrkamp, S. 473-502

Durkheim, Emile 1988 [1893]: Über soziale Arbeitsteilung, Frankfurt/M.: Suhrkamp

Durkheim, Èmile 1994 [1912]: Die elementaren Formen des religiösen Lebens, Frankfurt/M.: Suhrkamp

Dyreson, Mark 2003: Globalizing the Nation-Making Process: Modern Sport in World History, in: International Journal of the History of Sport 20, S. 91-106

Easterday, Lois/Papademas, Diana/Schorr, Laura/Valentine, Catherine 1977: The Making of a Female Researcher, in: Urban Life Vol. 6, No. 3, S. 333-348

Eckes, Thomas 1997: Geschlechterstereotype. Frau und Mann in sozialpsychologischer Sicht, Pfaffenweiler: Centaurus

Eder, Michael 2003: Andreas Hinkel arbeitet an seinem Heldenbild, in: FAZ Nr. 273 vom 24. November 2003, S. 27

Eder, Michael 2004: Der König von Mainz bringt die Fastnacht in die Bundesliga, in: Frankfurter Allgemeine Zeitung Nr. 120 vom 25. Mai 2004, S. 35

Eder, Michael 2006: Der letzte Abschied, in: Frankfurter Allgemeine Zeitung Nr. 175 vom 31. Juli 2006, S. 47

Eggers, Erik 2001: Fußball in der Weimarer Republik, Kassel: Agon
Eggers, Erik 2002: Die Anfänge des Fußballsports in Deutschland. Zur Genese eines Massenphänomens, in: Herzog, Markwart (Hg.): Fußball als Kulturphänomen. Kunst – Kultur – Kommerz, Stuttgart: Kohlhammer, S. 67-99
Ehrhardt, Christoph 2004: Notfalls fasten Fußballprofis in den Ferien, in: Frankfurter Allgemeine Sonntagszeitung Nr. 45 vom 7. November 2004, S. 21
Eichberg, Henning 1979: Der Weg des Sports in die industrielle Zivilisation, Baden-Baden: Nomos
Eichberg, Henning 1980: Zivilisation und Breitensport. Die Veränderung des Sports ist gesellschaftlich, in: Huck, Gerhard (Hg.): Sozialgeschichte der Freizeit. Untersuchungen im Wandel der Alltagskultur in Deutschland, Wuppertal: Peter Hammer Verlag, S. 77-93
Eichberg, Henning 1998: Sport zwischen Ertüchtigung und Selbstbefreiung, in: Dülmen, Richard van (Hg.): Erfindung des Menschen. Schöpfungsträume und Körperbilder 1500-2000, Wien u.a.: Böhlau, S. 459-481
Eichberg, Henning/Hopf, Wolfgang 1982: Fußball zwischen Turnen und Sport, in: Planck, Karl: Fußlümmelei. Über Stauchballspiel und englische Krankheit, Münster: LIT-Verlag, S. 49-87
Eichler, Christian 2004: Lustige Verlierer, traurige Sieger, in: FAZ Nr. 114 vom 17. Mai 2004, S. 27
Eichler, Christian 2005: Neue Gaby gesucht, in: Frankfurter Allgemeine Sonntagszeitung Nr. 9 vom 6. März 2005, S. 20
Eichler, Christian 2006: Lexikon der Fußballmythen, München und Zürich: Piper
Eilers, Goetz 1996: Transferbestimmungen im Fußballsport. Verbandsrechtliche Regelungen des DFB, der UEFA und der FIFA, in: Ders. (Hg.): Transferbestimmungen im Fußballsport, Heidelberg: C.F. Müller, S. 1-41
Eisenberg, Christiane 1997: Deutschland, in: Dies. (Hg.): Fußball, soccer, calcio. Ein englischer Sport auf seinem Weg um die Welt, München: dtv, S. 94-129
Eisenberg, Christiane 1999: „English Sports" und deutsche Bürger. Eine Gesellschaftsgeschichte 1800-1939, Paderborn u.a.: Ferdinand Schöningh
Eisenberg, Christiane 2004: Fußball als globales Phänomen. Die Geschichte des Mannschaftssports zeigt: Für sein Überleben sind Qualität und Unterhaltungswert entscheidend, in: Frankfurter Rundschau Nr. 143 vom 23. Juni 2004, URL: http://www2.hu-berlin.de/gbz/index2.html?/gbz/archive/pressarchive/press06_04.htm (Zugriff am 10.05.2008)
Eisenberg, Christiane/Lanfranchi, Pierre/Mason, Tony/Wahl, Alfred 2004: FIFA 1904-2004. 100 Jahre Weltfussball, Göttingen: Verlag Die Werkstatt
Eisenberg, Christiane 2008: Seit wann ist die Fußball-Weltmeisterschaft ein Weltereignis? in: Nacke, Stefan/Unkelbach, René/Werron, Tobias (Hg.): Weltereignisse. Theoretische und empirische Perspektiven, Wiesbaden: VS Verlag, S. 87-100
El-Tayeb, Fatima 2001: Schwarze Deutsche. Der Diskurs um „Rasse" und nationale Identität 1890-1933, Frankfurt/M. und New York: Campus
Elias, Norbert 1989: Studien über die Deutschen. Machtkämpfe und Habitusentwicklung im 19. und 20. Jahrhundert, Frankfurt/M.: Suhrkamp
Elias, Norbert 1997: Über den Prozess der Zivilisation. Soziogenetische und psychogenetische Untersuchungen, 2 Bde, Frankfurt/M.: Suhrkamp
Elias, Norbert 2003a: Die Genese des Sports als soziologisches Problem, in: Elias, Norbert/Dunning, Eric: Sport und Spannung im Prozeß der Zivilisation, Frankfurt/M.: Suhrkamp, S. 230-272
Elias, Norbert 2003b: Sport und Gewalt, in: Elias, Norbert/Dunning, Eric: Sport und Spannung im Prozeß der Zivilisation, Frankfurt/M.: Suhrkamp, S. 273-315
Elias, Norbert/Dunning, Eric 2003 [1986]: Volkstümliche Fußballspiele im mittelalterlichen und frühneuzeitlichen England, in: Dies. (Hg.): Sport und Spannung im Prozeß der Zivilisation, Frankfurt/M.: Suhrkamp, S. 316-337
Elwert, Georg 1989: Nationalismus und Ethnizität. Über die Bildung von Wir-Gruppen, in: KZfSS 41, 3, S. 440-464
Elwert, Georg 2001: Ethnizität und Nation, in: Joas, Hans (Hg.): Lehrbuch der Soziologie, Frankfurt/M.: Campus, S. 245-263

Endress, Martin 2002: Vertrauen, Bielefeld: transcript
Esposito, Elena 1997: Programm, in: Baraldi, Claudio/Corsi, Giancarlo/Esposito, Elena (Hg.): GLU. Glossar zu Niklas Luhmanns Theorie sozialer Systeme, Frankfurt/M.: Suhrkamp, S.139-141
Esser, Hartmut 1988: Ethnische Differenzierung und moderne Gesellschaft, in: Zeitschrift für Soziologie 17, 4, S. 235-248
Fanizadeh, Michael/Hödl, Gerald/Manzenreiter, Wolfram (Hg.) 2002: Global Players – Kultur, Ökonomie und Politik des Fussballs, Frankfurt/M.: Brandes & Apsel
Fasting, Kari 2004: Small Country – Big Results: Women's Football in Norway, in: Hong, Fan/Mangan, J.A. (Hg.): Soccer, Women, Sexual Liberation. Kicking Off a New Era, London und Portland: Cass, S. 149-161
Fechtig, Beate 1995: Frauen und Fußball, Dortmunde: eFeF
Fee, Elizabeth 1979: Nintheenth Century Craniology: The Study of the Female Skull, in: Bulletin of the History of Medicine 53, S. 415-433
Ferrando, Manuel Garcia/Hargreaves, John 2001: Das Olympische Paradox und Nationalismus: Der Fall der olympischen Spiele in Barcelona, in: Heinemann, Klaus/Schubert, Manfred (Hg.): Sport und Gesellschaften, Schorndorf: Hofmann, S. 63-85
FIFA 2006a: Spielregeln 2006, Zürich
FIFA 2006b: InfoPlus Women's Football, URL: http://www.fifa.com/infoplus/IP-202_01E-FF.pdf (Zugriff am 8. Februar 2007)
FIFA 2008: FIFA-Kongress unterstützt die Ziele von „6+5", URL: http://de.fifa.com/aboutfifa/ federation/bodies/media/newsid=783638.html (Zugriff am 31. Mai 2008)
Finn, Gerry P.T./Giulianotti, Richard (Hg.) 2000: Football Culture. Local Contests, Global Visions, London und Portland: Frank Cass
Fischer, Hans Georg 1996: EG-Freizügigkeit und bezahlter Sport. Inhalt und Auswirkungen des Bosman-Urteils des EuGH, in: SpuRt – Zeitschrift für Sport und Recht 3, Heft 2, S. 34-38
Flick, Uwe 1998: Qualitative Forschung. Theorie, Methoden, Anwendung in Psychologie und Sozialwissenschaften, Reinbek bei Hamburg: Rowohlt
Flick, Uwe 2004: Triangulation in der qualitativen Forschung, in: Ders./Kardorff, Ernst von/Steinke, Ines (Hg.): Qualitative Forschung. Ein Handbuch, Reinbek: Rowohlt, S. 309-318
François, Etienne/Siegrist, Hannes/Vogel, Jürgen 1995: Die Nation. Vorstellungen, Inszenierungen, Emotionen, in: Dies. (Hg.): Nation und Emotion. Deutschland und Frankreich im Vergleich 19. und 20. Jahrhundert, Göttingen: Vandenhoeck & Ruprecht, S. 13-35
Franzke, Rainer 2003: Deutschland – Deine Ausländer, in: Kicker vom 29. September 2003, S. 18f.
Frevert, Ute 1986: Frauen-Geschichte. Zwischen bürgerlicher Verbesserung und Neuer Weiblichkeit, Frankfurt/M.: Suhrkamp
Frevert, Ute 1991: Ehrenmänner. Das Duell in der bürgerlichen Gesellschaft, München: Beck
Frevert, Ute 1995: Geschlecht – männlich/weiblich. Zur Geschichte der Begriffe (1730-1990), in: Dies.: „Mann und Weib, und Weib und Mann". Geschlechterdifferenzen in der Moderne, Frankfurt/M.: Suhrkamp, S. 13-60
Fricke, Thomas 2005: Abstürzende Billig-Fußballer, in: Financial Times Deutschland vom 13. Mai 2005, S. 30
Fritzweiler, Jochen/Pfister, Bernhard/Summerer, Thomas 1998: Praxishandbuch Sportrecht, München: Beck'sche Verlagsbuchhandlung
Frohnen, Anja 2005: Diversity-in-action. Multinationalität in globalen Unternehmen am Beispiel Ford, Bielefeld: transcript
Galtung, Johan 1991: The Sport System as a Metphor for the World System, in: Landry, Fernand/Landry, Marc/Yerlès, Magdeleine (Hg.): Sport. The third millennium, Sainte-Foy: Les Presses de l'universite Laval, S. 147-155
Garfinkel, Harold 1967: Studies in Ethnomethodology, Englewood-Cliffs, NJ: Prentice-Hall
Geertz, Clifford 1987: Dichte Beschreibung. Beiträge zum Verstehen kultureller Systeme, Frankfurt/M.: Suhrkamp
Geiss, Imanuel 1988: Geschichte des Rassismus, Frankfurt/M.: Suhrkamp

Gellner, Ernest 1965: Thought ans Change, Chicago: University Press
Gerhartz, Katja 2004: Allein unter Männern. Hanseatische Lebensart: Im Gespräch mit Katja Kraus, einzige Frau im Vorstand des HSV, in: Die Welt vom 31. Juli 2004
Geser, Hans 1981: Einleitung: Der „ethnische Faktor" im Prozess gesellschaftlicher Modernisierung, in: Schweizerische Zeitschrift für Soziologie 7, S. 165-178
Giordano, Christian 1994: Der Ehrkomplex im Mittelmeerraum: sozialanthropologische Konstruktion oder Grundstruktur mediterraner Lebensformen? In: Vogt, Ludgera/Zingerle, Arnold (Hg.): Ehre. Archaische Momente in der Moderne, Frankfurt/M.: Suhrkamp, S. 172-192
Giulianotti, Richard 1999: Football. A Sociology of the Global Game, Cambridge: Polity Press
Giulianotti, Richard/Robertson, Roland 2002: Die Globalisierung des Fußballs: ‚Glokalisierung', transnationale Konzerne und demokratische Regulierung, in: Zentrum für Europa- und Nordamerika-Studien (Hg.): Fußballwelten. Zum Verhältnis von Sport, Politik, Ökonomie und Gesellschaft, Opladen: Leske + Budrich, S. 219-251
Glüsing, Jens 2003: Im Dienste ihres Clans, in: Spiegel-Online, URL: http://www.spiegel.de/spiegel/0,1518,277393,00.html (Zugriff am 20.12.2003)
Goffman, Erving 1971: Verhalten in sozialen Situationen. Strukturen und Regeln der Interaktion im öffentlichen Raum, Gütersloh: Bertelsmann
Goffman, Erving 1972: Asyle. Über die soziale Situation psychiatrischer Patienten und anderer Insassen, Frankfurt/M.: Suhrkamp
Goffman, Erving 1973a: Einleitung, in: Ders.: Interaktionsrituale. Über Verhalten in direkter Kommunikation, Frankfurt/M.: Suhrkamp, S. 7-9
Goffman, Erving 1973b: Techniken der Imagepflege, in: Ders.: Interaktionsrituale. Über Verhalten in direkter Kommunikation, Frankfurt/M.: Suhrkamp, S. 10-53
Goffman, Erving 1973c: Über Ehrerbietung und Benehmen, in: Ders.: Interaktionsrituale. Über Verhalten in direkter Kommunikation, Frankfurt/M.: Suhrkamp, S. 54-105
Goffman, Erving 1973d: Spaß am Spiel, in: Interaktion: Spaß am Spiel. Rollendistanz, München: Piper, S. 17-91
Goffman, Erving 1973e: Rollendistanz, in: Interaktion: Spaß am Spiel. Rollendistanz, München: Piper, S. 93-170
Goffman, Erving 1973f: Wo was los ist – wo es *action* gibt, in: Ders.: Interaktionsrituale. Über Verhalten in direkter Kommunikation, Frankfurt/M.: Suhrkamp, S. 164-292
Goffman, Erving 1974a: Die Territorien des Selbst, in: Ders.: Das Individuum im öffentlichen Austausch, Frankfurt/M.: Suhrkamp, S. 54-96
Goffman, Erving 1974b: Der bestätigende Austausch, in: Ders.: Das Individuum im öffentlichen Austausch, Frankfurt/M.: Suhrkamp, S. 97-137
Goffman, Erving 1974c: Vorwort, in: Ders.: Das Individuum im öffentlichen Austausch, Frankfurt/M.: Suhrkamp, S. 9-20
Goffman, Erving 1975: Stigma. Über Techniken der Bewältigung beschädigter Identität, Frankfurt: Suhrkamp
Goffman, Erving 1994a: Die Interaktionsordnung, in: Ders.: Interaktion und Geschlecht, Frankfurt/M. und New York: Campus, S. 50-104
Goffman, Erving 1994b [1977]: Das Arrangement der Geschlechter, in: Ders.: Interaktion und Geschlecht, Frankfurt/M. und New York: Campus, S. 105-158
Goffman, Erving 1998 [1959]: Wir alle spielen Theater. Die Selbstdarstellung im Alltag, München: Piper
Goltermann, Svenja 1998: Körper der Nation. Habitusformierung und die Politik des Turnens 1860-1890, Göttingen: Vandenhoeck & Ruprecht
Gould, Stephen Jay 1993: American Polygeny and Craniometry before Darwin. Blacks and Indians as Seperate, Inferior Species, in: Harding, Sandra: The „Racial" Economy of Science. Toward a Democratic Future, Indianapolis: Indiana University Press, S. 84-115

Gouldner, Alvin W. 1984: Romantisches und klassisches Denken. Tiefenstrukturen in den Sozialwissenschaften, in: Ders.: Reziprozität und Autonomie. Ausgewählte Aufsätze, Frankfurt/M.: Suhrkamp, S. 167-191

Goy, Martina 2005: Auf Samtpfoten die Alpha-Tiere austricksen. HSV-Vorstand Katja Kraus ist Deutschlands einzige Frau an der Spitze eines Fußball-Clubs, in: Welt am Sonntag vom 17. April 2005

Greve, Jens/Heintz, Bettina 2005: Die ‚Entdeckung' der Weltgesellschaft. Entstehung und Grenzen der Weltgesellschaftstheorie, in: Zeitschrift für Soziologie, Sonderheft ‚Weltgesellschaft', S. 89-119

Grimm, Jacob/Grimm, Wilhelm 1854-1960: Stichwort: Leistung, in: Deutsches Wörterbuch, Bd 12, Leipzig: Hirzel, Spalte 726-736

Grötsch, Verena 1994: „Damals, zu DDR-Zeiten, ..." Zur moralischen Kontamination von Vergleichelementen in ostdeutschen Familientischgesprächen. Arbeitspapier Nr.13 des Projekts 'Formen der kommunikativen Konstruktion von Moral', Universität Konstanz (hg. v. Thomas Luckmann), Konstanz

Günthner, Susanne 1999: Frotzelaktivitäten in Alltagsinteraktionen, in: Bergmann, Jörg/Luckmann, Thomas (Hg.): Kommunikative Konstruktion von Moral. Band 1: Struktur und Dynamik der Formen moralischer Kommunikation, Wiesbaden: Westdeutscher Verlag, S. 300-322

Guttmann, Allen 1978: From Ritual to Record. The Nature of Modern Sports, New York: Columbia University Press

Guttmann, Allen 1991: Women's Sports. A History, New York: Columbia University Press

Guttman, Allen 1994: Games and Empires. Modern Sports and Cultural Imperialism, New York: Columbia University Press

Guttmann, Allen 2002: Maskulin oder Feminin? Die Entwicklung des Fußballs in den USA, in: Zentrum für Europa- und Nordamerika-Studien (Hg.): Fußballwelten. Zum Verhältnis von Sport, Politik, Ökonomie und Gesellschaft, Opladen: Leske+Budrich, S. 205-218

Hagenah, Jörg/Schliermann, Rainer 2006: Fußball für Alle: Binden Welt- und Europameisterschaften ein größeres Publikum an die Bundesliga? In: Hagenah, Jörg/Meulemann, Heiner (Hg.): Sozialer Wandel und Mediennutzung in der Bundesrepublik Deutschland, Berlin: LIT, S. 93-119

Hahn, Alois 1993: Identität und Nation in Europa, in: Berliner Journal für Soziologie, Heft 2, S. 193-203

Hahn, Alois 2002: Spiel und Sport, in: Friederici, Markus R./Horch, Heinz-Dieter/Schubert, Manfred (Hg.): Sport, Wirtschaft und Gesellschaft, Schorndorf: Hofmann, S. 25-38

Hall, Donald E. 1999: Muscular Christianity: reading and writing the male social body, in: Ders. (Hg.): Muscular Christianity. Embodying the Victorian Age, Cambridge: University Press, S. 3-13

Hammersley, Marty/Atkinson, Paul 1995: Ethnography. Principles in Practice, London und New York: Routledge

Hauschild, Thomas 2006: Wie ein Widder. Versuch einer ethnologischen Deutung des berühmtesten Kopfstoßes der Welt, in: Frankfurter Allgemeine Sonntagszeitung Nr. 28 vom 16. Juli 2006, S. 23

Hausen, Karin 1976: Die Polarisierung der „Geschlechtscharaktere" – Eine Spiegelung der Dissoziation von Erwerbs- und Familienleben, in: Conze, Werner (Hg.): Sozialgeschichte der Familie in der Neuzeit Europas, Stuttgart: Klett, S. 363-393

Heike, Frank 2005a: „Ich bin die beste Wahl". Thomas Strunz gibt sich angriffslustig – und bringt als Manager Siegermentalität zum VfL Wolfsburg, in: Frankfurter Allgemeine Sonntagszeitung Nr. 1 vom 9. Januar 2005, S. 16

Heike, Frank 2005b: Strunz' Trainerplan: Hecking Nachfolger von Gerets? In: FAZ Nr. 113 vom 18.05.2005, S. 35

Heimann, Karl-Heinz 1999: Ein langer steiniger Weg, Profi-Fußball und Bundesliga, in: DFB (Hg.): 100 Jahre DFB. Die Geschichte des Deutschen Fußball-Bundes, Berlin: Sportverlag, S. 387-394

Heineken, Philipp 1993 [1889]: Das Fußballspiel. Association und Rugby, Hannover: Verlag Th. Schäfer

Heinemann, Lars 2001: Ethnizität und Geltung. Möglichkeiten und Grenzen konstruktivistischer Theorien bei der Erklärung ethnischer Vergemeinschaftung, in: Rademacher, Claudia/Wiechens,

Peter (Hg.): Geschlecht Ethnizität Klasse. Zur sozialen Konstruktion von Hierarchie und Differenz, Opladen: Leske + Budrich, S. 111-128

Heintz, Bettina/Merz, Martina/Schumacher, Christina 2004: Wissenschaft, die Grenzen schafft. Geschlechterkonstellationen im disziplinären Vergleich, Bielefeld: transcript

Heintz, Bettina (im Erscheinen): Governance by Numbers. Zum Zusammenhang von Quantifizierung und Globalisierung am Beispiel der Hochschulpolitik, in: Folke Schuppert, Gunnar/Voßkuhle, Andreas (Hg.): Governance von und durch Wissen, Baden-Baden: Nomos

Henkel, Martin 2003: VfL Wolfsburg nutzt VW-Firmennetz zur Aufrüstung, in: Die Welt vom 23. Juli 2003; Url: http://www.welt.de/data/2003/07/23/139319.html?prx=1 (Zugriff am 11.10. 2004)

Hering, Hartmut 2002: Im Land der tausend Derbys. Die Fußball-Geschichte des Ruhrgebiets, Münster: Die Werkstatt

Herzog, Dagmar 1993: Wo liegt der Unterschied? Aufklärung und Frauenrechte in Deutschland, in: Schissler, Hanna (Hg.): Geschlechterverhältnisse im historischen Wandel, Frankfurt/M. und New York: Campus, S. 80-96

Hiller, Petra 2005: Korruption und Netzwerke. Konfusionen im Schema von Organisation und Gesellschaft, in: Zeitschrift für Rechtssoziologie 21, S. 57-77

Hirschauer, Stefan 2001: Das Vergessen des Geschlechts. Zur Praxeologie einer Kategorie sozialer Ordnung, in: Heintz, Bettina (Hg.): Geschlechtersoziologie, Sonderheft 41 der Kölner Zeitschrift für Soziologie und Sozialpsychologie, Wiesbaden: Westdeutscher Verlag, S. 208-235

Hoberman, John 1997: Darwin's Athletes. How Sport has damaged Black America and preserved the Myth of Race, Boston and New York: Houghton Mifflin

Hobsbawm, Eric 1991: Nationen und Nationalimus: Mythos und Realität seit 1780, Frankfurt/M.: Campus

Hobsbawm, Eric 1992: Nationalismus und Ethnizität, in: Die neue Gesellschaft. Frankfurter Hefte 39, S. 612-619

Hobsbawm, Eric 1983a: Introduction: Inventing Traditions, in: Ders./Ranger, Terence (Hg.): The Invention of Tradition, Cambridge: Cambridge University Press, S. 1-14

Hobsbawm, Eric/Ranger, Terence (Hg.) 1983: The Invention of Tradition, Cambridge: Cambridge University Press

Hoffmann, Eduard/Nendza, Jürgen 2005: Verlacht, verboten und gefeiert. Zur Geschichte des Frauenfußballs in Deutschland, Weilerswist: Landpresse

Hoffmeister, Kurt 1986: Ein Braunschweiger Lehrer als Begründer der Schulspiele in Deutschland. Professor Dr. phil. Konrad Koch (1846-1911), in: Krüger, Arndt (Hg.): Beiträge zur niedersächsischen Sportgeschichte, Duderstadt: Mecke, S. 14-67

Honegger, Claudia 1992: Die Ordnung der Geschlechter. Die Wissenschaften vom Menschen und das Weib, 1750-1850, Frankfurt/M.: Campus

Honer, Anne 2003: Lebensweltanalyse in der Ethnographie, in: Flick, Uwe/Kardorff, Ernst von/Steinke, Ines (Hg.): Qualitative Forschung. Ein Handbuch, Reinbek: Rowohlt, S. 194-204

Hong, Fan/Mangan, J.A. 2004: Will the ‚Iron Roses' Bloom Forever? Women's Football in China: Hanges and Challenges, in: Dies. (Hg,): Soccer, Women, Sexual Liberation. Kicking Off a New Era, London: Cass, S. 47-66

Honneth, Axel 1985: Die verletzte Ehre – zur Alltagsform moralischer Erfahrungen, in: Literaturmagazin 16, S. 84-89

Hopf, Wilhelm 1979a: Wie konnte der Fußball ein deutsches Spiel werden? In: Ders. (Hg.): Fußball. Soziologie und Sozialgeschichte einer populären Sportart, Bensheim: Päd-Extra-Buchverlag, S. 54-80

Hopf, Wilhelm (Hg.) 1979b: Fußball. Soziologie und Sozialgeschichte einer populären Sportart, Bensheim: Päd-Extra-Buchverlag

Hopf, Wilhelm 1983: Wie der Fußball nach Deutschland kam, in: Koch, Konrad: Die Geschichte des Fußballs im Alterum und in der Neuzeit, Münster: Lit, S. 49-53

Hopf, Christel 2004: Qualitative Interviews – ein Überblick, in: Flick, Uwe/Kardorff, Ernst von/Steinke, Ines (Hg.): Qualitative Forschung. Ein Handbuch, Reinbek: Rowohlt, S. 349-360

Horak, Roman 2006: Männerort Stadion – Zur Gender-Dimension in empirischen Untersuchungen des Zuschauersports Fußball, in: Kreisky, Eva/Spitaler, Georg (Hg.): Arena der Männlichkeit. Über das Verhältnis von Fußball und Geschlecht, Frankfurt/M. und New York: Campus: S. 113-122

Horch, Heinz-Dieter 1985: Personalisierung und Ambivalenz. Strukturbesonderheiten freiwilliger Vereinigungen, in: Kölner Zeitschrift für Soziologie und Sozialpsychologie 37, S. 257-276

Horeni, Michael 2003: Zeichensprache, in: FAZ Nr. 273 vom 24. November 2003, S. 27

Horeni, Michael 2005a: Abgekämpft, in: FAZ Nr. 226 vom 28.September 2005, S. 34

Horeni, Michael 2005b: Der verkaufte Fußball, in: FAZ Nr. 25/5 vom 31. Januar 2005, S. 1

Horeni, Michael 2005c: Rekorde statt Spannung, in: FAZ Nr. 212 vom 12. September 2005, S. 29

Horeni, Michael 2006a: Die T-Frage und das Orakel von Huntington, in: FAZ Nr. 79 vom 4.April 2006

Horeni, Michael 2006b: Lehmann für Deutschland, in: FAZ Nr. 82 vom 7.April 2006

Horeni, Michael 2006c: Reden über Fußball? In: FAZ Nr. 117 vom 20.05.06, S. 1

Howe, David 2003: Sport, Professionalism and Pain. Ethnographies of Injury and Risk, London u.a.: Routledge

Hübner, Tobias 2005: Söhnlein brisant, in: 11 Freunde Nr. 41, S. 110f.

Hürlimann, Helen 2006: Fussball im Netz. Geschlechter-Dekonstruktion und -Dekonstruktion im Fussball am Beispiel der Websites von Birgit Prinz und Michael Ballack, URL: http://www.stefan-t-launer.de/stefan-t-launer/weitere%20arbeiten/Fussball_im_Netz.pdf (Zugriff am 25.02. 07)

Jahn, Friedrich Ludwig/Eiselen, Ernst 1960 [1816]: Die deutsche Turnkunst, Berlin: Sportverlag

Jenkins, Ray 1992: Salvation fort he Fittest? A West African Sportsman in the Age of the New Imperialism, in: Mangan, J.A. (Ed.): The Cultural Bond. Sport, Empire, Society, Portland: Frank Cass, S. 47-83

Jenkins, Richard 1996: Social Identity, London: Routledge

Jenrich, Holger 1996: Die Bundesliga und ihre Ausländer. Fußballgötter und Prügelknaben, in: Ders. (Hg.): Radi, Buffy und ein Sputnik. Ausländer in der Fußball-Bundesliga 1963-1995, Essen: Klartext, S. 5-13

John, Johannes 2002: Kleiderordnungen. Feldstudien, in: Martínez, Matías (Hg.): Warum Fußball? Kulturwissenschaftliche Beschreibungen eines Sports, Bielefeld: Aisthesis, S. 51-70

John, Michael/Schulze-Marmeling 1993: „Haut's die Juden!" Antisemitismus im europäischen Fußball, in: Fussball und Rassismus, Göttingen, Die Werkstatt, S. 133-158

Jordan, James H. 1969: Physiological and Anthropometrical Comparisons of Negroes and Whites, in: Journal of Health, Physical Education, and Recreation Vol. XL, S. 93-99

Jönsson, Henrik 2006: Die Spielerfabrik: In den letzten vier Jahren hat Brasilien 3087 Profis in alle Welt exportiert. Ein Besuch jenes Ortes, an dem die Rohstoffe des WM-Favoriten veredelt werden, in: 11 Freunde Nr. 53, April 2006, S. 31-46

Jüngst, Heike 1999: Vorwort, in: Dies. (Hg.): Urban Legends, Stuttgart: Reclam, S. 5-9

Kalter, Frank 2003: Chancen, Fouls und Abseitsfallen. Migranten im deutschen Ligenfußball, Wiesbaden: Westdeutscher Verlag

Kanter, Rosabeth Moss 1977: Some Effects of Proportions on Group Life: Skewed Sex Rations and Responses to Token Women, in: American Journal of Sociology 82, 5, S. 965-990

Kattmann, Ulrich 1999: Warum und mit welcher Wirkung klassifizieren Wissenschaftler Menschen? in: Kaupen-Haas, Heidrun/Saller, Christian (Hg.): Wissenschaftlicher Rassismus. Analysen einer Kontinuität in den Human- und Naturwissenschaften, Frankfurt/M. und New York: Campus, S. 65-83

Kieserling , André 1999a: Differenzierte und undifferenzierte Sozialsysteme, in: Ders.: Kommunikation unter Anwesenden. Studien über Interaktionssysteme, Frankfurt/M.: Suhrkamp, S. 32-61

Kieserling, André 1999b: Konflikte in Interaktion und Gesellschaft, in: Ders.: Kommunikation unter Anwesenden. Studien über Interaktionssysteme, Frankfurt/M.: Suhrkamp, S. 257-302

Kieserling, André 1999c: Reflexive Wahrnehmung, in: Ders.: Kommunikation unter Anwesenden. Studien über Interaktionssysteme, Frankfurt/M.: Suhrkamp, S. 110-146

Kilchenstein, Thomas 2005: Mittelmaß, in: Frankfurter Rundschau Online, URL: http://fro.evolver.de/ressorts/sport/sport/?cnt=678563 (Zugriff am 20.05.2005)

Kirschnek, Jens/Uhlig, Marcus/Bentkämper, Olaf/Backes, Volker/Lecoeur, Julien 2005: Arminia Bielefeld. 100 Jahre Leidenschaft, Göttingen: Die Werkstatt

Kissling, Elizabeth Arveda 1999: When Being Female Isn't Feminine: Uta Pippig and the Menstrual Communication Taboo in Sports Journalism, in: Sociology of Sport Journal 16, S. 79-91

Klein, Constantin/Schmidt-Lux, Thomas 2006: Ist Fußball Religion? Theoretische Perspektiven und Forschungsbefunde, in: Thaler, Engelbert (Hg.): Fußball. Fremdsprachen. Forschung, Aachen, S. 18-35

Klemm, Thomas 2005: Die Weltfußballer. Typisch britisch, typisch deutsch? Nationale Fußballstile sind längst globalen Erfolgsrezepten gewichen, in: Frankfurter Allgemeine Sonntagszeitung Nr. 23 vom 12.Juni 2005, S. 15

Knoblauch, Hubert 1999: Religionssoziologie, Berlin und New York: Walter de Gruyter

Knorr Cetina, Karin 1992: Zur Unterkomplexität der Differenzierungstheorie. Empirische Anfragen an die Systemtheorie, in: Zeitschrift für Soziologie 21, S. 406-419

Köbler, Gerhard 1995: Deutsches Etymologisches Wörterbuch, URL: http://homepage.uibk.ac.at/~c30310/derwbhin.html (Zugriff 12.03.08)

Koch, Konrad 1983 [1895]: Die Geschichte des Fussballs im Altertum und in der Neuzeit, Münster: LIT-Verlag

Köster, Philipp/Mucha, Robert 2004: Macher, in: 11 Freunde Nr. 36, S. 33-35

Krämer, Harald 1998: Das Tour-de-France-Buch, Reinbek bei Hamburg: Rowohlt

Kreckel, Reinhard 1989: Ethnische Differenzierung und „moderne" Gesellschaft. Kritische Anmerkungen zu Hartmut Essers Aufsatz in der Zeitschrift für Soziologie, Jg. 17 (1988), S. 235-248, in: Zeitschrift für Soziologie 18, S. 162-167

Kreisky, Eva 2006: Fußball als männliche Weltsicht – Thesen aus Sicht der Geschlechterforschung, in: Dies./Spitaler, Georg (Hg.): Arena der Männlichkeit. Über das Verhältnis von Fußball und Geschlecht, Frankfurt/M. und New York: Campus: S. 21-40

Kreisky, Eva/Spitaler, Georg 2006 (Hg.): Arena der Männlichkeit. Über das Verhältnis von Fußball und Geschlecht, Frankfurt/M. und New York: Campus

Krockow, Christian Graf von 1974: Sport. Eine Soziologie und Philosophie des Leistungsprinzips, Hamburg: Hoffmann und Campe

Krockow, Christian Graf von 1980: Sport, Gesellschaft, Politik. Eine Einführung, München: Piper & Co. Verlag

Krüger, Michael 1988: Zur Geschichte und Bedeutung des Amateurismus, in: Sozial- und Zeitgeschichte des Sports 2, S. 85-93

Krüger, Michael 1996: Körperkultur und Nationsbildung. Die Geschichte des Turnens in der Reichsgründungsära – eine Detailstudie über die Deutschen, Schorndorf: Verlag Karl Hofmann

Krüger, Michael/Nielsen, Stefan 2006: Turn- und Sportgeschichte in Westfalen, in: Perrefort, Maria/Lenz-Weber, Diana (Hg.): Sportgeist. Die Kulturgeschichte von Turnen und Sport in Westfalen, Hamm: Kettler, S. 14-35

Kuhn, Thomas Samuel 2001: Die Struktur wissenschaftlicher Revolutionen, Frankfurt/M.: Suhrkamp

Kuriyama, Shigeshisa 1998: „The Flow of Life". Moderne Krankheiten und alte Konzepte des Lebendigen in der Medizin der Antike, Japans und Chinas, in: Sarasin, Philipp/Tanner, Jakob (Hg.): Physiologie und industrielle Gesellschaft. Studien zur Verwissenschaftlichung des Körpers im 19. und 20. Jahrhundert, Frankfurt/M.: Suhrkamp, S. 44-75

Küster, Rainer 1998: Kriegsspiele – Militärische Metaphern im Fußballsport, in: Zeitschrift für Literaturwissenschaft und Linguistik 112, S. 53-70

Lakoff, George/Johnson, Mark 2003: Leben in Metaphern. Konstruktion und Gebrauch von Sprachbildern, Heidelberg: Carl-Auer-Systeme Verlag

Lamnek, Siegfried 1995: Qualitative Sozialforschung, Band 2: Methoden und Techniken, 3., korrigierte Aufl., Weinheim: Beltz

Lanfranchi, Pierre/Taylor, Matthew 2001: Moving with the Ball. The Migration of Professional Footballers, Oxford und New York: Berg

Langewiesche, Dieter 2000: Nation Nationalismus Nationalstaat in Deutschland und Europa, München: C.H. Beck
Laqueur, Thomas 1992: Auf den Leib geschrieben. Die Inszenierung der Geschlechter von der Antike bis Freud, Frankfurt/M.: Campus
Lehmann, Erik/Weigand, Jürgen 2002: Sportlich Profis – wirtschaftlich Amateure? Fußballvereine als Wirtschaftsunternehmen, in: Herzog, Markwart (Hg.): Fußball als Kulturphänomen. Kunst – Kult – Kommerz, Stuttgart: Kohlhammer, S. 93-110
Leidner, Robin 1991: Serving Hamburgers and Selling Insurances: Gender: Work and Identity in Interactive Service Jobs, in: Gender & Society 5, S. 154-177
Lenk, Hans 1976: Zur Kritik am Leistungsprinzip im Sport, in: Lüschen, Günther/Weis, Kurt (Hg.): Die Soziologie des Sports, Darmstadt und Neuwied: Luchterhand, S. 155-184
Lentz, Astrid 1995: Ethnizität und Macht. Ethnische Differenzierung als Struktur und Prozeß sozialer Schließung im Kapitalismus, Köln: PapyRossa
Leonard, Wilbert, Marcellus 1980: A Sociological Perspective of Sport, Minneapolis: Burgess
Lepsius, M. Rainer 1986: „Ethnos" und „Demos": Zur Anwendung zweier Kategorien von Emerich Francis auf das nationale Selbstverständnis der Bundesrepublik und auf die Europäische Einigung, in: KZfSS 38, S. 751-759
Lepsius, M. Rainer 1990: Nation und Nationalismus in Deutschland, in: Ders.: Interessen, Ideen und Institutionen, Opladen: Westdeutscher Verlag, S. 232-246
Loos, Peter/Schäffer, Burkhard 2001: Das Gruppendiskussionsverfahren. Theoretische Grundlagen und empirische Anwendung, Opladen: Leske+Budrich
Lopez, Sue 1988: Women on the Ball. A Guide to Women's Football, London: Scarlett Press
Luckmann, Benita/Luckmann, Thomas 1983: Wissen und Vorurteil. Kurseinheit 1: Erfahrung und Alltag, Hagen
Lüders, Christian 1995: Von der teilnehmenden Beobachtung zur ethnographischen Beschreibung, in: König, E./Zedler, P. (Hg.): Bilanz qualitativer Forschung, Bd. 2: Methoden, Weinheim: Deutscher Studien Verlag, S. 311-342
Lüders, Christian 2005: Teilnehmende Beobachtung, in: Bohnsack, Ralf/Marotzki, Winfried/Meuser, Michael (Hg.): Hauptbegriffe Qualitativer Sozialforschung, Opladen: Leske+Budrich, S. 151-153
Luhmann, Niklas 1972: Einfache Sozialsysteme, in: Zeitschrift für Soziologie 1, S. 51-65
Luhmann, Niklas 1980a: Gesellschaftsstruktur und Semantik. Studien zur Wissenssoziologie der modernen Gesellschaft, Bd. 1, Frankfurt/M.: Suhrkamp
Luhmann, Niklas 1980b: Rechtssoziologie, Opladen: Westdeutscher Verlag
Luhmann, Niklas 1983: Legitimation durch Verfahren, Frankfurt/M.: Suhrkamp
Luhmann, Niklas 1986: Ökologische Kommunikation. Kann die moderne Gesellschaft sich auf ökologische Gefährdungen einstellen? Opladen: Westdeutscher Verlag
Luhmann, Niklas 1990: Die Wissenschaft der Gesellschaft, Frankfurt/M.: Suhrkamp
Luhmann, Niklas 1995: Was ist Kommunikation? in: Ders.: Soziologische Aufklärung, Bd. 6, Opladen: Westdeutscher Verlag, S. 113-124.
Luhmann, Niklas 1997: Die Gesellschaft der Gesellschaft, 2 Bde, Frankfurt/M.: Suhrkamp
Luhmann, Niklas 1999 [1964]: Funktionen und Folgen formaler Organisationen, Berlin: Duncker & Humblot
Luhmann, Niklas 2000a [1968]: Vertrauen, Stuttgart: Lucius&Lucius
Luhmann, Niklas 2000b: Organisation und Entscheidung, Wiesbaden: Westdeutscher Verlag
Luhmann, Niklas 2001: Der Fussball, in: Ders.: Shortcuts, Frankfurt/M.: Zweitausendeins, S. 88-90
Luhmann, Niklas 2005a [1975]: Die Weltgesellschaft, in: Ders.: Soziologische Aufklärung 2: Aufsätze zur Theorie der Gesellschaft, 5. Aufl., Wiesbaden: VS Verlag für Sozialwissenschaften, S. 63-88
Luhmann, Niklas 2005b [1975]: Interaktion, Organisation, Gesellschaft. Anwendungen der Systemtheorie, in: Ders.: Soziologische Aufklärung 2: Aufsätze zur Theorie der Gesellschaft, 5. Aufl., Wiesbaden: VS Verlag für Sozialwissenschaften, S. 9-24

Luhmann, Niklas 2005c [1981]: Erleben und Handeln, in: Ders.: Soziologische Aufklärung, Bd.3: Soziales System, Gesellschaft, Organisation, Wiesbaden: VS Verlag für Sozialwissenschaften, S. 77-92

Luhmann, Niklas 2005d [1987]: „Distinctions directrices". Über Codierung von Semantiken und Systemen, in: Ders.: Soziologische Aufklärung, Bd. 4: Beiträge zur funktionalen Differenzierung der Gesellschaft, Wiesbaden: VS Verlag für Sozialwissenschaften, S. 13-32

Luhmann, Niklas 2005e [1995]: Inklusion und Exklusion, in: Ders.: Soziologische Aufklärung 6. Die Soziologie und der Mensch, Wiesbaden: VS Verlag für Sozialwissenschaften, S. 226-251

Luhmann, Niklas 2005f [1995]: Die Form „Person", in: Ders.: Soziologische Aufklärung 6. Die Soziologie und der Mensch, Wiesbaden: VS Verlag für Sozialwissenschaften, S. 137-148

Lutz, Helma 2001: Differenz als Rechenaufgabe: über die Relevanz der Kategorien Race, Class and Gender, in: Dies./Wenning, Norbert (Hg.): Unterschiedlich verschieden. Differenz in der Erziehungswissenschaft, Opladen: Leske+ Budrich, S. 215-230

Magoun, Francis Peabody 1938: History of Football from the Beginnings to 1871, Pöppinghaus, Bochum-Langendreer

Maguire, Joseph 1994: Preliminary Observations on Globalisation and the Migration of Sport Labour, in: The Sociological Review 42, S. 452-480

Maguire, Joseph 1995: Sportization Processes: Emergence, Diffusion and Globalization, in: Schweizerische Zeitschrift für Soziologie 21, 3, S. 577-595

Majer, Dietmut 2005: Rassistisches Recht in NS-Deutschland. Von der Gesetzgebung zum Polizeiregime 1841-1944, in: Brumlik, Micha/Meinl, Susanne/Renz, Werner (Hg.): Gesetzliches Unrecht. Rassistisches Recht im 20. Jahrhundert, Frankfurt/M. und New York: Campus, S. 95-110

Mangan, J.A. 1992: Prologue: Britain's Chief Spiritual Export: Imperial Sport as Moral Metaphor, Political Symbol and Cultural Bond, in: Ders. (Ed.): The Cultural Bond. Sport, Empire, Society, Portland: Frank Cass, S. 1-10

Mangan, J.A. 1996 (Hg.): Tribal Identities. Nationalism, Europe, Sport, London: Frank Cass

Mangan, J.A. 2000: Athleticism in the Victorian and Edwardian Public School. The Emergence and Consolidation of an Educational Ideology, London and Portland: Frank Cass

Markovits, Andrei S. 2006: Fußball in den USA als prominenter Ort der Feminisierung: Ein weiterer Aspekt des „amerikanischen Sonderwegs", in: Kreisky, Eva/Spitaler, Georg (Hg.): Arena der Männlichkeit – Über das Verhältnis von Fußball und Geschlecht, Frankfurt/M.: Campus, S. 255-276

Markovits, Andrei S./Hellerman, Steven L. 1995/1996: Soccer in America: A Story of Marginalization, in: Entertainment and Sports Law Review 13, Heft 1-2, S. 225-255

Marschik, Matthias 2003: Frauenfussball und Maskulinität: Geschichte – Gegenwart – Perspektiven, Münster: LIT

Mäs, Michael/Mühler, Kurt/Opp, Karl-Dieter 2005: Wann ist man deutsch? Empirische Ergebnisse eines faktoriellen Surveys, in: Kölner Zeitschrift für Soziologie und Sozialpsychologie 57, Heft 1, S. 112-134

Mason, Tony 1980: Association Football and English Society, 1863-1975, Brighton: Harvester Press

Mason, Tony 1992: Football on the Maidan: Cultural Imperialism in Calcutta, in: Mangan, J.A. (Ed.): The Cultural Bond. Sport, Empire, Society, Portland: Frank Cass, S. 142-153

Mason, Tony 1997: Großbritannien, in Eisenberg, Christiane (Hg.): Fußball, soccer, calcio. Ein englischer Sport auf seinem Weg um die Welt, München: dtv, S. 22-40

Mayntz, Renate 1963: Soziologie der Organisation, Reinbek bei Hamburg: Rowohlt

McGovern, Patrick 2002: Globalization or Internationalization? Foreign Footballers in the English League, 1946-95, in: Sociology 36, 1, S. 23-42

Mead, George Herbert 1972: Mind, self, and society: from the standpoint of a social behaviorist (hrsg. von Charles W. Morris), Chicago u.a.: University of Chicago Press

Meier, Henk Erik 2004: Solidarität und Marktmacht: Die politische Regulierung der Zentralvermarktung der Fußball-Bundesliga, in: Sport und Gesellschaft 1, Heft 2, S. 125-144

Meier, Henk Erik 2005: Die politische Regulierung des Profifußballs, Köln: Strauß

Meier, Marianne 2004: „Zarte Füsschen am harten Leder..." Frauenfussball in der Schweiz 1970-1999, Frauenfeld: Verlag Huber

Mergel, Thomas 2005: Benedict Andersons Imagined Communities: Zur Karriere eines erfolgreichen Konzepts, in: Anderson, Benedict: Die Erfindung der Nation. Zur Karriere eines folgenreichen Konzepts, Frankfurt/M. und New York: Campus, S. 281-299

Messner, Michael Alan 1995: Power at Play: Sports and the Problem of Masculinity, Boston: Beacon Press

Messner, Michael Alan/Sabo, Donald F. 1994: Sex, Violence & Power in Sports: Rethinking Masculinity, Freedeom CA: The Crossing Press

Meuser, Michael/Nagel, Ulrike 2003: Experteninterview, in: Bohnsack, Ralf/Marotzki, Winfried/ Meuser, Michael (Hg.): Hauptbegriffe Qualitativer Sozialforschung. Ein Wörterbuch, Opladen: Leske+Budrich

Michalik, Claudia 2002: Ehrenamtliches Engagement im Profifußball – ein Auslaufmodell? In: Schewe, Gerhard/Littkemann, Jörn (Hg.): Sportmanagement. Der Profi-Fußball aus sportökonomischer Perspektive, Schorndorf: Hofmann, S. 99-114

Miller, Fiona/Redhead, Steve 1994: Do Markets Make Footballers Free? in: Bale, John/Maguire, Joseph (Hg.): The Global Arena. Athletic Talent Migration in an Interdependent World, London: Frank Cass, S. 141-152

Miller, Toby/Lawrence, Geoffrey/McKay, Jim/Rowe, David 2001: Globalization and Sport: Playing the World, London: Routledge

Moorhouse, H.F. 1987: Scotland against England: Football and Popular Culture, in: International Journal of the History of Sport 4, 2, S. 189-202

Mosse, George L. 1996 [1978]: Die Geschichte des Rassismus in Europa, Frankfurt/M.: Fischer

Müller, Marion 2003: Geschlecht und Ethnie. Historischer Bedeutungswandel, interaktive Konstruktion und Interferenzen, Wiesbaden: Westdeutscher Verlag

Müller, Marion 2006: Geschlecht als Leistungsklasse? Der kleine Unterschied und seine großen Folgen am Beispiel der „gender verifications", in: Zeitschrift für Soziologie 35, 5, S. 392-412

Müller, Marion 2007a: Ethnizität, in: Schützeichel, Rainer (Hg.): Handbuch Wissenssoziologie und Wissensforschung, Konstanz: UVK, S. 512-520

Müller, Marion 2007b: Das Geschlecht des Fußballs – „Zur Polarisierung der Geschlechtscharaktere" im Fußball, in: Sport und Gesellschaft 4, 2, S. 113-141

Müller, Rainer A. 2002: Fußballspiel in der Frühen Neuzeit. Soziokulturelle Voraussetzungen und sportliche Spezifika, in: Herzog, Markwart (Hg.): Fußball als Kulturphänomen. Kunst – Kultur – Kommerz, Stuttgart: Kohlhammer, S. 47-66

Nassehi, Armin 1990: Zum Funktionswandel von Ethnizität im Prozeß gesellschaftlicher Modernisierung. Ein Beitrag zur Theorie funktionaler Differenzierung, in: Soziale Welt 41, S. 261-282

Nassehi, Armin 2002: Die Organisationen der Gesellschaft. Skizze einer Organisationssoziologie in gesellschaftstheoretischer Absicht, in: Allmendiger, Jutta/Hinz, Thomas (Hg.): Organisationssoziologie, Wiesbaden: Westdeutscher Verlag, S. 443-478

Nazarkiewicz, Kirsten 1999: Die Reflexivität der Stereotypenkommunikation, in: Bergmann, Jörg/ Luckmann, Thomas (Hg.): Kommunikative Konstruktion von Moral. Band 1: Struktur und Dynamik der Formen moralischer Kommunikation, Wiesbaden: Westdeutscher Verlag, S. 352-380

Newsham, Gavin 1994: In a League of their own! Chorly: Pride of Place

Nipperdey, Thomas 1976: Verein als soziale Struktur in Deutschland im späten 18. und frühen 19. Jahrhundert. Eine Fallstudie zur Modernisierung I, in: Ders.: Gesellschaft, Kultur, Theorie. Gesammelte Aufsätze zur neueren Geschichte, Göttingen: Vandenhoeck & Ruprecht, S. 174-203

Nocks, Stephan von 2004: Der Spiel-Vermittler, in: Kicker vom 6. Dezember 2004, S. 16-18

Novak, Michael 1999: Frauen am Ball. Eine dreißigjährige Erfolgsbilanz, in: DFB (Hg.): 100 Jahre DFB. Die Geschichte des Deutschen Fußball-Bundes, Berlin: Sportverlag, S. 489-496

o.A. 1981: Gib Küßchen, Saurier, in: Der Spiegel Nr. 41, 35. Jg. vom 5. Oktober 1981, S. 228-233

O'Connor, Barbara/Boyle, Raymond 1993: Dallas with balls: televized sport, soap opera and male and female pleasure, in: Leisure Studies 12, S. 107-119

Ott, Michael 2003: Ehrentreffer. Über die Ehre im Fußball, in: Martínez, Matías (Hg.): Warum Fußball? Kulturwissenschaftliche Beschreibungen eines Sports, Bielefeld: Aisthesis, S. 87-102

Palzkill, Birgit 1990: Zwischen Turnschuh und Stöckelschuh. Die Entwicklung lesbischer Identität im Sport, Bielefeld: AJZ

Panayi, Panikos 1994: Immigration, ethnicity and racism in Britain, 1815-1945, Manchester und New York: Manchester University Press

Parensen, Andreas 1998: Die Fußball-Bundesliga und das Bosman-Urteil, in: Tokarski, Walter (Hg.): EU-Recht und Sport, Aachen: Meyer & Meyer, S. 70-149

Parr, Rolf 2003: Der mit dem Ball tanz, der mit dem Ball holzt, der mit sich selbst spielt. Nationalstereotype in der Fußball-Berichterstattung, in: Adelmann, Ralf/Parr, Rolf/Schwarz, Thomas (Hg.): Querpässe. Beiträge zur Literatur-, Kultur- und Mediengeschichte des Fußballs, Heidelberg: Synchron, S. 49-70

Parrish, Richard/McArdle, David 2004: Beyond Bosman: The European Union's Influence upon Professional Athlete's Freedom of Movement, in: Sport in Society 7, 3, S. 403-419

Parsons, Talcott 1967: Toward a general theory of action, Cambridge:: Harvard University Press

Parsons, Talcott 1968: Full Citizenship for the Negro American? A Sociological Problem, in: Ders./Kenneth B. Clark (Hg.): The Negro American, Boston: Beacon Press, S. 709-754

Parsons, Talcott 1970: Struktur und Funktion der modernen Medizin. Eine soziologische Analyse, in: König, René/Tönnesmann, Margret (Hg.): Probleme der Medizin-Soziologie, Sonderheft der KZfSS, Köln und Opladen: Westdeutscher Verlag, S. 10-37

Parsons, Talcott 1972: Das System moderner Gesellschaften, München: Juventa

Patzelt, Werner J. 1987: Grundlagen der Ethnomethodologie. Theorie, Empirie und politikwissenschaftlicher Nutzen einer Soziologie des Alltags, München: Wilhelm Fink

Pauli, Christoph 2006: Ist die 2. Liga spannender? In: 11Freunde Nr. 53, April 2006, S. 28

Peitsmeier, Henning/Reinsch, Michael 2005: Die fetten Jahre sind vorbei. Dortmund zeigt es, in: Frankfurter Allgemeine Sonntagszeitung Nr. 7 vom 20. Februar 2005, S. 40

Peterson, Robert W. 1979: Only the Ball was white, Englewood Cliffs: Prentice Hall

Petzoldt, Leander 1999: Einführung in die Sagenforschung. Konstanz: UVK

Pfeifer, Michael 2004: Methode Mainz. Mit viel Herz mischt der forsche Aufsteiger die Liga auf, in: Kicker vom 1. November 2004, S. 20f.

Pfeiffer, Lorenz 2006: „Wir haben uns eingereiht in die neue Front!" – Turnen und Turnunterricht in Westfalen in der NS-Zeit, in: Perrefort, Maria/Lenz-Weber, Diana (Hg.): Sportgeist. Die Kulturgeschichte von Turnen und Sport in Westfalen, Hamm: Kettler, S. 168-185

Pfister, Gertrud 1983: Körperkultur und Weiblichkeit. Ein historischer Beitrag zur Entwicklung des modernen Sports in Deutschland bis zur Zeit der Weimarer Republik, in: Klein, Michael (Hg.): Sport und Geschlecht, Reinbek bei Hamburg: Rowohlt, S. 35-59

Pfister, Gertrud 1988: Die Anfänge des Frauensports im Spiegel der Sportmedizin, in: Medau, H.J. u.a. (Hg.): Frau und Sport III. Die Bedeutung der nichtolympischen Disziplinen für die sporttreibende Frau, Erlangen: perimed, S. 39-52

Pfister, Gertrud 1989: Körperkultur und Weiblichkeit. Ein historischer Beitrag zur Entwicklung des modernen Sports in Deutschland bis zur Zeit der Weimarer Republik, in: Peyton, Christine/Pfister, Gertrud (Hg.): Frauensport in Europa. Informationen – Materialien, Ahrensburg bei Hamburg: Verlag Ingrid Czwalina, S. 37-67

Pfister, Gertrud 1995: Ausnahmen von der Regel – Frauen im Sport. Chancen und Barrieren für Frauen in der Geschichte des Turnens und des Sports, in: Fair-Play-Initiative des deutschen Sports, Frankfurt/M., S. 4-15

Pfister, Gertrud 1999: Sport im Lebenszusammenhang von Frauen, Schorndorf: Hoffmann

Planck, Karl 1982 [1898]: Fußlümmelei. Über Stauchballspiel und englische Krankheit, Münster: LIT-Verlag

Pornschlegel, Clemens 2002: Wie kommt die Nation an den Ball? Bemerkungen zur identifikatorischen Funktion des Fußballs, in: Martínez, Matías (Hg.): Warum Fußball? Kulturwissenschaftliche Beschreibungen eines Sports, Bielefeld: Aisthesis, S. 103-111

Porter, Theodore W. 1995: Trust in Numbers. The Pursuit of Objectivity in Science and Public Life, Princeton: Princeton University Press
Pöttinger, Peter 1989: Wirtschaftliche und soziale Grundlagen der Professionalisierung im Sport, Wiesbaden: Limpert
Pusch, Luise F. 1984: Das Deutsche als Männersprache, Frankfurt/M.: Suhrkamp
Pyta, Wolfgang 2004: Einleitung: Der Beitrag des Fußballsports zur kulturellen Identitätsstiftung in Deutschland, in: Ders. (Hg.): Der lange Weg zur Bundesliga. Zum Siegeszug des Fußballs in Deutschland, Münster: Lit, S. 1-30
Randl, Christoph 2002: Das Fußballstadion. Ein Typus der modernen Architektur, in: Herzog, Markwart (Hg.): Fußball als Kulturphänomen. Kunst – Kult – Kommerz, Stuttgart: Kohlhammer, S. 179-196
Rehberg, Reinhard/Schneider, Jörg/Döhling, Jan/Deckert, Klaus/Karn, Christian/Schäfer, Guido/Bednarek, Jens/Sparwasser, Tobias/Kunz, Henning/Bieser, Heiko/Bast, Mario/Bender, Heinz/Böhme, Rolf/Steinert, Oliver/Fleischer, Thomas 2005: 100 Jahre 1. FSV Mainz 05. Das Buch zum Jubiläum, Mainz
Reng, Ronald 2003: Der Traumhüter. Die unglaubliche Geschichte eines Torwarts, Köln: Kiepenheuer & Witsch
Richter, Dirk 1994: Der Mythos der „guten" Nation. Zum theoriegeschichtlichen Hintergrund eines folgenschweren Mißverständnisses, in: Soziale Welt 45, S. 304-321
Richter, Michael 2004: Der Power-Poldi, in: Kicker vom 26. April 2004, S. 92
Riedl, Lars /Cachay, Klaus 2002: Bosman-Urteil und Nachwuchsförderung. Auswirkungen der Veränderung von Ausländerklauseln und Transferregelungen auf die Sportspiele, Schorndorf: Hofmann
Robertson, Robert 1992: Globalization. Social Theory and Global Culture, London: Sage
Roche, Maurice 2000: Mega-Events and Modernity. Olympics and Expos in the Growth of Global Culture, London: Routledge
Roche, Maurice 2003: Mega-Events, Time and Modernity: On time structures in global society, in: Time and Society 12, S. 99-126
Roderick, Martin/Waddington, Ivan/Parker, Graham 2000: Playing Hurt. Managing Injuries in English Professional Football, in: International Review for the Sociology of Sport 35, 2, S. 165-180
Roderick, Martin 2006: The work of Professional Football. A labour of love? London und New York: Routledge
Rohr, Steffen 2003a: Petar Radenkovic: Der erste Pop-Star der Bundesliga, in: Kicker vom 29. September 2003, S: 19
Rohr, Steffen 2003b: Der Run auf die Liga, in: Kicker vom 6. Oktober 2003, S. 18f.
Rowe, David 2003: Sport and the Repudiation of the Global, in: International Review for the Sociology of Sport 38, 3, S. 281-294
Rublak, Ulinka 2001: Erzählungen vom Geblüt und Herzen. Zu einer Historischen Anthropologie des frühneuzeitlichen Körpers, in: Historische Anthropologie 9, S. 214-232
Sacks, Harvey 1992: Lectures on conversation, 2 Bde, Oxford: Blackwell
Sacks, Harvey/Schegloff, Emanuel A./Jefferson, Gail 1974: A simplest systematics for the organization of turn-taking for conversation, in: Language Vol. 50, S. 696–735
Salamon, Bernd 2003: Das Ende der Treue, in: Kicker vom 20. Oktober 2003, S. 16-19
Schäffer, Burkhard 2003: Gruppendiskussion, in: Bohnsack, Ralf/Marotzki, Winfried/Meuser, Michael (Hg.): Hauptbegriffe Qualitativer Sozialforschung, Opladen: Leske+Budrich, S. 75-80
Scherschel, Karin 2006: Rassismus als flexible Ressource. Eine Studie über rassistische Argumentationsfiguren, Bielefeld: transcript
Schewe, Gerhard/Gaede, Nicolas/Haarmann, Julia 2002: Leistungsanreize im Profifußball, in: Schewe, Gerhard/Littkemann, Jörn (Hg.): Sportmanagement. Der Profi-Fußball aus sportökonomischer Perspektive, Schorndorf: Hofmann, S. 115-134

Schewe, Gerhard/Gaede, Nicolas/Küchlin, Christian 2002: Professionalisierung und Strukturwandel im Profifußball, in: Schewe, Gerhard/Littkemann, Jörn (Hg.): Sportmanagement. Der Profi-Fußball aus sportökonomischer Perspektive, Schorndorf: Hofmann, S. 9-21

Schiebinger, Londa L. 1992: The Gendered Brain: Some Historical Perspectives, in: Harrington, Anne (Hg.): So Human a Brain. Knowledge and Values in the Neurosciences, Boston u.a.: Birkhäuser, S. 110-120

Schiebinger, Londa 1993: Anatomie der Differenz. „Rasse" und Geschlecht in der Naturwissenschaft des 18. Jahrhunderts, in: Feministische Studien 11, S. 48-64

Schimank, Uwe 1988: Die Entwicklung des Sports zum gesellschaftlichen Teilsystem, in: Renate Mayntz/Bernd Rosewitz/Uwe Schimank/Rudolf Stichweh (Hg.): Differenzierung und Verselbständigung. Zur Entwicklung gesellschaftlicher Teilsysteme, Frankfurt/M. und New York: Campus, S. 181-232

Schimank, Uwe 2000: Theorien gesellschaftlicher Differenzierung, 2. Aufl., Opladen: Leske+Budrich

Schimank, Uwe 2001: Funktionale Differenzierung, Durchorganisierung und Integration der modernen Gesellschaft, in: Tacke, Veronika (Hg.): Organisation und gesellschaftliche Differenzierung, Wiesbaden: Westdeutscher Verlag, S. 19-38

Schimank, Uwe 2005: Weltgesellschaft und Nationalgesellschaften: Funktionen von Staatsgrenzen, in: Bettina Heintz/Richard Münch/Hartmann Tyrell (Hg.): Weltgesellschaft, Sonderheft 45 der Zeitschrift für Soziologie, Stuttgart: Lucius & Lucius, S. 394-414

Schlüter, Anne 1987: Neue Hüte – alte Hüte? Gewerbliche Berufsausbildung für Mädchen zu Beginn des 20. Jahrhunderts – Zur Geschichte ihrer Institutionalisierung. Düsseldorf: Schwann

Schneder, Gerd 2006: Kotau vor Zizou, in: Frankfurter Allgemeine Zeitung Nr. 167 vom 21. Juli 2006, S. 30

Schodrok, Karl-Heinz 2006: „Ich suche nach Soldaten" – Militärische Aspekte im Turnunterricht, in: Perrefort, Maria/Lenz-Weber, Diana (Hg.): Sportgeist. Die Kulturgeschichte von Turnen und Sport in Westfalen, Hamm: Kettler, S. 83- 92

Scholz, Rupert/Aulehner, Josef 1996: Die „3+2"-Regel und die Transferbestimmungen des Fußballsports im Lichte des europäischen Gemeinschaftsrechts, in: SpuRt – Sport und Recht 3, Heft 2, S. 44-47

Schröder, Willi 1960: Vorwort, in: Jahn, Friedrich Ludwig/Eiselen, Ernst [1816]: Die deutsche Turnkunst, Berlin: Sportverlag, S. V-XLI

Schulze, Bernd 2005: Sportarten als soziale Systeme. Ansätze einer Systemtheorie der Sportarten am Beispiel des Fußballs, Münster u.a.: Waxmann

Schulze, Ludger 1999: Vom Pickelhauben-Fußball zur Kunstform. Die Geschichte der Nationalmannschaft, DFB (Hg.): 100 Jahre DFB. Die Geschichte des Deutschen Fußball-Bundes, Berlin: Sportverlag, S. 141-176

Schulze-Marmeling, Dietrich 2000: Fußball. Zur Geschichte eines globalen Sports, Göttingen: Verlag Die Werkstatt

Schulze-Marmeling, Dietrich 2006: Die Bayern. Die Geschichte des deutschen Rekordmeisters, Göttingen: Die Werkstatt

Schütz, Alferd/Luckmann, Thomas 1975: Strukturen der Lebenswelt, Bd. 1, Neuwied: Luchterhand

Scott, Joan 1994: Gender: Eine nützliche Kategorie der historischen Analyse, in: Kaiser, Nancy: SelbstBewusst. Frauen in den USA, Leipzig: Reclam, S: 27-75

Siefert, Annette 2002: Kriegsmetaphorik in der Fußballberichterstattung, in: Martínez, Matías (Hg.): Warum Fußball? Kulturwissenschaftliche Beschreibungen eines Sports, Bielefeld: Aisthesis, S. 113-123

Siemes, Christof 2004: Niedersächsische Grundrechenarten, in: Die Zeit Nr. 46 vom 4.11.2004

Sikora, Michael 2003: Söldner – historische Annäherung an einen Kriegertypus, in: Geschichte und Gesellschaft 29, S. 210-238

Simeoni, Evi 2004: Quäl dich, du Sau! In: FAZ Nr. 14 vom 17. Januar 2004, S. 34

Simmel, Georg 1995a: Soziologie. Untersuchungen über Formen der Vergesellschaftung. Georg Simmel Gesamtausgabe (hrsg. von Otthein Rammstedt), Bd. 11, Frankfurt/M.: Suhrkamp

Simmel, Georg 1995b: Soziologie der Konkurrenz, in: Ders.: Aufsätze und Abhandlungen 1901-1908, Band 1, Frankfurt/M.: Suhrkamp, S. 221-246

Smith, Anthony D. 1986: The Ethnic Origins of Nations, Oxford: Blackwell Publishers

Sparwasser, Tobias: Bis das Lächeln zurückkehrt, in: Der 05er vom 22.01.05, S. 34 ff.

Spies, Britta 2006: „Eine Turntracht muss dauerhaft und wohlfeil sein und zu allen Bewegungen geschickt." Zur Entwicklung der Turn- und Sportkleidung in Deutschland, in: Perrefort, Maria/Lenz-Weber, Diana (Hg.): Sportgeist. Die Kulturgeschichte von Turnen und Sport in Westfalen, Hamm: Kettler, S. 41-54

Spitaler, Georg/Wieselberg, Lukas 2002: Think global, act local, kiss football. Das Medienereignis Fußball-WM und seine Sponsoren, in: Fanizadeh, Michael/Hödl, Gerald/Manzenreiter, Wolfram (Hg.): Global Players – Kultur, Ökonomie und Politik des Fussballs, Frankfurt/M.: Brandes & Apsel, S. 183-201

Stanzel, Franz K. 1999: Zur literarischen Imagologie. Eine Einführung, in: Ders. (Hg.): Imagologisch-ethnographische Studien zu den Völkertafeln des frühen 18. Jahrhunderts, Heidelberg: Winter, S. 9-39

Steinkamp, Egon W. 1976: Sport und Rasse – der schwarze Sportler in den USA, Ahrensburg: Czwalina

Stephan, Nancy Leys 1993: Race and Gender. The Analogy in Science, in: Harding, Sandra (Hg.): The „Racial" Economy of Science. Toward a Democratic Future, Bloomington u.a.: Indiana University Press, S. 359-376

Stichweh, Rudolf 1988: Inklusion in Funktionssysteme der modernen Gesellschaft, in: Renate Mayntz/Bernd Rosewitz/Uwe Schimank/Rudolf Stichweh (Hg.): Differenzierung und Verselbständigung. Zur Entwicklung gesellschaftlicher Teilsysteme, Frankfurt/M. und New York: Campus, S. 261-293

Stichweh, Rudolf 1990: Sport – Ausdifferenzierung, Funktion, Code, in: Sportwissenschaft 20, Nr.4, S. 373-389

Stichweh, Rudolf 1995: Sport und Moderne, in: Jochen Hinsching/Frederik Borkenhagen (Hg.): Modernisierung und Sport, Sankt Augustin: Academia Verlag, S. 13-27

Stichweh, Rudolf 2000a: Soziologie des Vereins. Strukturbildung zwischen Lokalität und Globalität, in: Brix, Emil/Richter, Rudolf (Hg.): Organisierte Privatinteressen. Vereine in Österreich, Wien: Passagen-Verlag, S. 11-31

Stichweh, Rudolf 2000b: Zur Genese der Weltgesellschaft. Innovationen und Mechanismen, in: Ders.: Die Weltgesellschaft. Soziologische Analysen, Frankfurt/M.: Suhrkamp, S. 245-267

Stichweh, Rudolf 2000c: Semantik und Sozialstruktur: Zur Logik einer systemtheoretischen Unterscheidung, in: Soziale Systeme 6, S. 237-250

Stichweh, Rudolf 2001: Die Weltgesellschaft – Strukturen eines globalen Gesellschaftssystems jenseits der Regionalkulturen der Welt, URL: http://www.uni-bielefeld.de/(de)/soz/iw/pdf/stichweh_3.pdf (Zugriff am 5.03.2008)

Stichweh, Rudolf 2003: Genese des globalen Wissenschaftssystems, in: Soziale Systeme 9, Heft1, S. 3-26

Stichweh, Rudolf 2005a: Der Wettkampfsport und sein Publikum: Risikoverhalten und Selbstbegrenzung im modernen Hochleistungssport, in: Ders.: Inklusion und Exklusion. Studien zur Gesellschaftstheorie, Bielefeld: transcript, S. 113-129

Stichweh, Rudolf 2005b: Zur Theorie der politischen Inklusion, in: Ders.: Inklusion und Exklusion. Studien zur Gesellschaftstheorie, Bielefeld: transcript, S.67-81

Stichweh, Rudolf 2005c: Inklusion und Exklusion, in: Gusy, Christoph/Haupt, Heinz-Gerhard (Hg.): Inklusion und Partizipation. Politische Kommunikation im historischen Wandel, Frankfurt/New York: Campus, S. 35-48

Stichweh, Rudolf 2005d: Inklusion in Funktionssysteme der modernen Gesellschaft, in: Ders.: Inklusion und Exklusion. Studien zur Gesellschaftstheorie, Bielefeld: transcript, S. 13-44

Strunz, Thomas 2005: Nichts ist erfolgreicher als der Erfolg! In: Grün und Gut. Das Stadionmagazin des VfL Wolfsburg, Jg.3, Ausgabe 44, S. 3

Tagsold, Christian 2008: Spiel-Feld. Ethnografie der Fußball-WM 2006, Konstanz: UVK
Taylor, Matthew 2005: The Leaguers. The Making of Professional Football in England, 1900-1939, Liverpool: University Press
Taylor, Rogan/Skrypietz, Andreas 1992: „Pull the trigger – shoot the nigger". Fußball und Rassismus in England, in: Fussball und Rassismus, Göttingen, Die Werkstatt, S. 73-106
Tegelbeckers, W. Ludwig 2000: Jüdischer Sport im nationalsozialistischen Deutschland, URL: http://www.s-port.de/david/ns/index.html (Zugriff am 30.01.2008)
Teuffel, Friedhard 2004: Der Vertrauensmann. Mit Erik Gerets soll der VfL Wolfsburg international spielen und die Stadt an Identität gewinnen, in: Der Tagesspiegel online, URL: http://www.tagesspiegel.de/sport/archiv/13.11.2004/1475967.asp (Zugriff am 15.11.2004)
Théberge, Nancy 1001: Women and the Olympic Games: A Consideration of Gender, Sport and Social Change, in: Landry, Fernand/Landry, Marc/Yerles, Magdeleine (Hg.): Sort... The Third Millennium, Sainte Foy: Les Presses de l'Universite Laval, S. 385-395
Thomas, Christian 2004: Kontingenzüberwindung. Vor der Fußball-EM: Die Verfertigung der Posen beim Jubeln, in: Frankfurter Rundschau vom 9.06.2004, S. 17
Tietze, Nikola 2006: Zinedine Zidane oder das Spiel mit den Zugehörigkeiten, in: Mittelweg 36 15, 4, S. 73-92
Tirala, Lothar Gottlieb 1936: Sport und Rasse, Frankfurt/M.: Bechhold
Tomlinson, Alan 1996: Olympic Spectacle: Opening Ceremonies and Some Paradoxes of Globalization, in: Media, Culture & Society 18, S. 583-602
Unfried, Peter 2004: Mainzer Spaß-statt-Kohle-Prinzip, in: Spiegel Online vom 25. Oktober 2004, URL: http://www.spiegel.de/sport/fussball/0,1518,324754,00.html (Zugriff am 26.10.2004)
Väth, Heinrich 1994: Profifußball. Zur Soziologie der Bundesliga, Frankfurt/M. und New York: Campus
Vertinsky, Patricia 1994: The Social Construction of the Gendered Body: Exercise and the Exercise of Power, in: The International Journal of the History of Sport, S. 1-24
Vertinsky, Patricia 1990: The eternally wounded woman: women, doctors and exercise in the late nineteenth century, Manchester und New York: Manchester University Press
Vines, Gail 1992: Last Olympics fort he Sex Test? In: New Scientist 135, S. 39-42
VfL Wolfsburg-Fußball GmbH (Hg.) 2006: Die Wölfe. Das Magazin der VfL Wolfsburg-Fußball GmbH zur Saison 2006/2007, Wolfsburg
Vogt, Ludgera 1997: Zur Logik der Ehre in der Gegenwartsgesellschaft, Frankfurt/M.: Suhrkamp
Vogt, Ludgera/Zingerle, Arnold 1994: Einleitung: Zur Aktualität des Themas Ehre und seinem Stellenwert in der Theorie, in: Dies. (Hg.): Ehre. Archaische Momente in der Moderne, Frankfurt/M.: Suhrkamp, S. 9-34
Weber, Max 1980 [1922]: Wirtschaft und Gesellschaft, Tübingen: Mohr
Weber-Klüver, Katrin 1992: „Neger raus" gegen „Zeugen Yeboahs", in: Fussball und Rassismus, Göttingen, Die Werkstatt, S. 27-72
Weinbach, Christine 2005: Staasbürgerschaft und nationale Zugehörigkeit heute: multikulturell und de-ethnisiert? In: Gusy, Christoph/Haupt, Heinz-Gerhard (Hg.): Inklusion und Partizipation. Politische Kommunikation im historischen Wandel, Frankfurt/M. und New York: Campus, S. 187-211
Weinbach, Christine 2007: Überlegungen zu Relevanz und Bedeutung der Geschlechterdifferenz in funktional gerahmten Interaktionen, in: Dies. (Hg.): Geschlechtliche Ungleichheit in systemtheoretischer Perspektive, Wiesbaden: VS, S. 141-164
Weinbach, Christine/Stichweh, Rudolf 2001: Die Geschlechterdifferenz in der funktional differenzierten Gesellschaft, in: Heintz, Bettina (Hg.): Geschlechtersoziologie, Sonderheft 41 der Kölner Zeitschrift für Soziologie und Sozialpsychologie, Wiesbaden: Westdeutscher Verlag, S. 30-52
Weiß, Otmar 1999: Einführung in die Sportsoziologie, Wien: UTB
Werron, Tobias 2005a: Der Weltsport und sein Publikum. Weltgesellschaftstheoretische Überlegungen zum Zuschauersport, in: Bettina Heintz/Richard Münch/Hartmann Tyrell (Hg.): Weltgesellschaft, Sonderheft 45 der Zeitschrift für Soziologie, Stuttgart: Lucius & Lucius, S. 260-289

Werron, Tobias 2005b: „Quantifizierung" in der Welt des Sports. Gesellschaftstheoretische Überlegungen, in: Soziale Systeme 11, S. 199-235

Werron, Tobias 2007: Die zwei Wirklichkeiten des modernen Sports: Soziologische Thesen zur Sportstatistik, in: Vollmer, Hendrik/Menniken, Andrea (Hg.): Zahlenwerk. Kalkulation, Organisation und Gesellschaft, Wiesbaden: VS, S. 247-270

Werron, Tobias 2008: „World Series": Zur Entstehung eines Weltereignisses, in: Nacke, Stefan/Unkelbach, René/Werron, Tobias (Hg.): Weltereignisse. Theoretische und empirische Perspektiven, Wiesbaden: VS Verlag, S. 101-140

Westmann, Stefan 1930: Frauensport und Frauenkörper. Sportärztliche Betrachtungen eines Frauenarztes, Leipzig: Verlag Kurt Kabitzsch

Wheeler, Roxann 2000: The Complexion of Race. Categories of Difference in Eighteenth-Century British Culture, Philadelphia: University of Pennsylvania Press

Wilkesmann, Uwe/Blutner, Doris 2007: Brot und Spiele. Zur Produktion und Allokation von Clubgütern im deutschen Profifußball, in: Soziale Welt 58, S. 53-72

Wilkesmann, Uwe/Blutner, Doris/Meister, Claudia 2002: Der Fußballverein zwischen e.V. und Kapitalgesellschaft, in: Kölner Zeitschrift für Soziologie und Sozialpsychologie 54, S. 753-774

Williams, Jean 2003: A Game for rough Girls? A History of Women's Football in Britain, London: Routledge

Williams, Jean 2004: The Fastest Growing Sport? Women's Football in England, in: Hong, Fan/Mangan, J.A. (Hg.): Soccer, Women, Sexual Liberation. Kicking Off a New Era, London: Cass, S. 112-127

Williamson, David J. 1991: Belles of the Ball: the Early History of Women's Football, Devon: R&D Associates

Winau, Rolf 1983: Die Entdeckung des menschlichen Körpers in der neuzeitlichen Medizin, in: Imhof, Arthur E. (Hg.): Der Mensch und sein Körper. Von der Antike bis heute, München: Beck, S. 209-225

Wobring, Michael 2005: Die Globalisierung der Telekommunikation im 19. Jahrhundert: Pläne, Projekte und Kapazitätsausbauten zwischen Wirtschaft und Politik, Frankfurt/M.: Lang

Wolff, Stephan 2004: Dokumenten- und Aktenanalyse, in: Flick, Uwe/Kardorff, Ernst von/Steinke, Ines (Hg.): Qualitative Forschung. Ein Handbuch, Reinbek bei Hamburg: Rowohlt, S. 502-513

Wolff, Stephan 2004: Wege ins Feld und ihre Varianten, in: Flick, Uwe/Kardorff, Ernst von/Steinke, Ines (Hg.): Qualitative Forschung. Ein Handbuch, Reinbek bei Hamburg: Rowohlt, S. 334-349

Wulff, Helena 1998: Ballet across Borders: Career and Culture in the World of Dancers, Oxford u.a.: Berg

Wulzinger, Michael 2002: „Empfindliche Seele", in: Der Spiegel Nr. 47 vom 18. November 2002, S. 162-164

Zakharine, Dmitri 2005: Von Angesicht zu Angesicht. Der Wandel direkter Kommunikation in der ost- und westeuropäischen Neuzeit, Konstanz: UVK

Zifonun, Dariuš 2008a: Imagined Diversities. Migrantenmilieus in der Fußballwelt, in: Klein, Gabriele/Meuser, Michael (Hg.): Ernste Spiele. Zur politischen Soziologie des Fußballs, Bielefeld: transcript, S. 43-58

Zifonun, Dariuš 2008b: Stereotype der Interkulturalität: Zur Ordnung ethnischer Ungleichheit im Fußballmilieu, in: Neckel, Sighard/Soeffner, Hans-Georg (Hg.): Mittendrin im Abseits: Ethnische Gruppenbeziehungen im lokalen Kontext. Wiesbaden: VS Verlag, S. 163-176

Zifonun, Dariuš/Cindark, Ibrahim 2004: Segregation oder Integration? Die soziale Welt eines ‚türkischen' Fußballvereins in Mannheim, in: Deutsche Sprache 32, S. 270-298

Zorn, Roland 2007: Der sanfte General, in: Frankfurter Allgemeine Zeitung Nr. 56 vom 7. März 2007, S. 32

Nicht-veröffentlichte Dokumente:

Dokumente Mainz:
1 Satzung des 1. FSV Mainz 05 vom 26. September 1985
2 Organigramm des 1. FSV Mainz 05 e.V., überreicht durch den Marketingchef des FSV im Februar 2005
3 Autogrammkarten der Spieler und Trainer des 1. FSV Mainz 05 (Saison 2004/05)

Dokumente Bielefeld:
Autogrammkarten der Spieler und Trainer des DSC Arminia Bielefeld (Saison 2004/05)
Spielberechtigungsliste DFL vom 10.05.05 (überreicht durch Assistent der Geschäftsleitung am 17.05.05)

Dokumente Wolfsburg:
1 „Beweggründe der Unterstützung des VfL Wolfsburg durch Volkswagen", internes Papier, überreicht durch den Pressesprecher des VfL am 15.05.05
2 „Der VfL Wolfsburg – in Niedersachsen zu Hause. Erstklassiger Fußball aus Wolfsburg. Sportlich erfolgreich und wirtschaftlich gesund", Artikel für eine Werbebroschüre, überreicht durch den Pressesprecher des VfL am 11.05.05
3 „Organigramm VfL Wolfsburg-Fußball GmbH", überreicht durch den Pressesprecher des VfL
4 Imagekampagne des VfL Wolfsburg, CD-Rom, überreicht durch die Marketing Abteilung des VfL
5 Autogrammkarten der Spieler und Trainer des VfL Wolfsburg (Saison 2004/05)
6 Spielerbewertungsbogen der Nachwuchsdatenbank des VfL Wolfsburg (überreicht durch den Assistenten der Leitung des Leistungszentrums des VfL Wolfsburg am 12.01.05)

FIFA-Dokumente:

FIFA-Statuten 1948
FIFA-Statuten 1963
FIFA-Reglement 1966
FIFA Zirkular Nr. 877 vom 21. November 2003 „Spielberechtigung für Nationalmannschaften"
FIFA Zirkular Nr. 901 vom 19. März 2004 „ Spielberechtigung für eine Nationalmannschaft"
FIFA 2004: Codes of Ethics, URL: http://de.fifa.com/mm/document/affederation/administration/code%5fof%5fethics%5fall%5f45.pdf (Zugriff am 28.02.08)

Anhang

Liste der anonymisierten Primärdokumente

Dok. 1: Protokoll Feldzugang Verein 1
Dok.. 2: Interview Manager Verein 1
Dok. 3: Interviewprotokoll Manager Verein 1
Dok. 4: Interview Trainer Verein 1
Dok. 5: Interviewprotokoll Trainer Verein 1
Dok. 6: Protokoll Vorgespräch Trainer Verein 1
Dok. 7: Interviewerprotokoll Präsident Verein 1
Dok. 8: Interview Präsident Verein 1
Dok. 9: Interview I Teammanager Verein 1
Dok. 10: Interview II Teammanager Verein 1
Dok. 11: Interviewerprotokoll Teammanager Verein 1
Dok. 12: Protokoll Frühstück Verein 1
Dok. 13: Protokoll Kinderfestbesuch mit Teilen der Mannschaft Verein 1
Dok. 14: Protokoll Freundschaftsspiel von Verein 1
Dok. 15: Interview Spieler 1 Verein 1
Dok. 16: Interviewprotokoll Spieler 2 Verein 1
Dok. 17: Interview Spieler 2 Verein 1
Dok. 18: Interviewprotokoll Spieler 3 Verein 1
Dok. 19: Interviewprotokoll Spieler 4 Verein 1
Dok. 20: Interview Spieler 4 Verein 1
Dok. 21: Protokoll Heimspiel 1 Verein 1
Dok. 22: Protokoll Heimspiel 2 Verein 1
Dok. 23: Beobachtungsprotokoll Training Verein 1, 24.02.05
Dok. 24: Interviewerprotokoll Gruppendiskussion mit Spielern Verein 1
Dok. 25: Gruppendiskussion mit Spielern Verein 1
Dok. 26: Interviewprotokoll Spielervermittler
Dok. 27: Spieler-Tagebuch von der offiziellen Internetseite Verein II
Dok. 28: Protokoll Vorgespräch mit dem Sportdirektor Verein II
Dok. 29: Interview mit dem Sportdirektor Verein II
Dok. 30: Interviewprotokoll mit dem Sportdirektor Verein II
Dok. 31: Interview mit dem Finanzmanager Verein II
Dok. 32: Interviewprotokoll Finanzmanager Verein II
Dok. 33: Interview mit dem Trainer Verein II
Dok. 34: Interviewprotokoll Trainer Verein II
Dok. 35: Interview Spieler 1 Verein II
Dok. 36: Interviewerprotokoll Spieler 1 Verein II
Dok. 37: Protokoll Heimspiel 1 Verein II
Dok. 38: Protokoll Benefizspiel Verein II
Dok. 39: Protokoll Spielbesprechung Verein II 14.12.04
Dok. 40: Beobachtungsprotokoll Training Verein II 1.12.04
Dok. 41: Beobachtungsprotokoll Training Verein II 5.11.04

Dok. 42: Interviewerprotokoll Co-Trainer Verein II
Dok. 43: Interview mit dem Co-Trainer Verein II
Dok. 44: Interviewerprotokoll Präsident Verein II
Dok. 45: Interview mit dem Präsident Verein II
Dok. 46: Interview mit Spielern 2 und 3 Verein II
Dok. 47: Interviewerprotokoll Spieler 2 und 3 Verein II
Dok. 48: Interview mit einem Vorstandsmitglied Verein II
Dok. 49: Interviewprotokoll Vorstandsmitglied Verein II
Dok. 50: Interviewprotokoll international tätiger Trainer
Dok. 51: Interview international tätiger Trainer
Dok. 52: Interview mit Spieler 4 Verein II
Dok. 53: Interviewprotokoll Spieler 4 Verein II
Dok. 54: Interviewprotokoll Spieler 5 Verein II
Dok. 55: Protokoll Deutschunterricht II Verein II
Dok. 56: Protokoll Deutschunterricht I Verein II
Dok. 57: Protokoll Heimspiel 2 Verein II
Dok. 58: Interviewprotokoll Gruppendiskussion Spieler Verein II
Dok. 59: Protokoll Vorgespräch mit Manager 1 Verein III
Dok. 60: Protokoll von Gesprächen mit Spielerbetreuerin, Spieler 1 und Training am 5.01.05 Verein III
Dok. 61: Interviewerprotokoll Vertreter Sportförderung eines Großkonzerns
Dok. 62: Interview mit Vertreter der Sportförderung eines Großkonzerns
Dok. 63: Interviewerprotokoll Mannschaftsarzt Verein III
Dok. 64: Interview mit dem Mannschaftsarzt Verein III
Dok. 65: Interviewerprotokoll Manager 1 Verein III
Dok. 66: Interview mit Manager 1 Verein III
Dok. 67: Interviewerprotokoll Vertreter Leistungszentrum Verein III
Dok. 68: Interviewerprotokoll Manager II Verein III und Stadionführung
Dok. 69: Interview mit Manager II Verein III
Dok. 70: Interviewerprotokoll Talentscout Verein III
Dok. 71: Interview mit Talentscout Verein III
Dok. 72: Beobachtungsprotokoll Heimspiel 1 Verein III am 12. 03.05
Dok. 73: Beobachtungsprotokoll Heimspiel Verein III am 22.01.05
Dok. 74: Protokoll Training Verein III, Interview Trainer, Gespräch Pressesprecher und Filmaufnahmen
Dok. 75: Gruppendiskussion von Spielern Verein III
Dok. 76: Interviewprotokoll Gruppendiskussion von Spielern Verein III
Dok. 77: Gesprächsprotokoll Manager Verein IV
Dok. 78: Interviewprotokoll Spielerbetreuer Verein IV
Dok. 79: Interview mit dem Spielerbetreuer Verein IV

Das Grundlagenbuch zur Soziologie

> Überblick zu den aktuellsten Themen der Soziologie

Nina Baur / Hermann Korte / Martina Löw / Markus Schroer (Hrsg.)
Handbuch Soziologie
2008. 505 S. Geb. EUR 34,90
ISBN 978-3-531-15317-9

Erhältlich im Buchhandel oder beim Verlag.
Änderungen vorbehalten.
Stand: Januar 2009.

Welche Deutungsangebote macht die Soziologie für die Analyse gesellschaftlicher Gegenstandsbereiche? Um dieser Frage nachzugehen, bietet das „Handbuch Soziologie" einen einzigartigen Überblick über die in deutschen, angloamerikanischen und französischen Zeitschriften am intensivsten diskutierten Themenfelder der Soziologie: Alter – Arbeit – Ethnizität – Familie – Geschlecht – Globalisierung – Individualisierung – Institution – Klasse – Kommunikation – Körper – Kultur – Macht – Markt – Migration – Nation – Organisation – (Post)Moderne – Prozess – Raum – Religion – Sexualität – Technik – Wissen – Wohlfahrtsstaat.

Für jedes dieser Themenfelder wird erläutert, mit welchen theoretischen Konzepten zurzeit geforscht wird oder in der Vergangenheit gearbeitet wurde. Die Autoren stellen konkurrierende Ansätze ebenso dar wie international existierende Unterschiede.

Das „Handbuch Soziologie" will ein besseres Verständnis von Theorie am konkreten Beispiel ermöglichen. In der Zusammenschau der Artikel werden die Systematik, Fruchtbarkeit und Grenzen theoretischer Zugriffe auf verschiedene Gegenstandsbereiche für eine breite Scientific Community vergleichbar sowie die Spezifik soziologisch-theoretischer Perspektiven in angemessener Sprache öffentlich gemacht.

www.vs-verlag.de

Abraham-Lincoln-Straße 46
65189 Wiesbaden
Tel. 0611.7878-722
Fax 0611.7878-400

Die anschauliche Einführung in die Soziologie

> von Armin Nassehi!

Armin Nassehi
Soziologie
Zehn einführende
Vorlesungen
2008. 207 S. Geb. EUR 16,90
ISBN 978-3-531-15433-6

Erhältlich im Buchhandel
oder beim Verlag.
Änderungen vorbehalten.
Stand: Januar 2009.

Der Inhalt: Was ist Soziologie? Oder: Über die Schwierigkeit einer Einführung – Handlung, Kommunikation, Praxis – Lebenswelt, Sinn, Soziale Rolle, Habitus – Interaktion, Netzwerk – Organisation – Gesellschaft – Individuum, Individualität, Individualisierung – Kultur – Soziale Ungleichheit, Macht, Herrschaft – Wissen, Wissenschaft – Anhang: Anmerkungen und weiterführende Literatur

Dieses Buch soll anders sein. Es führt in den soziologischen Blick und in die wichtigsten soziologischen Grundbegriffe ein, ohne aber in lexikalischer Genauigkeit, definitorischer Schärfe und simulierter Neutralität soziologische Sätze in Stein zu meißeln.

Eher von leichter Hand wird versucht, der Soziologie und der Erarbeitung ihres spezifischen Blicks über die Schulter zu schauen. Das Buch erzählt eine Geschichte, die Geschichte von Herrn A, einem Banker, der in Liebesdingen und in seinem Beruf Einiges erlebt. An dieser Geschichte wird der soziologische Blick praktisch, gewissermaßen empirisch, eher kurzweilig eingeübt.

Das Buch richtet sich nicht nur an Studierende der Soziologie, sondern auch an all jene, die einen Blick in ein Labor soziologischen Denkens wagen wollen.

www.vs-verlag.de

Abraham-Lincoln-Straße 46
65189 Wiesbaden
Tel. 0611.7878-722
Fax 0611.7878-400

Wirtschaftssoziologie:
Der Stand der Forschung

> Die umfassende Übersicht über das Forschungsfeld

Andrea Maurer (Hrsg.)
Handbuch der Wirtschaftssoziologie
2008. 465 S. (Wirtschaft und Gesellschaft) Geb. EUR 34,90
ISBN 978-3-531-15259-2

Erhältlich im Buchhandel oder beim Verlag.
Änderungen vorbehalten.
Stand: Januar 2009.

Der Inhalt: Soziologie der Wirtschaft – Sozial- und gesellschaftstheoretische Zugänge – Institutionen der Wirtschaft – Wirtschaft in gesellschaftstheoretischer Perspektive

Das Handbuch der Wirtschaftssoziologie vermittelt soziologische Zugangsweisen zur Wirtschaft und demonstriert die Leistungskraft soziologischer Erklärungen und Analysen wirtschaftlicher Beziehungen, Institutionen und Strukturen.
Im deutschen Sprachraum hat trotz der Tradition sozio-ökonomischer Analysen und des wieder erwachten Interesses der Soziologie an wirtschaftlichen Phänomenen eine umfassende Übersicht über das Forschungsfeld bislang gefehlt.

Das Handbuch der Wirtschaftssoziologie schließt diese Lücke und präsentiert einen fundierten Überblick über die klassischen Grundlagen, die gegenwärtigen Theorieangebote und aktuelle Studien.

www.vs-verlag.de

Abraham-Lincoln-Straße 46
65189 Wiesbaden
Tel. 0611.7878-722
Fax 0611.7878-400

Zur aktuellen Bildungsdebatte

> Zentrale Ursachen für sozial ungleiche Bildungschancen

Rolf Becker /
Wolfgang Lauterbach (Hrsg.)
Bildung als Privileg
Erklärungen und Befunde
zu den Ursachen
der Bildungsungleichheit
3. Aufl. 2008. 440 S. Geb.
EUR 39,90
ISBN 978-3-531-16116-7

Erhältlich im Buchhandel
oder beim Verlag.
Änderungen vorbehalten.
Stand: Januar 2009.

Der Inhalt: Elternhaus und Bildungssystem als Ursachen dauerhafter Bildungsungleichheit – Bildungsungleichheit im Primar- und Sekundarbereich – Berufliches Ausbildungssystem und Arbeitsmarkt – Konsequenzen für Politik und Forschung

Im Anschluss an kontroverse Diskussionen über dauerhafte Bildungsungleichheiten stellt das Buch detailliert aus sozialwissenschaftlicher Perspektive zentrale Ursachen für sozial ungleiche Bildungschancen in den Mittelpunkt der Betrachtung. Daher werden der aktuelle Stand empirischer Bildungsforschung diskutiert und neue Analysen vorgelegt.

Ziel ist es, in systematischer Weise soziale Mechanismen aufzuzeigen, die zur Entstehung und Reproduktion von Bildungsungleichheiten beitragen.

www.vs-verlag.de

VS VERLAG FÜR SOZIALWISSENSCHAFTEN

Abraham-Lincoln-Straße 46
65189 Wiesbaden
Tel. 0611.7878-722
Fax 0611.7878-400